Mediterrane Köstlichkeiten

Mediterrane Köstlichkeiten

Danksagung

Der Verlag dankt allen Personen und Institutionen, die durch ihre wertvolle Unterstützung zur Realisierung dieses Buches beigetragen haben.

Schwierigkeitsgrade:

✳	leicht
✳✳	mittel
✳✳✳	anspruchsvoll

Abkürzungen:

kg	=	Kilogramm
g	=	Gramm
l	=	Liter
ml	=	Milliliter
EL	=	Esslöffel
TL	=	Teelöffel
Msp.	=	Messerspitze
1 Tasse	=	125 ml
1 Glas	=	125–150 ml

Fotos und technische Leitung: Didier Bizos
Fotoassistenz: Gersende Petit-Jouvet, Morgane Favennec, Hasni Alamat
Redaktion: Élodie Bonnet, Nathalie Talhouas
Redaktionsassistenz: Fabienne Ripon

© 2008 für diese deutsche Ausgabe:
Tandem Verlag GmbH
Im Mühlenbruch 1, 5363 Königswinter

Übersetzung aus dem Französischen:
Spanien: Birgit Lamerz-Beckschäfer für APE Intl., Richmond, VA, USA
Italien: Hans-Georg Deggau für APE Intl., Richmond, VA, USA
Frankreich: Ulrike Brandt-Schwarze für APE Intl., Richmond, VA, USA
Griechenland: Martina Bockermann und Gisela Sturm für rheinConcept, Wesseling
Türkei: Lisa Heilig für APE Intl., Richmond, VA, USA
Tunesien: Birgit Janka für rheinConcept, Wesseling
Marokko: Martin Sulzer-Reichel für APE Intl., Richmond, VA, USA
Mittelmeerinseln: Jutta Profijt für rheinConcept, Wesseling

Rezeptauswahl und Register der deutschen Ausgabe: Kirsten E. Lehmann
Gesamtherstellung: Tandem Verlag GmbH, Königswinter

Printed in China

Inhalt

Vorwort

Culina Mediterranea vereint eine ebenso reichhaltige wie anregende Auswahl kulinarischer Köstlichkeiten aus dem gesamten Mittelmeerraum: 380 Rezepte von 92 erfahrenen Küchenchefs aus Spanien, Frankreich, Italien, Griechenland, Malta, der Türkei, Tunesien und Marokko bieten einen einzigartigen Einblick in die Vielfalt der mediterranen Küche, deren Spektrum weit über solch beliebte Klassiker wie Pizza, Pasta und Paella hinausreicht und die von den verschiedensten kulturellen Einflüssen lebt. Traditionelles und Extravagantes, Einfaches und Opulentes, westlich und orientalisch Geprägtes findet sich hier gleichermaßen und vereint sich zu einem außergewöhnlichen Panorama exquisiter Tafelfreuden, das auch für erfahrene Köche spannendes Neuland bereithält.

Die Küchenchefs und Konditoren, die zu diesem Band beigetragen haben, sind allesamt ausgewiesene Experten der kulinarischen Traditionen ihres Landes und Kenner ihrer Geheimnisse und Raffinessen. In sieben Kapiteln, die sich an den verschiedenen Bestandteilen eines mediterranen Menüs orientieren, geben sie Einblick in ihre Kunst, verraten ihre besten Rezepte und liefern wertvolle Tipps für eine gelungene Zubereitung. Ihre Auswahl hält für jeden Anlass und Geschmack Köstliches bereit, ob für den schnellen Imbiss zwischendurch, den raffinierten Partysnack oder für das exquisite mehrgängige Menü.

Die Kapitel »Kalte Vorspeisen« und »Warme Vorspeisen« präsentieren eine Fülle von Rezepten für Vorspeisen und Salate. Darunter finden sich die für den mediterranen Raum so typischen kleinen Häppchen – spanische Tapas, türkische Meze und Kebaps –, die sich auch für einen schnell zubereiteten Imbiss, Partys und Buffets bestens eignen.

Das Kapitel »Suppen und Taginen« enthält neben einer großen Auswahl internationaler Suppenspezialitäten – von den traditionellen kalten Suppen Spaniens über die französische Bouillabaisse bis zur griechischen Trachanosoupa – auch Rezepte für Taginen, typisch nordafrikanische Gerichte, die ihren Namen der Zubereitung in der Tagine, einem speziellen Tontopf, verdanken. Lange Kochzeiten und niedrige Temperaturen lassen das Fleisch außerordentlich zart werden und verleihen dem Gemüse und der Sauce ein unvergleichliches Aroma.

Das Kapitel »Pasta, Reis, Couscous & Co.« vereint internationale Spezialitäten auf Getreidebasis – darunter zahlreiche vegetarische Hauptgerichte – und bietet eine Vielfalt italienischer Pasta- und Risottogerichte. Neben spanischen Paellas und türkischen Pilaws (Reisgerichten) finden sich hier schmackhafte Gerichte mit Bulgur (Weizenschrot) sowie marokkanische und tunesische Couscousvarianten.

Im Kapitel »Fisch & Meeresfrüchte« geben Originalrezepte spanischer, französischer und griechischer Meisterköche den Ton an. Orientalische Fischspezialitäten sowie exquisite Rezepte aus den Inselküchen der Balearen, Korsikas, Siziliens, Kretas und Maltas runden den kulinarischen Streifzug durch Neptuns Mittelmeerreich ab.

Das Kapitel »Fleisch & Geflügel« vereint Gipfel mediterraner Festtagsmenüs und Höhepunkte ländlicher Küchen rund um das Mittelmeer. Ob Kalb oder Rind, Lamm, Schwein oder Kaninchen: Die Vielfalt der Geschmacksrichtungen und Zubereitungsarten – von Gegrilltem bis zu langsam in der Tagine Gegartem – scheint unendlich. Ergänzt werden die Fleischgerichte durch ebenso ausgefallene wie traditionsreiche Geflügelspezialitäten verschiedenster Art.

»Desserts & Gebäck« schließlich präsentiert eine Auswahl unwiderstehlicher Süßspeisen, Nachtische und Gebäckspezialitäten aus Orient und Okzident. Sie alle eint vor allem die Verwendung sonnengereifter Früchte. Dass die Konditoren Tunesiens, Marokkos und der Türkei wahre Künstler der süßen Verführung sind – davon kann sich der Leser in diesem Kapitel ein verlockendes Bild machen.

Über 3000 Farbfotos und zuverlässige Schritt-für-Schritt-Anleitungen wecken die Lust am Nachkochen und garantieren auch weniger geübten Köchen gutes Gelingen. Probieren Sie es aus und bringen Sie den Geschmack des Mittelmeers auch auf Ihren Tisch!

Kalte Vorspeisen

Vorbereitungszeit: 45 Minuten
Marinieren: 1 Stunde
Einweichzeit: über Nacht
Garzeit: 1 Stunde 15 Minuten
Schwierigkeitsgrad: ✶

Für 4 Personen

Anchovis in Sherryessig:
6	große frische Anchovis
2 EL	Olivenöl
1	Knoblauchzehe
3 EL	Sherry-Essig
1 Zweig	Rosmarin
	Salz
	Pfeffer

Paprika-Escalivada:
je 2	rote und grüne Paprika
4	Perlzwiebeln

2	Tomaten
2 EL	Olivenöl
	Schnittlauch
	Salz, Pfeffer

Kichererbsen mit Schinken:
20 g	getrocknete Kichererbsen
20 g	getrocknete Cannellini-Bohnen
je 1	rote und grüne Paprika
2	Perlzwiebeln
je 1	Knoblauchzehe, Möhre
2 Scheiben	Serrano-Schinken
2 Scheiben	Weißbrot
3 Stängel	Petersilie
	Olivenöl, Salz, Pfeffer

Javier Valero schlägt drei klassische und doch ganz einfach zuzubereitende Tapas vor. Diese regional typischen Tapas werden in den Bars von Málaga zum Aperitif serviert.

Die Anchovis werden in einer würzigen Marinade aus Olivenöl, Sherry-Essig, Knoblauch und Rosmarin eingelegt. Die Marinierzeit richtet sich nach der Größe der Fische, doch ist eine Stunde in der Regel optimal. Farbe und Aroma der Anchovis lassen sich durch eine Prise Paprikapulver noch unterstreichen. Angerichtet werden die Anchovis mit duftenden Rosmarinblättchen.

Der Salat aus roten und grünen Paprika ist eine typisch spanische *Escalivada*, das heißt, man röstet Gemüse im Backofen oder auf einem Grill, bis sie fast schwarz sind. Hierzu eignen sich nicht nur Paprika, sondern beispielsweise auch Perlzwiebeln, Tomaten oder Auberginen. Anschließend wird die Haut mit einem scharfen Messer angehoben und abgezo-

gen. Das Gemüse richtet man dann in einem Schälchen an, beträufelt es mit Olivenöl und garniert es mit Schnittlauch.

Der Salat aus den Kichererbsen und dem Serrano-Schinken ist würzig und durch die kräftigen Farben eine Augenweide. Das Aroma lässt sich noch intensivieren, wenn man die Hülsenfrüchte in Geflügelbrühe mit etwas Thymian und Lorbeer kocht. Vergessen Sie nicht, dass die getrockneten Kichererbsen und Bohnen zunächst steinhart sind und über Nacht in kaltem Wasser einweichen müssen, bevor man sie weiter verarbeiten kann. Mit blanchierten Gemüse-Juliennes, gebratenem Schinken und Croûtons angerichtet, fehlt eigentlich nur noch etwas Petersilie, um den Salat abzurunden. Wer mag, kann dem Ganzen mit einer Spur Zimt den letzten Pfiff geben.

Wer gern hochwertiges, aromatisches Olivenöl mag, kommt bei all diesen Tapas voll auf seine Kosten.

Die Anchovis waschen, ausnehmen und entgräten. 3 Esslöffel Essig mit 3 Esslöffeln Wasser verrühren und die Anchovis darin rund 1 Stunde marinieren.

Für die Sauce in einer Schüssel gehackten Knoblauch mit Olivenöl, Rosmarin, Salz und Pfeffer verrühren. Die marinierten Anchovisfilets halbieren, auf einen Teller legen und mit der Sauce überziehen. Mit Rosmarinblättern garnieren.

Für die Escalivada ein Backblech mit Alufolie auskleiden und darauf die halbierten Paprika und die ganzen Zwiebeln etwa 10 Minuten im Ofen rösten, dann die Haut abziehen.

aus Málaga

Die gegrillten Paprika in Streifen schneiden. Die Tomaten überbrühen, abschrecken und häuten. Abwechselnd rote und grüne Paprikastreifen auf einem Teller anrichten, salzen und pfeffern. Mit Tomatenspalten, Zwiebeln, Olivenöl und dem Schnittlauch garnieren.

Die eingeweichten Kichererbsen und Cannellini-Bohnen etwa 1 Stunde in Wasser kochen. Paprika, Zwiebeln und Knoblauch rösten. Die Möhre blanchieren und in Julienne-Streifen schneiden. Alles mit gehackter Petersilie, Öl, Salz und Pfeffer vermengen.

Schinken und klein geschnittene Brotscheiben in einer Pfanne in Olivenöl rösten. Den Salat auf einer Servierplatte mit Schinken und Brot anrichten und mit etwas Petersilie garnieren.

Anchovis

Vorbereitungszeit: 10 Minuten
Marinieren: 10 Stunden
Kühlzeit: 3 Stunden
Schwierigkeitsgrad: ★★

Für 4 Personen

500 g	frische Anchovis
250 ml	Weinessig
200 ml	natives Olivenöl
	Salz
	Pfeffer

Himbeeröl:

300 ml	Olivenöl
100 g	Himbeeren

Zum Garnieren:

Kirschtomaten
Schnittlauch
Salatblätter

Bei diesen in Spanien sehr beliebten marinierten Anchovis kommt es vor allem auf die Qualität des Olivenöls an. Schon zur Zeit der Römer war es ein wichtiges Handelsgut und wird noch heute überall im Land produziert. Es ist meist so rein und köstlich, dass man Fische und Salate großzügig damit beträufeln kann, ohne deren Eigengeschmack zu beeinträchtigen. Vor allem aber lassen sich Lebensmittel wie Sardinen und Anchovis mit Olivenöl haltbar machen.

Das Öl aus der Gegend von Ceuta ist besonders hochwertig. Es wird aus kleinen, runden Oliven mit dünner Schale gepresst. Ein halber Löffel genügt, um der Marinade ein leicht säuerlich-fruchtiges Aroma zu verleihen. Neben Himbeeren eignen sich auch Kirschen oder Erdbeeren.

Anchovis haben in ganz Spanien einen festen Platz auf der Speisekarte. Die winzigen Heringsfische werden in Gläsern in Salz oder in Öl eingelegt angeboten. Frische Anchovis haben eine silbrig schillernde Haut und glänzende Augen. Vor dem Marinieren müssen sie filetiert werden, damit sie ganz von der Marinade überzogen sind. Mit etwas Übung lassen sich Kopf und Hauptgräte mit einem Griff entfernen. Anschließend werden die Filets abgespült, trocken getupft und mit der Hautseite nach unten in eine Form gelegt. Zunächst werden sie mit einer Mischung aus Wasser und Essig mariniert, damit das Fleisch schön fest bleibt. Nach zehn Stunden schüttet man die Marinade ab, übergießt die Anchovisfilets mit Olivenöl und lässt sie weitere drei Stunden darin ziehen. Die kleinen Fische überstehen das Marinieren unbeschadet. Unmittelbar vor dem Servieren kann man sie mit etwas Olivenöl beträufeln, das man zuvor mit Himbeeren aromatisiert.

In einem luftdicht abschließenden Deckelglas hält sich das Himbeeröl im Kühlschrank etwa zwei Wochen. Es passt hervorragend zu Salaten, kaltem Braten und Aufschnitt.

Die Himbeeren pürieren und durch ein Sieb drücken. Von diesem Himbeercoulis 3 Esslöffel in das Olivenöl geben und in ein Fläschchen füllen.

Die Anchovis hinter dem Kopf einschneiden und Kopf und Mittelgräte mit einem Griff auslösen. Die Fische vorsichtig auseinanderklappen und ausnehmen. Unter fließendem Wasser kurz abspülen.

Die Anchovisfilets mit der Hautseite nach unten flach in eine tiefe Form legen, mit Wasser bedecken und den Weinessig zugießen. 10 Stunden marinieren.

mit Himbeeröl

Anschließend die Anchovis aus der Marinade nehmen und trocken tupfen. In eine Form legen, salzen, pfeffern und mit Olivenöl beträufeln. 3 Stunden kalt stellen.

Die Anchovis mit der Hautseite nach unten auf Küchenpapier legen und 10 Minuten liegen lassen, bis ein Teil des Öls aufgesogen ist.

Die Anchovis nun mit der Hautseite nach oben auf Teller legen und mit Kirschtomaten, Schnittlauch und Salatblättern garnieren. Großzügig mit Himbeeröl beträufeln.

Brotwürfel

Vorbereitungszeit: 15 Minuten
Ruhezeit der Brotwürfel: 12 Stunden
Garzeit: 15 Minuten
Schwierigkeitsgrad: ✶

Für 4 Personen

300 g	durchwachsener Speck
3 Stück	Chorizo-Wurst
1,5 kg	Weißbrot
6	Knoblauchzehen
1 kg	blaue Weintrauben

2 TL	Paprikapulver (Pimentón)
	etwas Olivenöl
	Salz

Dieses sehr einfache Gericht ist typisch für Kastilien und die Extremadura. Im September treffen sich die Weinleser, um gemeinsam die traditionelle Spezialität zu genießen.

Die Brotwürfel erhalten ihr besonderes Aroma durch Olivenöl, Chorizo, Speck, Knoblauch, Paprikapulver und Salz. Dazu passen fruchtige Trauben hervorragend. *Migas* – übersetzt heißt das Brotkrumen – werden seit Jahrtausenden auf verschiedene Weise zubereitet. Schon die Ureinwohner der Iberischen Halbinsel kannten ein Gericht aus altbackenem Brot und Fett. Für dieses schlichte, bäuerliche Gericht waren Schafhirten und Maultiertreiber nicht auf die Nähe von Ortschaften angewiesen. Im Laufe der Zeit fand das Rezept Eingang in die spanische Küche und wird dort je nach Region in zahlreichen Varianten zubereitet.

Puristen meinen, dass das Brot für die Zubereitung von *Migas* sehr trocken sein müsse, am besten vier Tage alt.

Der Küchenchef empfiehlt, es in etwas Wasser einzuweichen und vor der weiteren Verwendung mindestens zwölf Stunden ruhen zu lassen. Damit verhindert man, dass das Brot allzu viel Fett aufnimmt. Die ausgesprochen beliebten *Migas ruleras* werden mit Weintrauben serviert. Je nach Qualität und Herkunft besitzen Trauben eine mehr oder weniger feste Haut und ein eher süßes oder säuerliches Fruchtfleisch. Die Saison für blaue Trauben dauert von August bis November.

Achten Sie darauf, dass die Trauben reif und frisch geerntet sind. Damit ihr Aroma voll zur Geltung kommt, sollten sie nicht direkt aus der Kühlung kommen. Vergessen Sie auch nicht, sie gründlich zu waschen. Alberto Herráiz empfiehlt anstelle von Trauben im Frühsommer Zuckermelonen. In manchen Familien reicht man zu *Migas* auch getrocknete Sardinen oder Spiegeleier.

Am Vorabend das Brot in Scheiben schneiden, entrinden und würfeln. Die Stücke in eine Schüssel geben und mit etwas Wasser benetzen. Mit einem Tuch abgedeckt 12 Stunden ziehen lassen.

Die Chorizo in Scheiben und den Speck in Würfel schneiden. Die Weintrauben von den Stängeln zupfen und gründlich waschen.

In einer Pfanne etwas Olivenöl erhitzen und darin die Wurstscheiben anbraten, in Scheiben geschnittenen Knoblauch und dann die Speckwürfel zugeben. Gut vermengen und braten, danach aus der Pfanne heben und beiseite stellen.

mit Trauben

Paprikapulver in die Pfanne geben und mit einem Spatel verrühren.

Die eingeweichten Brotwürfel zugeben. Unter Rühren goldgelb und knusprig rösten. Salzen.

Die Wurstscheiben und Speckwürfel zugeben und noch einmal bei geringer Hitze vorsichtig erhitzen. Die Migas auf einer Platte anrichten und mit den Weintrauben garnieren.

Salmorejo

Vorbereitungszeit: 15 Minuten
Garzeit der Eier: 10 Minuten
Schwierigkeitsgrad: ✳

Für 4 Personen

1 kg	vollreife Tomaten
6	Knoblauchzehen
300 g	Brot
200 ml	natives Olivenöl
100 ml	Sherry-Essig
2	Eier
150 g	roher Schinken in Scheiben
	Salz

Salmorejo de Córdoba ist im Grunde nichts anderes als ein kaltes Püree von frischen Tomaten mit Knoblauch. Vom Gazpacho unterscheidet er sich insofern, als Letzterer aus verschiedenen Gemüsesorten mit Kreuzkümmel und Paprika zubereitet wird und dünnflüssiger ist. Der *Salmorejo* dagegen wird in Andalusien oft nicht als eigenständiges Gericht, sondern als eine Art Brotaufstrich serviert. Der *Salmorejo* ist vor allem an heißen Sommertagen erfrischend. Während der traditionsreichen Umzüge, der *Romerías*, bereiten die Dorfbewohner zu Hause einen *Salmorejo* zu und verspeisen ihn dann beim gemeinsamen Festmahl.

Wichtig ist, dass die Tomaten schön rot und weich sind. Eigentlich sollte man sie mit dem Knoblauch zusammen im Mörser zerstoßen, doch verwendet man dafür auch in Córdoba heute eine elektrische Küchenmaschine. Das Gericht enthält reichlich Knoblauch. Wer es nicht so scharf mag, kann die Menge etwas verringern. Unbedingt sollte

jedoch der unbekömmliche grüne Keim entfernt werden. Damit die Zehen sich im Mörser besser zerdrücken lassen, bestreut man sie mit etwas grobem Salz, sodass sie am Gefäßboden haften und dem Stößel nicht entwischen.

Der Küchenchef empfiehlt ein hochwertiges und feinporiges Weißbrot, am besten vom Vortag. Die Qualität des Brotes ist wichtig, denn es verleiht dem Gericht seine samtige Konsistenz. In Spanien gibt es ein rustikales, rundes Brot namens *Candeal*, das sich hierfür besonders eignet.

Als letzten Schritt der Zubereitung gibt man Öl und Essig in den *Salmorejo*. Der Essig darf erst unmittelbar vor dem Servieren zugefügt werden, denn sonst wird die Mischung allzu sauer. Die Garnierung besteht bei José-Ignacio Herráiz aus hart gekochten Eiern und rohem Schinken, doch kann man beides nach Belieben mit Thunfisch, Gurkenscheiben, Minzeblättchen oder geriebenem Käse ersetzen.

Die Eier 10 Minuten kochen, abschrecken und schälen. Die Tomaten waschen und trocknen, die Stielansätze herausschneiden und die Tomaten vierteln.

Den Knoblauch schälen und mit einer Prise Salz im Mörser zerdrücken.

Den Knoblauch in die Rührschüssel der Küchenmaschine umfüllen. Die Tomaten zugeben und verarbeiten.

de Córdoba

Die Brotrinde abschneiden und das Brot grob in Stücke schneiden. In einer Schüssel mit Wasser befeuchten und mit einer Gabel zerdrücken. Das Brot zu den Tomaten in die Küchenmaschine geben.

Die Maschine so lange laufen lassen, bis die Masse zu einem glatten, rosaroten Püree geworden ist.

Öl und Essig untermixen und würzen. Den Salmorejo mit den geviertelten Eiern und Schinkenstreifen garnieren.

Xatonada

Vorbereitungszeit:	30 Minuten
Wässern des Stockfischs:	48 Stunden
Wässern der Pimientos ñoras:	2 Stunden
Kühlzeit:	1 Stunde
Garzeit:	25 Minuten
Schwierigkeitsgrad:	☆

Für 4 Personen

1 Kopf	krause Endivie
200 g	Stockfisch
12	Anchovisfilets (Glas)

| 200 g | Thunfisch (Dose) |
| 30 | schwarze Oliven |

Romesco-Sauce:

1	getrocknete rote Paprika (Pimiento ñora)
20 g	abgezogene Mandeln
20 g	abgezogene Haselnusskerne
3	reife Tomaten
2 Scheiben	Brot
3	Knoblauchzehen
300 ml	Olivenöl
100 ml	Rotweinessig, Salz

Die *Xatonada* stammt aus Katalonien, genauer gesagt aus der Gegend um Tarragona. Ob der beliebte Salat allerdings in Sitges oder Vilanova seinen Ursprung hat, darüber streiten sich die beiden rivalisierenden Ortschaften. Anlässlich von Volksfesten finden regelmäßig Wettbewerbe statt, wer die beste *Xatonada* zubereitet. Pep Masiques Version ist eher ein Wintergericht, denn krause Endivie bekommt man vor allem in der kalten Jahreszeit.

Wässern Sie den Stockfisch vierundzwanzig bis achtundvierzig Stunden. Dabei muss das Wasser häufig erneuert werden, um das Salz auszuschwemmen. Anschließend löst man zunächst die Haut ab und entfernt dann sorgfältig alle kleinen Gräten. Zum Schluss wird der Stockfisch zerpflückt.

Die mit Mandeln, Brot und Haselnüssen gebundene Romesco-Sauce ist ein uraltes Gericht aus dem Bergland Kataloniens. Besonders gern serviert man sie zu Stockfisch und Meeresfrüchten. Der Name stammt von der Paprikasorte Romesco. Die im 16. Jahrhundert von Amerika nach Europa gelangte Gartenfrucht wird vielfach auch *Pimiento ñora* genannt. Die kleine, runde Schote entwickelt ein ausgesprochen würziges Aroma ohne Schärfe. Getrocknet ist sie granatrot. Vor dem Einweichen sollte man Stiel und Kerngehäuse entfernen.

Die Haselnüsse müssen vor der Verwendung blanchiert werden. Dazu gibt man sie in einen Topf mit kochendem Wasser und lässt sie kochen, bis die Haut sich ablöst. Danach werden sie abgegossen, auf ein Trockentuch gegeben und kräftig gerubbelt. Notfalls löst man die Haut mit einem scharfen Messerchen. Die Anchovis müssen abgespült und eventuell entgrätet werden. Von allen Zutaten für die Sauce werden die Tomaten als Letzte angeschwitzt, denn sie geben Saft ab, der sich mit dem Öl mischt.

Den Stockfisch 48 Stunden wässern. Haut und Gräten entfernen und den Fisch mit den Fingern in Stücke zerpflücken.

Die getrocknete Paprika in einer Schüssel mit kaltem Wasser 2 Stunden einweichen lassen, dann die Schote aufschneiden und das Mark mit einem Teelöffel herauskratzen. Den Knoblauch schälen und in Scheiben schneiden.

Knoblauch 5 Minuten mit 200 ml sehr heißem Olivenöl goldgelb rösten. Herausnehmen und beiseite legen. Dann Mandeln 5 Minuten in derselben Pfanne rösten. Beiseite stellen. Nacheinander mit dem Brot, den Haselnüssen und den geviertelten Tomaten ebenso verfahren.

Alle Zutaten in die Rührschüssel der Küchenmaschine geben und das Paprikamark zufügen. Im Mixer zu einer homogenen Sauce verarbeiten.

Das restliche Olivenöl und den Essig zur Sauce geben und nochmals mixen. Die Romesco-Sauce in eine Schüssel umfüllen und 1 Stunde kalt stellen. Bei Bedarf nachwürzen.

Den Endiviensalat waschen und trocken schleudern. Mit einem scharfen Messer den Strunk herausschneiden, sodass die Blätter sich lösen. Den Salat in eine Schüssel geben und darauf Stockfisch, Thunfisch, Anchovis, Oliven und Romesco-Sauce anrichten.

Scampi-Carpaccio

Vorbereitungszeit: 40 Minuten
Kühlzeit: 20 Minuten
Garzeit: 20 Minuten
Schwierigkeitsgrad: ★

Für 4 Personen

12	rohe Scampi
6 EL	Olivenöl
2 Bund	grüner Spargel
4	Orangen
1	Zitrone

1 Bund	Estragon
1 TL	grobkörniger Senf
1 Bund	Dill
	Salz
	Pfeffer

Dieses Rezept bringt den Sommer auf den Teller! Ein großes Dankeschön dem venezianischen Maler Vittore Carpaccio, der der erfrischenden Vorspeise ihren Namen gab. Das kalorienarme Entrée ist leicht zuzubereiten.

Alain Carro bevorzugt Scampi, weil ihr Fleisch wunderbar die Aromen der anderen Zutaten aufnimmt. Diese Krustentiere wurden aber auch wegen der harmonischen Farben ausgewählt. Die Scampi müssen absolut frisch sein, mit schwarzen, glänzenden Augen, und einen angenehmen, unauffälligen Geruch haben. Falls Sie keine Scampi bekommen, rät unser Küchenchef zu Makrelenfilets. Sie eignen sich ebenfalls gut für dieses Rezept und sind viel preiswerter! Wenn Sie Ihren Fischhändler bitten, die Filets zu tranchieren, bekommen Sie nur die ganz zarten Streifen. Was die Frische betrifft, so gilt für diesen Fisch mit seinem schillernden Kleid dasselbe wie für die Scampi. Entfernen Sie sämtliche kleinen Gräten mit der Pinzette.

Der grüne Spargel, der die schöne Jahreszeit ankündigt, wird im Süden Frankreichs häufig angepflanzt. Die Stangen müssen gerade gewachsen sein. Achtung: Grüner Spargel hält sich nur bis zu drei Tagen frisch. Natürlich können Sie, je nach Saison, auch weißen Spargel verwenden. Spülen Sie die Stangen vor dem Schälen mit heißem Wasser ab. Generell wird Spargel in gesalzenem Wasser zehn bis fünfzehn Minuten gekocht, je nach Dicke der Stangen. Damit der Spargel nach dem Kochen schneller abkühlt, gibt man ihn in eine Schüssel mit Eiswasser.

Der Estragon zum Würzen des Olivenöls wird vorher klein geschnitten. Besorgen Sie sich dieses aromatische Kraut auf jeden Fall frisch. Anstelle von frischem Estragon verwendet der Küchenchef notfalls Kerbel. Wenn Sie bei dieser Vorspeise die Köpfe der Scampi zum Garnieren verwenden wollen, müssen Sie sie vorher blanchieren.

Die Scampi schälen, in der Mitte aufschneiden. Auseinander klappen und den schwarzen Darm aus dem Rücken entfernen. Währenddessen den Spargel 10 Minuten in gesalzenem Wasser kochen.

Ein größeres Viereck Frischhaltefolie zurechtlegen. Eine Hälfte mit Olivenöl bestreichen. Je 4 Scampi sternförmig darauflegen. Die nicht geölte Hälfte darüberschlagen. Fleisch mit dem Plattiereisen in hauchdünne Scheiben klopfen und 20 Minuten in den Kühlschrank stellen.

Die Orangen und die Zitrone auspressen und den Saft mischen. Diese Flüssigkeit 8 Minuten in einem kleinen Topf auf drei Viertel der Menge reduzieren lassen.

mit Spargel

Olivenöl, den gehackten Estragon und grobkörnigen Senf in eine Schüssel geben und das Ganze mit dem abgekühlten Saft der Zitrusfrüchte mischen. Würzen und beiseite stellen.

Kurz vor dem Servieren das Carpaccio aus dem Kühlschrank nehmen und ein paar Minuten stehen lassen. Frischhaltefolie entfernen und die hauchdünnen Scheiben auf die Teller legen. Wenn nötig, noch einmal kühl stellen.

Den gekochten Spargel in 8 cm lange Stücke schneiden. Die Sauce abschmecken und über das Carpaccio gießen. Den Spargel dekorativ auf den Tellern anrichten. Den Abschluss bildet ein Sträußchen Dillspitzen. Sehr kalt servieren.

Zucchinicreme

Vorbereitungszeit:	20 Minuten
Garzeit:	15 Minuten
Schwierigkeitsgrad:	✶

Für 4 Personen

500 g	Zucchini
350 g	roter Thunfisch
½ Bund	Kerbel
½ Bund	Schnittlauch
1 Zweig	Estragon
1	Schalotte

500 ml	Geflügelbrühe
12 EL	Olivenöl
50 g	Kapern
	Salz
	Pfeffer

Zum Garnieren:

1	Porreestange
	grobkörniges Salz (Meersalz)
	Frittierfett

Eine Hauptrolle in unserem Gericht spielen die Zucchini. Im Mittelmeerraum sind sie sehr beliebt, insbesondere in der Ratatouille. Dieses Rezept von Francis Robin eignet sich besonders als erfrischendes Entrée im Sommer, denn dann schmecken Zucchini am besten. Zucchini gehören zu den ältesten Gemüsesorten überhaupt. In Mexiko hat es sie schon im 8. Jahrhundert vor der Zeitenwende gegeben.

Wählen Sie kleine, (auch an den Enden) feste grüne Zucchini aus. Wenn sie Ihnen für unser Rezept nicht geschmacksintensiv genug erscheinen, können Sie dazu eine Knoblauchzehe verarbeiten. Das unterstreicht den Geschmack dieses Gemüses. Damit das Ganze schön grün bleibt, gehen Sie nicht allzu verschwenderisch mit Olivenöl um: Es schluckt Farbe.

Ein weiterer Prominenter in unserem Rezept ist der rote Thunfisch aus dem Mittelmeer. Dieser große, fleischige Fisch muss sehr frisch sein. Es gibt ihn zwischen Mai und September. Ende des 19. Jahrhunderts machten Späher die provenzalischen Fischer durch Trompetenstöße auf Thunfischschwärme aufmerksam. Falls Sie keinen frischen Thunfisch bekommen, können Sie auch frischen Lachs nehmen. Das Gericht gelingt dann ebenso.

Der in diesem Rezept verwendete Estragon intensiviert den Geschmack des Thunfischfleisches und bereichert durch sein eigentümliches Aroma von süßlicher Schärfe. Das Gericht wird allerdings auch ohne dieses Kraut sehr gut gelingen. Die anderen frischen Kräuter wie etwa Kerbel oder Schnittlauch dienen in vielen Fällen ausschließlich zum Garnieren der Speisen. In unserem Rezept hingegen haben sie die wichtige Aufgabe, dem Thunfisch-Tartar ein besonderes Aroma zu verleihen.

Zucchini waschen und in Stücke schneiden. Das Gemüse 5–8 Minuten dünsten, es muss noch bissfest sein.

Das Gemüse mit kaltem Wasser abschrecken und abtropfen lassen. Die Zucchini mit der Geflügelbrühe und dem Olivenöl mit dem Mixstab pürieren. Abschmecken und beiseite stellen.

Die Kräuter – Schnittlauch, Kerbel, Estragon – fein hacken, ebenso die abgetropften Kapern und die Schalotte.

mit Thunfisch

Thunfisch in sehr kleine Würfel schneiden. Salzen, pfeffern und beiseite stellen. Die kleinen Auflaufformen, durch die der Thunfisch-Tartar seine flache, runde Form erhält, mit ein wenig Öl einpinseln.

Thunfisch, Kapern, Kräuter, Salz und Pfeffer mit dem restlichen Olivenöl mischen und in den eingeölten Auflaufförmchen zu flachen runden Portionen formen. Porreestange waschen und ein weißes, 6 cm langes Stück in sehr schmale Streifen schneiden.

Dieses »Engelhaar« frittieren, bis es knusprig braun ist und auf den Thunfisch-Tartar häufen. Ein paar Körner grobes Salz darüber streuen. Die Tartar-Scheiben in die Mitte eines tiefen Tellers legen und die Sauce angießen. Kalt servieren.

Spargelsalat

Vorbereitungszeit: *30 Minuten*
Garzeit: *8–12 Minuten*
Schwierigkeitsgrad: *★*

Für 4 Personen

1 kg	grüner Spargel
300 g	frische Dicke Bohnen
2	Tomaten
1 Bund	Basilikum
	grobes Salz

Balsamico-Vinaigrette:

6 EL	Olivenöl
2 EL	Balsamico
	Salz
	Pfeffer

Zum Garnieren:

100 g	Parmesan

In Rouret, einem kleinen Dorf im Hinterland von Nizza, bereitet Daniel Ettlinger für seine Gäste Gerichte zu, die sich am Angebot des Marktes orientieren. Im Frühling gehört natürlich Spargel zu seinem Menü. Ettlinger hat ein regelrechtes Faible für diese mehrjährige Pflanze entwickelt und dem Spargel eine Vorspeise gewidmet, die den Namen seines Restaurants trägt: Spargelsalat »Clos Saint-Pierre«.

Beim Einkauf sollte sich der Spargel fest anfühlen, eine klare grüne Farbe haben und, wenn man ihn bricht, glänzende Bruchstellen. Ein Tipp von Monsieur Ettlinger: Probieren Sie in der Spargelsaison seinen Lieblingsspargel, den violetten. Er ist sehr zart, aber ganz besonders geschmackvoll. Leider verschwindet diese Sorte, die hauptsächlich in dem Gebiet rund um Nizza angebaut wird, mehr und mehr von den Märkten. Seit einigen Jahren wird sie in Gewächshäusern gezogen, die die Wärme speichern.

Der Küchenchef lehnt es ab, diese Vorspeise mit weißem Spargel zuzubereiten – wenn er den violetten Spargel nicht bekommt, greift er allerdings wie hier auf grünen Spargel zurück. Die Enden werden bei der Vorbereitung nur abgeschnitten, wenn sie etwas trocken sind. Durch das grobe Salz im Kochwasser behält der Spargel seine grüne Farbe. Lassen Sie die Stangen nach dem Kochen etwa zehn Minuten in Eiswasser abkühlen und legen Sie sie danach auf saugfähiges Küchenpapier.

Die zarten, kleinen Dicken Bohnen, auch sie eine südfranzösische Spezialität, reicht man gern zum Apéritif. Man findet sie ab Mai bis zum Ende des Sommers auf den Märkten. Die Bohnen werden übrigens mit der Haut gegessen.

Das Basilikum ist ein sehr aromatisches Küchenkraut. Der Küchenchef empfiehlt, die Blattrippe in der Mitte zu entfernen, bevor man die Blätter klein schneidet.

Den Spargel waschen und mit dem Messer die kleinen Schuppen am Stiel entfernen. Die Stangen der Länge nach von oben nach unten mit einem Sparschäler schälen.

Den Spargel in 1,5 l Wasser mit 2 Esslöffeln grobem Salz kochen. Die Garzeit beträgt 8–12 Minuten, je nach Dicke der Stangen.

Die Dicken Bohnen enthülsen. Tomaten 1 Minute blanchieren, danach lässt sich die Haut leicht abziehen. Entkernen und Fruchtfleisch in breite Streifen schneiden. Basilikum waschen, Blätter klein schneiden.

»Clos Saint-Pierre«

Für die Vinaigrette Salz, Pfeffer, Balsamico und Olivenöl in einer Schüssel mit dem Schneebesen gut verschlagen.

Dicke Bohnen, Tomaten und Basilikum in die Vinaigrette geben. Spargelstangen abtropfen lassen.

Spargelstangen in fingerlange Stücke schneiden und kreuz und quer auf dem Teller verteilen. Üppig mit Vinaigrette beträufeln. Tomaten, Bohnen und Basilikum rund um den Spargel arrangieren. Mit dem Sparschäler einige Parmesanspäne darüberhobeln.

Salat »Côte d'Azur«

Vorbereitungszeit: 30 Minuten
Garzeit: 15 Minuten
Schwierigkeitsgrad: ★

Für 4 Personen

1	kleine Aubergine
2	Zucchini
2	rote Paprika
80 g	französischer Mischsalat (Mesclun)
40 g	Parmesan Reggiano (5 Jahre alt)
2	Knoblauchzehen
1	Tomate
6	kleine Pfefferminzblätter

20 g	Frühlingszwiebeln
1 kl. Zweig	Thymian
5 EL	Olivenöl
2	Basilikumblätter
	Salz, Pfeffer

Balsamico-Vinaigrette:

je 4 EL	Olivenöl, Balsamico, alter Weinessig
1 EL	Ingwersirup
½ TL	Salz
1 Prise	Pfeffer

Zum Garnieren:

8 Stängel	Basilikum
30 g	schwarze Oliven (aus Nizza)
1 kl. Zweig	Zitronenthymian (nach Belieben)
	Blätter von 4 Selleriestangen

Dieser Salat ist ein herrliches Entrée aus dem Süden, das die Aubergine, die Zucchini und ganz besonders das Basilikum zur Geltung bringt. Letzteres stammt ursprünglich aus Indien und hat seinen Namen vom griechischen *basilikos*, was so viel heißt wie »königlich«. Daran zeigt sich auch, welche Bedeutung das Kraut schon im Altertum besaß.

Die Basilikumblätter verströmen einen intensiven Duft, der an Zitrone und Jasmin erinnert. Angewelktes Basilikum wird wieder frisch, wenn man es einen Moment lang in Wasser hält – aber nicht zu lange, da sich sonst die Blätter dunkel färben. Für unser Rezept schneiden Sie den Kranz der zarten Blätter oben am Stiel ab; er dient als Garnierung.

Der Küchenchef nimmt meist fünf Jahre alten Parmesan, der mit zunehmender Reife an Geschmack gewinnt. Wichtig für das Gelingen dieses Gerichts ist es, das Gemüse in heißem Öl anzubraten.

Hier noch ein Tipp aus der Profiküche: Damit sich die Haut der Paprika leichter ablösen lässt, wickelt man sie nach dem Backen für drei bis vier Minuten in Zeitungspapier oder in Alufolie. Der Knoblauch muss gut blanchiert werden, um seinen ausgeprägten Geschmack zu mildern. Dazu tauchen Sie die geschälten Zehen erst in kaltes und dann in siedendes Wasser. Dies dreimal wiederholen.

Kennzeichen der Pfefferminze sind ihre langen, kleinen Blätter mit schwärzlicher Maserung. Sie können die Pfefferminze durch frische Minze ersetzen und einfachen Thymian nehmen, wenn Sie keinen Zitronenthymian bekommen.

Bei der Zubereitung der Balsamico-Vinaigrette fügen Sie einen Esslöffel Wasser zu, damit sich die Mischung nicht trennt. Ingwersirup ist nicht unbedingt notwendig. Allerdings gibt er mit seinem süßlich-bitteren Aroma dem Dressing einen ganz besonderen Touch.

Aubergine und Zucchini waschen. In feine Streifen schneiden. Den Knoblauch schälen, sehr fein schneiden und blanchieren.

Die Auberginen- und Zucchinischeiben in einer Pfanne mit heißem Olivenöl 1 Minute frittieren. Salzen und pfeffern.

Blattkränzchen am Ende des Basilikums abschneiden, ebenso die zarten grünen Blätter des Selleries. Zum Garnieren beiseite legen. 2 große Basilikumblätter, Frühlingszwiebel und Pfefferminze klein schneiden, Thymianblätter abzupfen. Alle Kräuter zum Gemüse geben.

mit Balsamico

Die Paprika auf ein leicht geöltes Backblech legen und 10 Minuten grillen. Nach dem Abkühlen häuten, entkernen und in sehr feine Streifen schneiden.

Mit einem Sparschäler der Länge nach Späne vom Parmesan abhobeln. Dann die Tomaten waschen, blanchieren, die Haut abziehen und entkernen. Das Fruchtfleisch würfeln.

Alles Gemüse mit der Balsamico-Vinaigrette mischen und auf den Tellern anrichten. Mit Mischsalat, Basilikumsträußchen, Selleriegrün, Oliven und Parmesanspänen garnieren.

Tomaten »surprise«

Vorbereitungszeit: 30 Minuten
Garzeit: 15 Minuten
Schwierigkeitsgrad: ⋆

Für 4 Personen

4	große Tomaten (à 180 g)
8	Scampi
1	Knoblauchzehe
100 ml	heller Geflügelfond
80 g	schwarze Olivenpaste
350 g	Ziegenfrischkäse

1 Bund	Schnittlauch
	gemischter Salat
3 EL	Olivenöl
	Salz
	Pfeffer

Balsamico-Vinaigrette:

1 EL	Olivenöl
1 TL	Balsamico
½	Zitrone
	Salz
	Pfeffer

Bei diesem Gericht hat sich Joël Garault von der traditionellen Küche des provenzalischen Hinterlandes inspirieren lassen. Ursprünglich verwahrten die Bauern den frischen Ziegenkäse unter einem Olivenbaum auf, gewürzt mit Schnittlauch, wildem Rucola, Olivenöl und Pfeffer. Und in der Tat ist dieses frühlingshafte und sommerliche Entrée mit Scampi eine Hommage an die regionale Küche.

Bei diesem Rezept spielt die Tomate eine Hauptrolle. Am besten eignet sich die runde, rote Sorte *Marmande*, die es von Juli bis Oktober gibt. Die Tomaten sollten fest, fleischig, glänzend und von gleichmäßiger Färbung sein.

Vor dem Aushöhlen schneiden Sie das Fruchtfleisch an drei Seiten ein. So behalten die Tomaten ihre hübsche Form.

Die Überraschung (»surprise«) besteht in der Ziegenkäsefüllung. Ausschließlich aus Ziegenmilch hergestellt, enthält

dieser Käse mindestens fünfundvierzig Prozent Fett. Fragen Sie bei Ihrem Käsehändler nach einem *Billy* aus dem Tarn oder nach einem Käse aus dem Département Cher. Der Käse muss absolut frisch sein.

Eine ungewöhnliche Zutat ist auch die schwarze Olivenpaste, die Sie eventuell durch Tapenade ersetzen können.

Die Tomaten können Sie am Vortag, die Scampi sollten Sie erst im letzten Moment zubereiten. Dieses schmackhafte Krustentier mit seinem rosafarbenen Panzer gibt es von April bis August. Achten Sie beim Kauf darauf, dass das Äußere glänzt und die Augen klar und schwarz sind. Nach dem Schälen muss der Darm entfernt werden. Joël Garault spießt einen Zahnstocher in das Fleisch der Scampi. Damit wird verhindert, dass sich die Scampi beim Braten zusammenziehen. Bevor man sie auf dem Teller anrichtet, müssen die Zahnstocher natürlich entfernt werden.

Tomaten blanchieren und häuten, obere Seite mit Stängelansatz abschneiden, mit einem kleinen Messer aushöhlen und Fruchtfleisch aufbewahren. Mit Küchenkrepp den Tomaten Flüssigkeit entziehen. Abgeschnittene Deckel für die Garnierung fächerförmig schneiden.

Die Scampi schälen. Köpfe und Panzer für die Sauce aufbewahren. Die Schwänze in 1 Esslöffel Olivenöl anbraten. Salzen, pfeffern und beiseite stellen.

Für die Sauce Panzer und Köpfe mit einem Küchenspachtel zerdrücken. Mit 1 Esslöffel Olivenöl, der zerteilten Knoblauchzehe und dem Fleisch der Tomaten in dem Geflügelfond 5 Minuten köcheln lassen.

mit Scampi

Den Fond durch ein Sieb gießen, mit dem Schneebesen gut verschlagen und die Zutaten der Vinaigrette zugeben: Zitronensaft, Olivenöl und Balsamico. Mit Pfeffer und Salz abschmecken.

Für die Füllung den Ziegenfrischkäse und 1 Esslöffel Olivenöl mit einer Gabel verkneten. Schnittlauch klein schneiden und vorsichtig unter den Käse rühren. Die Spitzen für die Garnierung aufbewahren.

Tomaten zur Hälfte mit Farce füllen, darüber Olivenpaste geben und mit übriger Farce bedecken. Alles auf Tellern arrangieren: Salat, Tomaten – ein Viertel herausschneiden – und halbierte Scampi. Alles mit Schnittlauchspitzen, gefächerten Tomaten und etwas Sauce garnieren.

Gemüseantipasti

Vorbereitungszeit: 35 Minuten
Marinieren: 20 Minuten
Garzeit: 45 Minuten
Schwierigkeitsgrad: ★

Für 4 Personen

2	Zucchini, Auberginen, rote Paprika
120 g	Rucola
2 EL	Olivenöl grobes Salz

Dressing:

4 EL	Balsamico-Essig
4 EL	Olivenöl
	Salz
	Pfeffer

Marinade:

12	frische Minzeblätter
1 TL	Kräuter der Provence
7 EL	Olivenöl
	Pfefferkörner
	Salz

Zum Garnieren:

Parmesanröllchen
Kirschtomaten

Die italienische Küche kennt unendliche Varianten von Antipasti, die als leichte Appetithäppchen serviert werden. Das Gemüse, das wir in diesem Rezept für Sie zusammengestellt haben, ist leicht zuzubereiten – ein Klassiker der italienischen Kochkunst.

Die italienische Halbinsel ist ein einziger Gemüsegarten. Hier gedeihen Auberginen, Zucchini, Paprika, Tomaten und vieles mehr. Schlendern Sie über die Märkte! Überall finden Sie liebevoll aufgebaute Marktstände und ein herrliches Zusammenspiel von Farben und Gerüchen. Beobachten Sie einmal anspruchsvolle italienische Hausfrauen dabei, wie sie in aller Ruhe das Beste für ihre Familie auswählen …

Zucchini und Auberginen sind Sommergemüse par excellence und deshalb in vielen mediterranen Gerichten zu finden. In unserem Rezept werden sie in dünne Scheiben geschnitten und in der Pfanne gebraten. Sie marinieren etwa

20 Minuten in Olivenöl, dann werden sie mit Minzeblättern gewürzt. Minze ist reich an Kalzium, Eisen und Vitaminen und soll ein richtiger Muntermacher sein. Es gibt Dutzende Arten dieser Pflanze, wobei die grüne Minze mit ihren länglichen, gezähnten Blättern die bekannteste ist. Sie ist das ganze Jahr über erhältlich. Wird sie im Kühlschrank in einer Plastiktüte aufbewahrt, bleibt sie längere Zeit frisch.

Die Marinade wird durch Kräuter der Provence verfeinert. Diese Kräutermischung besteht üblicherweise aus Lorbeer, Rosmarin, Thymian und Bohnenkraut und wird häufig auch beim Grillen verwendet. Der Küchenchef fügt zu diesem Antipasto noch Rucola. Ihr besonderer Geschmack ist leicht scharf und erinnert an Haselnüsse.

Diese köstliche kalte Vorspeise schmeckt an heißen Sommertagen am besten.

Die Paprika auf ein Backblech legen. Mit einer guten Prise Salz bestreuen und 1 Esslöffel Olivenöl darüber verteilen. Ungefähr 45 Minuten backen, die Haut abziehen, dann entkernen und in feine Streifen schneiden.

Auberginen und Zucchini waschen und in gleichmäßige dünne Scheiben schneiden.

Das restliche Öl in eine Grillpfanne geben und Auberginen- und Zucchinischeiben grillen.

Das gegrillte Gemüse in eine Form legen. Salzen und pfeffern. Olivenöl, Minze und Kräuter darüber geben und 20 Minuten ziehen lassen.

Für das Dressing Salz, Pfeffer, Balsamico-Essig und Olivenöl in eine kleine Schüssel geben und mit einem Schneebesen gut schlagen.

Von einem Stück Parmesankäse kleine Röllchen schaben. Zucchini- und Auberginenscheiben mit den Paprikastreifen auf einem Teller anrichten. Salatsauce über das Gemüse gießen. Mit einigen Rucolablättern, Kirschtomaten und Parmesanröllchen garnieren.

Friaulischer

Vorbereitungszeit: 20 Minuten
Garzeit: 18 Minuten
Schwierigkeitsgrad: ★

Für 4 Personen

300 g	Feldsalat
4	Eier
1	Granatapfel
150 g	Pancetta (ersatzweise durchwachsener geräucherter Speck)

3 EL	extra natives Olivenöl
2 EL	Balsamico-Essig
	Salz

In seinem Restaurant in Cormons, zwischen Gorizia und Udine im Friaul, serviert Küchenchef Paolo Zoppolatti seinen Gästen einen frischen Feldsalat mit Eiern und Speck. Dieses traditionelle Rezept hat er dem modernen Geschmack angepasst: Bei den hart gekochten Eiern trennt er Eiweiß und Eigelb; das Eiweiß wird in Scheiben geschnitten und das Eigelb durch ein Sieb gepresst. Über das Ganze streut er Granatapfelkerne.

Kaufen Sie für dieses Rezept frischen Feldsalat von kräftig leuchtendem Grün. Feldsalat ist ein empfindliches Herbst- und Wintergemüse, das gerne auf sandigem Boden wächst. Auch in seiner Originalverpackung hält er sich im Kühlschrank nicht länger als drei bis vier Tage. Er wird kurz unter fließendem Wasser gewaschen und sollte dann abtropfen – aber nicht trocknen. Für dieses Rezept können Sie dem Feldsalat auch noch Endiviensalat oder Löwenzahn zufügen.

Dieser friaulische Salat spielt mit der kontrastreichen Palette vom salzig-rauchigen Aroma des Specks über die Säure des Essigs bis zur Süße der Granatapfelkerne. Im Friaul verwendet man einen Speck, der erst gepfeffert und dann zwölf Stunden geräuchert oder zwölf Tage im Keller getrocknet wird. Man kann aber auch normale Speckscheiben oder rohen Schinken verwenden.

Der Balsamico-Essig stammt aus Modena in der Emilia-Romagna. Er wird aus dem Most weißer Trauben gewonnen und reift mehrere Jahre in Fässern. Während der Reifung wird er mehrfach umgefüllt und lagert so in Fässern aus unterschiedlichem Holz. Kenner behaupten, dass er zwölf Jahre benötigt, um zur Perfektion zu gelangen. Seine süß-saure Note passt wunderbar zu diesem Salat.

Die Eier hart kochen. Den Feldsalat abspülen, abtropfen lassen und die Würzelchen am Blattansatz entfernen.

Die Eier abkühlen lassen und schälen. Das Eigelb mit einem kleinen Löffel herauslösen und durch ein Sieb drücken. Das Eiweiß in Scheiben schneiden.

Den Speck in kleine Würfel schneiden.

Salat

In einer Pfanne die Speckwürfel im Olivenöl 5 Minuten anbraten, dabei öfter wenden.

Den durchgebratenen Speck mit Balsamico-Essig ablöschen und salzen. Nochmals 2 bis 3 Minuten bei starker Hitze braten und dabei die Pfanne kräftig rütteln.

Den Granatapfel vierteln. Die Kerne vorsichtig herauslösen. Den Feldsalat in der Mitte eines Tellers und die Eiweißscheiben rundherum anrichten. Eigelb, Speck, Granatapfelkerne und die Sauce darüber geben.

Fenchelsalat

Vorbereitungszeit: 15 Minuten
Garzeit: 20 Minuten
Schwierigkeitsgrad: ★

Für 4 Personen

2	Fenchelknollen
4	Orangen
12	schwarze Oliven
6 EL	Olivenöl
	Salz
	Pfefferkörner

Zum Garnieren:
Fenchelsamen
Fenchelgrün

Dieser Fenchelsalat mit Orangen ist sehr erfrischend und ein echter Vitaminstoß. Feinschmecker von Rom bis Palermo schätzen ihn. Zudem ist er sehr einfach zuzubereiten. Wilder Fenchel ist in Süditalien zu finden; angebaut wird dieses Gemüse heute in Apulien und von dort in die ganze Welt exportiert. Die aromatische, kaliumreiche Pflanze gedeiht gut in den sandigen Böden des Mittelmeerraumes. Sie kann bis zu zwei Meter hoch werden, hat dunkelgrüne, fedrige Blätter und duftet leicht nach Anis. Seit Urzeiten nutzt man sie als Gemüse, aber auch zu medizinischen Zwecken.

Fenchel wird im Winter eigentlich überall verkauft. Wählen Sie kleine Knollen, die zart, weiß und fest sind. Die flaumigen und leicht nach Anis schmeckenden kleinen Triebe am Ende der Stängel sollten Sie nicht wegwerfen, denn sie machen sich gut in der Sauce.

Die Orangen erinnern an Süditalien bzw. an Sizilien. Schon im Mittelalter lieferte die Insel hochwertige Zitrusfrüchte. Der arabische Dichter Ibn Zaffir besingt die Schönheit der Orangen- und Zitronenbäume in den Gärten Palermos: »In Sizilien haben die Bäume feurige Köpfe und stehen mit den Füßen im Wasser.« Wahrscheinlich wurden die ersten Orangenbäume im 11. oder 12. Jahrhundert eingeführt. Mönche züchteten in der Folgezeit verschiedene Orangensorten in der Ebene von Palermo, die man seitdem *Conca d'oro* nennt. Noch heute stammen siebzig Prozent der italienischen Orangen aus Sizilien.

Wir empfehlen für diesen Salat die berühmten Navelorangen oder die sehr saftigen Blutorangen.

Die äußere Schicht der Fenchelknollen entfernen. Bei der verbliebenen Knolle den Boden abschneiden.

Die Fenchelknollen in gleichmäßige kleine Würfel schneiden. Das Fenchelgrün hacken.

Für die Marinade das Olivenöl in eine Salatschüssel geben, salzen und pfeffern. Die Fenchelwürfel und das Fenchelgrün hineingeben und 20 Minuten ziehen lassen. Vorsichtig umrühren.

mit Orangen

Die Orangen gut schälen.

Die Orangen quer in gleich dicke Scheiben schneiden. Den Saft auffangen.

Die Oliven entkernen. Auf dem Teller zunächst den Fenchel samt Marinade anrichten. Die Orangenscheiben mit den Oliven darüber legen. Den Saft darüber gießen. Mit Fenchelsamen und Fenchelgrün garnieren.

Geflügelsalat

Vorbereitungszeit:	20 Minuten
Einweichzeit:	1 Stunde
Garzeit:	30 Minuten
Schwierigkeitsgrad:	★

Für 4 Personen

200 g	Hühnerbrust
4	getrocknete Steinpilze (Köpfe)
20 g	Pinienkerne
1	Stangensellerie
1	Möhre

½	Zwiebel
2 TL	Balsamico-Essig
15 EL	extra natives Olivenöl
	Salz
	Pfeffer

Zum Garnieren:

Basilikum (nach Belieben)

Die Garfagnana-Berge, etwa dreißig Kilometer von Lucca, der Heimatstadt des Küchenchefs, entfernt, werden von den toskanischen Feinschmeckern hoch geschätzt. Dort lassen sie sich köstliche Steinpilze, leckere Kastanien, Pecorino und wunderbare Gerichte mit Dinkel schmecken.

Schon im Juni und Juli, besonders aber im Spätsommer, streifen viele Sammler auf der Suche nach Steinpilzen, die auf Italienisch *Porcini* heißen, durch die Wälder: Die beliebteste Art ist der *Boletus edulis* oder »Steinpilz von Bordeaux«. Er schmeckt im Salat, gegrillt, als Frikassee, in einem Omelette, einer Suppe oder auch in einer delikaten Pastasauce.

Da frische Steinpilze außerhalb der Saison kaum zu finden sind, greift man häufig auf getrocknete zurück. Waschen Sie die getrockneten Pilze vor dem Einweichen immer sorgfältig unter fließendem Wasser.

Auch der einfachste toskanische Salat kommt nicht ohne ein gutes Olivenöl aus, das seinen Geschmack noch akzentuiert. Sauro Brunicardi bevorzugt extra natives Olivenöl aus Lucca. Es hat eine kräftig grüne Farbe und ist etwas trübe, da es nicht gefiltert wird. Es schmeckt sehr leicht und frisch, ein bisschen wie Granny-Smith-Äpfel. In diesem Geflügelsalat verbindet es sich wunderbar mit dem weichen Balsamico-Essig aus Modena.

Die Pinienkerne verleihen dem Salat etwas Biss und einen leicht harzigen Geruch. Die Schirmpinie, deren Samenkerne sie sind, gehört zum Landschaftsbild der Toskana. Prüfen Sie vor dem Gebrauch immer, ob die Pinienkerne frisch sind. Da sie einen hohen Fettgehalt haben, werden sie recht schnell ranzig. Streuen Sie die gerösteten Kerne über den Salat, nachdem Sie ihn mit Basilikumblättchen garniert haben.

Die getrockneten Steinpilze 1 Stunde in lauwarmem Wasser einweichen, dann gut abspülen. Die Zwiebelhälfte schälen und klein schneiden. Die Möhre schälen und in Scheiben schneiden. Den Sellerie putzen und in Scheibchen schneiden.

Das Gemüse in kochendes Wasser geben und ca. 10 Minuten garen.

Die Hühnerbrust zum Gemüse geben. Weitere 15 Minuten bei starker Hitze kochen lassen.

mit Steinpilzen

Die Pilze 3 Minuten in Salzwasser kochen, das man mit 2 Tropfen Balsamico-Essig versetzt hat.

Die Hühnerbrust abtropfen lassen und in Scheiben schneiden.

In einer Pfanne die Pinienkerne ohne Fett rösten. Abwechselnd eine Scheibe Fleisch und ein Stück Pilz auf den Teller geben. Olivenöl und einige Tropfen Balsamico-Essig darüber geben. Salzen, pfeffern und mit Pinienkernen und Basilikum garnieren.

Sommersalat mit

Vorbereitungszeit: 10 Minuten
Garzeit: 1 Minute
Schwierigkeitsgrad: ✶

Für 4 Personen

4	Orangen
300 g	Fenchelknolle
1	Zitrone
180 g	Bottarga vom Thunfisch (leider nur über ausländische Bezugsquellen erhältlich)

100 g	entsteinte schwarze Oliven
3 EL	Olivenöl
1 EL	Weißweinessig

Zum Garnieren:

	Fenchelsamen
4 Zweige	Fenchelkraut

Sizilien ist eine Insel der Traditionen und erweckt heute oft den Eindruck, dass die Zeit stehen geblieben sei. Der Familiensinn ist ausgeprägt, und auch andere Bräuche sind fest in der Inselmentalität verankert. So zieht die *mattanza*, die Jagd auf den Thunfisch, jedes Jahr Tausende Zuschauer nach Favignia in der Bucht von Trapani. Thunfische, die vier Meter lang und mehrere Zentner schwer werden, sind in der Inselküche hoch geschätzt.

Der Bottarga-Salat hat seine Ursprünge in Porto di Capo Passero, einem kleinen Fischerdorf ganz im Süden, und ist einfach in der Zubereitung. Die typische, erfrischende sizilianische Spezialität ist eine ideale Vorspeise für den Sommer.

Die *bottarga di tonno* wird aus sorgfältig gepresstem und gesalzenem Thunfischrogen hergestellt. Dieses regionaltypische Produkt (das hierzulande leider nicht einfach erhältlich ist, sondern über den internationalen Feinkost-handel bezogen werden muss) wird in Scheiben geschnitten und roh, frittiert oder gedünstet verzehrt. Oft wird Bottarga mit Olivenöl, Knoblauch, Petersilie und rotem Chilipulver gewürzt.

Diese Vorspeise ist sehr vitaminreich und gewinnt noch an Frische durch das leicht säuerliche Aroma der Orange. Seit dem Mittelalter ist die Region um Palermo für die Qualität ihrer Zitrusfrüchte berühmt. Diese Region, die einem riesigen Garten gleicht und in der die Früchte seit dem 11. Jahrhundert angebaut werden, profitierte lange von dem Bewässerungssystem der Araber. Auf der Insel werden die Sorten Navel, Tarocco und die ovale Orange angebaut.

Erfrischend wird diese Vorspeise durch eine gelungene Kombination von Aromen und Konsistenz. Der Schmelz der Orangenfilets harmoniert mit dem knackigen Fenchel, der dem Salat das an Anis erinnernde Aroma verleiht.

Orangen schälen und filetieren. Den Saft dabei auffangen.

Fenchel waschen und in feine Streifen schneiden. Wasser mit dem Saft der Zitrone in eine Schüssel füllen und den Fenchel hineingeben.

Mit einem scharfen Messer die Bottarga in gleichmäßig feine Scheiben schneiden.

Thunfisch-Bottarga

Die schwarzen Oliven in eine Pfanne legen und mit einem Esslöffel Olivenöl 1 Minute anbraten. Essig zugießen.

Den aufgefangenen Orangensaft in eine Schüssel geben. 1 Esslöffel heißes Wasser und das restliche Olivenöl zugeben. Mit dem Schneebesen kräftig schlagen, bis eine glatte Sauce entsteht.

Den Fenchel im Sieb abtropfen lassen, auf Tellern anrichten und mit Bottarga, Oliven und Orangenfilets belegen. Mit Orangensauce begießen und mit Fenchelsamen und Fenchelkraut garnieren.

Bottarga-Salat mit

Vorbereitungszeit: 10 Minuten
Garzeit: –
Schwierigkeitsgrad: ∗

Für 4 Personen

80 g	Selleriestange
60 g	Tomaten
100 g	Bottarga von der Meeräsche
	(leider nur über ausländische
	Bezugsquellen erhältlich)

1	Zitrone
	gemahlener Pfeffer
2 EL	Olivenöl

Zum Garnieren:
Sellerieblättchen

Auf Sardinien trägt dieser Salat den Namen Isabella, benannt nach der Tochter unseres Küchenchefs. Das Rezept ist ein typisches Beispiel sardischer Küche und lässt sich ganz einfach zubereiten. Besonders im Sommer ist der erfrischende Salat eine beliebte Vorspeise.

Ganz von smaragdgrünem Wasser umgeben, liegt die Insel Sardinien am weitesten vom italienischen Festland entfernt. Die Bewohner dieser wilden Schönheit sind dafür bekannt, Gerichte zuzubereiten, deren Geschmack raffiniert, deren Zubereitung jedoch einfach ist. Besonders beliebt ist die *bottarga di muggine* (Bottarga von der Meeräsche), die einen außergewöhnlichen Ruf genießt.

Die Meeräsche ist ein sehr jodhaltiger Fisch, der hauptsächlich in der Bucht von Cabras im Westen der Insel gefangen wird. Die Bottarga wird vornehmlich in den Monaten August und September hergestellt, wenn die Weibchen die meisten Eier tragen. Diese werden gesalzen und zwischen zwei Holzbrettern gepresst, wodurch die typische rechteckig-längliche Form entsteht. Drei bis vier Monate wird die Bottarga in einem luftigen Raum gelagert, wo sie sich in eine homogene, goldgelbe bis dunkle Masse verwandelt, deren Aroma unvergleichlich ist.

Die Bottarga wird als Antipasto in feine Streifen geschnitten auf Brot gegessen oder in Olivenöl gedünstet mit Spaghetti serviert. Für diesen Salat ist sie unverzichtbar. Um sie leichter schneiden zu können, rät unser Küchenchef, sie einige Minuten ins Tiefkühlfach zu legen.

Der Sellerie gibt dieser sehr erfrischenden Vorspeise seinen knackigen Biss und den leichten Anisgeschmack. Dieses einfache Gericht gibt Ihnen die Gelegenheit, die Vielfalt der sardischen Küche kennen zu lernen.

Selleriestangen waschen und in feine Streifen schneiden.

Tomaten häuten und in kleine Würfel schneiden.

Die Bottarga mit einem scharfen Messer in feine Streifen schneiden.

Sellerie und Tomaten

Die Zitrone auspressen, der Saft wird für die Vinaigrette benötigt.

Für die Vinaigrette: Pfeffer in eine Schüssel mahlen, Olivenöl zugießen. Den Zitronensaft zugeben. Gut verrühren.

Eine kleine Ringform in die Mitte des Tellers setzen. Eine Lage Sellerie, darauf Bottarga und Tomate in den Ring legen. Den Vorgang wiederholen und den Ring entfernen. Die Vinaigrette über den Salat gießen. Mit Sellerieblättchen garnieren.

Grillgemüse

Vorbereitungszeit: 10 Minuten
Garzeit: 20 Minuten
Schwierigkeitsgrad: ✳

Für 4 Personen

2	rote Paprika
2	grüne Paprika
2	gelbe Paprika
2	mittelgroße Auberginen

3	Zucchini
	Salz
	Olivenöl
2	Knoblauchzehen
	glatte Petersilie
2	Tomaten (nach Belieben)
200 g	Feta
1 Prise	getrockneter Oregano
	Weißweinessig

Konstantinos und Chrysanthi Stamkopoulos haben ihr Restaurant dem Gott Apollo geweiht und laden ihre Gäste auf eine Entdeckungsreise durch das kulinarische Griechenland ein. Ihre Gemüsevariationen aus gegrillten Paprika, Auberginen und Zucchini in Olivenöl sind in fast identischer Zusammensetzung in der gesamten Mittelmeerregion zu finden. Und die Art der Zubereitung ist nicht nur preiswert, bunt und appetitanregend, sondern obendrein sehr gesund.

Grillgemüse ist warm oder kalt eine sommerliche Vorspeise, die sich in ganz Griechenland großer Beliebtheit erfreut. Kenner fügen noch ein paar vollreife Tomaten hinzu, die sie mit Knoblauch in der Pfanne anbraten.

Die Aubergine, in Griechenland *melitzana* genannt, war im Altertum weder den Römern noch den Griechen bekannt. Damals wurde sie nur in Indien angebaut, und erst die Türken brachten sie nach Griechenland. In der griechischen Küche wird dieses nahrhafte Gemüse beispielsweise gegrillt, püriert und in Öl ausgebacken.

In ganz Griechenland wird vor allem die länglich geformte, hellviolette Aubergine bevorzugt. Sie stammt aus Tsakona in der Region Arkadien (Peloponnes). Weniger oft taucht die Aubergine aus Komotini (Thrakien) auf dem Teller auf. Sie hat ebenfalls eine längliche Form, aber eine dunkelviolett gefärbte Haut.

In der Regel schreibt das griechische Originalrezept eher die langen, schlanken Paprika vor, die im Ganzen gegrillt serviert werden. Wer die großen, bauchigen Paprika verwendet, sollte sie vor der Verarbeitung in breite Streifen schneiden. Das Gemüse auf dem Teller verteilen. Einige Stückchen Feta, Kräuter, eine Vinaigrette und ein paar Kapern zur Garnierung runden das Ganze ab.

Die Paprika waschen und trockentupfen. Auf ein Backblech legen und etwa 20 Minuten grillen, bis die Haut eine schwarze Färbung annimmt und schrumpelig wird. Währenddessen die ungeschälten Auberginen und Zucchini der Länge nach aufschneiden.

Die aufgeschnittenen Auberginen und Zucchini auf ein Schneidebrett legen. Mit Salz bestreuen und mit Olivenöl bestreichen. Noch einmal nachsalzen und auf dem Rost grillen.

Die gegarten Paprika aus dem Ofen nehmen und abkühlen lassen. Dann die Haut mit den Fingern oder mit einem Küchenmesser abziehen.

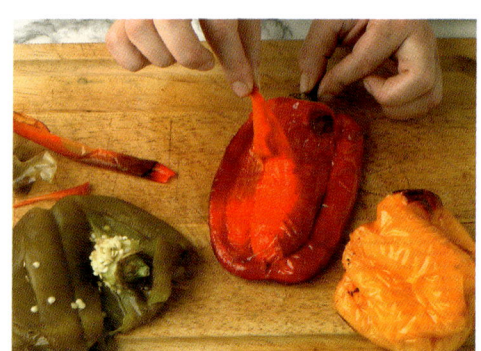

»Konstantinos«

Die Paprika aufschneiden. Sämtliche Samen und Stränge mit der Messerspitze herausschaben. Das Fruchtfleisch in große Stücke und dann in Streifen schneiden.

Den Knoblauch schälen und in Scheiben schneiden. Die Petersilie fein hacken. Die Auberginenscheiben auf Tellern anrichten und die Zucchinischeiben darüber legen. Paprikastreifen in wechselnden Farben in die Zwischenräume setzen.

Nach Belieben gebratene Tomatenscheiben zufügen. Das Gemüse mit Knoblauch- und Fetascheiben garnieren.
Mit gehackter Petersilie und getrocknetem Oregano bestreuen und mit Essig-Öl-Sauce begießen.

Marinierter Oktopus

Vorbereitungszeit:	*25 Minuten*
Marinieren des Oktopus:	*30 Minuten*
Garzeit:	*30 Minuten*
Schwierigkeitsgrad:	✳

Für 6 Personen

1 kg	Oktopus
	Salz
100 ml	Rotweinessig
100 g	rote Paprika
100 g	grüne Paprika

50 g	Kapern
2	Knoblauchzehen
10 g	Oregano
10 g	Fenchelgrün
250 ml	natives Olivenöl extra

Die in der Ost-Ägäis der türkischen Küste vorgelagerte Insel Ikaria besitzt noch wilde Landschaften, Thermalquellen sowie saubere Gewässer, und die Vergangenheit lässt sich bis in die neolithische Zeit zurückverfolgen. Von April bis Oktober finden sich vor der Küste regelmäßig verschiedenartigste Weichtiere ein.

In seiner natürlichen Umgebung hält sich der Oktopus oder der Krake, wie er auch genannt wird, im Felsenbereich auf. Und so machen sich die Küstenbewohner auf den Weg zu den Felsen, um die Tiere in ihrem Unterschlupf zu harpunieren. Da der Oktopusfang auf den griechischen Inseln nicht industriell betrieben wird, haben die Fischer die Möglichkeit, ihre Beute direkt an die lokalen Restaurants zu verkaufen. So entstand mit der Zeit ein vorzügliches Rezept für eingelegten Oktopus, das unser Küchenchef hier neu aufgelegt hat.

Miltos Karoubas empfiehlt einen Oktopus mit festem Fleisch und muskulösen Fangarmen, der nicht schwerer als 2,5 kg ist. Je größer das Tier, desto älter ist es natürlich auch, und sein Fleisch wird schlaff und porös.

Ein Schuss Essig im Garwasser verleiht dem Fleisch die appetitlich rötliche Farbe. Die griechischen Köche wenden dasselbe Verfahren auch bei Krebsen und Langusten an. Für die Garprobe wird das Oktopusfleisch mit einer Gabel eingestochen; es darf kein Widerstand zu spüren sein.

In der Regel wird diese Zubereitung in kleinen Schälchen serviert und zusammen mit weiteren Vorspeisen wie *tarama* oder Tsatsiki in die Mitte der Tafel gestellt. Das Schälchen wird bis zur Hälfte mit Marinade gefüllt, damit der Oktopus in der Flüssigkeit schwimmt. Nach griechischer Art wird Weißbrot zum Tunken dazu gereicht.

Den Oktopus unter fließendem Wasser abspülen. In einen Kochtopf mit gesalzenem Wasser und 50 ml Essig geben. Zum Kochen bringen. 30 Minuten garen lassen und bei Bedarf das Wasser auffüllen. Danach abgießen und den Oktopus in dicke Stücke schneiden.

Die Paprika aufschneiden, die Samen und Stränge auslösen. Das Paprikafleisch in dünne Streifen schneiden.

Die Oktopusstücke mit den Paprikastreifen und Kapern in eine Schüssel geben und alles vermengen.

»Karoubas« aus Ikaria

1 gehackte Knoblauchzohe, den Oregano und das geschnittene Fenchelgrün zufügen und alles mischen.

Für die Knoblauchvinaigrette das Olivenöl mit 50 ml Essig, 1 gehackten Knoblauchzehe und 1 Prise Salz in eine Schale geben und alles gut verrühren.

Die Oktopus-Paprika-Mischung mit der Knoblauchsauce begießen und gut mischen. 30 Minuten marinieren und gekühlt servieren.

Griechischer Salat

Vorbereitungszeit: 25 Minuten
Schwierigkeitsgrad: ★

Für 4 Personen

4	kleine Salatgurken
4	Tomaten
1	Gemüsezwiebel
je 1	grüne, rote und gelbe Paprika
240 g	Feta
1 Schuss	Olivenöl
	Salz

1 Prise	Oregano
24	schwarze Kalamata-Oliven

Nach Belieben:

1 Bund	Portulak
1 Bund	Rucola
	Kapern

Hier nun das Originalrezept für diesen griechischen Klassiker, der sich gern zur mezze-Variation samt Tsatsiki, eingelegtem Oktopus, gegrillter Paprika und gefüllten Weinblättern gesellt. Jeder Gast bedient sich nach Belieben an den frischen, appetitlichen Häppchen und spült mit einem Glas Ouzo nach.

Die Gastwirte bringen den Salat in großzügig bemessenen Portionen auf den Tisch. Er wird jedoch nur selten als Hauptgang serviert. Die Griechen lassen sich diese knackige Komposition nicht nur vor dem Essen, sondern auch als Beilage zum gegrillten Lamm munden.

Die frische, kalorienarme Gurke, auch *angouri* genannt, ist in zahlreichen Vorspeisen der Landesküche enthalten. Mit Joghurt und Knoblauch vermischt, wird sie zum Tsatsiki. Die griechischen Köche bevorzugen im Allgemeinen die kleinen, geschmacksintensiven Gurken.

Die kräftigen, schwarzen Kalamata-Oliven bereichern unser Rezept. Die ovalen Früchte, die in Messini (Peloponnes) heranreifen, werden mit der Hand gepflückt und vor dem Einlegen in Salzlake mit einem Einschnitt versehen, damit sie das Salz vollständig aufnehmen. Ersatzweise können auch grüne Oliven verwendet werden.

Manchmal trägt der griechische Salat auch die Bezeichnung *horiatiki salata* (Bauernsalat). Je nach Region werden ihm unterschiedliche Wildkräuter zugesetzt; er kann außerdem gekochte Kartoffeln und hart gekochte Eier enthalten.

Ebenso wie die Griechen sollte man nicht alle Zutaten vor dem Servieren mit der Sauce mischen. Stattdessen richtet man die einzelnen Ingredienzien dekorativ auf einem Servierteller an, um ihre Farbe, ihr Aroma und die knackige Frische zur Geltung zu bringen. Dann abschmecken und kühl servieren.

Die Gurken schälen. Der Länge nach halbieren. Dann in kleine halbrunde Stückchen schneiden.

Die Tomaten abwaschen und halbieren. Jede Hälfte wiederum in mehrere Spalten zerschneiden. Die Zwiebel schälen und in dünne Scheiben schneiden.

Die Paprika waschen. Dann quer in der Mitte durchschneiden. Die Samen und und Stränge entfernen und die Paprika in dünne Ringe schneiden.

Portulak und Rucola waschen. Beides sehr grob zerkleinern.

Zum Servieren den gehackten Portulak und Rucola auf einer Platte anrichten, die Gurkenscheiben kranzförmig anordnen, dann folgen die Paprikaringe und die Tomatenspalten. Die Fetawürfel obenauf und die Zwiebeln an den Rand legen.

Zum Schluss großzügig Olivenöl darüber träufeln, mit Salz und einer Prise Oregano würzen. Mit schwarzen Oliven und Kapern garnieren.

Thunfisch mit

Vorbereitungszeit: 30 Minuten
Einweichzeit: 12 Stunden
Garzeit: 1 Stunde 5 Minuten
Schwierigkeitsgrad: ✶

Für 4 Personen

200 g	gesalzener Thunfisch (ersatz-weise Thunfischcarpaccio)
100 ml	Olivenöl
4	kleine Scheiben Brot

Kichererbsencreme:
200 g	Kichererbsen
3	Knoblauchzehen
½ Bund	glatte Petersilie

4	Sardellenfilets in Öl
	Olivenöl
	Salz, Pfeffer

Tomatensalat:
2	große Tomaten
8	Basilikumblätter
½ Bund	glatte Petersilie
½	rote Zwiebel
3	Knoblauchzehen
1 EL	Kapern
	Olivenöl
	Salz, Pfeffer

Zum Garnieren:
| | Rucolablätter |

In seinem Restaurant »Il Re del Pesce« (König der Fische) in Marsascala hat sich Michael Cauchi auf Fisch und Meeresfrüchte spezialisiert. Als Vorspeise empfiehlt er Scheiben von gesalzenem Thunfisch mit einer kräftigen Creme von Kichererbsen und Sardellen sowie gegrilltem Brot mit Tomatensalat.

Der Thunfisch ist einer der in maltesischen Gewässern am häufigsten gefangenen Fische. Unser Küchenchef bereitet ihn gern frisch im Ofen mit einer süß-sauren Sauce mit Kapern zu. Hier allerdings kommt die gesalzene Variante. Dieser Thunfisch wird am Stück oder bereits in Scheiben geschnitten verkauft. Er wird nicht gekocht und passt besonders gut zu kaltem Gemüse.

Die Kichererbsen werden über Nacht eingeweicht, 1 Stunde gekocht und dann im Mixer püriert. Geben Sie so viel Kochwasser dazu, dass eine cremige Konsistenz entsteht. Um die Einweichzeit zu sparen, können Sie bereits küchenfertig vorgekochte Kichererbsen in der Dose kaufen. Diese im Maghreb außerordentlich beliebten Hülsenfrüchte sind im Laufe diverser Invasionen nach Malta gelangt.

Michael Cauchi serviert seinen Tomatensalat auf original maltesischem Brot, dem *hobza*. Dies ist eine gastronomische Version einer weit verbreiteten Köstlichkeit auf Malta, dem *hobz-biz-zejt*, einem in Öl getauchten Brot, das üblicherweise als Snack auf der Straße oder als Kleinigkeit an der Bar gegessen wird. Sie können dafür Baguette oder Ciabatta verwenden.

Garnieren Sie die Vorspeise mit Rucolablättern und scheuen Sie sich nicht, alles mit reichlich Olivenöl zu beträufeln.

Kichererbsencreme: Kichererbsen über Nacht einweichen, abspülen und 1 Stunde sprudelnd kochen. Abtropfen und im Mixer mit etwas Kochwasser zu einer glatten Creme verarbeiten.

Knoblauch schälen, Knoblauch, Petersilie und Sardellenfilets hacken und zur Kichererbsencreme geben. Einen Spritzer Öl, Salz und Pfeffer zugeben und gut vermischen. Kühl stellen.

Tomatensalat: Tomaten häuten und in kleine Würfel schneiden. Basilikum und Petersilie fein hacken. Rote Zwiebel und Knoblauch schälen und fein hacken. Kapern klein schneiden. Alle Zutaten in eine Schüssel füllen.

Kichererbsencreme

Tomatensalat mit einem Spritzer Öl begießen, salzen, pfeffern. Gut durchmischen.

Brotscheiben im Ofen grillen und mit Tomatensalat belegen.

Thunfisch in feine Scheiben schneiden. 2–3 Scheiben Thunfisch auf einen Teller legen, ein Brot mit Tomatenmischung daneben setzen und etwas Kichererbsencreme zufügen. Mit Olivenöl beträufeln und kühl servieren.

Artischocken

Vorbereitungszeit: 30 Minuten
Garzeit: 40 Minuten
Schwierigkeitsgrad: ✶

Für 4 Personen

4	große Artischocken
1	mittelgroße Möhre
2	Kartoffeln
10	Schalotten
1 Bund	Dill
50 g	Mehl

1 EL	Zucker
1/2 EL	Salz
	Saft von 3 Zitronen
100 ml	Olivenöl
100 g	frisch gepalte Erbsen

Das auf der europäischen Seite gelegene Stadtviertel Istanbuls, Bayrampaşa, war früher bekannt für seinen Artischockenanbau. Doch die Stadt breitete sich immer weiter aus und die Gemüsefelder wurden in Baugrund umgewandelt. Heute liegt das wichtigste Gemüseanbaugebiet in der Gegend um Izmir am Ägäischen Meer.

Zunächst werden die äußeren Blätter der Artischocken entfernt, anschließend mit einem Messer die inneren Blätter vom Artischockenboden abgetrennt und das Heu wird mit einem kleinen Löffel entfernt. Damit sie sich nicht dunkel verfärben, reibt man die Artischockenböden gründlich mit Zitronensaft ein. Die Stiele werden dünn geschält; sie können entweder vom Artischockenboden gelöst und in Stückchen geschnitten oder an den Böden belassen werden, was sehr dekorativ aussieht und die Frische des Gemüses besonders zur Geltung bringt.

Zu den Artischockenböden serviert man Erbsen, Möhren und Kartoffelwürfel. Am besten wählen Sie dazu eine fest kochende Kartoffelsorte, die beim Kochen nicht zerfällt.

Die Artischocken werden mit der Gemüsemischung in einem Fond aus Wasser, Mehl, Zucker, Salz, Zitronensaft und Olivenöl behutsam gegart (eines der bekanntesten türkischen Olivenöle stammt aus Ayvalık, einer kleinen, nördlich von Izmir gelegenen Stadt am Ägäischen Meer). Dazu wird der Topf zuerst mit Alufolie fest verschlossen und anschließend ein Deckel aufgelegt. Zehn Minuten vor Ende der Garzeit werden die Erbsen zugegeben.

Wie praktisch alle türkischen Gerichte mit Olivenöl werden auch die Artischocken Bayrampaşa in der Regel kalt serviert. Falls keine frischen Erbsen erhältlich sind, können sie durch kleine Selleriewürfel ersetzt werden.

Die Spitzen der Artischockenblätter abschneiden. Die Blätter ablösen und das Heu mit einem kleinen Löffel entfernen. Den Stiel schälen.

Die Möhre schälen und in Scheiben schneiden. Die Kartoffeln schälen und würfeln. Die Schalotten schälen und in dicke Scheiben schneiden.

Einen großen Topf zur Hälfte mit Wasser füllen und die Artischockenböden hineingeben.

Bayrampaşa

Möhre und Kartoffeln zugeben.

Schalottenscheiben und gehackten Dill darüber geben.

Mehl, Zucker, Salz und Zitronensaft in einer Schüssel mit etwas Wasser verrühren. Das Olivenöl zugießen und gut verrühren. Über das Gemüse gießen. Abdecken und 30 Minuten garen. Dann die Erbsen zugeben und weitere 10 Minuten garen. Kalt servieren.

Bulgur-Salat

Vorbereitungszeit: 15 Minuten
Garzeit: 15 Minuten
Schwierigkeitsgrad: ✶

Für 4 Personen

360 g	feiner Bulgur
1 Bund	glatte Petersilie
4	Frühlingszwiebeln
4	ganz junge Knoblauchknollen
	einige grüne Salatblätter
1	Zwiebel

1 EL	Paprikamark
1 EL	Tomatenmark
2 EL	Granatapfelsirup
1 TL	getrocknete Minze
1 EL	Paprikapulver
250 ml	Olivenöl
1 TL	gemahlener Pfeffer
2 g	Salz

Dieser *Kısır* nach Anteper Art ist mit dem libanesischen *Taboulé* verwandt und zeigt, dass die Grenze zum Nahen Osten nicht weit ist. Die Gastronomie dieser Region, in der viele Kulturen aufeinander treffen, steht unter dem Einfluss der arabischen, aber auch der syrischen, armenischen und sogar der römischen Küche.

Die Bezeichnung *Kısır* ist in der ganzen Türkei sehr geläufig. Die Zugabe von Granatapfelsirup ist jedoch für den *Kısır* aus Antep bezeichnend, wo das Gericht *İçkatması* genannt wird (der erste Wortteil bezeichnet die »Füllung«, der zweite bedeutet »Zugabe«). Ayfer T. Ünsal zufolge ist es ein sehr altes Rezept. Für den Sirup wird der Granatapfelsaft so lange gekocht, bis eine klebrige Masse von dunkelbrauner Farbe zurückbleibt; der Granatapfelsirup verleiht dem Gericht eine angenehm säuerliche Note, ähnlich wie Zitronensaft oder Essig. Am besten lässt er sich durch Balsamessig ersetzen.

Simit, feiner Bulgur, ist die Grundlage für dieses Gericht (Bulgur ist gekochter, getrockneter und anschließend geschroteter Weizen). Den eingeweichten Bulgur vermengt Ayfer T. Ünsal so lange mit dem Tomaten- und dem Paprikamark, bis er gleichmäßig rot gefärbt ist. Bulgur kann man auch in der Mikrowelle zubereiten. Dafür gibt man ihn mit Salz, Wasser, Tomaten- und Paprikamark in eine geeignete Schüssel und gart die Mischung fünf bis sieben Minuten. Die Zwiebel kann man einige Minuten in einer Pfanne mit Öl anschwitzen, bevor man sie zugibt.

Tomaten und Paprika, deren Mark das Gericht färbt und aromatisiert, werden in der Region von Antep erst seit dem Ersten Weltkrieg angebaut. Im lokalen Dialekt heißen Tomaten erstaunlicherweise »französische Auberginen«.

Vor dem Servieren können Sie das Gericht mit frischer Minze oder einigen grünen Salatblättern garnieren.

Den Bulgur in eine Schüssel geben, salzen und langsam mit 500 ml kochendem Wasser übergießen. Abdecken und 15 Minuten ziehen lassen.

Petersilie, Frühlingszwiebeln und Knoblauch waschen und klein hacken. Die Salatblätter in feine Streifen schneiden. Die Zwiebel schälen und fein hacken.

Tomaten- und Paprikamark zum Bulgur geben und alles gut mit den Händen vermengen.

nach Anteper Art

Zwiebel, Salz, Pfeffer, Paprikapulver und getrocknete Minze zugeben und mit den Händen untermischen. Dabei nach und nach das Olivenöl zugeben.

Den Granatapfelsirup zugeben und ebenfalls untermischen.

Zuletzt Petersilie, Frühlingszwiebeln, Knoblauch und Salatstreifen unterheben. Gekühlt servieren.

Gefüllte Weinblätter

Vorbereitungszeit: 25 Minuten
Garzeit: 45 Minuten
Schwierigkeitsgrad: ★

Für 4 Personen

500 g	Zwiebeln
100 g	Reis
100 ml	Olivenöl
5 g	getrocknete Minze
2	Zweige frische Minze
½ Bund	Dill

½ Bund	glatte Petersilie
½ TL	Zucker
250 g	eingelegte Weinblätter
1	Zitrone
1 TL	gemahlener Pfeffer
½ TL	Salz

Gefüllte Weinblätter sind das repräsentativste *Meze*-Gericht der osmanischen Paläste. Im ganzen Land serviert man sie traditionsgemäß als kalte Häppchen – neben anderen kleinen Köstlichkeiten und reichlich *Rakı*, dem bekannten Anisschnaps.

In der Türkei heißen sie *Zeytinyağlı yaprak sarma* (der erste Begriff bedeutet »mit Olivenöl«, der zweite »Weinblätter« und der dritte »gefüllt, eingerollt«). Gefüllte Weinblätter gehören zur großen Familie der *Dolma*. *Dolma* steht für eine Mischung, mit der man Gemüse wie Auberginen, Paprikaschoten, Tomaten und Zucchini füllt oder die man in Blätter einrollt. Für dieses Rezept können Sie auch Mangoldblätter verwenden – das Resultat wird ebenso köstlich.

Weinblätter finden für eine ganze Reihe türkischer Spezialitäten Verwendung. Sie werden sehr jung gepflückt, gestapelt und lange in Salzlake eingelegt. Sie stammen über-wiegend aus den Weinanbaugebieten Tekirdağ am Marmarameer, Tokat in der Zentraltürkei und aus der Umgebung von Izmir an der ägäischen Küste.

Den Reis sollten Sie vor dem Garen gründlich in lauwarmem Wasser waschen. Zum Aromatisieren des Reises eignet sich getrocknete Minze besser, da frische zu säuerlich ist.

Hüseyin Özoğuz rollt die Weinblätter in Fingerstärke – so, wie sie auch im Restaurant serviert werden. In privaten Haushalten sind sie dagegen so dünn wie eine Zigarette.

Bei Hüseyin Özoğuz erhält dieses Gericht intensive Geschmacksnoten: Den Topfboden legt er mit einer Schicht aus Petersilie, Dill, Minze, Zitronenscheiben und Weinblättern aus. Darauf legt er die gefüllten Weinblätter kreisförmig dicht nebeneinander. So behalten sie während des Garens ihre Form und werden wunderbar aromatisiert.

Die Zwiebeln hacken und in etwas heißem Öl 5 Minuten in einem großen Topf andünsten. Den Reis zugeben und mit einem Schaumlöffel umrühren.

Wenn der Reis gleichmäßig mit einer Ölschicht überzogen ist, Zucker, Salz und Pfeffer einrühren.

Drei Viertel des Dills und der Petersilie hacken und mit der getrockneten Minze zugeben. Mit etwa 100 ml Wasser aufgießen und abdecken. 10 Minuten bei schwacher Hitze köcheln lassen, dabei häufig umrühren. Vom Herd nehmen und etwas abkühlen lassen.

in Olivenöl

Die Weinblätter waschen und trocken tupfen. Ein Blatt auf einer Arbeitsfläche ausbreiten und in die Mitte 1 knappen Esslöffel Füllung geben.

Die Blattränder über die Füllung klappen, sodass kleine feste Päckchen in Fingerstärke entstehen. Mit den anderen Blättern ebenso verfahren. Einige Blätter aufbewahren.

Gefüllte Weinblätter in einen Topf auf ein Bett aus gehackter Petersilie, Minze, Dill, 4 oder 5 Zitronenscheiben und übrigen Weinblättern setzen. Wasser, 1 Schuss Zitronensaft und Olivenöl zugeben. Abdecken und 30 Minuten köcheln. Vor dem Servieren abkühlen lassen.

Salat

Vorbereitungszeit: 15 Minuten
Garzeit: 12 Minuten
Schwierigkeitsgrad: ✶

Für 4 Personen

2	Tomaten
2	grüne Paprikaschoten
2	rote Paprikaschoten
150 g	Schafskäse
2	Salatgurken
1	Zwiebel

4	Frühlingszwiebeln
2	Eier
100 ml	Olivenöl
50 ml	Weinessig

Zum Garnieren:

12	schwarze Oliven
	Petersilie

Çoban ist das türkische Wort für »Schäfer«. Auch deren Tradition hat das kulinarische Repertoire des facettenreichen Landes erweitert und einige einfache Rezepte beigesteuert, in denen vor allem mediterrane Aromen dominieren.

Dieser bunte, traditionelle Salat, der auch zu den *Meze*-Speisen gehört, ist einfach zuzubereiten und sehr erfrischend. Er besteht aus knackigem, frischem Gemüse und strotzt vor Vitaminen – ein ideales Sommeressen.

Die in der türkischen Küche sehr beliebte Salatgurke stammt ursprünglich aus dem Himalaja. Sie ist aufgrund ihres hohen Wassergehalts sehr kalorienarm und zudem ein ausgezeichneter Kalium- und Vitamin-C-Lieferant. Salatgurken sollten blassgrünes, frisches und knackiges Fleisch haben.

Die Hauptzutat des türkischen Schäfersalats sind die Paprikaschoten. Mittlerweile sind gut ein Dutzend Sorten davon auf dem Markt. Die grüne Paprikaschote hält sich am längsten, da sie vor der Reife geerntet wird. Sie hat einen etwas kräftigeren Geschmack als die rote, die wiederum wegen ihres saftigen Fleisches und ihres süßen Aromas geschätzt wird. Wählen Sie beim Einkauf feste und glatte Schoten, deren Stielansatz hart und grün ist.

Tomaten sind eine der wichtigsten Zutaten in der mediterranen Küche, gelangten aber erst relativ spät in die Türkei. Sie kamen im 16. Jahrhundert über Spanien aus ihrer Heimat Südamerika nach Europa. Diese Früchte, die ein möglichst warmes Klima und gut bewässerte Böden lieben, werden in der Türkei hauptsächlich an der östlichen Mittelmeerküste angebaut.

Dieser gesunde Salat ist eine schöne Hommage an das Leben der Schäfer. Schwarze Oliven und Schafskäse verleihen ihm seine typische Note.

Die Salatgurken mit einem Sparschäler schälen und die Tomaten mit einem kleinen Messer vorsichtig enthäuten.

Die Tomaten entkernen und gleichmäßig würfeln. Die Gurken ebenfalls würfeln. Die Eier etwa 12 Minuten hart kochen. Gründlich abschrecken und pellen.

Grüne und rote Paprikaschoten waschen, entkernen und in kleine, gleichmäßige Würfel schneiden.

Çoban

Die Frühlingszwiebeln waschen und in Ringe schneiden. Die Zwiebel schälen und sehr fein hacken. Das ganze Gemüse in eine Salatschüssel geben.

Olivenöl und Weinessig über das Gemüse geben. Alles gründlich, aber vorsichtig mit einem großen Löffel vermengen.

Die Eier in Achtel schneiden. Den Salat auf einen Servierteller geben, den Schafskäse darüber reiben und die Eierspalten darauf anrichten. Mit schwarzen Oliven und Petersilie garnieren.

Oliven-

Vorbereitungszeit: 20 Minuten
Kühlzeit: 2 Stunden
Schwierigkeitsgrad: ✶

Für 4 Personen

250 g	grüne Oliven
4	Frühlingszwiebeln
3	sehr junge Knoblauchknollen
1 Bund	glatte Petersilie
85 g	Walnusskerne
10 ml	Granatapfelsirup

20 ml	Olivenöl
4 g	Salz
4 g	Paprikapulver

Zum Garnieren:
1	Granatapfel (nach Belieben)

Dieser Salat heißt auf Türkisch *Zeytin Piyazı* und stammt aus Gaziantep, einer Region östlich des Mittelmeers. Sein Name setzt sich aus *Zeytin* (»Olive«) und *Piyazı* (»Zwiebelsalat«), von *Piyaz* (»Zwiebel«), zusammen. Die Küche in dieser Region stand lange Zeit unter den kulinarischen Einflüssen des nahen Iran. Früher gönnten sich die Frauen einen gemeinsamen Tag der Entspannung im Hammam, dem türkischen Bad, und nahmen dabei mit, was das Herz erfreute, unter anderem *Zeytin piyazı* oder auch *İçkatması* – eine Art *Taboulé*, die auch *Kısır* genannt wird.

Die im Herbst in der Region Gaziantep geernteten Oliven werden hauptsächlich zu Olivenöl weiterverarbeitet. Verwenden Sie für diesen Salat nur grüne Oliven, denn die Konsistenz und das ausgeprägte Aroma der schwarzen Variante würden nicht dazu passen. Oliven aus Gaziantep werden in der Regel gleich nach der Ernte, wenn sie noch ganz hart, bitter und ungenießbar sind, mit Hilfe eines

flachen Steins einzeln entsteint. Da sie nie frisch in den Handel kommen, haben wir für dieses Rezept eingelegte Oliven verwendet.

Zur leichten Säuerung des Salates verwendet Ayfer T. Ünsal Granatapfelsirup. Es handelt sich dabei um den Saft von sauren Granatäpfeln, der so lange gekocht wird, bis ein dicklicher, bräunlicher Sirup entsteht. In der Türkei verwendet man ihn für Saucen, Salate und andere Gerichte. Sie können den Sirup auch durch leicht gezuckerten Zitronensaft oder Balsamessig ersetzen.

Vor dem Servieren sollte man den Salat mindestens zwei Stunden im Kühlschrank ziehen lassen, damit sich seine Aromen vollständig entfalten. Sie können ihn einfach so genießen oder – wie man es in Gaziantep gern tut – auf ein dünnes Fladenbrot (*Lavaş*) geben und aufgerollt als Sandwich essen.

Das Fleisch der Oliven mit Hilfe eines flachen Steins vom Stein lösen. Die Steine entfernen. Die Walnusskerne hacken.

Die Frühlingszwiebeln hacken. Den Knoblauch schälen und hacken.

Die Petersilie waschen, trocknen und ebenfalls hacken.

Zwiebel-Salat

Zerkleinerte Oliven, Walnüsse, Frühlingszwiebeln, Knoblauch, Petersilie, Paprikapulver und Salz in einer Salatschüssel mit
einem Löffel vermengen.

Den Granatapfelsirup unterrühren.

Das Olivenöl zugeben und alles erneut gut
vermengen. 2 Stunden im Kühlschrank
ziehen lassen und nach Belieben mit frischen Granatapfelkernen garnieren.

Joghurt-

Vorbereitungszeit: 20 Minuten
Garzeit: 2 Minuten
Schwierigkeitsgrad: ✳

Für 4 Personen

Joghurt-Möhren:

2	Möhren
4	Knoblauchzehen
150 g	stichfester Joghurt
30 ml	Olivenöl
	Salz

Cacık:

500 g	stichfester Joghurt
4	kleine Salatgurken

4	Knoblauchzehen
1 Prise	getrocknete Minze
	Salz

Hadary:

150 g	stichfester Joghurt
4	Knoblauchzehen
½ TL	getrocknete Minze
	Salz

Zum Garnieren:

Olivenöl
Dill
schwarze Oliven
(nach Belieben)
frische Minze (nach Belieben)

In der Türkei wird ein Essen mit Gästen immer mit einem Gang kleiner Vorspeisen, den *Meze*, begonnen. Sie sollen in Verbindung mit dem dazu gereichten *Rakı* den Appetit anregen. Die vielen verschiedenen, hauptsächlich aus Rohkost, Gemüse, Fisch und Fleisch bestehenden *Meze*, die bei einem Gastmahl angeboten werden, belegen eindrucksvoll die Vielfalt der türkischen Küche und sind nicht zuletzt auch Ausdruck der türkischen Lebensart.

Die beliebten Joghurt-*Meze* sind erfrischend und leicht zuzubereiten. Normalerweise isst man dazu *Pide*, Fladenbrot.

Das Joghurt ist ein Erbe der türkischen Nomaden und gehört heute zu den wichtigsten Zutaten der türkischen Küche. Schon im 13. Jahrhundert zeugten die humoristischen Erzählungen über Nasreddin Hodja von der Bedeutung des Milchprodukts im Alltag. Auf dem Land stellt man Joghurt noch selbst aus Kuh-, Schafs- oder Büffelmilch her, die,

über lange Zeit erhitzt, dreißig Prozent ihres Wassergehalts verliert. Danach wird sie in Beutel aus Ziegenhaut oder in Tonkrüge gefüllt, wo sie auf natürliche Weise fermentiert.

Der cremige Joghurt lässt sich gut mit Gurken kombinieren. Das aus dem Himalaja stammende Gemüse wächst in der Türkei im Überfluss. Das blassgrüne Fleisch der Gurken sollte knackig und frisch sein. Gurken sind sehr wasserhaltig und haben deshalb kaum Kalorien; sie enthalten jedoch reichlich Kalium und Vitamin C. Schälen Sie sie, um den bitteren Geschmack zu vermeiden, und nehmen Sie nur glänzende, feste Exemplare.

Bei *Cacık* wird die Gurke mit Knoblauch und Minze aromatisiert. Dabei empfiehlt sich die Zugabe einiger zerstoßener Eiswürfel, um die erfrischende Wirkung noch zu verstärken. Manchmal wird *Cacık* auch als kalte Suppe oder als Beilage zu *Pilaw* gereicht.

Die Möhren schälen und reiben. Die Knoblauchzehen schälen und zerdrücken.

Für die Joghurt-Möhren den Knoblauch im heißen Olivenöl andünsten. Die Möhren zugeben, salzen und 2 Minuten garen. Alles gut mit dem Joghurt vermischen.

Für den Cacık den Joghurt in eine Schüssel geben und mit ein wenig Wasser aufschlagen.

Meze

Die Gurken waschen, der Länge nach halbieren und entkernen. In sehr feine Würfel schneiden.

Die Knoblauchzehen hacken. Knoblauch, Minze und Gurkenstückchen gut mit dem Joghurt verrühren.

Hadary: Knoblauch hacken. Joghurt, Knoblauch, Minze und Salz verrühren. Alles in kleine Schälchen füllen. Joghurt-Möhren: mit einer Olive garnieren. Cacık: mit Olivenöl beträufeln und mit Dill garnieren. Hadary: mit Minzeblättchen garnieren.

Meze auf

Für 4 Personen

Hummus:

300 g	Kichererbsen
4	Knoblauchzehen
1 TL	Paprikapulver
1 Würfel	Hühnerbrühe
50 ml	Tahin (Sesampaste)
2 Bund	Petersilie
1 Bund	Minze
¼ grüne	Paprikaschote

2 EL	Olivenöl
	Salz
	gemahlener Pfeffer

Bohnenpüree mit Dill:

300 g	getrocknete dicke Bohnen
1	klein geschnittene Kartoffel
1	klein geschnittene Zwiebel
	Saft von 1/4 Zitrone
½ Bund	Dill
½ TL	Zucker
6	Knoblauchzehen
2 EL	Olivenöl
	Salz

Auberginenkaviar:

2	Auberginen
	Saft von 1 Zitrone
4	Knoblauchzehen
2 EL	stichfester Joghurt
4 EL	Olivenöl
	Salz, gemahlener Pfeffer

Diese drei Vorspeisen tragen ihren Namen zu Recht, denn sie sind in der Tat echte Klassiker dieser von der Sonne verwöhnten Region.

Sie sind sehr einfach in der Zubereitung und werden in der Türkei fast immer zusammen mit *Rakı*, dem beliebten Anisschnaps, serviert. *Hummus*, das allseits bekannte Kichererbsenpüree, stammt aus dem Nahen Osten. Mit Knoblauch, Petersilie, Paprika, Minze, grüner Paprikaschote, Tahin und Olivenöl verfeinert, schmeckt es auch als Hauptgericht.

Die aus Zentralasien stammenden Kichererbsen finden bereits in Homers »Ilias« Erwähnung. Es handelt sich dabei um die runden, höckerigen Früchte einer einjährigen Pflanze. Der Legende nach gelangten sie durch die Phönizier in den Mittelmeerraum. Kichererbsen haben einen leicht nussigen Geschmack und sind sehr nahrhaft. Sie müssen vor der Verarbeitung zwölf Stunden in Wasser eingeweicht werden.

Bohnenpüree ist in Südeuropa sehr beliebt – eine cremige Spezialität, die ein intensives Geschmackserlebnis bietet. Dicke Bohnen werden vom Frühjahr bis in den Sommer hinein geerntet und gehören zur selben Familie wie die Kichererbsen. Wenn sie noch jung sind, muss man die zarte Außenhaut nicht entfernen. Gegart und erkaltet, werden sie auch zu Salaten verarbeitet. Es empfiehlt sich, das Bohnenpüree vor dem Servieren mit etwas Olivenöl zu beträufeln, damit das Püree nicht zu schnell austrocknet.

Auberginen werden in der Türkei auf vielerlei Arten zubereitet. Ihre Heimat ist Indien und dort sind sie seit über 2500 Jahren bekannt. Für dieses Gericht nehmen Sie die länglich geformte Aubergine mit tief purpurner Farbe.

Am Vortag Bohnen und Kichererbsen in zwei getrennten Schüsseln in Wasser einweichen. Die Aubergine mit einer Gabel mehrmals einstechen und den Stielansatz entfernen. Die Aubergine dann über einer Flamme oder unter dem Backofengrill rösten.

Für den Auberginenkaviar den Knoblauch zerdrücken. Knoblauch, Zitronensaft und Olivenöl in einer Schüssel mit einem Schneebesen verrühren.

Die Auberginen schälen und in die Olivenöl-Mischung schneiden. Mit Salz und Pfeffer würzen. Den Joghurt zugeben und alles mit einer Gabel fein zerdrücken.

mediterrane Art

Für den Hummus den Hühnerbrühwürfel in 500 ml Wasser zum Kochen bringen, die eingeweichten Kichererbsen zugeben und etwa 40 Minuten weich kochen. Abgießen und abtropfen lassen.

Für das Bohnenpüree die eingeweichten Bohnen mit Zwiebel, Kartoffel, Zitronensaft, Zucker, Salz, ganzen Knoblauchzehen und Olivenöl in einen Topf mit Wasser geben und etwa 35 Minuten weich kochen. Abgießen und abtropfen lassen.

Die Kichererbsen mit den restlichen Hummus-Zutaten pürieren. Die Bohnen-Mischung ebenfalls pürieren und in eine Form geben. Mit gehacktem Dill bestreuen und 5 Minuten kalt stellen. Die Meze auf einem Servierteller anrichten.

Tomatensalat

Vorbereitungszeit: 40 Minuten
Schwierigkeitsgrad: ✶

Für 4 Personen

800 g	Tomaten
150 g	grüne Paprika
70 g	Thunfisch in Öl
4	Knoblauchzehen
100 ml	Olivenöl
½	Zitrone
	Salz

Zum Garnieren:
100 g   schwarze Oliven

Wenn das Thermometer über 40 °C steigt, greifen die Einwohner von Tozeur gern zu diesem erfrischenden Salat, den sie *radhkha* nennen. Als Beilage zu diesem Salat bereiten die Frauen kleine Fladen namens *rougag* zu, die aus feinem Grieß, Salz und Wasser bestehen.

Die *radhkha* ist ein für den Mittelmeerraum typisches Gericht. Alle Zutaten – Knoblauch, Tomaten, Paprika und Thunfisch – werden mit einem Stößel in einem Mörser zerkleinert. Schon in der Antike wurden solche Gefäße in verschiedenen Größen verwendet. Ob aus Olivenholz, dickem Porzellan, Marmor oder Stein – Mörser und Stößel sind für die Zubereitung vieler Gerichte Südeuropas und des Maghreb unerlässlich.

Der Knoblauch verleiht dieser Vorspeise ihren besonderen Geschmack. Seit über 5000 Jahren wird das gesunde Liliengewächs angebaut. Im Frühling ist auch junger Knoblauch auf dem Markt erhältlich: Er ist sehr mild und lässt sich leicht schälen. Wählen Sie feste, große Zehen und bewahren Sie diese im Gemüsefach des Kühlschranks auf. Gelagerten Knoblauch, der sich trocken am besten hält, können Sie das ganze Jahr über kaufen. Wenn er feucht wird, fängt er schnell an zu keimen.

Paprika und Tomaten gehören zu den Nachtschattengewächsen und sind aus der traditionellen tunesischen Küche nicht wegzudenken. Kolumbus entdeckte diese Pflanzen, die von den Mauren in die Region um Tozeur eingeführt wurden. In Tunesien gibt es zahlreiche Arten frischer oder getrockneter Paprika. Sie können süß, aber auch scharf schmecken. Für dieses Rezept müssen sie vor dem Zerdrücken entkernt und in kleine Würfel geschnitten werden. Achten Sie darauf, sich anschließend sorgfältig die Hände zu waschen.

Tomaten waschen und in kleine Würfel schneiden.

Paprika waschen, halbieren, Samen entfernen und Paprika in kleine Würfel schneiden. Den Thunfisch zerbröckeln.

Knoblauchzehen schälen und in einem Mörser zerdrücken.

aus Tozeur

Tomaten- und Paprikawürfel in die Schüssel geben und zerdrücken. Dann den zerdrückten Knoblauch hinzufügen.

100 ml Olivenöl sowie den zerbröckelten Thunfisch zugeben und umrühren. Die Mischung mit der Rückseite eines Esslöffels zerdrücken.

Salzen und den Saft einer halben Zitrone zugießen. Die Kerne entfernen. Den Salat auf Tellern anrichten und mit schwarzen Oliven garnieren.

Salat aus

Vorbereitungszeit: 10 Minuten
Garzeit: 15 Minuten
Schwierigkeitsgrad: ✶

Für 4 Personen

2 kg	frische Dicke Bohnen
1	Zitrone
2 TL	Harissa (Gewürzmischung)
150 ml	Olivenöl
2 TL	Kreuzkümmel
½ TL	Pfeffer
	Salz

Dieser Salat aus Dicken Bohnen mit Kreuzkümmel und Harissa ist bei tunesischen Familien sehr beliebt. Dort wird diese rasch zubereitete Vorspeise *m'Dammes* genannt. Die Dicken Bohnen heißen in Tunesien *foul* und werden im ganzen Land angebaut. Damit das Gericht noch besser schmeckt, schlägt unser Küchenchef vor, frische Bohnen zu verwenden.

Ältere Bohnen erkennen Sie an der schwarzen Faser, die einmal rundherum verläuft. Bei den jungen Bohnen ist diese Faser noch grün. Wenn Sie Letztere wählen, müssen Sie die Haut nicht entfernen, weil sie noch sehr fein ist. Bei den älteren Bohnen sollte sie jedoch abgezogen werden. Das geht nach dem Kochen besonders leicht. Damit sie ihre schöne, grüne Farbe behalten, fügt Mohamed Bouagga dem Kochwasser die Schale der ausgepressten Zitrone hinzu. So ist das Gericht appetitlicher anzusehen!

In vielen westlichen Haushalten ist man pikante und scharfe Speisen kaum gewöhnt. Deshalb empfehlen wir, Harissa zunächst nur sparsam zu verwenden, damit Sie die Schärfe angemessen dosieren können. Probieren Sie das Gericht nach jedem Zubereitungsschritt und würzen Sie lieber später nach als früh zu viel.

Vielleicht möchten Sie Ihr Harissa auch selbst mischen – dazu benötigen Sie nur 250 g rote, getrocknete Chilischoten, die Sie von Samen befreien und in kaltem Wasser einweichen. Dann zermahlen Sie die Schoten in einem Mörser und fügen vier zerdrückte Knoblauchzehen hinzu. Würzen Sie mit zwei Prisen Kümmel und zwei Prisen Koriander. Salzen Sie die Mischung und geben Sie Ihr Harissa in eine geschlossene Dose. Gießen Sie Olivenöl darüber, damit die Würzmischung frisch bleibt. So können Sie immer so viel davon verwenden, wie Sie möchten – wie die Tunesier!

Die Dicken Bohnen enthülsen; die Haut muss nicht entfernt werden. Zitrone auspressen und den Saft auffangen.

Die Zitronenschale dem Kochwasser zugeben, aufkochen.

Bohnen im Zitronenwasser 10–15 Minuten kochen. Wenn sie faltig werden, sind sie gar.

Dicken Bohnen

Bohnen abtropfen und bei Zimmertemperatur abkühlen lassen. Anschließend in den Kühlschrank stellen. Die Zitronenschale wegwerfen.

In einer Schüssel mit 2 Teelöffeln Harissa und 150 ml Olivenöl die Würzmischung vorbereiten. 2 Teelöffel Kreuzkümmel und den Zitronensaft hinzufügen und mit Salz und Pfeffer würzen.

Die Bohnen mit der Mischung aus Harissa, Kreuzkümmel und Olivenöl übergießen. Als kalte Vorspeise servieren.

Tunesischer

Vorbereitungszeit: 25 Minuten
Garzeit: 45 Minuten
Schwierigkeitsgrad: ✩

Für 4 Personen

1 kg	Tintenfisch
½	Zitrone
150 g	Tomaten
80 g	Zwiebeln
50 g	glatte Petersilie

4 EL	Olivenöl
	Salz
	Pfeffer
1	Kopfsalat

Zum Garnieren:

50 g	Radieschen
2	Zitronen
16	schwarze Oliven

Der Tintenfischsalat gehört zu den kulinarischen Spezialitäten der bedeutenden tunesischen Hafenstadt Mahdia. Tintenfische haben einen hornartigen Schnabel und acht Arme mit Saugnäpfen. Die Fischer in Mahdia bringen in der Regel Tiere mit einem Gewicht zwischen 800 g und 1,5 kg an Land. Kleinere Exemplare dürfen nicht gefangen werden, und größere geraten leicht zäh.

Zum Fangen von Tintenfischen verwenden die Fischer Tonkrüge, die Amphoren ähneln. Wenn diese im Meer versenkt sind, nehmen die Tintenfische sie freiwillig als Verstecke an, sodass man die Gefäße dann nur noch an Bord der Schiffe ziehen muss.

Die beste Saison zum Fangen tunesischer Tintenfische ist zwischen September und Dezember. In den übrigen Monaten wird der Salat aus Tintenfisch hergestellt, der im Inneren der Häuser oder an Mauern hängend in der Sonne getrocknet wurde. So hält er sich mehrere Monate. Vor dem Kochen muss er dann über Nacht eingeweicht werden. Unser Salat kann auch mit Kalmaren oder Sepien zubereitet werden.

Tintenfisch muss mindestens 15 Minuten lang weich geklopft werden. In Tunesien schlagen die Köche ihn mehrfach gegen die Wand oder verwenden dazu einen Stock. Das Fleisch ist zart genug, wenn beim Abziehen der Haut an einem Saugnapf ein kleiner Riss entsteht.

Wenn der Tintenfisch pochiert wird, färben sich sein Fleisch und das Kochwasser purpurfarben. Achten Sie genau auf die Garzeit, damit der Fisch nicht zäh wird. Stechen Sie als Garprobe mit einer Messerspitze hinein. Wenn der Tintenfisch gar ist, holen Sie ihn aus dem Wasser und legen ihn in eine Schüssel mit Eiswasser. Auf diese Weise wird der Kochvorgang augenblicklich gestoppt.

Den Tintenfisch waschen und in große Stücke schneiden. Mithilfe eines Fleischklopfers (oder Stocks) mit mehreren Schlägen kraftvoll weich klopfen.

Den Tintenfisch in einen großen Topf mit kaltem Wasser geben. Langsam erhitzen und 45 Minuten gar kochen.

Mithilfe einer Abseihkelle die Tintenfischstücke aus dem Kochwasser holen und in eine Schüssel mit Eiswasser legen.

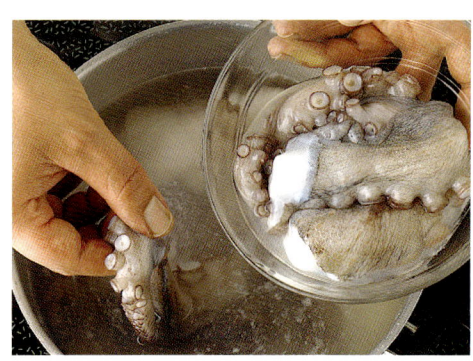

Tintenfischsalat

Die Zitrone auspressen und den Saft beiseite stellen. Die ungeschälten Tomaten zerkleinern. Zwiebeln und Petersilie hacken.

Den Tintenfisch in feine Streifen schneiden. Zwiebel, Tomaten und Petersilie in einer Schüssel verrühren, dann die Tintenfischstreifen hinzufügen.

Den Salat mit dem Zitronensaft und etwas Olivenöl beträufeln, salzen und pfeffern. Auf Salatblättern anrichten. Dann mit Scheiben von schwarzen Oliven und Radieschen sowie eventuell mit Zitronenstückchen garnieren.

Artischocken-

Vorbereitungszeit: 40 Minuten
Garzeit: 25 Minuten
Schwierigkeitsgrad: ★★

Für 4 Personen

3	Zitronen
6	große Artischocken
1	sauer eingelegte Zitrone
100 g	Mozzarella
50 g	grüne entsteinte Oliven
50 g	Petersilie

2	mittelgroße Tomaten
2	Eier
10 g	Kapern
	Salz
	Pfeffer
1 TL	Harissa (Gewürzmischung)
100 ml	Olivenöl

Zum Garnieren:

Salatblätter (nach Belieben)

Die Basis dieses sehr erfrischenden Salats bilden Artischocken. Bei den Einwohnern von Tunis und Nabeul ist er als kalte Vorspeise vor allem im Frühling besonders beliebt.

Die größte Schwierigkeit besteht darin, die Artischocken zu tournieren. Diese widerstandsfähigen Pflanzen stammen ursprünglich aus Sizilien, gehören zur Familie der Korbblütler und werden in der mediterranen Küche häufig verwendet. Der fleischige, zarte Boden der Artischocke wird nach der Entfernung des Heus auch separat verzehrt. Der Ansatz der Blätter ist ebenfalls essbar. Für dieses Rezept sollten Sie große Artischocken wählen, die leichter zu belegen sind. Achten Sie darauf, dass die Früchte ihre frische grüne Farbe noch nicht verloren haben. Wenn Sie die Artischocken einige Tage aufbewahren wollen, sollten Sie den Stiel ins Wasser stellen. Sobald die Früchte vorbereitet sind, müssen sie unbedingt in Zitronenwasser eingelegt werden, damit sie nicht welken.

Sämtliche Zutaten, die für diesen Salat verwendet werden, sind typisch für den Mittelmeerraum. Dazu gehört beispielsweise auch der italienische Käse Mozzarella, der einen milden, leicht säuerlichen Geschmack hat. Der klassische Mozzarella wird aus Büffelmilch hergestellt und stammt aus den Regionen Latium und Kampanien. Mozzarella hat eine weiche, faserige Konsistenz und wird ohne Rinde in Kugeln verkauft, die in Salzlake oder Molke eingelegt sind.

Dieser Sommersalat wird – wie viele andere regionale Gerichte auch – mit Kapern gewürzt. Sie sind die Knospen des Kapernstrauchs, der in Tunesien wild wächst. Unser Küchenchef empfiehlt ganz kleine Kapern, die besonders kräftig im Geschmack sind und ein hervorragendes Aroma haben.

Sie können den Salat auf grünen Salatblättern anrichten und die Teller mit etwas Olivenöl und Harissa garnieren.

Den ausgepressten Saft der beiden Zitronen mit etwas Wasser in eine Schüssel gießen. Mit einem gezahnten Messer die Artischocken entstielen und putzen, die Böden lösen. Die Böden mit einem Löffel herausnehmen und in eine Schüssel mit Zitronenwasser legen.

2 der Artischockenböden in 2–3 mm dünne Streifen schneiden und wieder in das Zitronenwasser legen. Die übrigen 4 Böden ca. 25 Minuten blanchieren. Die Eier kochen und pellen.

Die restlichen Zutaten des Salats vorbereiten, die sauer eingelegte Zitrone mitsamt der weißen Innenhaut schälen. Die Schale ebenso wie den Mozzarella und die grünen Oliven in sehr kleine Würfel schneiden.

Mozzarella-Salat

Petersilie sehr fein hacken, Tomaten und hart gekochte Eier in sehr kleine Würfel schneiden.

Alle vorbereiteten Zutaten in eine Schüssel geben. Artischockenstreifen und
Kapern hinzufügen. Restliche Zitrone auspressen und den Saft zugießen. Mil Salz, Pfeffer, Harissa und 100 ml Olivenöl würzen. Umrühren.

Die Artischockenböden abtropfen lassen und die übrigen Zutaten darauf verteilen. Den Salat auf Tellern anrichten und mit Gewürzen garnieren.

Mosaiksalat

Vorbereitungszeit: 20 Minuten
Garzeit: 25 Minuten
Schwierigkeitsgrad: ✳

Für 4–6 Personen

2	Möhren
2	Kartoffeln
2	Rote Bete
100 g	Erbsen
100 g	grüne Bohnen
2	Eier

2	Zwiebeln
½ Bund	glatte Petersilie
100 ml	Olivenöl
	Salz
	Pfeffer
1	Kopfsalat
1	Dose Sardinen in Öl
100 g	schwarze oder grüne Oliven

Der Mosaiksalat aus Sfax ist ein tunesischer Frühlingsleckerbissen. In dieser Jahreszeit gibt es auf den Märkten der Stadt jede Menge aromatisches, zartes, junges Gemüse. Im Frühling sind die Möhren besonders saftig. Je nach Geschmack fügen Feinschmecker ihrem Salat auch Artischocken, weiße Rüben oder Meeresfrüchte hinzu.

In Tunesien wird viel sonnengereiftes Obst und Gemüse produziert. Deshalb stellen die Menschen dort ihre Salate meist nach Jahreszeit zusammen: das erste Gemüse im Frühjahr, Tomaten, Zwiebeln und Gurken im Sommer. Wenn die Saison vorbei ist, werden die restlichen Früchte in der Sonne getrocknet und für den Winter in Konserven aufbewahrt.

Kartoffeln, die in zunehmendem Maß angebaut werden, können das ganze Jahr über geerntet werden. Die ersten sind zwischen März und Mai reif, die Hochsaison ist von Juni bis Oktober, und November bis Februar bilden die Nachsaison.

Oliven kann man in Tunesien ab Anfang November ernten. Zunächst sind sie grün und färben sich schwarz, wenn sie reif werden. Dann können sie zu dem berühmten Olivenöl verarbeitet werden. Für unser Rezept eignen sich sowohl grüne als auch schwarze Oliven.

Was liegt näher, als in Sfax einen Salat mit Ölsardinen anzureichern? Die Häfen von Sfax, Mahdia und Kélibia sind seit langem bekannt für die kleinen blauen Fische. Verschiedene Sardinenarten werden mit Pflanzen- oder Olivenöl, Tomatensauce beziehungsweise Harissa in Konserven verkauft. Manche Familien stellen diese selbst her: Die Fische werden geköpft und ausgenommen, in sehr heißes Öl getaucht und dann in luftdicht verschlossenen Einmachgläsern aufbewahrt. Auch in Öl eingelegter oder marinierter Thunfisch sowie Sardellen passen gut zu diesem Salat.

Die Möhren putzen, die Kartoffeln und Roten Bete schälen. Das Gemüse in kleine Würfel schneiden. Erbsen enthülsen. Grüne Bohnen in etwa 2 cm lange Stücke schneiden. Alles separat in Wasser bissfest kochen – je nach Geschmack auch etwas weicher.

Wenn das Gemüse gar ist, die grünen Bohnen und die Erbsen mithilfe einer Abseihkelle herausnehmen und in eine Schale mit Eiswasser geben, damit sie ihre schöne Farbe behalten.

Die Eier 10 Minuten kochen, schälen und in Viertel teilen. Zwiebeln schälen und ebenso wie die Petersilie fein hacken.

aus Sfax

In einer Auflaufform Kartotteln, Möhren, Erbsen, Zwiebeln, grüne Bohnen und Petersilie mischen.

Den Salat mit etwas Olivenöl, Salz und Pfeffer würzen. Einzelne Salatblätter abtrennen, waschen und trockentupfen. Eine Dose Sardinen öffnen und die Fische abtropfen lassen.

Die Salatblätter auf einer Servierplatte anrichten. Den Gemüsesalat darauf verteilen. Mit Rote-Bete-Würfeln, Eiervierteln und Oliven garnieren. Die Sardinen auf dem Salat verteilen und gut gekühlt servieren.

Heringssalat

Vorbereitungszeit: 20 Minuten
Garzeit: 10 Minuten
Schwierigkeitsgrad: ✶

Für 4 Personen

200 g	frische grüne Paprika
100 g	frische rote Paprika
2	Tomaten
150 ml	Olivenöl
1 TL	gemahlener Koriander
1 TL	Kreuzkümmel

2	Knoblauchzehen
4	Heringsfilets
25 g	Kapern
	Salz
	Pfeffer

Zum Garnieren (nach Belieben):

50 g	schwarze entsteinte Oliven
	Minzeblätter

Diesen Sommersalat hat unser Küchenchef nach seinen Vorstellungen abgewandelt. Fethi Tounsi ist Koch in der Residenz des tunesischen Präsidenten sowie in den Restaurants Abou Nawas El Mechtel in Tunis.

Der Heringssalat auf einer Grundlage aus Paprika und Tomaten schmeckt besonders erfrischend. Es mag überraschen, in der tunesischen Küche Hering als Zutat zu finden. Die Einwohner des kleinen Badeortes Goulette in der Nähe von Tunis lagerten früher diesen Fisch, der vor allem in den nördlichen Meeren vorkommt, jedoch während des Ramadan ein. Obwohl diese Tradition mehr und mehr in Vergessenheit gerät, werden die Heringe doch auch heute noch wegen ihres fetthaltigen und wohlschmeckenden Fleisches geschätzt.

Das wichtigste Gewürz sind für unseren Küchenchef die Kapern. Der dornige Kapernstrauch, dessen Knospen geerntet werden, wächst in Tunesien wild. Je kleiner die Kapern sind, desto delikater ist ihr kräftiger Geschmack.

Diese Vorspeise ist aufgrund der roten und grünen Paprika recht würzig. Kolumbus brachte diese Pflanzen, die wie die Tomaten zu den Nachtschattengewächsen gehören, nach Europa. In Tunesien gibt es zahlreiche verschiedene Sorten, die sowohl frisch als auch getrocknet verzehrt werden. Wenn Sie das kräftige Aroma mildern möchten, sollten Sie weder die Samen noch die innere weißliche Haut verwenden.

Fethi Tounsis Heringssalat ist eine rasch zubereitete Vorspeise. In diesem Rezept werden die Heringe in idealer Weise mit den mediterranen Geschmacksrichtungen kombiniert.

Rote und grüne Paprika waschen, Samen entfernen, Paprika entstielen und in kleine Würfel schneiden. Die Tomaten waschen, aushöhlen und in kleine Würfel schneiden.

Paprika- und Tomatenwürfel in 100 ml Olivenöl anbraten. Die Mischung salzen und pfeffern. Koriander, Kreuzkümmel und zerdrückte Knoblauchzehen hinzufügen. Bei schwacher Hitze 3 Minuten köcheln lassen.

Die Heringe zerteilen. 4 Röllchen formen und beiseite legen. Die übrigen Stücke in Würfel schneiden.

Die Heringswürfel unter die Paprika-Tomaten-Mischung rühren.

Den Salat in eine Schüssel füllen. Kapern und restliches Olivenöl hinzufügen. Heringssalat auf Tellern anrichten und je ein Heringsröllchen in die Mitte legen.

Meeresfrüchte

Vorbereitungszeit: 20 Minuten
Garzeit: 45 Minuten
Schwierigkeitsgrad: ✶

Für 4 Personen

650 g	mittelgroße Sägegarnelen
650 g	Miesmuscheln
1	Zitrone
200 g	schwarze Oliven
	Salz

1 Bund	Koriander
1	Knoblauchzehe
½	eingelegte Zitrone
2	frische Zitronen
1 Prise	Paprika
1 Prise	marokkanischer Safran zum Färben
1 Prise	gemahlener Kumin
	Salz
	schwarzer Pfeffer

Chermoula:

100 ml	Arganöl
1 Bund	Petersilie

Beinahe alle marokkanischen Salate werden auf der Basis von gekochtem oder rohem Gemüse zubereitet: *Chachouka* mit gegrillter Paprika, *Zaalouk* mit eingelegten Auberginen oder eingelegtem Kürbisfleisch, weiterhin gibt es Kartoffelsalate, Salate aus Roten Beeten oder auch Möhren. Der Küchenchef stellt Ihnen hier ein sehr raffiniertes kaltes Entrée vor: Muscheln und Garnelen, die in einer feinen *Chermoula*-Sauce gegart werden.

In Marokko ist die Auswahl an unterschiedlichen Garnelen, die auf den Märkten angeboten werden, groß, doch am häufigsten werden die mittelgroßen Sägegarnelen verwendet. In den Häfen von Agadir und Safi wird der größte Teil der Schalentiere angeliefert, mit denen das ganze Land versorgt wird.

Die in *Chermoula*-Sauce gegarten Meeresfrüchte lassen sich dann auf vielfältige Art weiterverarbeiten: Gemischt mit chinesischen Glasnudeln ergeben sie eine herrliche Füllung für eine Dorade, aber auch für die berühmten marokkanischen *Briouates*.

Sie können sie sogar für ein herzhaftes Gebäck verwenden: Wechseln Sie in einer Backform Lagen von gebuttertem Yufka-Teig mit der Meeresfrüchte-*Chermoula* ab und backen Sie im Ofen alles goldbraun.

Für dieses Rezept hat Abdelmalek el-Meraoui Miesmuscheln ausgewählt. Diese dicken und fleischigen Muscheln sind die besten, die derzeit in Marokko zu haben sind.

Das Arganöl stammt aus dem Südwesten des Landes. Es wird aus den Früchten des Arganbaumes gewonnen. Die Nüsse im Fruchtfleisch sind dreimal dicker als Haselnüsse und sehr schwer aufzuschlagen. Die darin enthaltene ölhaltige »Mandel« ist kleiner als ein Sonnenblumenkern.

Den Knoblauch schälen. Zusammen mit der Petersilie, dem Koriander und der eingelegten Zitrone hacken.

Die Muscheln dämpfen oder in kochendes Wasser legen, bis sie sich öffnen. Abschrecken, um den Garvorgang zu stoppen. Das Muschelfleisch auslösen. Die Garnelen in Salzwasser, dem Zitronenscheiben zugegeben wurde, pochieren und dann auslösen.

Etwas Arganöl in eine Pfanne geben. Petersilie, Koriander, Knoblauch, die halbe eingelegte Zitrone und frisch gepressten Zitronensaft zugeben und rühren, bis eine Chermoula entsteht.

mit Chermoula

Die Chermoula mit Salz und Pfeffer abschmecken. Paprika, marokkanischen
Safran und Kumin zugeben. 10 Minuten
unter Rühren kochen lassen.

Die Garnelen in die Chermoula geben.
Kurz anbraten und dabei umrühren.

Die Muscheln in die Sauce geben und
untermischen. 15 Minuten kochen, dann
abkühlen lassen. Den Salat in Schälchen
anrichten und mit Stücken von schwarzen
Oliven garnieren. Kalt servieren.

Spinatsalat

Vorbereitungszeit: 30 Minuten
Garzeit: 25 Minuten
Schwierigkeitsgrad: ✳

Für 4 Personen

2 kg	frischer Blattspinat
100 ml	Arganöl
1 Bund	Petersilie
1 Bund	Koriander
1	Knoblauchzehe
1 Prise	Safranfäden

1 Prise	gemahlener Kumin
1 Prise	Paprika
1	eingelegte Zitrone
250 g	frische Tomaten
200 g	rote Oliven
	Salz
	schwarzer Pfeffer

Salate mit Arganöl sind überall in Marokko beliebt. Auf dem Land bereitet man sie gern mit den Blättern der Malve zu, die wild in Hecken und am Straßenrand wächst. In den Restaurants dagegen verwenden die Köche gern frischen Spinat, der einfach nur auf den Märkten gekauft werden muss. Dieser Spinatsalat ist eine exzellente winterliche Vorspeise, die Abdelmalek el-Meraoui kalt serviert.

Spinat, ein weltweit sehr verbreitetes Gemüse, wird in Marokko eher selten gegessen. Wenn er doch auf den Tisch kommt, dann in der Regel als Salat oder zum Garnieren zum Beispiel von Reisgerichten. Der Küchenchef unterstreicht den Geschmack des Spinats, indem er ihn mit *Chermoula*-Sauce anrichtet. Nach Belieben kann der Salat noch durch fein gewürfelten Weißfisch (Brasse, Quappe, Petersfisch oder Ähnliches), Garnelen oder durch kleine Stückchen Rind- beziehungsweise Lammfleisch verfeinert werden.

Das Arganöl verleiht dem Salat seine besondere Note, die typisch für die Sous-Ebene unweit von Agadir im Südwesten Marokkos ist. In den Bergregionen des Antiatlas geschieht die Herstellung des Öls noch ganz traditionell in den Familien. So kostet es die Frauen etwa fünfzehn Stunden harter Arbeit, um einen Liter Öl zu gewinnen.

Zunächst werden die Früchte des Arganbaumes geerntet und getrocknet. Anschließend werden sie gequetscht, um den Kern vom Fruchtfleisch zu trennen. Danach folgt der mühsamste Arbeitsschritt: Jeder Kern wird zwischen zwei Steinen aufgeklopft, um die kleinen Samenkerne in seinem Inneren freizulegen. Die Samen werden dann geröstet, was ihnen einen nussartigen Geschmack verleiht, und dann zwischen Mühlsteinen zermahlen. Die gewonnene Paste verknetet man mit lauwarmem Wasser und presst sie schließlich aus. Hundert Kilogramm der getrockneten Früchte liefern im Durchschnitt etwa 3,3 Liter Öl.

Den Spinat unter fließendem Wasser abspülen und dann mit einem Messer grob hacken. Etwa 10 Minuten dämpfen und etwas abkühlen lassen.

Die etwas abgekühlten Spinatblätter mit den Händen über einer Schüssel ausdrücken und dabei möglichst viel Flüssigkeit herauspressen.

Für die Chermoula Arganöl, gehackte Petersilie und gehackten Koriander, zerstoßene Knoblauchzehe, Salz, Pfeffer, Safran, Kumin, Paprika und kleine Würfel der eingelegten Zitrone in eine Pfanne geben. Auf dem Herd unter Rühren köcheln lassen.

mit Arganöl

200 g Tomaten überbrühen und häuten. Halbieren, dann die Kerne entfernen. Die Früchte in Viertel schneiden und hacken. Die roten Oliven ebenfalls hacken.

Wenn die Chermoula gut eingekocht ist, die gehackten Tomaten zufügen. Etwa 5 Minuten unter Rühren köcheln lassen.

Den gehackten Spinat in die Chermoula geben. Bei starker Hitze unter Rühren aufkochen lassen. Zum Schluss die gehackten Oliven zugeben. Den Salat mit den übrigen Tomaten garnieren und möglichst kalt servieren.

Salat aus

Vorbereitungszeit: 30 Minuten
Garzeit: 45 Minuten
Schwierigkeitsgrad: ★

Für 5 Personen

1 kg	Tomaten
5 oder 6	Zimtstangen
500 g	Zucker
100 ml	Orangenblütenwasser
200 ml	Erdnussöl
2 g	feines Salz

1 g	Safranfäden
1 Prise	marokkanischer Safran zum Färben

Die Felder und Treibhäuser in Marokko liefern das ganze Jahr hindurch frische Tomaten. Dieser erstaunliche Salat mit gesüßten Tomaten ist leicht zuzubereiten und so eine willkommene Vorspeise. Die Tomaten färben sich durch den Zucker intensiv rot. In Konsistenz und Geschmack erinnern sie an ein Kompott aus getrockneten Aprikosen.

Die Marokkaner lieben die süßen Tomaten kalt oder lauwarm als Salat inmitten einer Auswahl von *Kemias*. Sie sind nicht nur ausgesprochen dekorativ, sondern schmecken mit ihrer süßlichen Note einfach köstlich. Zudem lassen sie sich gut drei bis vier Tage im Kühlschrank aufbewahren. Man verwendet sie auch zum Garnieren einer Hühner-Tagine mit Zwiebeln, Zimt und Ingwer.

Man muss wissen, dass die Marokkaner eine wahre Kunst daraus entwickelt haben, Lebensmittel auf unterschiedlichste Arten haltbar zu machen. Rote oder schwarze Oliven, Zitronen, kleine Zwiebeln, Peperoni und Paprika, aber auch Rindfleisch (*Le khlii*) werden mit Salz eingekocht, süße Saucen dagegen bereitet man gern aus Tomaten, getrockneten Bohnen, Pflaumen, Feigen, Birnen, Äpfel und so weiter zu. Zum süßen Einkochen eignet sich hervorragend eine Mischung aus Zucker und Honig.

Diese Vorspeise gelingt am besten, wenn Sie schöne runde und tiefrote Tomaten von mittlerer Größe auswählen. Die Früchte sollten recht fest und nicht zu saftig sein, da man beim Kochen noch Flüssigkeit zufügt: Orangenblütenwasser und Öl. Die Tomaten sollten auch nach dem Entfernen der Haut und der Samenkern noch fleischig sein.

In marokkanischen Salaten findet man häufig die Kombination von Orangenblütenwasser und Gemüse. Unter den *Kemias* etwa gibt es häufig geraspelte und in weißem Essig eingelegte Gurken mit Zucker und Orangenblütenwasser.

Den Stielansatz der Tomaten entfernen. Am anderen Ende das Fleisch kreuzweise anritzen. In kochendem Wasser blanchieren. Wenn sich die Haut ablöst, mit einem Schaumlöffel aus dem Wasser heben.

Die Tomaten sofort in einem Behälter mit Eiswasser abschrecken. Mit einem kleinen Messer die Haut vorsichtig abziehen.

Alle Tomaten waagerecht halbieren. Die Samenkerne möglichst komplett entfernen.

süßen Tomaten

Alle Tomaten mit der ausgehöhlten Seite nach oben auf ein Backblech legen.

Auf den Tomaten Salz, marokkanischen Safran, Safranfäden und Zimtstangen verteilen.

Mit Zucker bestreuen, dann mit Orangenblütenwasser und Erdnussöl beträufeln. Die Tomaten mit einem großen Stück Alufolie abdecken. Im Backofen 45 Minuten bei 150 ℃ backen. Warm oder kalt servieren.

Kemia-Salat

Vorbereitungszeit: 20 Minuten
Garzeit: 40 Minuten
Schwierigkeitsgrad: ✶

Für 4 Personen

Auberginenpüree:
je 2	Auberginen, Tomaten, Knoblauch
1	Zwiebel
	Paprika, Kumin, Olivenöl

Meeressalat:
je 100 g	Kalmare, Adlerfisch
je 1	Zwiebel, Zitrone
	Olivenöl, Safran, Salz, Pfeffer

Tomaten-Paprika-Salat:
je 2	Paprika, Tomaten
2	Knoblauchzehen
je 5 Zweige	Koriander, Petersilie

Kumin, Olivenöl, weißer Essig, Salz, Pfeffer, Öl zum Frittieren

Zucchini-Salat:
je 1	Zucchini, Zwiebel
2	Knoblauchzehen
	Safran, Paprika, Olivenöl

Gurkensalat:
je 1	Gurke, Tomate
4 Zweige	Petersilie
1	Zwiebel
	Kumin, Olivenöl, weißer Essig, Salz, Pfeffer

Paprika-Salat:
je 2	gelbe, rote Paprika, Zwiebeln
2	Knoblauchzehen
8 Zweige	Petersilie,
2 EL	Olivenöl
	Salz, Pfeffer

Karottensalat:
2	Karotten
4 Zweige	Petersilie
4 Zweige	Koriander
1 EL	weißer Essig
	Paprika, Kumin, Olivenöl, Salz, Pfeffer

Die meisten Marokkaner würden nie Gäste empfangen, ohne ihnen eine Auswahl von frischen und farbenfrohen *Kemias* anzubieten, die auf kleinen Tellern serviert werden. Der Gastgeber platziert die *Kemia*-Schälchen rund um den Tisch und stellt das heiße Gericht in die Mitte. Während sie das Hauptgericht genießen, können die Gäste nach Lust und Laune mit einem kleinen Löffel vom einen oder anderen Salat etwas nehmen. Als Beilage wird das unerlässliche runde marokkanische Fladenbrot gereicht.

Dieses Ensemble verschiedener Salate zeigt, welche Vielfalt es in den marokkanischen Gemüsegärten gibt, obgleich die Konquistadoren erst im 16. Jahrhundert Tomaten, Chili, Paprika und Zucchini aus Amerika mitbrachten. Die Aubergine wurde bereits lange, bevor sie im 15. Jahrhundert nach Marokko gelangte, in Indien und Persien genossen.

In unserem Salat hackt der Koch die rohen Kalmare erst und brät sie dann in Olivenöl. Sie können sie aber auch gut in mit Zitronensaft versetztem kochendem Wasser pochieren. Schrecken Sie die Kalmare danach sofort in Eiswasser ab, damit sie schön zart bleiben. Der Adlerfisch, ein großer Fisch mit sehr feinem Fleisch, gehört zur Familie der Umberfische. Man fängt ihn im Atlantik wie auch im Mittelmeer.

Wie die Küche des gesamten mediterranen Raums ist auch die marokkanische sehr stark vom Geschmack des Olivenöls bestimmt, das aus einer Vielzahl von Olivenarten gewonnen wird und in vielen unterschiedlichen Qualitäten erhältlich ist. Bei der traditionellen Ölmühle werden die Früchte unter einem dicken Mahlstein zerquetscht, wobei dieser meist von einem Esel oder einem Pferd angetrieben wird.

Auberginenpüree: Auberginen mit Tomaten, Knoblauch und Zwiebel pochieren. Im Mixer pürieren, bis ein Mus entsteht. Bei geringer Hitze in 2 Esslöffeln Olivenöl mit einer Prise Paprika und Kumin anbraten. Abkühlen lassen.

Meeressalat: Kalmare säubern, klein schneiden. Zwiebel mit Salz, Pfeffer und Safran bestreuen. In 1 Esslöffel Olivenöl anschwitzen lassen. Kalmare zufügen, goldbraun werden lassen. Ebenso mit dem Adlerfisch verfahren. Zu beiden Saft einer halben Zitrone geben.

Tomaten-Paprika-Salat: Paprikaschoten frittieren, häuten, hacken. Tomaten brühen, häuten, hacken. Koriander, Petersilie und Knoblauch fein hacken. Tomaten, Paprika, Petersilie, Koriander, Salz, Pfeffer, eine Prise Kumin, Knoblauch, Olivenöl und Essig mischen.

Erde-Meer

Zucchini- und Gurkensalat: Zucchini in Würfel schneiden. Gehackte Zwiebel und Knoblauch in 2 Esslöffeln Öl anbraten. Zucchiniwürfel, Safran, Paprika zugeben. Gewürfelte Gurken und Tomaten mit gehackter Petersilie, Zwiebel, Kumin, Salz, Pfeffer, Olivenöl und Essig mischen.

Paprika-Salat: 1 Zwiebel und 1 Knoblauchzehe hacken und im Olivenöl anbraten. Salzen und pfeffern. Die roten Paprika darin anschmelzen und mit der Hälfte der gehackten Petersilie bestreuen. Den Salat aus der gelben Paprika ebenso zubereiten.

Karottensalat: Die Karotten in Stifte schneiden und in Salzwasser pochieren. Abtropfen. Die Karotten mit Salz und Pfeffer, 1 Prise Paprika und Kumin, gehackter Petersilie und Koriander, Essig und Olivenöl mischen. Alle Salate frisch servieren.

Gurkensalat

Vorbereitungszeit: 15 Minuten
Garzeit: 15 Minuten
Schwierigkeitsgrad: ✶

Für 4 Personen

500 g	Gurken
1 Bund	frischer Thymian
100 g	Zucker
1 EL	Orangenblütenwasser

Zum Garnieren (nach Belieben):

½ Bund	frische Minze
	gemahlener Zimt

Dieser Gurkensalat mit Atlas-Thymian ist eine außerordentlich erfrischende Vorspeise. Das sommerliche Rezept wird vor allem in Fes sehr geschätzt. Der Salat ist leicht zuzubereiten und darüber hinaus sehr originell, denn der würzige Thymian verbindet sich auf harmonische Weise mit dem Zucker und dem delikaten Aroma der Orangenblüten.

Wie Zucchini sind auch Gurken die Früchte einer ganzjährigen Kriechpflanze aus der Familie der Kürbisgewächse. Sie stammt aus dem Himalaja und hat blassgrünes, knackiges und frisches Fruchtfleisch. Gurken enthalten sehr viel Wasser und nur wenig Kalorien, dafür sind sie sehr reich an Kalium und Vitamin C.

Die fleischige, feste und zylindrische Frucht muss fast immer geschält werden. Tatsächlich schmeckt ihre Haut oft bitter. Die Gurkenart, die der Küchenchef verwendet, stammt aus dem Treibhaus. Treibhausgurken können unterschiedlich groß werden, haben aber immer eine glatte Haut und sind das ganze Jahr über erhältlich. Im Garten wachsende Gurken haben oft eine warzige Schale und dicke Kerne. Es ist dringend zu empfehlen, die Gurken vorher zu probieren, damit der Salat nicht etwa bitter wird.

Für sein Rezept hat Abdellah Achiai ausschließlich regionale Zutaten ausgewählt. Der verwendete Thymian ist eine wild wachsende Art aus dem Atlas. Das Atlasgebirge mit seiner atemberaubenden Landschaft verdankt seinen Namen dem berühmten Titanen der griechischen Mythologie. Der dort wachsende Thymian hat ein einzigartiges Aroma. Die Marokkaner sprechen ihm tausend Eigenschaften zu, darunter auch die, den Organismus zu stärken. Sie können die Vorspeise auch mit gewöhnlichem Thymian zubereiten.

Dieser wunderbar leichte Salat ist dann besonders köstlich, wenn die Sonne am höchsten steht.

Die Gurken mit einem Sparschäler schälen und 3 zum Garnieren der Teller aufbewahren.

Mit einer Küchenreibe die Gurken in feine Streifen raspeln.

Die für die Garnierung zurückgelegten Gurken in feine Scheiben schneiden.

mit Atlas-Thymian

[Bild eines Tellers mit Gurkensalat]

Den Thymian mit den Fingern über einem Teller zerrebeln.

Für die Salatwürze Thymian, Zucker und Orangenblütenwasser in eine Salatschüssel geben.

Die geraspelten Gurken in die Würzmischung geben und alles vermengen. Den Salat in der Mitte eines Tellers anrichten und mit den Gurkenscheiben garnieren.

R'jla-Salat mit

Vorbereitungszeit:	20 Minuten
Garzeit:	35 Minuten
Schwierigkeitsgrad:	✶

Für 6 Personen

6 Bund	R'jla
3 Bund	glatte Petersilie
2 Bund	frischer Koriander
20 g	Knoblauch
20 g	süßer Paprika
25 g	Cayennepfeffer

200 ml	Olivenöl
250 g	eingelegte rote Oliven
2	eingelegte Zitronen
	Salz
	Pfeffer

Marokkanische Feinschmecker haben eine besondere Vorliebe für Salate aus frischen, farbenfrohen Gemüsesorten oder Kräutern, die im Land reichlich zu haben sind. M'hamed Chahid hat eine sehr originelle Kreation zusammengestellt, die auf einer Wildpflanze namens *R'jla* basiert und mit Koriander, Petersilie, Cayennepfeffer und Paprika gewürzt ist. Er bereitet dasselbe Rezept auch mit Malve zu, einer Frühlingspflanze, die man oft in Kornfeldern und an Wegrändern findet. Außerhalb der Saison verwenden Sie am besten Mangold- oder Spinatblätter. Der Salat wird dann etwas anders aussehen, da Spinat beim Dämpfen zusammenfällt, während Malve und *R'jla* beim Garen besser ihre Form bewahren.

R'jla, das stets in Salaten verarbeitet wird, gehört zur Familie der Portulaks, und die Blätter haben einen leicht säuerlich-scharfen Geschmack. Ihr Stängel ist ziemlich dick und hellgrün und rötlich gestreift. Sie tragen Büschel mit dicken, glatten, tropfenförmigen Blättern, die etwa zwei Zentimeter lang und ein Zentimeter breit sind. Die Pflanze wächst im Frühling und Sommer in Weizenfeldern und auf Weinbergen und wird in Marokko nicht auf den Märkten verkauft. Allerdings bieten Kinder sie an den Landstraßen den vorbeifahrenden Autofahrern an.

Nach dem Kochen garniert der Küchenchef sein Gericht mit eingelegten roten Oliven. Diese Früchte, geradezu ein Symbol für den Mittelmeerraum, durchlaufen mehrere Reifestufen: Zunächst sind sie grün und nehmen dann eine rote Farbe an. Mit zunehmender Reife werden sie dann violett und schließlich schwarz. Nach der Ernte werden die roten Oliven lange in einem Sud aus Salz, Essig und Zitronensaft eingelegt. Sie passen wunderbar zu eingelegten Zitronen.

Die R'jla-Stängel unter fließendem Wasser abspülen. Die kleineren Stängel mit den Blättern abtrennen.

Mehrere Stängel auf ein Schneidebrett legen und mit einem Messer grob hacken.

In einem Couscous-Topf Wasser zum Kochen bringen. Wenn es sprudelt, das zerkleinerte R'jla ins Sieb geben und über das kochende Wasser stellen. Abdecken. Sobald der Dampf nach oben gestiegen ist, weitere 20 Minuten abgedeckt dämpfen.

Zitronen und Oliven

Petersilie, Koriander und Knoblauch hacken. Den Knoblauch in einer Pfanne in etwas Öl anbraten. Salzen und pfeffern. Paprika und Cayennepfeffer zufügen.

Petersilie und Koriander in die Pfanne geben. 5 Minuten bei starker Hitze unter Rühren garen.

Schließlich das gedämpfte R'jla in die Mischung geben. Weitere 5–6 Minuten garen. Die entsteinten Oliven zufügen. Abkühlen lassen. Mit Oliven und Streifen der eingelegten Zitronen garnieren und dann servieren.

Warme Vorspeisen

Andalusische

Vorbereitungszeit: 30 Minuten
Garzeit: 15 Minuten
Schwierigkeitsgrad: ★

Für 4 Personen

Fritura andaluza:

500 g	Chanquetes oder frische Anchovis
500 ml	Olivenöl
100 g	Mehl
	Zitrone
	Salz

Gambas:

500 g	Gambas
1	Knoblauchzehe
1 Stück	getrocknete Chilischote
100 ml	Olivenöl
1	kleines Glas Weißwein
5 Stängel	Petersilie
	Salz

Toast mit Chorizo-Scheiben:

4 Scheiben	Baguette
1	reife Tomate
1	Knoblauchzehe
4 Scheiben	Schweinelende, mariniert
1	kleine, milde Chorizo-Wurst
	etwas natives Olivenöl

Vor dem Mittagessen treffen sich Spanier gern mit Freunden im Café, um etwas zu trinken und zum Aperitif einige Appetithäppchen, die so genannten Tapas, zu sich zu nehmen. José-Ignacio Herráiz empfiehlt neben den äußerst beliebten Gambas winzige frittierte Anchovis sowie würzige Schweinelende mit Chorizo-Wurst – Tapas, wie man sie in Granada liebt.

Chanquetes sind winzige, junge Fische, die außerhalb Andalusiens kaum zu finden sind. Genauso gut kann man Anchovis, kleine Sardinen, Rotbarben oder Stockfischstreifen nehmen. Zum Panieren verwendet der Küchenchef besonders feines Weizenmehl, das in einer dünnen Schicht an den Fischen haften bleibt und ihre Feuchtigkeit und ihr Aroma gut bewahrt. Haben Sie nur normales Haushaltsmehl (Type 405) zur Hand, sollten Sie die Fische nach dem Bemehlen unbedingt in einem Sieb abschütteln. Frittieren Sie die Fische in kleinen Portionen in sehr heißem Öl.

Gambas de Huelva sind von allen spanischen Garnelensorten die beliebtesten. Viele Spanier saugen sogar gern die Köpfe aus, wenn auch nicht unbedingt in einem vornehmen Restaurant. Um diesen Feinschmeckern entgegenzukommen, hat sich José-Ignacio Herráiz etwas Besonderes einfallen lassen: Er brät die Garnelenköpfe in Öl an und drückt sie anschließend durch ein Sieb. Den duftenden Saft fängt er auf und serviert ihn als Sauce zu den Gambas. Genauso gut eignen sich übrigens Scampi für dieses Rezept.

In Spanien wird überall fertig marinierte Schweinelende angeboten. Zu Hause müssen Sie sie selbst einlegen: Das Wasser mit Thymian, Oregano, Knoblauch, Nelken und Zimt aufkochen, dann abkühlen lassen. Das Fleisch in Scheiben schneiden, mit dem Paprikapulver zusammen einlegen und zwei Tage durchziehen lassen. Sollten Sie keine Chorizo bekommen, können Sie auch Hackfleisch, Knoblauch, Petersilie und Paprikapulver mischen und zum Füllen verwenden.

Für die Fritura andaluza die Fische salzen. Das Mehl auf einen Teller schütten und die Fische darin mit den Fingern wälzen, bis sie ganz damit überzogen sind. In ein Sieb geben und das überschüssige Mehl abschütteln.

Das Öl in einem Topf sehr heiß werden lassen und die Fische darin hellgelb ausbacken. Mit einem Schaumlöffel herausheben und auf Küchenpapier abtropfen lassen. Mit Zitronenspalten auf einem Teller anrichten.

Die Gambas auslösen und aufschneiden, dabei die Därme entfernen. Die getrockneten Peperoni zerreiben. Den Knoblauch in Scheiben schneiden, in Öl anbraten und die Peperoni zugeben.

Tapas

Die Gambas salzen und in dem Würzöl bei großer Hitze anbraten. Mit gehackter Petersilie bestreuen und 1 Minute weiter braten, zum Schluss den Weißwein zugießen und weitergaren.

Für den Toast die Brotscheiben rösten. Knoblauch häuten. Tomaten halbieren. Sobald das Brot kross ist, die Oberfläche mit Knoblauch und Tomate einreiben. Das Brät der Chorizo auslösen und ohne Fett anbraten; den Bratensaft etwas einkochen lassen.

Schweinelendchen flach klopfen und mit etwas Knoblauch in einer Pfanne 30 Sekunden pro Seite anbraten. Auf jede Scheibe etwas Chorizo geben, das andere Ende umklappen und mit einem Zahnstocher feststecken. Die übrigen Brotscheiben ebenso anrichten.

Tapas

Vorbereitungszeit: 1 Stunde
Garzeit: 30 Minuten
Schwierigkeitsgrad: ★

Für 4 Personen

| 500 ml | Olivenöl, zum Frittieren |

Palillos:

4	Datteln
2 Scheiben	Frühstücksspeck
½	Zwiebel
25 g	Räucherspeck
1	Champignon
15 g	Butter
5 g	Mehl
100 ml	Milch
2 EL	Brandy
	Salz
	Pfeffer

Brot mit Schinken:

je 50 g	grüne Bohnen, grüner Spargel
je 50 g	Steinpilze, Champignons
25 g	Schinken
10 g	Roquefort
5 g	Butter
1 TL	Natron
4 Scheiben	Weißbrot
	Salz

Aubergine gefüllt:

4	Auberginen
100 g	Hackfleisch
50 g	Käse, gerieben
1	Zwiebel
2	Champignons
10 g	Mehl
je 2 EL	Milch, Brandy
	Salz

Spanische Sauce:

je ½	Möhre, Zwiebel
1 Glas	Portwein
1 Stange	Porree
1	Tomate
2 EL	Tomatenmark
15 g	Mehl
10 g	Zucker
4 EL	Olivenöl
	Salz
	Pfeffer

Um die Küche einer spanischen Region kennen zu lernen, fängt man am besten mit den Tapas an, die in so gut wie jeder Bar angeboten werden. Sie sind Ausdruck typisch spanischer Lebensart. Das gilt natürlich auch für Alicante. In dem Ferienort an der Costa Blanca sind schmackhafte Tapas in großer Auswahl überall sehr beliebt. *Palillos*, wörtlich »Zahnstocher«, sind ideal zum Aperitif. Die pikant gefüllten, mit Speck umwickelten Datteln sind ein salzig-süßer Gaumenkitzel. Die Früchte sind charakteristisch für die Region um Alicante. Die ersten Dattelpalmen wurden von den Karthagern eingeführt. Die Araber behielten die Kulturen bei und legten Dattelplantagen an. Im 12. Jahrhundert besaß die Stadt Elche einen Dattelhain, der mit heute fast 400 000 Palmen der größte Europas ist.

Überbackene Gerichte sind eine Spezialität aus Alicante. Die mit Fleisch und Pilzen gefüllten, mit Knoblauch gewürzten und dann gratinierten Auberginen sind eine Delikatesse. Für die Sauce erhitzen Sie in einem Topf Olivenöl und schwitzen darin nacheinander Zwiebelwürfel, fein gehackte Möhre, Porree und Tomate an. Gießen Sie die Hälfte des Portweins an und lassen alles fünf Minuten einkochen. Dann erst salzen und pfeffern Sie. Geben Sie Mehl und Tomatenmark zu, gießen Sie etwas Wasser an und lassen alles eine Stunde köcheln. In einer zweiten Pfanne karamellisieren Sie den Zucker hellbraun, nehmen ihn vom Herd und gießen den restlichen Portwein an. Lassen Sie alles noch einmal eine Minute köcheln und geben Sie es dann in die Sauce.

Für die Palillos den fetten Speck, den Champignon und die halbe Zwiebel sehr fein würfeln und in der Butter anbraten. Salzen. Mehl und Milch zugeben und 2 Minuten köcheln lassen, dann den Brandy angießen und mit Pfeffer würzen.

Die Datteln entkernen, mit der Mischung füllen und jeweils in einen Streifen Frühstücksspeck einrollen. Mit einem Zahnstocher feststecken und in Olivenöl frittieren.

Für die Brote Schinken, Champignons, Steinpilze, Bohnen und Spargel sehr fein hacken. Bohnen und Spargel separat in Wasser mit etwas Natron blanchieren. Den Schinken in der Butter anbraten, gehacktes Gemüse zugeben, salzen und 3 Minuten anschwitzen.

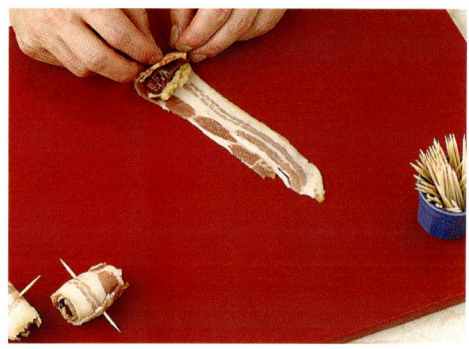

aus Alicante

Den Roquefort zugeben und 1 Minute weiter köcheln lassen. Die Brotscheiben in Olivenöl braten und großzügig mit der Mischung bestreichen.

Für die Auberginen-Füllung Pilze und Zwiebel fein hacken und mit dem Hackfleisch vermengen. Die Mischung in Olivenöl anbraten, salzen und den Brandy angießen. Mehl und Milch zugeben und gut umrühren.

Spanische Sauce wie oben angegeben zubereiten. Die Auberginen aushöhlen und 5 Minuten im Backofen bei 180 °C rösten. Mit der Mischung füllen, mit Käse bestreuen und bel 180 °C noch elnmal 5 Minuten im Backofen überbacken. Die Tapas auf Tellern anrichten.

Tapas

Vorbereitungszeit:	1 Stunde
Marinieren:	5 Stunden
Garzeit:	40 Minuten
Schwierigkeitsgrad:	★★★

Für 4 Personen

Lammkutteln:

500 g	Körnerbrot
2	Lammkutteln
4	Weinranken
2 TL	getrockneter Oregano
1 TL	gemahlener Kreuzkümmel
1 EL	Sherry-Essig
100 ml	Olivenöl
	Salz
	Pfeffer

Almagro-Auberginen:

4	Zwergauberginen
1	rote Paprika
2 TL	Kümmel

1	getrocknete Chilischote (Guindilla)
2 TL	Paprikapulver (Pimentón)
2 EL	getrockneter Oregano
150 ml	Sherry-Essig
4 EL	Olivenöl
	Salz, Pfeffer

Wachteln in Honigsauce:

1 Zweig	Rosmarin
2	Wachteln
25 g	Honig
100 ml	Sherry-Essig
je 30 g	Serrano-Schinken, Speck
1 Stange	Porree (weißer Teil)
	Öl, zum Frittieren
	Salz, Pfeffer

Beim Genuss der für die Region La Mancha typischen Tapas kann man sich gut Don Quijote und seinen treuen Sancho Pansa vorstellen. Man sieht die beiden geradezu, wie sie bei einem Krug Wein und Köstlichkeiten wie diesen drei Tapas über Gott und die Welt philosophieren.

Die Spezialität von Cuerca, dem Heimatdorf des Küchenchefs, sind Lammkutteln. Das rustikale Gericht ist dort sehr beliebt und man isst es meist mit Zitronensaft beträufelt. Durch das fünfstündige Marinieren werden die Kutteln ausgesprochen aromatisch. Achten Sie beim Kauf darauf, dass die Kutteln schön weiß und sauber sind, und vergessen Sie nicht, sie mit Weinranken zu umwickeln.

Wie Don Quijote und sein Diener machen auch wir unsere kulinarische Reise nach Almagro im Süden von La Mancha: Dieser Ort ist für seine Theaterfestspiele ebenso bekannt wie für seine Auberginen. Jahr für Jahr produziert man dort gut fünftausend Tonnen dieses herzhaften Gemüses.

Die kleinen ovalen *Berenjenas de Almagro* werden auf der ganzen Iberischen Halbinsel geschätzt. Geerntet wird von Juli bis September, anschließend werden die Auberginen gekocht und eingelegt. Diese Zubereitungsart empfiehlt auch Alberto Herráiz. Der gute Ruf der traditionell in der *Orza*, einem kleinen Steinguttopf, angerichteten Auberginen reicht heute bis weit über La Mancha hinaus. Als Konserven bekommt man sie in guten Feinkostgeschäften.

Wachteln dürfen bei typisch kastilischen Tapas nicht fehlen. Sie werden mit einer süßen Sauce serviert, die die Raffinesse und den Reichtum der Küche dieser Region verdeutlicht.

Für die Kutteln 4 Esslöffel Olivenöl, Essig, Oregano und Kreuzkümmel zu einer Marinade verrühren. Salzen, pfeffern. Lammkutteln hineingeben und 5 Stunden marinieren. Kutteln zwischen zwei Weinranken einwickeln und rund 15 Minuten in Wasser kochen.

Die gegarten Kutteln in Scheiben schneiden und im restlichen Olivenöl braten, derweil im Ofen die Brotscheiben rösten.

Für die Auberginen je 150 ml Wasser und Sherry-Essig mischen. Paprika in Streifen schneiden und zusammen mit Peperoni und je 1 Teelöffel Kümmel, Paprikapulver und Oregano hineingeben. Zum Kochen bringen, Auberginen zufügen. 10–15 Minuten kochen.

»Don Quijote«

Die Auberginen auf Zahnstocher stecken und mit Paprikastreifen und Peperoniringen garnieren. Eine Sauce aus Olivenöl, dem restlichen Kümmel, Paprikapulver und Oregano anrühren. Salzen und pfeffern.

Die Wachteln zerlegen und entbeinen, salzen und pfeffern. Für die dazugehörige Sauce in einem Topf Honig, Essig und Rosmarin kurz einkochen lassen und salzen.

Die Wachtelkeulen mit Speck und Schinken umwickeln. Dann im Backofen bei 200 °C 10–12 Minuten braten. Für die Garnierung den Porree in feine Streifen schneiden und in Öl frittieren. Die Tapas auf Tellern appetitlich anrichten.

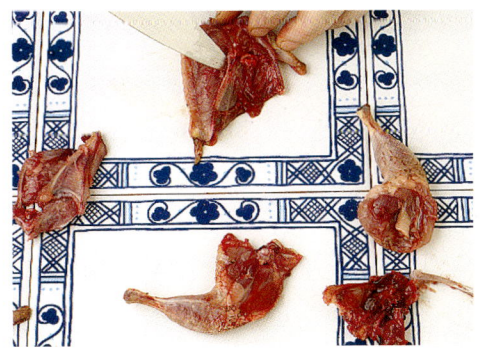

Spargel aus Aranjuez

Vorbereitungszeit: 30 Minuten
Garzeit: 25 Minuten
Schwierigkeitsgrad: ✶

Für 4 Personen

500 g	frischer grüner Spargel
500 g	frischer weißer Spargel
4	frische Eier

Sauce:

2	Eier
3 EL	Butter
1 EL	Sherry-Essig
1 Prise	Paprikapulver
	Salz
	Pfeffer

Von April bis September wird überall in Madrid frischer Spargel angeboten; meist kommt er aus Aranjuez, der alten Königsresidenz am Ufer des Tajo zwischen Madrid und Toledo. Auf den fruchtbaren Böden gedeihen dort grüner und weißer Spargel hervorragend.

Schon vor Jahrtausenden war dieses delikate Gemüse bei den Griechen und Ägyptern bekannt. Raffinierte römische Köche ersannen Mittel und Wege, die zarten Stangen zu züchten, doch nach dem Niedergang Roms geriet Spargel in Vergessenheit, bis Ludwig XIV. im 17. Jahrhundert einen regelrechten Boom um sein Lieblingsgemüse auslöste. Zu allen Jahreszeiten sollten ihm die feinen Stangen serviert werden und so erfand sein Gärtner La Quintinie die Treibhauskultur für das Edelgemüse. Als Ludwigs Enkel, der Bourbonenkönig Philip V., im Jahr 1700 den spanischen Thron bestieg, machte er Spargel auch auf der Iberischen Halbinsel heimisch.

Früher bevorzugte man in Madrid ein schlichtes Rezept, bei dem die Eier mit dem Spargel gemeinsam gekocht wurden. Kreative Küchenchefs entwickelten daraus ein verfeinertes Gericht mit einer Sauce aus Butter und Eiern. Grüner Spargel sollte nach dem Kochen unbedingt kurz in Eiswasser getaucht werden, damit er seine leuchtende Farbe behält. Sehr hübsch sieht es aus, wenn man die Stangen farblich sortiert zu kleinen Bündeln zusammenlegt und mit einem Streifen Porree oder Schnittlauch verschnürt.

Die Eier werden in der Schale wachsweich gekocht und sofort in Eiswasser gelegt, damit das Eiweiß fest wird, das Gelb aber noch flüssig bleibt und beim Aufschneiden über den Spargel läuft. Die Sauce muss bei geringer Hitze rasch mit dem Schneebesen geschlagen werden, da andernfalls die Eier gerinnen und sich nicht mit der Butter vermischen. Verquirlen Sie die Zutaten im Wasserbad zu einer glatten, sämigen Sauce, die am Löffelrücken haften bleibt.

Den grünen und weißen Spargel mit einem Sparschäler schälen. Verwendet werden für dieses Rezept nur die Spitzen und etwa 5 cm von der restlichen Stange.

Den grünen Spargel 2 Minuten, den weißen rund 8 Minuten in kochendes Wasser geben. Sobald die Stangen gar sind, den grünen Spargel sofort in eine Schüssel mit Eiswasser tauchen.

Die Eier in kochendes Wasser gleiten lassen und 3–4 Minuten kochen, dann ebenfalls in eine Schüssel mit Eiswasser legen.

mit Eiern

Für die Sauce eine Schüssel in einen Topf mit heißem Wasser stellen und die Eier darin verquirlen. Butter, Essig, Paprika, Salz und Pfeffer zugeben und gut umrühren.

Die Sauce etwa 10 Minuten im Wasserbad schlagen, bis sie sämig und leuchtend orangegelb ist und ihr Volumen deutlich zugenommen hat.

Die Spargelstangen bündeln und beispielsweise mit Porreestreifen verschnüren. Auf Teller legen. Die Eier vorsichtig schälen, halbieren und zulegen. Mit dem Eigelb und der Sauce überziehen.

Sardinenspieße

Vorbereitungszeit: 30 Minuten
Marinieren: halber Tag
Garzeit: 10 Minuten
Schwierigkeitsgrad: ✳

Für 4 Personen

24	große Sardinen
3	Tomaten
500 ml	Olivenöl
	frische Rosmarinzweige
	frische Thymianzweige

	frische Lorbeerblätter
1 Spritzer	Sherry-Essig
1 Prise	gemahlene Muskatnuss
2 EL	glatte Petersilie
	Salz
	Pfeffer

Schon vor Jahrhunderten kamen Leute, die gern gegrillte Fische aßen, auf die glorreiche Idee, sie einfach auf kleine Spieße zu stecken: Die *Espetones* waren geboren. Fischer und andere Küstenbewohner spießen bis heute je fünf bis sechs Sardinen auf ein Stück Schilfrohr, stecken die Spieße in den Sand und lassen die Fische über einem offenen Holzfeuer brutzeln. Frisch von den Spießen sind sie ein wahrer Leckerbissen. Spezialisten richten ihre *Espetones* natürlich nach dem Wind aus, damit das Aroma der Fische nicht durch den Rauch beeinträchtigt wird.

Da nicht jeder einen Strand in der Nähe hat, ließ sich der Küchenchef eine andere Methode einfallen. Er spießt jeweils fünf Sardinen auf dünne Holzspieße und grillt sie im Backofen. Profiköche verwenden dazu meist einen so genannten Salamander, doch gehören diese Geräte mit extremer Oberhitze nicht zur üblichen Ausstattung einer Privatküche.

Die aus dem Atlantik oder Mittelmeer stammenden Sardinen sind auf der Iberischen Halbinsel sehr beliebt. Ihren Namen verdanken die Fische der Insel Sardinien, wo sie bereits in der römischen Antike als begehrte Leckerbissen galten. Heutzutage findet man sie in riesigen Schwärmen vor allem von Juni bis November im gesamten Mittelmeer. Spanische Feinschmecker genießen sie vorzugsweise gegrillt, meist mit etwas Olivenöl und aromatischen Kräutern.

Sind die Sardinen eher groß, sollten sie ausgenommen und entgrätet werden. Dazu schneidet man den Bauch mit einer Küchenschere oder einem kleinen scharfen Messer auf. Sehr kleine Sardinen lässt man am besten ganz.

Die Schwanzspitzen der Sardinen abschneiden und die Fische schuppen. An der Bauchseite mit einer Küchenschere aufschneiden, ausnehmen und waschen.

Die Sardinen in eine ofenfeste Form legen, salzen und pfeffern. Thymian, Rosmarin, Lorbeer und Muskat sowie 250 ml Olivenöl zugeben und einen halben Tag marinieren.

Die marinierten Sardinen zu jeweils 5 Stück auf Spieße stecken und in derselben Form 10 Minuten im Backofen unter dem Grill rösten, dabei einmal wenden.

Die Tomaten überbrühen und mit kaltem Wasser abschrecken. Häuten, in Viertel schneiden und die Kerne entfernen. In kleine Würfel schneiden.

Den in der ofenfesten Form verbliebenen Saft mit etwas Essig ablöschen. Das restliche Olivenöl sowie Salz und Pfeffer mit einer Gabel verschlagen.

Tomatenwürfel und gehackte Petersilie in diese Sauce geben. Die Sardinenspieße auf Teller legen und mit der Sauce überziehen. Mit Rosmarin, Thymian und Lorbeerblättern garnieren.

Gemüseeintopf

Vorbereitungszeit: 35 Minuten
Garzeit: 25 Minuten
Schwierigkeitsgrad: ✶

Für 4 Personen

250 g	grüne Bohnen
2	Artischocken
1	Möhre
1	Mangoldblatt
250 g	Blumenkohl
250 g	grüner Spargel

2 Scheiben	Iberischer Schinken (Pata negra)
1	Knoblauchzehe
1 TL	Natron
4 EL	Olivenöl
	grobes Meersalz

Lechada:

1 EL	Mehl
1	Zitrone
1 EL	Olivenöl
	Salz

Dieser Gemüseeintopf mit Schinken wird lauwarm serviert und ist ein richtiges Frühlingsgericht. Die Spezialität aus Navarra wird in ganz Spanien sehr geschätzt und gehört zum kulinarischen Erbe der Iberischen Halbinsel. Das Gericht ist leicht nachzukochen und bringt die in der Gegend von Navarra kultivierten Gemüse schön zur Geltung. Die so genannte Ribera, was einfach »Tal« bedeutet, ist für ihr Gemüse berühmt, und Gemüse ist wesentlicher Bestandteil der dortigen Küche, die wegen ihrer Raffinesse weithin beliebt ist.

Dank eines geschickten Bewässerungssystems, das noch aus der Zeit der arabischen Herrschaft über Südspanien stammt, gedeiht Gemüse in dieser Gegend besonders gut, darunter vor allem grüne Bohnen und Mangold. Für diese *Menestra* (Eintopf) wird das Gemüse nur kurz in Salzwasser gekocht, damit es schön knackig bleibt. Man rechnet zehn Minuten für die Bohnen, zwölf Minuten für das Wei-

ße der Mangoldblätter und die Möhren sowie acht Minuten für den Blumenkohl und den Spargel.

Der Clou an diesem vitaminreichen Gericht ist der grüne Spargel. Er ist der Stolz der Gemüsebauern von Navarra, die ihn bis heute nach der Tradition ihrer Vorfahren anbauen. Nach Meinung des Küchenchefs ist der grüne Spargel unvergleichlich köstlicher als der weiße. Achten sie darauf, dass die Spitzen noch fest geschlossen sind. In ein feuchtes Tuch gewickelt, hält sich Spargel drei bis vier Tage im Kühlschrank. Vor dem Kochen wird er kurz unter fließendem Wasser gewaschen. Die Stangen von der Spitze her schälen und das holzige Ende abschneiden.

Die Artischocken werden in einer *Lechada* gegart, einer Mischung aus Mehl, Zitronensaft, Olivenöl und Salz, die verhindert, dass die Artischocken schwarz werden. Nach dem Abgießen gibt man sie zum Gemüseeintopf.

Bohnen, Möhre, Mangoldstängel, Blumenkohl und Spargel putzen und mit Ausnahme des Blumenkohls in feine Stifte schneiden. Jedes Gemüse separat in Salzwasser blanchieren. Für den Spargel das Wasser mit Natron anreichern.

Die Blätter der Artischocken abschneiden, bis nur noch die Böden übrig sind. Diese werden halbiert. In einem Topf 350 ml Wasser mit Mehl, Olivenöl, Zitronensaft und Salz aufsetzen. Die Artischockenböden 20 Minuten in der Lechada kochen.

Den Knoblauch schälen und sehr fein würfeln. In Olivenöl anschwitzen.

mit Schinken

Das Gemüse abgießen und zum Knoblauch geben. 2 Minuten anschwitzen.

Die Lechada durchseihen, zum Gemüse geben und 2 Minuten köcheln lassen.

Den Schinken in sehr feine Streifen schneiden und in etwas Olivenöl anbraten. Das Gemüse auf Tellern anrichten, mit den Schinkenstreifen bestreuen und ringsum mit etwas Sauce garnieren.

Patatas

Vorbereitungszeit: 25 Minuten
Garzeit: 50 Minuten
Schwierigkeitsgrad: ✴

Für 4 Personen

6	mittelgroße Kartoffeln
2	Knoblauchzehen
1	Zwiebel
2–3 Stängel	Schnittlauch
10 Stängel	Petersilie
1 l	Geflügelbrühe (Instant)

150 g	Mehl
2	Eier
	Salz, Pfeffer
	Olivenöl, zum Frittieren

Früher aß man in Spanien tagtäglich Kartoffeln. Zu den Festtagen ließen sich die Köche deshalb aufwändigere Rezepte einfallen, um für etwas Abwechslung zu sorgen. So entstanden auch die *Patatas a la importancia*, mit Ei und Mehl panierte Kartoffelscheiben, die zunächst angebraten und dann in würziger Brühe fertig gegart werden. Heute wird dieses Gericht in vielen Restaurants angeboten. Kartoffeln stammen ursprünglich aus Peru, wo die Inkas sie schon vor fast 3000 Jahren kultivierten. Die bei ihnen *Papas* genannten Knollen gelangten um 1570 mit den heimkehrenden spanischen Eroberern nach Galicien, fanden jedoch zunächst in Spanien, Südfrankreich und Italien nur mäßigen Anklang. Lange Zeit galten Kartoffeln lediglich als Viehfutter. Erst im 19. Jahrhundert traten sie ihren Siegeszug in die Küchen an.

Achten sie darauf, dass die Kartoffeln festkochend sind, damit sie in der Brühe nicht zerfallen. Zum Panieren schneidet Julio Reoyo sie in Scheiben, würzt sie mit Salz und Pfeffer und wendet sie in einem Teller mit Mehl. Nun wartet man einen Moment, bis Feuchtigkeit austritt, und wälzt die Scheiben dann nochmals in Mehl, das so beim Frittieren besser an den Kartoffeln haftet. Überschüssiges Mehl durch leichtes Schütteln der Scheiben entfernen.

Die Kartoffelscheiben müssen beim Frittieren stets voneinander getrennt bleiben. Sie benötigen pro Portion rund fünf Minuten. Anschließend nimmt man die Kartoffelbeignets mit einem Schaumlöffel aus dem heißen Öl und lässt sie auf Küchenpapier abtropfen. Die goldgelb frittierten Kartoffeln werden nun in klarer Geflügelbrühe weiter gegart, die man nach Belieben mit Weißwein und Safranfäden verfeinern kann. Die köstlichen *Patatas a la importancia* eignen sich als Vorspeise oder Hauptgericht gleich gut, etwa zusammen mit Lachsstreifen oder aber als Beilage zu Braten.

Die Kartoffeln schälen und in 5 mm dicke Scheiben schneiden. Waschen und mit einem Küchentuch trocken tupfen.

Mehl auf einem Teller verteilen. Die Kartoffelscheiben salzen und pfeffern und gründlich darin wenden.

Die Eier verquirlen und die Kartoffelscheiben darin wenden.

a la importancia

In einer großen Pfanne die Kartoffelscheiben portionsweise 5 Minuten in
sehr heißem Öl frittieren. Knoblauch
und Zwiebel hacken und in einem Topf
5 Minuten in Öl anschwitzen. 1 Esslöffel
Mehl zugeben und gut verrühren. Die
Brühe zugießen und aufkochen lassen.

Die Kartoffelscheiben einzeln von über-
schüssiger Panade befreien und die
Scheiben in die Brühe geben.

Petersilie und Schnittlauch hacken und
zugeben. Die Kartoffelscheiben mit dem
Rücken des Schaumlöffels in die Brühe
tunken. 30 Minuten auf kleiner Flamme
köcheln lassen.

Pisto

Vorbereitungszeit: 35 Minuten
Garzeit: 35 Minuten
Schwierigkeitsgrad: ⋆

Für 4 Personen

300 g	Zucchini
300 g	Tomaten
2	grüne Paprika
2	Zwiebeln
8	Eier
4 Scheiben	Weißbrot

250 ml	Olivenöl
	Salz
	weißer Pfeffer (nach Belieben)

Zum Garnieren (nach Belieben):

1	getrocknete rote Chilischote
	Streifen der Zucchinischale

Das an der Atlantikküste gelegene Baskenland hat ein ausgesprochen reiches Repertoire an würzigen Rezepten entwickelt. Die Basken sind stolz auf ihr Erbe und auf ihren Ruf als Feinschmecker. Vom schlichten *Pintxo* und anderen an der Bar »aus der Hand« verzehrten Tapas bis hin zu sehr gehaltvollen traditionellen Gerichten beweist die baskische Küche stets einen ganz eigenständigen Charakter.

Der *Pisto a la bilbaina* ist eine beliebte warme Vorspeise. Wie der Name nahe legt, ist das mit der tunesischen *Chakchouka* vergleichbare Gericht typisch für die Provinz Bilbao. Es ist leicht nachzukochen und dient im Sommer als erfrischende Vorspeise, wenn Paprika, Zucchini und Tomaten überall auf den Wochenmärkten zu haben sind. Das mit reichlich Olivenöl würzig zubereitete Gemüse wird zum Schluss mit verquirlten Eiern vermengt. Der *Pisto* ist ein leichtes, dank der Zucchini sehr bekömmliches Essen, das viel Flüssigkeit und wenig Kalorien enthält. Die Zucchini

sollten klein und einheitlich dunkelgrün sein. Das aus der Neuen Welt stammende Gemüse hat heute seinen festen Platz in der Mittelmeerküche.

Tomaten galten fast zwei Jahrhunderte lang als giftig, setzten sich jedoch als Nahrungsmittel durch und sind heute nicht mehr aus der mediterranen Küche wegzudenken. Auf der Iberischen Halbinsel werden jährlich fast 3,6 Millionen Tonnen der Früchte produziert. Die Tomaten sollten prall und fleischig sein und einen feinen Duft verströmen. Für dieses Rezept verwendet der Küchenchef grüne Paprika, die den Vorteil hat, lange haltbar zu sein. Ihr Aroma ist etwas kräftiger und herber als das der roten Paprika und passt gerade deshalb hervorragend zu diesem Gericht.

Zum *Pisto a la bilbaina* isst man gerne in Olivenöl geröstetes Brot. Er eignet sich als Vorspeise oder Hauptgericht.

Die Zwiebeln schälen. Paprika, Tomaten und Zucchini waschen. Von einer Zucchini mit einem Schälmesser einige Streifen Schale abschneiden und beiseite legen. Das Gemüse grob würfeln.

100 ml Olivenöl erhitzen und Paprika und Zwiebeln darin anschwitzen. Etwa 10 Minuten zugedeckt garen, dabei gelegentlich mit einem Holzspatel umrühren.

Die Tomaten- und Zucchiniwürfel zugeben, umrühren und kräftig salzen und pfeffern. Weitere 15 Minuten köcheln lassen.

a la bilbaina

Die Eier in eine Schüssel geben und mit einem Schneebesen schaumig schlagen.

Mit einem Schaumlöffel das Gemüse auf die Eimasse geben. Die Brotscheiben in 100 ml Olivenöl rösten und beiseite stellen.

In einem großen Topf restliches Olivenöl sehr heiß werden lassen und die Ei-Gemüse-Mischung hineingeben. Mit einem Holzspatel rühren und stocken lassen. Den Pisto mit dem Röstbrot auf Tellern anrichten und mit Streifen von Peperoni und Zucchinischale garnieren.

Gemüse-

Vorbereitungszeit: 30 Minuten
Garzeit: 40 Minuten
Schwierigkeitsgrad: ✶

Für 6 Personen

1 kg	Kartoffeln
200 g	Zwiebeln
2 kleine	Zucchini
200 g	gekochte Tiefseegarnelen
10	Eier
4 EL	Olivenöl
1 TL	Salz
½ TL	Pfeffer

Wer beim Wort »Picknick« leuchtende Augen bekommt und von Kartoffelchips und Butterbroten die Nase voll hat, wird von dieser appetitlichen, lauwarm genossenen Tortilla nach altem Sevillaner Familienrezept begeistert sein. Eine Tortilla ist ein gehaltvolles Omelette aus Eiern, Kartoffeln und Zwiebeln sowie weiteren Zutaten, die dem Einfallsreichtum des Küchenchefs überlassen bleiben.

Schon samstagabends werden in spanischen Familien die Eier für die Tortilla aufgeschlagen, die am Sonntag in letzter Minute gebacken und mit ans Meer genommen wird. Die Kartoffeln werden unmittelbar nach dem Schälen in Würfel geschnitten und nur trocken getupft, ohne sie zu waschen. Soll es typisch spanisch werden, sollte man ziemlich große Kartoffeln wählen. Zwiebeln und Kartoffeln werden gemeinsam zugedeckt in der Pfanne gegart, ohne sie anbräunen zu lassen.

Zucchini haben eine sehr kurze Garzeit, wenn sie bissfest bleiben sollen. Große wie kleine Zucchini sind stets sehr reich an Wasser. Man nimmt deshalb beim Garen den Deckel ab, damit die Flüssigkeit verdampfen kann. Statt Zucchini eignen sich auch Auberginen, Pilze oder Tomaten für diese Zubereitungsart. Wer seine Tortilla besonders aromatisch mag, kann den Saft vom Braten des Gemüses auffangen und die Tortilla nach dem Wenden damit beträufeln. Sämtliche Varianten haben eines gemeinsam: Alle Köche verquirlen die Eier mit einer Gabel.

Das Olivenöl sollte sehr heiß sein, doch darf die Tortilla nicht anbrennen. Am besten rüttelt man etwas an der Pfanne, um die Zutaten gut zu vermischen. Um die Tortilla zu wenden, legt man einen großen Teller umgekehrt auf die Pfanne, dreht das Ganze auf den Kopf und lässt die Tortilla dann in die Pfanne zurück gleiten. Die Tortilla sollte beim Stocken auf das doppelte Volumen aufgehen.

Kartoffeln und Zwiebeln schälen. Kartoffeln, Zwiebeln und Zucchini längs dritteln, mit den Fingern zusammenhalten und quer in 2 cm große Würfel schneiden.

Kartoffeln in 1 Esslöffel heißem Olivenöl anbraten, die Zwiebeln zugeben und gut vermengen. 15 Minuten zugedeckt auf kleiner Flamme köcheln lassen. Zucchini zugeben und weitere 5 Minuten ohne Deckel weiter garen. Das Gemüse durch ein Sieb abgießen.

Das gekochte Gemüse in eine Schüssel füllen und beiseite stellen. Die Eier in eine große Schüssel schlagen und mit einer Gabel zunächst vorsichtig, dann 10 Minuten kräftig verquirlen.

Garnelen-Tortilla

Die Garnelen schälen und halbieren. Mit dem Gemüse vermengen und das Ganze zu den verquirlten Eiern geben. Salzen, pfeffern und gut durchmischen.

In einer großen, tiefen Pfanne restliches Olivenöl stark erhitzen und die Mischung auf einmal hineingeben. Oberfläche glattstreichen und ohne Deckel 5 Minuten bei starker Hitze braten.

Wenn die Tortilla zu stocken beginnt, einen Teller darauf legen und vom Herd nehmen. Die Tortilla stürzen, die Pfanne wieder auf den Herd stellen und die Tortilla zurück gleiten lassen. Weitere 5 Minuten bei geringer Hitze weiter garen. Lauwarm servieren.

Kabeljau-Püree

Vorbereitungszeit: 40 Minuten
Wässern des Fisches: 24 Stunden
Garzeit: 30 Minuten
Schwierigkeitsgrad: ☆

Für 4 Personen

300 g	Stockfisch
300 g	Kabeljau
500 ml	Milch
4	Knoblauchzehen
½	Baguette
	Schale von 1 unbehandelten Orange

10 g	frischer Ingwer (nach Belieben)
	Salz, Pfeffer

Knoblauchcreme:

½	Knoblauchzwiebel
250 ml	Milch
250 ml	Sahne
	Salz
	Pfeffer

Zum Garnieren:

50 g	Trüffel
	Paprikapulver (nach Belieben)

In Nîmes rangiert Kabeljau-Püree an ebenso prominenter Stelle wie die römischen Arenen, das antike Maison Carée oder selbst die Feiertage. Der Fisch aus kalten Meeresgewässern wird als *Morue* nur eingesalzen oder getrocknet – als »Stockfisch« – angeboten. Frisch heißt er *Cabillaud*.

Wichtig bei diesem Rezept ist das intensive Wässern des Fisches, damit das Salz austritt. Das Wasser muss dabei mehrmals ausgetauscht werden. Vor der Zubereitung den Fisch von Haut und Gräten befreien. Das Kochen in Milch verleiht dem Fisch eine helle Farbe.

Um das für die Knoblauchcreme aufwändige Aufschlagen mit Olivenöl zu sparen, können Sie die Masse kurz vor dem Servieren im Mixer aufmischen. Knoblauch kommt bei Christian Étienne an alle Gerichte. Auch dieses Rezept kommt nicht ohne ihn aus. Er stammt ursprünglich aus Zentralasien und gehört zur Familie der Liliengewächse.

Um den Geschmack abzumildern, wird der Knoblauch abwechselnd in siedender Milch und kaltem Wasser mehrmals blanchiert. Erst dann kommt er an die Sauce.

Die Orangenschale verweist auf die provenzalischen Ursprünge dieses Gerichts. Das gleiche gilt für den Ingwer, der aber nicht unbedingt notwendig ist.

Das Kabeljau-Püree (*Brandade*) wird warm serviert. Der Vaucluse-Trüffel verleiht ihm einen Hauch von Raffinesse. Den Pilz gibt es in sehr unterschiedlichen Größen. Er ist meistens schwarz oder dunkelbraun, manchmal auch grau oder weiß. Wenn Sie das Gericht rustikaler servieren wollen, nehmen Sie statt Trüffeln grob gehackte schwarze Oliven. Garnieren Sie alles mit ein paar Thymianblüten.

Den frischen Kabeljau und den gut gewässerten Stockfisch in große Würfel schneiden. Mit der Orangenschale und dem frischen Ingwer in die Milch geben. 3–4 Minuten pochieren.

Den Fisch abtropfen lassen. Mit einem flachen Rührlöffel in einen schweren Kochtopf geben und zu Püree verschlagen.

Mit dem Rührlöffel das Püree mit Olivenöl etwa eine Viertelstunde lang bei geringer Hitze kräftig zu einer homogenen Masse rühren.

mit Trüffelspänen

Die 4 Knoblauchzehen mit einer Gabel zerdrücken und in das Püree rühren. Abschmecken (Vorsicht mit dem Salz).

Für die Knoblauchcreme Knoblauch dreimal in Milch blanchieren. Unter die Sahne rühren. Bei geringer Hitze 20 Minuten köcheln lassen. Im Mixer auf höchster Stufe pürieren. Abschmecken und Konsistenz kontrollieren. Wenn nötig, noch etwas Wasser zugeben.

Baguette in Scheiben schneiden und im Ofen 3 Minuten übergrillen. Mit Knoblauch einreiben. Auf die Teller kommen jeweils 3 Klößchen Püree, gekrönt mit Trüffelspänen. Die Sauce in einem Kreis rundherum gießen und die Croûtons mit Paprikapulver bestreuen.

Artischockenherzen

Vorbereitungszeit: 40 Minuten
Garzeit: 25 Minuten
Schwierigkeitsgrad: ★★

Für 4 Personen

16	violette Artischocken
1	Zitrone

Beilage:

2	Möhren
2	Knoblauchzehen
2	Zwiebeln
250 ml	trockener Weißwein
1 Würfel	Geflügelbrühe
1 EL	Olivenöl

Bouquet garni:

Lorbeer
Thymian, Petersilie
Salz, Pfeffer

Kalmare:

600 g	kleine Kalmarköpfe oder sehr kleine Tintenfische
1 TL	Pastis
1 EL	Olivenöl
10 g	Butter

Petersiliensauce:

20 g	Butter
2	Knoblauchzehen
1 Bund	Petersilie
	Salz, Pfeffer

Zum Garnieren:

Kerbel

Es war Katharina von Medici, eine ausgesprochene Feinschmeckerin, die die Artischocken in Frankreich einführte, ohne die unser Küchenchef Alain Carro dieses Gericht nicht hätte komponieren können. Er wurde dabei durch eine der Artischocken-Kreationen des berühmten Kochs Roger Vergé inspiriert, der in Mougins in der Nähe von Cannes residiert. In dieser Region tragen die violetten Artischocken oft den Zusatz »stachlig« – die Sorte heißt *Poivrades*. Sie werden im Var angebaut, rund um Hyères, nicht weit entfernt vom Restaurant unseres Küchenchefs.

Eine gute Artischocke muss relativ schwer und fest sein, mit harten, eng anliegenden Blättern. Man kann sie einige Tage im Gemüsefach des Kühlschranks aufbewahren. Achtung: Sobald sie gekocht sind, oxidieren sie sehr schnell. Deshalb serviert man sie am besten gleich nach dem Kochen. Die violetten provenzalischen Artischocken in unserem Rezept haben einen länglichen Kopf und sind grün mit violetten Stellen. Dieses Gemüse aus der Familie der Korbblütler ist reich an Eisen und harntreibend.

Angerichtet erinnern die Artischocken in diesem Gericht nicht ohne Grund an Pilze. In der ländlichen Küche der Provence bereitet man Artischocken ähnlich zu wie die zur Familie der Milchlinge gehörenden *Barigoules*: Man schnitt sie über dem Stiel ab, beträufelte sie mit Öl und grillte sie.

Die Mini-Tintenfische ähneln dem gemeinen Kalmar. In Südfrankreich werden sie *Pistes* oder *Supions* genannt. Hinzu kommt eine weitere mediterrane Spezialität: der Pastis. In unserem Rezept löst man den Bratensatz der Meeresfrüchte mit Pastis vom Pfannenboden. Falls Sie keine Mini-Tintenfische bekommen, nehmen Sie einfach die oberen Teile von großen Kalmaren. In diesem Gericht gelingt es Alain Carro, den Anisgeschmack perfekt mit dem der Artischocken zu kombinieren.

Die Artischocken drehen und dabei die Blätter ablösen. Nur die Böden mit dem oberen Teil der Stiele verwenden. Die Artischocken in Zitronenwasser legen, damit sie sich nicht verfärben.

Die Kalmarköpfe oder kleinen Tintenfische 1–2 Minuten in Butter und Olivenöl anbraten, damit sie fest werden. Die Flüssigkeit muss verdampfen. Abtropfen lassen und beiseite stellen.

Für die Gemüsegarnitur der Länge nach Rillen in die Möhren kerben und in dünne Scheiben schneiden. Die Zwiebeln in feine Ringe schneiden und die Knoblauchzehen in Scheibchen. Alles im Olivenöl anbraten und das Bouquet garni zugeben. Abschmecken.

mit Kalmaren

Die Artischocken zum Gemüse geben. Das Ganze sollte eine goldgelbe Farbe haben. 15 Minuten auf kleiner Flamme köcheln lassen.

Mit Weißwein ablöschen und 5 Minuten dünsten. Den Brühwürfel zugeben und rühren, bis er sich aufgelöst hat.

Petersiliensauce zubereiten und zu den Tintenfischen geben. Mit dem Pastis ablöschen und den Bratensatz loskochen. Abschmecken, auf Teller anrichten und mit etwas Kerbel garnieren.

Linsen und

Vorbereitungszeit: 35 Minuten
Garzeit: 35 Minuten
Schwierigkeitsgrad: ✶

Für 4 Personen

150 g	grüne Linsen
2	Orangen
½	Zitrone
2	Grapefruits
1 Zweig	Thymian
1	Lorbeerblatt
1	Knoblauchzehe
12	Jakobsmuscheln
6 Scheiben	Parmaschinken
1	Schalotte

1 Bund	wilder Rucola (Riquette)
1 Bund	Schnittlauch
100 ml	Olivenöl
	Salz
	Pfeffer

Vinaigrette:

2 EL	Olivenöl
2	Grapefruitspalten
	Linsen-Kochwasser

Zum Garnieren:

8	Orangenspalten
4	Grapefruitspalten
	Schnittlauch

Die originellen Linsen mit Jakobsmuscheln und Zitrusfrüchten sind eine hinreißende Kreation! Joël Garault hellt diese winterliche Vorspeise mit Zitrusfrüchten aus dem Umland von Menton auf.

Schon beim Kochen der Linsen entfalten Grapefruit und Zitrone ihr leicht säuerliches Aroma. Obwohl es auf dem Markt das ganze Jahr über Zitrusfrüchte gibt, haben sie ihre Hauptsaison vom November bis in den März. Die Orange wird besonders wegen ihres hohen Gehalts an Vitamin A und C geschätzt. Je nach Sorte schmeckt sie süß oder säuerlich und duftet mehr oder weniger stark. Achten Sie beim Kauf auf feste Früchte mit glatter Haut.

Die schwerere Grapefruit ist ebenfalls reich an diesen Vitaminen. Je nach Farbe schmeckt diese auch Pampelmuse genannte Frucht mehr oder weniger säuerlich oder bitter; die hellen haben die wenigste Süße. Sie können bei diesem Rezept gegebenenfalls aber auch auf die Grapefruit verzichten. Zitronen sind ebenfalls sehr reich an Vitamin C. Kaufen Sie eher harte Früchte ohne Flecken.

Der Küchenchef empfiehlt, sich die kleinen grünen *Lentilles vertes du Puy* – Linsen mit einem geschützten Warenzeichen – zu besorgen. Sie wachsen auf dem vulkanischen Boden der Auvergne und profitieren von dem dortigen Mikroklima. Die getrockneten Linsen sind nicht mehlig, haben eine zarte Haut und besitzen einen delikaten Geschmack. Salzen Sie die Linsen erst nach der halben Kochzeit. Dann werden sie nicht hart.

Die Jakobsmuscheln müssen beim Kauf geschlossen sein. Wenn sie sich bei Berührung nicht schließen, dürfen sie nicht verzehrt werden. Je nach Angebot können Sie diese Vorspeise auch mit Tintenfisch zubereiten. Da der Parmaschinken recht salzig ist, gehen Sie sparsam mit Salz um.

1 Orange, 1 Grapefruit, ½ Zitrone auspressen. Linsen in Topf geben. Zitrussaft, halbierte, ungeschälte Knoblauchzehe, Thymian, Lorbeer zugeben. Dreifaches Volumen der Linsen an Wasser mit 1 Esslöffel Olivenöl angießen und 30 Minuten köcheln lassen. Nach 15 Minuten salzen.

Linsen abtropfen lassen, Sud auffangen. Gehackte Schalotte und klein geschnittenen Schnittlauch unter die Linsen mischen. Muscheln öffnen: Mit dem Finger unter die schwärzliche Tasche fahren und Fleisch aus der Schale lösen. Muschelfleisch waschen und abtropfen lassen.

Die andere Orange und die zweite Grapefruit schälen. Für die Garnierung 8 Orangen- und 4 Grapefruitspalten, für die Sauce 1 weitere Grapefruitspalte beiseite stellen.

Jakobsmuscheln

Restliche Zitrusfrüchte auspressen. 1 Esslöffel gekochte Linsen und 1 Grapefruitspalte zufügen und mit 2 Esslöffeln Olivenöl mit dem Pürierstab zu einer Sauce aufschlagen. 4 Esslöffel dieser Sauce über die Linsen gießen.

Den Parmaschinken der Länge nach halbieren und die Jakobsmuscheln darin einrollen. Die Röllchen mit einem Zahnstocher fixieren.

Röllchen im restlichen Olivenöl 1 Minute von jeder Seite anbraten. Mitten auf die Teller Linsen, verziert mit Orangen- und Grapefruitspalten und Schnittlauch geben. Durchgeschnittene Röllchen darum anrichten, Rucola-Blätter dazu legen. Mit Sauce beträufeln.

Schnecken-

Vorbereitungszeit: 20 Minuten
Garzeit: 1 Stunde 10 Minuten
Schwierigkeitsgrad: ✶

Für 4 Personen

400 g	Tintenfisch
4 Dutzend	Schnecken
1	Tomate
1 EL	Olivenöl
1 Prise	Safran
	grobes Meersalz
	feines Salz
	Pfeffer

Sofregit-Sauce:

150 g	Mett
1	Zwiebel
1	Knoblauchzehe
1 EL	Olivenöl

Bouquet garni:

	Thymian
	Lorbeer
	Rosmarin

Mit diesem Rezept präsentiert Ihnen Jean Plouzennec ein typisches katalanisches Gericht. Seine Mischung aus Aromen aus der Erde und dem Meer verdeutlicht, dass er im Département Pyrénées-Orientales zu Hause ist. Dies zeigt sich natürlich auch an der Zubereitung der berühmten *Sofregit*, einem Pfeiler der katalanischen Kochkunst. Es handelt sich dabei um eine Art Basissauce. Die Zutaten variieren je nach persönlichem Geschmack. Sobald sie die französisch-spanische Grenze überschritten hat, wird die *Sofregit* zu *el Sofrito*. Spanien offeriert uns noch eine weitere kuriose Zutat aus dem Meer: die Seegurke.

In Katalonien herrscht oft eine hohe Luftfeuchtigkeit und deshalb nimmt man dort die zahlreich vorhandenen *Petitgris*-Weinbergschnecken für dieses Gericht. Im Winter, nachdem sie gefastet haben, schmecken sie am Besten: Ihr Fleisch ist dann feiner und der Geschmack weniger scharf. Wenn Sie frische Schnecken bekommen, bestreuen Sie sie

mit Mehl und Thymian. Nach einigen Tagen des Fastens haben sich die Schnecken gereinigt und besitzen einen noch feineren Geschmack.

Waschen Sie die Schnecken dreimal gründlich in kaltem Wasser. In Frankreich ist das Sammeln der Schnecken übrigens reglementiert.

Das marine Element kommt mit dem weißen Fleisch der Tintenfische in dieses Rezept. Wenn Sie ganze Tintenfische erstanden haben, schneiden Sie sie in zwei Hälften oder in Ringe. Es gibt zwar auch tiefgefrorene Tintenfische, aber Sie sollten sich an die frischen halten: Diese haben einen ganz anderen Biss. Wenn Sie der Anblick dieser Weichtiere abstößt, bitten Sie Ihren Fischhändler darum, sie vorzubereiten. Noch ein Tipp: Essen Sie Tintenfisch am besten zu Beginn des Herbstes.

Die Schnecken in kaltem Wasser säubern. Das Wasser dreimal austauschen und zwischen jedem »Bad« 5 Minuten warten. Dann in einem schweren Kochtopf ohne Wasser garen.

Die Tintenfische säubern, ausnehmen und die dunklen Köpfe abziehen. Die Tintenfische ein wenig ausdrücken. Wenn sie zu groß sind, durchschneiden.

Für die Sofregit Knoblauch und Zwiebeln schälen und hacken. Mit dem Olivenöl in einem Schmortopf anbraten. Das Mett und das Bouquet Garni zugeben und 5 Minuten schmoren lassen.

Tintenfisch-Pfanne

Die Tintenfische im sehr heißen Olivenöl in einer Pfanne anbraten. Eine Prise grobes Salz zugeben. Die Tintenfische auf die Sofregit in den Schmortopf geben und das Ganze 2 Minuten garen.

Die Tomaten überbrühen, häuten und entkernen. In kleine Würfel schneiden und in den Schmortopf geben. Safran darüber streuen. Abschmecken und 30 Minuten auf kleiner Flamme köcheln lassen.

Nach einer halben Stunde die Schnecken zugeben und das Ganze noch einmal 30 Minuten zugedeckt köcheln lassen. Portionsweise in kleinen Pfännchen oder auf einer Servierplatte anrichten.

Austern-Beignets

Vorbereitungszeit: 30 Minuten
Kühlzeit: 1 Stunde
Garzeit: 20 Minuten
Schwierigkeitsgrad: ☆

Für 4 Personen

2 Dutzend	Austern aus Bouzigues
250 g	Blattspinat
1oo ml	Noilly Prat
1	Schalotte
250 ml	Sahne

1 l	Öl zum Braten
	Salz
	Pfeffer

Teig für die Beignets:

200 g	Mehl
3	Eier
250 ml	Milch
120 ml	Bier
	Salz

Zum Garnieren:

Schnittlauch (nach Belieben)

Austern in Beignets sind ein originelles Entrée! Normalerweise werden diese Muscheln ja roh gegessen und nur mit Zitronensaft oder einer Vinaigrette aus Essig und Zwiebeln genossen.

Die Bouzigues-Auster wird speziell in Südfrankreich gezogen, genauer gesagt, im Bassin de Thau. Ihren Namen verdankt sie einem kleinen Dorf im Herault, das schon, bevor die Römer kamen, für seine Austernkulturen bekannt war. Entgegen der landläufigen Meinung, nach der man Austern nur in den Monaten mit »r« essen darf, ernten die Austernzüchter am Bassin de Thau die Muscheln das ganze Jahr über. Austern sind extrem empfindlich: Sie müssen an einem dunklen, kühlen, luftigen Platz gelagert werden, bei einer Temperatur zwischen fünf und fünfzehn Grad Celsius. Je nachdem, was Ihr Fischhändler anbietet, können Sie statt der Austern aus Bouzigues auch die etwas kleinere Sorte *Marennes* nehmen, die weniger Jod enthält.

Nach dem Pochieren lassen Sie die Austern in der Schale ruhen, damit sie ihren Saft ausscheiden. Frittieren Sie sie erst im letzten Moment.

Beim Beignet-Teig sollten Sie darauf achten, dass Sie nicht zu viel Eischnee hineingeben, sonst fallen die Beignets zusammen.

Die blanchierten Spinatblätter dienen zum Einwickeln der Austern und schützen sie während des Kochens. Zudem geben Sie dem Geschmack der Beignets eine sanfte Note. Der Küchenchef nimmt bisweilen auch Sauerampfer.

Da die Austern Jod enthalten, darf die Schalottensauce nur wenig gesalzen werden. Noilly Prat ist ein sonnengereifter Wein mit einem sehr intensiven Aroma. Er ist typisch für die Gegend, kann aber auch durch weißen Chardonnay oder sogar Champagner ersetzt werden.

Die Austern 8 Minuten in wenig Wasser kochen und etwas Kochsud auffangen. Die Austern vorsichtig in kaltes Wasser halten, damit sie sich öffnen. Die Muskeln von der Schale lösen und die Austern zurück in ihre Schale legen.

Teig für die Beignets: Mehl, Eigelb und Salz in eine Schüssel rühren. Dann Bier und Milch zugießen. Das Eiweiß mit einer Prise Salz steif schlagen, vorsichtig unter den Teig heben und alles zu einer cremigen Masse verrühren. Zunächst 1 Stunde im Kühlschrank ruhen lassen.

Die gewaschenen, von Stielen und Rippen befreiten Spinatblätter 1 Minute in Salzwasser blanchieren. Die Austern darin einwickeln.

mit Noilly Prat

Die Röllchen mit einer Gabel in den Beignet-Teig tauchen, bis er fest anhaftet.

Gehackte Schalotte 3 Minuten anbraten. Noilly Prat angießen, 5 Minuten auf die Hälfte reduzieren. Etwas gefilterten Austern-Kochsud und Sahne zugeben. 2 Minuten kochen. Pfeffern, abschmecken. Mixen und durch ein Sieb geben, um Zwiebelstücke zu entfernen.

Die Beignets 2 Minuten in sehr heißem Öl frittieren und auf Küchenpapier abtropfen lassen. Dann auf einem Spinatblatt in die Muschelschalen legen. Die Sauce in kleine Auflaufformen gießen und mit Schnittlauch garnieren.

Bouzigues-Austern

Vorbereitungszeit: 30 Minuten
Garzeit: 20 Minuten
Schwierigkeitsgrad: ★★

Für 4 Personen

16	möglichst große Austern aus Bouzigues
250 g	Mangoldblätter
50 g	Poutargue (gepresster Kaviar der Meeräsche)
100 g	Crème fraîche

60 g	Butter
1	Knoblauchzehe
	Salz
	frisch gemahlener Pfeffer
	grobes Salz

Heutzutage können Sie Austern, die Muscheln mit dem gewissen Etwas, das ganze Jahr über genießen! Dank der Fortschritte und Erträge in der Austernzucht ist man nicht mehr wie früher auf eine bestimmte Saison angewiesen. Das Dörfchen Bouzigues am Bassin de Thau liefert vom 1. Januar bis zum 31. Dezember erstklassige Austern.

Georges Rousset, Maître Cuisinier de France, bevorzugt die etwas größeren Austern. Sie sind hohl und ausgesprochen geschmackvoll, saftig und üppig. Die großen Austern eignen sich besonders gut zum Kochen. Wenn Sie keine Austern aus Bouzigues bekommen, können Sie auch Marennes-Oléron-Austern oder andere Muscheln verwenden, zum Beispiel Jakobsmuscheln. Die Füllung wird in jedem Fall aus Mangold zubereitet.

Damit sich die Austern problemlos öffnen lassen, empfiehlt Monsieur Rousset, die Muscheln flach auf einem Backblech auszubreiten und etwa zehn Minuten im Ofen zu backen, den man auf einhundertsechzig Grad Celsius vorgeheizt hat. Vergessen Sie nicht, die austretende Flüssigkeit aufzufangen.

Für unser Rezept wird nur das Grüne der Mangoldblätter verwendet. Die weißen Rippen legen Sie beiseite. Monsieur Rousset verfeinert seine Gemüsegerichte gern mit einem Hauch Knoblauch. Dazu spießt er eine geschälte Knoblauchzehe auf die Gabel, mit der er den Mangold während des Garens umrührt.

Die außergewöhnliche Vorspeise präsentiert noch ein weiteres mediterranes Produkt: die *Poutargue*, auch *Caviar de Martigues* oder »weißer, provenzalischer Kaviar« genannt. Verwenden Sie kein zusätzliches Salz, wenn Sie *Poutargue* zugeben. Im Übrigen ist diese ganz besondere Zutat kein Muss bei diesem Rezept – außer für Feinschmecker.

Austern öffnen, Inneres aus Schalen lösen, Saft auffangen und filtern. Muschelfleisch beiseite stellen. Schalen säubern. Mangoldblätter waschen und 4 Minuten in gesalzenem Wasser blanchieren. Abtropfen lassen, alles Wasser ausdrücken. Dann klein hacken.

10 g Butter in einer Pfanne zerlassen und den gehackten Mangold zugeben. Das Ganze mit einer Gabel verrühren, auf die eine Knoblauchzehe gespießt ist. 1 Esslöffel Crème fraîche zugeben, einkochen. In Austernschalen füllen und eine kleine Mulde in die Mitte drücken.

Die Austern vorsichtig in einer Kasserolle verteilen und sie gleichmäßig von beiden Seiten 4 Minuten im eigenen Saft pochieren – nicht kochen. Wenn sie fast gar sind, abtropfen lassen und den Sud auffangen.

mit Mangold

In die Mulde der Mangoldfarce kommt zuerst ein Scheibchen Poutargue. Das Muschelfleisch mit einem Löffel darauf setzen.

Für die Sauce das Austernwasser, ohne es zu salzen, reduzieren lassen. 6 Esslöffel Crème fraîche zugeben und das Ganze noch einmal kochen, bis sich eine schöne, glatte Sauce gebildet hat. Diese mit 50 g Butter unter Rühren aufschlagen.

Die restliche Poutargue in die Sauce reiben. Bei geringer Hitze 2 Minuten erwärmen, nicht aufkochen. Die Austernschalen fest in ein Bett aus grobem Salz legen, damit sie nicht kippen. Die heiße Sauce vorsichtig über die Austern gießen und sofort servieren.

Artischocken-Millefeuilles

Vorbereitungszeit:	*25 Minuten*
Marinieren:	*1 Stunde*
Garzeit:	*10 Minuten*
Schwierigkeitsgrad:	✳

Für 4 Personen

8	Artischocken
150 g	Ziegenfrischkäse (Gorbio)
100 g	Rucola oder Riquette
2	Knoblauchzehen
	Thymian
3 EL	Olivenöl
200 ml	Frittierfett
	Selleriesalz (nach Belieben)
	Salz, Pfeffer

Marinade:

2 EL	Balsamico
3 EL	Olivenöl

	Salz
	Pfeffer

Balsamico-Vinaigrette:

4 EL	Olivenöl
1 EL	Balsamico
1 EL	Alter Weinessig
1 EL	Ingwersirup
½ TL	Salz
1 Prise	Pfeffer

Zum Garnieren:

1	eingelegte Tomate
3	Selleriestangen mit Blättern
	Parmesan
	Meersalz *(Sel de Guérande)*

Dieses Entrée mit Ziegenfrischkäse ist ein bodenständiges Gericht. Unser Küchenchef bereitet es mit Gorbio zu, der im Hinterland von Nizza hergestellt wird. Man kann aber auch einen Crottin de Chavignol nehmen. Lassen Sie den Käse längere Zeit in der Marinade ziehen, damit er den leicht süßlichen Geschmack des Balsamico annimmt.

Wenn Sie sie auf dem Markt finden, kaufen Sie stachelige Artischocken, die etwas bitterer schmecken. Diese Artischocken kommen aus Sizilien und gehören zur Familie der Korbblütler. Der Kopf sitzt auf einem Blütenboden und ist von Blättern umgeben. Vom Heu befreit, ist der fleischige, zarte Artischockenboden essbar. Auch der verdickte untere Rand der Blätter ist köstlich. Die von Katharina von Medici in Frankreich eingeführte Artischocke wurde lange als Medizin verwendet. Sie hält sich ein paar Tage frisch, wenn man sie wie eine Blume mit dem Stiel in Wasser stellt. Die Artischockenböden sollte man sofort in Zitronenwasser legen, sonst färben sie sich dunkel. Wenn Ihre Artischocken zu groß sind, schneiden Sie das Herz in zwei Hälften.

Knoblauch schmeckt milder, wenn man ihn blanchiert: Schälen Sie ihn und tauchen Sie ihn abwechselnd in kaltes und kochendes Wasser; diese Prozedur sollten Sie dreimal wiederholen. Salzen Sie die gebratenen Artischockenscheibchen mit Selleriesalz. Den mediterranen *Riquette*-Salat können Sie durch Rucola oder Frisee ersetzen.

Bei der Zubereitung der Millefeuilles schichten Sie Ziegenfrischkäse und gebratene Artischockenscheibchen übereinander. Darauf kommen der frittierte Knoblauch und ein paar Parmesanspäne. Dann geben Sie die Sellerieblätter, die eingelegte Tomate und ein paar Körner Meersalz dazu. Wenn Sie einen kräftigeren Geschmack mögen, bereiten Sie die Millefeuilles vorab zu. Den Salat sollten Sie aber erst kurz vor dem Servieren anmachen.

Den Ziegenfrischkäse in 1–2 cm dicke Scheiben schneiden. Man rechnet 3 Scheiben pro Millefeuille. 1 Stunde in Balsamico, Olivenöl, Salz und Pfeffer marinieren.

Die Artischocken vom Stiel befreien und bis zu den Böden schälen. Das Heu mit einem scharfen Löffel herausschaben. Die Artischockenböden in feine Scheiben von 2–3 mm Dicke schneiden.

Die Artischockenscheibchen in Olivenöl in einer Pfanne anbraten. Salzen, leicht pfeffern und etwas zerriebenen Thymian zugeben. Auf Küchenpapier abtropfen lassen.

mit Ziegenkäse

Knoblauch schälen, in Stifte schneiden und blanchieren. Abtropfen lassen und frittieren. Die Stückchen dabei hin und her bewegen, damit sie nicht zusammenkleben.

Für die Vinaigrette Salz und Balsamico verrühren. Alten Weinessig, Ingwersirup, Olivenöl und Pfeffer zugeben. Mit dem Schneebesen verschlagen und 1 Esslöffel Wasser zugeben.

Die Millefeuilles in 3 Etagen herstellen: abwechselnd eine Scheibe Gorbio und Artischockenscheiben. Den Abschluss bilden frittierter Knoblauch und Parmesanspäne. Mit dem angemachten Salat auf den Tellern anrichten und garnieren.

Wirsingtaler

Vorbereitungszeit: 20 Minuten
Garzeit: 50 Minuten
Schwierigkeitsgrad: ✳

Für 4 Personen

½	Wirsing
300 g	durchwachsener Speck am Stück
2 EL	Schmalz
1	Dauerwurst, halbtrocken
1	Roggenbrot

grobkörniges Salz
Salz
Pfeffer

Zum Garnieren:

4	Kirschtomaten
1	Frühlingszwiebel (nach Belieben)

Das Entrée ist ein traditionelles Gericht aus der Cerdagne, einer Region im Département Pyrénées-Orientales, die 1659 zwischen Frankreich und Spanien aufgeteilt wurde. Die Bauern bereiteten diese Mahlzeit ursprünglich mit Wirsing zu, einer Kohlart, die nach dem ersten Frost geerntet wurde. Sie kochten ihn mit Schmalz und durchwachsenem Speck. Jean-Claude Vila hat dieses rustikale Rezept übernommen und etwas modernisiert.

Der durchwachsene Speck wird nun nicht mehr mit dem Wirsing zusammen gegart, vielmehr erscheint der gesalzene, gerollte Schweinebauch auf den Tellern in hauchdünnen, knusprigen Scheiben, die das weiche Wirsinggemüse wunderbar ergänzen. Die Bauern mussten manchmal aus Sparsamkeit auch beschädigte, fleckige Kohlköpfe aufbewahren. Sie sollten jedoch darauf achten, dass Ihr Kohl fest und mit eng anliegenden Blättern ohne Löcher ist.

Vor der Zubereitung entfernen Sie die äußere Blattschicht. Blanchieren Sie den Wirsing fünf Minuten in kochendem Salzwasser. Wiederholen Sie diese Prozedur dreimal und tauschen Sie jedes Mal das Wasser aus. Dann lassen Sie ihn abtropfen und in Eiswasser abkühlen. Es ist, so der Küchenchef, wichtig, den Wirsing zu braten: Er sollte schön gebräunt und die Flüssigkeit völlig verdampft sein.

Schmalz wird aus ausgelassenem Speck oder dem Bauchfett des Schweins gewonnen. Aufgrund seiner cremigen Konsistenz wird es meist bei längerer Bratzeit verwendet.

Zu dieser Vorspeise isst man normalerweise eine Scheibe Roggenbrot. Roggen stammt aus Anatolien und den Gebieten des heutigen Turkestan und wächst in bergigen Gegenden auf mageren Böden. Das Roggenmehl ergibt ein Brot mit dunkler, fester Krume. Das Brot schmeckt leicht säuerlich und lässt sich gut aufbewahren.

Vom Speck 12 dünne Scheiben abschneiden. 8 Stück nebeneinander auf ein Backblech legen und mit einem zweiten Backblech abdecken. 15 Minuten im Backofen bei 180 °C braten. Übrige Scheiben für die Garnierung aufrollen und beiseite legen.

Den restlichen Speck in kleine Würfel schneiden. Ohne Fett in einer Pfanne knusprig braten.

Den Wirsing dreimal 5 Minuten in Wasser mit grobem Salz blanchieren. Abtropfen lassen und in Würfel schneiden.

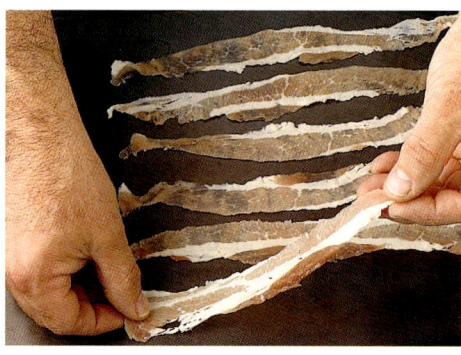

mit Specksegeln

Einige Wurstscheiben für die Garnierung abschneiden. Die eine Hälfte der Wurst würfeln, die andere Hälfte ganz fein hacken. In die Pfanne mit dem Speck geben und 5 Minuten braten.

Den Wirsing und das Schmalz zugeben, fest andrücken und 10 Minuten braten.

Wirsing rund ausstechen, mittig auf dem Teller anrichten. Wurstscheiben und gerollten Speck darum legen. Je 1 Speckscheibe als »Segel« einstecken. Grün der Frühlingszwiebel in Ringe schneiden, mit Kirschtomaten auf Tellern verteilen. Mit Roggenbrotscheiben servieren.

Vorbereitungszeit: *35 Minuten*
Garzeit: *25 Minuten*
Schwierigkeitsgrad: ✶

Für 4 Personen

150 g	Kichererbsenmehl
100 ml	Olivenöl
	Öl zum Frittieren
	Salz

Tomatensauce:

5	Tomaten
2	Sardellenfilets in Öl
1	Zwiebel
1	Schalotte
10	schwarze Oliven
1 Prise	Cayennepfeffer

Bouquet garni:

2	Lorbeerblätter
1 Zweig	Thymian
2 Stängel	glatte Petersilie

Im Marseille der Dreißiger Jahre priesen die fliegenden Händler am alten Hafen lautstark der Kundschaft ihre *Panisses* an. In dieser Zeit waren die kleinen Fladen aus Kichererbsenmehl sehr in Mode. Heute gibt es sie an der ganzen Mittelmeerküste. Im Süden nennt man sie manchmal auch das Brot der Armen.

Diese Speise gehört ohne Zweifel zu den Grundlagen der mediterranen Küche. Die Kichererbse ist eine Hülsenfrucht, die schon seit langer Zeit zu Gerichten wie Kuskus, geschmortem Rinderragout, bestimmten Eintöpfen, Ragouts oder *L'olla podrida*, dem spanischen *Pot-au-feu*, gehört. In Form kleiner Bällchen gibt es sie auch im Nahen Osten, wo sie Falafel heißen. Dort ist auch das *Hummus* beheimatet, ein Kichererbsenpüree.

Kichererbsen sind seit dem Mittelalter in ganz Europa bekannt. Es gibt sie getrocknet oder gekocht als Konserven.

Die getrockneten lässt man vor der Zubereitung über Nacht in kaltem Wasser mit etwas Natron einweichen, dann sind sie besser verdaulich.

Wenn Sie Kichererbsenmehl verwenden, achten Sie darauf, dass es langsam kocht und keine Klumpen bildet. Georges Rousset erzählt, dass man die Kichererbsen früher immer mit einem Lorbeerzweig kochte. Unser Küchenchef empfiehlt Ihnen außerdem, das duftende, trübe, kalt gepresste Olivenöl zu verwenden.

Sie können Ihre Kichererbsenkugeln auch mit einem kleinen Salat genießen. Wenn ein paar der Kugeln übrig bleiben, servieren Sie sie einfach ein paar Tage später mit einer anderen Sauce. Man kann sie mit geriebenem Parmesan bestreuen und überbacken, mit Champignonscheiben belegen oder mit Pesto überziehen, einer Sauce aus Basilikum, Knoblauch, gerösteten Pinienkernen und Olivenöl.

500 ml Wasser mit einer Prise Salz und das Olivenöl in einem Topf zum Kochen bringen.

Den Topf vom Feuer nehmen. Das Kichererbsenmehl mit einem Kochlöffel langsam einrühren, damit sich keine Klümpchen bilden.

Das Ganze bei kleiner Flamme rund 15 Minuten lang köcheln lassen. Dabei ständig umrühren, damit die Masse eindickt, ohne anzubrennen.

Kichererbsenbällchen

Wenn ein festes Püree entstanden ist, die Masse in kleine Formen füllen. Beiseite stellen und abkühlen lassen. Für die Sauce die Tomaten in kochendem Wasser überbrühen, häuten, entkernen und klein hacken. Zwiebel und Schalotte schälen und klein schneiden.

Hälfte der Zwiebel und Schalotte anbraten, Tomaten und Bouquet garni dazugeben. Wenn die Sauce gut eingekocht ist, Bouquet garni herausnehmen. Sauce durchmixen. Nochmals erhitzen und gehackte Oliven, Cayennepfeffer, Sardellenfilets zugeben. 2 Minuten köcheln.

Die Kichererbsenbällchen aus den Förmchen lösen und etwa 2 Minuten in siedendem Fett goldbraun frittieren. Die Panisses heiß auf einem Bett aus Tomatensauce mit Oliven servieren.

Überbackene

Vorbereitungszeit: 40 Minuten
Garzeit: 25 Minuten
Schwierigkeitsgrad: ✳

Für 4 Personen

300 g	Mangoldblätter
400 g	*brocciu* (korsischer Frisch-käse, ersatzweise Ziegen-frischkäse)
2	Eier
	Salz und Pfeffer
3 Prisen	getrocknete *népita* (wilde Minze)

25 g	Paniermehl
100 g	Mehl
100 g	*tomme* (korsischer Käse), gerieben

Tomatensauce:

½	Zwiebel
25 ml	Olivenöl
1	Knoblauchzehe
½ Bund	Petersilie
4	Tomaten
	Salz
	Pfeffer

Die korsische Küche ist vor allem eins: gehaltvoll. Auf dieser wunderbaren Insel haben die Frauen immer schon die herrlichsten Gerichte aus dem zubereitet, was das Land hergab. Die *storzapretti*, wörtlich: »Erstick den Pfarrer«, folgen dieser Tradition. Eine Legende besagt, dass das Gericht nach einem Pfarrer benannt wurde, der jeden Tag eine große Menge dieser vegetarischen Klößchen verdrückte.

Dieses Gericht, das im Handumdrehen zubereitet ist, wird traditionell als Vorspeise gereicht. Wenn Sie es als Hauptgericht servieren möchten, sollten Sie die Mengen verdoppeln.

In diesem Rezept beweist der berühmte *brocciu*, der typische Käse Korsikas, seinen milden Geschmack und seine cremige Konsistenz. Er wird auch heute noch per Hand hergestellt und kann für dieses Gericht durch Ziegenfrischkäse ersetzt werden.

Der Mangold darf in diesem Gericht eine der Hauptrollen spielen. Einige Minuten blanchiert und dann fein geschnitten, gehen die Mangoldblätter eine harmonische Verbindung mit dem Frischkäse ein. Dieses Gemüse wird seit jeher in den kleinen Gärten des Hinterlandes kultiviert und ab dem Frühjahr auf den regionalen Märkten verkauft. Wählen Sie die jungen Blätter, die einen milderen Geschmack haben. Sie müssen vor Gebrauch sorgfältig gewaschen werden. Das Rezept kann statt mit Mangold auch mit Spinat zubereitet werden.

Die Storzapretti wird mit *népita* gewürzt, einer wilden Minze, die leicht scharf schmeckt und das Aroma der Macchia in diesem Gericht lebendig werden lässt. Als krönender Abschluss werden die Klößchen mit korsischem *tomme* (alternativ: Manchego) überbacken. Dieser Schafskäse hat einen kräftigen Geschmack und unterstreicht damit die ländlichen Wurzeln dieser Spezialität.

Mangoldblätter waschen und Stiele entfernen. Salzwasser in einem großen Topf erhitzen. Mangoldblätter in das kochende Wasser geben und 2 Minuten kochen. Abtropfen lassen. Blätter klein schneiden.

Sauce: Halbe Zwiebel in Olivenöl anbraten. Zerdrückten Knoblauch, gehackte Petersilie und zerkleinerte Tomaten zufügen. Salzen und pfeffern. 20 Minuten bei schwacher Hitze köcheln, gelegentlich umrühren.

Frischkäse, geschnittenen Mangold und Eier in einer Schüssel mischen und salzen und pfeffern. Mit Minze und Paniermehl bestreuen, alles gut vermengen.

Mangold-Käse-Klößchen

Mithilfe eines kleinen Löffels Klößchen abstechen und in Mehl wenden.

In einem großen Topf Salzwasser erhitzen. Wenn das Wasser kocht, die Klößchen mit einer Schaumkelle vorsichtig hineingeben. Sobald sie zur Oberfläche steigen, herausnehmen.

Tomatensauce in eine Auflaufform gießen, die Klößchen darauf setzen. Mit Tomme bestreuen. 5 Minuten bei 200 °C backen. In der Auflaufform servieren.

Artischocken

Vorbereitungszeit:	20 Minuten
Garzeit:	20 Minuten
Schwierigkeitsgrad:	✶

Für 4 Personen

8	Artischocken
2 Bund	Petersilie
2	Knoblauchzehen
1 Bund	frische Minze
100 ml	trockener Weißwein
1	Zitrone

8 EL	Olivenöl
	Salz

Zum Garnieren:

	frische dicke Bohnen
	Pecorinoröllchen

Dieses Artischockengericht, das heiß oder warm serviert wird, ist ein Klassiker der italienischen Küche. Besonders gern wird es zu Ostern gegessen. Es handelt sich dabei um eine römische Spezialität, die leicht zuzubereiten ist. Die Händler der ewigen Stadt bieten neben zahlreichen einheimischen Artischocken-Sorten auch solche aus anderen Gegenden an: den dicken *Romanesco*, ziemlich rund und ohne Stacheln, den *Catanese* mit spindelförmigen Blättern, den *Violetto* aus der Toskana und dem Umland von Palermo, die kleinen ligurischen Artischocken und viele andere mehr.

Kaufen Sie möglichst junge Artischocken, die man an ihrer hübschen grün-violetten Farbe erkennt. Sie sind noch so zart, dass man sie auch roh verzehren kann. Achten Sie darauf, dass die Blätter unverletzt sind, dass sie keine Flecken haben und noch fest geschlossen sind. Legen Sie die Artischocken in Zitronenwasser, damit sie nicht anlaufen, und lassen Sie das Wasser anschließend abtropfen.

Schon die Alten Römer schätzten die Artischocke, die ursprünglich aus Sizilien stammt. Sie nannten sie nach einer volkstümlichen Heldin Cyrana. Der Sage nach verwandelte sich das junge Mädchen im Lauf der Zeit in eine Artischocke. Die Italiener tauften die Pflanze dann *Carciofo*, nach dem arabischen *Karsufa*. In der Renaissance hielten die Gelehrten sie für eine Heilpflanze. Bartolomeo Scappi, der Koch des Papstes Pius V., empfahl eine Artischockenfüllung aus magerem Kalbfleisch, Schinken, Eiern, Gewürzen, Knoblauch und aromatischen Kräutern.

Die Römer entschieden sich für eine leichtere Variante: Außer den in Italien sehr gebräuchlichen Gewürzen Knoblauch und Petersilie enthält die Füllung zusätzlich Minze. Ihr frisches, kräftiges Aroma passt hervorragend zu Artischocken. So zubereitet sind die Artischocken ein Genuss für jeden Feinschmecker.

Die äußeren, faserigen Blätter der Artischocken entfernen. Den Stiel schräg abschneiden und schälen.

Den oberen Teil der Blätter quer abschneiden. Die Artischocken öffnen und in eine Schüssel mit Zitronenwasser geben.

Minze und Petersilie waschen. Die Knoblauchzehen schälen und fein hacken. Die Artischocken mit dieser Gewürzmischung füllen.

römische Art

Die Spitzen der Artischocken vorsichtig in einen Teller mit Salz tauchen.

Die Artischocken am Stiel fassen und in einen Topf setzen. 8 Esslöffel Olivenöl darüber gießen. 3 Minuten bedeckt köcheln lassen.

Den Weißwein angießen. Bedeckt und bei starker Hitze zum Kochen bringen. Dann ca. 15 Minuten bei schwacher Hitze köcheln lassen. Die Artischocken anrichten und mit dicken Bohnen und Pecorinoröllchen garnieren.

Frittierte

Vorbereitungszeit: 30 Minuten
Garzeit: 15 Minuten
Schwierigkeitsgrad: ✶

Für 4 Personen

20	frische Garnelen
200 g	kleine Tintenfische
20	Scampi
250 g	Mehl
	Öl, zum Frittieren
	Salz

Sauce Tartare:

2 EL	Kapern
5	Petersilienstängel
2	Eier
3	Cornichons
1 EL	Senf
200 ml	Sonnenblumenöl
	Salz
	Pfeffer

Zum Garnieren:

Basilikumblätter

Zum Servieren:

Zitronen

Der Golf von Neapel ist wegen seiner Schönheit weltbekannt, aber auch aufgrund seiner Fischgründe. Seit Menschengedenken versorgt das Mittelmeer, das in der Antike als »Mare nostrum«, »unser Meer«, bezeichnet wurde, die Bewohner Süditaliens mit Fischen, Muscheln und Krustentieren.

Unsere frittierten Meeresfrüchte sind leicht und schnell zuzubereiten. Je nach Fang kann man für dieses Rezept auch Rotbarben, Sardellen und Sardinen nehmen.

Scampi sind an den Küsten Westeuropas im Überfluss vorhanden. Sie besitzen sehr schmackhaftes Fleisch, das an Hummer erinnert und eignen sich hervorragend zum Grillen oder Pochieren. Außerdem passen sie aber auch sehr gut zu den meisten Rezepten mit Krustentieren. Dabei serviert man die Tiere mit ihren Zangen. Man kann sie das ganze Jahr über kaufen.

Frische Garnelen werden von Kennern wegen ihres außergewöhnlich feinen Geschmacks geschätzt.

Auch die kleinen Tintenfische, Kalmare genannt, haben saftiges, delikates Fleisch. Man kann sie grillen, braten oder füllen. Die Kalmare werden etwa fünfzig Zentimeter groß. Ihr spiralförmiger Körper hat eine schwärzliche Haut und besitzt am Ende zwei dreieckige Schwimmflossen. Am Kopf sitzen zehn essbare Fangarme, von denen zwei sehr lang sind.

Um unser Meeresfrüchte-Rezept zu verfeinern, schlägt der Küchenchef eine Sauce Tartare vor, die fein-aromatisch nach Kapern schmeckt. Die Blütenknospen des Kaperstrauchs werden im Frühjahr geerntet. Da Kapern in Essig oder in einer Salzlake eingelegt werden, muss man sie vor Gebrauch gründlich abspülen. In Italien sind die Kapern von Lipari und Pantelleria, Inseln vor der Küste Siziliens, besonders beliebt.

Die kleinen Tintenfische unter laufendem Wasser putzen. Ihre Taschen und die Fangarme vorsichtig entfernen. Tintenbeutel und Fischbein entnehmen. Die Tintenfische in Stücke gleicher Größe schneiden.

Die Köpfe der Scampi und der Garnelen durch eine leichte Drehung abtrennen und den Schwanz schälen.

Mehl in eine große Schüssel geben. Tintenfische, Scampi und Garnelen im Mehl wenden, das überschüssige Mehl vorsichtig abschütteln.

Meeresfrüchte

Das Öl erhitzen. Garnelen, Tintenfische und Scampi ins Öl geben. Die Basilikumblätter (für die Garnierung) mitfrittieren.

Scampi, Tintenfische und Garnelen aus dem Öl nehmen. Auf Küchenpapier abtropfen lassen und reichlich salzen.

Eigelb, Salz und Pfeffer zu einer cremigen Sauce verarbeiten. Öl in kleinen Mengen und unter ständigem Rühren zugeben. Kapern, gehackte Petersilie und Cornichonwürfel einrühren. Die frittierten Meeresfrüchte mit Sauce und Zitronen anrichten. Mit Basilikum garnieren.

Leberguazzetto

Einweichzeit: über Nacht
Vorbereitungszeit: 15 Minuten
Garzeit: 40 Minuten
Schwierigkeitsgrad: ✱

Für 4 Personen

Guazzetto:
4	Hühnerlebern
1	Zwiebel
20 g	getrocknete Steinpilze
½	Knoblauchzehe

8 EL	extra natives Olivenöl
½ Bund	Petersilie
	Salz
	Pfeffer

Polenta:
150 g	Maisgrieß
	Salz

Zum Garnieren:
	Petersilie
	Schnittlauch, nach Belieben

Früher war Guazzetto vor allem ein Arme-Leute-Essen, denn natürlich durfte von einem geschlachteten Hühnchen nichts weggeworfen werden. Die Leber wurde deshalb für einen Guazzetto verwendet, die Haut in Streifen geschnitten und zu einer Art Fettucine verarbeitet.

In der Pilzsaison sollte man nach Möglichkeit frische Steinpilze verwenden, von denen es mehrere Unterarten gibt. Außerhalb der Pilzsaison greife man stattdessen auf getrocknete Pilze zurück, die gut gewaschen und in kaltem Wasser eingeweicht werden müssen. Biancarosa Zecchin schlägt vor, die Mischung aus Leber, Zwiebeln und gebratenen Steinpilzen auf einem Polenta-Bett anzurichten.

Seit mehreren Jahrhunderten spielt Polenta in der Küche Norditaliens eine große Rolle. Venezianische Kaufleute führten im 16. Jahrhundert Mais aus Amerika ein. Schon wenig später erfreute er sich, als Brei zubereitet, großer Beliebtheit, wie vordem schon Gerste, Hirse, Dinkel und Kichererbsen. Mais, von dem sich vor allem die armen Bauern ernährten, trug viel dazu bei, Hungersnöte zu mildern. Schließlich kam es aber so weit, dass Maisbrei zu allen Tageszeiten auf dem Tisch stand. Diese einseitige Ernährung führte zu ernsthaften Mangelerscheinungen.

Der klassische Maisgrießbrei für die Polenta muss fünfundvierzig bis sechzig Minuten auf dem Herd gerührt werden. Wir empfehlen deshalb vorgekochte Polenta, die leichter zuzubereiten ist. Sie wird bei schwacher Hitze gekocht, bis sie zu einem weichen Brei geworden ist. Man kann sie auch länger eindicken lassen und danach in eine Schüssel geben. Die kalte Masse lässt sich dann herausnehmen und in Scheiben schneiden.

Guazzetto ist eine köstliche Vorspeise, kann aber auch als Hauptgang gereicht werden.

Die getrockneten Steinpilze 20 Minuten in lauwarmem Wasser einweichen. Für die Polenta 1 l Wasser in einem Topf zum Kochen bringen. Maisgrieß und Salz zufügen. Etwa 20 Minuten rühren, bis ein Brei entstanden ist. Beiseite stellen.

Für den Guazzetto die Pilze abtropfen lassen. Mit einem Messer auf einem Hackbrett zerkleinern.

4 Esslöffel Olivenöl in einer Pfanne erhitzen. Die Pilze mit Knoblauch, gehackter Petersilie, Salz und Pfeffer 5 Minuten dünsten.

mit Steinpilzen

Die Hühnerleber in Streifen schneiden.

Die Zwiebel schälen und hacken. Das restliche Olivenöl in einer anderen Pfanne erhitzen und die Zwiebel darin andünsten. Die Leber zugeben, dann salzen und pfeffern. 3–4 Minuten mit einem Löffel umrühren, bis sie gebräunt ist.

Die gebräunte Leber zu den Pilzen geben. Noch 4–5 Minuten weiterbraten, dabei ständig umrühren. Die Leber mit den Steinpilzen auf einem Polenta-Bett anrichten. Mit gehackter Petersilie und Schnittlauch bestreuen.

Muschelgratin

Vorbereitungszeit:	*25 Minuten*
Garzeit:	*15 Minuten*
Schwierigkeitsgrad:	✶

Für 4 Personen

3 kg	Miesmuscheln
150 g	Semmelbrösel
4	dicke Tomaten
1	Knoblauchzehe

1 Bund	Petersilie
6 EL	Olivenöl
	Salz

Zum Garnieren:
	Petersilie

Heute kann man sich die italienische Küche ohne Tomaten – auf Italienisch *Pomodori* – kaum vorstellen. Auch diese überbackenen Muscheln sehen durch das leuchtende Rot der Tomaten besonders ansprechend aus. Sie sind leicht zuzubereiten und eignen sich hervorragend als kleine Appetithappen im Freundeskreis.

Miesmuscheln sind sehr empfindlich und müssen spätestens drei Tage nach ihrer Ernte verwendet werden. Wählen Sie die Muscheln sehr sorgfältig aus und vermeiden Sie Exemplare, deren Schalen gebrochen oder leicht geöffnet sind. Frische Muscheln sind immer fest geschlossen. Vor ihrer Verwendung müssen sie geputzt werden, indem man sie entbartet und anschließend unter fließendem Wasser abbürstet. Die Küchenchefin schlägt vor, die Miesmuscheln bei Bedarf durch Jakobsmuscheln zu ersetzen, deren Fleisch besonders delikat und wohlschmeckend ist. Die Füllung der Muscheln enthält etwas Knoblauch und setzt so einen mediterranen Akzent. Knoblauch wird seit mehr als fünftausend Jahren angebaut und ist aus der Küche des südlichen Europa nicht wegzudenken.

Petersilie passt wunderbar zu Knoblauch, und man kann sie das ganze Jahr über kaufen. In Italien sagt man von einer allseits geschätzten Person, sie sei »*Come il prezzemolo*«, so nötig wie die Petersilie in der Küche.

Tomaten sind fester Bestandteil der südländischen Küche. Die Konquistadoren hatten sie von Peru nach Europa gebracht, aber erst im 18. Jahrhundert wurden sie auch in Kampanien angebaut. Damals nannte man sie wegen ihrer gelben Farbe »*Pomo d'oro*«, Goldapfel. Heute isst man Tomaten das ganze Jahr über. Man kennt etwa fünftausend Sorten, darunter die berühmte Roma, die ursprünglich aus dem Süden kommt. Wählen Sie feste, fleischige Tomaten von einheitlich leuchtend roter Farbe.

Die Muscheln säubern und mit einer Messerspitze entbarten. In einen Topf mit Wasser geben und 3–5 Minuten kochen, bis sie sich öffnen.

Die Muscheln abkühlen lassen und das Muschelfleisch aus den Schalen lösen. Beiseite stellen. Die Tomaten blanchieren, häuten, entkernen und in sehr kleine Würfel schneiden.

Für die Füllung die Knoblauchzehe schälen und hacken; die Petersilie waschen und hacken.

mit Tomaten

Das Muschelfleisch zusammen mit Petersilie und Knoblauch in eine Schüssel geben und 2 Esslöffel Olivenöl darüber gießen. Semmelbrösel zufügen. Salzen und vorsichtig umrühren.

Die von der Panade ganz umhüllten Muscheln in die Muschelschalen legen und dann leicht andrücken.

Die gefüllten Muscheln in eine Auflaufform legen. Die Tomatenwürfel darüber streuen. Salzen und das restliche Olivenöl sowie ein halbes Glas Wasser darüber gießen. Bei 180 °C 10 Minuten überbacken. Die Muscheln anrichten und mit Petersilie garnieren.

Käseauberginen

Vorbereitungszeit: 40 Minuten
Garzeit: 2 Stunden 20 Minuten
Schwierigkeitsgrad: ✶

Für 4 Personen

8	Auberginen
1	Stangensellerie
2	Zwiebeln
3	Möhren
800 g	Tomaten
2	Mozzarella aus Büffelmilch

1 Bund	Basilikum
4 EL	Weißwein
1	Knoblauchzehe
50 g	geriebener Parmesankäse
4 EL	Olivenöl
	Öl, zum Frittieren
	Salz

Zum Garnieren:

Basilikumblätter

Mit Parmesan überbackene Auberginen sind ein klassisches Gericht. Es ist leicht zuzubereiten und kennt eine Reihe lokaler Varianten. In Sizilien serviert man sie beispielsweise mit Schokoladenraspeln, die Neapolitaner geben Innereien dazu.

Dieses schmackhafte vegetarische Gericht, bei dem die Auberginenscheiben vor dem Überbacken großzügig mit Parmesankäse bestreut werden, stammt ursprünglich aus Kalabrien. Auf Italienisch heißt es *Parmigiana di melanzane* und verdankt seinen Namen dem berühmten Käse aus Norditalien.

Die Aubergine ist ein klassisches Sommergemüse und gelangte vermutlich durch die Araber, die sie als *Badindschan* bezeichneten, nach Süditalien. Ihr erfolgreicher Anbau erfordert ein trockenes Klima, einen siliziumreichen Boden und viel Wärme. Diese drei Faktoren verhindern die Entwicklung bitterer Substanzen im Fruchtfleisch und begünstigen die Ausprägung ihres milden Aromas. Es gibt verschiedene Arten, die sich in Farbe und Form unterscheiden.

Auf italienischen Märkten findet man von Oktober bis Juni die verschiedenen Sorten in reicher Fülle; zum Beispiel die *Violetta di Firenze*, die *Belleza nera* oder die *Nubia*. Achten Sie beim Einkauf darauf, dass die Früchte noch einen Stiel, keine Flecken und eine glatte Haut haben, dass sie unbeschädigt und fest, also möglichst frisch sind. Man kann sie gut im Kühlschrank aufbewahren.

Charakteristisch für dieses Rezept ist der Parmesankäse. Er darf nur in den Provinzen Parma, Reggio-Emilia, Modena, Mantua und Bologna hergestellt werden, was nach wie vor in Handarbeit geschieht. Sein Geschmack ist unverkennbar: kräftig salzig und manchmal pikant.

Möhren, Zwiebeln und die Knoblauchzehe schälen. Sellerie und Möhren in Stäbchen, Zwiebeln in Scheiben schneiden. Den Knoblauch zerdrücken.

Das Olivenöl erhitzen. Möhren, Zwiebeln, Sellerie und Knoblauch hinzugeben. 15 Minuten bei milder Hitze dünsten. Den Weißwein angießen und einkochen lassen.

Die Tomaten blanchieren und häuten, dann zu dem Gemüse in den Topf geben. Zugedeckt etwa 1 Stunde köcheln lassen. Salzen.

Die Auberginen waschen und in gleich große Scheiben schneiden. Auch den Mozzarella in Scheiben schneiden.

Das Öl zum Frittieren erhitzen. Die Auberginenscheiben darin goldbraun braten, herausnehmen und auf Küchenpapier abtropfen lassen.

Das Gemüse in eine Auflaufform geben, die Auberginenscheiben darauf legen und mit Parmesan bestreuen. Mozzarella und Basilikum darüber schichten und den Vorgang wiederholen. Bei 180 °C 1 Stunde im Ofen backen. Mit Basilikum garnieren und anrichten.

Auberginen-Caponata

Vorbereitungszeit: 45 Minuten
Garzeit: 40 Minuten
Schwierigkeitsgrad: ✶

Für 4 Personen

4	Auberginen
	Salz
80 ml	Olivenöl
1	Möhre
1	Selleriestange
2	Zwiebeln

2	Tomaten
1 Bund	Petersilie
	Pfeffer
100 g	Kapern
200 g	entsteinte grüne Oliven
100 g	getrocknete Tomaten
25 ml	Weißweinessig
1 EL	Zucker

Zum Garnieren:

	Petersilie

Die Auberginen-Caponata gehört zu den kulinarischen Klassikern Siziliens . Eins der beliebtesten Sommergemüse und das süß-saure Aroma machen die Besonderheit dieser kalten Vorspeise aus.

Über die Herkunft des Namens *caponata* herrscht in Sizilien Uneinigkeit. Eine Theorie vermutet den Ursprung in den *caupone* genannten Hafentavernen, in denen früher einfache Gerichte aus Tintenfisch, Sellerie und Aubergine mit salzig-süßen Saucen serviert wurden. Eine andere leitet den Namen von *caponi* ab, der Bezeichnung für die neapolitanischen Fischer, die auf ihren Booten eine Fischsuppe mit Gemüse zubereiteten.

Dieses Gericht schmeckt nach Sommer. Tomaten, Zwiebeln und Sellerie sind hier allerdings nur Begleiter der königlichen Aubergine, die von den Einwohnern Siziliens so leidenschaftlich geliebt wird. Der Legende nach brachten die Araber diese Frucht im 16. Jahrhundert ins südliche Italien. In der sizilianischen Küche werden Auberginen gern mit Tomaten gefüllt oder zu Klößchen und Rouladen verarbeitet. Zusammen mit Ricotta verleihen frittierte Auberginen den *maccheroni alla Norma*, einer Spezialität aus der Region um Catania, ihren unverwechselbaren Charakter.

Diese aromatische Vorspeise vereint die Vorzüge der regionalen Produkte. Die für ihre Qualität berühmten Kapern von den Liparischen Inseln und aus Siziliens südlicher Küstenregion Pantelleria bringen die Aromen der anderen Zutaten noch intensiver zur Geltung. Kapern sind die in Essig eingelegten Blütenknospen des Kapernstrauchs. Hier werden sie vor Verwendung abgespült.

Auberginen schälen und in dicke Scheiben, dann Würfel schneiden. In ein Sieb geben und kräftig salzen. 20 Min. ziehen lassen, abspülen und abtropfen lassen. In 50 ml Olivenöl etwa 10 Minuten dünsten.

Möhre schälen und reiben. Sellerie waschen und fein würfeln. Zwiebeln schälen und fein hacken. Tomaten schälen und fein würfeln. Petersilie waschen und fein hacken.

Die Zwiebel mit dem restlichen Olivenöl in der Pfanne anbraten. Den Sellerie zugeben und bei geringer Hitze glasig andünsten. Die Tomaten zugeben und unterrühren. Salzen und pfeffern.

Die Möhre zur Gemüsemischung geben, dann Kapern, in Ringe geschnittene Oliven, fein geschnittene getrocknete Tomaten und die gehackte Petersilie zugeben. Umrühren und 10 Minuten köcheln lassen.

Gewürfelte Auberginen zufügen und weitere 10 Minuten köcheln lassen.

Essig und Zucker zugeben und verrühren. 5 Minuten köcheln lassen. Die Auberginen-Caponata auf Tellern anrichten und mit gehackter Petersilie garnieren.

Feta

Vorbereitungszeit: 20 Minuten
Garzeit: 15 Minuten
Schwierigkeitsgrad: ✶

Für 4 Personen

4	Tomaten
2	Knoblauchzehen
1 Bund	frisches Basilikum
500 g	griechischer Feta
7–8	schwarze Oliven
1	rote Paprika

1 Prise	Paprikapulver
1 Prise	Oregano
1 Schuss	Olivenöl

Zum Garnieren:

frisches Basilikum

Unter der Bezeichnung *Saganaki* versteht man einerseits kleine, im Ofen überbackene Käsehappen und andererseits das dafür verwendete Backgeschirr. Die Zubereitung der Happen ist ganz einfach, sie schmecken hervorragend und bringen Farbe auf den Tisch.

Der in diesem Rezept als Belag verwendete, weltberühmte Feta hat seinen Ursprung in der traditionellen Herstellung von Schafsmilchkäse, die in Griechenland vor Jahrtausenden begann. Schon der Dichter Homer erwähnte in seiner »Odyssee« einen Käse, der wie ein moderner Feta aus Schafs- und Ziegenmilch gewonnen wurde. Seit dem 17. Jahrhundert wird dieses Produkt, das vor seiner Abfüllung in Tonnen in Scheiben geschnitten wurde, als Feta bezeichnet, wobei der Name vermutlich auf den Ausdruck *fete* (in Scheiben geschnitten) anspielt. Der rindenlose weiße Käse mit der weichen, glatten Konsistenz lässt sich problemlos in kleine Würfel oder Scheiben schneiden.

Die Grundlage für dieses Rezept bilden Tomaten, Knoblauch, Basilikum, Feta, Paprika und schwarze Oliven, die in reichlich Olivenöl gegart werden. Das Öl intensiviert den Geschmack und verhindert, dass die einzelnen Zutaten am Boden des Geschirrs kleben bleiben. Unsere Küchenchefs empfehlen für ihr Rezept ein Olivenöl, das in Sitia auf der Insel Kreta gepresst wird. Von grünlich-gelber Farbe, hat dieses native Olivenöl einen sehr niedrigen Säuregrad und einen fruchtigen Charakter. Die hohe Qualität resultiert aus einer überdurchschnittlichen Besonnung und dem speziellen Bodencharakter. Die Ende November geernteten Oliven werden innerhalb von drei Tagen nach dem Pflücken gepresst.

Unsere Küchenchefs bereiten ihr *Saganaki* in individuellen Pfännchen zu, die mit je einer dicken Käsescheibe garniert werden. Man kann es aber auch wie hier in einer großen Pfanne für mehrere Personen zubereiten.

Die Tomaten waschen und trockentupfen. Jede Tomate in drei dicke Scheiben schneiden.

Die Tomatenscheiben in eine kleine Auflaufform geben. Mit gehacktem Knoblauch und Basilikumblättern garnieren.

Auf jedes Tomatenstück jeweils 2 Fetawürfel setzen.

saganaki

Die Oliven halbieren und entsteinen. Die Paprika waschen, trockentupfen und aufschneiden. Die Samen und Stränge entfernen. Die Paprikahälften in Streifen schneiden.

Die Paprikastreifen zwischen die Tomaten in die Pfanne geben und weitere Fetastückchen darüber verteilen. Die schwarzen Olivenhälften darüber geben

Das Ganze mit Paprikapulver und Oregano bestreuen und mit Olivenöl beträufeln. Dann in den Backofen stellen und 15 Minuten bei 240 °C garen. Mit Basilikumblättern garnieren.

Prasopita

Vorbereitungszeit:	20 Minuten
Garzeit:	50 Minuten
Schwierigkeitsgrad:	✶

Für 6 Personen

6	Porreestangen
100 ml	Olivenöl
	Salz
	Pfeffer
1 Bund	Dill
2	Lorbeerblätter

50 g	grobkörniger Grieß
3	Eier
100 g	geriebener Gruyère (oder *kasseri*)
2–3 EL	Paniermehl
200 g	Feta

Chrysanthi Stamkopoulos, die aus der Region Kozani in Westmakedonien stammt, hat nach einem Rezept ihrer Großmutter für ihre Gäste *prasopita* zubereitet, einen Porreekuchen. Er ist äußerst gehaltvoll und schneller zubereitet als eine Pastete aus Filo-Teig.

Porree ist ein Wintergemüse, und deshalb wird eine *prasopita* vorwiegend in der kalten Jahreszeit geschätzt. Im griechischen Hinterland gibt es immer noch zahlreiche kleine Dörfer, in denen jeder sein Gemüse selbst anbaut und mit den Jahreszeiten kocht. Porree ist seit Jahrtausenden bekannt und hat bereits den Assyrern, den Ägyptern und den Hebräern geschmeckt – und die tapfersten Krieger des Pharaos Cheops sollen in Form von Porreebünden belohnt worden sein!

In den langen, zusammengerollten Blattröhren dieser Pflanze sammeln sich reichlich Sand- und Schmutzreste an. Deshalb muss Porree zunächst in große Stücke geschnitten und danach in einem Seiher unter fließendem Wasser gründlich abgespült werden. Im Rohzustand hält sich Porree fünf Tage lang im Gemüsefach, wenn man zuvor das überschüssige Grün entfernt.

Gemischt mit aromatischen Kräutern und Eiern, kann der Porreegeschmack bei einer *prasopita* auch mit Knoblauch und hauchdünn geschnittenen Möhren verfeinert werden. Geriebener Gruyère oder *kasseri* macht den Porreekuchen noch würziger. Die Authentizität spricht für den Kasseri, einen Schafsmilch- oder auch Kuhmilchkäse, der in Thessalien, Mittelgriechenland und im Norden der Ägäis produziert wird. Er ist hellgelb, von eher weicher Konsistenz, ohne Rinde und hat einen milden, salzigen Geschmack.

Unsere Küchenchefin gibt ihre Zubereitung in eine große, viereckige Backform, die zuvor mit Paniermehl bestreut werden. Nach dem Backen wird der Kuchen in gleichmäßig große Stücke geschnitten. Selbstverständlich kann auch jede andere beliebige Backform verwendet werden.

Die Porreestangen der Länge nach durchschneiden und unter fließendem Wasser abspülen. Die harten Teile der Blätter entfernen. Die halbierten Stangen in dicke Stücke schneiden. Nochmals abspülen, um alle Sandreste zu entfernen.

Das Öl in einer Stielpfanne mit hohem Rand erhitzen und den Porree 5 Minuten andünsten. Salzen und pfeffern. Den gehackten Dill und die Lorbeerblätter zufügen und etwa 10 Minuten unter Rühren garen. Die Lorbeerblätter herausnehmen, den Grieß hineingeben und weiterrühren.

Die Eier in eine Schüssel geben und verrühren, anschließend zu dem Porree in die Pfanne geben. Alles gut vermischen.

aus Kozani

Jetzt den geriebenen Käse, immer noch bei schwacher Hitze, einarbeiten.

Das Paniermehl in eine Auflaufform streuen und gleichmäßig über den Boden verteilen. Dann das Gemüse löffelweise in die Form füllen.

Kleine Fetawürfel in gleichmäßigen Abständen auf das Gemüse setzen. Dann die Form in den Backofen stellen und bei 220 °C etwa 30 Minuten garen. Warm servieren.

Sfougato

Vorbereitungszeit:	*30 Minuten*
Garzeit:	*50 Minuten*
Abtropfen der Zucchini:	*1 Stunde*
Schwierigkeitsgrad:	★

Für 6 Personen

2 kg	Zucchini
4–5	Zucchiniblüten
100 g	magerer Speck
2	mittelgroße Zwiebeln
100 ml	Olivenöl

600 g	Feta
12	Eier
	frische Minze
1 Bund	Dill

Aus Mytilene, der Hauptstadt von Lesbos, gingen im klassischen Altertum zahlreiche Dichter und Musiker hervor. Noch heutzutage besitzt die drittgrößte griechische Insel antike Überreste, byzantinische Ruinen und malerische kleine Fischerhäfen.

In früherer Zeit ernährte sich die griechische Inselbevölkerung vorwiegend von Gemüse, wild wachsenden Kräutern, Käse, Olivenöl und Brot, während Fleisch als unerschwinglicher Luxus galt. Aus dieser Zeit stammt das Rezept für ein so genanntes *Sfougato*, einen flachen Kuchen aus Eiern und Kräutern, der durch frische Zutaten bereichert wird: Zucchini, Feta und Olivenöl bilden im Frühjahr und im Sommer eine willkommene Ergänzung dieses Rezepts.

Gut geeignet sind die kleinen, wohlriechenden Zucchini, die sich noch mit ihrer orangefarbenen Blüte zieren.

Sollten jene noch nicht »geputzt« sein, braucht man nur den Stempel zu entfernen. Manche Köche bereiten ihr *Sfougato* auch mit Kartoffeln oder Spinat zu.

Die Bewohner von Mytilene stellen seit dem Altertum auch ein hoch geschätztes Olivenöl her. Es hat eine leuchtend goldgelbe Farbe und verströmt den charakteristischen Duft vollreifer Oliven.

Nach traditionellem Brauch wird in den Küchen von Mytilene in der Weihnachtszeit die große »Schweinerei« veranstaltet. Bestimmte Teile des Schlachttiers wie der Schinken werden geräuchert, und kleinere Fleischteile kommen in den *Sfougato*. Ersatzweise tut es aber auch ein guter Bacon oder magerer Speck. Der *Sfougato*-Teig ist für ein Omelett nicht geeignet, sondern muss in der Form gebacken werden.

Die ungeschälten Zucchini mit einer groben Reibe raspeln. Das Gemüse anschließend in ein Sieb geben und etwa 30 Minuten entwässern.

Die Zucchiniblüten in große Stücke von etwa 1 x 1 cm schneiden. Den Speck in winzige Würfel schneiden. Die Zwiebeln schälen und fein hacken.

Den Speck mit den Zwiebeln 5 Minuten in Öl anbraten, dann die geriebenen Zucchini zufügen. 5–10 Minuten unter gelegentlichem Rühren garen. Alles in ein Sieb geben und 30 Minuten abtropfen lassen.

»Mytilene«

Die Mischung in eine Schüssel füllen. Die geschnittenen Zucchiniblüten und den zerbröckelten Feta zufügen.

Die Eier in eine andere Schüssel geben und verschlagen. Fein geschnittene Minze und Dill zufügen. Das Kräuter-Ei in die Zucchini-Feta-Mischung geben. Alles gut vermengen.

Die Masse in eine große Auflaufform geben. 30–35 Minuten im Ofen bei 170 °C backen. Warm oder kalt servieren.

Lammfleischpastete

Vorbereitungszeit:	50 Minuten
Garzeit:	1 Stunde
	20 Minuten
Gehenlassen des Teigs:	20 Minuten
Schwierigkeitsgrad:	✶

Für 4 Personen

800 g	Lammkeule
	Salz
	Pfeffer
1 EL	Lammcremesuppe (ersatz-weise Hühnercremesuppe)
½ Bund	frische Minze
500 g	*anthotyros*
300 g	*malaka*

1 Zweig	Thymian
1 Zweig	Oregano
1 TL	getrockneter Majoran

2	Zitronen
1 EL	Olivenöl
1	Eigelb
3 EL	Sesamsaat

Teig:

200 ml	Milch
25 g	Hefe
600 g	Mehl
40 g	Lammfett
2	Eier
	Salz

Zum Garnieren:

	Minzeblätter

Lammfleischpastete, eine kretische Spezialität, erfreut sich in dem Küstenstädtchen Chania großer Beliebtheit. Dieser strudelartige Kuchen ist vor allem ein Hochzeitsessen.

Die überaus gesunde moderne kretische Küche weist zahlreiche Gemeinsamkeiten zur Ernährungsweise der Minoer auf. Bereits in einem Text aus dem Jahr 1800 v. Chr. wird eine Zubereitungsmethode für Lammfleisch in einer Teighülle beschrieben.

Lammfleisch wird seit der Antike aufgrund seines hervorragenden Geschmacks als Delikatesse geschätzt. Die Lämmer wachsen in gebirgigen Regionen heran, wo sie sich von wilden Kräutern ernähren, deren Aromen ihr Fleisch durchdringen. Abhängig von der Jahreszeit kann man das folgende Rezept auch mit Zicklein zubereiten.

Diese Pastete ist eine Mischung aus verschiedenen wilden Kräutern. Kretas Kräutervielfalt spiegelt sich in einem typischen Aromenstrauß von Thymian, Minze, Oregano und Rosmarin wider. Majoran, ein enger Verwandter des Oregano, kommt in diesem Rezept ebenfalls fein zur Geltung. Majoran ist asiatischen Ursprungs und wird in Griechenland zum Würzen von Fleisch und Marinaden verwendet.

Die gehaltvolle Lammpastete aus Chania wird mit einer Käsefüllung angereichert. Der heimische Käse *anthotyros*, der aus Schafs- oder Ziegenmilch gewonnen wird, wurde von den Kretern in früherer Zeit als *myzithra* bezeichnet. Unter *malaka* versteht man einen ungesalzenen, fettarmen Frischkäse, den es auf der Insel Santorin seit dem 6. Jahrhundert gibt. Statt *anthotyros* kann man auch Gruyère verwenden, und *malaka* lässt sich durch Mozzarella ersetzen.

Die Lammteile in einen Topf geben. Salzen und pfeffern. Mit Wasser bedecken. Etwa 40 Minuten in kochendem Wasser garen. Die Brühe durch ein Sieb streichen und beiseite stellen. Das Fleisch fein würfeln.

Für den Teig die Milch erhitzen. Die Hefe einrühren. Aufgehen lassen. Das Mehl, das Lammfett, die Eier, das Salz in eine Schüssel geben. Dann die Milch zugießen. Vermengen und mit den Händen zu einem Teig verkneten.

100 ml Brühe auf den Teig gießen. Die Flüssigkeit einarbeiten. Den Teig 20 Minuten gehen lassen.

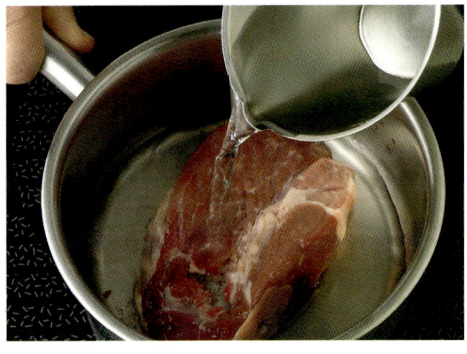

»Chania«

Eine Arbeitsfläche mit Mehl bestäuben und den Teig dünn ausrollen. Lammcremesuppe, fein geschnittene Minze und beide Sorten Käse in eine Schüssel geben und vermengen. Mit Salz abschmecken.

Das Fleisch mit Thymian, Oregano, Majoran und Zitronensaft in einen anderen Topf geben und vermengen. Eine Auflaufform mit Olivenöl bestreichen. Die Form mit dem Teig auslegen. Die Käsemasse auf den Teig streichen. Mit Fleischstücken belegen. Die Brühe darüber träufeln.

Den überhängenden Teigrand über die Füllung schlagen. Die Pastete mit verquirltem Eigelb bestreichen. Sesam darüber streuen. In den Backofen stellen und 40 Minuten bei 150 °C backen. Mit Minzeblättern garnieren.

Schnecken-Duo

Vorbereitungszeit:	20 Minuten
Garzeit Rosmarinschnecken:	30 Minuten
Garzeit Fenchelschnecken:	40 Minuten
Schwierigkeitsgrad:	✶

Für 4 Personen

Rosmarinschnecken:

500 g	Petits-Gris-Schnecken (ersatzweise Weinberg-schnecken)
	Salz
150 ml	natives Olivenöl

50 g	frischer Rosmarin
175 ml	Essig

Fenchelschnecken:

500 g	Petits-Gris-Schnecken (ersatzweise Weinberg-schnecken)
6	Frühlingszwiebeln
200 ml	natives Olivenöl
200 ml	Weißwein
	Salz
	Pfeffer
1 kg	Fenchelkraut
4	reife Tomaten

Zahlreiche Griechen respektieren auch heute noch die religiösen Fastentage, an denen sie kein Fleisch, keine Eier oder Milchprodukte zu sich nehmen dürfen. Dafür stehen Wildkräuter, Gemüse, Schnecken, Hülsenfrüchte und Oliven auf ihrem Speiseplan. Archäologische Grabungen auf Kretas Nachbarinsel Santorin haben gezeigt, dass schon die Minoer Schnecken aßen. Auch die antiken Griechen mochten die in der Natur problemlos auffindbaren Weichtiere.

Die kretischen Bergschnecken ernähren sich von aromatischen Pflanzen und sind daher für ihr Aroma berühmt. Die Kreter sammeln sie, setzen sie in Kisten, die mit Weinblättern ausgekleidet sind, und lassen die Schnecken dort zwei Wochen fasten. Die Kisten werden regelmäßig kontrolliert und gereinigt. Unter den fünfzig Schneckenrezepten der Insel hat Ioannis Lappas für Sie die gebratenen Rosmarinschnecken zum Aperitif mit Fenchelschnecken, einem klassischen Hauptgericht, kombiniert.

Das Braten ist eine der beliebtesten Zubereitungsarten von Schnecken auf Kreta. Sie werden gern als *mezze* gereicht und zu einem Glas Wein oder Brandy verzehrt. Damit sie gleichmäßig garen, müssen die Schnecken lebend und mit der Öffnung nach unten in eine mit Salz ausgestreute Pfanne gesetzt werden. Sie ziehen sich bei Kontakt mit der heißen Pfanne schnell in ihr Haus zurück, sind dann aber bereits mit einer Salzkruste überzogen. Die Kreter tunken die Sauce mit *dakos* auf, einem lokalen Gebäck.

Im zweiten Rezept erhalten die Schnecken ihr Aroma von wildem Fenchel, *marathos* genannt. Sie können den Fenchel durch Dill ersetzen, das Aroma ist sehr ähnlich.

Schnecken unter fließendem Wasser oder in einer mit Wasser gefüllten Schüssel kräftig abreiben, um Unreinheiten zu beseitigen. Entfernen Sie die Kalkpfropfen, falls notwendig.

Zubereitung der Rosmarinschnecken: Eine Pfanne mit Salz ausstreuen und die Schnecken hineinsetzen. Pfanne stark erhitzen, bis ein gelb-grünlicher »Saft« entsteht. Das Öl zufügen und bei weiterhin großer Hitze die Pfanne etwa 5 Minuten kräftig schwenken.

Rosmarin zugeben. Die Schnecken mit dem Essig ablöschen. Etwa 20 Minuten braten, bis der Essig verkocht ist. Heiß servieren.

aus Kreta

Fenchelschnecken: Wasser in einem ausreichend großen Topf zum Kochen bringen. Lebende Schnecken hineingeben und 2 Minuten kochen.

Frühlingszwiebeln in feine Ringe schneiden. Gekochte Schnecken mit dem Olivenöl und den Frühlingszwiebeln in einem Topf 5 Minuten bei starker Hitze braten. Weißwein, Salz und Pfeffer zugeben. Den Topf 3–4 Minuten auf der Herdplatte stehen lassen und gelegentlich schwenken.

Fenchelkraut schneiden, Tomaten fein würfeln. Beides zu den Schnecken geben und 30 Minuten kochen. Falls nötig, Wasser zugeben. Das Gericht auf dem Teller mit etwas frischem Fenchelkraut garnieren und heiß servieren.

Börek nach

Vorbereitungszeit: 20 Minuten
Garzeit: 35 Minuten
Schwierigkeitsgrad: ✶

Für 4 Personen

250 g	Blätterteig
1	Hähnchenbrustfilet
1	Zwiebel
3	Knoblauchzehen
½ Bund	Dill
2 g	frischer Thymian

1	Ei
0,5 g	frisch gemahlener weißer Pfeffer
4 g	Salz
	Olivenöl

Zum Garnieren:

Nigella-Samen

Vor über einem Jahrtausend ernährten sich die Turkvölker Mittelasiens vor allem von Teigwaren, Lammfleisch und Milchprodukten. Bugra Khan, einst Gouverneur von Turkestan, soll Namensgeber für einen gefüllten Blätterteig namens *Burga* sein, den direkten Vorgänger des *Börek*.

Heute besteht *Börek* aus einem *Yufka* genannten Teig aus Mehl, Salz und Wasser. Die Zubereitung eines hauchdünnen *Yufka* erfordert einige Übung, weshalb man sehr oft fertigen *Yufka*-Teig verwendet.

Gehacktes vom Lamm, Zwiebeln und Tomaten oder eine Feta-Kräuter-Mischung sind die traditionellen *Börek*-Füllungen. Göksal Özçelik stellt Ihnen hier eine ungewöhnliche Version mit Hähnchenfleisch, Zwiebeln und Kräutern vor. Diese köstliche und zudem noch figurfreundliche Füllung ist eine Spezialität des Restaurants des Istanbuler Hotels Divan.

Dieser appetitliche, goldgelb gebackene Börek hat die Form eines kleinen Törtchens, für das der Teig einfach über die Füllung geschlagen wird. Man kann aber auch, wie es in der Türkei üblich ist, den Teig und die Füllung abwechselnd in eine Auflaufform schichten. Die oberste Teigschicht wird mit verquirltem Ei bestrichen, das Ganze im Ofen gebacken und anschließend in Quadrate geschnitten.

Vor dem Backen sollten Sie den *Börek* unbedingt großzügig mit Nigella-Samen bestreuen. Das Gewürz stammt ursprünglich aus dem Mittleren Osten, wo es sehr beliebt ist. Man kennt es auch unter der Bezeichnung Schwarzkümmel oder Zwiebelsamen. Nigella-Samen können leicht auch durch Sesamsaat ersetzt werden.

Nach türkischer Art wird zu diesem köstlichen *Börek* ein mit etwas Wasser aufgeschlagener Natur-Joghurt serviert.

Das Hähnchenbrustfilet in feine Streifen schneiden. Den Knoblauch schälen und fein hacken. Die Zwiebel schälen, halbieren und in feine Streifen schneiden.

20 ml Olivenöl in einer Pfanne erhitzen und Zwiebel und Knoblauch darin 3–4 Minuten andünsten. Die Fleischstreifen zugeben und einige Minuten bei hoher Temperatur von allen Seiten anbraten.

Die Pfanne vom Herd nehmen. Die gehackten Kräuter zugeben, mit Salz und Pfeffer würzen und alles gut vermengen. Abkühlen lassen.

Divan-Art

Aus dem Blätterteig Kreise von etwa 15 cm Durchmesser schneiden. In die Mitte der Teigkreise jeweils ein wenig von der Füllung geben.

Die Teigränder über die Füllung schlagen und kleine Päckchen formen.

Die Teigpäckchen mit der Naht nach unten auf ein mit Öl bestrichenes Backblech setzen. Das Ei mit etwas Öl verquirlen. Die Törtchen damit bestreichen und mit Nigella-Samen bestreuen. Im vorgeheizten Ofen 20–25 Minuten backen.

Panierte Bohnen

Vorbereitungszeit: 30 Minuten
Garzeit: 15 Minuten
Schwierigkeitsgrad: ✶

Für 4 Personen

2 kg	flache grüne Bohnen
200 ml	Olivenöl
4 g	Salz

Panade:
| 100 g | Maismehl |
| 3 | Eier |

Auf Türkisch heißt dieses Gericht von der Schwarzmeerküste *Fasulye tava* (»grüne Bohnen aus der Pfanne«). In städtischen Familien wird es oft als Vorspeise gereicht; in Familien mit traditionellerer Lebensweise serviert man die panierten Bohnen auch zusammen mit mehreren anderen Vorspeisen wie Salaten und eingelegtem Gemüse.

Das milde und feuchte Klima der Schwarzmeerküste eignet sich hervorragend für den Gemüseanbau. Es wird vom nahen Meer beeinflusst und ist durch das Pontische Gebirge vor dem raueren Klima des Anatolischen Hochlands geschützt. Die Stadt Rize ist umgeben von sehr fruchtbaren Böden mit schattigen Hainen, prächtigen Wäldern und großen Teeanbauflächen.

Von den zahlreichen Gemüsesorten schätzen die Bewohner dieses Landstrichs grüne Bohnen besonders. Es handelt sich dabei um etwas längere, flache grüne Bohnen. In der regionalen Küche werden sie oft als Beilage zu warmen Fleischgerichten gereicht, während man Prinzessbohnen überwiegend für Salate mit Olivenöl verwendet.

Die Bohnen werden zunächst gewaschen und geputzt, wobei man auch die Enden und Fäden entfernt. Verwenden Sie dafür ein kleines, scharfes Messer oder einen Sparschäler. Nach dem Blanchieren sollten die Bohnen sofort kurz in Eiswasser abgeschreckt werden. So wird weiteres Garen unterbunden und die Bohnen behalten neben ihrer schönen grünen Farbe auch ihre Vitamine.

Normalerweise folgen bei Savaş Özkiliç die in den drei letzten Fotos erklärten Schritte ohne Unterbrechung direkt aufeinander: Jede Bohne wird einzeln ins Ei getaucht, in der Panade gewendet und sofort gebacken, denn zwischen Panieren und Ausbacken sollte so wenig Zeit wie möglich vergehen.

Mit einem scharfen Messer oder einem Sparschäler von jeder Bohne die Enden und Fäden auf beiden Seiten entfernen.

Die Bohnen in etwa 10 cm lange Stücke schneiden und 5 Minuten in kochendem Wasser blanchieren.

Die Bohnen mit einem Schaumlöffel aus dem Wasser nehmen, kurz in eine Schüssel mit Eiswasser tauchen und abtropfen lassen.

aus Rize

Die Eier in einer kleinen Schüssel verquirlen. Die Bohnen salzen und einzeln in die Eimasse tauchen.

Die Bohnen im Maismehl wenden, bis sie vollständig davon überzogen sind.

Die panierten Bohnen sofort in einer Pfanne mit sehr heißem Olivenöl frittieren, bis sie goldgelb sind. Heiß servieren.

Lahmacun

Vorbereitungszeit: 45 Minuten
Ruhezeit: 30 Minuten
Garzeit: 10 Minuten
Schwierigkeitsgrad: ✶

Für 4 Personen

2 EL   Mehl

Teig:
200 g   Mehl
1 EL   Olivenöl
½ TL   Zucker
1 TL   Salz

Belag:
200 g   Lammhack
200 g   Zwiebeln
1   Knoblauchzehe (nach Belieben)
1 EL   Tomatenmark
1 EL   Paprikaflocken (nach Belieben)
1   Tomate
1 Bund   Petersilie
1   grüne türkische Paprika-schote
     Salz
     gemahlener Pfeffer

Lahmacun ist die bei den Türken beliebteste »Pizza«. Das Rezept stammt ursprünglich aus dem Südosten des Landes, wo sich einst die ganze Dorfgemeinschaft um die Pizza mit ihrem recht feurigen Belag versammelte. In den entlegenen Landstrichen wurde *Lahmacun* von den Familienvätern und Kindern zum gemeinschaftlichen Dorfofen gebracht.

Lahmacun ist aber auch in den Städten überaus beliebt und wird üblicherweise »aus der Hand« gegessen. Die Türken verfeinern die Fladen mit Zwiebeln und Zitronensaft und rollen sie dann auf, um sie leichter essen zu können. Dieses Quasi-Nationalgericht wird selbstverständlich auch bei großen Familienfeiern serviert. Dazu trinkt man *Ayran*, einen gesalzenen Joghurt-Drink.

Lahmacun ist einfach zuzubereiten. Der gehaltvolle Belag besteht aus Lammhack, Knoblauch, grüner Paprikaschote und viel Petersilie. Die vermutlich aus dem Mittelmeer-raum stammende Petersilie ist wegen ihres intensiven Aromas ein gefragtes Küchenkraut und heute das ganze Jahr über frisch erhältlich. Achten Sie darauf, dass ihre Blätter und Stiele schön grün, frisch und fest sind.

Zwiebeln sind ein in der türkischen Küche sehr geschätztes Gemüse und in vielen Sorten auf dem Markt: gelbe Zwiebeln mit einem milderen Aroma, weiße mit leicht süßlichem Geschmack und rote mit einem noch süßeren Aroma. Zwiebeln werden seit etwa 5000 Jahren kultiviert und stammen aus Nordasien. Wählen Sie Exemplare aus, die hart und fest sind und nicht keimen. Damit sie einfacher zu schälen sind, kann man sie zehn Minuten ins Gefrierfach oder eine Stunde in den Kühlschrank legen.

Tomatenmark wird in der türkischen Küche gern für Saucen und Ragouts verwendet. Es verleiht den Gerichten Geschmack und Farbe.

Teig: Mehl auf Arbeitsfläche sieben. Mulde in die Mitte drücken. Salz und Zucker darüber streuen. Olivenöl hineingießen und mit Mehl und portionsweiser Zugabe von 200 ml Wasser zu einem glatten Teig verkneten. Teig in einem feuchten Tuch 30 Minuten ruhen lassen.

Den Teig leicht mit Mehl bestäuben. Mit beiden Händen gleich große Kugeln abdrehen.

Für den Belag Petersilie, Knoblauch und Zwiebeln fein hacken. Die Tomate schälen und fein würfeln. Die Paprikaschote waschen und fein würfeln.

Das Hackfleisch in eine Schüssel geben. Mit Knoblauch, Zwiebeln, Tomate, Paprikaschote und Petersilie mischen. Salzen, pfeffern. Ggf. Tomatenmark und Paprikaflocken zugeben. Alles mit den Händen mit 2 Esslöffeln Wasser zu einer glatten Masse verarbeiten.

Die Arbeitsfläche mit Mehl bestäuben. Die Teigkugeln zunächst mit der Handfläche ein wenig flach drücken, dann mit einem Nudelholz zu runden Fladen ausrollen.

Die Hackfleischmischung gleichmäßig von Hand auf den Fladen verteilen. Im vorgeheizten Ofen etwa 10 Minuten bei 200 °C backen. Die Lahmacun auf Tellern servieren.

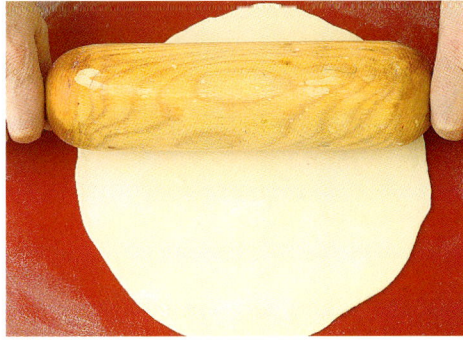

Börek nach

Vorbereitungszeit: 45 Minuten
Ruhezeit: 15 Minuten
Garzeit: 35 Minuten
Schwierigkeitsgrad: ★★★

Für 4 Personen

125 g	stichfester Joghurt
2 EL	Mehl
1 EL	Sesamsaat
50 ml	Olivenöl

Teig:

350 g	Mehl
100 ml	Milch
1	Ei
5 g	Backpulver
100 ml	Olivenöl
	Salz

Füllung:

1,5 kg	Blattspinat
100 g	Feta
1	Zwiebel
	gemahlener Pfeffer

Der Anatolien- und Ägäis-Kenner Gökçen Adar stammt aus Izmir und bereist diese beiden Regionen der Türkei oft, um in den Dörfern traditionelle Rezepte zu sammeln. Seine Leidenschaft für die Kochkunst wurde bereits in Kindertagen durch seine Mutter Mizyal, eine erfahrene Köchin, geweckt. Diese gefüllten Blätterteigtaschen sind eine Hommage Adars an seine Mutter.

Das köstliche, typisch türkische Gericht wird im Allgemeinen bei großen Anlässen gereicht. In einem Land, in dem man seine Lieben auch zum Frühstück empfängt, steht Börek praktisch immer auf dem Tisch.

Die Zubereitung des Teigs erfordert viel Geduld und Sorgfalt und ist entscheidend für das Gelingen des traditionellen Gerichts. Er muss ganz dünn ausgerollt und mit Olivenöl bestrichen werden. Anschließend gibt man die Füllung darauf und klappt den Teig halbkreisförmig zusammen.

In der türkischen Küche gibt es mindestens fünf verschiedene Börek-Arten und Börek nach Mizyals Art gehören zu den großen Klassikern. Die Hauptzutat der Füllung ist Spinat, ein in der türkischen Küche sehr häufig verarbeitetes Gemüse, das ursprünglich aus dem persischen Raum kommt und von Frühjahr bis Herbst frisch erhältlich ist.

Zusammen mit dem Spinat entfaltet der Feta sein leicht salziges Aroma. Dieser Käse aus Schafsmilch mit seiner festen bis krümeligen Konsistenz ist im gesamten Mittelmeerraum beliebt. Für seine Herstellung wird der so genannte Käsebruch mit Siebformen oder Stofftüchern abgeschöpft und dann in Formen mit Molke und Salzlake gepresst.

Oftmals wird zu diesen köstlichen Teigtaschen Cacik gereicht – Natur-Joghurt mit Gurke, Knoblauch, Salz und gehackter Minze.

Für die Füllung den Spinat waschen, mit einem Messer klein hacken und 1 Minute in kochendem Wasser blanchieren. Abgießen, abtropfen lassen. Mit dem zerkrümelten Feta in eine Schüssel geben. Mit Pfeffer würzen. Zwiebel reiben und mit Spinat und Feta mischen.

Für den Teig Mehl, Milch, Ei, Olivenöl, Backpulver und Salz in eine große Schüssel geben und mit den Händen zu einem glatten Teig verarbeiten. 15 Minuten ruhen lassen.

Die Arbeitsfläche mit Mehl bestäuben. Den Teig in gleich große Portionen aufteilen und daraus Kugeln formen. Die Teigkugeln mit einem Nudelholz zu sehr dünnen Kreisen ausrollen und diese mit Olivenöl bestreichen.

Mizyals Art

Ein wenig von der Füllung jeweils in die Mitte der Teigkreise geben und diese zusammenklappen. Die Ränder mit den Fingern festdrücken und mit einem Teigrädchen glatt schneiden.

In einer feuerfesten Form 30 ml Olivenöl verteilen und die Teigtaschen in die Form legen. Sie sollten sich dabei überlappen und gut mit dem Olivenöl überzogen sein. Den Joghurt in einer kleinen Schale verquirlen.

Den Joghurt gleichmäßig auf den Teigtaschen verstreichen. Mit der Sesamsaat bestreuen. Im vorgeheizten Ofen 30–35 Minuten bei 180 °C backen. Die Teigtaschen auf einem Servierteller anrichten.

Nudeltäschchen

Vorbereitungszeit: 50 Minuten
Ruhezeit: 45 Minuten
Garzeit: 12 Minuten
Schwierigkeitsgrad: ★★★

Für 4 Personen

1	Eiweiß
30 g	Butter
2 EL	Geflügelfond
1 Schuss	Pflanzenöl

Teig:

300 g	Mehl
20 ml	Olivenöl
40 g	Butter
	Salz

Füllung:

100 g	Kalbshack
100 g	Lammhack
1	Ei
½ Bund	gehackte Petersilie
½	geriebene Zwiebel
	Salz
	gemahlener Pfeffer

Gemüsesauce:

50 ml	Maiskeimöl
1	Zwiebel
2	Knoblauchzehen
2	Tomaten
3	Champignons
½	rote Paprika
½	grüne Paprika
2	Frühlingszwiebeln
	Salz
	gemahlener Pfeffer

Joghurtsauce:

200 g	Natur-Joghurt
1	Knoblauchzehe
	Salz

Scharfe Sauce:

50 g	Butter
1 TL	rote Paprikaflocken
1 EL	Sonnenblumenöl

Die köstlichen *Mantı* – mit Fleisch gefüllte Nudeltäschchen – stellen die kulinarische Raffinesse des Landes eindrucksvoll unter Beweis. Historischen Quellen zufolge wurde das Gericht bereits von den Nomaden, die sich in der Türkei niederließen, geschätzt. Die Art der Teigzubereitung soll von den Chinesen übernommen worden sein. Nach der Eroberung Konstantinopels im Jahr 1453 entwickelte sich die Kochkunst in den Palästen (Serails) und schöpfte dabei aus der regionalen Vielfalt des riesigen Reiches. So entstand eine Küche, in der sich Finesse und Tradition immer wieder neu offenbaren.

Kayseri, die Stadt im Herzen Anatoliens, nennt sich auch Hauptstadt der *Mantı*, denn seit osmanischer Zeit sind hier wohl ein Dutzend *Mantı*-Variationen bekannt. Man erzählt auch, dass es in der Stadt Köchinnen gebe, die sechsunddreißig *Mantı* auf einen einzigen Löffel bringen!

Für das Gelingen des Rezepts ist die Qualität des Teigs von entscheidender Bedeutung. Er sollte unbedingt fünfundvierzig Minuten ruhen. Zu osmanischen Zeiten wurden die *Mantı* in Dampf gegart. Sedat Özkan lässt sie rund zehn Minuten im Ofen bräunen, bevor er sie mit Brühe ablöscht.

Zu den *Mantı* serviert man immer viel Joghurt- und scharfe Sauce. Sedat Özkan reicht dazu noch eine Beilage, bei der sich die Aromen von roter und grüner Paprikaschote sowie Zwiebeln harmonisch ergänzen.

Für die Füllung das Kalbs- und Lammhack, gehackte Petersilie, geriebene Zwiebel, Salz, Pfeffer und Ei in einer Schüssel mit den Händen gut vermengen.

Für den Teig Mehl, Butter und Olivenöl in einer Schüssel mischen und salzen. Etwas Wasser zugeben, alles zu einem glatten Teig verarbeiten. Teigkugel formen und in ein sauberes Tuch eingeschlagen 30 Minuten ruhen lassen. Teig dann in 6 gleich große Stücke schneiden.

Den Teig ein wenig flach drücken und danach 15 Minuten ruhen lassen. Mit einem Nudelholz sehr dünn ausrollen und mit einem Teigrädchen Quadrate von 3 cm Länge ausradeln.

aus dem Serail

Die Quadrate dünn mit Eiweiß bestreichen. Dann ein wenig Füllung darauf geben. Die Quadrate so zusammenklappen, dass in der Mitte eine kleine Öffnung bleibt. Den Geflügelfond und 20 g Butter mit 500 ml Wasser aufkochen.

Eine feuerfeste Form mit dem Pflanzenöl einfetten und die Mantı darin verteilen. Im vorgeheizten Ofen 10 Minuten bei 150 °C anbräunen. Die restliche Butter in Flöckchen darauf verteilen und mit der Brühe aufgießen; dabei etwa 200 ml Brühe zurückbehalten.

Für die Gemüsesauce Zwiebel, Knoblauch, Tomaten, Pilze und Paprika würfeln, im Maiskeimöl andünsten und mit restlicher Brühe ablöschen. Salzen, pfeffern. Scharfe Sauce: Zutaten mit Butter schmelzen. Joghurtsauce: Zutaten verrühren. Die Saucen zu den Mantı reichen.

Mangoldnester

Vorbereitungszeit: 20 Minuten
Garzeit: 20 Minuten
Schwierigkeitsgrad: ✳

Für 4 Personen

1 kg	Mangold
2	Zwiebeln
2 EL	Butter
4 g	frische Minzeblätter
4	Eier
4 g	gemahlener Pfeffer
4 g	Salz

Mıhlama ist ein Eiergericht, das von den Gourmets der Schwarzmeerküste sehr geschätzt und in unterschiedlichen Varianten serviert wird. Die geläufigste Version ist *Kaygana*, ein Sardellen-Omelett. Savaş Özkiliç stellt Ihnen die köstlichen Eiernester aus Mangold vor, verfeinert mit Zwiebel und frischer Minze.

Mangold gilt zwar gemeinhin als Wintergemüse, wird in türkischen Gewächshäusern aber in zunehmendem Maße das ganze Jahr geerntet. Dieses anspruchslose »Armengemüse« wird überall entlang der Mittelmeerküste angebaut. Seine großen, grünen Blätter besitzen einen langen, weißlich-grünen, breiten Stängel und je nach Rezept werden die Blätter oder die Stängel, die man auch als »Rippen« bezeichnet, verwendet. Für dieses Gericht zum Beispiel werden nur die Blätter verwertet. Die Stängel lassen sich auch anderweitig verwenden, etwa für einen Gratin.

Wenn Sie das Gericht für nicht mehr als vier Personen zubereiten, können Sie einen großen Topf verwenden, der am besten abgedeckt wird, damit die Nester sowohl von unten als auch von oben durch den Wasserdampf gegart werden. Wir haben uns aber entschieden, sie im Ofen zu backen. Setzen Sie die Mangoldnester dafür einfach in eine feuerfeste Form und geben Sie das Ei in die kleine Mulde.

Ideal dafür eignet sich eine ovale, kupferne Stielpfanne, in der man die Mangoldnester nicht nur backen, sondern auch servieren kann. Bevor die *Pazı mıhlaması* in den Ofen kommen, werden die Eier gesalzen und gepfeffert – nicht aber das Gemüse, da es schon ausreichend gewürzt ist. Die Pfanne sollte mit einem Stück Alufolie abgedeckt werden; fetten Sie die Folie vorher ein, damit die Eier nicht haften bleiben.

Die Mangoldstängel entfernen. Die Blätter putzen und waschen.

Die Mangoldblätter mit einem großen Messer in feine Streifen schneiden.

Die Zwiebeln schälen, hacken und in der zerlassenen Butter 5 Minuten andünsten, bis sie Farbe annehmen. Den Mangold zugeben und unter gelegentlichem Rühren 5 Minuten zusammenfallen lassen.

Die Minze hacken und mit Salz und Pfeffer zugeben. Alles erneut vermengen.

In einer feuerfesten Form vier Mangoldnester formen.

Ein Ei in jedes Mangoldnest aufschlagen. Die Eier mit Salz und Pfeffer würzen. Ein Stück Alufolie einfetten und die Form mit der eingefetteten Seite nach unten abdecken. Im vorgeheizten Ofen 10 Minuten bei 180 °C garen.

Börek

Vorbereitungszeit: 35 Minuten
Garzeit: 50 Minuten
Schwierigkeitsgrad: ✴✴

Für 4 Personen

250 g	grüne Oliven
200 g	Lammhack
1	Zwiebel
2 EL	Olivenöl
85 g	gehackte Walnusskerne
2 g	Paprikapulver

10 ml	Granatapfelsirup
2 Bund	glatte Petersilie
8	Frühlingszwiebeln
750 g	Yufka-Teig
4 g	Salz
	Mehl, zum Bestäuben

Zeytin böreği, mit Oliven gefüllte Teigblätter, sind eine Spezialität aus der Region Gaziantep an der syrischen Grenze. Im Hinterland des Mittelmeeres vermutet man nicht unbedingt ein Anbaugebiet für die grünen Oliven, die dem Gericht seine Originalität verleihen. In Gaziantep wird die Füllung normalerweise daheim zubereitet und dann zu einem Händler gebracht, der den Teig knetet, mit der gelieferten Füllung füllt und die Teigtaschen backt. Sie werden gern zu den beliebten Picknicks mitgenommen. Natürlich gibt es auch Hausfrauen, die den Teig selbst herstellen. Zudem ist er vielerorts gebrauchsfertig im Handel erhältlich.

Die Füllung besteht aus Lammfleisch, Oliven, Zwiebeln und gehackten Walnüssen und ist, wie viele Gerichte aus dieser Region, mit reichlich Paprika gewürzt. Granatapfelsirup, für den der Saft der Früchte so lange gekocht wird, bis eine dunkle, klebrige Masse entsteht, verleiht der Füllung ein leicht säuerliches Aroma.

Oliven werden in der Türkei hauptsächlich entlang der Ägäis- und der Mittelmeerküste angebaut. Gaziantep ist das einzige Anbaugebiet, das nicht am Meer liegt. Die meisten Oliven von hier werden für die Ölproduktion verwertet; nur eine Sorte kommt als Tafeloliven in den Handel. Nach der Ernte werden sie sogleich einzeln mit einem flachen Stein entsteint. Da die Oliven zu diesem Zeitpunkt noch sehr hart sind, werden sie bei der Prozedur nicht zerdrückt.

Der typisch türkische Teig, der die Füllung umgibt, ist nicht ganz leicht zuzubereiten und es erfordert einige Übung, bis man ihn hauchdünn ausrollen kann. Um den Teig kreisrund auszuschneiden, können Sie, wenn Sie keine geeignete Ausstechform haben, eine runde Schüssel auf den Teig setzen und ihren Rand mit einem Messer nachziehen. Ayfer T. Ünsal empfiehlt eine Portion pro Person.

Das Fleisch der Oliven mit einem kleinen Messer vom Kern schneiden. Die Zwiebel hacken und im stark erhitzten Öl 5 Minuten scharf anbraten. Dann die Olivenstückchen zugeben und mit der Zwiebel vermengen.

Das Lammhack zugeben, untermischen und 20 Minuten gut anbraten.

Anschließend Walnüsse, Paprikapulver und Salz untermischen. Weitere 5 Minuten bei starker Hitze anbraten.

mit Oliven

Die Pfanne vom Herd nehmen und den Granatapfelsirup unterrühren.

Die Frühlingszwiebeln in Ringe schneiden und die Petersilie hacken. Beide Zutaten gut mit der Hackfleischmasse vermengen. Den Yufka-Teig auf einer bemehlten Arbeitsfläche ausbreiten und Kreise von 15 cm Durchmesser ausstechen.

Hackfleischmasse mit einem kleinen Löffel in die Mitte der Teigkreise geben. Die Teigkreise zusammenklappen und die Ränder mit einer Gabel zusammendrücken. Auf ein mit Backpapier ausgelegtes Ofenblech legen und 20 Minuten bei 200 °C backen.

Vorbereitungszeit: 15 Minuten
Marinieren: 12 Stunden
Garzeit: 10 Minuten
Schwierigkeitsgrad: ✶

Für 4 Personen

800 g	Lammkeule
4	grüne türkische
	Paprikaschoten
2	Tomaten
200 g	Zwiebeln
20 g	Butter

Marinade:

1	Zwiebel
4 EL	Olivenöl
	gemahlener Pfeffer
	Salz

Zum Garnieren:

Rosmarinzweige

Gegrillte Fleischspieße nennt man *Şiş-Kebap* und sie sind als typisch türkisches Gericht heute überall bekannt. Ihre Zubereitung ist ein Kinderspiel und dieses Familiengericht wird oft und gerne bei sommerlichen Picknicks zubereitet.

In den Regionen Adana und Antep wird dieser Klassiker mit einem Glas *Ayran*, dem leicht salzigen Joghurtgetränk, serviert. Gern wird aber auch *Salgam suyu*, ein säuerlicher und salziger Sirup auf Rote-Beete-Basis, dazu gereicht.

Entscheidend für gute *Şiş-Kebaps* ist die Qualität des Fleischs. Die Lammkeule, die man wegen ihres herrlichen Geschmacks dafür bevorzugt, sollte nicht zu fett sein; außerdem sollte das Fleisch in möglichst gleich große Würfel geschnitten werden, bevor man es etwa zwölf Stunden mariniert. Die Marinade sorgt dafür, dass es noch zarter und durch Olivenöl, Salz, Pfeffer und Zwiebelsaft wunderbar aromatisiert wird.

Die Fleischspieße eignen sich ideal für die Bewirtung von Gästen und bringen den Geschmack des Gemüses gut zur Geltung. Grüne Paprikaschoten, die oft mit Lammfleisch kombiniert werden, sind auf türkischen Märkten in Hülle und Fülle erhältlich. Die Türken lieben das Gemüse vor allem gefüllt. Wählen Sie feste und glatte Schoten aus, deren Stielansatz grün und hart und ohne Flecken ist.

Grüne Paprikaschoten besitzen saftiges Fleisch und zeichnen sich durch ein kräftiges Aroma aus. Nach Belieben können Sie aber auch die süßer schmeckenden roten oder gelben Schoten verwenden.

Nach *Kebap*-Tradition werden zu den Fleischspießen sehr oft Zwiebeln gereicht. Diese Knolle – halb Gewürz, halb Gemüse – besitzt in südlichen Regionen einen milderen und feineren, nuancierteren Geschmack als hierzulande.

Die Lammkeule auslösen und parieren. Das Fleisch in möglichst gleich große Würfel schneiden.

Für die Marinade Salz, Pfeffer und Olivenöl in eine große Schüssel geben. Die Zwiebel schälen und reiben. Den Saft der geriebenen Zwiebel mit den Händen über der Schüssel mit der Marinade auspressen.

Die Fleischwürfel in die Marinade geben und gut mit den Händen vermengen. Die Schüssel mit einer Frischhaltefolie abdecken und für 12 Stunden zum Marinieren in den Kühlschrank stellen.

Kebap

Die Tomaten waschen, in Spalten schneiden und entkernen. Die Paprikaschoten waschen, entkernen und in gleichmäßige rechteckige Stücke schneiden.

Die Fleischwürfel abwechselnd mit den Tomaten- und Paprikastücken auf Spieße stecken und auf dem Grill garen.

Die Zwiebeln schälen, in Stücke schneiden und in der zerlassenen Butter andünsten. Die Spieße auf einem Teller und die Zwiebeln in einer flachen Schale dazu anrichten. Mit Rosmarinzweigen garnieren.

Auberginen-

Vorbereitungszeit: 40 Minuten
Garzeit: 1 Stunde 5 Minuten
Schwierigkeitsgrad: ✶

Für 4 Personen

400 g	ausgelöste Lammkeule
400 g	Auberginen
3	Tomaten
4 EL	Tomatenmark
1	Zwiebel
1	grüne türkische Paprikaschote

1 EL	Mehl
45 g	Margarine
	Olivenöl, zum Frittieren
	Salz
	gemahlener Pfeffer

Zum Garnieren:

1	grüne türkische Paprikaschote
1	Tomate
	Petersilie

Der Auberginen-*Kebap* mit seinen mediterranen Aromen erfreut sich in der Türkei sehr großer Beliebtheit. Das einfache Gericht stammt ursprünglich aus dem Süden des Landes, wird heutzutage aber in der ganzen Türkei serviert.

Besonders zur Geltung kommt hier das Lammfleisch. Die Lammkeule, der hintere Schenkel des Tieres, wird wegen des vorzüglichen Fleischs besonders geschätzt; man kann das Gericht aber auch mit dem Fleisch aus der Schulter zubereiten. Es ist ebenfalls sehr delikat.

Auberginen sind das Lieblingsgemüse der Türken und im Sommer auf jedem Markt in großen Mengen zu finden. Sie werden vor allem um Antep angebaut, da sie kalkarme Böden und ein trockenes, warmes Klima benötigen.

Auberginen stammen aus Indien und werden in Asien seit über 2500 Jahren als Gemüse verwendet. Es gibt etliche Sorten, wobei die purpurne, längliche Form am bekanntesten ist; sie wird auch hier verwendet. Achten Sie beim Einkauf darauf, dass das Gemüse nicht fleckig, die Haut glatt und unversehrt und der Stielansatz frisch ist. Wählen Sie zudem möglichst kleine Exemplare aus.

Tomaten sind nicht aus der Mittelmeerküche wegzudenken. In Kappadokien konservieren die Frauen das kostbare Gemüse, indem sie es in großen Kesseln zu einer Sauce verarbeiten. Auf diese Weise erhalten auch winterliche Gerichte ein sonniges Sommer-Aroma.

Die Tomate wurde von spanischen Eroberern im 16. Jahrhundert aus den südamerikanischen Anden nach Europa gebracht, konnte sich aber erst zu Beginn des 18. Jahrhunderts endgültig in den europäischen Küchen durchsetzen. Heute gibt es schätzungsweise 5000 Sorten! Nehmen Sie für dieses Gericht fruchtige Roma- oder Eiertomaten.

Die Lammkeule parieren und in gleichmäßige Würfel schneiden.

Die Fleischwürfel in einen Topf mit 150 ml Wasser geben und etwa 10 Minuten köcheln lassen. Abtropfen lassen und beiseite stellen. Die Tomaten enthäuten und fein würfeln. Die Paprikaschote in Streifen schneiden.

Die Zwiebel hacken und in der zerlassenen Margarine andünsten. Fleisch, Paprikastreifen, Tomatenwürfel und -mark sowie das Mehl zugeben. Mit Salz und Pfeffer würzen. Gut vermischen, mit Wasser bedecken und 45 Minuten schmoren.

Kebap

Die Enden der Auberginen abschneiden und so schälen, dass ein Streifenmuster entsteht.

Die Auberginen der Länge nach halbieren. Die Hälften zunächst in dicke Scheiben schneiden, dann in dünnere Streifen. Die Paprikaschote für die Garnierung ebenfalls in Streifen schneiden.

Auberginen- und Paprikastreifen im heißen Öl frittieren. Das Fleisch mit der Sauce auf einem Teller mit den frittierten Auberginen anrichten und mit Paprikastreifen, Tomate und Petersilie garnieren.

Gefülltes Gemüse

Vorbereitungszeit: 45 Minuten
Ruhezeit für die Farce: 10 Minuten
Garzeit: 40 Minuten
Schwierigkeitsgrad: ✦✦

Für 4 Personen

4	Tomaten
2	Zitronen
300 g	Zucchini
250 g	Auberginen
200 g	grüne Paprika
500 g	Kartoffeln
	Salz
	Pfeffer

Farce:

50 g	Reis
500 g	Rinderhackfleisch

1	Zwiebel
100 g	Petersilie
100 g	geriebener Gruyère
	Salz
1 TL	Kümmel
1 TL	Harissa (Gewürzmischung)
1	Ei
	Öl zum Anbraten

Tomatensauce:

750 g	Tomaten
2	Knoblauchzehen
1 Prise	Safranfäden
100 ml	Olivenöl
	Salz und Pfeffer

In Tunesien wird dieses für den Mittelmeerraum typische Gericht aus gefüllten Gemüsehäppchen *doulma* genannt. Zum Füllen benötigen Sie Zucchini, Auberginen, Tomaten, Paprika, Kartoffeln und Zitronen. Diese erfrischende Speise wird vor allem im Sommer serviert.

Je nach Geschmack wird die Farce aus Rinder- oder Lammhackfleisch zubereitet. Da es einen relativ intensiven Geschmack hat, passt es hervorragend zu dem Gemüse. Unser Küchenchef empfiehlt, es vor dem Ausbacken ein wenig mit verquirltem Ei zu bestreichen und mit etwas Mehl zu bestäuben. So bleibt das Gemüse appetitlich anzusehen.

Außerdem ist es ratsam, beim Ausbacken mit den Kartoffeln zu beginnen. Sie stammen ursprünglich aus Südamerika und sind heute in der ganzen Welt verbreitet. Wählen Sie feste Kartoffeln mit glatter Schale, die weder Druckstellen noch sichtbare Triebe haben. Man bewahrt sie am besten an einem trockenen, kühlen Ort auf, wenn möglich lichtgeschützt. Legen Sie die Kartoffeln bis zur Verwendung in kaltes Wasser. Vergessen Sie jedoch nicht, sie vor dem Braten abzutrocknen.

Zucchini und Auberginen werden gleichzeitig ausgebacken. Dieses Sommergemüse ist im Mittelmeerraum sehr beliebt und sollte am besten im Kühlschrank aufbewahrt werden. Für unser Rezept eignen sich besonders kleine, aromatische Früchte.

Bei Zucchini ist eine gleichmäßige Färbung ein Zeichen für Frische. In der Regel werden sie samt Schale gegessen. Wenn Sie die Früchte nicht schälen, sollten Sie die Schale ein wenig abreiben. Nach Geschmack können Sie die Tomatensauce über das Gemüse gießen oder separat reichen.

Für die Farce zunächst den Reis 10 Minuten kochen. In einer Schüssel das Rinderhackfleisch, die gehackte Zwiebel, die geschnittene Petersilie, den geriebenen Gruyère und den blanchierten Reis verrühren. Salz, Kreuzkümmel und Harissa hinzufügen. Etwa 10 Minuten ruhen lassen.

Für die Sauce Tomaten waschen, abziehen und Samen entfernen, dann einkochen. Die übrigen Tomaten sowie Zitronen, Zucchini, Auberginen und Paprika waschen. Kartoffeln schälen, Zucchini in Stücke schneiden. Paprika von Samen befreien. Alle Früchte aushöhlen.

In 100 ml Olivenöl das Tomatenpüree und die zerdrückten Knoblauchzehen für die Sauce anbraten und mit Salz und Pfeffer würzen. Ein halbes Glas Wasser und Safran hinzufügen. So lange einkochen, bis das Wasser verdunstet ist. Wasser zugießen und etwa 10 Minuten kochen.

nach tunesischer Art

[full-page photograph of stuffed vegetables on a white platter with palm leaf]

Die ausgehöhlten Zitronen blanchieren. Zucchini, Kartoffeln, Tomaten, Zitronen und Paprika füllen.

Ein Ei verquirlen. Die Farce mit etwas verquirltem Ei bestreichen. Dann das Gemüse vorsichtig in das Bratöl setzen.

Nach dem Braten die Gemüsehäppchen in eine Auflaufform stellen und die Tomatensauce darüber gießen. 10 Minuten im Backofen bei 180 °C backen. Die Gemüsehäppchen auf einer Platte servieren und mit etwas gehackter Petersilie garnieren.

Vorbereitungszeit: 25 Minuten
Einweichzeit der
Kichererbsen: 12 Stunden
Garzeit: 55 Minuten
Schwierigkeitsgrad: ✳

Für 4 Personen

2	Zwiebeln
150 ml	Olivenöl
100 g	Kichererbsen
1 EL	Tomatenmark
	Salz und Pfeffer

1 EL	Harissa (Gewürzmischung)
1 TL	Paprika
500 g	Kürbis
2	Tomaten
150 g	scharfe grüne Peperoni
150 g	Dicke Bohnen
4	Knoblauchzehen

Zum Garnieren:
Petersilie

Die *t'bikha* ist eine warme Vorspeise, die gern auch als zweiter Gang gereicht wird, und eine landestypische Spezialität. Je nach Region besteht sie aus unterschiedlichem Gemüse, wie beispielsweise Zucchini, Möhren oder auch Auberginen. Am weitesten verbreitet ist jedoch die Variante mit Kürbis.

Die Tunesier nennen den Kürbis *kla* und bezeichnen damit die gesamte Gattung vom Gartenkürbis bis zum Riesenkürbis. Dieses Gemüse gehört zu den aus Amerika stammenden Kürbisgewächsen, die Kolumbus auf seinen Expeditionen entdeckte. Damals hieß es, Kürbis sei gut gegen die »Trockenheit der Zunge«, und man aß ihn vor allem wegen seiner Feuchtigkeit spendenden Eigenschaften. Typisch für den großen, kugelförmigen Kürbis sind die gelbe oder rote Farbe von Schale und Fleisch.

Ein wichtiger Bestandteil dieses vegetarischen Gerichts sind aber auch die in der tunesischen Küche häufig vorkommenden Dicken Bohnen. Ursprünglich stammen sie aus Persien und Afrika, sind jedoch schon seit Jahrhunderten im gesamten Mittelmeerraum beliebt. Wenn die Dicken Bohnen noch jung sind, muss ihre feine Haut nicht entfernt werden.

Dicke Bohnen sind ein hervorragendes Frühlings- und Sommergemüse. Sie werden gern in Suppen oder kalt im Salat genossen. Unser Küchenchef empfiehlt, sie erst hinzuzufügen, wenn die Kichererbsen gar sind.

Bevor Sie das Gericht servieren, sollten Sie es mit etwas Petersilie bestreuen. Deren Farbe und besonderes Aroma verleihen dieser Vorspeise eine eigene Note.

Die *Kürbis-T'bikha* ist ein typisches, köstliches und rasch zubereitetes Gericht, mit dem Sie ihre Gäste verwöhnen können.

Zwiebeln schälen und grob hacken.

Zwiebeln in 150 ml Olivenöl andünsten. Das Tomatenmark und die Kichererbsen hinzufügen, nachdem diese über Nacht eingeweicht worden sind. Umrühren.

Salzen und pfeffern, Harissa und Paprika hinzufügen. Umrühren und Wasser zugießen, sodass die Mischung bedeckt ist. Ca. 25 Minuten kochen.

T'bikha

Kürbis und Tomaten schälen und in große Würfel schneiden. Die Peperoni teilen, von Samen befreien und in kleine Stücke schneiden.

Die Dicken Bohnen enthülsen und die Haut abziehen. Anschließend unterrühren.

Kürbis-, Tomaten- und Peperoni-Stücke hinzufügen. Etwa 20 Minuten kochen. 5 Minuten vor Ende der Kochzeit die zerdrückten Knoblauchzehen hinzufügen. Die t'bikha in eine flache Schüssel füllen und mit gehackter Petersilie garnieren.

Mini-Teigtaschen-Trio

Vorbereitungszeit: 40 Minuten
Garzeit: 25 Minuten
Schwierigkeitsgrad: ✶✶

Für 4 Personen

4	*malsouka*-Teigblätter (ersatzweise Filo-Teig)
1	Zitrone
	Öl zum Frittieren

Grundrezept Farce:

1	mittelgroße Zwiebel
50 ml	Olivenöl
½ Bund	Petersilie
1	Kartoffel (150 g)
50 g	Kapern
	Salz
	Pfeffer
1	Ei

Geflügel-Farce:

100 g	Hähnchenbrust
1 TL	gemahlener Koriander
	Salz

Hackfleisch-Farce:

100 g	Rinderhackfleisch
1 EL	Olivenöl
1 TL	gemahlener Koriander
1 TL	Kurkuma
1 TL	Kümmel

Thunfisch-Farce:

½ Dose	Thunfisch in Öl

Wenn man über Tunesien spricht, denkt man an wunderschöne Landschaften, feine Sandstrände und … diese köstlichen Teigtaschen! Denn hier muss man sie unbedingt probieren! Diese nationale Spezialität wird jederzeit und überall genossen.

Die dünnen Teigblätter, die man in Tunesien auch *malsouka* nennt, sind ein Erbe der Türken. Sie bestehen aus Weizengrieß ohne Hefe und werden traditionell auf einem gewendeten Teller, der mit Kümmel bestreut ist, über einem Réchaud zubereitet. Jede tunesische Familie variiert die Füllung der Teigtaschen nach Geschmack, Jahreszeit und Budget. Manchmal werden Leberpastete, Meerbarbe oder Krabben verwendet. Aber am üblichsten sind Füllungen mit Thunfisch, Eiern oder Fleisch.

Es ist möglich, die Zutaten nach Belieben zu kombinieren. Damit die Spezialität perfekt gelingt, darf das Grundrezept der Farce jedoch nicht verändert werden. Sie besteht immer aus Zwiebeln, gehackter Petersilie, Ei und Kartoffeln. Manche fügen noch Kapern hinzu, die in der Regel in Essig oder Salzlake eingelegt werden.

Unser Küchenchef empfiehlt, die Teigtaschen als Trio aus Dreieck, Röllchen und Halbmond zurechtzuschneiden. Er schlägt vor, sie mit Hähnchenbrust oder dem bei Tunesiern sehr beliebten Thunfisch in Öl zu garnieren. Wenn Sie die Teigtaschen wie in unserem Rezept mit Hackfleisch füllen, fügen Sie nach der Hälfte der Garzeit etwas Wasser hinzu und würzen Sie die Mischung mit Kräutern. Vergessen Sie den Koriander nicht.

Für die Grundfarce die gehackten Zwiebeln 5 Minuten in Olivenöl dünsten. Gehackte Petersilie hinzufügen und umrühren. Abkühlen lassen. Die gekochte und zerdrückte Kartoffel sowie die gehackten Kapern zugeben. Salzen, pfeffern, 1 Ei zugeben und beiseite stellen.

Mit einer Schere für die Dreiecke 2 Teigblätter in 6 cm lange Streifen schneiden. Ein weiteres Teigblatt für die Röllchen halbieren. Für die Halbmonde mithilfe einer Lochstanze Kreise ausstechen.

Hackfleisch mit Olivenöl und Kräutern anbraten; Hähnchenbrust in Salzwasser 5 Minuten dünsten und mit dem Koriander zerkleinern. Den Thunfisch zerbröckeln. Die Grundfüllung unter jede der drei Farcesorten rühren. Auf die Teigstücke je eine kleine Menge Farce setzen.

Für die Teigdreiecke etwas Geflügel-Farce auf den Anfang eines Streifens setzen. Dann das untere Ende zum Dreieck formen, indem der Streifen einmal nach links und einmal nach rechts gefaltet wird. So werden die Ränder geschlossen.

Für die Röllchen die Hackfleisch-Farce auf den Rand des Teigblattes setzen. Das Halbrund nach innen falten, dann den Teig aufrollen. Für die Halbmonde die Thunfisch-Farce auf ein Teigblatt setzen und dieses dann umklappen.

Die Teigtaschen 3 Minuten von jeder Seite ausbacken. Auf Küchenpapier abtropfen lassen. Mehrere Teigtaschen zusammen mit einem Viertel Zitrone auf einem Teller anrichten.

Chakchouka

Vorbereitungszeit: 30 Minuten
Garzeit: 1 Stunde 25 Minuten
Schwierigkeitsgrad: ✳✳

Für 4 Personen

500 g	Schnecken, tiefgefroren
1 oder 2 Zweige	frischer Thymian
1 oder 2 Zweige	frischer Rosmarin
50 g	Knoblauch
1 TL	gemahlener Kümmel
½ TL	gemahlener Koriander
	Salz

400 g	roter Kürbis
300 g	Zwiebeln
4	grüne, mittelscharfe Peperoni
200 g	frische Tomaten
200 ml	Olivenöl
1 EL	Tomatenmark
	Pfeffer
½ TL	zerstoßener Piment
1 TL	Harissa (Gewürz-mischung)
50 g	glatte Petersilie (nach Belieben)

Die *Chakchouka* mit Schnecken kommt in der Region Ksour Essef und in Mahdia im Osten Tunesiens häufig auf den Tisch. *Chakchouka* ist aber in ganz Tunesien sehr beliebt. Man versteht darunter ein Gemüseragout aus Zwiebeln, frischen Tomaten, Paprika, Knoblauch, Kümmel, Tomatenmark, Harissa, Salz und Pfeffer. Die Einwohner Mahdias fügen gerne noch grüne Bohnen hinzu, während man in Ksour Essef roten Kürbis bevorzugt. Manchmal wird das Gericht auch mit Kartoffeln, Erbsen oder Linsen angereichert.

Je nach Region, aus der die Köche stammen, werden zur *Chakchouka* würzige Bratwurst, Tintenfisch, Krabben oder Eier gereicht. Chokri Chtéoui stammt aus Ksour Essef und ist so experimentierfreudig, Schnecken hinzuzufügen. Denn in seiner Jugend hat der Küchenchef, wie bei den Kindern aus dieser Gegend noch heute üblich, die Regentage genutzt, um im Wald nach kleinen Schnecken zu suchen. In Tunesien sind Schnecken nicht als Konserven erhältlich. Deshalb kauft Chokri Chtéoui sie lebend auf dem *souk* (Markt). Anschließend füttert er sie mehrere Tage lang mit Grieß, Thymian und Rosmarin, damit sie vor dem Kochen den Geschmack der Kräuter annehmen.

Für sein Rezept hat der Küchenchef zwei örtliche Schneckenarten verwendet: eine sehr kleine mit weißem Haus, das mit einer schokoladenbraunen Spirale verziert ist, und eine zweite, die einer Weinbergschnecke mit einem grauen, fein gestreiften Haus ähnelt. Aber andere Schnecken eignen sich auch. Wenn Sie Schnecken aus der Konserve verwenden, entfällt die 45-minütige Kochzeit.

Chokri Chtéoui hat einen handelsüblichen roten Kürbis verwendet. In der tunesischen Küche wird dieser oft zu Couscous oder *Chakchouka* gereicht oder als Püree zubereitet.

Die Schnecken in reichlich Wasser waschen. 45 Minuten in einem Topf mit heißem Wasser, Thymian und Rosmarin kochen. Während dieser Zeit den Knoblauch mit Kümmel, Koriander und Salz zerdrücken.

Kürbis und Zwiebeln schälen und grob würfeln. Paprika in Streifen schneiden. Tomaten halbieren, Samen entfernen, vierteln, dann in Würfel schneiden.

Olivenöl in einem Topf erhitzen. Zwiebelwürfel in das heiße Öl geben und unter Rühren goldgelb anbraten, sodass sie nicht verbrennen.

mit Schnecken

Wenn die Zwiebelwürfel eine goldgelbe Farbe haben, Tomatenmark hinzufügen und umrühren. Tomatenwürfel zugeben und bei starker Hitze gut umrühren und mit Salz und Pfeffer abschmecken.

Mit zerstoßenem Piment bestreuen. Harissa, Kürbiswürfel, Paprikastreifen und Knoblauch samt Kräutern hinzufügen. Bei schwacher Hitze 15–20 Minuten köcheln lassen, bis das Gemüse weich ist. Fertig ist die eigentliche Chakchouka.

Wenn die Schnecken gar sind, abtropfen lassen und unter das Gericht rühren. Unter ständigem Rühren noch einmal etwa 10 Minuten erhitzen. Heiß servieren.

Bissara

Vorbereitungszeit: 30 Minuten
Garzeit: 30 Minuten
Schwierigkeitsgrad: ✶

500 g   Dicke Bohnen
4   Eier

Für 4 Personen

1	Zwiebel
2	Knoblauchzehen
50 ml	Olivenöl
1 EL	Tomatenmark
2	Tomaten
	Salz
	Pfeffer

Die Gastfreundschaft der Tunesier ist weltberühmt. Wenn Sie die Ehre haben, bei einer Familie zum Essen eingeladen zu sein, werden die zahlreichen Vorspeisen Sie beeindrucken.

Die *Bissara* mit Dicken Bohnen wird im Allgemeinen als zweite warme Vorspeise gereicht. In manchen tunesischen Familien wird sie jedoch auch als Hauptgericht gegessen. Sie stammt aus dem Nordwesten Tunesiens und basiert auf einem traditionellen bäuerlichen Rezept. In der ländlichen Region ist dieses Gericht beliebt, weil es satt macht und rasch zubereitet ist.

Die Dicken Bohnen werden im Hinterland von Béja angebaut und gehören als Zutat in viele tunesische Rezepte. Sie sind selbst getrocknet noch besonders reich an Eiweiß und Vitaminen. Wenn Sie möchten, können Sie diese Bohnen durch Erbsen ersetzen, die zur selben Pflanzenfamilie gehören.

Die Dicken Bohnen stammen aus Persien und Afrika und sind seit dem Altertum im gesamten Mittelmeerraum verbreitet. Das Frühlings- und Wintergemüse wird manchmal auch kalt im Salat verwendet. Wenn die Bohnen jung sind, muss die dünne Haut nicht entfernt werden.

Zwiebeln, die ebenfalls für die *Bissara* verwendet werden, finden Sie auch in zahlreichen anderen tunesischen Rezepten. Die *Bissara* wird mit einem weich gekochten Ei serviert. Eier sind wegen ihres Nährwertes und ihrer Vielseitigkeit in Tunesien sehr beliebt. Frische Eier kann man mindestens drei Wochen im Kühlschrank aufbewahren.

Zwiebel und Knoblauchzehen schälen. Zwiebel hacken und in 50 ml Olivenöl 3–4 Minuten dünsten. Den zerdrückten Knoblauch hinzufügen und umrühren.

Das Tomatenmark unterrühren.

Die Tomaten abziehen, Samen entfernen und Tomaten in kleine Würfel schneiden. Untermischen, salzen und pfeffern. Ca. 5 Minuten köcheln lassen.

Umrühren und 100 ml Wasser zugießen.

Bohnen enthülsen, die erste Haut abziehen. Die Bohnen hinzufügen. 15–20 Minuten köcheln lassen.

Eier zugeben und zugedeckt in der Mischung etwa 8 Minuten pochieren. Die Eier mit einem Schaumlöffel herausnehmen und mit den Bohnen und der Tomatensauce auf Tellern anrichten.

Ojja mit Krabben

Vorbereitungszeit: 15 Minuten
Garzeit: 15 Minuten
Schwierigkeitsgrad: ✱

Für 4 Personen

500 g	grüne Paprika
250 g	Tomaten
2	Knoblauchzehen
100 ml	Olivenöl
2 EL	Tomatenmark
1 TL	Harissa (Gewürzmischung)

500 g	kleine Krabben, geschält
	Salz
	Pfeffer
1 TL	gemahlener Kreuzkümmel
4	Eier

Zum Garnieren:

	gemahlener Kreuzkümmel

Die *Ojja* ist ein traditionelles tunesisches Gericht. Aufgrund ihrer Grundzutaten – Tomaten, Paprika und Eier – ähnelt sie der baskischen *piperada*. Hier stellen wir Ihnen die Spezialität der Töpferei-Stadt Nabeul in der Region Cap Bon vor, die auf verschiedene Arten zubereitet werden kann. Je nach Geschmack wird die *Ojja* mit Lammhirn, getrocknetem Hering oder würziger Bratwurst kombiniert. Tunesier nennen die *Ojja* mit Rührei und Harissa *kadhaba* – das heißt »Lügnerin«!

Unser Küchenchef verfeinert das Gericht, indem er kleine Krabben hinzufügt. Diese Krustentiere sind vor allem wegen ihres zarten Fleisches sehr beliebt und werden in der Regel küchenfertig geschält verkauft. Sie verleihen dieser Vorspeise ihren jodhaltigen Geschmack. Wenn Sie vorgekochte Krabben verwenden, fügen Sie sie zeitgleich mit den Paprika hinzu.

Die Tomaten sind ein wichtiger Bestandteil der tunesischen Küche. Sie sollten fest, fleischig und gleichmäßig leuchtend rot sein. Falls sie viel Saft enthalten, müssen Sie kein halbes Glas Wasser mehr hinzufügen.

Damit das Gericht nicht bitter schmeckt, sollte der Kreuzkümmel erst kurz vor dem Servieren zugegeben werden. Diese aromatische Pflanze stammt aus Turkestan und ist seit Jahrhunderten im Mittelmeerraum bekannt. Charakteristisch ist ihr kräftiger, scharfer und etwas bitterer Geschmack. Verwenden Sie wie unser Küchenchef den Kreuzkümmel auch zum Dekorieren der Teller. Das ockerfarbene Pulver passt sehr gut zu den warmen Farbtönen der *Ojja*.

Diese rasch zubereitete Vorspeise ist sehr nahrhaft. Sollten Sie diese tunesische Spezialität noch nicht kennen, wird es höchste Zeit, sie zu entdecken.

Paprika in Ringe und Tomaten in Würfel schneiden.

Den geschälten und zerdrückten Knoblauch mit 100 ml Olivenöl in einem Topf anbraten. Tomatenwürfel hinzufügen und etwa 3 Minuten auf kleiner Flamme schmoren.

Tomatenmark und Harissa zugeben. Ca. weitere 3 Minuten schmoren.

nach Nabeuler Art

Rafik Tlatli

Geschälte Krabben und ein halbes Glas Wasser hinzufügen und etwa 2 Minuten einkochen.

Paprikaringe zugeben. Wenn die Sauce etwas eindickt und die Paprika weich werden, salzen, pfeffern und mit Kreuzkümmel würzen.

Eier in eine Schüssel schlagen, mit dem Schneebesen verquirlen und in den Topf gießen. Bei schwacher Hitze zugedeckt etwa 3 Minuten köcheln lassen. Dann die Ojja mit Krabben auf mit Kreuzkümmel garnierten Tellern anrichten.

Jban-Briouates

Vorbereitungszeit: 30 Minuten
Garzeit: 3–4 Minuten
Schwierigkeitsgrad: ✳

Für 4 Personen

500 g	Yufka-Teigblätter
2 Stück	Jban (frischer Ziegenkäse)
100 g	schwarze Oliven ohne Stein
½ Bund	Koriander

2	Eier
	weißer Pfeffer
	Öl, zum Frittieren

Zum Garnieren:

1	Tomate
	Minzeblättchen

Wenn Sie einmal in die Gegend von Fes reisen, werden Sie sicher Gelegenheit haben, die berühmten *Briouates* zu kosten. In einem mehrgängigen Menü werden diese delikaten kleinen Happen als Vorspeise oder Nachspeise serviert. Ihre Füllung variiert je nach der Eingebung des Kochs oder dem Angebot auf dem Markt. Die einen bereiten sie mit Hühnchen, Taube, Spinat oder Garnelen zu. Andere dagegen bevorzugen Mandelpaste oder Honig …

Bei der Zubereitung der Füllung können Sie Ihrer Fantasie freien Lauf lassen. Der Küchenchef hat sich für eine Version mit *Jban* entschieden, einem typisch marokkanischen Ziegenfrischkäse. Für diesen Käse, der traditionell in süßem Gebäck verarbeitet wird, verwendet man nur Ziegenmilch. Er enthält weniger als fünfundvierzig Prozent Fett und hat ein süßliches, manchmal auch leicht säuerliches Aroma. Wenn Sie ihn nicht bekommen, eignet sich auch Ricotta, der aber einen viel neutraleren Geschmack hat.

In diesem Rezept verleiht der Koriander dem Ziegenkäse sein besonderes Aroma. Koriander – oder arabische Petersilie – ist eine wichtige Zutat für zahlreiche arabische Gerichte, von Salaten, Suppen, Ragouts bis hin zu Fisch. Die schwarzen Oliven, die im Mittelmeerraum besonders geschätzt werden, sind ihrerseits in Salzwasser eingelegt. Selbst wenn man sie abspült, verlieren sie ihren salzigen Geschmack nicht. Denken Sie beim Würzen daran!

In Marokko sind Yufka-Teigblätter nicht aus der Küche wegzudenken. Sie bestehen nur aus Mehl, Salz und Wasser und wurden früher von den Familien selbst hergestellt. Ihre Zubereitung erforderte viel Erfahrung. Wenn heute Yufka-Teigblätter noch in Handarbeit hergestellt werden, sind sie das Werk von sehr erfahrenen Frauen. Noch immer verwenden sie das *Tabsil dial ouarqa*, ein Kupfertablett, auf dessen verzinnter Oberfläche man die Teigblätter erhitzen kann.

Die schwarzen Oliven auf der Arbeitsfläche in kleine Stücke schneiden.

Den Koriander waschen und mit einem großen Messer fein hacken.

In einer Salatschüssel Ziegenkäse, gewürfelte Oliven und gehackten Koriander mischen.

mit Koriander

Mit Pfeffer würzen. Ein Ei in einer kleinen Schüssel aufschlagen, verquirlen und In die Salatschüssel geben. Mit elnem Holzlöffel vermischen.

Mit einem langen Messer den Yufka-Teig der Länge nach in Streifen schneiden. Das zweite Ei in einer kleinen Schüssel aufschlagen, verquirlen und beiseite stellen.

Auf jeden Streifen etwas Füllung geben. Dann rechts über links falten, sodass geschlossene Dreiecke entstehen. Das Ende mit verquirltem Ei verkleben. 3–4 Minuten frittieren. Abtropfen. Auf Serviertellern anrichten, mit einem Stück Tomate und frischer Minze garnieren.

Meeresfrüchte-

Vorbereitungszeit:	1 Stunde
Einweichzeit:	15 Minuten
Garzeit:	35 Minuten
Schwierigkeitsgrad:	★★★

Für 4 Personen

320 g	Hühnchenfleisch
300 g	Champignons
100 g	Kalmare
2	Weißfischfilets
100 g	kleine Garnelen, gekocht und ausgelöst
4	mittelgroße Zwiebeln
2	Knoblauchzehen
5 g	Safranfäden

½ Tütchen	marokkanischer Safran zum Färben
1½ TL	Paprikapulver
1 Prise	Ingwer
1 EL	Olivenöl
7 EL	Erdnussöl
1 Bund	glatte Petersilie
1 Bund	frischer Koriander
80 g	chinesische Glasnudeln
8	Yufka-Teigblätter
60 g	frische Butter
1	Eigelb
1	Zitrone
	Salz
	Pfeffer

Traditionell werden M'hancha als süßes Gebäck serviert: Man füllt die Teigblätter mit einer süßen Mandelmischung, rollt sie auf und wickelt sie dann zu einer Spirale. Zwischen 1993 und 1994 entwickelte Bouchaïb Kama für das Restauranthotel »Farah« in Casablanca eine herzhafte M'hancha, die er mit Hühnchen, Meeresfrüchten, Champignons und chinesischen Glasnudeln füllt. Nach der Verbreitung durch mehrere Fernsehsendungen hat das Rezept inzwischen andere Köche und Gastwirte angeregt, dieses Gericht bei Hochzeiten und Empfängen zu servieren.

Der Küchenchef empfiehlt, für die Füllung kleine Garnelen zu verwenden. In den marokkanischen Meeresgewässern sind zahlreiche verschiedene Garnelenarten beheimatet, die ausnahmslos köstlich schmecken: Unter den bekanntesten seien nur die Blue Shrimps genannt, die dicken *Bouark*, Sägegarnelen, Scampi und verschiedene Tiefseegarnelen mit leuchtend rotem Panzer.

Unter den Meeresfrüchten für die Füllung verlangen die Kalmare eine sorgfältige Vorbereitung. Trennen Sie den Kopf ab und ziehen Sie dann die Innereien und den Schulp heraus. Wenden Sie dann den Mantel wie einen Handschuh und spülen Sie den verbliebenen Sand ab.

Natürlich hängt die Zusammensetzung der Meeresfrüchte davon ab, was der Markt bietet. Es liegt dann bei Ihnen, ob Sie Garnelen, Miesmuscheln, Venusmuscheln, Jakobsmuscheln oder vielleicht sogar Wolfsbarsch-, Bartumber-, Petersfisch- bzw. Seezungenfilets verwenden.

Wenn Sie das gewürfelte Hühnchenfleisch zusammen mit den Champignons anbraten, geben Sie ruhig Fisch- oder Garnelenfond dazu, um die Zutaten zu garen und Ihnen mehr Geschmack zu verleihen. Lassen Sie die Füllung abkühlen, bevor Sie sie in die Teigblätter rollen, damit die M'hancha beim Backen nicht aufplatzt.

Glasnudeln einweichen. Champignons und Huhn würfeln. Kalmare säubern. In je 1 Esslöffel Oliven- und Erdnussöl gehackte Zwiebeln, Knoblauch und Safranfäden anbraten. Huhn, Kalmare, Champignons, Salz, Pfeffer, Safranpulver, Ingwer und Paprika zugeben.

Die Zutaten 8 Minuten köcheln lassen, dann die mit einem Messer klein geschnittenen Glasnudeln einrühren. 6–8 Minuten kochen. Fischfilets und Garnelen zugeben. Weitere 8–10 Minuten kochen.

Nach dem Kochen Koriander und Petersilie, beide klein gehackt, zugeben. Erneut umrühren.

Huhn-M'hancha

Löffelweise die Butter zugeben, damit die Füllung geschmeidig wird. Die Zitrone darüber auspressen und den Saft untermischen. Die Füllung auf eine Platte geben und abkühlen lassen. Währenddessen 1 Eigelb in einer kleinen Schüssel verquirlen.

Zwei Teigblätter auf der Arbeitsplatte ausbreiten. Einen Streifen der Füllung auf das eine Ende der Blätter geben. Vorsichtig, aber fest von unten nach oben aufrollen. Die Enden der Rolle mit dem geschlagenen Eigelb verkleben.

Die Rolle mit Erdnussöl bestreichen. Vorsichtig zu einer Spirale aufdrehen (M'hancha). Das Ende wiederum mit Eigelb bestreichen. Ebenso 3 weitere Spiralen formen und anschließend alle auf einem geölten Blech etwa 5 Minuten bei 200 °C im Ofen backen.

Vorbereitungszeit: 40 Minuten
Garzeit: 40 Minuten
Schwierigkeitsgrad: ✶

Für 4 Personen

1,5 kg	Bintje-Kartoffeln
50 g	Matzen-Mehl oder feiner Grieß
5	Eier
1 TL	Zucker
1 Prise	gemahlenen Zimt
½	unbehandelte Zitrone
	Öl, zum Frittieren
	Salz

Füllung:

1 kg	Rinderhack
1	Zwiebel
½ Bund	Petersilie
½ TL	geriebene Muskatnuss
½ TL	Muskatblüte
2	Lorbeerblätter
1 Prise	Safranfäden
1 TL	Pflanzenöl
	Salz
	Pfeffer

Das Pessahfest erinnert an den Auszug der Israeliten aus Ägypten und an das Ende ihrer Versklavung. Dieses bedeutende Fest im jüdischen Kalender wird in allen Familien gefeiert. Im Gedenken an das in der Thora überlieferte Geschehnis dürfen die Juden während des Festes nichts essen, was aus gesäuertem Teig gemacht ist, ebenso wie es ihre Vorfahren schon getan haben.

Anlässlich des Pessahfestes werden alle Räume des Hauses gründlich gereinigt, um auch das letzte Stäubchen von Treibmittel, *Hamets*, zu entfernen. Das Ritual schreibt vor, bei Tisch nur ungesäuertes Brot, also *Matze*, zu servieren.

In Marokko pflegte die jüdische Gemeinde von Tanger zum Pessahfest kleine Parmentiers auf den Tisch zu bringen. Dafür formten sie ein Kartoffelpüree, das ganz ohne Milchprodukte zubereitet wird, zu kleinen Kuppeln. Mit ihrer köstlichen Füllung aus Rinderhack, Zwiebel,

Muskatnuss, Muskatblüte, Lorbeer, Speiseöl, Salz und Pfeffer sind sie ganz besonders bei den Kindern beliebt.

Diese sehr gehaltvolle Spezialität aus Tanger ist mehr als nur ein Ersatz für gesäuertes Brot. Für das Pessahfest wird der Grieß durch *Matzen*-Mehl ersetzt. Dieses Mehl wird aus Korn gemahlen, das nicht mit Wasser in Kontakt war und das während dieses Festes häufig genutzt wird.

Für das Püree verwenden Sie am besten »Bintje«-Kartoffeln. Diese gelbe, ovale Sorte findet man von September bis Mai auf den Märkten. Auf jeden Fall dürfen die kleinen Parmentiers erst kurz vor dem Servieren frittiert werden.

Parmentiers verströmen das Aroma der Muskatblüte, eines wenig gebräuchlichen Gewürzes. Die scharlachrote Schale der Muskatnuss wird dafür zerquetscht, getrocknet und kommt als Pulver oder in feinen Scheiben in den Handel.

Für die Füllung die Zwiebel schälen und reiben. Die Petersilie hacken. Die Kartoffeln für die Parmentiers schälen und in Salzwasser kochen. Die Zitronenhälfte waschen, die Schale abreiben und beiseite stellen.

Das Hackfleisch mit 1 Teelöffel Öl erhitzen, dann mit Wasser aufgießen. Petersilie, Zwiebel, Lorbeerblätter, Muskatnuss, Muskatblüte und Safranfäden zugeben. Salzen und pfeffern. Kochen, bis alles Wasser verdunstet ist.

Die gegarten Kartoffeln zu einem Püree verarbeiten. Abgeriebene Zitronenschale, Zucker und gemahlenen Zimt zugeben. Die Mischung mit den Händen durchkneten. 2 Eier in Salzwasser kochen, dann schälen und beiseite stellen.

Parmentiers

Mit den Händen aus dem Kartoffelpüree Kugeln rollen. Diese aushöhlen und zu Schälchen formen.

Die hart gekochten Eier in Stücke schneiden. Die Püreeschälchen mit dem Hackfleisch füllen und jeweils ein Stück Ei darauf legen. Die Püreeschälchen zu Kegeln formen.

3 Eier aufschlagen und verquirlen. Parmentiers mit Matzen-Mehl oder Grieß bedecken. Mit den verquirlten Eiern befeuchten. Das Öl in einer Pfanne erhitzen und die Parmentiers darin frittieren, bis sie hellbraun werden. Die Parmentiers in Schälchen anrichten.

Suppen &
Taginen

Katalanische

Vorbereitungszeit: 30 Minuten
Garzeit: 1 Stunde
Schwierigkeitsgrad: ✶

Für 4 Personen

40 g	getrocknete Nelken-schwindlinge
250 g	frische Pfifferlinge
500 ml	Hühnerbrühe
2	Zwiebeln
3	reife Tomaten

2 Stangen	Porree
2 Scheiben	Weißbrot
200 ml	Olivenöl
	Salz

Picada (Würzpaste):

2	Knoblauchzehen
20 g	geröstete Mandeln
0,6 g	Safran
1 Prise	Salz

Im September gibt es in den Wäldern Kataloniens viele Pilzsammler und so verwundert es nicht, dass es Pilzrezepte in zahllosen Varianten gibt. Diese Suppe ist ein beliebtes Alltagsgericht, das seine gehaltvolle Würze nicht nur den verwendeten Pilzsorten verdankt, sondern auch der Zugabe von Zwiebeln, Tomaten und Porree.

Pep Masiques bevorzugt hierfür zwei sehr aromatische Pilzarten: Nelkenschwindlinge und Pfifferlinge. Letztere wachsen von Ende Mai bis Oktober in Mischwäldern zu Füßen von Eichen, Kastanien und Walnussbäumen sowie im Umkreis von Nadelgehölzen. Der milde, leicht pfeffrig schmeckende Speisepilz verströmt einen Duft, der an Pfirsiche oder Aprikosen erinnert.

Im Gegensatz zu den Pfifferlingen, die frisch verwendet werden, bevorzugt Pep Masiques für dieses Rezept getrocknete Nelkenschwindlinge. Die winzigen grau-rosa

Pilze haben einen leicht konisch geformten Hut und einen zähen, ungenießbaren Stiel. Vom Frühling bis Herbst findet man sie sehr zahlreich in Wiesen, Viehweiden und an Straßenrändern. Denken sie daran, die Pilze nach dem Braten durch ein Sieb abzugießen, um überschüssiges Öl zu entfernen. Anstelle von Instantbrühe können Sie die Suppe auch mit einer selbst gemachten Geflügelbrühe »strecken«, die Sie aus Hühnerkarkassen und Suppengemüse zubereiten.

Für die Würzpaste *Picada* stellt der Küchenchef den Mörser auf ein Küchentuch und wickelt die Tuchenden um den Stößel, damit der Mörserinhalt nicht herausspringt. In manchen Familien wird die Suppe einfach püriert, doch bestehen Puristen darauf, sie durch ein Spitzsieb zu passieren, weil sie so eine noch feinere, homogenere Konsistenz erhält. Sollte Ihnen die Suppe zu dickflüssig geraten, gießen Sie noch etwas heißes Wasser oder Brühe zu.

Die Nelkenschwindlinge 5 Minuten in lauwarmem Wasser einweichen, dann abgießen. Die Pfifferlinge putzen und in Stücke schneiden, dabei 2–3 Pfifferlinge für die Garnierung beiseite legen.

150 ml Olivenöl in einer Pfanne erhitzen und darin die Nelkenschwindlinge 5 Minuten anbraten, dann die Pfifferlinge zugeben und salzen. Alles 10 Minuten köcheln lassen, bis die Flüssigkeit völlig verdampft ist. Die Pilze abgießen und abtropfen lassen.

Die Zwiebeln schälen und fein würfeln. In einem Topf zusammen mit dem in feine Streifen geschnittenen Porree 15–20 Minuten im restlichen Öl anschwitzen. Die Tomaten vierteln und zugeben. Weitere 8–12 Minuten dünsten.

Pilzsuppe

Die Pilze zugeben, die Hühnerbrühe angießen und gut umrühren. Aufkochen lassen.

Die Brotscheiben in die kochende Suppe geben und 5 Minuten mitkochen.

Picada: Knoblauch schälen, grob zerkleinern und im Mörser mit Safran, einer Prise Salz und den Mandeln zorstoßen. Diese Würzpaste in die Suppe geben und mit einem elektrischen Pürierstab mixen. Mit gebratenen Pfifferlingen garniert servieren.

Palmsonntagssuppe

Vorbereitungszeit: 20 Minuten
Garzeit: 30 Minuten
Schwierigkeitsgrad: ✶

Für 4 Personen

4	Tomaten
2	grüne Paprika
2	rote Paprika
16 Stangen	grüner Spargel
4	Knoblauchzehen
4–5 Stängel	glatte Petersilie

2 l	Geflügelbrühe
12 Scheiben	Weißbrot
	Olivenöl
	Salz
	Pfeffer

Im Frühling bereiten die Einwohner von Málaga mit Vorliebe eine Auswahl feiner Gemüsesorten in klarer Brühe zu. Das Gericht heißt dort *Sopa de siete ramales*, wörtlich »Suppe der sieben Zweige«. Nach der Überlieferung erinnert der Name an die Karwoche und die Sitte, am Palmsonntag Palmwedel oder Buchsbaumzweige weihen zu lassen.

Rote und grüne Paprika, Tomaten, Knoblauch und Spargel bilden die Grundlage dieser köstlichen Suppe. Sofern möglich, versuchen Sie, wilden Spargel zu bekommen, der nach Meinung Javier Valeros viel besser passt als Zuchtspargel. Die grünen bis lilafarbenen Stangen sind sehr dünn und besitzen ein ausgesprochen charakteristisches Aroma, das man in Spanien sehr schätzt.

Viel häufiger findet man auf den Wochenmärkten jedoch grünen Zuchtspargel, der für dieses Rezept ohne weiteres verwendet werden kann. In Spanien wird er vor allem in Navarra angepflanzt und von April bis Juni geerntet. Vor dem Schälen schneidet man das oft holzige Ende der Stangen ab. Nach dem Blanchieren legt man die Stangen kurz in Eiswasser, damit sie ihre tiefgrüne Farbe bewahren.

Die Tomaten werden mit kochendem Wasser überbrüht, gehäutet, entkernt und in Viertel geschnitten, die nach Ansicht Javier Valeros wie »Blütenblätter« aussehen.

Alle Zutaten werden in Geflügelbrühe pochiert. Sie können dazu Brühwürfel verwenden, doch ist eine hausgemachte Hühnerbrühe viel schmackhafter. Bräunen Sie dazu eine Hühnerkarkasse mit etwas Suppengrün an (Zwiebel, Nelken, Möhren, Lorbeer, Sellerie und Porree) und gießen Sie Wasser an. Lassen Sie die Brühe gut anderthalb Stunden köcheln und filtern Sie sie dann. Zum Servieren wird das Gemüse mit den Croûtons zusammen auf kleinen Tellern angerichtet. Die Brühe reicht man separat dazu.

Die Paprika auf ein mit Alufolie bedecktes Backblech legen und rund 10 Minuten unter dem Grill im Backofen rösten. Mit der Spitze eines scharfen Küchenmessers die Haut abziehen und die Paprika in Streifen schneiden.

Die Spargel waschen und trocken tupfen, vom Kopf zum Schnittende schälen, anschließend 5 Minuten in kochendem Salzwasser blanchieren.

Die Tomaten in einer Schüssel mit kochendem Wasser überbrühen. Sobald sich die Haut löst, das Wasser abgießen und die Tomaten kurz in Eiswasser legen. Mit einem kleinen, scharfen Messer häuten, entkernen und in Streifen schneiden.

Das Brot in Stücke schneiden und mit etwas Olivenöl beträufeln. Auf ein Blech legen und im vorgeheizten Backofen unter dem Grill kurz rösten. Anschließend jedes Stück mit einer geschälten Knoblauchzehe abreiben.

Die Geflügelbrühe zum Kochen bringen. Spargel, Tomaten, rote und grüne Paprika hineingeben, salzen und pfeffern und 5 Minuten köcheln lassen. Das Gemüse mit einem Schaumlöffel aus der Brühe heben.

Übrige Knoblauchzehen schälen, in dünne Scheiben schneiden. In heißem Olivenöl anrösten, dann die Petersilie zugeben und anschließend sieben. Die Bouillon in Suppentassen füllen, Gemüse und Croûtons separat dazu reichen und die Suppe mit dem Würzöl beträufeln.

Baskische

Vorbereitungszeit: 45 Minuten
Garzeit: 1 Stunde
Schwierigkeitsgrad: ✶

Für 4 Personen

500 g	gemischte Fischfilets (Seezunge, Seehecht, Wolfsbarsch, Drachenkopf etc.)
500 g	Gambas
500 g	Venusmuscheln
1	weiße Zwiebel
1	rote Zwiebel
2 Stangen	Porree
2	Tomaten
1	Knoblauchzehe

500 g	passierte Tomaten (nach Belieben)
25 g	Speisestärke

4 EL	Cognac
150 ml	Weißwein
100 ml	Olivenöl
	Salz, Pfeffer

Fischfond:

1 kg	Fischabfälle (Gräten, Köpfe, Haut)
3 Stängel	Petersilie
1	weiße Zwiebel
	Porreegrün

Zum Garnieren:

	Petersilienblättchen
	Paprikapulver (nach Belieben)

Die baskische Gastronomie ist stark vom Meer geprägt und weist eine so reichhaltige wie abwechslungsreiche Palette von Rezepten für Fische und Meeresfrüchte auf. Da die Basken ohnehin sehr traditionsbewusst sind, beruft man sich hier ganz im Norden Spaniens auf die herrlichen Gerichte, die schon die Vorfahren zubereiteten. In Spanien heißt diese Suppe *Sopa de pezcado a la marinera*. Sie gehört zu den Standardgerichten der Fischerfamilien, die jeweils die Meeresfrüchte verwendeten, die der Fang erbrachte. Vor allem im Winter war die Suppe sehr beliebt.

Je nach Marktangebot können Sie verschiedene Fischarten verwenden. Emilio González Soto legt Wert auf Seezunge, denn der am sandigen Meeresboden des Atlantiks heimische Fisch hat ein zartes, aromatisches Fleisch. Als weitere Zutat wählt er Drachenkopf – als *Rascasse* fester Bestandteil der Bouillabaisse –, der sich wegen seines weißen, recht fettreichen Fleisches großer Beliebtheit erfreut.

Wesentlich für das Gelingen dieser Fischsuppe ist der selbst zubereitete Fischfond. Er wird aus Fischabfällen (Köpfen, Schwänzen, Gräten und Haut) gekocht und ist ein regelrechtes Geschmackskonzentrat. Nach dem Einkochen und Filtern gibt diese Brühe, in der auch Petersilie, Porreegrün und weiße Zwiebeln mitgekocht werden, der Suppe ihr typisches Aroma.

Die Basken lieben Muscheln aller Art, vor allem Venusmuscheln, meist natur oder gefüllt. Man erntet sie entlang der gesamten Atlantikküste, aber auch im Mittelmeer, wo ihre Spielart, die kleine Teppichmuschel, unter dem Namen *Clovisse* bekannt ist. Man kann sie auch durch Miesmuscheln ersetzen. Der Cognac schließlich unterstreicht das charakteristische Aroma dieser würzigen Suppe.

Nach Belieben können Sie – wie hier – die Farbe der Fischsuppe durch passierte Tomaten intensivieren.

Die weiße und rote Zwiebel sowie die Knoblauchzehe schälen und in feine Streifen schneiden. Die Tomaten ebenfalls klein schneiden.

Für die Fischbrühe 2 l Wasser mit 500 g Fischabfällen, Porreegrün, einer in Scheiben geschnittenen weißen Zwiebel und der Petersilie aufsetzen, zum Kochen bringen und rund 3 Minuten sprudelnd kochen lassen.

Im Olivenöl das in feine Ringe geschnittene Weiße der Porreestangen mit Tomaten, Zwiebeln und Knoblauch anschwitzen. 15 Minuten schmoren. Gambas auslösen, die Köpfe in den Topf geben. Die übrigen Fischabfällen zugeben, umrühren und 5 Minuten schmoren lassen.

Fischsuppe

Cognac und Wein angießen und umrühren. Diesen Fond durch ein Sieb gießen, in die Fischbrühe geben und noch 30 Minuten köcheln lassen.

In einem Schälchen die Speisestärke mit 100 ml Wasser anrühren. Die Suppe durch ein Sieb geben, wieder auf den Herd stellen und die Stärke einrühren. Unter Rühren nochmals aufkochen lassen. Sobald die Suppe siedet, die passierten Tomaten zugeben.

Salzen und Pfeffern. Mit einem Schaumlöffel den Schaum abschöpfen. Gambas, Fischfilets und Venusmuscheln zugeben und aufkochen. Vom Herd nehmen, 5 Minuten ziehen lassen und in tiefen Tellern anrichten. Mit Petersilie und Paprikapulver garnieren.

Vorbereitungszeit: 10 Minuten
Kühlzeit: 20 Minuten
Schwierigkeitsgrad: ✶

Für 4 Personen

750 g	frische Erdbeeren
1	grüne Paprika
1	rote Paprika
1	Zwiebel
2	Knoblauchzehen
30 g	Puderzucker

200 ml	Olivenöl
100 ml	Sherry-Essig
1 TL	Salz
1 TL	Pfeffer

Zum Garnieren (nach Belieben):
rote Paprikawürfel
grüne Paprikawürfel
Croûtons

José Luis Tarín Fernández' farbenfrohe, vitaminreiche und erfrischende Erdbeersuppe ist ein Beweis für die Kreativität der modernen spanischen Küche. Vieles erinnert an den andalusischen Gazpacho, doch treten hier an die Stelle von Tomaten süßlich-aromatische Erdbeeren. Die Suppe ist so originell, dass man keine anderen Früchte anstelle der Erdbeeren verwenden kann, es sei denn, man mag es gern saurer: Geben Sie dann eine Handvoll Himbeeren hinzu.

Damit die Suppe schön mild wird, sollten Sie besonders reife Sommererdbeeren mit festem Fruchtfleisch nehmen. Wählen Sie dicke, vollreife Früchte ohne Flecken. Erdbeeren sind sehr empfindlich und müssen sehr vorsichtig behandelt werden. Man wäscht sie nur kurz unter fließendem Wasser ab und lässt sie dann ganz in Ruhe abtropfen.

Paprikaschoten haben einen festen Platz in der spanischen Küche und lassen sich mit allen möglichen Saucen kombi-

nieren. Ob eher herbe grüne oder milde rote Paprika: Wichtig ist, dass die Schoten eine leuchtende Farbe und eine glatte, glänzende Haut aufweisen. Die schmalen, weißen Rippen und die kleinen Kerne im Innern der Schoten werden entfernt, denn sie sind unbekömmlich. Das süßliche Aroma der roten Paprika kann unter Umständen den feinen Geschmack der Erdbeeren überdecken. Ganz bewusst verleiht der Küchenchef der Suppe daher mit etwas Sherry-Essig eine säuerliche Note. Der aus aus Sherry hergestellte Essig ist sehr würzig. Allerdings ist er auch zähflüssig und löst sich nicht ohne weiteres auf. Geben Sie die angegebene Menge in mehreren kleineren Einzelportionen zur Suppe und rühren Sie gut um. Haben Sie keinen Sherry-Essig zur Hand, tun es auch einige Tropfen Balsamessig.

Die Erdbeersuppe wird im Mixer püriert und durch ein Sieb gestrichen. Vor dem Servieren lässt man sie einige Minuten im Kühlschrank kühlen. Dazu passen gut Croûtons.

Erdbeeren putzen. Dazu vorsichtig Stiel und Blätter von der Frucht abschneiden, ohne das Fruchtfleisch zu beschädigen. Die Erdbeeren unter fließendem Wasser waschen und in einem Durchschlag abtropfen lassen. In Viertel schneiden.

Paprika waschen, trocken tupfen und längs halbieren. Rippen und Kerngehäuse entfernen. Die Schoten vierteln, dann in kleine Stücke von 3 cm Länge zerteilen, ebenso die geschälte Zwiebel. Die Knoblauchzehen schälen und halbieren.

Paprika, Zwiebeln, Knoblauch und Erdbeeren in die Rührschüssel der Küchenmaschine geben, Salz, Pfeffer und Zucker zufügen. Dann 2–3 Minuten vorsichtig pürieren, bis eine sämige, homogene Masse entsteht.

Erdbeersuppe

Den Deckel der Küchenmaschine abnehmen und die Hälfte des Olivenöls zugießen. Die Maschine auf hoher Geschwindigkeit nochmals laufen lassen, dann das restliche Olivenöl zugießen und weitere 2–3 Minuten laufen lassen.

Ein Sieb über eine Schüssel hängen. Die Suppe in mehreren Portionen hineingießen und mit einem Schöpflöffel durch die Siebmaschen streichen, um möglichst viel Flüssigkeit aus dem Fruchtfleisch zu drücken.

Den Essig zugeben und gründlich unterrühren, bis er sich komplett aufgelöst hat. Die Suppe abschmecken und 20 Minuten kalt stellen. Sehr kühl, aber nicht eiskalt servieren und mit Paprikawürfeln und Croûtons garnieren.

Kalte Mandelsuppe

Vorbereitungszeit: 30 Minuten
Garzeit: 10 Minuten
Schwierigkeitsgrad: ✶

Für 4 Personen

350 g	abgezogene Mandeln
100 g	helle Weintrauben
½	altes Baguette
1	Knoblauchzehe
4 Stängel	Schnittlauch
350 ml	natives Olivenöl

5 EL	Sherry-Essig
	Salz
	Pfeffer

Die alltägliche Küche mit leckeren Suppen zu bereichern hat in Spanien Tradition. Sie sind unverzichtbar als Vorspeise oder auch als Hauptbestandteil eines leichten Abendessens. Für die ebenso einfachen wie delikaten Suppen verarbeitet man meist frisches Gemüse, sodass diese köstliche kalte Mandelsuppe – eine Spezialität aus Málaga – eher eine Ausnahme bildet. Sie ist einfach zuzubereiten, doch beruht ihr Reiz in der Qualität der Zutaten, auf deren Auswahl viel Wert gelegt wird.

Das beginnt bereits mit den Mandeln. Sie werden nicht frisch geerntet, sondern getrocknet verwendet. Im Januar blühen in Südspanien die Mandelbäume und so stammen die verwendeten Mandeln in der Regel aus heimischem Anbau. Die Kulturflächen reichen von Tarragona bis Valencia und Málaga, aber auch in Granada und Almería sowie auf den Kanarischen Inseln befinden sich Plantagen. Es gibt viele verschiedene Mandelsorten und alle unterscheiden sich in der Form, die länglich bis herzförmig sein kann. Die vielseitige Steinfrucht wird zum Aperitif oder als sättigender Imbiss genossen und zu vielerlei Kuchen, Süßigkeiten und Desserts verarbeitet. Früher war sie für die Bevölkerung eine wichtige Eiweißquelle. Denn eine Mandel enthält vierundfünfzig Prozent Fett, reichlich Eisen, Kalzium, Phosphor und Vitamin B.

Das verwendete Olivenöl sollte möglichst einen Säuregehalt von 0,2 bis 0,4 Grad aufweisen.

Damit die Suppe schön glatt wird, streicht man sie durch ein Sieb. Traditionell reicht man dazu Brot, Weintrauben und dünne Scheiben Zuckermelone. Besonders raffiniert sieht es aus, wenn man die eher schlichte Suppe in feinen Stielgläsern serviert.

Die Weintrauben von den Stielen lösen. Mit einem scharfen Messer vorsichtig schälen, halbieren und entkernen.

4 Esslöffel Olivenöl erhitzen und darin die blanchierten Mandeln goldgelb rösten.

Baguette von der Rinde befreien und in Streifen schneiden. Anschließend in 3 cm große Würfel schneiden.

aus Málaga

Den Knoblauch schälen und den Keim entfernen. Zusammen mit den Mandeln in der Küchenmaschine pürieren.

Die Brotwürfel zugeben und weitermixen, dabei nach und nach den Essig sowie das restliche Olivenöl angießen. Sobald die Masse schön glatt ist, 1 l Wasser zugießen. Salzen und pfeffern.

Die Mandelsuppe in Suppentassen oder Stielgläser füllen und mit Weintrauben und Schnittlauchröllchen garnieren

Kalte Gemüse-

Vorbereitungszeit: 45 Minuten
Garzeit: –
Einweichzeit: 8 Stunden
Schwierigkeitsgrad: ✶

Für 4 Personen

2	Frühlingszwiebeln
1	Zwiebel
500 g	reife Tomaten
2	längliche grüne Paprika

150 g	geschälte Mandeln
	Salz
1 TL	Paprikapulver
200 ml	natives Olivenöl extra
50 ml	Weißweinessig

Auf den Balearen ist der *trampó* eines der beliebtesten ländlichen Gerichte. Dabei ist er in seiner traditionellen Variante eigentlich ein Salat aus Paprika, Tomaten, Zwiebeln und Oliven, der gern zu gebackenem Fisch gereicht wird. Ausgehend von diesem Rezept hat Oscar Martínez Plaza eine kreative Variante entwickelt: Er püriert die Zutaten und mischt sie mit Mandelmilch. Die kalte Suppe garniert er mit Gemüsewürfeln – eine augenzwinkernde Hommage an das Originalrezept.

Für diese Suppe verwendet unser Küchenchef die typischen mallorquinischen Gemüsesorten. Die größte Baleareninsel ist besonders für ihr frühes Gemüse berühmt, das zu den kleinen Dorfmärkten und in die Markthalle *Mercat Olivar* in Palma nur kurze Strecken zurücklegen muss und daher immer frisch angeboten wird.

Tomaten werden auf Mallorca auf über tausend Hektar angebaut und auf eine besondere Art getrocknet: Aufgefädelt und zu einem Strauß gebunden, werden sie an Hauswänden zum Trocknen aufgehängt.

Es ist nicht ungewöhnlich, den traditionellen *trampó* mit Mandeln zu kombinieren, denn diese wachsen auf den Balearen in Hülle und Fülle. Die arabischen Eroberer, die vom 8. bis zum 13. Jahrhundert über die Balearen herrschten, entwickelten den Mandel- und Feigenanbau. Die mallorquinischen Mandeln sind nicht besonders groß, aber sie haben einen intensiven Geschmack. Sie müssen mit dem Gemüse eingeweicht werden, damit sie saftig geraten und leicht zerkleinert werden können.

Gemüse waschen, Frühlingszwiebeln und die geschälte Zwiebel hacken, Tomaten vierteln. Paprika entkernen und in Stücke schneiden. Von jedem Gemüse etwas zum Garnieren beiseite stellen.

Gemüse und Mandeln in einer Schüssel mit Wasser bedecken und 8 Stunden einweichen. Einige Mandeln zum Garnieren zurückbehalten.

Wasser abgießen und Gemüse mit Mandeln im Mixer zerkleinern, bis eine glatte Creme entstanden ist.

Mandel-Suppe

Etwas Salz, Paprikapulver, 150 ml Olivenöl und den Essig zugeben und nochmals mixen.

Die Suppe durch ein feines Sieb geben.

Das Gemüse zum Garnieren in kleine Würfel schneiden, salzen und den Rest Olivenöl zugeben. Die Suppe in tiefen Tellern anrichten und mit Gemüsewürfeln und Mandeln bestreuen.

Langustensuppe

Vorbereitungszeit: 45 Minuten
Garzeit: 45 Minuten
Schwierigkeitsgrad: ★★

Für 4 Personen

1	Languste (ca. 1½ kg)
200 ml	Olivenöl
200 ml	Weinbrand
2½ l	Fischfond
1	Zwiebel
1	Knoblauchzehe
1	Tomate

Majado-Paste:

150 g	geschälte Mandeln
	Olivenöl
2	Knoblauchzehen
1 Zweig	Petersilie
1 Zweig	frischer Thymian
2–3 Scheiben	Brot, in Würfel geschnitten und in Olivenöl geröstet
100 ml	Kräuterlikör
	Corail der Languste

Toast:

8 Scheiben	getoastetes Brot
1	Knoblauchzehe
50 g	rotes Schmalz

Die Insel Menorca ist berühmt für ihre Langustensuppe, deren Rezept ihren Ursprung in der Bucht von Cala Fornells an der Nordküste hat.

Entlang der felsigen Küsten der Insel ernähren sich die Langusten von Meeresfrüchten, die ihrem Fleisch den aromatischen Geschmack verleihen. Strikte Schutzbestimmungen wurden für den Fang erlassen: Nur von Mai bis September dürfen Langusten mit einer Mindestlänge von 20 cm gefangen werden.

Um die lebende Languste zu zerteilen, setzen Sie sie auf ein Schneidbrett und halten sie mit einem mehrfach gefalteten Handtuch am Kopf fest. Mit der anderen Hand trennen Sie den Kopf ab. Aus dem abgetrennten Kopf, den Sie in Scheiben zerteilen, gewinnen Sie das Corail, das Sie in eine Schüssel geben. Es gibt der Bouillon Farbe und Aroma.

Die Bouillon wird aus Felsenfischen hergestellt, die mit Tomaten, Zwiebeln und Knoblauch angebraten und gekocht werden. Alternativ kann ein fertiger Fischfond als Grundlage dienen.

Majado ist eine Paste aus Mandeln, die mit Kräuterlikör verfeinert wird. Dieser lokale Likör hat eine grünliche Farbe und ein Aroma, in dem man Anis, Rosmarin, Majoran, Lindenblüten, Kamille, Fenchel und Minze erkennen kann.

Auf Menorca genießt man die Langustensuppe mit Toast, der mit rotem Schweineschmalz bestrichen wird. Die Farbe erhält das Schmalz von Paprika und Tomatenmark.

Mandeln in Olivenöl braten und beiseite stellen. Den Kopf der Languste auf einem Schneidbrett abtrennen und das Corail auslösen. Den Schwanz in kochendem Wasser blanchieren und das Fleisch aus der Schale lösen.

200 ml Olivenöl in einem großen Topf erhitzen und die Langustenscheiben anbraten. Die Langustenstücke mit Weinbrand begießen und flambieren. Die Pfanne 2–3 Minuten schwenken, bis die Flammen erloschen sind.

Fischfond mit der Zwiebel, dem Knoblauch und der Tomate 10 Minuten köcheln lassen. Den Fond in die Pfanne gießen und 15 Minuten kochen.

aus Menorca

Majado: Knoblauch, Petersilie, Thymian, Brot, Mandeln und Kräuterlikör in einem Mörser stampfen. Das Corail der Languste zufügen und stampfen, bis eine homogene Paste entsteht.

Den Majado zu den Langustenscheiben und dem Fond geben und gut rühren. Einige Minuten sprudelnd kochen, weiterrühren.

Toast: Das Brot mit Knoblauch abreiben und mit Schmalz bestreichen. Die Bouillon in tiefe Teller geben, je eine Langustenscheibe in die Mitte legen und Fleisch darauf geben. Mit gerösteten Brotwürfeln und Kräutern garnieren.

Kürbiscreme

Vorbereitungszeit: 20 Minuten
Garzeit: 40 Minuten
Schwierigkeitsgrad: ✴

Für 4 Personen

250 g	Kürbisfleisch (provenzalischer oder Muskatkürbis)
1	Zwiebel
1	Knoblauchzehe
½	Zitrone
250 ml	heller Fond

250 ml	Sahne
1	Muskatnuss
1 EL	Olivenöl
	Salz
	Pfeffer

Zum Garnieren:

1 Bund	Schnittlauch
1 EL	Olivenöl

Diese Kürbiscreme mit Schnittlauch eignet sich wunderbar, um Kinder mit Suppengerichten zu versöhnen. Sie ist leicht zuzubereiten und erinnert in ihrer Süße und Farbe an die provenzalische Landschaft.

Der Begriff Kürbis bezeichnet eine Vielzahl von Früchten wie zum Beispiel Muskatkürbis, Gartenkürbis oder Hokkaido. Diese Mitglieder der Kürbisgewächse stammen alle aus Asien, Afrika und Amerika. Sie sind rund und voluminös und weisen außen und innen gelbe oder rote Farbe auf. Im Winter erscheinen Sie auf den Tellern – als Suppe, Gratin, püriert oder sogar als Kuchen. Der provenzalische Kürbis ist bräunlich und leicht süß. Er ähnelt dem Muskatkürbis. Unser Küchenchef kocht das Kürbisfleisch in hellem Fond.

Damit die Suppe ihre ganze Raffinesse entfaltet, schwitzt der Küchenchef die Zwiebeln an. Dabei dürfen sie keine Farbe annehmen. Die Zwiebel stammt aus Asien und wird seit über 5000 Jahren angebaut. Sie besteht aus weißen, fleischigen Blättern, die von feinen gelben, braunen, roten oder weißen Schalen umhüllt sind. Christian Étienne verwendet am liebsten braune Zwiebeln.

Geriebene Muskatnuss ist für dieses Gericht unerlässlich, denn sie verfeinert den Kürbisgeschmack. Dieses aus Südostasien stammende Gewürz besitzt ein ausgesprochen würziges und intensives Aroma.

Schnittlauch, der mit Zwiebeln und Knoblauch verwandt ist, hat einen zwiebelähnlichen Geschmack. Er wird frisch und in kleine Röllchen geschnitten verwendet.

Ob das Gericht gelingt, hängt von den Zutaten ab. Wenn eine davon fehlt, verliert die Kürbiscreme ihr köstliches Aroma.

Zwiebel schälen und in Streifen schneiden. Im Olivenöl glasig anschwitzen.

Kürbis schälen und Kerne und Fasern entfernen. Das Fruchtfleisch in kleine Würfel schneiden. Den Knoblauch pressen. Kürbiswürfel und Knoblauch zu den Zwiebeln geben und gut verrühren.

Den hellen Fond angießen und das Ganze unter häufigem Rühren 15 Minuten kochen, bis die Flüssigkeit verdampft ist.

mit Schnittlauch

Die Sahne hineinrühren und etwa 15 Minuten kochen. Abschmecken.

Die Kürbiscreme durch ein Sieb passieren, damit sie schön glatt wird. Etwas Muskatnuss darüber reiben.

Um den Geschmack der Creme zu verfeinern, den Zitronensaft und die Schnittlauchröllchen unter Rühren zugeben. Die Suppe in tiefe Teller gießen und zum Schluss etwas Olivenöl darüber träufeln.

Bouillabaisse

Vorbereitungszeit:	20 Minuten
Garzeit:	1 Stunde
Schwierigkeitsgrad:	★

Für 8–10 Personen

3	Knurrhähne à 200 g
3	Drachenfische à 200 g
1 kg	Petersfisch
800 g	Seeteufel
800 g	Meeraal
2	Drachenköpfe à 400 g
4	Bärenkrebse
1 kg	andere Felsenfische
2	Zwiebeln
4	Knoblauchzehen
1 EL	Tomatenmark

3	Tomaten
1 Stück	getrockneter Fenchel à 100 g
4	dicke Kartoffeln
3 EL	Olivenöl

3 Tütchen	Safran
2	Chilies
	Salz
	Pfeffer

Croutons:

1	dünnes Baguette
5	Knoblauchzehen
2 EL	Olivenöl

Knoblauchmayonnaise (Rouille):

3	Eigelb
8	Knoblauchzehen
500 ml	Olivenöl
	Salz
	Safranpuder

Die Bouillabaisse, eine ganze besondere Fischsuppe aus Marseille, ist in der ganzen Welt bekannt. Das Wort Bouillabaisse stammt vom provenzalischen *Bouïa-baisso*, was in etwa heißt: auf kleiner Flamme gekocht. Früher wurde die Suppe zuerst aufgekocht, bevor man sie auf kleinem Feuer weitergaren ließ.

Einst war diese Suppe eine einfache Fischermahlzeit. Zum Kochen benutzte man Meerwasser, in dem die Fische – so, wie man sie gekauft hatte –, köchelten. Heutzutage ist die Bouillabaisse ein edles Gericht geworden und die Spezialität des »Miramar«, des Restaurants unseres Chefkochs.

Die Zusammenstellung dieser Fischsuppe wurde 1980 zum Gegenstand einer Urkunde: Darin ist festgelegt, welche Fische bei diesem Rezept verwendet werden: Knurrhahn, Drachenfisch, Petersfisch, Seeteufel, Meeraal, Drachenkopf und Großer Bärenkrebs. Wählen Sie aus dieser Palette aus, was der Markt bietet. Jean-Michel Minguella rät zu sechs Fischsorten, aber Sie können die Suppe auch mit vier Sorten zubereiten.

Während des Kochens sollten Sie die Fische immer im Blick haben und sie nach Ablauf der Kochzeit nicht lange im Kochtopf lassen. Damit sie die ganze Pracht dieses Gerichtes genießen können, präsentieren Sie Ihren Gästen die Meeresfrüchte im Ganzen und teilen Sie sie am Tisch auf.

Die unumgängliche scharfe, rote Knoblauchmayonnaise (*Rouille*) wird zunächst wie eine normale Mayonnaise im Mixer zubereitet. Salzen Sie das Eigelb und geben Sie den zuvor klein gehackten Knoblauch zu. Um eine Mayonnaise zu retten, die sich nicht binden will, geben Sie sie in den Mixer. Wenn er läuft, geben Sie einen Eiswürfel hinein – wie durch Zauberei entsteht plötzlich eine glatte Creme.

Zwiebeln und Knoblauch klein schneiden und das Ganze mit 3 Esslöffeln Olivenöl in einem großen Topf anbraten. Die Tomaten vierteln und Tomatenmark, getrockneten Fenchel und 2 Tütchen Safran zugeben.

Die Felsenfische hineingeben und mit Wasser begießen, bis sie bedeckt sind. Die Wasseroberfläche sollte etwa 4 cm über dem Fisch sein. Salzen. 20 Minuten kochen. Dann alles pürieren und filtern. Noch einmal 10 Minuten kochen und dann beiseite stellen.

Die Kartoffeln schälen und der Länge nach in 2 cm dicke Stücke schneiden. Etwas Kochsud von den Felsenfischen in einen länglichen Fischtopf gießen und die Kartoffeln hineingeben.

»Miramar«

Darauf der Reihe nach Drachenkopf, See-kuckuck, Seeteufel, Meeraal, Drachen-fisch, Petersfisch und Bärenkrebs in den Fischtopf geben, dabei darauf achten, dass zuerst die großen, dann die kleinen Exemplare hinzugegeben werden.

Übrigen Kochsud dazugießen, abschme-cken. Safran zugeben. 5 Minuten spru-delnd kochen, dann bei geringerer Tem-peratur 30 Minuten köcheln lassen. Für die Mayonnaise die Eigelb aufschlagen. Salz, Knoblauch und Safran zugeben. Olivenöl tropfenweise einarbeiten.

Baguette in 1 cm dicke Scheiben schnei-den. Mit Knoblauch einreiben und mit Olivenöl beträufeln. 3 Minuten bei 200 °C überbacken. 4 Croutons mit Rouille be-streichen. Fischsuppe mit Croutons in Suppentassen servieren. Fisch auf einer großen Platte anrichten.

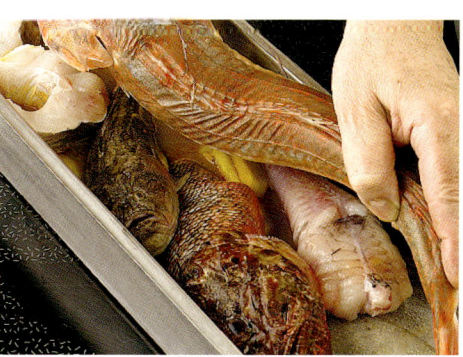

Minestrone »Nizza«

Vorbereitungszeit:	2 Stunden
Einweichzeit:	8 Stunden
Garzeit:	40 Minuten
Schwierigkeitsgrad:	✶✶

Für 4 Personen

100 g	kleine Tintenfische (Pistes)
20 g	Frühlingszwiebeln
20 g	Schnittlauch
100 g	Makkaroni
2 l	heller Geflügelfond
	Salz, Pfeffer

Suppengemüse:

100 g	Erbsen
100 g	Möhren
100 g	weiße Bohnen (Cocos)

100 g	grüne Bohnen
100 g	Blumenkohl
100 g	Weiße Rübchen
100 g	Zucchini
100 g	Fenchel

100 g	Kartoffeln (La Ratte)
100 g	Perlzwiebeln
50 g	Schalotten
50 g	eingelegte Tomaten
1 EL	Olivenöl

Basilikumsauce (Pistou):

3	Knoblauchzehen
6	Basilikumblätter
3	getrocknete Tomaten
20 g	Pinienkerne
4 EL	Olivenöl
	Salz, Pfeffer

Bouquet garni:

	Thymian
	Lorbeer
	Petersilie

Minestrone, eine italienische Gemüsesuppe, enthält immer auch Nudeln, manchmal Reis. Am wichtigsten sind aber die Gemüsesorten, deren Zusammenstellung sich von Region zu Region unterscheidet. In der Toskana gehören unbedingt weiße Bohnen hinein. Eine Minestrone wird oft mit Brot serviert, das mit Knoblauch und Olivenöl bestrichen ist. Anderswo streut man geriebenen Käse darüber.

Für unser Rezept brauchen Sie frisches Gemüse. Die weißen Bohnen dürfen nicht länger als acht Stunden einweichen, sonst entwickeln sich gesundheitsschädliche Stoffe. Fügen Sie während der Garzeit das Bouquet garni zu. Das Wasser nicht salzen, sonst werden die Bohnen nicht weich.

Die Makkaroni, die zur Minestrone gehören, stammen vermutlich aus dem arabischen Raum. Man kann sie durch Bandnudeln ersetzen, die aber in Stücke geschnitten werden müssen. Die Idee, die Gemüsesuppe mit kleinen Tintenfischen zu verfeinern, kommt von unserem Küchenchef. Putzen Sie sie gründlich und ziehen Sie dann die Haut ab, bevor Sie sie wie das Gemüse in Würfel schneiden. Damit die Tintenfische zart bleiben, sollten Sie ein paar Korken ins Wasser geben und es unter dem Siedepunkt halten.

Das *Pistou*, das man erst zum Schluss zufügt, ist ein Würzmittel der provenzalischen Küche, das aus frischem, gehacktem Basilikum, Pinienkernen, Knoblauch und manchmal getrockneten Tomaten besteht. Die Zutaten werden in einem Mörser zerdrückt und mit Olivenöl aufgeschlagen.

Parmesankäse und Reis kann man auch weglassen. Je nach Saison können Sie ein paar Steinpilze zugeben.

Zucchini, grüne Bohnen, Möhren, Fenchel, Sellerie, Zwiebeln, Rübchen, eingelegte Tomaten, Schalotten und Kartoffeln waschen, putzen und in kleine Würfel schneiden.

Zwiebeln, Schalotten, Fenchel, Sellerie und Möhren 3–4 Minuten in 1 Esslöffel Olivenöl anschwitzen, ohne dass das Gemüse Farbe annimmt.

Geflügelfond angießen. Dann das Bouquet garni zugeben, sowie die Rübchen, die Bohnen, den Blumenkohl und die Kartoffeln. 25 Minuten kochen. 10 Minuten vor Ende der Garzeit die Erbsen, die grünen Bohnen und die Tomaten hineingeben.

mit Tintenfischen

Die Tintenfische gründlich waschen und häuten, um allen Sand und alle Hautreste zu entfernen. In siedendem Wasser 2 Minuten blanchieren. Einige Korken in das Wasser geben, damit es nicht mehr aufkocht.

Die Makkaroni in gesalzenem Wasser al dente kochen. Abtropfen lassen und in etwa ¹/₂ cm lange Röllchen schneiden. Inzwischen die Zutaten für das Pistou in einem Mixer pürieren.

Die Tintenfischwürfel zu dem Gemüse geben, ebenso die Makkaroni, die Frühlingszwiebeln und den Schnittlauch. Am Schluss das Pistou einrühren. Abschmecken und heiß servieren.

Muscheln in

Vorbereitungszeit: 30 Minuten
Garzeit: 40 Minuten
Schwierigkeitsgrad: ✶

Für 4 Personen

2 kg	Miesmuscheln aus Bouzigues
500 g	Felsenfische
500 g	Crème fraîche
1	Porreestange
1	Zwiebel
1	Möhre
3	Knoblauchzehen
250 ml	Weißwein
1 ½ TL	Safranfäden
2 Scheiben	Weißbrot
6 EL	Olivenöl
	Salz
	Pfeffer

Zum Garnieren:

Schnittlauch
Safranpulver

Die Bouzigues-Muscheln in Felsenfischcreme verdanken ihren Namen einem kleinen Dorf im Languedoc. Die Aufzucht der Muscheln an Schnüren ist charakteristisch für den Mittelmeerraum. Schon in römischer Zeit sammelte man Muscheln und Austern auf natürlichen Muschelbänken. Je nach Marktangebot können Sie auch die weniger jodhaltigen Muscheln aus dem offenen Meer verwenden.

Sortieren Sie die Muscheln sorgfältig: Sie müssen fest geschlossen sein und dürfen nicht vertrocknet aussehen. Verbrauchen Sie sie innerhalb von drei Tagen nach dem Versand. Muscheln mit zerbrochenen oder halb geöffneten Schalen sollten Sie aussondern. Vor der Zubereitung werden die Muscheln geputzt, indem man sie von ihren Bärten befreit. Bürsten Sie sie deshalb unter fließendem Wasser ab.

Bei dieser Suppe hat es sich laut Angel Yagues bewährt, die Kochplatte zwei Minuten vor Ablauf der angegebenen Zeit abzuschalten. Die Muscheln garen dann zu Ende, kühlen aber schneller ab und Sie können sie leichter aus den Schalen lösen.

Felsenfische sind Knurrhahn, Drachenkopf und Drachenfisch. Die kleineren Exemplare müssen nicht ausgenommen werden. Wenn Sie Probleme haben, diese Fische zu bekommen, fragen Sie Ihren Fischhändler nach Seezungengräten. Auch sie geben dem Suppenfond Geschmack.

Diese Muschelsuppe harmoniert wunderbar mit Safran. In Form von bräunlichen Fäden oder als gelbroter Puder liefern die Narben dieses Zwiebelgewächses aus der Familie der Krokusse das berühmte Gewürz. Es ist durch seinen pikanten Geruch und bitteren Geschmack gekennzeichnet.

Den Schnittlauch können Sie auch durch Kerbel oder Petersilie ersetzen.

Muscheln waschen und putzen. In einem Topf mit dem Weißwein etwa 5 Minuten zugedeckt kochen.

Das Muschelfleisch aus den Schalen nehmen und kühl stellen. Den Kochsud aufbewahren. Das Weißbrot in 3 Esslöffeln Olivenöl anrösten, mit Knoblauch einreiben und in 4 runde Stücke schneiden.

Möhre, Porree, Knoblauch und Zwiebel waschen, schälen und in kleine Würfel schneiden.

Felsenfischcreme

Das Gemüse in 3 Esslöffeln Olivenöl ca. 5 Minuten anschwitzen. Die gewaschenen und ausgenommenen Fische zugeben.

Für die Suppe den Kochsud der Muscheln durch ein Sieb gießen, um den Schmutz abzufiltern. Den Sud über die Fische und das Gemüse gießen und die Safranfäden zugeben. Salzen und pfeffern. 20 Minuten bei geringer Hitze kochen.

Suppe durch ein Passiersieb geben, 5 Minuten unter Rühren einköcheln, danach Sahne einrühren. Abschmecken. Muschelkranz in die Teller legen. Suppe vorsichtig angießen. In die Mitte eine Scheibe geröstetes Brot geben. Mit Safran und Schnittlauchröllchen bestreut servieren.

Garnelensuppe

Vorbereitungszeit: 40 Minuten
Garzeit: 20 Minuten
Schwierigkeitsgrad: ✶

Für 4 Personen

12	Garnelen
50 g	Polenta, mittelfein
1	weiße Zwiebel
4	Knoblauchzehen
1 Bund	Frühlingszwiebeln
500 ml	heller Geflügelfond

10 g	Butter
3 EL	Olivenöl
1 Prise	Piment d'Espelette (scharfe baskische Paprikasorte)
	Salz

Zum Garnieren:

1	weiße Zwiebel
10 g	Mehl
	Frittierfett
	Olivenöl

Dadurch, dass er sich im Hinterland von Nizza niedergelassen hat, bekennt sich unser Küchenchef zu seiner engen Verbundenheit mit den mediterranen kulinarischen Traditionen. Aber da er eigentlich aus dem Elsass stammt, hängt er auch nostalgisch an den Grießsuppen, die er aus seiner Kindheit kennt. So kam er auf die Idee, ein altes elsässisches Familienrezept mit südlichen Akzenten zu versehen.

Die Suppe kokettiert auch mit dem nahen Italien. So verwendet der Küchenchef, der in Mailand gearbeitet hat, in dem Rezept Polenta. Der Maisgrieß, der meist gesalzen gegessen wird, findet sich in vielen Gerichten aus Nizza. Am Beginn der Zubereitung muss man ihn zusammen mit der Zwiebel anrösten. Wenn Ihnen die Suppe zu dickflüssig gerät, gießen Sie einfach ein bisschen Wasser dazu.

Die Zwiebeln entfalten bei diesem Gericht ihren charakteristischen Geschmack. Die Zwiebel ist eine Gemüsepflanze aus Asien und wird seit über 5000 Jahren angebaut. Sie besteht aus weißen, fleischigen Blättern, die von feinen gelben, braunen, roten oder weißen Schalen umhüllt sind.

Die Polentasuppe passt ausgezeichnet zu den Garnelen. Diese sollten beim Einkauf glänzend aussehen. Ob sie frisch sind, erkennt man an der mehr oder weniger gekrümmten Form des Panzers, an der Festigkeit des Fleisches und daran, ob sie leicht zu schälen sind. Das Olivenöl muss sehr heiß sein, wenn Sie die Garnelen in der Pfanne braten. Je nach Marktangebot können Sie die Suppe auch mit Scampi, Hummer oder Languste zubereiten.

Bei unserem Gericht darf eine Messerspitze scharfes Paprika nicht fehlen. Am besten ist getrocknetes *Piment d'Espelette*. Es gibt dieses rote Paprika als getrocknete Pfefferschote, als Pulver oder Paste.

Für die Garnierung die Zwiebel schälen und in feine Ringe schneiden. In Mehl wenden und beiseite stellen. Die Frühlingszwiebeln waschen und das Grün in sehr feine Röllchen schneiden. Die Knoblauchzehe schälen und in feine Scheiben schneiden.

Zwiebel schälen und in grobe Stücke schneiden. 2 Esslöffel Olivenöl zusammen mit 1 Teelöffel Butter erhitzen und die Zwiebestücke unter Rühren goldbraun braten.

Polenta zugeben und 5 Minuten kräftig weiterrühren, bis sie angeröstet ist.

mit Polenta

Den hellen Fond angießen und das Ganze 20 Minuten kochen. Warm halten. Die bemehlten Zwiebelringe frittieren. Mit einem Schaumlöffel herausnehmen und auf Küchenpapier abtropfen lassen.

Garnelen schälen und die Köpfe entfernen. Mit den Fingern nach und nach die Panzerringe abziehen. Den Rücken mit Daumen und Zeigefinger auseinander drücken und den Darm herauslösen.

Garnelen etwa 3 Minuten im restlichen Olivenöl anbraten. Knoblauch und Frühlingszwiebelröllchen zugeben. Mit einer Prise Paprika würzen. Garnelen in Tellern anrichten und 2 Kellen Suppe darüber gießen. Mit gerösteten Zwiebelringen und einem Tropfen Olivenöl servieren.

Gemüsesuppe

Vorbereitungszeit:	50 Minuten
Einweichzeit:	12 Stunden
Garzeit:	50 Minuten
Schwierigkeitsgrad:	★★

Für 4 Personen

200 g	Zucchini
200 g	grüne Bohnen
100 g	rote Bohnen
100 g	weiße Bohnen
100 g	Kartoffeln
150 g	Möhren
1	Zwiebel
1	Knoblauchzehe
2	Tomaten
	Salz
	Pfeffer

Bouquet garni:

	Thymian
	Lorbeer
	Petersilienstängel
2	Lauchblätter

Pistou:

50 g	Knoblauch
4 EL	Olivenöl
1 Bund	Basilikum
1	Tomate

Püree aus gebackenen Auberginen:

2	Auberginen
4	Knoblauchzehen
2	Blätter Brick-Teig (Yufka, Filo)
7 EL	Olivenöl

Tomatenmousse:

2	Tomaten
1	Zwiebel
2	Knoblauchzehen
2 Blatt	Gelatine
2 EL	Olivenöl
250 ml	Sahne

Auch dies ist eine klassische Suppe aus dem Mittelmeerraum. Traditionell wird sie heiß gegessen. Aber wenn Sie das Rezept von Francis Robin zubereiten, werden Sie angenehm überrascht sein, wie gut sie auch kalt schmeckt. Sie benötigen dafür wirklich alle Gemüsesorten, die der Küchenchef aufgelistet hat, sonst ist es keine richtige *Soupe au pistou*. Schneiden Sie das Gemüse in etwa gleich große Würfel, damit sie gleichmäßig garen.

Kaufen Sie am besten rote und weiße Coco-Bohnen, die man von Juni bis September im Südosten Frankreichs und in Italien findet. Weichen Sie sie getrennt ein, wenn möglich über Nacht. Die Bohnen werden dann schneller gar. Bei der Zubereitung dürfen Sie das Kochwasser am Anfang nicht salzen, sonst werden die Bohnen hart und garen nicht mehr richtig. Erst wenn sie weich gekocht sind, würzen Sie die Suppe mit Salz. Verwenden Sie möglichst junge, feste Zucchini und Möhren, denn sie schmecken am besten.

Im Mörser zerkleinertes Basilikum heißt auf provenzalisch *Pistou*. Nehmen Sie es erst im letzten Moment aus dem Kühlschrank und waschen Sie die Blätter nicht, sonst verliert das Kraut seinen kräftigen Duft und Geschmack.

Die Gelatineblätter bringen die Tomatenmousse in Form. Weichen Sie sie vorher nach Anweisung des Herstellers in lauwarmem Wasser ein und lassen Sie sie dann in heißem Olivenöl schmelzen. Wenn die Mousse etwas rötlicher werden soll, geben Sie einen Esslöffel Tomatenmark zu. Nehmen Sie am besten schöne Sommertomaten wie die Sorte Roma oder Strauchtomaten. Die überbackenen Auberginen kommen zuletzt auf die Suppe, nachdem sie etwas abgekühlt sind. Dann saugen sie sich nicht so rasch voll.

Tomaten mit kochendem Wasser überbrühen und häuten. Gemüse in Würfel bzw. klein schneiden: Tomaten, Möhren, Kartoffeln, Zucchini, grüne, rote und weiße Bohnen. Wenn rote und weiße Bohnen zu groß sind, teilen. Den Backofen auf 200 °C vorheizen.

2 l Wasser mit Zwiebel, Knoblauch und Bouquet garni aufkochen. Bohnen hineingeben und 20 Minuten kochen. Dann das andere Gemüse zugeben: Möhren, Kartoffeln, Zucchini und als letztes Tomaten. 20 Minuten auf kleiner Flamme kochen. Salzen, pfeffern.

Auberginenpüree: 4 ungeschälte Knoblauchzehen aufs Backblech legen, dazu halbierte, eingeritzte Auberginen. Mit 4 Esslöffeln Olivenöl beträufeln. 25 Minuten backen. Fleisch von Haut lösen, Knoblauch schälen, beides im Mixer pürieren. Übriges Olivenöl zugeben. Salzen, pfeffern.

mit Pistou

Pistou: Geschälten Knoblauch, Basilikum, abgezogene, entkernte Tomaten und Olivenöl pürieren. Salzen, pfeffern. Suppe vom Herd nehmen und mit Pistou binden. Sahne steif schlagen. Beiseite stellen. Gelatine in lauwarmem Wasser einweichen.

Aus dem Brick-Teig 8 runde Scheiben von 6–8 cm Durchmesser schneiden. Backblech einfetten. Auf 4 Brick-Scheiben je 1 Esslöffel Auberginenpüree geben, mit den restlichen 4 Teigkreisen abdecken. Ränder zusammendrücken. 10 Minuten bei 200 °C backen.

Zerdrückte Tomaten mit geschnittener Zwiebel und Knoblauch in Olivenöl anbraten. Pürieren. In Öl geschmolzene Gelatine und geschlagene Sahne hineingeben. Suppe in Teller gießen. Auberginenpüree darauf setzen. Mit Tomatenmousse und Basilikum garnieren.

Fischsuppe

Vorbereitungszeit: 35 Minuten
Garzeit: 1 Stunde 45 Minuten
Schwierigkeitsgrad: ∗

Für 4 Personen

800 g	Garnelen
1	Seespinne
400g	Fisch für die Bouillon (Meeräsche, Merlan, Meeraal o. Ä.)
100 ml	Weißwein
100 g	Frühlingszwiebeln

800 g	Miesmuscheln
¼	Fenchelknolle
½ Bund	Petersilie
4	Knoblauchzehen
60 ml	Olivenöl
25 g	Tomatenmark
	Salz
	Pfeffer
1 g	Safran
400 g	Fischfilet (Seewolf, Zahnbrasse, Katzenhai o. Ä.)
40 ml	Sahne
1 Zweig	frische Minze

Diese Fischsuppe ist ein typisches Gericht der korsischen Küstenregion. Sie ist gehaltvoll und wird wie die Bouillabaisse mit Fisch und Schalentieren zubereitet, deren Zusammenstellung je nach Fang variieren kann. Sie ist leicht zubereitet, benötigt aber eine längere Garzeit.

Die »Insel der Schönheit« verdankt diese maritime Spezialität der Stadt Bastia. Die Fischerei ist hier immer noch ein Handwerk, Schleppnetzfischer sind die Ausnahme. Im Hafen laden kleine Boote, nur mit Netz und Takelbaum ausgerüstet, ihren erstklassigen Fang aus: Petersfisch, Knurrhahn, Seewolf, Drachenkopf, Meeräsche, Katzenhai und viele weitere Delikatessen landen frisch auf dem Markt. Selbst Langusten werden hier gefangen, und zwar in Reusen aus Weidengeflecht.

Traditionell verwenden die Korsen kleine Krebse und Felsenfische für diese Suppe. Zusammen mit Olivenöl, Knoblauch, Zwiebeln, Fenchel und Tomaten werden sie zerkleinert und verleihen der Bouillon ihre unvergleichliche Vielfalt an Aromen. Unser Küchenchef hat eine Seespinne zugefügt. Dieser Krebs ist an seinem stacheligen Panzer und den sehr langen Scheren zu erkennen.

Zu all den Köstlichkeiten des Meeres gesellt sich Safran, das teuerste Gewürz der Welt. Eine genaue Dosierung ist wichtig, da die feinen Blütenfäden leicht bitter schmecken.

Um den etwas scharfen Geschmack der wilden korsischen Minze nachzuahmen, kann etwas Chilipulver zugegeben werden.

Garnelen schälen, die Schalen und Köpfe aufbewahren. Die Seespinne aufschneiden, die Flüssigkeit aus dem Kopf auffangen. Fische für die Bouillon in Stücke schneiden.

Den Weißwein mit ½ gehackten Zwiebel und den gesäuberten Muscheln in einen großen Topf geben und kochen, bis die Muscheln geöffnet sind. Muschelfleisch auslösen und den Kochsud aufbewahren.

Den in Streifen geschnittenen Fenchel, die gehackte Petersilie, restliche Zwiebeln und den zerdrückten Knoblauch in Olivenöl anbraten.

aus Bastia

Das Tomatenmark, die Garnelenschalen und -köpfe sowie die Fische für die Bouillon und die Seespinne zufügen und mit einem Holzlöffel leicht stampfen.

Den Kochsud der Muscheln und die Flüssigkeit der Seespinne zufügen und mit Wasser aufgießen, bis alle Teile bedeckt sind. 1 bis 1½ Stunden kochen. Mit Salz und Pfeffer abschmecken und durch ein feines Sieb geben.

Die abgeseihte Bouillon mit Safran bestäuben. Muscheln, das in Stücke geschnittene Fischfilet und Garnelen zufügen und 2 Minuten kochen. Sahne und gehackte Minze zufügen und die Suppe in tiefen Tellern heiß servieren.

Suppe nach

Vorbereitungszeit: 20 Minuten
Garzeit: 40 Minuten
Schwierigkeitsgrad: ✶

Für 4 Personen

200 g	Linguini (Pasta)
700 g	kleine Scampi
300 g	kleine Kalmare
400 g	Venusmuscheln

1	Knoblauchzehe
3	Tomaten
4 EL	Olivenöl

Zum Garnieren:

Petersilie

Diese Suppe nach Fischer-Art ist ideal für den Winter, da sie die köstlichen Aromen des Mittelmeeres in sich vereint. Das Gericht hat an der adriatischen Küste eine lange Tradition und ist einfach zuzubereiten. Wenn Sie gern Muscheln und Krustentiere essen, könnte diese Suppe zu einem ihrer Leibgerichte werden.

In der italienischen Küche spielen Venusmuscheln, auf Italienisch *Vongole*, eine große Rolle. So erfreuen sich etwa die *Spaghetti alle vongole* überall großer Beliebtheit. Man kann Venusmuscheln sogar roh mit etwas Zitronensaft essen. Sie sind leicht an ihren kleinen, in der Mitte gewölbten, gelben bis dunkelgrauen Schalen zu erkennen.

Feinschmecker lieben Scampi, deren Geschmack an Hummer erinnert und die obendrein noch gesund sind, da sie viel Kalzium, Phosphor und Eisen enthalten. Man kann sie auf unterschiedliche Art und Weise zubereiten, sollte aber beachten, dass Krustentiere nur kurz gegart werden sollten. Um die Auswahl an Meeresfrüchten zu vervollständigen, verwendet Maddalena Beccaceci auch kleine Kalmare, die besonders zart sind. Die Fangarme und Körpertasche sind genießbar. Den Tintensack sollten Sie beim Säubern der Tiere entfernen.

Zum Gelingen dieses Rezepts trägt nicht zuletzt der Fischfond bei, in dem die Linguini, lange Nudeln, die sehr feinen Spaghetti ähneln, gekocht werden und der die Basis für die Suppe bildet. Wenn Sie der Suppe ein kräftigeres Aroma verleihen möchten, können Sie bei der Zubereitung der Brühe den Kopf eines Petersfisches mitkochen.

Da Pfeffer und andere scharfe Gewürze in diesem Rezept fehlen, kann sich das Aroma der einzelnen Zutaten ungehindert entfalten. Selbst der Knoblauch dient nur zur Verfeinerung des Olivenöls und wird nicht mitgegessen.

Mit den Händen die Köpfe der Scampi abtrennen. Die Scampi aus den Schalen lösen und die Köpfe für den Fond beiseite stellen. Die Kalmare enthäuten und den Schulp entfernen. Waschen und in kleine Stücke schneiden.

Für den Fond 2 Liter Wasser in einem Topf zum Kochen bringen. Die Köpfe der Scampi hineingeben. Bei geschlossenem Deckel etwa 30 Minuten kochen lassen.

Die Venusmuscheln in eine Pfanne geben und etwas Wasser angießen. Einige Minuten kochen, bis sich die Muscheln geöffnet haben. Das Muschelfleisch herauslösen. Die Tomaten blanchieren, häuten und würfeln.

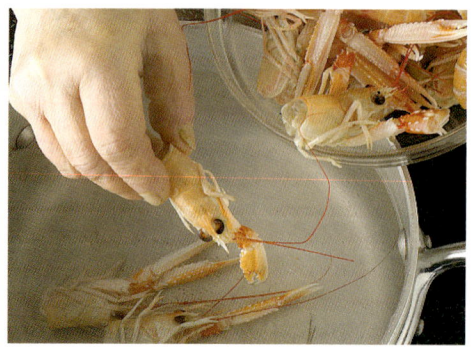

Fischer-Art

Die ganze Knoblauchzehe in Olivenöl anbraten und wieder herausnehmen. Die Scampi in die Pfanne geben und etwa 2 Minuten braten. Dann Kalmare, Venusmuscheln und Tomatenwürfel zugeben. Salzen. 5–10 Minuten garen.

Den Fischfond filtern und aufkochen lassen. Salzen. Die Linguini über dem Topf zerbrechen und im Fischfond bissfest kochen.

Die Meeresfrüchte zugeben, 1 Minute ziehen lassen. Die Suppe auf Tellern verteilen und mit gehackter Petersilie bestreut servieren.

Frühlingssuppe

Vorbereitungszeit: 35 Minuten
Garzeit: 25 Minuten
Schwierigkeitsgrad: ✶

Für 4 Personen

1,5 kg	kleine Zucchini
1	Zwiebel
80 g	Butter
3	Eier
	Parmesankäse
½ Bund	Petersilie

2	Knoblauchzehen
4 Scheiben	helles Bauernbrot
2 EL	Olivenöl
	Salz
	Pfeffer

Zum Garnieren:

	Minzeblätter
4	Eier (nach Belieben)

Die Frühlingssuppe ist eine traditionelle Bauernsuppe und steht gewissermaßen für den Frühling. Nicht nur in Latium, sondern auch in Kampanien und Kalabrien ist sie sehr beliebt. Diese leicht zuzubereitende Suppe kann man heiß oder kalt zu Brot essen.

Ohne Zucchini, die man auf ganz unterschiedliche Art und Weise zubereiten kann – geschmort, gegrillt, gebraten, gefüllt oder als Salat –, wäre die italienischen Küche um Vieles ärmer. Auch für diese Suppe benötigt man sie. Die sehr wasserhaltigen und wenig nahrhaften Zucchini wachsen im Süden der Halbinsel in Hülle und Fülle. Wählen Sie beim Einkauf kleine Exemplare, die besonders zart sind. Achten Sie auch darauf, dass sie an den Enden fest sind und keine Flecken haben. Zucchini kann man sowohl mit als auch ohne Schale essen, sollte sie jedoch stets gründlich abwaschen. Man kann sie, je nach Jahreszeit, auch durch weiße Rübchen oder Kürbis ersetzen.

In dieser Suppe, die dank der Eier, des Käses, der Butter und des Brotes recht reichhaltig ist, kommt die Petersilie gut zur Geltung. Diese aromatische Pflanze ist aus der italienischen Küche nicht wegzudenken. Man kann sie das ganze Jahr über erhalten. Sie sollte knackig grün und frisch sein sowie feste Stängel und Blätter haben.

Auch Knoblauch ist zu jeder Jahreszeit erhältlich. Im Frühling schmeckt er milder und ist leichter zu schälen. Diese Knollenpflanze, die seit über fünftausend Jahren angebaut wird, gehört zur Familie der Lippenblütler und soll vor allem für den Kreislauf sehr gesund sein. Verwenden Sie nur feste, pralle Zehen.

Um die Suppe noch zu verfeinern, nimmt man in Süditalien üblicherweise Pecorino, einen an der Luft getrockneten Schafskäse. Marco und Rossella Folicaldi ziehen für dieses Rezept allerdings Parmesankäse vor.

Die Zucchini waschen und würfeln.

Die Zwiebel schälen und grob zerkleinern. In Olivenöl und Butter andünsten, dann die Zucchiniwürfel zufügen. 10–20 Minuten bei geschlossenem Deckel köcheln lassen, gegebenenfalls Wasser zufügen. Salzen und pfeffern.

Das Bauernbrot rösten. Mit Knoblauch einreiben und beiseite stellen.

Eier in einer kleinen Schüssel aufschlagen. Gehackte Petersilie zugeben und verquirlen.

Die verquirlten Eier zu den Zucchini geben. Mit einom Holzlöffel umrühren.

Parmesankäse über die Suppe reiben. Mit Pfeffer abschmecken. Die Suppe mit den Brotscheiben auf Tellern anrichten. Nach Belleben jeweils ein Eigelb zugeben und mit Minzeblättern garnieren.

Gerstensuppe

Vorbereitungszeit: 50 Minuten
Garzeit: 55 Minuten
Schwierigkeitsgrad: ✶

Für 4 Personen

300 g	Perlgraupen
1	Zucchini
1	Möhre
1	Radicchio
1	Lauchstange
2	Lorbeerblätter
1 l	Milch
60 g	Butter
2 Scheiben	durchwachsener Speck

3 EL	Pflanzenöl
500 ml	Öl, zum Frittieren
	Salz
	Pfeffer

Für die Kroketten:

300 g	geriebener Cantal-Käse, mild
2	Eier
50 g	geriebener Parmesankäse
20 g	Mehl
100 g	Semmelbrösel

Zum Garnieren:

	Petersilie

Schon seit über eintausend Jahren ist die Hochebene von Asiago in Südtirol für ihre Milch bekannt. Laut Francesca de Giovannini hat bereits der germanische Stamm der Kimbern mit seinen Herden die Weiden bevölkert und sich vorwiegend von Gerste und Milch ernährt.

Die Küchenchefin interessiert sich sehr für die Geschichte ihrer Region und schlägt deshalb ein uraltes Rezept vor, das noch aus der Zeit der Kimbern stammen soll. Im Lauf der Jahrhunderte wurde diese Suppe um saisonales Gemüse bereichert. Dieses Rezept sieht als Verfeinerung noch Käsekroketten und Speckscheiben vor, typische Spezialitäten der Region.

Gerste ist ein sehr widerstandsfähiges Getreide, das in Italien hauptsächlich in Südtirol und im Friaul angebaut wird. Die länglichen, spitz zulaufenden Körner werden geschält und dann zwischen zwei Mühlsteinen zu kleinen, runden Perlen gemahlen. Perlgraupen eigenen sich besonders für Suppen; ersatzweise kann man auch Dinkel nehmen.

Diese Bauernsuppe von Francesca de Giovannini ist beinahe eine Art Gemüsesuppe. In Südtirol erfreut sich der *Radicchio* von Treviso, eine rote Endivie, großer Beliebtheit. Es gibt sogar Treffen von Feinschmeckern zu seinen Ehren. Dieses knackige Gemüse kann man roh oder gekocht essen, gegrillt oder gefüllt. Es ist leicht an der violetten Farbe und den weißen Rippen zu erkennen und ab Dezember auf allen Märkten zu finden. Auch die sehr wasserreichen Zucchini sind aus der mediterranen Küche nicht wegzudenken. Ihr Hauptanbaugebiet liegt in Süditalien. Wählen Sie kleine Exemplare von einheitlicher Farbe.

Diese nahrhafte Gerstensuppe nach Kimbernart ist ein ideales Wintergericht.

Zucchini, Möhre, Lauch und Radicchio waschen, putzen und sehr fein würfeln.

In einem großen Topf 2 Esslöffel Pflanzenöl und 50 g Butter erhitzen. Die Gemüsewürfel und die Lorbeerblätter zufügen. Salzen und pfeffern. 3 Minuten andünsten. Die Gerste unterrühren.

Die Milch angießen und umrühren. Bei mittlerer Hitze 40–50 Minuten köcheln lassen.

nach Kimbernart

Für die Kroketten Cantal-Käse, Parmesan, Mehl und 1 ganzes Ei in eine Salatschüssel geben. Die Masse zu einem glatten Teig kneten. Das andere Ei in einem Schälchen verquirlen.

Den Teig dünn zusammenrollen und in fingerbreite Stücke schneiden. Zwischen den Handflächen zu Kugeln rollen. Erst im Ei, dann in den Semmelbröseln wenden. In Öl frittieren.

Restliches Pflanzenöl sowie Butter in einer Pfanne erhitzen. Den Speck anbraten. Die Suppe mit den Kroketten und dem Speck anrichten. Gehackte Petersilie darüber streuen und servieren.

Zuppa

Vorbereitungszeit:	40 Minuten
Garzeit:	35 Minuten
Schwierigkeitsgrad:	★

Für 4 Personen

1 kg	Venusmuscheln
300 g	Kartoffeln
200 g	Wurstbrät
½	Knoblauchzwiebel
2	frische Rosmarinzweige
¼ Bund	Petersilie

4 EL	Weißwein
5 EL	Olivenöl
	Salz
	Pfeffer

Zum Garnieren:

	Petersilie

Für Alberto Melagrana herrschen in den Marken paradiesische Zustände. Er ist von dieser Region so begeistert, dass sein Loblied auf die Vielfalt und Qualität ihrer Produkte, mit denen die Natur die Einwohner großzügig gesegnet hat, kein Ende nehmen will. Diesem Reichtum der Marken sind viele originelle und raffinierte Rezepte zu verdanken.

Die *Zuppa picena* ist eine typische Suppe aus der Provinz Piceno, die traditionell auf Fischerbooten zubereitet wurde. Vor dem Ablegen versorgten sich die Seeleute mit Proviant. Sie stellten Kartoffeln in den Laderaum und hängten Würste an den Mast. Je nachdem, was die Netze als Fang hergaben, bereiteten sie sich eine Suppe zu, die sie an Gerichte erinnerte, die sie von zu Hause kannten. Heute isst man die *Zuppa picena* vor allem im Winter, manchmal ergänzt durch geröstete Weißbrotscheiben.

Venusmuscheln erkennt man leicht an ihren kleinen Schalen und an der Wölbung in der Mitte. Wegen ihres wohlschmeckenden Fleisches werden sie in Italien sehr geschätzt und passen ausgezeichnet zu Weißwein, Tomaten, Schalotten und Thymian. Je nach Angebot kann man sie auch durch Tellmuscheln ersetzen, die man dann schon am Abend vorher säubern sollte.

Früher schlachteten die Bauern in den Marken ihre Schweine selbst. Das Fleisch wurde unter den Nachbarn aufgeteilt oder zu Wurst verarbeitet. Auch die Fischer an der Küste versorgten sich mit den haltbaren Würsten. Charakteristisch für italienische Würste ist, dass ihr Fleisch nur grob gehackt und leicht gewürzt ist. Man nimmt sie gern für Saucen und Ragouts.

Der Rosmarin gibt der Fischersuppe den besonderen Pfiff.

Die Venusmuscheln unter fließendem Wasser putzen. 4 Knoblauchzehen in 4 Esslöffeln Olivenöl andünsten und die Muscheln zugeben. Kurz zugedeckt garen, bis die Muscheln sich geöffnet haben. Die gehackte Petersilie darüber geben.

Das Wurstbrät zu kleinen, gleichmäßigen Klößchen formen. In einer Pfanne mit dem restlichen Olivenöl anbraten, salzen und pfeffern. Den restlichen Knoblauch und 1 Zweig Rosmarin zugeben. 3–4 Minuten dünsten und den Weißwein angießen.

Die Kartoffeln schälen und in gleichmäßige Würfel schneiden.

picena

Die Kartoffeln in kochendes Wasser geben und mit dem anderen Zweig Rosmarin garen. Abgießen.

Venusmuscheln, Kartoffeln und Fleischbällchen vorsichtig in einen Topf geben.

500 ml kochendes Wasser angießen und 5 Minuten köcheln lassen. Die Suppe in Tellern anrichten und mit Petersilie garnieren.

Weizensuppe

Einweichzeit: 72 Stunden
Vorbereitungszeit: 40 Minuten
Garzeit: 1 Stunde 45 Minuten
Schwierigkeitsgrad: ✶

Für 4 Personen

200 g	Weizenkörner
50 g	Kichererbsen
50 g	weiße Bohnenkerne
700 g	Kräuter (Endivie, Mangold, Estragon, Spinat o. Ä.)
	Salz
2	Knoblauchzehen

1	Zwiebel
2 EL	Olivenöl
50 g	Möhren
25 g	Selleriestange

Gewürze:

1 Zweig	Thymian
1 Zweig	Rosmarin
2 Blättchen	Majoran
1	Lorbeerblatt

dazu:

getoastetes Knoblauchbrot

Die Stadt Syrakus feiert jedes Jahr das Fest ihrer Schutzheiligen »Santa Lucia«, die den Einwohnern der Legende nach in einer großen Hungersnot beistand. Sie soll die Gebete erhört und Schiffe mit Weizenladungen gesandt haben. Ausgehungert stand die Bevölkerung vor dem Getreide, das von der Überfahrt noch nass war. Aus der Not machte man eine Tugend und erfand die Weizensuppe, die mit wilden Kräutern bereichert wurde und heute ein Wintergericht ist.

Der Weizen wird auf Sizilien seit der Antike verehrt. Er gehört zur Familie der einjährigen Gräser und wird meist zu Mehl und Grieß verarbeitet. Schon die Ägypter und antiken Griechen aßen Weizen. Die Römer machten Sizilien zur Kornkammer ihres Reiches und veränderten die Landwirtschaft auf der Insel dauerhaft. Seit dieser Zeit gedenken einige kleine Dörfer noch immer Ceres, der Göttin des Ackers.

Für dieses Rezept muss der Weizen 72 Stunden einweichen.

Die Kichererbsen und weißen Bohnen wurden dem Rezept erst später zugegeben, die Wildkräuter gehörten von Anfang an dazu. Sie können, wie unser Küchenchef vorschlägt, die schwer zu beschaffenden Wildkräuter durch junge Blätter von Spinat, Mangold und Endivien ersetzen, aber fügen Sie unbedingt auch Estragon hinzu. Diese sehr aromatische Pflanze, die in Asien heimisch ist, bereichert die Suppe mit ihrem anisartigen, leicht scharfen Aroma.

Den Weizen 72 Stunden, Kichererbsen und weiße Bohnen getrennt 12 Stunden in Wasser einweichen. Weizen (1 Stunde), Kichererbsen (1 Stunde) und weiße Bohnen (1 Stunde 30 Minuten) getrennt kochen.

Die Kräuter waschen, grob hacken und 3 Minuten in kochendem Salzwasser blanchieren. Die Blätter abtropfen lassen und nochmals hacken. Das Kochwasser beiseite stellen.

Den zerdrückten Knoblauch und die gehackte Zwiebel in Olivenöl anbraten. Die Möhren und die Selleriestange fein würfeln, zufügen und 5 Minuten dünsten.

»Santa Lucia«

Den gekochten Weizen und die Kräuter zufügen und 5 Minuten dünsten. Alles in einen großen Topf umfüllen.

Den Kochsud in den Topf füllen, aufkochen und 10 Minuten köcheln lassen.

Kichererbsen, weiße Bohnen und Gewürze zufügen und 15 Minuten köcheln lassen, dann mit Salz abschmecken. Die Suppe mit getoastetem Knoblauchbrot servieren.

Kakavia

Vorbereitungszeit: 50 Minuten
Garzeit: 20 Minuten
Schwierigkeitsgrad: ✶

Für 4 Personen

600 g	Meerbrasse
600 g	Drachenkopf
1	Aal
2	Zwiebeln
800 g	Kartoffeln
	Salz und Pfeffer

Skordalia:

150 ml	Olivenöl
500 ml	Weißwein
2	Zitronen
2	Quitten
	Fenchelgrün

Zum Garnieren:

Fenchelgrün

Beilage:

Toast

Das Wort *Kakavia* steht für eine köstliche, traditionelle Fischsuppe. Diese sehr populäre Spezialität Griechenlands ähnelt der französischen Bouillabaisse und verdankt ihren Namen dem *kakavin*, also dem Kochgeschirr, in dem die Fischer früher ihren Fang garten.

Diese Suppe, die sich durch ihr unnachahmliches Aroma auszeichnet, wird heute noch von den Fischern an Bord ihrer Kutter mit Meerwasser zubereitet. Wie unser Küchenchef erzählt, wird sie auf den griechischen Inseln zum Namenstag des jeweiligen Schutzheiligen zubereitet.

Die *Kakavia* versteht sich als eine vollendete Hommage an das Mittelmeer und lässt sich mit vielen Fischsorten herstellen. Unser Küchenchef hat den Drachenkopf gewählt, der von seinen Landsleuten sehr geschätzt wird. Der griechische Ausdruck dafür ist *skorpios*, und er zeichnet sich durch sein weißes, etwas fetthaltiges Fleisch aus.

Auch der Meerbrasse fällt in diesem Rezept eine wichtige Rolle zu. Es handelt sich um einen Fisch, der die mediterranen Küsten bevölkert und die Gourmets mit seinem feinen Geschmack begeistert. Hier ist die Einhaltung der Garvorschriften unbedingt notwendig, damit das delikate Fleisch nicht mehlig wird.

Für dieses Gericht haben die Seeleute im Lauf der Zeit noch Produkte aus der Neuen Welt mitgebracht. Aus Südamerika gelangte die Kartoffel nach Griechenland und bereicherte das Originalrezept. Auf manchen Inseln wird mit Tomaten ein farbiger Akzent gesetzt.

Perfekt ausgewogen schmeckt *Kakavia* mit geröstetem Brot und der griechischen *Skordalia*. Diese charaktervolle »Sauce« aus Knoblauch, Olivenöl, Quitten, Zitronensaft, Fenchel, Salz und Pfeffer bringt das köstliche Aroma dieser Suppe voll zur Entfaltung.

Die Meerbrasse und den Drachenkopf abschuppen und ausnehmen. Den ausgenommen Fisch in Filets schneiden. Die Köpfe für die Brühe beiseite legen. Den Aal in dicke Stücke schneiden.

Die Zwiebeln und die Kartoffeln schälen. Dann alles mit einem Küchenmesser in gleichmäßig dicke Ringe bzw. Scheiben schneiden.

Eine Schicht Zwiebelringe in einen Topf geben. Die Kartoffelscheiben darüber verteilen. Die Meerbrassenfilets und die aufbewahrten Fischköpfe darüber legen.

Nacheinander mit Kartoffelscheiben, Aal-
stückchen und Drachenkopffilets
bedecken. Salzen und pfeffern. 100 ml
Olivenöl, den Weißwein und 1 l Wasser
zugießen. Zum Kochen bringen und
15 Minuten garen. Den Saft einer Zitrone
zufügen. Die Fischköpfe herausnehmen.

Für die Skordalia die Quitten waschen. In
der Mitte durchschneiden. Die
Quittenhälften in einen Topf mit
kochendem Wasser legen. Etwa 15
Minuten garen.

Die geschälten Quitten in den Mixer geben
und die Knoblauchzehen, den Zitronensaft, Salz und Pfeffer zufügen und purie-
ren. Das Fenchelgrün und 50 ml Olivenöl
zugeben. Die Kakavia mit der Skordalia
und den gerösteten Brotscheiben anrichten. Mit Fenchelgrün garnieren.

Ntomatosoupa

Vorbereitungszeit:	35 Minuten	
Garzeit:	50 Minuten	
Schwierigkeitsgrad:	✳	

Für 4 Personen

4 kg	Tomaten
1 Zweig	Basilikum
2	Zwiebeln
1	Knoblauchzehe
2 EL	Olivenöl

	Salz
	weißer Pfeffer
1 Prise	Zucker
125 g	*kritharaki* (griechische Nudeln)
50 g	Joghurt

Mit *Ntomatosoupa* wird eine Tomatensuppe nach typisch klösterlicher Art bezeichnet, die am besten im Sommer mundet. Dieses leichte, ausgesprochen erfrischende Mahl gibt es in mehreren regionalen Varianten. Nach Athener Art wird es mit den heimischen Nudeln kritharaki oder auch mit Bulgur (Weizenschrot) angereichert. Andernorts ziehen es die Köche vor, die Suppe mit einer schlichten Joghurtsauce zu würzen.

Die sehr leicht herzustellende *Ntomatosoupa* ist eine Huldigung an die Tomate. Von Peru, wo ihre Ursprünge liegen, wurde diese Gemüsefrucht im 16. Jahrhundert nach Spanien eingeführt. Dann brauchte sie noch 200 Jahre, um sich in den Landesküchen Südeuropas durchzusetzen. Die sonnenhungrige Frucht findet in den Mittelmeerländern optimale Anbaubedingungen. Auf den griechischen Kykladen wächst eine kleinwüchsige, hellrote Tomate mit einem eigenwilligen Geschmack. Als Frühgemüse wird sie traditionsgemäß auf unbewässerten Böden gezogen.

Für dieses Rezept ist die Sorte »Roma« besonders gut geeignet. Sie bringt feste, aromatische Früchte hervor, die auch als Eiertomaten bezeichnet werden. Nach dem Entfernen der Samen werden diese beiseite gelegt. Danach bindet man sie mit Basilikumzweigen in ein Küchentuch, um den Geschmack der Suppe zu intensivieren.

Das Aroma dieser Speise wird durch die säuerliche Note des Joghurts akzentuiert. Fettreich und von cremiger Konsistenz, wird er in Griechenland vorwiegend aus Schafsmilch zubereitet. Er bildet die Grundlage vieler Spezialitäten der griechischen Gastronomie, so auch des berühmten Tsatsiki mit Knoblauch und Gurke.

Das Kennzeichen dieser Joghurtsauce mit südlichem Einschlag ist der eigenwillige Basilikumcharakter. Diese Blattpflanze wurde bereits in der Antike geschätzt. Ihr würziges Zitronen-Jasmin-Aroma passt ausgezeichnet zu Tomaten.

Die Tomaten waschen. Jede Tomate in Viertel teilen. Die Samen herausschneiden und beiseite legen. Die Tomaten im Mixer pürieren.

Die Samen und den Basilikumzweig ohne die Blätter auf ein sauberes Küchentuch legen. Das Tuch nach innen einschlagen und mit Küchengarn zubinden. Die Basilikumblätter klein schneiden und beiseite legen.

Die Zwiebeln schälen und in Stückchen schneiden. Den Knoblauch zerdrücken. Alles in 1 Esslöffel Olivenöl anbräunen. Das Tomatenpüree dazugeben. Mit Wasser ablöschen. Salzen und pfeffern. Den Zucker einstreuen. Bei schwacher Hitze etwa 40 Minuten garen.

Wasser erhitzen. Wenn es sprudelt, das Säckchen mit den Tomatensamen hineinlegen. 10 Minuten kochen lassen. Das Säckchen herausnehmen. Das Kochwasser in den Topf mit der Tomatensauce gießen.

Die griechischen Nudeln zu der Tomatensauce geben. Etwa 10 Minuten köcheln lassen.

Den Joghurt in eine Schale geben und mit 1 Esslöffel Olivenöl verrühren. Salz und Pfeffer zufügen, ebenso das geschnittene Basilikum. Die Suppe auf tiefe Teller verteilen und mit der Joghurtsauce dekorativ anrichten.

Hähnchencremesuppe

Vorbereitungszeit: 35 Minuten
Garzeit: 1 Stunde 40 Minuten
Schwierigkeitsgrad: ✳

Für 4 Personen

1	Hähnchen (2 kg)
1	Zwiebel
1	Lorbeerblatt
	schwarze Pfefferkörner
	Salz
125 g	Reis

2	Eier
2	Zitronen

Zum Garnieren (nach Belieben):
Selleriegrün oder wilder Majoran

Hähnchensuppe mit *Avgolemono* ist ein Klassiker im kulinarischen Repertoire Griechenlands. In Thessalien wird dieses Essen traditionsgemäß mit dem Weihnachtsfest assoziiert. Und da es ein ziemlich üppiges Mahl ist, wird es meist als Hauptgang serviert.

Der Grundbestandteil dieses griechischen Klassikers ist ein großer Hahn. Masthähnchen, die früher erst in fortgeschrittenem Alter im Topf landeten, benötigen eine längere Garzeit. Kenner schätzen das feste Fleisch des Hähnchens, das in manchen Regionen durch ein ebenso schmackhaftes Huhn ersetzt wird.

Bei diesem Rezept hat man sich bewusst auf wenige Zutaten beschränkt. Die mit schwarzen Pfefferkörnern und Zwiebel gewürzte Brühe wird mit einem Lorbeerblatt versehen. Der immergrüne Lorbeer, eine wild wachsende mediterrane Kräuterpflanze, würzt Schmortöpfe, Füllungen und Marinaden.

Nach dem Garvorgang wird das Hähnchen aus dem Topf genommen und die Brühe durch ein Sieb gegossen. Unbedingt 500 ml für die Sauce aufbewahren!

Diese herzhafte Suppe ist das ideale Hauptgericht für den Winter. Mit einer Reiseinlage wird eine ganze Familie davon satt. Die Legende sagt, dass der Reis aus Persien nach Mesopotamien kam. Alexander der Große verbreitete den Reisanbau in Makedonien nach seiner Rückkehr aus Indien. Früher galt dieses Getreide als reiner Luxus, während es heute zu den Grundnahrungsmitteln zählt und weltweit exportiert wird.

Der griechische Saucenklassiker *Avgolemono* verleiht dem Rezept das besondere Temperament. Diese vielseitig verwendbare Sauce besteht aus Ei, Zitrone und Bouillon. Panagiotis Delvenakiotis empfiehlt einen Teelöffel Speisestärke zum Binden.

Den Hahn am Rücken entlang aufschneiden. Die Schenkel vom Rumpf trennen. Jedes Stück parieren. Die Haut vom Knochen ablösen. Das Brustbein freilegen. Die Flügel abtrennen.

Die Fleischteile in einen Topf geben. Die ganze Zwiebel, das Lorbeerblatt und einige Pfefferkörner zufügen. Mit Wasser bedecken. Bei geschlossenem Topf etwa 1 Stunde 30 Minuten garen. Gelegentlich den Schaum abschöpfen. Salz einstreuen.

Die Fleischteile aus dem Topf nehmen und beiseite stellen. 500 ml Brühe abgießen und aufbewahren. Den Reis in den Topf mit der restlichen Brühe schütten. Etwa 10 Minuten garen.

mit Avgolemono

Für die Sauce das Eiweiß in eine Schüssel geben. Salz zufügen und schaumig schlagen. Das Eigelb aufbewahren.

Das Eigelb zu den Eiweiß geben und schaumig schlagen.

Den Zitronensaft zugießen. Unter Schlagen einarbeiten. Die beiseite gestellte Brühe portionsweise unter Schlagen einarbeiten. Die Suppe auf Tellern anrichten. Mit schwarzem Pfeffer bestreuen. Die Hähnchenteile getrennt reichen. Mit Selleriegrün garnieren.

Bohnensuppe

Vorbereitungszeit:	*25 Minuten*
Einweichzeit der Bohnen:	*1 Nacht*
Garzeit:	*1 Stunde*
	25 Minuten
Schwierigkeitsgrad:	☆

Für 4 Personen

500 g	mittelgroße weiße Bohnen
2	Möhren
2–3	Selleriestangen
2	Zwiebeln
2	Tomaten

1 EL	Tomatenmark
	Salz
	Pfeffer
1 Schuss	Olivenöl
1 TL	*boukovo* (getrocknete und zerstoßene rote Chillies)

Beilage (nach Belieben):

	Zwiebeln
	Räucherhering
	schwarze Oliven
	rote Paprika

Bereits im klassischen Altertum bildeten Bohnengerichte mit Fleisch, Gemüse, Fisch und aromatischen Kräutern einen festen Bestandteil der griechischen Ernährungsweise. Der Begriff *fassolada* steht für eine beliebte Bohnensuppe, die man zu Recht als Nationalgericht bezeichnet.

In ganz Griechenland werden viele Bohnensorten, oder *fassoles*, angebaut. Die bekannteste Sorte stammt aus Kato Nevrokopi und besitzt mittelgroße Kerne von zylindrischer oder abgeflachter Form. Kleinere Bohnensorten werden im Bergland von Pilion geerntet. Aber der wahre Gourmet schwört auf die milden Riesenbohnen aus Florina. Alle Bohnen, egal welcher Sorte, passen perfekt zu Tomaten, Zwiebeln, Sellerie und Oregano.

Tomaten verleihen der Suppe Aroma und Farbe. Um sie zu häuten, ritzt man die Haut an der Unterseite kreuzweise ein. Dann werden sie mit heißem Wasser überbrüht. Wenn die Haut aufgeplatzt ist, kommen sie in ein Gefäß mit Eiswasser. Nach dem Abkühlen lässt sich die Haut dann leicht abziehen. Die besten Tomaten reifen auf den Kykladeninseln Syros und Santorin, und ebenso geschätzt sind die Produkte aus Nauplia und Argos (Ost-Peloponnes) sowie aus Thessaloniki in Makedonien.

Ein Gewürz wie *boukovo* ist reine Geschmackssache und deshalb nicht unbedingt notwendig. Die hellroten »Flocken« gewinnt man aus winzigen, sehr scharfen Chillies, die nach dem Trocknen zerstoßen werden. Das bedeutendste Anbaugebiet liegt in Iridia in Zentralmakedonien.

Zu dieser köstlichen Suppe, in der das Olivenöl dem feurigen Charakter der Chillies Paroli bietet, passen Beilagen wie Oliven, Frühlingszwiebeln und Räucherfisch. Und natürlich gehört auch eine Flasche aromatisiertes Olivenöl dazu, von der sich jeder Tischgast nach Belieben bedienen kann.

Die Bohnen über Nacht in einen Topf mit kaltem Wasser geben. Am nächsten Tag das Wasser abgießen und die Bohnen in frischem Wasser zum Kochen bringen. Etwa 15 Minuten leise köcheln lassen. Das Wasser abgießen und frisches Wasser in den Topf füllen.

Die Möhren putzen und in dünne Scheiben schneiden. Die Selleriestangen in mehrere Stücke zerteilen und jeweils in dünne Scheiben schneiden. Die Zwiebeln fein hacken.

Die Tomaten mit kochendem Wasser überbrühen. Abkühlen lassen, die Haut abziehen, dann halbieren und in kleine Stückchen schneiden.

mit Boukovo

Die gehackten Zwiebeln, den geschnittenen Sellerie und die Möhrenscheiben zu den Bohnen geben. 20 Minuten garen.

Jetzt die Tomaten und das Tomatenmark einrühren. Salz und Pfeffer darüber streuen. 30 Minuten garen.

Gegen Ende das Olivenöl einträufeln, mit boukovo bestreuen, Salz und Pfeffer zufügen. In 20 Minuten fertig garen.

Fischsuppe

Vorbereitungszeit: 40 Minuten
Garzeit: 35 Minuten
Schwierigkeitsgrad: ✶

Für 4 Personen

1,5 kg	Seelachs
1	Möhre
1	Selleriestange
1	Zwiebel
200 g	Perlzwiebeln
150 ml	Olivenöl

500 g	Tomaten
150 ml	Weißwein
	Salz
	Pfeffer
250 g	Kartoffeln

Beilage (nach Belieben):
frisch geröstete Brotwürfel

Zum Garnieren:
Selleriegrün

In Griechenland ist das Meer nie sehr weit entfernt. Und Poseidon hat die Schätze seines Reichs – Fische, Muscheln, Krebse – großzügig mit den Menschen dieser Gegend geteilt. In den Küchen der Region Mani, deren Küste von kristallklarem Wasser geprägt ist, wird dem Herrscher der Meere gebührend Ehre erwiesen.

Aber auch anderswo in Griechenland ist die Fischsuppe »Mani« vor allem im Winter ein Begriff. Seelachs ist die Hauptzutat, und das Rezept ist leicht zubereitet. Kenner schätzen den Fisch, der im Fachhandel in Form von Filet, Steak oder im Ganzen erhältlich ist, für sein weißes, festes Fleisch und die angenehme Konsistenz. In der Ägäis wird er manchmal durch Zackenbarsch oder Wittling ersetzt.

Durch die folgende Zubereitungsart kommen auch die Früchte des Feldes schön zur Geltung. Das aromatische Olivenöl der Region Mani akzentuiert den Charakter der kleinen Perlzwiebeln. Diese sind asiatischen Ursprungs und werden seit mehr als 5000 Jahren als Würzmittel angebaut! Der mediterrane Typ ist übrigens besonders fein.

Gekonnt gewürzt, zeigt dieses Gericht auch den eigenwilligen Charakter des Stangenselleries. Diese Gemüsepflanze ist das ganze Jahr über erhältlich und sehr aromatisch-frisch. Sellerie würzt Suppen, Ragouts und Saucen und wächst in Griechenland in freier Wildnis. Das als *selino* bezeichnete Kraut wächst auf besonders salzhaltigen Böden. Wählen Sie nur grüne Exemplare ohne welke Blätter. Zur besseren Haltbarkeit werden die Stängel in kaltes, gesalzenes Wasser getaucht.

Diese traditionelle Fischsuppe wird mit gerösteten Brotwürfeln angereichert. Griechische Köche richten den Fisch auf einem separaten Teller an.

Den Fisch an der Hauptgräte entlang aufschneiden und die Filets herauslösen. Den Fisch in Scheiben schneiden und die Haut abziehen. Die Gräten säubern und beiseite legen.

Für den Fond einen hohen Topf mit Wasser füllen, die Möhre, den Sellerie und die Zwiebel in Stücken hineingeben. Die gesäuberten Fischgräten zufügen. Etwa 20 Minuten köcheln lassen und gelegentlich abschäumen.

Die kleinen gehäuteten Perlzwiebeln in Öl anbraten. Die gehäuteten und gehackten Tomaten zugeben. Etwa 5 Minuten garen.

»Mani«

Den Weißwein zugießen. Etwa 5 Minuten weitergaren. Salzen und pfeffern. Die Kartoffeln schälen und kleine Kugeln ausstechen.

Den Fond durch ein Sieb gießen und die Hälfte in den Topf geben. In der restlichen Brühe die Kartoffelkugeln garen.

Die Fischscheiben in die Zwiebelsauce legen und 4 Minuten garen. Die Suppe zusammen mit gerösteten Brotwürfeln auf Tellern anrichten. Den Fisch, die Kartoffeln und die Zwiebelchen separat reichen. Mit Sellerie garnieren.

Yalitiki

Vorbereitungszeit: 20 Minuten
Garzeit: 50 Minuten
Schwierigkeitsgrad: ✳

Für 4 Personen

1 kg	Rollbraten vom Rind
	Salz
4	Möhren
1 Bund	Selleriestangen
	Pfefferkörner
1 kg	Zwiebeln
50 ml	Olivenöl

Seit Jahrhunderten wird der große Hafen von Sitia im Osten Kretas von einer venezianischen Festung dominiert. Die von 1211 bis 1660 andauernde Herrschaft der Serenissima prägte auch die lokale Küche: Die Rindfleischsuppe, die unser Küchenchef hier empfiehlt, ist eine dieser Spezialitäten. Im Griechischen wird sie als *Yalitiki* bezeichnet.

Nachdem das Rezept schon fast vergessen ist, möchte George Anastassakis ihm zu einem Comeback verhelfen. Als in den 1970er-Jahren der Massentourismus aufkam, hatten Gastronomen keinerlei Bedenken, ihre kulinarischen Traditionen an den Touristengeschmack anzupassen. Jetzt geht der Trend wieder in die umgekehrte Richtung, zur Freude derer, die eine unverfälschte Küche bevorzugen.

Für dieses Rezept wählt unser Chef für gewöhnlich das Fleisch eines *moschari* – damit bezeichnet man Kalb-fleisch, das von einem älteren Tier stammt und schon dunkel gefärbt ist. Ersatzweise tut es hier auch Rinderhachse (griechisch: *kotsi*), weil sie in Farbe und Struktur sehr ähnlich ist. Für deren Verwendung spricht auch der hohe Anteil an Gelatine zum Andicken der Bouillon.

Der Stangensellerie soll der Bouillon nur etwas mehr Würze geben und wird nicht mitgegessen. Ersatzweise kann auch in kleine Stücke geschnittener Knollensellerie verwendet werden.

Bei den Zwiebeln stehen zwei Vorgehensweisen zur Wahl: Entweder gibt man sie eine Viertelstunde vor Ende der Garzeit noch roh in die Brühe, oder man bräunt sie vorher in der Pfanne an. Letzteres ist zu empfehlen, da sie zusammen mit dem Fleisch serviert werden. Die gedünsteten Zwiebeln verbinden sich mit dem Aroma der Bouillon und setzen einen köstlichen Akzent.

Den Rollbraten in etwa 2 cm dicke Scheiben schneiden.

Die Fleischscheiben mit Küchengarn verschnüren und die Enden verknoten. Die überstehenden Garnenden einkürzen.

Die Fleischscheiben in einen Schmortopf geben. Wasser in den Topf füllen und Salz einstreuen. Zum Kochen bringen und etwa 10 Minuten garen.

Den Schaum abschöpfen.

Dann die geputzten Möhren, die Sellerieblätter und die Pfefferkörner in den Topf geben. Noch etwa 30 Minuten weitergaren.

Die in Ringe geschnittenen Zwiebeln mit etwas Öl in der Pfanne dünsten und dann in den Fleischtopf geben. Alles 10 Minuten weitergaren. Dann die Fleischscheiben herausnehmen und das Küchengarn entfernen. Auf Serviertellern mit Bouillon, Gemüse und Selleriegrün anrichten.

Trachanosoupa

Vorbereitungszeit: 15 Minuten
Garzeit: 35 Minuten
Schwierigkeitsgrad: ✶

Für 4 Personen

250 g	kleine Tomaten
60 ml	Olivenöl
150 g	*trachanas* (Weizenschrot)
4	Eier
	Salz
4 Scheiben	Ziegenkäse

100 g	Mehl
3 EL	Pflanzenöl

Diese traditionelle griechische Suppe schmeckt vor allem im Winter. Sie wird für die ganze Familie aus *trachanas*, in der Sonne getrocknetem und geschrotetem Weizen, Tomaten, Eiern und Käse zubereitet und gelegentlich durch Wachteln angereichert. Einfach zubereitet und sehr populär, wird sie oft als Hauptgang serviert.

Weizen ist ein ganzjähriges Getreide und seit Urzeiten bekannt. Es gehört zu den Süßgräsern und wird zu Mehl und Grieß verarbeitet. Unsere Vorfahren im Altertum haben Fladen und Brot aus Weizen gebacken.

Trachanas gehören zu den typisch griechischen Teigwaren. In den Dörfern werden sie noch per Hand hergestellt. Manchmal werden die Körner in Milch eingeweicht und anschließend auf einem Tuch zum Trocknen ausgelegt. Das Produkt, das vor allem als Suppeneinlage dient, schmeckt etwas säuerlich. Ersatzweise kann man Bulgur verwenden.

Tomaten bilden die andere Hauptzutat dieses Nationalgerichts. Auf Chios, der Heimatinsel unseres Küchenchefs, werden vorwiegend kleine Tomaten angebaut. Sie reifen auf den unbewässerten Böden im Süden der Insel und schmücken im Winter die Balkons der Dorfbewohner. Im getrockneten Zustand sind sie dann ziemlich hart und fest.

Die Tomate kam mit den spanischen Konquistadoren aus Peru nach Europa, um ihren Siegeszug durch die mediterranen Küchen anzutreten. Diese sonnengereifte Gemüsefrucht ist im Sommer auf allen Märkten in Hülle und Fülle erhältlich. Für unser Rezept empfehlen wir die Verwendung der besonders aromatischen Eiertomate, »Roma« genannt. Wählen Sie nur vollreife, fleischige Exemplare, die gleichmäßig gefärbt und glänzend sind.

Der beliebte und würzige griechische Ziegenkäse rundet den Geschmack der *Trachanasoupa* harmonisch ab.

Die Tomaten zum Häuten kurz mit kochendem Wasser überbrühen. Das Wasser abgießen. Die gehäuteten Tomaten passieren oder mit dem Mixstab pürieren.

Einen Topf mit 1 l Wasser füllen und das Tomatenpüree hineingeben. Durch Schlagen gründlich einarbeiten. 60 ml Olivenöl zugießen. Etwa 15 Minuten köcheln lassen.

Trachanas zufügen und vorsichtig einrühren. Etwa 5 Minuten mitgaren.

4 Eier in den Topf schlagen und etwa 3 Minuten weitergaren. Salz einstreuen.

Den Ziegenkäse zum Entsalzen in Wasser legen. Dann herausnehmen und abtropfen lassen. Scheibenweise in Mehl wenden. 3 Esslöffel Pflanzenöl in einer Pfanne erhitzen. Die Käsescheiben zugeben und ausbraten.

Die Suppe in kleine Suppentassen füllen. Jeweils mit 1 Käsescheibe abdecken. Dann im vorgeheizten Backofen 1 Minute bei 250 °C gratinieren. Die Suppe sofort servieren.

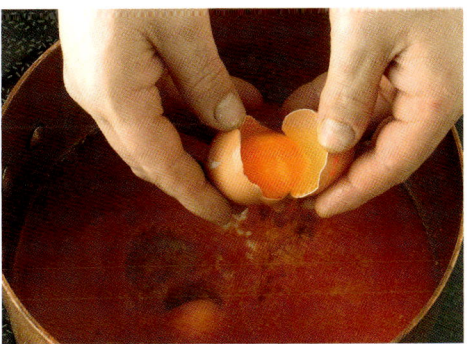

Ziegeneintopf

Vorbereitungszeit: 30 Minuten
Garzeit: 1 Stunde 55 Minuten
Schwierigkeitsgrad: ✳

Für 4 Personen

800 g	Ziegenkeule
1	Möhre
1	Selleriestange
½	Zucchini
1	Thymianzweig
1	Lorbeerblatt

80 g	xinochondro
80 ml	Olivenöl
½	Zitrone
300 g	Tomaten, gehäutet und püriert
	Salz
	Pfeffer
25 g	Joghurt
4	Minzeblätter

Über Jahrhunderte hinweg waren Schafe und Ziegen die bevorzugten Fleischlieferanten auf Kreta. Die einheimische Ziege lebt frei auf den hoch gelegenen Weiden, deren aromatische Kräuter ihr Fleisch sehr schmackhaft, mager und bekömmlich machen.

Während das Ziegenfleisch kocht, muss es regelmäßig abgeschäumt werden. Dazu wird ein Topf mit kaltem Wasser neben den Kochtopf gestellt. Nach jedem Abschäumen wird der Schaumlöffel in das kalte Wasser getaucht. Wenn das Fleisch von guter Qualität ist, ist der Schaum weiß, nicht schmutzig-grau.

Das Gericht kann auch mit Schweinefleisch zubereitet werden, ist dann aber fettiger. Da die Suppe an sich sehr

gehaltvoll ist, kann sie auch ganz ohne Fleisch auskommen.

Der *xinochondro* gibt dem Ziegeneintopf einen säuerlichen Geschmack. Sie können diese Spezialität selbst zubereiten: 1½ l Schaf- oder Ziegenmilch 3–4 Tage bei Raumtemperatur stehen lassen, bis sie eindickt, dann mit 500 g gemahlenem Weizen und Salz aufkochen. Wenn die Masse eingedickt ist, lassen Sie sie abkühlen. Mit einem Esslöffel zerteilen und in der Sonne oder im Ofen bei niedriger Temperatur trocknen.

Traditionell wird *xinochondro* im August hergestellt, er hält sich einige Monate. Die Klumpen zerdrückt man mit der Gabel, bevor sie in die Suppe gegeben werden.

Das Ziegenfleisch von Fett und Sehnen befreien und in Würfel schneiden.

Die Möhre putzen. Aus einem Stück Möhre, einem Stück Selleriestange und etwas Zucchini mit dem Thymian und dem Lorbeerblatt ein Päckchen binden. Den Rest des Gemüses würfeln und beiseite stellen.

Das Fleisch in einen großen Topf geben und mit kaltem Wasser auffüllen. Aufkochen, abschäumen und das Gewürzpäckchen zugeben. 1 Stunde 40 Minuten kochen.

mit Xinochondro

Nach Ablauf der Kochzeit das Fleisch herausnehmen. Xinochondro in das kochende Wasser geben.

Olivenöl, den Saft von ½ Zitrone und pürierte Tomaten zugeben und mit Salz und Pfeffer abschmecken.

Die Gemüsewürfel zugeben und 15 Minuten kochen. Das Fleisch zugeben und erhitzen. Die Suppe in tiefe Teller füllen und mit je 1 Esslöffel Joghurt und einem Blättchen frischer Minze garnieren.

Krebssuppe

Vorbereitungszeit: 40 Minuten
Garzeit: 40 Minuten
Schwierigkeitsgrad: ✷✷

Für 4 Personen

4	Selleriestangen
1	Möhre
1	Zwiebel
12	kleine Felsenkrabben
	Salz
	Pfeffer

4	Knoblauchzehen
2 EL	Fenchelkraut, gehackt
100 ml	Olivenöl
2 EL	Tomatenmark
4–5 Zweige	Petersilie
2	kleine Gläschen Anisette

Die *soppa tal-grottli* gehört zu den traditionellen Rezepten der Insel. Sie ist nahrhaft und geschmackvoll und war früher ein regelrechtes Arme-Leute-Essen. Heute bieten einige renommierte Küchenchefs ihren Gästen die Möglichkeit, die ursprüngliche maltesische Küche zu entdecken. Bis vor zehn Jahren musste man in einer kleinen Dorfbar einkehren oder das Glück haben, bei Einheimischen eingeladen zu werden, um diese Köstlichkeiten zu probieren.

Dieses Rezept hat seinen Namen von den *grottli*, den kleinen Felsenkrabben mit dickem, behaartem Panzer und großen Scheren. Sie haben nur wenig Fleisch und werden daher meist für die Zubereitung von Suppen genutzt, denen sie ein intensives Aroma verleihen. Die Malteser fangen die Krebse nachts am Strand mit einem gabelförmigen Stock.

Es ist wichtig, dass die Suppe nach dem Mixen sorgfältig durch ein Sieb abgegossen wird, um alle Reste der Krebspanzer zu entfernen. Mit der Rückseite eines Löffels drückt man die Suppe dabei durch das Sieb, um die größte Ausbeute an Krebsfleisch und Aroma zu erhalten. Das Abgießen kann in einen zusätzlichen Topf oder direkt in die Tomatensauce erfolgen.

Das Tomatenmark, das an den angebratenen Knoblauch gegeben wird, verleiht der Suppe den fruchtigen Geschmack. Wenn die Tomatensauce mit der abgeseihten Suppe aufgefüllt ist, gibt man im letzten Augenblick den Anisette dazu. So bleibt das Aroma erhalten, das sich bei längerem Kochen leicht verflüchtigen würde.

Selleriestangen in Stücke schneiden und die Blätter grob hacken. Die Möhre und die Zwiebel schälen, die Möhre in Stücke schneiden und die Zwiebel hacken.

Krebse in einen großen Topf geben, mit Wasser bedecken und das vorbereitete Gemüse mit etwas Salz und Pfeffer zugeben. Die Suppe erhitzen und 30 Minuten kochen.

Gemüse und Krebse aus der Bouillon nehmen und auf einen Teller legen. Krebsscheren beiseite legen.

Gemüse und Krebse nach und nach in den Mixer geben und gründlich mixen, bis eine glatte Suppe von grünlicher Farbe entstanden ist.

Die Suppe in ein feines Sieb geben und sorgfältig abseihen. In einem großen Topf den Knoblauch und das Fenchelkraut in Öl anbraten und das Tomatenmark und die gehackte Petersilie zufügen.

Die Suppe zur Tomatensauce geben und erhitzen. Zum Schluss Anisette zufügen und die Suppe mit Olivenöl, etwas Petersilie und den Krebsscheren garnieren.

Suppe mit Dicken Bohnen

Vorbereitungszeit: 25 Minuten
Garzeit: 1 Stunde 10 Minuten
Schwierigkeitsgrad: ✶

Für 4 Personen

250 g	frische Dicke Bohnen
100 g	frische grüne Erbsen
2	mittelgroße Zwiebeln
3	Knoblauchzehen
50 ml	Maiskeimöl
50 g	Butter

100 g	Tomatenmark
1	Lorbeerblatt
1 l	Rinderbrühe
250 g	kleine Nudeln
	Salz
	Pfeffer
	Parmesan

Seit Jahrhunderten essen die Malteser in der Osterzeit *kusksu*, wenn die Dicken Bohnen und die jungen Erbsen ganz zart sind. Das Besondere an dieser Suppe sind die kleinen Nudeln, die nur von einem einzigen Unternehmen hergestellt werden. Die Produktionsmenge der Nudelfabrik ist so gering, dass diese Spezialität nicht exportiert wird. Sie können sie durch türkische Reisnudeln oder italienische *acini di pepe* ersetzen.

Auf Malta gibt es zu jeder Jahreszeit Suppe: Im Sommer bevorzugt man leichte Fischsuppen, im Herbst dicke Eintöpfe mit lokalem Gemüse. Viele Gemüsebauern haben nur wenig Land, das sie liebevoll bestellen. Eine Vielzahl dieser frischen Köstlichkeiten wird auf den kleinen Dorf-

märkten angeboten, findet aber auch den Weg auf den großen Markt in der Merchants Street in Valletta.

In diesem Rezept brät Johann Chetcuti Zwiebeln und Knoblauch in Butter und Maiskeimöl an. Im Gegensatz zu den mediterranen Nachbarn verwenden die Malteser nicht ausschließlich Olivenöl zum Kochen, denn auf der Insel wachsen so wenige Olivenbäume, dass eine Ölherstellung in großem Stil gar nicht möglich ist.

Die Suppe wird mit gehobeltem oder fein geschnittenem Parmesan garniert. Wer es noch etwas gehaltvoller mag, kann einige Esslöffel Ricotta oder sehr frischen Ziegenkäse unterrühren.

Dicke Bohnen und Erbsen enthülsen. Zwiebeln und Knoblauchzehen schälen, hacken und 5 Minuten in einer Mischung aus Maiskeimöl und Butter anbraten.

Das Tomatenmark zufügen und 3 Minuten unter Rühren kochen.

Das Lorbeerblatt und die Rinderbrühe zugeben und aufkochen.

und Nudeln

Dicke Bohnen und Erbsen in die kochende Brühe geben und 30 Minuten köcheln lassen.

Nach 30 Minuten die Nudeln zufügen und weich kochen (ca. 20 Minuten). Mit Salz und Pfeffer abschmecken.

Zum Schluss den geriebenen Parmesan unterrühren. Die Suppe in eine Schüssel füllen und mit gehobeltem Parmesan garnieren.

Tomaten-

Vorbereitungszeit: 20 Minuten
Garzeit: 1 Stunde
Schwierigkeitsgrad: ✳

Für 4 Personen

1	küchenfertiges Hühnchen
50 g	dünne Suppennudeln
1 l	Hühnerbrühe
1	Tomate
1	Knoblauchzehe
2 EL	Olivenöl

	etwas Salz
	Saft von ¼ Zitrone
	(nach Belieben)
4 Stängel	glatte Petersilie

Die klare Suppe mit den farbenfrohen Einlagen – Nudeln, Tomaten und Hühnchenfleisch –, die der Küchenchef vorstellt, ist schlicht, aber köstlich. Die Türken nennen sie *Tavuklu domastesli şehriye çorbası* und in der Regel wird sie bei Familienessen serviert.

Suppen sind in der Türkei sehr beliebt und werden als erster Gang serviert, auf den ein Gericht mit Lamm oder Hühnchen, Reis oder *Börek* und in Olivenöl gegartes Gemüse sowie ein Dessert folgen.

Hühnchenfleisch hat in jüngerer Zeit in der türkischen Küche eine Entwicklung vollzogen. *Tavuk*, so lautet die türkische Bezeichnung für Huhn, ist das einzige Geflügel, das in der Türkei in großen Mengen verzehrt wird – weit mehr als Pute oder Wachtel. Früher galt Hühnchen als Festtagsessen, heute, da Hühner in Massentierhaltung gezüchtet werden, wird es überall im Handel angeboten,

entweder ganz oder in Teile zerlegt. Ein junges Hühnchen muss ungefähr vierzig Minuten gekocht werden, falls das Tier etwas größer ist, sogar bis zu einer Stunde.

Tomaten heißen auf Türkisch *Domates*, und die besten werden im späten Frühjahr und im Frühsommer geerntet, wenn auch Gurken, Paprika und grüne Bohnen reif sind. Wie in allen mediterranen Ländern gibt es durch die Gewächshauszucht in der Türkei ganzjährig Tomaten. Um die Suppe konsistenter und bunter zu machen, können Sie kleine Karotten-, Zucchini- oder Selleriewürfel zufügen.

Suppennudeln, *Şehriye*, sind die ideale Einlage für diese Suppe. Eine bestimmte Form ist in der Türkei unter dem schönen Namen »Vogelzungen« bekannt.

Wenn Sie direkt vor dem Servieren etwas Zitronensaft dazu geben, erhält die Suppe eine fruchtig-säuerliche Note.

Das Hühnchen mindestens 40 Minuten gar kochen. Abtropfen lassen, das Brustfleisch herauslösen und dieses in kleine Würfel schneiden.

Die Tomate häuten und klein würfeln. Die Knoblauchzehe abziehen und hacken.

Das Olivenöl in einem Topf erhitzen und den Knoblauch andünsten. Die Tomatenwürfel dazu geben und bei starker Hitze 5 Minuten unter Rühren anbraten.

Hühnchen-Suppe

Mit der heißen Hühnerbrühe aufgießen, diese salzen und zum Kochen bringen.

Wenn die Brühe kocht, das Brustfleisch dazu geben und erneut kurz aufkochen. Die Hitze reduzieren.

Die Suppennudeln in die Brühe geben und weitere 5 Minuten köcheln. Vor dem Servieren den Zitronensaft dazu geben, mit gehackter Petersilie bestreuen oder mit einem Petersilienblatt garnieren.

Linsensuppe

Vorbereitungszeit: 10 Minuten
Garzeit: 25 Minuten
Schwierigkeitsgrad: ✶

Für 4 Personen

300 g	gelbe Linsen
100 g	Reis
50 g	Mehl
2 Würfel	Instant-Rinderbrühe
1 EL	Tomatenmark
3 EL	Butter

1 TL	getrocknete Minze
½ TL	Paprikaflocken
	Salz
	gemahlener Pfeffer

Zum Garnieren (nach Belieben):
frische Minzeblätter

Die pikante Bauernsuppe wird hauptsächlich während des Ramadan gegessen. Sie ist typisch für Südostanatolien, erfreut sich aber in der ganzen Türkei großer Beliebtheit. Benannt ist das einfach zuzubereitende und nahrhafte Gericht nach einer jungen Braut (türkisch *Gelin*) namens *Ezo*.

Das Besondere an dieser Suppe sind die Linsen, die in der türkischen Küche häufig verwendet und unter anderem zu *Köfte* oder Pürees verarbeitet werden. Auffällig an den kleinen, flachen Linsen ist ihre leuchtende Farbe. Die aus dem Nahen Osten stammenden Hülsenfrüchte werden schon seit Jahrtausenden angebaut und zeichnen sich durch einen hohen Gehalt an Eisen, Fluor und Kupfer aus. Gegart entfalten sie ihr fein-würziges Aroma. Anders als etwa getrocknete Bohnen braucht man sie nicht einzuweichen.

Auch Reis darf bei dieser traditionellen Suppe nicht fehlen. Dieses Getreide ist auf der ganzen Welt beliebt und wurde von den Chinesen schon 3000 Jahre vor unserer Zeitrechnung kultiviert. Der Legende nach wurde der Reis von den Persern in Mesopotamien und Turkestan eingeführt. Alexander der Große brachte die Pflanze von seinem Indienfeldzug mit an die ägäische Küste.

Reis ist nicht nur die Grundlage für Pilaw, eine international bekannte türkische Spezialität, sondern wird auch oft für Füllungen verwendet. Man schätzt, dass es rund 8000 Reissorten gibt, die nach ihrer Kornlänge klassifiziert werden: kurz, rund, mittel oder lang. Alternativ zu Reis können Sie jedoch auch Bulgur verwenden.

Diese unkomplizierte Spezialität ist außergewöhnlich aromatisch. Duftende Minze verleiht der Suppe ein frisches Aroma. Minze beruhigt die Nerven, wirkt auf den Organismus aber anregend. Falls Sie Minze trocknen möchten, tun Sie dies an einem lichtgeschützten, gut belüfteten Ort.

Die Linsen in einer Schüssel mit Wasser waschen, abgießen und abtropfen lassen. Brühwürfel, 1 Esslöffel Butter und die Linsen in einen Topf mit 1½ Litern Wasser geben und etwa 10 Minuten garen. Dabei den Schaum abschöpfen.

Den Reis abspülen, abtropfen lassen, zu den Linsen geben und weitere 10 Minuten garen.

Die restliche Butter in einem Topf zerlassen und das Mehl darin anschwitzen.

Ezo gelin

In einem Schälchen getrocknete Minze, Paprikaflocken, Salz und Pfeffer mischen. Die Mischung in den Topf zugeben und mit dem Schneebesen mit dem Mehl verrühren.

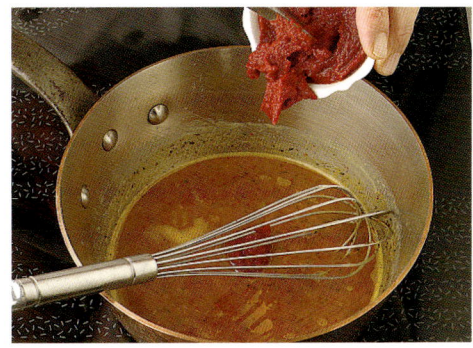

Das Tomatenmark einrühren und mit 200 ml kochendem Wasser ablöschen.

Diese Mischung in die Linsen-Reis-Mischung einrühren und etwa 5 Minuten köcheln lassen. Die Suppe in Servierschälchen füllen und mit Minzeblättchen garnieren.

Vorbereitungszeit:	30 Minuten
Einweichzeit:	über Nacht
Garzeit:	1 Stunde 40 Minuten
Schwierigkeitsgrad:	✳✳

Für 4 Personen

300 g	Rinderhack
140 g	getrocknete Kichererbsen
190 g	Reis
1 EL	Olivenöl
100 ml	Rinderbrühe
4 g	Salz
2 g	gemahlener Pfeffer

Joghurt-Sauce:

440 g	stichfester Joghurt
1	Ei
1 TL	Mehl

Zum Garnieren:

2 g	getrocknete Minze
3 EL	Olivenöl
	grob gemahlener schwarzer Pfeffer

Diese Joghurtsuppe wird recht oft in den türkischen Provinzen gekocht. In Gaziantep, im Hinterland des Mittelmeers, heißt sie *Lebeniye çorbası* (*Leben* ist von dem libanesischen Begriff für »Sauermilch« abgeleitet). Das alte, weit verbreitete Familiengericht ist vor allem im Winter sehr beliebt. In anderen Regionen wird die Suppe auch *Yayla çorbası* (»Suppe aus den Ebenen«) genannt und kann statt Reis auch Weizenkörner oder Bulgur enthalten.

In der Brühe mischen sich Konsistenz und Geschmack von Rindfleisch und Kichererbsen. Diese Hülsenfrüchte müssen erst eingeweicht und dann eine Stunde weich gegart werden. Es gibt jedoch auch Erbsen, die besondere Ansprüche haben: Der Dichter Mevlana, der im 13. Jahrhundert in Konya lebte, berichtet, dass eine getrocknete Kichererbse sich eines Tages bei einer Köchin beschwerte, weil sie nicht in kochendes Wasser wollte. Die Köchin erklärte ihr daraufhin, dass dies nötig sei, um von den Menschen verspeist werden zu können. Nur so werde sie Teil des menschlichen Lebens und damit auch erst der göttlichen Liebe teilhaftig. Durch diese Metapher machte Mevlana deutlich, dass die Seele erst einige Leiden auf sich nehmen muss, bevor sie ins Paradies gelangt.

Besonderen Genuss bereitet die Kombination von Rindfleisch und Kichererbsen mit dem Aroma des türkischen Olivenöls. Die bekanntesten Olivenölsorten kommen aus Ayvalık und Edremit. Nach Spanien und Tunesien besitzt die Türkei die drittgrößte Olivenanbaufläche. Gaziantep ist das einzige Anbaugebiet, das nicht an der Küste liegt.

Der Joghurt verleiht der Suppe eine cremige Konsistenz und einen säuerlichen Geschmack. Geben Sie ihn nie direkt in die heiße Suppe – er würde gerinnen. Man muss ihn zunächst mit einem Ei und etwas Mehl andicken und mit etwas lauwarmer Brühe glatt rühren.

Die Kichererbsen über Nacht in kaltem Wasser einweichen. Am folgenden Tag 1 Stunde in kochendem Wasser weich kochen. Das Hackfleisch 5 Minuten im heißen Olivenöl von allen Seiten anbraten und dann mit 400 ml Wasser ablöschen.

Die gekochten und abgetropften Kichererbsen zugeben und 5–10 Minuten garen.

Den Reis waschen und in den Topf geben. Mit Salz und Pfeffer würzen und weitere 10 Minuten garen.

Joghurtsuppe

Für die Sauce den Joghurt in eine Schüssel geben und nach und nach zunächst das Mehl und dann das Ei unterrühren. So lange weiter rühren, bis die Sauce glatt und cremig ist. In einen Topf umfüllen.

Etwas Brühe von der Hackfleisch-Mischung langsam und unter Rühren in die Joghurt-Sauce geben. 10 Minuten vorsichtig erhitzen, bis man eine schöne Sauce erhält.

Die Joghurt-Sauce in die Hackfleisch-Mischung gießen. Die Rinderbrühe zugeben und unter Rühren weitere 5 Minuten köcheln lassen. Die Minze leicht in dem Olivenöl erhitzen. Die Suppe damit beträufeln und mit grob gemahlenem Pfeffer garnieren.

Mediterrane

Vorbereitungszeit: 35 Minuten
Garzeit: 30 Minuten
Schwierigkeitsgrad: ✶

Für 4 Personen

1	Zwiebel
50 ml	Olivenöl
100 g	Tomatenmark
1 Stange	Sellerie
½ Bund	Petersilie

	Salz
	Pfeffer
500 g	Seezunge, Meerbarbe und Goldbrasse
250 g	Reisnudeln

Zum Garnieren:

	Petersilie
2	Zitronen

Auf Arabisch heißt *chorba* Suppe. Chedley Azzaz stellt Ihnen mit diesem Rezept eine Spezialität von der Küste vor. Die mediterrane Fisch-*Chorba* könnte als tunesische Bouillabaisse bezeichnet werden. Traditionell wird das bekannte Gericht mit eher preiswertem Fisch zubereitet, wie beispielsweise Drachenkopf und Wittling. Die Fischstücke werden in der Suppe gegart. Manche Familien fügen noch den Kopf eines Zackenbarschs hinzu.

Unser Küchenchef wollte ein Gericht für Festtage kreieren und hat deshalb Seezunge, Goldbrasse und Meerbarbe gewählt. Letztere sind vor allem aufgrund ihres zarten, delikaten Fleisches sehr beliebt und haben einen ganz besonderen Geschmack. Damit dieser nicht verfälscht wird, hat Chedly Azzaz größtenteils auf Kräuter verzichtet. Wenn Sie einen pikanteren Geschmack bevorzugen, können Sie einen Esslöffel Harissa hinzufügen. Auch ein wenig Zitronensaft macht sich gut in der *Chorba*.

Die Selleriestange verleiht der Suppe ebenfalls ihr eigenes Aroma. Geschmacklich ist sie mit dem Fenchel verwandt. Die fleischige, knackige Sorte mit den grünen Blättern hält sich mehrere Tage frisch. Auch die glatte Petersilie wird wegen ihres typischen Geschmacks in dieser Suppe verwendet. Die aromatische Pflanze ist das ganze Jahr über auf dem Markt erhältlich.

Der Legende nach haben die Mauren, als sie aus Spanien vertrieben wurden, Teigwaren mitgebracht, die bis zu diesem Zeitpunkt in Nordafrika unbekannt waren. Nudeln haben dann ihren festen Platz in der tunesischen Küche gefunden.

Ursprünglich wurde diese Suppe nur während des Ramadan gekocht, doch heute ist sie ein allgemein verbreitetes, sehr beliebtes Gericht. In manchen Familien kommt sie sogar mehrmals pro Woche auf den Tisch!

Zwiebel schälen und hacken. In einem Topf mit 50 ml Olivenöl ca. 4 Minuten dünsten. Nicht braun werden lassen.

Tomatenmark, die Hälfte der zerkleinerten Selleriestange und die Hälfte der gehackten Petersilie hinzufügen. Den Rest beiseite stellen. Ca. 2 Minuten anbraten.

Kaltes Wasser zugießen.

Fisch-Chorba

Fische waschen, schuppen und ausnehmen. In große Stücke schneiden, in den Topf geben und 15 Minuten zugedeckt kochen. Dann die Fischstücke herausnehmen und beiseite stellen.

Etwas Wasser zugießen und würzen. Die Nudeln zugeben und alles ca. 15 Minuten kochen.

Die Gräten aus den Fischen lösen. Den restlichen zerkleinerten Sellerie sowie die zweite Hälfte Petersilie zur Suppe geben. 2 Minuten köcheln lassen. Dann den Fisch hinzufügen. Chorba in Suppentellern mit Petersilie garniert servieren. Dazu geviertelte Zitronen separat reichen.

Lamm-Gemüse-Suppe

Vorbereitungszeit: 1 Stunde
Garzeit: 40 Minuten
Schwierigkeitsgrad: ★★

Für 4 Personen

150 g	Möhren
150 g	Kartoffeln
1	Herz einer Selleriestange
1 Stange	Sellerie
250 g	Lammschulter
50 ml	Olivenöl
1	Zwiebel
1 Prise	Safranfäden
	Salz
	Pfeffer

100 g	Erbsen
1	Ei
½	Zitrone
	Öl zum Frittieren

Farce:

100 g	Lammhackfleisch
2 EL	Olivenöl
	Salz
	Pfeffer
25 g	Petersilie
25 g	geriebener Gruyère
2	Eier
2	*malsouka*-Teigblätter (ersatzweise Filo-Teig)

Die Lamm-Gemüse-Suppe mit Fleischröllchen ist eine recht sättigende Suppe. In einigen tunesischen Familien wird sie abends als Hauptgericht serviert. Diese Spezialität wird zusammen mit kleinen Teigröllchen gereicht, die mit Lammhackfleisch gefüllt sind.

Unser Küchenchef empfiehlt, zunächst Erbsen, Sellerie und Möhren zu garen. Letztere stammen aus dem Mittleren Osten und Zentralasien und werden in vielen tunesischen Rezepten verwendet. Dieses Gemüse mit der orangeroten Wurzel ist für seinen hohen Gehalt an Vitamin A bekannt. Wählen Sie junge Möhren, die fest und knackig sind und keine Flecken aufweisen. Im Kühlschrank halten sie sich etwa zwei Wochen.

10 Minuten nach Beginn der Garzeit sollten Sie die Kartoffeln hinzufügen. Warten Sie weitere 10 Minuten mit dem

Sellerie, dem Gemüse für Suppen, Saucen und Ragouts.

Kurz bevor das Gericht fertig ist, rühren Sie ein Eigelb und etwas Zitronensaft unter. Unser Küchenchef empfiehlt, den Topf dafür vom Herd zu nehmen.

Reichen Sie zu der Lamm-Gemüse-Suppe kleine Teigröllchen. Mit ihren verschiedenen Füllungen sind sie ein typischer Bestandteil der tunesischen Küche. Die *malsouka*-Teigblätter bestehen aus Mehl, Salz, Öl und Wasser und können auch durch Filo-Teig ersetzt werden. Mohamed Boujelben reicht die Röllchen auf einem kleinen Teller zur Suppe. In manchen Familien werden sie jedoch auch zerteilt und direkt in die Suppe gegeben.

Diese Lamm-Gemüse-Suppe ist eine vollwertige Mahlzeit. Da sie nicht scharf ist, eignet sie sich auch gut für Kinder.

Möhren und Kartoffeln schälen und in kleine Würfel schneiden.

Das Sellerieherz in dünne Streifen schneiden und die Selleriestange fein würfeln.

Die Lammschulter von Fett und Sehnen befreien und in kleine Würfel schneiden.

mit Fleischröllchen

Die Fleischwürfel in 50 ml Olivenöl anbraten. Zwiebel und etwas Wasser mit Safran hinzufügen. Alles salzen und pfeffern. Etwas Wasser hineingießen und zum Kochen bringen. Möhren, enthülste Erbsen, Sellerie und Kartoffeln zugeben. 30 Minuten kochen.

Für die Füllung das Hackfleisch in Olivenöl anbraten. Alles salzen und pfeffern. Gehackte Petersilie, geriebenen Gruyère und ein Ei hinzufügen und alles umrühren. Ein Ei aufschlagen und verquirlen.

Für die Röllchen Teigblätter halbieren. Die Füllung auf die halbrunde Seite setzen und das Teigblatt aufrollen. Mit etwas verquirltem Ei bestreichen und in Öl ausbacken. Ein Eigelb und etwas Zitronensaft unter die Suppe rühren.

Artischocken-

Vorbereitungszeit: 30 Minuten
Garzeit: 45 Minuten
Schwierigkeitsgrad: ★★

Für 4 Personen

100 g	Lammfleisch
4	Artischocken
2	Zitronen
1 Stange	Sellerie
1 Bund	glatte Petersilie

25 ml	Olivenöl
	Salz
	Pfeffer
25 g	Tomatenmark
50 g	eingeweichte Kichererbsen
100 g	*hlalem*-Nudeln (oder feine Suppennudeln)

Die Einwohner von Tunis essen ihre *hlalem*-Nudeln das ganze Jahr über gern. Im Frühjahr kombinieren sie dieses Gericht mit einigen leckeren Blättern der Artischocke. Meistens wird diese sehr nahrhafte Nudelsuppe mit getrocknetem Lammfleisch *(kadid)* zubereitet. Damit Ihnen das Kochen besser gelingt, empfiehlt Ali Matri, ein Stück frisches Hammelfleisch zu verwenden. Sie können jedoch auch Rind- oder Kalbfleisch wählen.

Die Zubereitung des *kadid* ist in der Tat nicht ganz einfach: Während des Aïd-Festes legt man ein Stück Lammfleisch beiseite – beispielsweise aus der Rippe – und schneidet es in Streifen. Das Fleisch wird mit Minze, Knoblauch, Cayennepfeffer und Salz eingerieben und einige Tage in der Sonne getrocknet, bevor man es in Olivenöl brät. Dann ist es mehrere Monate haltbar. Früher stand den Tunesiern nicht täglich frisches Fleisch zur Verfügung, sodass sie sich stets *kadid*-Vorräte anlegten, um das ganze Jahr über Fleisch zu haben.

Die Artischocken verleihen dieser Nudelsuppe ihre besondere Note. Bei tunesischen Feinschmeckern sind sowohl die grünen als auch die violetten Artischocken sehr beliebt. Ali Matri bevorzugt letztere, die ein etwas kräftigeres Aroma haben. Wenn er sie zubereitet, lässt er immer unterhalb des Bodens den Ansatz des Stängels stehen, um der Suppe mehr Geschmack zu verleihen. Wenn die Stängel zart sind, können Sie diese sogar schälen und das Innere in kleine Würfel schneiden. Fügen Sie sie mit dem Tomatenmark der Suppe hinzu. Ein frühlingshafter *hlalem* schmeckt auch mit jungen Dicken Bohnen oder Erbsen gut.

Das Typische an dieser Gemüsesuppe sind die nur reiskorngroßen Nudeln. Sie werden von Hand gemacht und bestehen zur Hälfte aus Mehl, zur anderen Hälfte aus mit Bierhefe angereichertem Grieß. Sie schmecken wegen der Hefe etwas säuerlich.

Das Lammfleisch auf einem Schneidebrett zuerst in Streifen, dann in kleine regelmäßige Würfel mit 1 cm Seitenlänge schneiden.

Die Stängelansätze der Artischocken abschneiden. Mit einem spitzen Messer die Blätter und das Heu entfernen. Die Artischockenböden mit einer halben Zitrone beträufeln, damit sie nicht schwarz werden. Alles zusammen in eine Schüssel mit kaltem Wasser legen.

Stangen und Blätter des Selleries zerkleinern, Petersilie hacken. Die Fleischwürfel kurz in einem Topf mit Olivenöl anbraten. Salzen, pfeffern und umrühren, damit sich nichts am Topfboden festsetzt. Sellerie und Petersilie hinzufügen. Ca. 10 Minuten kochen.

Nudelsuppe

Ein Glas kaltes Wasser zugießen. Auf kleiner Flamme kochen, bis das Gemüse weich ist. Mit einem Holzlöffel das Tomatenmark unterrühren. Köcheln lassen und umrühren.

Ein weiteres Glas Wasser zugeben und alles zum Kochen bringen. Die Artischockenböden in Streifen schneiden. Wenn die Sauce kocht, Artischocken und Kichererbsen hinzufügen. Alles salzen und pfeffern. Ca. 10 Minuten zugedeckt kochen.

Wenn die Artischocken fast weich sind, die Nudeln hinzufügen. 5–10 Minuten kochen, mit Gewürzen abschmecken und heiß servieron. Dazu geviertelte Zitronen reichen.

Pikante

Vorbereitungszeit: 15 Minuten
Garzeit: 40 Minuten
Schwierigkeitsgrad: ✳

Für 4 Personen

1	Zwiebel
100 ml	Olivenöl
1 EL	Tomatenmark
1 TL	Harissa (Gewürzmischung)
1 TL	Paprikapulver
1 TL	Kümmel
1 TL	gemahlener Koriander
	Salz

	Pfeffer
1 Stange	Sellerie
3	Knoblauchzehen
70 g	Grieß
	einige Rautenblätter, ersatz- weise Sauerampferblätter
1	Zitrone

Zum Garnieren:

	einige Rauten- oder Salbei- blätter
	Zitronenscheiben

Dieses beliebte Gericht aus der Oase von Tozeur im Süd- westen des Landes wird in seiner Heimat besonders scharf gewürzt. Sie wird von den Dattelpflückern schon ab vor- mittags mit altbackenem Brot verzehrt. Unser Küchenchef ist der Meinung, dass man mit ihr den Tag gut beginnen und gegen die Kälte ankämpfen kann.

Die Suppe wird auch während der Fastenzeit Ramadan gekocht. In manchen Familien wird sie zusammen mit Milch und Datteln abends nach dem Gebet serviert.

Diese Grießsuppe beinhaltet kein Fleisch und bietet viel Spielraum für Kräuter und aromatische Gewürze. Die Rau- te zum Beispiel wächst in dieser Region nahe der Wüste Sahara wild. Dieser kleine Strauch trägt runde, gezahnte Blätter, die eine grüne bis blaugrüne Färbung haben. Man kann die Raute an ihrem herben Geruch erkennen. Sie sollten die Blätter sehr sparsam verwenden, da sie ein sehr starkes Aroma haben. Auch veträgt nicht jeder dieses kräftige Kraut. Alternativ bietet sich der mildere Sauer- ampfer an.

Der Stangensellerie hingegen ist besonders wichtig für die Suppe. Das fein gehackte Gemüse aromatisiert die Suppe sehr angenehm. Stangensellerie ist das ganze Jahr über auf dem Markt erhältlich. Achten Sie beim Kauf darauf, dass er schön grün und fest ist, noch nicht welkt und keine gelb- lichen Flecken am Ansatz aufweist. Das weiche Innere kann man auch gut roh essen.

Mimoun Arroum empfiehlt, das Fett von der Suppe abzu- schöpfen, nachdem Sie den Grieß hinzugefügt haben.

Die pikante Grießsuppe wird vor allem den Liebhabern kräftig gewürzter Speisen gut schmecken. Sie ist ein traditionelles Rezept aus dieser Region Tunesiens.

Zwiebel schälen und hacken. In 100 ml Olivenöl anbraten.

Tomatenmark, Harissa, Paprikapulver, Kümmel und Koriander hinzufügen. Alles salzen und pfeffern und mit einem Holz- löffel umrühren.

Selleriestange waschen und in kleine Stücke schneiden. Knoblauchzehen zerdrücken. Beides der Mischung hin- zufügen.

Grießsuppe

1 l Wasser zugießen. Umrühren und etwa 10 Minuten kochen.

Rautenblätter waschen und zusammen mit dem Grieß hinzufügen. Ca. 10 Minuten kochen.

Zitrone schälen. Fruchtfleisch in kleine Würfel schneiden. Kerne entfernen und Würfel unter die Suppe rühren. 5 Minuten kochen. Suppe in tiefen Tellern anrichten, mit Rautenblättern und Zitronenscheiben garnieren.

Bey-Tagine

Vorbereitungszeit: 30 Minuten
Garzeit: 20 Minuten
Schwierigkeitsgrad: ✴

Für 4 Personen

1 kg	Spinat
9	Eier
150 g	Ricotta
150 g	geriebener Gruyère
100 g	Petersilie
1 EL	Olivenöl

Grundrezept Farce:

100 ml	Olivenöl
250 g	Lammhackfleisch
1	Zwiebel
3	Knoblauchzehen
	Salz
	Pfeffer
5 g	gemahlener Koriander

In der kulinarischen Tradition Tunesiens kann man Taginen, die mit ihren Namensvettern aus Marokko überhaupt keine Ähnlichkeit haben, am ehesten als eine Art Auflauf beschreiben. Je nach Region werden diesem beliebten Gericht auf der Grundlage von Eiern und Käse verschiedene Gemüsesorten und Fleisch hinzugefügt.

Die *Bey*-Tagine ist eine Eigenkreation unseres Küchenchefs. Sie besteht aus drei verschiedenen Farcesorten, die separat mit der Grundfarce vermischt werden, sodass ein besonders raffiniertes Gericht entsteht. Mohamed Boujelben orientierte sich am Aussehen der *Baklava el Bey*, einer dreifarbigen Süßspeise mit Mandeln, und schuf eine Variante der beliebten Tagine, indem er mit Farben und Formen experimentierte.

Der Name dieses Rezepts ist eine Anspielung auf die tunesische Geschichte zur Zeit der Osmanen. Der *Bey* war ein hoher Beamter im Dienst des Sultans, der bis zum 18. Jahrhundert mit Verwaltungsaufgaben betraut war. Durch die nicht enden wollenden Intrigen und Verschwörungen im Palast wurde *Bey* zu einem Erbtitel, der den Stellvertreter des Sultans bezeichnete.

Beys waren für ihre hohen kulinarischen Ansprüche bekannt, weshalb es auch nicht verwundert, ihren Titel als Teil dieses Rezeptnamens zu finden. Die Grundfarce besteht aus Lammhackfleisch und bildet mit dem Spinat die erste Schicht dieses Gerichts. Spinatblätter sollten unter fließendem Wasser gewaschen, aber nicht eingeweicht werden, empfiehlt unser Küchenchef.

Die mittlere Schicht auf Käsebasis bildet einen schönen, hellen Farbkontrast, sodass das Grün von Spinat und Petersilie besonders gut zur Geltung kommt. Sie besteht aus geriebenem Gruyère und Ricotta und schmeckt leicht und cremig.

Für die Grundfarce das Lammhackfleisch in 100 ml Olivenöl anbraten. Gehackte Zwiebel und zerdrückten Knoblauch hinzufügen. Salzen und pfeffern, Koriander zugeben und umrühren. Abkühlen lassen und beiseite stellen.

Den Spinat in kochendem Wasser etwa 3 Minuten blanchieren. Abtropfen lassen. Kleine Kugeln formen und hacken.

Die Grundfarce in drei gleich große Portionen aufteilen. Unter eine Portion den Spinat und 3 Eier rühren.

Den Ricotta und geriebenen Gruyère sowie 3 Eier mit der zweiten Portion der Grundfarce verrühren.

Für die dritte Farce die letzte Portion mit gehackter Petersilie und 3 Eiern mischen.

Eine Auflaufform einfetten. Die Spinatfarce einfüllen und 5 Minuten bei 180 °C backen. Die Käsefarce darauf verteilen und weitere 5 Minuten backen. Die Petersilienfarce hineingeben und 5 Minuten backen. Die Tagine kurz abkühlen lassen, aus der Form lösen und in Rauten schneiden.

Auberginen-

Vorbereitungszeit: 35 Minuten
Garzeit: 1 Stunde
20 Minuten
Schwierigkeitsgrad: ★

Für 4 Personen

500 g	Lammschulter, ohne Knochen
400 g	Auberginen
1	große Zwiebel
100 ml	Olivenöl

	Salz
	Pfeffer
1 Prise	Kurkuma
½ Bund	Petersilie
8	Eier
200 g	geriebener Käse
	Öl zum Anbraten

Die Küche Tunesiens spiegelt die Geschichte des Landes wider. Nachdem es mehrfach besetzt worden war, übernahm die Bevölkerung im Laufe der Jahrhunderte teilweise die gastronomischen Traditionen der Eroberer.

Die Auberginen-Lamm-Tagine ist ein Beispiel für diesen kulturellen Anpassungsprozess. Bis in die 1960er-Jahre wurde dieses Gericht osmanischen Ursprungs vor allem bei wohlhabenden Bürgern in Tunis serviert. Mittlerweile ist es allen Bevölkerungsschichten zugänglich und wird in zahlreichen Familien auf den Tisch gebracht.

Die Tagine verdankt ihren Namen der glasierten Tonform mit luftdicht schließendem Deckel, in der diese Speise gebacken wird. Darin können viele verschiedene Gerichte zubereitet werden, die ein langsames, schonendes Garen ohne großen Flüssigkeitsverlust erfordern. In der Regel handelt es sich dabei um Rezepte mit Gemüse, Fisch, Geflügel oder Fleisch.

Doch die tunesische Tagine ist anders. Das Wort bezieht sich zwar auf die getöpferte Form, aber eigentlich handelt es sich um eine Art Gemüsekuchen mit Eiern und geriebenem Käse, in dem verschiedene Gemüse- und Fleischsorten kombiniert werden.

Ein Lamm darf beim Schlachten nicht älter als 300 Tage sein, damit es als Lammfleisch verkauft werden kann. Je nach Geschmack können Sie für dieses Gericht aber auch Rind- oder Kalbfleisch verwenden. Würzen Sie es mit etwas Harissa, um den Geschmack zu unterstreichen.

Unser Küchenchef verwendet Kurkuma wegen ihres einzigartigen Aromas. Diese Pflanze wird in der Regel als Gewürz oder Farbstoff genutzt. In Pulverform ist die Kurkumawurzel etwas bitterer als Safran. In Tunesien wird die Auberginen-Lamm-Tagine hauptsächlich zu Ramadan zubereitet. Man genießt sie dann nachts im Mondschein.

Das Lammfleisch von Sehnen und Haut befreien und fein würfeln. Auberginen waschen und in dünne Scheiben schneiden.

Die gehackte Zwiebel in 50 ml Olivenöl anbraten. Lammwürfel hinzufügen und anbraten. Salzen, pfeffern und Kurkuma zugeben.

Wasser zugießen. Zugedeckt kochen, bis das Kochwasser verdunstet ist. Gehackte Petersilie hinzufügen und abkühlen lassen.

Lamm-Tagine

Die Eier in einer Schüssel verquirlen.
Zum Fleisch geben. 150 g geriebenen
Käse hinzufügen und alles umrühren.

Die Auberginenscheiben leicht in Öl anbraten. Mit Küchenpapier abtupfen, zum
Fleisch geben und umrühren.

Die Form mit 50 ml Olivenöl einfetten. Die
Tagine einfüllen und mit dem restlichen
Käse bestreuen. Bei 180 °C ca. 25
Minuten backen. Mit einem
Pfannenwender aus der Form holen und
auf einer Servierplatte anrichten.

Mediterrane

Vorbereitungszeit: 20 Minuten
Garzeit: 35 Minuten
Schwierigkeitsgrad: ✶

Für 4 Personen

200 g	ausgelöste Garnelen
200 g	Kalmare
200 g	Weißfischfilet
100 g	feine Suppennudeln
100 g	Champignons
2	Zwiebeln

4	Knoblauchzehen
1 Bund	Petersilie
1 Bund	Koriander
1 g	Safranfäden
4 EL	Tomatenmark
2	frische Tomaten
1 EL	Olivenöl
1 EL	Erdnussöl
1 EL	Maisstärke
	Salz
	Pfeffer

Marokkanische Köche bereiten eine große Vielzahl von Suppen zu, die unter dem Begriff *Schorba* zusammengefasst werden. In dem sämigen, aromatischen Fond sollten stets noch zerkleinerte Zutaten zu finden sein.

Bouchaïb Kama stellt hier ein Rezept von der Mittelmeerküste vor, in dem er Meeresfrüchte und Weißfisch verwendet. Auf Arabisch heißt die Suppe *Schorba belhout*. Die Fantasie marokkanischer Köche in Sachen *Schorba* ist nahezu grenzenlos: *Harira* wird mit Tomaten, Koriander und Lamm zubereitet, dann gibt es *Schorbas* mit Gemüse, Suppennudeln und Geflügel, mit Garnelen, Champignons, Suppennudeln und Koriander und so weiter. Es gibt sogar eine »weiße *Schorba*« aus in Salzwasser gekochtem Grieß, der mit Milch gemischt und mit Olivenöl abgeschmeckt wird.

Fast alle Fische und Meeresfrüchte lassen sich für diese mediterrane *Schorba* verwenden. Marokkos Küstenlinie am Atlantik und Mittelmeer misst 3500 Kilometer. Dem Land steht damit ein riesiges Fanggebiet zu Verfügung und es profitiert von einer intensiven Hochseefischerei. Aus den Gewässern des Atlantiks gelangen Königsgarnelen, Thunfisch und Steinbutt auf die Märkte, während man am Mittelmeer eher Barsche oder Schwertfisch fängt.

Viele verschiedene Garnelenarten teilen sich die Wertschätzung der marokkanischen Feinschmecker. Die mediterranen Garnelenarten sind allerdings viel kleiner als ihre atlantischen Vettern. Für diese *Schorba* können Sie auch Venusmuscheln, Jakobsmuscheln oder Miesmuscheln nehmen.

Zu marokkanischen Suppen gehört das traditionelle flache Weizenmehlbrot. Früher wurde dieses Fladenbrot auf sehr originelle Weise zubereitet: In einem Loch, das man in die Erde grub, stellte man einen Tonbehälter, *Farrah*, ab. Darin bräunte das Brot unter einer mit Glut bedeckten Platte.

Fischfilet, ausgelöste Garnelen, Champignons, Zwiebeln und Knoblauch sehr klein würfeln. Die Köpfe der Kalmare abschneiden. Die Innereien und den Schulp herausziehen und die Haut ablösen. Die Mäntel wie einen Handschuh wenden, spülen und hacken.

In einem Topf die mit Safran bestreuten Zwiebel- und Knoblauchwürfelchen kurz in Erdnuss- und Olivenöl anbraten. Die Kalmare zugeben. 3–4 Minuten mit etwas Wasser anbraten. Salzen und pfeffern.

Die Fisch-, Garnelen- und Champignonwürfel zufügen. Mischen und aufkochen lassen.

Fischsuppe

Die frischen Tomaten überbrühen, häuten und klein hacken. Das Tomatenmark in einer Schüssel mit Wasser anrühren und in die Suppe geben, ebenso die gehackten Tomaten. 10 Minuten bei mittlerer Hitze kochen.

Suppennudeln sowie gehackte Petersilie und gehackten Koriander zufügen. Abschmecken. Weitere 5 Minuten kochen.

Die Maisstärke in einem Schälchen mit Wasser anrühren. In die Suppe gießen und unter Hitze rühren, bis die Suppe etwas andickt. Die Suppe in einer schönen Terrine servieren.

Suppe mit

Vorbereitungszeit: 15 Minuten
Garzeit: 35 Minuten
Schwierigkeitsgrad: ✶

Für 4 Personen

1 kg	Wolfsbarsch
200 g	Fenchelknollen
100 g	Stangensellerie
200 g	Zwiebeln
1 Bund	glatte Petersilie
1 Bund	Koriander

200 g	Butter
½ TL	gemahlene Muskatnuss
2,5 l	Fischfond
1 TL	Pfeffer
½ TL	Salz

Diese *Schorba* (Suppe) aus dem von der Sonne verwöhnten Essaouira wird überall dort geschätzt, wo frischer Fisch in den Auslagen der Fischer zappelt. Die Originalität dieser Wolfsbarschsuppe liegt in ihrer Würze: dem kräftigen Aroma der Muskatnuss und dem leicht anisartigen Geschmack des Fenchels.

Die Zubereitung der *Schorba* kann ebenso variieren wie die der Bouillabaisse aus Marseille. Sie erhält eine etwas andere Note, wenn man den Wolfsbarsch durch Maifisch ersetzt, einen weniger häufigen Fisch, der in Mündungsgewässern lebt. Tatsächlich findet man Maifische das ganze Jahr über in Rabat oder Salé, zwei Städten am Ufer des Bou Regreg, der wenig später in den Atlantik mündet.

Ob Wolfsbarsch oder Maifisch, beide Fische werden entweder in einer Sauce gekocht oder in einer Pfanne frittiert und dann mit *Chermoula* serviert, einer Sauce aus Öl, Essig, Koriander, Kumin und mildem oder scharfem rotem Paprikapulver. Auf den Fischfond kann man zwar verzichten, bekommt ihn aber problemlos küchenfertig im Handel. Idealerweise bereitet man ihn aber in größerer Menge selbst zu und bewahrt ihn im Kühlschrank auf. Er bildet eine feine Ergänzung zur Bouillon.

Wenn man das Gericht mit Maifisch zubereitet, verlängert sich die Kochzeit ein wenig. Wolfsbarsch sollte nicht länger als fünf Minuten garen. Sein Fleisch zerfällt sehr rasch und schmeckt auf jeden Fall besser, solange es fest ist.

Bereiten Sie, bevor Sie mit der Zubereitung der Suppe beginnen, eine Knoblauchcreme vor: Kochen Sie sechs ungeschälte Knoblauchzehen weich. Dann schälen Sie sie und zerdrücken Sie sie in etwas Olivenöl. Salzen und verrühren Sie die Knoblauchzehen, bis eine Creme entsteht, die Sie vor dem Servieren einfach in die Suppe einrühren.

Den Fisch schuppen und mit kaltem Wasser abspülen. In dicke Scheiben schneiden und in einem Sieb abtropfen lassen.

Die Zwiebeln schälen und den Fenchel putzen. Ebenso wie den Sellerie in feine Würfel schneiden. Petersilie und Koriander hacken. Jede der Zutaten in einem Schälchen aufbewahren.

In einem Kochtopf Butter zerlassen und dann Petersilie, Koriander, Zwiebeln und Sellerie darin anbraten. 5 Minuten bei geringer Hitze bräunen, dabei von Zeit zu Zeit umrühren.

Wolfsbarsch und Fenchel

Den Fenchel in den Topf geben und mit einem Holzspatel umrühren. Salzen, pfeffern und mit Muskatnuss bestreuen. Weitere 5 Minuten unter ständigem Rühren bei mittlerer Hitze weitergaren.

Den Fischfond angießen und bei mittlerer Hitze weitere 20 Minuten kochen.

Schließlich die Fischstücke in den Topf geben und höchstens 5 Minuten garen – das Fleisch sollte nicht zerfallen.

Harira mit

Vorbereitungszeit: 15 Minuten
Einweichzeit: über Nacht
Garzeit: 1 Stunde 45 Minuten
Schwierigkeitsgrad: ✶

Für 8 Personen

200 g	Kichererbsen
150 g	Hühnerbrustfilets
1 Bund	frischer Koriander
1 Bund	Petersilie
100 g	Stangensellerie
1	Zwiebel
50 g	Reis

2 Päckchen	marokkanischer Safran zum Färben
250 g	Tomatenmark
100 ml	Öl
1 Würfel	Hühnerbrühe
6	Eier
100 g	Mehl
	Salz
	Pfeffer

Als Beilage:

	Zitronen
	getrocknete Feigen

Im Ramadan durchzieht das kräftige Aroma der *Harira*, die in jedem Haushalt zubereitet wird, die Straßen. Sie wird nach dem Fastenbrechen gleich nach Sonnenuntergang genossen. Die Marokkaner essen dazu stets getrocknete Datteln oder Feigen und viele verschiedene kleine Kuchen.

Die nahrhafte Suppe wird aus Hülsenfrüchten zubereitet und mit Koriander, Petersilie und Tomaten gewürzt. Je nach Geschmack kann man sie durch kleine Stücke Lamm oder Hähnchen oder durch Fleischbällchen (*Kefta*) anreichern oder einfach einen Knochen mitkochen, um der Bouillon mehr Geschmack zu verleihen. Die Suppe wird durch Mehl gebunden, das man zuerst in Wasser anrührt. Je nach Region gibt man noch Suppennudeln, Reis oder Eier zu.

In Marokko isst man Hülsenfrüchte gern im Winter, besonders im rauen Bergklima: Getrocknete Kichererbsen, Linsen und Bohnen stehen dann täglich auf dem Speiseplan. Wie Bohnen reifen auch Kichererbsen in Hülsen. Solange sie frisch sind, schmecken sie eher langweilig. Daher wird praktisch die gesamte Ernte zunächst getrocknet und dann erst verzehrt.

In seinem Restaurant verwendet M'hamed Chahid in der Regel Rundkornreis für seinen Eintopf. Der Reis wird in der fruchtbaren Ebene von Gharb (in der Gegend von Khénitra) angebaut.

Gibt man die Eier gegen Ende der Garzeit in den Topf, brauchen sie nicht mehr lange zu kochen. Sie garen in der Suppe weiter, wenn man den Topf von der Platte nimmt.

Pressen Sie die Zitrone direkt vor dem Servieren aus und geben Sie den Saft in die Suppe oder reichen Sie ihn getrennt dazu. Girlanden aus getrockneten Feigen sind dekorativ und geben eine wunderbare süße Beilage ab.

Die Kichererbsen am Vorabend einweichen. Den Reis 20 Minuten in Salzwasser kochen. Petersilie und Koriander fein schneiden. Die Zwiebel schälen und ebenso wie den Sellerie in kleine Würfel schneiden.

Das Öl in einem großen Topf erhitzen. Die klein geschnittenen Zutaten unter Rühren anbraten. Die abgetropften Kichererbsen und das in Würfel geschnittene Brustfilet zufügen.

Safranpulver, Salz, Pfeffer, 1 zerkleinerten Würfel Hühnerbrühe und Tomatenmark zugeben. 1,5 l Wasser angießen und alles 1 Stunde kochen lassen.

Reis und Feigen

Das Mehl in einem Schälchen mit Wasser anrühren. In den Topf gießen und unter Hitze gut einrühren, um die Suppe zu binden. Etwa 15 Minuten eindicken lassen.

Am Ende der Kochzeit den gekochten und abgetropften Reis in die Suppe geben

Die Eier in eine Schüssel aufschlagen und in die Suppe geben. 2–3 Minuten kochen, dann den Topf vom Feuer nehmen. Mit Zitronenspalten und getrockneten Feigen servieren.

Ramadansuppe

Vorbereitungszeit:	35 Minuten
Einweichzeit:	12 Stunden
Garzeit:	1 Stunde 40 Minuten
Schwierigkeitsgrad:	✳

Für 4 Personen

250 g	Beinscheibe vom Rind
2	Zwiebeln
200 g	Kichererbsen
1 TL	marokkanischer Safran zum Färben
1 TL	gemahlener Ingwer
1 Würfel	Hühnerbrühe
1 TL	Smen (gereifte Butter), ersatzweise Olivenöl

100 g	helle Linsen
100 g	griechische Nudeln (Kritharaki)
1 Bund	Koriander
1 Bund	Petersilie
150 g	Tomatenmark
1	Stangensellerie
5	Tomaten
100 g	Mehl
	Salz
	Pfeffer

Zum Garnieren:

8	Datteln
8	Feigen (nach Belieben)
	Zitrone (nach Belieben)

Für die Marokkaner ist diese *Harira* nicht aus ihrem kulinarischen Erbe wegzudenken. Diese traditionelle Suppe, die aus Fleisch, Kichererbsen, Linsen, Tomaten und Sellerie zubereitet wird, isst man in allen Familien während des Ramadan. Außerdem wird sie der neuvermählten Braut am Morgen nach der Hochzeitsnacht serviert.

Von diesem nahrhaften Gericht, das sich vielleicht mit einem ungarischen Gulasch vergleichen lässt, gibt es je nach Region und Familie unterschiedliche Variationen. Für viele Marokkaner ist die echte *Harira* jedoch jene, die man in der Gegend von Fes isst. Diese Königsstadt mit ihrer reichen, vierzehn Jahrhunderte alten kulinarischen Geschichte ist ein Garant für Traditionen und hat der marokkanischen Küche Rezepte vermacht, die ihres Rufes würdig sind. Die *Fassia*-Esskultur gilt als edel und elitär und zeichnet sich dabei durch ihr Know-how und ihre Raffinesse aus.

Die *Harira* ist leicht zuzubereiten und weist eine subtile Mischung unterschiedlicher Aromen auf. Daher ist es absolut notwendig, sie lange zu kochen. Der Sellerie, auf Marokkanisch *Krafece*, verleiht Suppen, Saucen und Ragouts ein wunderbares Aroma. Das knackige Gemüse ist das ganze Jahr über auf den Märkten zu finden. Wählen Sie grüne Stangen ohne welke Stellen und gelbliche Flecken am Fuß. Sie lassen sich gut im Kühlschrank aufbewahren.

Eine *Harira fassia* ohne Linsen und Kichererbsen ist undenkbar. Kichererbsen, die aus Westasien stammen, entwickeln einen leicht nussigen Geschmack. Sie sind sehr nahrhaft und behalten beim Kochen ihre Form. Vergessen Sie nicht, sie zwölf Stunden einzuweichen und das Häutchen abzuziehen, das sie umgibt.

Diese schmackhafte Suppe genießt man stets zusammen mit etwas Süßem, etwa mit Datteln oder Feigen.

Am Vorabend die Linsen und die Kichererbsen einweichen. Die Häutchen von den Kichererbsen abziehen. Die Zwiebeln schälen und klein schneiden. Koriander, Petersilie und Sellerie hacken.

Das Rindfleisch in kleine Würfel schneiden. Die Tomaten überbrühen und dann häuten. In kleine Würfel schneiden, pürieren und beiseite stellen.

Die Zwiebeln im Smen anschwitzen. Fleischwürfel, Safranpulver und Ingwer zugeben. Salzen und pfeffern. Den Würfel Geflügelbrühe in einem Wasserglas auflösen und in den Topf gießen. Die Kichererbsen zufügen. Alles aufkochen lassen.

aus Fes

Wasser angießen. Petersilie, Koriander und Sellerie zugeben. Etwa 30 Minuten kochen. Die Linsen zufügen und weitere 20 Minuten kochen. Das Tomatenpüree einrühren. Weitere 20 Minuten abgedeckt kochen.

Die Suppennudeln zugeben. Etwa 5 Minuten kochen. Mehl und Tomatenmark mit Wasser anrühren.

Die Mischung angießen und alles abgedeckt etwa 15 Minuten unter gelegentlichem Rühren kochen. In eine Suppenterrine geben und mit Datteln, Feigen und Zitrone servieren.

Marokkanische

Vorbereitungszeit: 15 Minuten
Garzeit: 30 Minuten
Schwierigkeitsgrad: ✶

Für 4 Personen

250 g	getrocknete kleine Bohnen
3	ungeschälte Knoblauchzehen
2 EL	Olivenöl
1 TL	Salz

Als Beilage:

Paprika
gemahlener Kumin
Olivenöl

Im Winter wärmen sich die Marokkaner gern mit einem Teller *Bissara*. Diese intensiv duftende Suppe mit getrockneten Bohnen, Salz und Öl mag auf den ersten Blick etwas fade erscheinen. Deshalb hat jeder Gast kleine Schälchen mit Olivenöl, Paprika und Kumin neben sich stehen und würzt die Suppe nach Belieben selbst.

Amina Khayar bereitet *Bissara* mit sehr kleinen getrockneten Bohnen zu, die etwa dieselbe Größe haben wie Erbsen. Sie haben den Vorteil, dass sie sehr schnell gar werden. Natürlich lässt sich die Suppe ebenso gut mit dicken Bohnen oder Erbsen zubereiten. Frische dicke Bohnen passen hervorragend zu eingelegten Zitronen, eine Kombination, wie sie in Lamm-Taginen sehr häufig ist. Es gibt auch ein Couscous mit grünen Bohnen und wilden Feigen, genannt *Kuran*. Kleine Bohnen werden gern pochiert und in einer *Chermoula*-Sauce mariniert. Getrocknete Bohnen dagegen werden immer zu Suppen verarbeitet.

Die Bohnen müssen mehrfach gründlich abgespült werden, um auch die letzten Verschmutzungen zu entfernen. Gleichzeitig verlieren sie dadurch einen Teil der überschüssigen Stärke. Rühren Sie während des Kochens regelmäßig um, damit die Bohnen rascher garen und zerfallen. Den Knoblauch, den Sie in die Suppe geben, können Sie vorher auch schälen. Je nach Konsistenz wird die Suppe schließlich in einem Passiergerät oder im Mixer püriert.

Die *Bissara* von Amina Khayar lebt auch vom Geschmack des marokkanischen Olivenöls. Das beste Olivenöl kommt aus den Berberregionen im Süden des Landes. Es hat eine dunkelgrüne Farbe und schmeckt leicht bitter. Erst auf Veranlassung von König Hassan II. wurden in Marokko große Olivenplantagen angelegt. Diese werden bis heute auf einer Fläche von etwa 3500 Hektar weiter kultiviert.

Die getrockneten Bohnen auf einen großen Teller oder auf die Arbeitsplatte schütten. Mit den Fingerspitzen Blattstückchen, nicht enthülsten Bohnen, kleine Steinchen etc. aussortieren.

Die Bohnen gut in einer Schüssel mit kaltem Wasser oder in einem Abtropfsieb unter fließendem Wasser spülen. Mindestens drei- oder viermal wiederholen, um alle Verunreinigungen zu entfernen.

Die Bohnen in einen großen Kochtopf geben. Den Topf zu drei Vierteln mit heißem Wasser auffüllen.

Bissara

Den ungeschälten Knoblauch ins Bohnenwasser geben. Einen großzügigen Spritzer Olivenöl zutugen und salzen. Abgedeckt 20–30 Minuten kochen.

Mit einem Schaumlöffel den Knoblauch herausnehmen. Abschrecken und dann vorsichtig mit einem kleinen Messer schälen.

Die Bohnensuppe und den Knoblauch in einer Küchenmaschine zu einem glatten Püree verarbeiten. Abschmecken. Heiß servieren und Kumin, Paprika und Olivenöl dazu reichen.

Kasbah-

Vorbereitungszeit: 20 Minuten
Garzeit: 25 Minuten
Schwierigkeitsgrad: ★

Für 4 Personen

2	Kartoffeln
2	Zucchini
2	Möhren
1	Zwiebel
2	Tomaten
50 g	chinesische Glasnudeln

1 Würfel	Hühnerbrühe
½ Bund	Petersilie
½ Bund	Koriander
2	Knoblauchzehen
60 g	feiner Grieß
1 Prise	Safranfäden
1 EL	Butter
1 EL	Olivenöl
	Salz
	Pfeffer

Diese Gemüsesuppe wurde ursprünglich vor allem im »Tal der tausend *Kasbahs*« gegessen, das an der Strecke von er-Rachidia nach Ouarzazate in Südmarokko liegt. In dieser außergewöhnlichen Landschaft wachsen Mandel- und Olivenbäumen, Kakteen und Schilfrohr und immer wieder stößt man auf einen der zahlreichen *Ksours*, Burgen, die aus gestampftem Lehm errichtet wurden.

In dieser Region hat die Kultur der *Kasbah* die Mentalität stark geprägt. Früher dienten diese mächtigen Wehrbauten, die ursprünglich Herrscherresidenzen waren, auch als Fluchtburgen für die Dorfbewohner, wenn eine Invasion drohte. Die Karawanen, die Handel zwischen dem Maghreb und dem südlichen Teil des Kontinents betrieben, fanden dort eine Herberge für die Nacht und ein sicheres Zwischenlager für ihre Waren, die sie aus fernen Ländern mitgebracht hatten.

Die Legende will es, dass vor allem Nomaden diese Suppe aus Gemüse, Nudeln und Grieß zur Stärkung genossen. Heute kommt das beliebte Gericht vor allem bei den Berberfamilien von Ouarzazate auf den Tisch. Es ist leicht zuzubereiten und wird meist als Hauptgericht serviert. Die Bewohner der Region essen ausgesprochen gern Nudeln.

Für dieses Rezept verwendet der Küchenchef chinesische Glasnudeln. Die aus Sojamehl hergestellten Teigwaren erhält man in langen, perlmuttfarbenen Strängen. Sie werden gekocht, frittiert oder für Eintöpfe und Füllungen verwendet.

Früher kochte man diese vegetarische Suppe ausschließlich mit Gemüse der Saison. So musste man zum Beispiel auf die Zucchini bis zum Sommer warten. Dieses aus Mittel- und Südamerika stammende Gemüse hat einen festen Platz in der mediterranen Küche gefunden. Die wasserreichen, wenig nahrhaften Früchte sollten einheitlich grün sein.

Zucchini abwaschen. Möhren und Kartoffeln schälen und das Gemüse fein raspeln. Die Tomaten überbrühen und zerkleinern.

Koriander und Petersilie fein schneiden. Die Knoblauchzehen schälen und zerdrücken. Die Zwiebel schälen und fein schneiden.

Die Zwiebel in einem Topf im Olivenöl anschwitzen. Die Glasnudeln zerschneiden und zugeben, ebenso die geraspelten Kartoffeln, Möhren und Zucchini.

Gemüsesuppe

Den Topf zu drei Vierteln mit Wasser auffüllen. Den Brühwürfel zugeben.

Salzen und pfeffern. Safranfäden, Petersilie und Koriander zugeben. Etwa 20 Minuten kochen.

Den Grieß zugeben. Mit einem Holzspatel umrühren, um die Suppe zu binden. Die zerkleinerten Tomaten und die Butter einrühren. Die Kasbah-Suppe in Schälchen anrichten.

Sabbat-Suppe

Vorbereitungszeit: 20 Minuten
Einweichzeit: 12 Stunden
Garzeit: 5 Stunden
Schwierigkeitsgrad: ✶

Für 4 Personen

1 kg	mageres Rindfleisch von Schulter und Brustfleisch
3	Markknochen
1 kg	dicke Kichererbsen
1	Kartoffel

1	Zwiebel
2	Knoblauchzehen
1 Bund	Koriander
1 TL	Kurkuma
1 TL	Safranfäden
1 TL	Natron
4 EL	Pflanzenöl
	Salz
	Pfeffer

Viele aus Marokko stammende Juden erinnern sich voller Nostalgie an die Kichererbsensuppe, die am Vorabend des Sabbats gegessen wird. Dieses geschmackvolle Gericht ist bis heute besonders in Tanger und Meknès sehr beliebt und wird am Sabbat serviert.

Die Kichererbsensuppe ist leicht zuzubereiten, braucht jedoch einige Zeit zum Garen. In der jüdischen Religion ist die Verwendung von Feuer während des Sabbats verboten. Folglich bereitet man diese Spezialität schon am Freitagmittag vor. Am Vorabend des Sabbats ähnelt der Familientisch einem Altar. Für die jüdische Gemeinde ist dies ein privilegierter Moment, den man voller Heiterkeit verlebt, und ebenso eine Gelegenheit, spezielle Gerichte zu genießen.

Kichererbsen, die überall im Mittelmeerraum sehr geschätzt werden, müssen vor dem Kochen zwölf Stunden in Wasser eingeweicht werden. Victoria Berdugo gibt noch einen Teelöffel Natron dazu, um sie bekömmlicher zu machen. Kichererbsen stammen aus Zentralasien und sind die Früchte einer krautigen, einjährigen Pflanze. Die Schoten enthalten ein bis vier Erbsen, die leicht nussig schmecken.

Kichererbsen sind sehr nahrhaften und behalten beim Garen ihre Form. Während viele Juden in Tanger sie lieber zerdrücken oder sogar pürieren, bevorzugt man in Meknès ganze Erbsen, die in der Suppe schwimmen.

Diese delikate Suppe enthält eine wunderbare Mischung kräftig orientalischer Aromen. Der in der marokkanischen Küche unverzichtbare Koriander verleiht der Suppe seine charakteristische Note. Diese Pflanze, die auf Arabisch *Kosbor* heißt, entfaltet in der Suppe ihre ganze Würzkraft. Damit die Kichererbsensuppe so richtig aromatisch wird, sollte man einige Gewürze erst ganz am Schluss zufügen.

Am Vorabend die Kichererbsen in kochend heißes Wasser (aber nicht auf der Herdplatte) geben. 1 Teelöffel Natron zufügen. Abdecken und 12 Stunden einweichen.

Die Kichererbsen am nächsten Tag in klares Wasser geben und mit den Händen kneten, um die Häutchen abzulösen.

Rindfleisch und Knochen in einen Topf geben. Kichererbsen, Zwiebel, Kartoffel, zerdrückte Knoblauchzehen, ½ Bund zusammengebundener Koriander, Safranfäden und Öl zufügen. Den Topf mit Wasser füllen und zugedeckt etwa 4 ½ Stunden kochen lassen.

mit Kichererbsen

Das Fleisch und die Knochen herausnehmen. Die Kichererbsen und die anderen Zutaten im Mixer pürieren.

Die zweite Hälfte des Korianderbunds klein schneiden. Mit der Kurkuma in die Kichererbsensuppe geben. Mit Salz und Pfeffer abschmecken.

Fleisch und Suppenknochen wieder in die Suppe zurückgeben. Erneut etwa 30 Minuten kochen. Knochen aus der Suppe nehmen. Die Kichererbsensuppe auf Tellern anrichten und das Fleisch separat dazu reichen.

Tagine mit

Vorbereitungszeit: 40 Minuten
Garzeit: 45 Minuten
Schwierigkeitsgrad: ★

Für 4 Personen

1,5 kg	Knurrhahn
100 g	rote Paprikaschoten
100 g	grüne Paprikaschoten
1 kg	Kartoffeln
2	unbehandelte Zitronen
2	Tomaten
2 EL	Olivenöl

Chermoula (Marinade):

1 Bund	Petersilie
1 Bund	Koriander
3	Knoblauchzehen
1	Zitrone
1 TL	Paprika
1 TL	Kumin
1	Zimtstange
2 EL	Olivenöl
	Salz, Pfeffer

Zum Garnieren:

½	eingelegte Zitrone
100 g	grüne entsteinte Oliven

Diese Fisch-Tagine ist eine Spezialität aus Agadir. Allein der Name des Badeortes an der marokkanischen Atlantikküste ruft ein Gefühl des *Dolce far niente* hervor … Agadir wird dank seines sonnigen Klimas und seiner kilometerlangen Sandstrände von Urlaubern geschätzt. Doch außer Attraktionen für Touristen hat Agadir noch mehr zu bieten: jede Menge köstlicher Fische und Meeresfrüchte.

Tatsächlich hat es in Agadir seit jeher eine Fischindustrie gegeben, wie die zahlreichen Fischkutter und Konservenfabriken deutlich machen. So ist es nicht verwunderlich, dass Fische und Meeresfrüchte in der regionalen Küche einen besonderen Ehrenplatz einnehmen.

Tagine mit Knurrhahn ist ein sehr populäres Gericht. Traditionell wird sie auf dem *Kanoun*, einem *Brasero*, über Glut gegart und benötigt nur wenig Vorbereitung.

Der Knurrhahn ist mit dem Rotbarsch und dem Drachenkopf verwandt und in Marokko nicht sehr teuer. Man verwendet ihn, wie seine Verwandten, gern für Fischsuppen. Wählen Sie möglichst ein Exemplar mit festem Körper, prallem Bauch, klaren, vorstehenden Augen, glänzenden und intakten Schuppen und roten Kiemen. Knurrhahn enthält viel Kalium und Kalzium und zeichnet sich durch sein mageres, weißes und festes Fleisch aus. Je nach Marktlage können Sie auch eine Meerbrasse verwenden, die ebenfalls bestens mit der *Chermoula* harmoniert.

Chermoula ist eine typisch orientalische Würzmischung, die in der marokkanischen Küche dazu verwendet wird, zahlreichen Gerichten mehr Geschmack und Aroma zu verleihen. Diese Marinade passt wunderbar zu Fisch. Je nach Region oder Essgewohnheiten können die Zutaten leicht variieren. Jedoch gehören aromatische Kräuter wie etwa glatte Petersilie und Koriander auf jeden Fall dazu.

Rücken-, Bauch- und Schwanzflossen des Knurrhahns abschneiden. Den Fisch ausnehmen und den Kopf abtrennen. Den Fisch in gleich große Teile schneiden.

Für die Chermoula die Zitrone auspressen, die Knoblauchzehen zerdrücken und Petersilie sowie Koriander hacken. Salz, Pfeffer, Paprika, Kumin, Zimt und Olivenöl zugeben. Mischen und die Knurrhahnstücke hineingeben.

Die Kartoffeln schälen und in Scheiben schneiden.

Knurrhahn

Dic grünen und roten Paprikaschoten säubern und in Streifen schneiden. Die Tomaten waschen und in Scheiben schneiden, desgleichen die 2 Zitronen.

In einem Topf das Olivenöl erhitzen. Die Kartoffelscheiben hineingeben. Den marinlerten Knurrhahn zufügen. Die restliche Chermoula mit einem Glas Wasser verdünnen und ebenfalls in den Topf gießen.

Paprikastreifen und Zitronenscheiben zugeben. Bei geringer Hitze etwa 30 Minuten köcheln lassen. Die Tomaten hineingeben. Etwa 15 Minuten weiterkochen. Tagine anrichten, mit grünen Oliven und Zesten der eingelegten Zitrone garnieren.

Lamm-Tagine

Vorbereitungszeit: 25 Minuten
Garzeit: 50 Minuten
Schwierigkeitsgrad: ★★

Für 4 Personen

1,4 kg	Lammbrust
250 g	Zwiebeln
20 g	Knoblauch
15 g	glatte Petersilie
10 g	Koriander
1 Prise	gemahlener Ingwer
3 EL	Olivenöl

2	Zimtstangen
1 Prise	Safranpulver
	Salz
	Pfeffer

Zum Servieren:

150 g	getrocknete Pflaumen
50 g	Zucker
2	Zimtstangen
100 g	abgezogene Mandeln
3 EL	Öl
	frische glatte Petersilie

Marokkanische Feinschmecker haben eine unendliche Vielzahl verschiedener *Tajines rghalmi*, Lamm-Taginen, entwickelt. Da dieses Gericht von Mohammed Aïtali das Aroma des zarten Fleisches mit weichen pochierten Pflaumen und knackigen frittierten Mandeln kombiniert, trägt es den wohlklingenden arabischen Namen *Tajine barkouk bel louz*. Je nach Geschmack wird die *Tajine rghalmi* manchmal mit einer Auswahl an Gemüsesorten (grüne Bohnen, Möhren, Zucchini und weiße Rüben), mit Zwiebeln und Rosinen, nur mit Mandeln, mit gezuckerten Quitten, Birnen, getrockneten Aprikosen oder auch mit einer Mischung von Oliven und eingelegter Zitrone zubereitet.

Grundlage des Rezeptes ist Brustfleisch vom Lamm. Dazu gehören einige Seitenstücke und etwas von der Schulter. Unter marokkanischen Köchen gilt Lammschulter als ein Fleisch, mit dem man in ganz unterschiedlichen Gerichten praktisch alles machen kann. Eine arabische Redensart rät sogar unerfahrenen Köchen: »Wenn du nichts vom Kochen verstehst, verlang vom Metzger ein Stück Schulter.«

Die in Marokko bekannteste Hammelart heißt *Sardi*. Die Tiere haben einen recht langen Körper, sind entsprechend schwer und haben ein weißes Fell mit schwarzen Flecken. Sie werden in der Ebene von Casablanca, eigentlich bekannt durch den Getreideanbau, sowie in der Gegend von Meknès und im Mittleren Atlas in der Nähe von Beni Mellal gezüchtet. Der *Sardi* wird besonders während des *Aïd el-kebir* geschätzt, wenn die marokkanischen Familien Hammel in allen denkbaren Varianten zubereiten.

Der Küchenchef pochiert die getrockneten Pflaumen in mit Zimt aromatisierten Sirup. Wenn Sie den Geschmack noch intensivieren wollen, geben Sie Zitronenscheiben, gemahlenen Pfeffer und Orangeblütenwasser zu. Auch Trockenpflaumen passen exzellent zu Taginen mit Rind oder Lamm.

Die Lammbrust entbeinen. Das Fleisch in gleich große Würfel von etwa 50 g schneiden.

Das Olivenöl in einer Pfanne erhitzen. Wenn es heiß ist, die Fleischstücke hineingeben und von allen Seiten anbräunen.

Zwiebeln und Knoblauch schälen und hacken, desgleichen Petersilie und Koriander. Alles zum Fleisch geben. Mit Ingwer, Salz, Pfeffer und Safran bestreuen. Die Zimtstangen zufügen.

mit Pflaumen

So viel kaltes Wasser angießen, dass alle Zutaten bedeckt sind. Abgedeckt etwa 30 Minuten köcheln lassen, bis das Fleisch schön zart ist.

In einen Topf mit Wasser Zucker und Zimtstangen geben. Die Trockenpflaumen zutugen und etwa 10 Minuten bei mäßiger Hitze pochieren.

Das Öl in einem anderen Topf erhitzen. Die Mandeln in das heiße Öl geben und goldbraun werden lassen. Das Fleisch in die Mitte eines Serviertellers legen. Mit Pflaumen, frittierten Mandeln und Petersilie garnieren.

Wachtel-Tagine

Vorbereitungszeit: 45 Minuten
Garzeit: 1 Stunde 5 Minuten
Schwierigkeitsgrad: ★★

Für 4 Personen

8	Wachteln
2	Zwiebeln
2	Knoblauchzehen
4 EL	Olivenöl
4 EL	Erdnussöl
1 Bund	Petersilie

1 Bund	Koriander
1 Prise	Ingwer
2 Prisen	Safranfäden
2 Prisen	marokkanischer Safran zum Färben
12	Wachteleier
50 g	frische Butter
600 g	frischer Spinat
150 ml	Geflügelfond
	Salz
	Pfeffer

Wachtel-Taginen gehören zu den raffiniertesten Köstlichkeiten, die die marokkanische Küche zu bieten hat. Bouchaïb Kama, der nie um eine gute Idee verlegen ist, stellt hier eine seiner neuesten Kreationen vor: kleine Wachtelstücke mit delikaten Spinatbällchen und Wachteleier mit einem Safranbutterüberzug in einer Sauce aus Safran und Zwiebeln.

Die Tagine verdankt ihren Namen einem Gefäß aus glasiertem Ton mit einem kegelförmigen Deckel, in dem manchmal auch gekocht wird. Die Marokkaner haben sich die Gewohnheit bewahrt, sie über einem *Majmar* zu garen, einem Keramikbehälter, der mit heißer Glut gefüllt ist. Die schönen Tagine-Töpfe sind außerhalb Marokkos nur schwer zu finden. Wenn Sie keinen haben, empfiehlt Ihnen der Küchenchef, zumindest zum Servieren ein anderes Tongefäß mit farbigem Rand zu verwenden.

Die Wachteln, die der Küchenchef zubereitet, stammen aus dem Atlasgebirge, wo sich mehrere Wachtelzuchten befinden. In marokkanischen Restaurants werden keine gejagten Wachteln angeboten, deren Herkunft zu unsicher ist und die oft viele Schrotkörner enthalten. Selbst gejagte Wachteln werden nur innerhalb der Familie verzehrt. Wachtelzuchten machen es möglich, dass diese Vögel das ganze Jahr über erhältlich sind. Sie können für dieses Rezept aber auch Pute, Hühnchen, Kaninchen oder Ente verwenden.

Die kleinen, recht teuren Wachteleier mit ihren kleinen, braunen Flecken dienen vor allem dazu, besonders raffinierte Gerichte zu garnieren, zum Beispiel für Empfänge. In der marokkanischen Provinz vertrauen die Alten bis heute darauf, dass einige hart gekochte Wachteleier am Morgen helfen, Asthma zu kurieren.

Die Wachteln säubern und unter fließendem Wasser abspülen. Hälse, Flügelspitzen und Schenkel abschneiden. Die Körper der Länge nach tranchieren und jeweils in 2 Teile schneiden, sodass sich 6 Stücke pro Wachtel ergeben.

Knoblauch und Zwiebeln schälen, wie Petersilie und Koriander hacken. Wachteln in beiden Ölsorten anbraten. Salzen, pfeffern. Knoblauch, Zwiebeln, Ingwer, 1 Prise Safranfäden und Safranpulver zufügen. Braten, bis die Wachteln gebräunt sind.

Wenn die Wachteln etwa 10 Minuten bei mäßiger Hitze geköchelt haben, den Geflügelfond zugießen und umrühren.

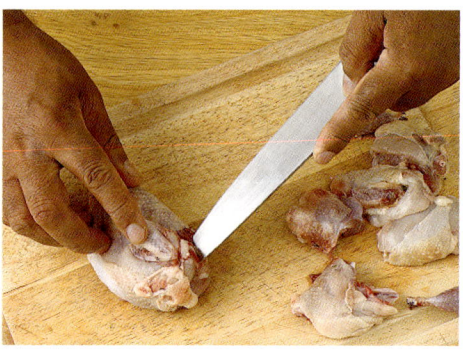

nach Atlas-Art

Sofort Petersilie und Koriander zugeben. Zudecken. Weitere 25–30 Minuten kochen.

Den Spinat in Salzwasser blanchieren. Abschrecken, damit er schön grün bleibt. Die Flüssigkeit herausdrücken und dann fein hacken. Mit den Händen zu kleinen Bällchen rollen.

Wachteleier 5 Minuten kochen, dann schälen. Butter in einem kleinen Topf zerlassen. 1 Prise Safranpulver unterrühren. Wachteleier hineingeben und in der Safranbutter bewegen, bis sie vollständig gelb sind. Das Gericht auf einem Servierteller anrichten.

Pasta, Reis, Couscous & Co.

Gemüse-

Vorbereitungszeit:	20 Minuten
Garzeit:	50 Minuten
Schwierigkeitsgrad:	★

Für 4 Personen

4	Artischocken
100 g	gewaschene junge dicke Bohnen
200 g	Blumenkohlröschen
1	Möhre
¼ Stange	Porree

1	rote Paprika
1	Zucchini
3	Mangoldblätter
1	reife Tomate
3	Knoblauchzehen
100 ml	Olivenöl
1 Prise	Safranfäden
2 l	Hühnerbrühe
1 TL	Paprikapulver
350 g	Reis (vorzugsweise »Bomba«)
	Salz

Gemüse-Paella gehört nicht zu den traditionellen Gerichten Spaniens, doch steht das köstliche Rezept bei vielen Familien in der Gegend von Valencia auf dem Speiseplan. Oscar Torrijos bereitet es seit dreißig Jahren mit viel Liebe zu.

In der sumpfigen Region Albufera bei Valencia wird seit dem Mittelalter Reis angebaut. Von hier stammt die Paella, der Stolz aller Valencianer. Die Bezeichnung Paella bezieht sich ursprünglich einfach auf eine große, flache Pfanne mit zwei Griffen, in der man Reis mit Fleisch, Fisch, Gemüse oder Meeresfrüchten garte. Einst waren Paellas ausgesprochene Festtagsgerichte, die man meist im Freien verzehrte.

Heute gibt es Paellas in den unterschiedlichsten Zusammenstellungen. Als Reis empfiehlt Oscar Torrijos die bei Valencia angebaute Sorte Bomba. Sie hat den Vorteil, dass die Körner beim Garen ihr Volumen auf das Drei- bis Vierfache vergrößern, ohne aufzuplatzen. Sie nehmen die Brü-

he gut auf und entfalten ein unvergleichliches Aroma. Ein Kilo Reis reicht für zehn bis zwölf Personen. Die Reisernte in Albufera findet zwischen September und Oktober statt. Anschließend wird der Reis getrocknet, geschält und poliert. Bis zum Mai des Folgejahres gelten die Körner noch als »jung«. Die Garzeit für die Paella beträgt achtzehn bis zwanzig Minuten. Man kann dafür eine Spezialpfanne verwenden, doch sind eine ganz normale Pfanne oder sogar ein Schmortopf ebenso gut geeignet.

Die Gemüseauswahl lässt sich je nach Jahreszeit variieren. In Valencia stammt das Gemüse aus der Gegend von Huerta, einem riesigen Obst- und Gemüseanbaugebiet, wo Artischocken, Paprika und Peperoni, Möhren, Kohl, Auberginen, Kartoffeln, Tomaten, Mangold, Zwiebeln, Bohnen und vieles mehr kultiviert werden. Ein solches Angebot regt natürlich die kulinarische Kreativität ungemein an, was Oscar Torrijos' Paella auf das Schönste bezeugt.

Die dicken Bohnen pahlen, den Blumenkohl in kleine Röschen zerteilen. Die Artischocken putzen und in Stücke schneiden.

Das übrige Gemüse wie folgt vorbereiten: Porree, Paprika, Möhre und Zucchini in 4 cm lange Stäbchen schneiden. Den Mangold in feine Streifen schneiden. Die Tomate häuten, vierteln und entkernen. Den Knoblauch schälen und hacken.

Alle Gemüsesorten in einer Schüssel vermengen. In der Paella-Pfanne das Olivenöl erhitzen und das Gemüse darin anschwitzen. Paprikapulver zugeben und noch 5 Minuten unter häufigem Rühren weiter braten.

Paella

Sobald das Gemüse angebräunt ist, den Reis zugeben und rühren, bis er glasig wird.

Die Hühnerbrühe angießen und zum Kochen bringen.

Mit Safran und Salz würzen und 20 Minuten unter häufigem Rühren köcheln lassen. Zum Schluss die Paella noch 8 Minuten in den Backofen stellen und sehr heiß servieren.

Kartoffel-Gnocchi

Vorbereitungszeit: 30 Minuten
Garzeit: 1 Stunde
Schwierigkeitsgrad: ★★

Für 4 Personen

Gnocchi:
1 kg	Kartoffeln
220 g	Mehl
	Salz

Sauce:
1	Möhre
1	Stangensellerie
2	Knoblauchzehen
700 g	reife Tomaten
1	Zwiebel
20	kleine Thymianblätter
40 g	Pecorino
	extra natives Olivenöl
	Salz
	Pfeffer

Seit 1867 gibt es in Ponte a Moriano das Gasthaus »La Mora«, was auf Lateinisch »Rast« oder »Pause« bedeutet. Es lädt dazu ein, nach einer Erkundung der Landschaft rund um Lucca dort Halt zu machen. Von ihren Spezialitäten empfehlen Sauro Brunicardi und sein Mitarbeiter Paolo Indragoli Gnocchi aus Kartoffeln mit einer einfachen, sehr würzigen Gemüsesauce.

Gnocchi – der Name bedeutet »Klößchen« – werden vor allem in Nord- und Mittelitalien hergestellt und das schon seit dem 18. Jahrhundert. Damals nannte man die Teigtaschen Ravioli (die Ravioli, die wir kennen, hießen damals Tortellini!). Heute werden hauptsächlich zwei Sorten hergestellt: zum einen aus Kartoffeln und Mehl, zum anderen aus Hartweizengrieß mit Ricotta und Spinat.

Obwohl Gnocchi scheinbar leicht zuzubereiten sind, erfordert ihre Herstellung doch eine gewisse Geschicklichkeit, um ein ansehnliches Ergebnis zu erlangen: Der Teig muss leicht, aber fest sein und darf sich weder beim Kochen noch in der Sauce auflösen. Mehlig kochende Kartoffelsorten wie Bintje ergeben die richtige Konsistenz. Kneten Sie die Mischung wie einen Kuchenteig. Dann schneiden Sie die Gnocchi auf einer bemehlten Arbeitsfläche, damit sie nicht kleben.

Die Sauce sollte sämig sein, damit die Gnocchi sie gut annehmen. Traditionell servieren die Italiener zu Gnocchi eine Tomatensauce mit Basilikum oder ein Pesto aus Nüssen und Gorgonzola. Sauro Brunicardi gibt das Gemüse für die Sauce in ein Passiergerät, um keine Haut und Kerne darin zu lassen. Das glatte Püree, das er so erhält, passt wunderbar zu Thymian und Pecorino. Durch den Schafskäse erhält das Gericht seine typisch toskanische Note. Nach vier Monaten Reifung ist er strohgelb und entfaltet in diesem Gericht sein ganzes Aroma.

Für die Gnocchi die ungeschälten Kartoffeln 20 Minuten in Salzwasser kochen. Herausnehmen, schälen, in große Stücke schneiden und durch ein Passiergerät geben. Langsam abkühlen lassen.

Auf der Arbeitsfläche etwas Mehl verteilen. Die lauwarme Kartoffelmasse und 200 g Mehl so lange kneten, bis der Teig nicht mehr an den Fingern klebt.

Den Kartoffelteig portionsweise rollen, sodass eine fingerdicke Rolle entsteht. Stücke von ungefähr 2 Zentimetern Länge abschneiden.

»Mora«

Für die Sauce den Sellerie und die Möhre putzen und In Scheiben schneiden. Zwiebel und Knoblauch schälen und klein hacken. Die Tomaten vierteln. Alles in eine Pfanne geben, Öl zugießen, salzen und pfeffern und 25–30 Minuten bei starker Hitze garen.

In einem großen Topf Salzwasser zum Kochen bringen und einige Tropfen Öl zufügen. Die Gnocchi in das kochende Wasser geben. So lange kochen, bis sie an die Oberfläche steigen.

Das gekochte Gemüse passieren. Mit den Gnocchi und einigen Blättern Thymian in eine große Pfanne geben. Gut durchrühren und aufkochen lassen. Auf Tellern verteilen und mit geriebenem Pecorino servieren.

Lasagne

Vorbereitungszeit: 50 Minuten
Garzeit: 1 Stunde
Schwierigkeitsgrad: ★

Für 4 Personen

250 g	Lasagne
2	große Zwiebeln
2	Zucchini
2	Auberginen
2	sehr junge Artischocken
1	Zitrone
4 EL	Weißwein
4 EL	Balsamico-Essig
150 g	geriebener Parmesankäse

4 EL	Olivenöl
	Salz
	Pfeffer

Béchamelsauce:

500 ml	Milch
50 g	Butter
50 g	Mehl
1 Prise	geriebene Muskatnuss
	Salz
	Pfeffer

Zum Garnieren:

	Rucola
	Kirschtomaten (nach Belieben)

Aus Liebe zu diesem Salatgemüse hat Sergio Pais sein Restaurant in Paris »Rucola« getauft. Dieses Rezept, eine Gemüse-Lasagne, steht als Spezialität auf seiner Speisekarte.

Die Bewohner von Bologna halten sich für die unumstrittenen Meister in der Zubereitung von Lasagne. Üblicherweise werden die langen, viereckigen Nudeln, die aus der Emilia Romagna stammen, in wechselnder Reihenfolge mit Hackfleisch und Béchamelsauce in Schichten übereinander gelegt. Wenn Sie Lasagne in kleineren Portionen benötigen, hier ein Tipp: Lassen Sie die fertige Lasagne drei Stunden abkühlen. Dann können Sie bequem beliebig große Stücke abschneiden.

Diese norditalienische Spezialität ist ohne Béchamelsauce undenkbar. Béchamelsauce wird aus einer Mehlschwitze und Milch hergestellt. Früher wurde sie aus Sahne zubereitet. Das Ergebnis war eine wunderbar sämige, samtweiche Sauce.

Wenn Sie die kleinen, violetten Artischocken geputzt haben, legen Sie sie in Zitronenwasser, damit sie sich nicht verfärben. Um die Artischocken einige Tage aufzubewahren, lassen Sie die Stiele ganz.

Die Zucchini, ein klassisches Sommergemüse, sorgen für Farbtupfer.

Auberginen sind im ganzen Mittelmeerraum beliebt. Am weitesten verbreitet sind die purpurfarbenen Auberginen, die Sergio Pais auch für dieses Rezept empfiehlt.

Probieren Sie dieses leicht zuzubereitende Gericht einmal aus – Sie werden damit bei Gästen und bei Ihrer Familie sicher großen Anklang finden.

Auberginen und Zucchini waschen und wie die Zwiebeln in gleichmäßige Würfel schneiden. Die äußeren Blätter der Artischocken bis zum Artischockenherz entfernen und in Zitronenwasser legen.

500 ml Wasser, Weißwein und Balsamico-Essig in einen Topf geben und die Artischocken darin etwa 20 Minuten kochen, dann abtropfen lassen. Das »Heu« entfernen und die Artischocken in kleine Stücke schneiden.

Zwiebeln, Auberginen und Zucchini in einem anderen Topf im Olivenöl schmoren. Auf Küchenpapier abtropfen lassen.

»Rucola«

Für die Béchamelsauce die Butter zerlassen und das Mehl hineinrühren. Unter ständigem Umrühren die Milch zugeben. Salzen, pfeffern und Muskat darüber streuen.

Zwiebeln, Zucchini, Auberginen und Artischockenstücke zur Béchamelsauce geben. Vorsichtig umrühren und abschmecken. Einige Gemüsewürfel zum Garnieren aufheben.

Lasagne-Nudeln und Sauce abwechselnd in einer Auflaufform aufschichten. Mit Parmesan bestreuen. 30 Minuten bei 180 °C im Ofen backen. Lasagne portionsweise auf Tellern anrichten. Mit einem Spritzer Öl, den restlichen Gemüsewürfeln und Rucola garnieren.

Paccheri

Vorbereitungszeit: 20 Minuten
Garzeit: 2 Stunden 10 Minuten
Schwierigkeitsgrad: ✶

Für 4 Personen

300 g	Paccheri di gragniano
200 g	entbeinte Lammkeule
1	Zwiebel
8 Blätter	Basilikum
250 g	Tomaten
150 g	geriebener Caciocavallo-Käse

4 EL	Rotwein
6 EL	Olivenöl
	Salz
	Pfeffer

Zum Garnieren:

5 Blätter	Basilikum

Der Schauspieler Eduardo De Filippo, so Michelina Fischetti, soll immer von einem berühmten neapolitanischen Gulasch gesprochen haben, das ihm schon als Kind sehr gut geschmeckt habe. Das gehaltvolle Gulasch wird traditionell auf Hochzeiten serviert. Es ist leicht zuzubereiten und einfach köstlich. Das Fleisch einer Lammkeule wird langsam mit Tomaten, Zwiebeln und Rotwein geschmort. Dazu gibt es grundsätzlich Pasta – in der Gegend von Neapel Paccheri, neapolitanisch für »kräftige Ohrfeige«. Sie haben die Form von kurzen, dicken Röhren und können daher auch durch Makkaroni ersetzt werden.

Manche Historiker halten die Chinesen für die Erfinder der Nudeln, andere tippen auf die Römer der Kaiserzeit: Man weiß, dass sie schon Nudeln aus Mehl und Wasser kannten, die sie *Langanum* nannten. Die Neapolitaner sähen die Geburtsstätte der Pasta gerne am Fuß des Vesuv. Dies entspricht aber nicht ganz den historischen Tatsachen, denn erst seit Ende des 18. Jahrhunderts isst man in Neapel Nudeln. Aber talentvoll und kreativ entwickelte man die verschiedensten Variationen. Die Neapolitaner, die man bis dahin *Mangiafoglia*, »Blätterfresser«, nannte, wurden nun zu *Mangiamaccheroni*, zu »Nudelnfressern«.

Die Tomaten tragen mit ihrer Frische viel zum Gelingen dieses Gulaschs bei. Sie sind in der mediterranen Küche unverzichtbar und können getrost als das Lieblingsgemüse der Italiener bezeichnet werden. Hauptsächlich werden sie im Süden des Landes angebaut und von dort in den Norden und in die ganze Welt exportiert. Es hat ziemlich lange gedauert, bis die Tomaten ihren Weg auf den Tisch des Königshauses von Neapel fanden. Ernsthaft wurde mit ihrem Anbau wohl erst Mitte des 18. Jahrhunderts begonnen.

Als Käse zu den Paccheri empfiehlt die Küchenchefin Caciocavallo, das süditalienische Pendant des Parmesans.

Das Fleisch mit einem Messer zuschneiden und klein würfeln. Für die Garnierung 1 oder 2 Basilikumblätter frittieren. Die übrigen Blätter klein zupfen und alles beiseite legen.

Das Lammfleisch in eine Salatschüssel geben und mit Wasser bedecken. 2 Esslöffel Rotwein zugießen, untermengen und kurz durchziehen lassen. Das Fleisch abtropfen lassen und mit Pfeffer würzen.

Olivenöl in eine Pfanne geben. Die Zwiebel schälen, hacken und glasig dünsten. Das Lammfleisch zugeben und 5 Minuten anbraten. Salzen.

mit Lammgulasch

Den restlichen Rotwein zugeben und einkochen lassen. Die Tomaten waschen, blanchieren, häuten und mit einem Passiergerät zu Püree verarbeiten.

Das Tomatenpüree zum Fleisch geben. 2 Stunden köcheln lassen, anschließend das Basilikum hinzufügen.

Die Paccheri im Salzwasser bissfest kochen. Abtropfen lassen. Das Gulasch über die Nudeln geben und vermengen. Die Paccheri auf Tellern anrichten, mit geriebenem Käse bestreuen und mit dem frittierten Basilikum garnieren.

Pizza

Vorbereitungszeit: 1 Stunde
Ruhezeit für den Teig: 1 Stunde
Garzeit: 25 Minuten
Schwierigkeitsgrad: ✲✲

Für 4 Personen

400 g	Kirschtomaten
350 g	Mozzarella aus Büffelmilch
2 EL	Mehl
3 EL	Olivenöl
	Salz

Teig:

500 g	Mehl
25 g	Bierhefe
	Salz

Zum Garnieren:

	Basilikumblätter
	Olivenöl

Um die Pizza zu erfinden, musste man wohl am Fuß des Vesuv geboren sein. Diese Spezialität aus Neapel, die heute weltbekannt ist, gibt es in unendlich vielen Variationen. Voller Stolz behaupten die Italiener, man könne sie mit allem belegen, was einem in den Sinn kommt, mit Mies- oder Venusmuscheln, Wurst, Schinken, Rucola, Paprika, Zwiebeln, Artischocken, Kapern, Oliven, verschiedenen Käsen … Aber für die Puristen gehören auf Pizza Napoli nur Tomaten, Mozzarella, Basilikum und Olivenöl. Angeblich dachte sich der Pizzabäcker Raffaele Esposito 1889 zu Ehren der Königin Margherita einen Pizzabelag mit den Farben des vereinigten Königreichs aus: Grün – Weiß – Rot.

Mit der großen Auswanderungswelle von Italienern nach Amerika kam die traditionelle Pizza – und mit ihr viele andere Pizzen – in die Neue Welt und erreichte eine bis dahin noch nie da gewesene Bekanntheit. So öffnete die erste Pizzeria 1905 in New York ihre Pforten. Dieser Erfolg

wäre der Pizza Napoli ohne die langjährige Erfahrung der Pizzabäcker Neapels sicher nicht beschieden gewesen, denn alles hängt von der Zubereitung des Teigs ab. Der ausgerollte Teig sollte etwa fünf Millimeter dick sein.

Entscheidend ist das Aroma der verwendeten Tomaten. Übrigens haben die Neapolitaner im 19. Jahrhundert als Erste verschiedene Verfahren entwickelt, um das ganze Jahr über Tomaten essen zu können. Heute greift man im Winter auf geschälte Tomaten aus der Dose zurück.

In Neapel wäre eine Pizza ohne Mozzarella fast Ketzerei. Der traditionelle kugelförmige kampanische Käse wird wegen seines milden, säuerlichen Geschmacks geschätzt.

Diese süditalienische Spezialität kann man gut als Vorspeise, aber auch als Hauptgericht servieren. Sie ist ganz einfach immer *buonissima* …

Für den Teig die Hefe mit warmem Wasser verrühren. Das Mehl in eine Schüssel geben und in die Mitte eine Mulde drücken. Die angerührte Hefe in die Mulde geben und Salz zugeben.

Mit den Händen nach und nach 500 ml Wasser unter den Teig kneten, bis er elastisch ist und sich von der Schüssel löst. Mit einem feuchten Tuch abdecken und 1 Stunde gehen lassen.

Die Kirschtomaten waschen und mit den Händen zerdrücken, um sie zu entkernen. Salzen und abtropfen lassen.

Napoli

Die Teigkugel in Mehl wenden. Die Arbeitsfläche leicht mit Mehl bestäuben und den Teig mit einem Nudelholz zu einem dünnen Fladen in der Größe des Backblechs ausrollen.

2 Esslöffel Olivenöl über die Tomaten geben. Mit dem restlichen Öl das Backblech einfetten. Das Blech mit dem Teig belegen und die Tomaten darauf verteilen. Bei 230 °C etwa 20 Minuten backen.

Die Pizza aus dem Backofen nehmen und mit Mozzarella-Würfeln bestreuen. Weitere 5 Minuten bei 230 °C backen. Mit Basilikumblättern garnieren und mit einem Spritzer Olivenöl servieren.

Reiskartoffeln

Vorbereitungszeit: 1 Stunde
Garzeit: 1 Stunde
Schwierigkeitsgrad: ★★

Für 4 Personen

800 g	große Kartoffeln
160 g	Miesmuscheln
160 g	Venusmuscheln
160 g	Herzmuscheln
100 g	Shrimps

120 g	Carnaroli-Reis ersatzweise ein anderer Risotto-Reis)
10 EL	extra natives Olivenöl
1	frische rote Chilischote
200 ml	Weißwein
1	Knoblauchzehe
1	Stangensellerie

Die wohlschmeckenden Gaben des Tyrrhenischen Meeres haben Alfonso Caputo dazu inspiriert, Kartoffeln damit zu füllen. Aus den Shrimps bereitet er einen Sud, mit dem sowohl der Reis als auch die Sauce verfeinert werden.

Seit jeher holen die Fischer in der Bucht von Neapel köstliche Meeresfrüchte aus dem Wasser, auch wenn dies in letzter Zeit aufgrund der Umweltverschmutzung und der intensiven Fischerei schwieriger geworden ist. Venusmuscheln sind ziemlich dick und gut an ihrer beige-braun gestreiften Schale zu erkennen. Herzmuscheln sind dagegen kleiner und haben eine dickere Schale, die von tiefen konzentrischen Rillen durchzogen ist. Miesmuscheln schließlich lassen das Herz jedes neapolitanischen Kochs höher schlagen. Bürsten Sie sie unter fließendem Wasser gründlich ab, kratzen Sie mit einem Messer die Schale sauber und lösen Sie den Bart ab. Kurz vor dem Kochen sollten Sie sie noch einmal abspülen.

Der Sud dient als Grundlage für die Meeresfrüchte-Sauce. Er wird aus den Schalen der Shrimps sowie mit Weißwein und Sellerie zubereitet. Sie können ihn nach Geschmack zusätzlich mit Lauch, Möhren, Zwiebeln oder Schnittlauch verfeinern.

Wählen Sie eine mehlig kochende Kartoffelart. Für die Füllung empfiehlt sich ein Risotto-Reis, dessen Körner gut aufgehen, ohne zu verkleben. Wenn möglich, verwenden Sie Carnaroli-Reis, der in der Po-Ebene angebaut wird. Genauso gut lässt sich aber auch Vialone-Nano- oder Arborio-Reis gebrauchen. Man kocht den Reis in zwei Phasen: Nachdem er zehn Minuten im Sud geköchelt hat, wird er abgegossen und zum Abkühlen beiseite gestellt. Im Backofen gart er anschließend weiter. Alfonso Caputo empfiehlt, pro Person eine gefüllte Kartoffel mit der köstlichen Sauce zu servieren.

Die Kartoffeln säubern und trocken tupfen. An beiden Enden gerade abschneiden. Die Kartoffeln aushöhlen und 5 Minuten in kochendem Wasser blanchieren.

Die Shrimps aus den Schalen lösen. Köpfe und Schalen mit gehacktem Sellerie andünsten. Wenn sie beginnen, sich rot zu färben, mit der Hälfte des Weißweins ablöschen und den Topf mit Wasser auffüllen. Aufkochen lassen, 5 Minuten kochen und den Sud filtern.

5 Esslöffel Öl mit 1/2 Knoblauchzehe und einem Stück Chilischote erhitzen. Muscheln zufügen und 5 Minuten abgedeckt kochen. Deckel abnehmen. Geschlossene Muscheln wegwerfen. Muschelfleisch aus Schalen lösen, Fleisch beiseite stellen und Sauce filtern.

mit Muscheln

Den Reis im restlichen Öl mit dem Knoblauch anrösten. Den restlichen Weißwein und den gefilterten Sud angießen. 10 Minuten köcheln lassen. Den Reis abgießen und abkühlen lassen.

Die Muscheln in ihrem Sud bei starker Hitze 2–3 Minuten kochen. Die Hälfte der Shrimps zugeben und einige Minuten weiter köcheln lassen. Die restlichen Shrimps 3–4 Minuten in einer anderen Pfanne andünsten.

Die Kartoffeln mit Reis und den angebratenen Shrimps füllen. Die Kartoffeln in eine ofenfeste Form stellen und 10–15 Minuten im Backofen bei 180 °C garen. Die Kartoffeln jeweils auf der Tellermitte anrichten und mit der Meeresfrüchte-Sauce servieren.

Kräuter-Orzotto

Vorbereitungszeit: 30 Minuten
Garzeit: 1 Stunde 20 Minuten
Schwierigkeitsgrad: ★★

Für 4 Personen

250 g	Perlgraupen
4	Salbeiblätter
50 g	Fenchel
10 Blätter	Minze
300 g	Spinat
10 g	Petersilie

10	Basilikumblätter
12	große Shrimps
1	Stangensellerie
1	Möhre
½	Zwiebel
3	Schalotten
50 g	Butter
2 EL	extra natives Olivenöl
	Salz
	Pfeffer

Dieser vorzügliche Orzotto aus dem Friaul ist mit dem lombardischen Risotto verwandt. Früher wurde dieses Gericht auf der Grundlage von Perlgraupen als Suppe zubereitet. Paolo Zoppolatti allerdings mag es lieber weniger flüssig. Er würzt den Orzotto gekonnt mit einer Mischung aromatischer Kräuter und verfeinert ihn mit Shrimps.

Der Orzotto wird auf die gleiche Weise wie ein Risotto gekocht: Die Körner werden in einer Pfanne mit den Schalotten angebraten, dann mit dem Kräutersud abgelöscht, der anschließend eingekocht wird. Der erste Schritt bei der Zubereitung des Gerichts ist die Herstellung eines originellen Kräutersuds aus Salbei, Minze, Spinat, Basilikum und Fenchel. Blanchieren Sie Kräuter und Gemüse kurz und legen Sie sie in ein Schälchen mit Eiswürfeln. Dadurch wird der Garvorgang unterbrochen und sie behalten ihr Chlorophyll und damit ihr schönes Grün. Sie werden später noch benötigt, um den Graupen Farbe und Aroma zu geben.

In Italien wird Gerste hauptsächlich im Friaul und in Südtirol angebaut. Sie ist seit Jahrtausenden bekannt und gedeiht auch auf mageren Böden und bei schwierigen klimatischen Verhältnissen. Die Körner haben etwa denselben Durchmesser und dieselbe Farbe wie Weizenkörner, sind aber etwas länger und spitzer. Im Friaul wird Gerste häufig als Mehl vermahlen in der Küche verwendet, aber auch geschält oder als Perlgraupen, also kugelig, geschliffen.

In diesem Rezept kommen die Shrimps doppelt zum Einsatz: Die Köpfe geben dem Kräutersud Geschmack und ihr köstliches Fleisch verfeinert den Orzotto. Die Regionen Friaul und Julisch Venetien liegen an der nördlichen Adriaküste, wo der Fischfang noch immer große Bedeutung hat. Die Bewohner der Lagunen von Grado und Marano fischen nach wie vor große Mengen Seebarben, Barsche, Steinbutte und verschiedene Krabben. Die Shrimps lassen sich gut durch andere Krustentiere oder Muscheln ersetzen.

Salbei, Minze, Spinat, Basilikum und Petersilie fein hacken. Den Fenchel in große Stücke schneiden. Alles 1 Minute in kochendem Wasser blanchieren.

Mit einem Schaumlöffel die Kräuter abschöpfen und sofort in eine Schüssel mit Eiswürfeln geben. Kräuter und Sud beiseite stellen.

Die Köpfe der Shrimps abtrennen. Die Schwänze schälen und das Fleisch würfeln (4 ganze Schwänze zur Garnierung aufheben). Beiseite stellen.

mit Shrimps

Den Kräutersud in einen Topf filtern. Zwiebel, Möhre, Stängel und Blätter des Selleries sowie die Köpfe der Shrimps zugeben. 40 Minuten köcheln lassen.

Die Schalotten 5 Minuten in einer Pfanne mit Olivenöl glasig dünsten. Die Perlgraupen einrühren und unter ständigem Umrühren 3 Minuten andünsten. Die Shrimps-Würfel untermischen.

Etwas Kräutersud zur Gerste geben. 20 Minuten kochen. Nach und nach den restlichen Sud angießen. Die blanchierten Kräuter zugeben. Salzen und pfeffern. 10 Minuten ziehen lassen. Die Butter zugeben. Den Orzotto auf Suppentellern anrichten und mit Shrimps garnieren.

Schwarzes

Vorbereitungszeit: 40 Minuten
Garzeit: 25 Minuten
Schwierigkeitsgrad: ✶

Für 4 Personen

400 g	Arborio-Reis
1 l	Fischfond
½	Zwiebel
100 g	Butter
1	Knoblauchzehe
300 g	Tintenfische

1	Tintensack vom Tintenfisch
60 g	geriebener Parmesankäse
150 ml	Olivenöl
	Salz
	Pfeffer

Zum Garnieren:

Petersilie
Kirschtomaten (nach
Belieben)

Dieses in Venedig sehr beliebte Schwarze Risotto hat an der Adriaküste eine lange Tradition. Inzwischen hat das köstliche Tintenfischgericht auch in anderen Gegenden viele Anhänger gefunden.

Das Schwarze Risotto ist sehr leicht zuzubereiten und schmeckt delikat. Die Tintenfische sind etwa dreißig Zentimeter lang und bevölkern den Meeresgrund in Küstennähe. Man kann sie leicht an ihren grau-beigen, ovalen Körpern und dem großen Kopf mit den zehn unregelmäßigen Fangarmen erkennen, von denen zwei sehr lang sind.

Der Tintenfischmantel mit den Flossen enthält einen harten Teil, den Schulp, der entfernt werden muss. Dazu zieht man am besten Handschuhe an. Auch der Tintensack, falls er noch vorhanden ist, muss vorsichtig mit den Fingern herausgelöst werden. Er ist aber auch vakuumverpackt im Handel erhältlich. Man sollte ihn im Kühlschrank auf-

heben. Die Tinte verleiht dem Risotto eine ganz besondere Note.

Der Reis – reich an Magnesium und für die norditalienische Küche typisch – ist neben Weizen das bedeutendste Nahrungsmittel der Welt. Man streitet darüber, wie der Reis auf die italienische Halbinsel kam. Einige Historiker behaupten, schon die Römer hätten ihn gekannt. Andere meinen, er sei erst viel später von den Arabern nach Sizilien gebracht worden. Die Venezianer schließlich, voller Stolz auf ihre Vergangenheit, behaupten, er sei von Kaufleuten im Dienste der »Serenissima« aus dem Orient mitgebracht worden. Wie dem auch sei, eines ist jedenfalls sicher: Vor dem 16. Jahrhundert wurde in der Po-Ebene noch kein Reis angebaut.

Das Schwarze Risotto ist ein sehr originelles Gericht und wird bei Ihren Gästen viel Anklang finden.

Die Tintenfische unter fließendem Wasser gründlich waschen. Den Schulp entfernen und, falls erforderlich, die Tintenbeutel entnehmen und beiseite stellen. Die Tintenfische klein schneiden.

Die Zwiebel schälen und klein hacken. In einem Topf mit 5 Esslöffeln Olivenöl glasig dünsten. Den Reis zugeben und 2 Minuten unter ständigem Umrühren andünsten.

Nach und nach 1 Liter Fischfond an den Reis gießen. 18 Minuten köcheln lassen, dabei mit einem hölzernen Löffel umrühren.

Risotto

In einer Pfanne das restliche Olivenöl erhitzen. Die Tintenfische hineingeben und anbraten. Mit Salz und Pfeffer würzen, dann die gehackte Knoblauchzehe zugeben.

Die Tinte unter die Tintenfische rühren. Mit einem hölzernen Löffel umrühren und zum Reis geben. Vorsichtig unterheben.

Den Reis mit Parmesankäse bestreuen. Umrühren und Butter zugeben, dann abschmecken. Das Risotto anrichten und mit Petersilie und Kirschtomaten garnieren.

Steinpilzrisotto

Vorbereitungszeit: 15 Minuten
Einweichzeit: 1 Stunde
Garzeit: 25 Minuten
Schwierigkeitsgrad: *

Für 4 Personen

300 g	Vialone-Nano-Reis (ersatzweise ein anderer Risotto-Reis)
2	Zwiebeln
400 g	Kürbis
40 g	getrocknete Steinpilze

7 EL	Weißwein
3 g	gemahlener Safran
1	Knoblauchzehe
50 g	geriebener Parmesankäse
½ Bund	Petersilie
4 EL	Olivenöl
	Salz
	Pfeffer

Zum Garnieren:

getrocknete Safranfäden
Petersilie

Auch wenn Risotto erstmals in Norditalien, genauer in Mailand, auf den Teller kam, so weiß doch auch das übrige Italien meisterlich mit Reis umzugehen. Der in Öl gebratene Reis wird mit einheimischen Produkten kombiniert, fast immer aber auch mit Butter und Parmesankäse. Dieses Steinpilz-Risotto ist eine bekannte Spezialität der Region Marken. Die Einwohner dieser Gegend sind dafür bekannt, dass sie Gaumenfreuden, vor allem auch Reisgerichten, sehr zugetan sind.

Alberto Melagrana empfiehlt ausdrücklich die Reissorte Vialone Nano, deren Körner ziemlich dick, halbfest und sehr stärkehaltig sind. Wenn Sie den Reis statt in Wasser in Gemüsebrühe kochen, wird das Risotto noch würziger.

Safran ist ein begehrtes Gewürz und wird in der Provinz L'Aquila in den Abruzzen angebaut. Schon die Römer waren, so behaupten einige Historiker, von dieser wertvollen Pflanze begeistert. Sie verwendeten Safran auch dafür, Wohlgeruch in ihren Theatern zu verbreiten. Mit dem kräftigen Gelb des Safrans wurden auch Seidenstoffe gefärbt.

Die Einwohner von L'Aquila, die mit Venedig, Mailand und Marseille Handel trieben, konzentrierten sich im Mittelalter auf den Anbau von Safran. Auch heute wird das Gewürz aus dieser Region in ganz Italien sehr geschätzt. Bei unserem Rezept muss das Safranpulver vor der Verwendung erst in etwas Wasser aufgelöst werden.

Alberto Melagrana liebt Steinpilze. Man erkennt sie an ihrem keulenförmigen Stiel und dem runden und konvexen Hut. Der Steinpilz mit seinem einzigartigen Geschmack, so der Küchenchef, passt ideal zu einem Risotto mit Safran.

Die Kürbiscreme verleiht diesem Gericht seine besondere Raffinesse.

Die getrockneten Steinpilze 1 Stunde in Wasser einweichen. In einem Kupfertopf 2 Esslöffel Olivenöl erhitzen. 1 gehackte Zwiebel glasig dünsten, dann den Reis zugeben und unter dauerndem Umrühren ebenfalls glasig dünsten.

Den Weißwein zugeben. Wenn er eingekocht ist, nach und nach 600 ml Wasser angießen. Etwa 15 Minuten köcheln lassen.

Den Kürbis schälen und in Würfel schneiden. In einem Topf mit einem Glas Wasser den Kürbis mit der restlichen Zwiebel zugedeckt 15 Minuten köcheln lassen, anschließend in einem Passiergerät pürieren. Salzen.

mit Kürbiscreme

In einer Pfanne die ganze Knoblauchzehe im übrigen Olivenöl andünsten. Die klein geschnittenen Pilze zugeben und schmoren lassen. Dann die gehackte Petersilie unterrühren.

Die Pilze zum Reis geben. Das Safranpulver in einem halben Glas Wasser auflösen und an den Reis gießen. Mit Salz und Pfeffer würzen.

Den Topf vom Herd nehmen und den geriebenen Parmesankäse darüber streuen. 1 Esslöffel Olivenöl zugeben. Die Kürbiscreme und das Risotto auf Tellern anrichten und mit Petersilie und Safranfäden garnieren.

Spaghetti

Vorbereitungszeit: 20 Minuten
Garzeit: 30 Minuten
Schwierigkeitsgrad: ✶

Für 4 Personen

400 g	Spaghetti alla chitarra (ersatzweise handelsübliche Spaghetti)
1,5 kg	kleine Scampi
1	Schalotte
¼	grüne Paprikaschote

4	Tomaten
4	Esslöffel trockener Champagner
7 EL	Olivenöl
	Salz

Zum Garnieren:

grüne Paprikastreifen

Jede Gegend in Italien hat ihre eigenen Pasta. Für die Regionen Abruzzen und Molise sind die Spaghetti »alla chitarra« typisch, genannt nach der »Gitarre« (italienisch *chitarra*), mit der man diese Nudeln herstellt. Gewöhnlich werden Spaghetti alla chitarra zu Fleisch serviert. Die Küchenchefin empfielt jedoch, statt des Fleisches lieber Scampi zu verwenden.

Der geniale Erfinder der Chitarra, dessen Namen man leider nicht kennt, war sicher nicht nur begeisterter Nudelesser, sondern auch Musikliebhaber. Wäre sein Name bekannt, wäre er in den Abruzzen und in der Molise bestimmt in aller Munde.

Die Chitarra, die für die Herstellung von Spaghetti und Makkaroni unerlässlich ist, besteht aus einem rechteckigen Buchenholzrahmen, auf den sehr feine Metallsaiten in regelmäßigen Abständen von einem Millimeter aufgespannt

sind. Wie bei einer richtigen Gitarre kann man auch hier die Saiten mit einem Spezialschlüssel nachspannen, wenn sie sich gelockert haben. Der Nudelteig wird auf die Chitarra gepresst und dadurch in sehr feine rechteckige Streifen geschnitten. Sie können aber auch die handelsüblichen Spaghetti oder Makkaroni verwenden.

An den Küsten Westeuropas findet man Scampi im Überfluss. Sie sehen aus wie kleine Hummer oder große Garnelen, die Sie statt der Scampi ebenfalls nehmen können. Sie werden wegen ihres vortrefflichen Fleisches geschätzt und sind das ganze Jahr über erhältlich. Beim Kauf sollten sie noch ihre Zangen besitzen, eine glänzende Schale haben sowie einen leicht jodierten Meeresduft verströmen.

Dieses Gericht ist Pasta in Vollendung!

Die Köpfe der Scampi mit den Fingern abtrennen und die Körper aus den Schalen lösen. Die Köpfe und die ausgelösten Scampi beiseite legen. Die Schalen in einem Topf mit 2 Litern Wasser 30 Minuten kochen. Sud sieben und beiseite stellen.

Die Schalotte schälen und fein hacken. In einer Pfanne mit Olivenöl andünsten. Die Scampi und die Köpfe zugeben, 3 Minuten andünsten. Salzen.

Den Champagner angießen und 5 Minuten einkochen lassen. Die Tomaten waschen, blanchieren, häuten und zerkleinern. Die Paprika in feine Streifen schneiden.

mit Scampi

Die gewürfelten Tomaten und die Paprika in die Pfanne geben und zugedeckt 5 Minuten garen.

Den gefilterten Scampisud aufkochen lassen und salzen. Die Spaghetti darin bissfest kochen, abgießen und abtropfen lassen.

Die Spaghetti sofort in die Sauce mit den Meeresfrüchten geben und unterrühren. Auf Tellern anrichten und mit grünen Paprikastreifen garnieren.

Spinosini mit

Vorbereitungszeit: 20 Minuten
Garzeit: 15 Minuten
Schwierigkeitsgrad: ✴

Für 4 Personen

250 g	Spinosini (ersatzweise handelsübliche Spaghetti)
80 g	schwarze Trüffeln
1	Knoblauchzehe
100 g	Broccoliröschen
50 g	Kirschtomaten

50 g	entsteinte schwarze Oliven
1	Anchovisfilet
8 EL	Olivenöl
	grobes Salz
	Salz
	Pfeffer

Zum Garnieren:
Trüffelsspäne

In Italien gibt es ebenso viele Arten von Pasta, wie es verschiedene Möglichkeiten gibt, sie zuzubereiten. Sie haben einen ähnlichen Stellenwert wie Fußball und über beides wird leidenschaftlich gestritten. In einem Land, das die Pasta verehrt, beansprucht jede Provinz die Vaterschaft und vermählt die Nudeln – wie bei einer richtigen Hochzeit – mit den besten Produkten der Region.

Spinosini erinnern an lange, sehr feine Spaghetti und sind typisch für die Gegend von Campo Filone. Zur Herstellung dieser ausgezeichneten Eiernudeln verwendet man ein Kirschholzbrett, das ihnen ein ganz besonderes Aroma verleiht. Spinosini haben zudem, so der Küchenchef, sehr gute Kocheigenschaften. Man kann für dieses Gericht aber auch herkömmliche Spaghetti verwenden.

In den Marken werden Spinosini im Winter traditionell mit Gulasch gegessen. In der heißen Jahreszeit serviert man sie eher mit Tomatensauce und Basilikum. Alberto Melagrana empfiehlt, sie mit schwarzen Trüffeln zu kombinieren. Der unter der Erde wachsende Pilz genießt in der Provinz von Pesaro, der Geburtsstadt des Komponisten Gioacchino Rossini, hohes Ansehen. Schon in der Antike nannte ihn der römische Feinschmecker Apicius »den Gipfel des Luxus«. Wie seine Zeitgenossen glaubte er, Trüffeln wüchsen ausschließlich bei Bäumen, die der Blitz des Jupiter, des obersten Herrn der Naturgewalten, getroffen habe. Der Küchenchef rät, beim Kauf runde, feste Trüffeln zu wählen. Wenn man sie einige Tage aufbewahren möchte, wickelt man sie einzeln in Pergamentpapier und lagert sie luftdicht verschlossen und kühl.

Broccoli stammt ursprünglich aus Süditalien und ist reich an Vitamin C und Mineralstoffen. Man findet ihn von Oktober bis April, kann ihn aber auch durch einen Verwandten, den Blumenkohl, ersetzen.

Mit einem Messer die Broccoliröschen vom Strunk lösen. 5 Minuten in Salzwasser kochen.

Den Broccoli aus dem Topf nehmen und direkt in Eiswasser geben. Nach einigen Minuten herausnehmen und abtropfen lassen.

Die schwarzen Trüffeln reiben. Für die Sauce in einer Pfanne 3 Esslöffel Olivenöl mit einer ungeschälten Knoblauchzehe erhitzen. Die geriebenen Trüffeln zugeben. Kurz andünsten und beiseite stellen.

schwarzen Trüffeln

Das restliche Öl in eine Pfanne geben. Die gewaschenen und klein gehackten Anchovis, die klein geschnittenen Oliven und Tomaten sowie die Broccoliröschen darin eine Minute andünsten.

In einem großen Topf Wasser erhitzen und die Spinosini bissfest kochen, dann aus dem Wasser nehmen und abtropfen lassen.

Die Nudeln in die Pfanne mit dem Broccoli geben. Kurz anbraten, dann mit Salz und Pfeffer abschmecken. Auf Tellern mit der Trüffelsauce anrichten und mit Trüffelspänen garnieren.

Sardische Ravioli

Vorbereitungszeit: 1 Stunde
Ruhezeit des Teigs: 30 Minuten
Garzeit: 35 Minuten
Schwierigkeitsgrad: ✶✶

Für 4 Personen

| 25 g | geriebener Pecorino |

Teig:

500 g	Mehl
1	Ei
½ TL	Safran
	Salz

Füllung:

1	Zwiebel, fein gehackt
3 EL	Olivenöl
4	Knoblauchzehen, zerdrückt
1 Bund	frische Minze, fein gehackt
600 g	Kartoffeln
100 g	geriebener Pecorino

| 300 g | casa aceddu (kräftiger Schafskäse) |

Tomatensauce:

1 kg	Tomaten
1	Möhre
1	Selleriestange
1	Knoblauchzehe
1	Zwiebel
1	Lorbeerblatt
3 Blättchen	Basilikum
3 EL	Olivenöl
	Salz
	Pfeffer

Zum Garnieren:

| | Basilikum |
| | Pecorino |

Die *culurgionis* genannten Teigtäschchen sind die sardische Variante der bekannteren Ravioli, benötigen aber einiges Geschick in der Herstellung. Ihre Form erinnert an winzige Kinderschuhe und beweist das virtuose Können der sardischen Hausfrauen, die die Teigtaschen traditionell mit einer vegetarischen Füllung servieren.

Die Füllung wird je nach persönlicher Vorliebe zubereitet. Die hier von Amerigo Murgia vorgestellte Variante ist die klassische Version mit Kartoffeln, zwei Käsesorten, Minze, Knoblauch und Olivenöl.

Der Pecorino ist eine der Hauptzutaten der sardischen Küche – immerhin leben auf der Insel mehr Schafe als Menschen, etwa ein Drittel des gesamten italienischen Viehbestands. Die Schafe und die aus ihrer Milch hergestellten hervorragenden Käsesorten sind eine der wichtigsten Einnahmequellen für die Sarden.

Auch der *casa aceddu* ist ein Käse aus Schafsmilch. Die Hirten strichen ihn früher noch ganz jung auf Kartoffeln, die auf Holzkohle gegart waren. Erst wenn der Käse älter wird, wird er gesalzen und entfaltet sein ganzes geschmackliches Temperament.

Wenn auch die Füllung bereits nach vielen Köstlichkeiten des Südens schmeckt, so fehlt doch noch eines: die Sauce aus sonnenverwöhnten Tomaten. Die Kombination der mediterranen Aromen macht aus diesem traditionellen Gericht ein Muss für Freunde italienischer Pasta.

Teig: Mehl, Ei und Safran mit Salzwasser zu einem elastischen Teig kneten. Den Teig 30 Minuten ruhen lassen.

Füllung: Die Zwiebel in 1 Esslöffel Öl anbraten, den Knoblauch zufügen. Den Topf vom Herd nehmen, die Minze unterrühren.

Kartoffeln 20 Minuten kochen, pellen und durchpressen. Mit dem Käse mischen und die Zwiebel-Minze-Mischung zugeben. Das Olivenöl unterrühren.

Den Teig dünn ausrollen und Kreise ausstechen.

Aus der Füllung kleine Kugeln formen und auf die Teigstücke setzen. Für die Tomatensauce das Gemüse fein würfeln, mit Kräutern und dem Öl 30 Minuten kochen und pürieren.

Die Teigstücke falten und die Ränder abwechselnd festdrücken. Die Täschchen ca. 4 Minuten in Salzwasser kochen, in tiefen Tellern anrichten und mit Tomatensauce übergießen. Mit Pecorino und Basilikum garnieren.

Sardische Gnocchetti

Vorbereitungszeit: 25 Minuten
Garzeit: 10 Minuten
Schwierigkeitsgrad: ✶

Für 4 Personen

200 g	Auberginen
1	rote Paprika
1	grüne Paprika
1	gelbe Paprika
2	Zwiebeln

5 EL	Olivenöl
	Salz
	Pfeffer
500 g	*Malloreddus*-Nudeln (ersatzweise kleine Hörnchennudeln)
5 Blättchen	Basilikum
200 g	Schafskäse, gerieben

Zum Garnieren:

frisches Basilikum

Die sardische Küche ist bis zum heutigen Tag nicht nur rustikal und authentisch geblieben, sondern vor allem auch sehr kohlenhydratreich. Neben dem Brot spielen Nudeln eine wichtige Rolle. Dieses Gericht ist im restlichen Italien unter dem Namen *gnocchetti sardi* bekannt, nur auf Sardinien selbst heißt es *malloreddus*. Das Wort entstammt dem Sardischen, das Sprachwissenschaftler als eigene romanische Sprache werten, und bedeutet »Kälbchen« – ein Hinweis auf die Form der kleinen Nudeln, die an Rinderhörner erinnern.

Die Pastaspezialität wird auch heute noch per Hand aus Hartweizen, Wasser und Salz hergestellt und mit Safran, Artischocken oder Tomaten angereichert. Die gekehlte, gerillte Form entsteht durch einen aufwändigen, überlieferten Prozess. Ersatzweise können Sie das Gericht mit Hörnchennudeln zubereiten.

Die Paprika steuern zu dieser Spezialität ihre Farbe ebenso wie ihr Aroma bei. Die sardischen Auberginen sind für ihre herausragende Qualität berühmt.

Zum krönenden Abschluss darf natürlich Basilikum nicht fehlen, das in der sardischen, sizilianischen und italienischen Küche von Tomaten und Nudelgerichten nicht wegzudenken ist.

Das Gemüse waschen und in kleine Würfel schneiden, die Zwiebel fein hacken.

Das Olivenöl in einer großen Pfanne erhitzen, das Gemüse zugeben und ca. 10 Minuten dünsten. Mit Salz und Pfeffer abschmecken.

Salzwasser in einem großen Topf erhitzen und die Nudeln hineingeben. 9 Minuten kochen und abgießen.

Das Basilikum vorsichtig waschen und fein hacken.

Nudeln zum Gemüse geben und vorsichtig mischen.

Die Mischung mit Basilikum und geriebenem Käse bestreuen, in tiefen Tellern anrichten und mit Basilikumblättchen garnieren.

Sardisches

Vorbereitungszeit: 25 Minuten
Garzeit: 30 Minuten
Schwierigkeitsgrad: ✶

Für 4 Personen

300 g	*pane carasau*
1 Instantwürfel	Bouillon
100 g	geriebener Schafskäse oder Parmesan
4 EL	Weißweinessig
4	Eier
	Salz

Tomatensauce:

800 g	Tomaten, fein gewürfelt
1	Zwiebel, fein gehackt
1	Selleriestange, fein gewürfelt
1	Möhre, fein gewürfelt
2	Knoblauchzehen, zerdrückt
½ Bund	Petersilie, gehackt
3 EL	Olivenöl
1	Lorbeerblatt
3 Blättchen	Basilikum, fein gehackt
	Salz und Pfeffer

Sardiniens Einwohner erzählen gern, dass der Schöpfer ihre Insel großzügig mit allem bedacht hat, was die Fischer, vor allem aber die Hirten, zum Leben brauchen. Durch das einfache Hirtenleben geprägt, ist auch die Küche authentisch rustikal. Zu den traditionellen Gerichten zählt das Pergamentbrot.

Das für dieses Gericht benötigte hauchfeine, knusprige Brot *pane carasau* ist eine typisch sardische Spezialität aus Hartweizengrieß. Es erinnert an Pergamentpapier, weshalb es auch den Spitznamen *carta da musica* (Notenpapier) trägt. Es ist im sehr gut sortierten Feinkosthandel oder im Versand über das Internet erhältlich.

Der Teig für das Brot wird geknetet, millimeterdünn ausgerollt und zweimal gebacken. Vor der Zubereitung dieses Gerichts wird das Brot eingeweicht, damit es wieder elastisch wird. Die sardischen Hirten verwenden zum Einweichen gern Schafs- oder Geflügelbouillon.

Mit Tomatensauce und geriebenem Pecorino, einem festen Käse aus Schafsmilch, wird das feine Brot zu einer sonnenverwöhnten Köstlichkeit. Dabei sind die sardischen Tomaten besonders saftig und ohne Kerne, ihre Schale ist fein und glatt. Sie werden auf den Märkten von Mailand bis Turin angeboten.

Tomatensauce: Das Gemüse, den Knoblauch und die Petersilie in Olivenöl anbraten. Gemüsewürfel, Lorbeerblatt und Basilikum zufügen. Alles pürieren, salzen und pfeffern.

Das Pergamentbrot in große Stücke brechen. Den Instantwürfel Bouillon in kochendem Wasser auflösen.

Die Brotstücke vorsichtig in der Bouillon einweichen und in 4 Auflaufformen legen.

Pergamentbrot

Die Tomatensauce gleichmäßig über das Brot verteilen.

Das Brot mit geriebenem Käse bestreuen und nochmals Brot, Tomatensauce und Käse darauf schichten.

½ l Wasser mit dem Essig erhitzen. Eier aufschlagen, hineingleiten lassen und ca. 1 Minute pochieren. Die Eier mit einem Schaumlöffel auf dem Brot anrichten, salzen und sofort servieren.

Spaghetti

Vorbereitungszeit: 40 Minuten
Garzeit: 25 Minuten
Schwierigkeitsgrad: ✶

Für 4 Personen

2	Zwiebeln
1	Selleriestange
1 Bund	Petersilie
1 Bund	Basilikum
25 g	getrocknete Tomaten
2	Knoblauchzehen

300 g	Tomaten
50 ml	Olivenöl
	Salz
1	getrocknete Chilischote
1 EL	Tomatenmark
50 ml	Weißwein
400 g	Spaghetti

Zum Garnieren:

Kirschtomaten
Petersilie
Basilikum

Pasta wird – auf tausendundeine Weise zubereitet – auf Sizilien zu jeder Gelegenheit serviert. Von den berühmten *maccheroni alla Norma* mit Auberginen bis zu *pasta con le sarde* mit frischen Sardinen zeigen sie eine unendliche Vielfalt und haben längst ihren Adelsbrief erhalten.

Dieses Gericht räumt dem Sellerie einen Ehrenplatz ein. Unser Küchenchef, der aus Caltagirone stammt, erhielt das Rezept von der Schustersfrau *(scarpara)* aus seinem Dorf, die es ganz besonders schätzt. Das Gericht ist rasch zubereitet, die Nudeln sollten *al dente* gegart sein.

Jede italienische Region behauptet von sich, die Pasta erfunden zu haben, und bringt eine Fülle von Argumenten vor, um ihr Urheberrecht zu belegen. Die Sizilianer behaupten, dass die Araber die Nationalspeise eingeführt haben, die sofort ihren Weg in die heimische Küche fand. Eine Quelle aus dem 15. Jahrhundert berichtet bereits von *maccheroni,* die in der Augustsonne getrocknet wurden.

Angelo La Spina verwendet für dieses Rezept eine dicke Variante der Spaghetti namens *bavette.* Ebenso gut eignen sich aber auch Tagliatelle oder Fettucine.

Dieses farbenprächtige Gericht vereint die Köstlichkeiten der Region: Sellerie, Tomaten, Zwiebeln, Knoblauch und Basilikum.

Zwiebeln, Sellerie, Kräuter und getrocknete Tomaten fein hacken. Den Knoblauch zerdrücken und die frischen Tomaten häuten, entkernen und würfeln.

Zwiebeln, Knoblauch und Sellerie in Olivenöl 5–6 Minuten dünsten. Die Kräuter und die getrockneten Tomaten zugeben und 10 Minuten dünsten. Mit Salz und zerstoßener Chilischote würzen.

Die gewürfelten Tomaten und das Tomatenmark zugeben und 5 Minuten dünsten.

»Scarpara«

Den Weißwein zugeben und 5 Minuten dünsten.

Salzwasser erhitzen und Spaghetti ca. 12 Minuten darin kochen, dann abgießen.

Nudeln zur Sauce geben und gut mischen. Die Nudeln in tiefe Teller geben und mit Kirschtomaten, etwas Petersilie und Basilikum garniert heiß servieren

Nudel-Ricotta-Auflauf

Vorbereitungszeit: 1 Stunde
Ruhezeit des Nudelteigs: 5 Minuten
Garzeit: 2 Stunden
35 Minuten

Schwierigkeitsgrad: ✶✶

Für 4 Personen

1	Knochen von der Lammkeule
2	Möhren
1	Zwiebel
1	Selleriestange
	Salz
3	Lorbeerblätter

50 g	Schmalz
500 g	Ricotta
	schwarzer Pfeffer
100 g	geriebener Pecorino (3 Monate gereift)
50 g	frischer Majoran

Nudelteig:

350 g	Hartweizenmehl
	Salz
	schwarzer Pfeffer
25 g	geriebener alter Pecorino
1	Ei
1 EL	Olivenöl

Auf Sizilien bestimmt der katholische Glaube den Rhythmus des Lebens und der Küche. So gibt das Osterfest Anlass zu diversen saisonalen Köstlichkeiten, darunter der Nudel-Ricotta-Auflauf, der als warme Vorspeise serviert wird.

Die Sizilianer lieben Pasta in jeder Form. Für dieses Rezept wird aus Hartweizen, Ei, Pecorino, Olivenöl, Salz und Pfeffer eine Variante mit dem klingenden Namen *cavatina* hergestellt. Die Bezeichnung leitet sich von der gebogenen, gerillten Form ab. Im italienischen Feinkosthandel sind die Nudeln küchenfertig erhältlich. Sie lassen sich auch durch *cavatielli* oder *garganelli* ersetzen.

Das besondere Aroma erhält der Auflauf durch Ricotta, einen Käse, der aus Kuh-, Schaf-, oder Ziegenmolke herge-stellt wird. Für dieses Rezept ist der reifere *ricotta dura* besonders geeignet. Er ist trockener und kräftig im Geschmack.

Sizilien ist Schauplatz einer Episode der Odyssee. In der Szene, in der Odysseus und seine Gefährten in die Gewalt eines Zyklopen geraten, wird die Insel als Land der Hirten beschrieben: Um seinem Kerkermeister zu entfliehen, klammert sich der findige griechische Held am Bauch eines Schafes fest! Giuseppe Barone ist der Ansicht, dass die Sizilianer bereits in der Antike einen Käse wie den Ricotta zu schätzen wussten.

Zu Nudeln und Käse gesellt sich das köstliche Aroma frischen Majorans, der in der Mittelmeerküche gern verwendet wird und im Geschmack an Minze und Basilikum erinnert.

Nudelteig: Alle Zutaten vermischen. Nach und nach 100 ml Wasser zugeben und 10 Minuten kneten. Dann den Teig 5 Minuten ruhen lassen.

Den Knochen mit dem grob zerteilten Gemüse im Ofen bei 180 °C 30 Minuten garen, dann mit Salz und Lorbeerblättern in einen Topf geben, mit Wasser auffüllen und 2 Stunden kochen. Die Bouillon durchseihen.

Den Nudelteig 1,5 cm dick ausrollen und in kleine Rechtecke gleicher Größe schneiden.

Teigstückchen auf eine Gabel geben, mit zwei Fingern in der Mitte eindrücken und auf der Gabel zu Röllchen formen.

Die Bouillon erhitzen und die Nudeln darin 5 Minuten kochen. Nudeln mit dem Schaumlöffel herausheben, die Bouillon aber nicht weggießen.

Nudeln in eine mit Schmalz gefettete Auflaufform geben, die Ricottascheiben darauf legen, mit Pfeffer, Pecorino und Majoran bestreuen. Restliche Nudeln zugeben, mit Bouillon auffüllen und 30 Minuten bei 180 °C überbacken.

Trachanas-Kuchen

Vorbereitungszeit: 40 Minuten
Ruhezeit für den Teig: 30 Minuten
Garzeit: 1 Stunde 5 Minuten
Schwierigkeitsgrad: ★★

Für 6 Personen

Filo-Teig:

300 g	Mehl
1 TL	Salz
1 TL	Backpulver
250 ml	Olivenöl
1	Ei

Füllung:

400 ml	Milch
100 g	*trachanas*
3 EL	Olivenöl
600 g	Zwiebeln
4	Eier
200 g	Feta
1 Bund	frische Minze
	Salz und Pfeffer

Das Originalrezept für diesen Kuchen wird der antiken Stadt Theben zugeschrieben. Es stellt eine interessante Verbindung aus typischen Zutaten der griechischen Küche dar: Zwiebeln, Minze, *trachanas* und Olivenöl.

Die Griechen haben eine Vorliebe für strudelartige Teige, die bis ins 3. Jahrhundert v. Chr. belegt ist: Damals sollen fantasievolle Köche in Makedonien einen strudelähnlichen Teig mit Schweinefett erfunden haben, der dann den schweren Brotteig ersetzte, aus dem sie ihre Pasteten hergestellt hatten.

In Griechenland wird Strudelteig im Allgemeinen als Filo-Teig bezeichnet. Der Name verweist auf den Begriff *phyllo*, der mit dem hauchdünnen Ausziehen des Teigs verbunden wird. Wenn der Teig auseinander fällt, wird noch Mehl zugesetzt. Damit er glatt und geschmeidig wird, muss er vor dem Gebrauch eine Weile ruhen.

Die gelben *trachanas*-Körnchen verleihen der Füllung die charakteristische Konsistenz. Sie werden aus Weizenschrot oder Mehl, Salz und Ziegen- oder Schafsmilch gemischt und eine Woche lang geknetet, zerbröckelt und getrocknet. Man unterscheidet zwei Sorten: *xinos trachanas* (säuerlich, auf Basis von saurer Milch) und *glykos trachanas* (mild). *trachanas* sind lange haltbar und reichern Backwaren und Suppen an.

Die Füllung duftet erfrischend nach Minze, deren Name auf die Mythologie zurückgeht: Die hübsche Nymphe Mintha hatte sich Hades, dem Gott der Unterwelt, in Liebe hingegeben. Aber Hades' Gattin Persephone überraschte das Paar und trat Mintha mit Füßen. Diese verwandelte sich daraufhin in eine zarte Pflanze, die der Mensch achtlos wie Unkraut behandelte. In unserem Rezept lässt sich die Minze auch durch Basilikum ersetzen. Nach griechischer Sitte wird eine Schale Naturjoghurt als Beilage gereicht.

Für den Teig das Mehl mit Salz und Backpulver in eine Schüssel geben. 500 ml Wasser und 200 ml Olivenöl zugießen. 1 Ei zufügen. Alles zu einem glatten Teig kneten und 30 Minuten ruhen lassen.

Eine Arbeitsfläche mit Mehl bestäuben. Aus dem Teig 6 Klöße formen, diese auf die Arbeitsfläche legen und mit Mehl bestäuben. Dann jeden Kloß mit dem Nudelholz zu 6 hauchdünnen Teiglappen ausrollen.

Für die Füllung die Milch in einen Topf gießen und aufkochen. Trachanas zufügen und etwa 5 Minuten garen.

mit Zwiebeln und Minze

Das Öl in eine Pfanne geben und die fein geschnittenen Zwiebeln andünsten. Die Zwiebelmasse zu den gekochten trachanas geben.

Die Eier in eine Schüssel geben und verschlagen, dann den gewürfelten Feta, die Minze, Salz und Pfeffer zufügen. Diese Mischung in den Topf mit trachanas goben und unter Rühren weitere 5 Minuten garen.

Eine Backform mit Öl ausstreichen und mit 3 Teiglappen auslegen. Mit der Füllung bedecken. Die anderen 3 Teiglappen darüber legen. 50 Minuten bei 180 °C im Ofen backen.

Macaronia chiropoiita

Vorbereitungszeit:	*50 Minuten*
Einweichzeit der	
Kichererbsen:	*12 Stunden*
Ruhezeit für den Teig:	*15 Minuten*
Trocknen der Makkaroni:	*2–8 Stunden*
Garzeit:	*15 Minuten*
Schwierigkeitsgrad:	✱✱

Für 4 Personen

50 g	Ziegenkäse, gerieben

Sauce:

80 g	Kichererbsen
1 TL	Backpulver

3	Frühlingszwiebeln
2 Zweige	Dill
100 g	kleine Zucchini
1 kg	Tomaten
5 EL	Olivenöl
	Salz
	Pfeffer (nach Belieben)

Nudeln:

250 g	Weizenmehl, gesiebt
3 EL	Olivenöl

Zum Garnieren:

	Dill

Im Nordosten der Ägäis liegen die drei Inseln Lesbos, Samos und Chios, die Heimatinsel unseres Küchenchefs. Jede dieser Inseln besitzt ihre eigene Kultur, ihre Geschichte und ihre Gastronomie. Ein typisches Gericht aus den Dörfern im Süden von Chios ist *Macaronia chiropoiita* aus Nudeln mit Tomatensauce, Kichererbsen und frischem Gemüse. Es ist ein vegetarisches Festessen, einfach zubereitet und dennoch sehr schmackhaft.

Die Bezeichnung *Macaronia chiropoiita* verweist auf *chiro* (Hand) und *poiita*, das so viel wie »herstellen« (*poio*) bedeutet, und noch heute werden Nudeln per Hand hergestellt. Geformt werden die langen Teigröhren nach traditioneller Art auf Holzstäben, die von der heimischen Strauchpflanze *sparto* stammen. Vor dem Garen müssen *macaronia* eine Weile ruhen. Nach griechischer Art werden sie zwei Stunden lang auf Tüchern sonnengetrocknet.

In den sonnenärmeren Gegenden lässt man die Nudeln rund acht Stunden unter einer künstlichen Wärmequelle trocknen.

Durch die Kichererbsen erweist sich dieses traditionelle Rezept als besonders deftig. Angeblich wurden diese Hülsenfrüchte von phönizischen Händlern im Mittelmeerraum verbreitet. Homer, dessen Geburtsort auf Chios vermutet wird, hat sie bereits in seiner Ilias erwähnt!

Die vorwiegend auf der Insel Sifnos in der Ägäis geernteten Kichererbsen sind die Samen einer ganzjährigen Krautpflanze. Sie haben eine gelbe Farbe, und Kenner schätzen den nussigen Geschmack. In der griechisch-orthodoxen Religion werden sie mit den zahlreichen Fastentagen und der klösterlichen Kochkunst assoziiert.

Die Kichererbsen in ein Gefäß geben. Mit Wasser bedecken und 12 Stunden einweichen. Dann herausnehmen und abtropfen lassen; das Einweichwasser aufbewahren. Die Erbsen mit Backpulver bestreuen. 5 Minuten stehen lassen. Ca. 20 Minuten im Einweichwasser garen.

Für die Sauce die Frühlingszwiebeln putzen und klein schneiden. Den Dill ebenso. Die Zucchini in sehr kleine Würfel schneiden. Die Tomaten pürieren und mit 2 Esslöffeln Olivenöl etwa 5 Minuten garen. Die Sauce beiseite stellen.

3 Esslöffel Olivenöl in einen Stieltopf geben. Die Zwiebeln goldgelb dünsten. Die Zucchiniwürfel, die abgetropften Kichererbsen und den Dill zufügen. Salz einstreuen. Etwa 5 Minuten garen.

mit Tomatensauce

Für die Nudeln das Mehl in eine Schüssel geben. Olivenöl zugießen. Vermengen und nach und nach 300 ml Wasser zugießen. Zu einem glatten Teig verkneten und 15 Minuten ruhen lassen.

Eine Arbeitsfläche mit Mehl bestäuben. Den Teig zu langen Stangen rollen. Dann in kleine Stücke schneiden. Jedes Teigstück nacheinander zwischen den Handflächen wie einen Lappen um den Holzspieß rollen. Die Makkaroni 2–8 Stunden trocknen lassen.

Die Makkaroni in einen Topf mit sprudelnd kochendem Salzwasser geben. Etwa 5 Minuten garen. Dann abgießen. Die Nudeln zum Gemüse geben, vermengen und auf Tellern anrichten. Tomatensauce darüber löffeln. Mit Käse bestreuen und mit Dill garnieren.

Gefüllte Tomaten und

Vorbereitungszeit: 30 Minuten
Garzeit: 1 Stunde 25 Minuten
Schwierigkeitsgrad: ✷✷

Für 6 Personen

6	vollreife Tomaten
6	große grüne Paprika
100 g	Pinienkerne
100 g	Mandeln, gehackt
1	Zwiebel, gehackt
250 ml	natives Olivenöl extra

100 g	Reis
125 g	Rosinen
2	Knoblauchzehen, gehackt
100 g	Frühlingszwiebeln, in Ringe geschnitten
5 g	Zimtpulver
250 g	Tomatensaft
	Salz
	schwarzer Pfeffer
25 g	frisch gehackte Minze
20 g	Zucker
25 g	glatte Petersilie

Tomaten und Paprika mit einer Füllung aus Reis, Pinienkernen, Mandeln, Rosinen und Kräutern gehören zum traditionellen kulinarischen Repertoire von Samos. In der Küche dieser Insel, nur wenige Kilometer von der türkischen Küste entfernt, ist noch die orientalisch anmutende Tradition erhalten, süß und salzig zu kombinieren. Griechische Gourmets lieben frisches, gefülltes Gemüse: Tomaten, Paprika, Auberginen, Zucchini und Kartoffeln werden zu den Fastenzeiten mit Reis und Kräutern gefüllt und ansonsten auch mit Hackfleisch.

Zunächst wird die Frucht an der Unterseite gleichmäßig zugeschnitten, damit sie in der Auflaufform aufrecht steht. Dann schneidet man einen »Deckel« ab. Zum Aushöhlen der Tomaten empfiehlt unser Küchenchef so vorzugehen: Ein Messer halb in die Frucht stechen und herumdrehen, um das Fleisch von innen herauszulösen. Anschließend wird es von oben mit einem Ausstecher herausgeschabt.

Die Reismenge für die Füllung hängt von der Größe der Tomaten und der Paprika ab. Qualitativ gesehen ist ein weißer, feinkörniger, nicht übermäßig quellender Reis optimal geeignet. Er darf in der Tomatensauce nur vorgekocht werden, weil er mit dem Gemüse weitergart.

Die Köchinnen von Samos würzen ihre Füllung mit den winzigen, hellen Rosinen aus der Umgebung, die als *samiotiko* bezeichnet werden. Die dort ansässigen Winzer keltern aus ihren Trauben einen intensiv-würzigen, gehaltvollen, erfrischenden Dessertwein. Überschüssige Trauben werden einige Tage zum Trocknen in die Sonne gelegt.

Die Rosinen verleihen der Füllung eine Spur Süße. Nichtsdestotrotz sollte man noch etwas Streuzucker zugeben. Der Zucker verbindet sich während des Garvorgangs mit dem austretenden Gemüsesaft und karamellisiert.

Tomaten und Paprika waschen. Die Stiele einkürzen, einen Deckel abschneiden (aufbewahren) und einen Teil des Tomatenfruchtfleischs mit dem Ausstecher herausheben (aufbewahren). Die Samen und Stränge aus den Paprika herausschneiden.

Die Pinienkerne und die Mandeln getrennt in einer Pfanne anrösten. In einer anderen Pfanne die Zwiebel 3 Minuten in 50 ml Öl andünsten. Den Reis hineingeben, schnell einrühren, dann Rosinen, Knoblauch, Frühlingszwiebeln, Zimt, Pinienkerne und Mandeln zufügen.

Das beiseite gestellte Tomatenfleisch in den Reis einarbeiten. Gut vermischen. Dann mit Wasser auffüllen, bis der Reis bedeckt ist, und den verdünnten Tomatensaft zugießen. 10–12 Minuten unter ständigem Rühren garen.

Paprika »Samos«

Wenn der Reis die Flüssigkeit aufgenommen hat und der Garvorgang beendet ist, Salz und Pfeffer zufügen, ebenso die gehackte Minze. Die Füllung nochmals gut durchmischen.

Die Tomaten und die Paprika in eine Auflauform geben. Etwas Zucker in die Früchte streuen. Dann mit der Reismasse füllen. Den Boden der Auflauform mit etwas Wasser bedecken.

Jedes Teil mit dem dazugehörigen Deckel schließen und reichlich Olivenöl darüber träufeln. Im vorgeheizten Backofen 50–60 Minuten bei 190 °C backen (gelegentlich mit Öl und Sud beträufeln). Das Gericht heiß oder kalt und mit gehackter Petersilie bestreut servieren.

Okra-

Vorbereitungszeit:	30 Minuten
Garzeit Reis:	25 Minuten
Garzeit Gemüse:	25 Minuten
Schwierigkeitsgrad:	★

Für 4 Personen

200 g	Okraschoten
je 2	Frühlingszwiebeln, Tomaten
150 g	Butter
200 g	Reis

500 ml	Hühnerbrühe
	Saft von ½ Zitrone
2 g	gemahlener Pfeffer
5 g	Salz
50 ml	Rotweinessig

Asude entstand vor langer Zeit in den Sultans- und Aristokratenpalästen. Heute ist der köstliche Pilaw aus Reis, Tomatensauce und Okraschoten ein wenig in Vergessenheit geraten, doch Hüseyin Özoğuz hat es für Sie ein wenig »entstaubt« und dem heutigen Geschmack angepasst.

Der Reis, die Grundzutat für dieses Gericht, wird nach traditioneller Pilaw-Art gegart, also zunächst in zerlassener Butter angedünstet und anschließend mit Hühnerbrühe abgelöscht. Seine Garzeit beträgt bei geschlossenem Deckel etwa zwanzig Minuten, bis die Körner die Brühe ganz aufgesaugt haben und weich sind. Falls die Flüssigkeit zu schnell absorbiert wird, gießen Sie etwas Brühe nach.

Reis (*Pirinç*) wird auch in der Türkei angebaut. Ganz gleich, welche Reissorte Sie für Pilaws verwenden: Die Körner sollten beim Garen locker bleiben und nicht verkleben. Die Sorte *Tosya*, die in Kastamonu an der Schwarzmeerküste

angebaut wird, ist weiß und rundlich; *Kızılcahamam*-Reis kommt aus der Region von Ankara und hat eine goldenbräunliche Farbe. *Persani*-Reis mit seinen langen, weißen, dünnen Körnern stammt aus Zentralanatolien.

Die zart schmelzenden Okraschoten heißen auf Türkisch *Bamya*. Okras (oder Gombos) stammen aus den Tropen und gehören zu den Malvengewächsen. Ihre Schoten sind grün, leicht gerillt und können eine längliche, spitze oder eine kurze, dickliche Form haben. Man findet sie im Sommer und Herbst in Yalova in der bei İzmit gelegenen Bucht des Marmara-Meers. Die Türken mögen das Gemüse und trocknen die Schoten, um einen Wintervorrat davon anzulegen.

Okras enthalten eine gelatinöse Substanz, die zum Andicken von Saucen und Suppen verwendet wird. Hier sollten Sie sie aber entfernen. Dazu übergießt man die Schoten mit Essig und spült sie dann unter fließendem Wasser ab.

100 g Butter in einem Topf zerlassen. Den Reis einige Minuten darin andünsten, bis er glänzt. Mit der Brühe ablöschen, den Deckel aufsetzen und bei mittlerer Hitze 20 Minuten garen.

Währenddessen den Stielansatz von den Okraschoten schneiden.

Die Tomaten enthäuten und würfeln.

Pilaw

Die Okraschoten in eine Schüssel geben, mit Essig übergießen und vorsichtig mischen. Die Okraschoten danach unter fließendem Wasser gründlich abspülen.

Die Frühlingszwiebeln hacken. Die restliche Butter zerlassen und die Frühlingszwiebeln 5 Minuten darin andünsten. Die Okraschoten zugeben.

Tomatenwürfel, Salz, Pfeffer, Zitronensaft und etwas Wasser zugeben und 20 Minuten garen. Den Reis in einer Servierschüssel anrichten und mit der Tomaten-Okraschoten-Mischung garnieren.

Hähnchen-Pilaw

Vorbereitungszeit: 35 Minuten
Garzeit: 1 Stunde 35 Minuten
Schwierigkeitsgrad: ★★

Für 4 Personen

Pilaw:
380 g	Reis
100 g	blanchierte Mandeln
2 EL	Olivenöl
1 TL	Zucker
1	Hähnchen à ca. 1 kg

50 g	Butter
	Salz

Teig:
200 g	Yufka-Teig
1	Eigelb
2 EL	Olivenöl
	Butter, zum Einfetten

Dieses Rezept stammt direkt aus den Küchen der osmanischen Sultanspaläste. Bei der überaus raffinierten, aber leider nur wenig bekannten Pastete umhüllt ein »Vorhang« (*Perde*) aus Teig einen *Pilaw* aus Reis, Hähnchenfleisch und Mandeln (*Bademli*). Einst wetteiferten die Köche der Sultanspaläste darum, wer den originellsten Pilaw zubereitete.

Hüseyin Özoğuz spült das Hähnchen gründlich unter fließendem Wasser ab, bevor er es kocht. Er empfiehlt außerdem, zur geschmacklichen Verbesserung von Brühe und Hähnchen Zwiebeln, Möhren, Petersilie, Lorbeerblätter und klein geschnittene Frühlingszwiebeln mitzukochen. Dies ist umso wichtiger, weil die Brühe auch für die Zubereitung des Pilaws verwendet wird.

Wenn das Hähnchen gar ist, nimmt man es mit einem Schaumlöffel aus der Brühe und lässt es auf einem Teller ein wenig abkühlen, um es dann Stück für Stück zu zerlegen: Schenkel, Flügel und zum Schluss die Brust. Dabei müssen alle Knochen und die Haut entfernt werden; mit einer Fleischgabel und einem scharfen Messer ist dies ein Kinderspiel.

Nur sehr erfahrene Köche bereiten den *Yufka*-Teig, der die Füllung umhüllt, selbst zu. Um zum Abdecken des Pilaws ein Teigblatt in der richtigen Breite zuzuschneiden, faltet man es dreimal, legt es auf die Form und schneidet den überstehenden Teig ab. Danach faltet man den Teig wieder auseinander, legt ihn wieder auf den Pilaw und drückt die Ränder fest zusammen.

Um das Rezept ein wenig zu variieren, schlägt Ihnen Hüseyin Özoğuz vor, die Mandeln auch durch Pistazien oder erbsengroße Fleischbällchen (*Köfte*) zu ersetzen. Sie können den Pilaw aber auch mit Korinthen, Pinienkernen und gebratenen Leberstückchen anreichern.

Das Hähnchen etwa 40 Minuten in Salzwasser garen, herausnehmen und auf einem Teller etwas abkühlen lassen. Die Brühe ebenfalls etwas abkühlen lassen. Die Butter in einem Topf zerlassen. Den Reis zugeben und unter Rühren rund 5 Minuten andünsten.

Wenn der Reis glasig wird, mit 450 ml Hühnerbrühe aufgießen. Zucker und Salz zugeben. Aufkochen und 15 Minuten garen.

Währenddessen das Hähnchen zerlegen. Das Fleisch von den Knochen lösen und in dünne Scheiben schneiden.

im Teigmantel

Anschließend eine tiefe, konische Auflaufform (Charlottenform) mit zerlassener Butter einfetten. Die Yufka-Blätter in der Mitte durchschneiden und die Form damit auslegen.

Die Mandeln 5 Minuten im Olivenöl anbräunen. Für die Füllung Reis, Mandeln und Hähnchenfleisch mischen und in die ausgelegte Form geben.

Füllung mit einem letzten Teigblatt abdecken und die Ränder fest zusammendrücken. Das Eigelb mit Olivenöl verquirlen und Teigoberfläche damit bestreichen. Im vorgeheizten Ofen 45 Minuten bei 200 °C garen. Die fertige Pastete auf einen Teller stürzen und sofort servieren.

Reis auf

Vorbereitungszeit:	20 Minuten
Einweichzeit Reis:	20 Minuten
Garzeit:	25 Minuten
Schwierigkeitsgrad:	✶✶

Für 4 Personen

1 kg	flache grüne Bohnen
1	Zwiebel
2	Tomaten
200 g	Reis
60 g	Butter
	Salz
	gemahlener Pfeffer

Diese Mischung aus Reis, Tomaten, Zwiebeln und Bohnen heißt auf Türkisch *Dible* und stammt von der Schwarzmeerküste. Savaş Özkiliç zufolge lässt sich der Name des Gerichts von *Dip*, das heißt »Grund«, ableiten, auf dem die verschiedenen Gemüsesorten geschichtet werden.

Die Seldschuken, ein aus Zentralasien stammendes nomadisches Turkvolk, entdeckten den Reis, als sie im 11. Jahrhundert nach Anatolien vorstießen, und erweiterten so ihr umfangreiches kulinarisches Repertoire (Milchprodukte, *Mantı*, verschiedene Brote, Fleischspieße, gefüllte Kuchen, Teigtaschen …) weiter. Reis wird heute für viele regionale Spezialitäten verwendet und mit Gemüse kombiniert.

Für dieses Rezept empfiehlt Savaş Özkiliç, eine für Pilaw geeignete Reissorte zu verwenden, das heißt mit locker kochenden, nicht klebenden Körnern. Man sollte den Reis sehr gründlich waschen. Dazu gibt man ihn in eine Schüssel, übergießt ihn dann mit lauwarmem Wasser und reibt die Reiskörner zwischen den Fingern. Dann gießt man das Wasser ab und wiederholt den Vorgang so oft, bis das Wasser nicht mehr von der Reisstärke getrübt wird. Manche Köche an der Schwarzmeerküste bereiten ihr *Dible* nicht mit Reis, sondern mit Polenta zu.

Bevor Savaş Özkiliç Zwiebel und Tomaten andünstet, gibt er sie mit Salz und Pfeffer auf einen Teller und reibt sie zwischen den Fingern. Auf diese Weise nehmen die Tomaten das Zwiebelaroma am besten an und die beiden Zutaten werden vor dem Garen gemischt. Durch diesen Arbeitsschritt tritt auch ein guter Teil des Gemüsesafts aus.

Die flachen grünen Bohnen passen perfekt zum *Dible*. Die Schoten sind lang und breit. Schneiden Sie vor dem Garen die Enden ab und ziehen Sie die Fäden ab.

Den Reis etwa fünfmal gründlich waschen. Die Bohnen vorbereiten: waschen, Enden abschneiden, Fäden abziehen und in kleine Stücke schneiden.

Die Tomaten häuten und die Zwiebel schälen. Tomaten und Zwiebel sehr fein würfeln. Die Gemüsewürfel auf einem großen Teller mit Salz und Pfeffer zwischen den Fingern verreiben.

Die Butter in einer tiefen Pfanne zerlassen. Eine Hälfte der Butter in ein Schälchen füllen und beiseite stellen. Eine Hälfte der Zwiebel-Tomaten-Mischung mit einem Löffel auf dem Pfannenboden verteilen.

grünen Bohnen

Die Zwiebel-Tomaten-Mischung mit einem Teil der klein geschnittenen Bohnen bestreuen. Die restliche Zwiebel-Tomaten-Mischung darüber geben und darauf den Rest der Bohnen. Mit Salz und Pfeffer würzen. 5 Minuten bei mittlerer Hitze andünsten.

Den Reis auf das Gemüse geben und mit so viel Wasser auffüllen, dass der Pilaw bedeckt ist. 10–15 Minuten garen.

Wenn Reis und Gemüse gar sind, mit der restlichen flüssigen Butter beträufeln und sofort servieren.

Türkischer

Vorbereitungszeit:	15 Minuten
Einweichzeit	
Kichererbsen:	12 Stunden
Einweichzeit	
Tomaten:	3 Stunden
Ruhezeit:	15 Minuten
Garzeit:	1 Stunde
Schwierigkeitsgrad:	★

Für 4 Personen

150 g	Kichererbsen
300 g	Reis
1 EL	Butter
1	Zwiebel
150 g	getrocknete Tomaten
500 ml	Geflügelfond
4 EL	Olivenöl
	Salz

Zum Garnieren:
getrocknete Tomaten
glatte Petersilie

Dieser Kichererbsen-Pilaw ist eine sehr beliebte türkische Spezialität. In einem Land, in dem die Gastronomie als bedeutende Kunst gilt, sind manche Gerichte – wie zum Beispiel dieses – wichtiger Bestandteil des alltäglichen Lebens.

Kichererbsen-Pilaw war ursprünglich ein Essen der zentralanatolischen Bauern, ist heute jedoch auch in den Städten sehr populär. Das Gericht wird häufig an Imbissständen angeboten und zu jeder Gelegenheit genossen.

Dieser Pilaw, bei dem die Reiskörner locker und nicht klebrig sein sollten, wird auf traditionelle Art zubereitet. Den Reis lässt man zunächst in Olivenöl oder Butter glasig angehen, anschließend wird er mit Brühe aufgegossen und zusammen mit den Kichererbsen gegart. Damit dieser Pilaw gelingt, sollte man ihn vor dem Servieren unbedingt etwa fünfzehn Minuten ziehen lassen.

Die Kichererbsen machen dieses einfache Gericht sehr nahrhaft. Diese Hülsenfrüchte erfreuen sich in Zentralanatolien großer Beliebtheit und sind für ihren hohen Gehalt an Kupfer, Kalzium, Magnesium, Phosphor und Kalium bekannt. Sie stammen aus dem Mittelmeerbecken und werden schon in Homers »Ilias« erwähnt. Die runden, buckligen, beigefarbenen Samen behalten auch beim Kochen ihre Form und zerfallen nicht.

Die getrockneten Tomaten unterstreichen das Aroma der anderen Zutaten hervorragend. Je nach Saison empfiehlt Ihnen Sedat Özkan, alternativ auch frische Tomaten zu verwenden.

Dieser Kichererbsen-Pilaw kann als Hauptgericht oder als Fleischbeilage serviert werden.

Die Kichererbsen in eine Schüssel geben, mit Wasser bedecken und 12 Stunden quellen lassen. In eine andere Schüssel die getrockneten Tomaten geben, mit Wasser bedecken und 3 Stunden einweichen.

Die Tomaten zerkleinern. Die Zwiebel hacken und zusammen mit den Tomaten etwa 4 Minuten in 2 Esslöffeln heißem Olivenöl andünsten. Die Kichererbsen etwa 40 Minuten in Wasser gar kochen.

Die Zwiebel-Tomaten-Mischung mit dem Geflügelfond aufgießen, aufkochen und 4–5 Minuten köcheln lassen. Den Topf vom Herd nehmen.

Kichererbsen-Pilaw

Das restliche Olivenöl und die Butter in einem Topf erhitzen, den Reis zugeben und unter Rühren glasig werden lassen. Salzen.

Die Tomatenbrühe pürieren und zum Reis geben.

Abgetropfte Kichererbsen zugeben. Aufkochen und dann bei schwacher Hitze 15–20 Minuten garen. Bei geschlossenem Deckel 15 Minuten ruhen lassen. Den Pilaw in eine Servierschüssel umfüllen und mit Streifen getrockneter Tomaten und Petersilie garnieren.

Bulgur-Pilaw

Vorbereitungszeit: 20 Minuten
Garzeit: 55 Minuten
Schwierigkeitsgrad: ✳

Für 4 Personen

200 g	Tellerlinsen
200 g	feiner Bulgur
1 EL	Paprikapulver
4 EL	Olivenöl
1	große Zwiebel

4	Eier
	Salz
	gemahlener Pfeffer

Bulgur-Pilaw mit Linsen gehört zu den beliebtesten Gerichten aus der Region Gaziantep, wo es *Mercimekli pilav* genannt wird. Es ist zudem ausgesprochen preiswert. Im Laufe der Jahrhunderte wurden von den Feinschmeckern des Landes unzählige Pilaw-Varianten entwickelt; manche davon werden mit Reis, andere mit Bulgur zubereitet. Bulgur ist gekochter, getrockneter und geschroteter Weizen und wird in den Ländern des Nahen Ostens sehr geschätzt.

In der türkischen Küche verwendet man zweierlei Bulgur-Arten: etwas feineres Schrot für Füllungen, Pilaws, Salate und Suppeneinlagen – diese Sorte empfiehlt Ayfer T. Ünsal auch für dieses Rezept – und grobes Schrot, das als Beilage für Fleischspieße und Hackfleischgerichte oder als Hauptgericht mit Gemüse- und Fleischragouts serviert wird.

Bei diesem Pilaw wird der Bulgur mit Tellerlinsen kombiniert (in ihrer Heimat verwendet Ayfer T. Ünsal allerdings lieber gelbe Linsen). Linsen sind im Nahen Osten seit Jahrtausenden bekannt und archäologische Funde haben bestätigt, dass sie schon in Mesopotamien als Nahrungsmittel dienten. Ein dem *Mercimekli pilav* ähnliches Rezept findet sich in den Aufzeichnungen des Marcus Gavius Apicius.

Bei der Zwiebel zieht man nicht nur die Schale, sondern auch die äußerste Hautschicht ab. Danach wird sie abgewaschen, in feine Streifen geschnitten und in aromatischem Olivenöl geröstet, das in Gaziantep noch auf traditionelle Art gewonnen wird.

Dieser Pilaw wird üblicherweise mit Zwiebeln oder einem Spiegelei serviert. Um das Gericht etwas reichhaltiger zu gestalten, entscheidet sich Ayfer T. Ünsal hier für beide Varianten. Drücken Sie während des Bratens leicht mit einem hölzernen Spatel auf das Eigelb und setzen Sie das Spiegelei wie eine Krone auf den Pilaw.

Die Linsen in einen Topf geben und salzen. Den Topf mit so viel Wasser auffüllen, dass es die Linsen um 3 cm übersteigt, und den Deckel aufsetzen. Aufkochen und 10 Minuten köcheln lassen.

Das Paprikapulver einrühren, den Deckel wieder schließen und erneut aufkochen. Dann bei mittlerer Hitze 25 Minuten garen. Mit Salz und Pfeffer würzen.

Erst lauwarmes Wasser, dann den Bulgur zu den Linsen geben. Bei geschlossenem Deckel etwa 10 Minuten garen, bis der Bulgur das Wasser absorbiert hat.

mit Linsen

Die Zwiebel schälen und in feine Ringe schneiden. In 2 Esslöffeln heißem Olivenöl 5 Minuten braten.

Zwiebelringe und Bratöl über den Pilaw geben.

Übriges Olivenöl in einer kleinen Pfanne erhitzen und darin pro Portion ein Spiegelei braten. Den Pilaw auf Tellern anrichten und jeweils mit einem Spiegelei krönen.

Vorbereitungszeit:	*20 Minuten*
Einweichzeit:	*30 Minuten*
Ruhezeit:	*20 Minuten*
Garzeit:	*30 Minuten*
Schwierigkeitsgrad:	✶

Für 4 Personen

400 g	Reis
200 g	Lammleber
100 g	Lammknochen
100 g	Frühlingszwiebeln

75 g	Butter
25 g	Zucker
40 g	Korinthen
20 g	Pinienkerne
5 g	Zimtpulver
5 g	gemahlener Kreuzkümmel
	Salz
	gemahlener Pfeffer

Zum Garnieren:

½ Bund	Dill
½ Bund	Minze

Noch heute bewirten die Bauernfamilien kleiner zentralanatolischer Dörfer ihre Gäste mit diesem Festtags-Pilaw. Das luxuriöse Mahl mit seinen süß-salzigen Aromen wird außerdem anlässlich von Hochzeiten und Beschneidungen serviert.

Dieses traditionelle Gericht ist sehr einfach zuzubereiten und zeugt von der eindrucksvollen Vielfalt der türkischen Küche. Reis ist neben Weizen das meistangebaute Getreide der Welt und wird in der Türkei besonders geschätzt. Er stammt ursprünglich aus China und gelangte durch die Perser nach Mesopotamien und Turkestan. Der Legende nach kam er durch Alexander den Großen um 320 vor der Zeitenwende nach Griechenland.

Pilaw ist ein typisch türkisches Gericht, bei dem der in Butter oder Öl geschwenkte Reis eine besonders zarte Konsistenz erhält. Damit der Pilaw gut gelingt, sollte man ihn vor dem Servieren unbedingt zwanzig Minuten ziehen lassen.

Der mit Lammleber und Korinthen verfeinerte Pilaw ist ein Hochgenuss. Korinthen sind besonders süß und haben nur wenige Kerne. Die Trauben werden entweder an der Sonne oder mittels heißer Luft getrocknet, wodurch sie neunzig Prozent ihrer Feuchtigkeit verlieren und sich ihr Zuckergehalt sehr stark konzentriert.

Überdies sorgt das Aroma der Pinienkerne für eine wunderbare Geschmacksnuance. Diese äußerst nahrhaften, kleinen, länglichen Kerne sind die in den Zapfen sitzenden Samen der überall im Mittelmeerraum verbreiteten Pinien. Ihr leicht harziger und würziger Geschmack erinnert ein wenig an den von Mandeln, durch die Sie die Pinienkerne wahlweise auch ersetzen können.

Den Reis in eine Schüssel mit warmem Wasser geben. Mit den Händen etwas vermischen, 30 Minuten quellen lassen, abgießen und abtropfen lassen.

Die Lammleber in gleich große, feine Würfel schneiden. Die Lammknochen in 500 ml Wasser etwa 20 Minuten auskochen. Die daraus entstandene Brühe durchseihen und beiseite stellen.

Die Butter in einem Topf zerlassen und die Pinienkerne unter Rühren darin anbräunen. Die Frühlingszwiebeln in feine Ringe schneiden, zu den Pinienkernen geben und unter gelegentlichem Rühren 5 Minuten andünsten.

Pilaw

Den abgetropften Reis zugeben. Salz, Pfeffer, Kreuzkümmel, Zimt und Zucker zugeben und alles vermengen.

Die Korinthen und die gesiebte Brühe zugeben.

Lammleberwürfel unterheben. Pilaw aufkochen und dann bei schwacher Hitze 10 Minuten garen. Vom Herd nehmen. 20 Minuten bei geschlossenem Deckel ziehen lassen. Pilaw in eine Servierschüssel umfüllen und mit Minze und gehacktem Dill garnieren.

Pilaw vom

Vorbereitungszeit: 25 Minuten
Einweichzeit: 30 Minuten
Ruhezeit: 15–20 Minuten
Garzeit: 2 Stunden 30 Minuten
Schwierigkeitsgrad: ✶

Für 4 Personen

1 kg	Oktopus
450 g	Reis
1 kg	Mangold
1 Bund	Frühlingszwiebeln

150 ml	Sahne
400 ml	Geflügelfond
30 ml	Weißwein
50 ml	Olivenöl
	Salz
	gemahlener Pfeffer

Die Gerichte der ägäischen Küche sind ebenso gesund wie köstlich – Gerichte einer typischen Mittelmeerküche, die im Laufe der Jahrhunderte von der griechischen, armenischen, jüdischen und türkischen Küche Griechenlands beeinflusst wurde.

Dieser einfach zuzubereitende Pilaw vom Ägäischen Meer ist ein traditionelles Familiengericht. Dabei verleiht das saftige Oktopusfleisch ihm sein ganz besonderes Aroma.

Oktopusse beziehungsweise Kraken sind das ganze Jahr über beim Fischhändler zu haben. Diese Weichtiere haben direkt unter dem Kopf, wie der Name »Oktopus« bereits sagt, acht mit Saugnäpfen bewehrte Arme. Fangfrisch sind Oktopusse geruchlos und ihr Fleisch wird durch langes Klopfen sehr fein. Je nach Angebot können Sie dieses Gericht jedoch auch mit Kalmaren, Garnelen oder Muscheln zubereiten.

Das hauptsächlich an der ägäischen Küste produzierte türkische Olivenöl ist unverzichtbar für die Küche dieser Region. Es ist sehr fruchtig und verleiht dem Mangold ein wunderbares Aroma.

Mangold ist ein sehr stärkendes und anregendes Gemüse. Es ist reich an Magnesium, Kalium und den Vitaminen A und C und ist vor allem im Winter und Frühjahr erhältlich. Wählen Sie nur Mangold mit festen, kräftig gefärbten Blättern und Stängeln ohne welke Stellen aus, und waschen Sie ihn gründlich. Sie können ihn auch durch Spinat ersetzen.

Pilaw ist eine typisch türkische Reis-Spezialität. Durch seine spezielle Zubereitungsweise bringt er die vollen Aromen der Mittelmeersonne zur Entfaltung. Nach dem Garen sollte man den Pilaw auf jeden Fall zwanzig Minuten ziehen lassen.

Den Oktopus bei sehr schwacher Hitze und geschlossenem Deckel 90 Minuten garen. Den Weißwein zugießen und weitere 5 Minuten garen.

Den Oktopus in feine, gleich große Würfel schneiden. Den Reis in eine Schüssel geben, mit 400 ml Salzwasser übergießen und 30 Minuten stehen lassen.

Den Mangold waschen. Die Mangoldstängel abtrennen und dann die Blätter in Streifen schneiden. Die Frühlingszwiebeln waschen und in feine Ringe schneiden.

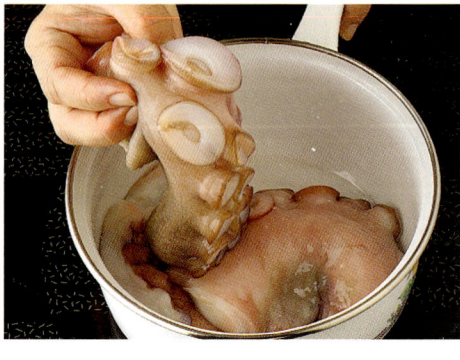

Ägäischen Meer

Den Reis abtropfen lassen. Die Frühlingszwiebeln im heißen Olivenöl andünsten. Den Mangold zugeben und unter ständigem Rühren 8–10 Minuten andünsten.

Reis und Oktopuswürfel zum Mangold geben. Salzen und mit dem Geflügelfond aufgießen. Bei geschlossenem Deckel etwa 10 Minuten garen. Die Zutaten vermengen.

Die Sahne zugießen, pfeffern und alles gut vermischen. Weitere 5 Minuten garen, dann den Topf vom Herd nehmen, mit Alufolie abdecken und den Pilaw 15–20 Minuten ziehen lassen. Den Pilaw auf Servierteller geben.

Bulgurtopf

Vorbereitungszeit: 20 Minuten
Einweichzeit für die
Kichererbsen: 1 Nacht
Garzeit: 55 Minuten
Schwierigkeitsgrad: ✶

Für 4 Personen

50 g	Kichererbsen
500 g	Lammschulter
4	Knoblauchzehen
	feinkörniges Salz
	schwarzer Pfeffer

30 g	gemahlene Kurkuma
50 g	Paprikapulver
100 ml	Olivenöl
2	Zwiebeln
20 g	Tomatenmark
300 g	grober Bulgur
70 g	frische Erbsen

Zum Garnieren:

4	kleine grüne Paprika
	Öl zum Frittieren

Bulgurtopf mit Lamm (*borghol bil allouche*) ist ein in ganz Tunesien beliebtes Gericht. Es hat deutliche Ähnlichkeit mit einem Lamm-Risotto, eine Zutat sorgt jedoch für einen großen Unterschied: Die Tunesier kochen das Lamm mit echt tunesischem Bulgur, der im Gegensatz zum Reis nicht importiert wird.

Er wird aus geschrotetem Weizen hergestellt und ist in Tunesien äußerst beliebt. Ein Großteil des Getreides stammt aus der fruchtbaren Mateur-Ebene im Norden und den Regionen Jendouba und Béja im Nordwesten des Landes. Nach dem ersten Verlesen werden die Weizenkörner in kochendem Salzwasser gegart. Man trocknet sie dann mehrere Tage in der Sonne. Anschließend werden sie in einem Mörser zerdrückt oder in der Dorfmühle gemahlen und gesiebt. Heutzutage werden diese Arbeitsschritte meist industriell durchgeführt.

Feiner Bulgur wird in Suppen verwendet, während man den groben meist in einer Fleischsauce gart und als Hauptgericht serviert. Häufig kommt dieses Getreideprodukt auch zusammen mit Tomaten, Olivenöl, Salz und Pfeffer in Form von Salat auf den Tisch. Die Tunesier essen Bulgur darüber hinaus gern mit Milch und Honig zum Frühstück.

Bulgur wird auf dieselbe Weise gekocht wie Risottoreis: Man benötigt doppelt so viel Wasser wie Getreide. Nach einem Geheimtipp seiner Großmutter fügt unser Küchenchef dem Kochwasser die Gewürze hinzu, die in der Form übrig geblieben sind, in welcher er das Fleisch gewürzt hat. Dadurch erhält der Bulgur ein kräftigeres Aroma.

Mohamed Boussabeh empfiehlt außerdem, die Knochen mit dem Fleisch zu kochen, um einen kräftigeren Geschmack zu erzielen. Sie können dieses Gericht auch mit Kaninchen- oder Hähnchenfleisch zubereiten.

Die Kichererbsen über Nacht einweichen. Das Lammfleisch von den Knochen lösen und in große Würfel mit etwa 50 g Gewicht schneiden. Den Knoblauch schälen und zerdrücken.

Salz, Pfeffer, Kurkuma, Paprikapulver und Knoblauch über dem Fleisch verteilen. Großzügig Olivenöl darüber gießen. Mit den Händen alles vermengen, damit sich die Gewürze gut verteilen.

Zwiebeln schälen und in dünne Ringe schneiden. Zwiebelringe, Tomatenmark, Fleischstücke und Kichererbsen in einem Topf mit etwas Olivenöl anbraten.

mit Lamm

Etwa 2 Gläser Wasser zugießen und zum Kochen bringen.

Dann den Bulgur hinzufügen, umrühren und abdecken. Ca. 35 Minuten kochen, dabei gelegentlich umrühren.

Zum Schluss die frischen Erbsen hinzufügen und umrühren. Alles in eine Auflaufform füllen und 10 Minuten im Backofen grillen. Mit frittierten kleinen Paprika garnieren.

Lamm-Chorba

Vorbereitungszeit: 20 Minuten
Garzeit: 1 Stunde 15 Minuten
Schwierigkeitsgrad: ✶✶

Für 4 Personen

1,2 kg	Lammkeule
5 EL	Olivenöl
1	große Zwiebel
1 TL	Harissa (Gewürzmischung)
2 EL	Tomatenmark
	Salz

	Pfeffer
1 Prise	Quatre-Épices (Pfeffer, Kümmel, Koriander, Zimt)
2	Möhren
2	Kartoffeln
2	grüne Paprika
500 g	*chorba*, ersatzweise Reisnudeln

Chorba m'faoura ist ein Klassiker der tunesischen Küche. Dieses Lammgericht wird häufig bei Familienfeiern serviert. Die kleinen Nudeln, die auch durch gewöhnliche Reisnudeln ersetzt werden können, sorgen dafür, dass dieses Gericht sehr sättigend ist. In Tunesien heißen sie *chorba*.

Nudeln wurden aus Italien in den Maghreb eingeführt und haben inzwischen in der tunesischen Küche einen festen Platz. Sie werden aus Hartweizenmehl hergestellt, anschließend zwischen den Fingern gerollt und sorgfältig zerkleinert. Diese Präzisionsarbeit wird heute natürlich industriell durchgeführt. Nudeln sind in jedem Lebensmittelgeschäft in verschiedenen Größen und Formen erhältlich. Je kleiner sie sind, desto schneller werden sie gar.

Früher wurde dieses Lammgericht in Tunesien bei geringer Hitze auf der Glut des traditionellen Kohlenbeckens aus Ton (*kanoun* oder *brasero*) geschmort, das jeder Haushalt besaß. Statt Lammfleisch können Sie auch Kalb oder Hähnchen verwenden. Auf jeden Fall sollte das Fleisch jedoch in kleine Würfel geschnitten werden – so kann es der Sitte entsprechend gerecht aufgeteilt werden.

Wenn Sie einen schärferen Geschmack bevorzugen, können Sie die Harissamenge erhöhen, sollten allerdings nicht zu viel davon nehmen. Das Gemüse, das zu dieser *chorba* serviert wird, kann noch durch Kichererbsen ergänzt werden, die eine ganz eigene Konsistenz haben. Kochen Sie die Kichererbsen in der Fleischsauce und weichen Sie sie über Nacht ein, damit sie schneller gar sind. Um Zeit zu sparen, können Sie auch vorgekochte Kichererbsen aus der Dose verwenden.

Würzen Sie die *Lamm-Chorba* erst nach der Hälfte der Garzeit mit Quatre-Épices. Wenn die Gewürze von Anfang an mitgekocht werden, gerät das Gericht leicht zu scharf.

Das Fleisch in Würfel mit etwa 5 cm Seitenlänge schneiden und in 2 Esslöffeln Olivenöl zusammen mit der in Ringe geschnittenen Zwiebel, Harissa und Tomatenmark anbraten.

Wasser zugießen, bis das Fleisch bedeckt ist. Bei geringer Hitze 30 Minuten kochen. Nach 15 Minuten mit Salz, Pfeffer und einer Prise Quatre-Épices würzen.

Möhren und Kartoffeln schälen und in große Stücke schneiden. Nach der halbstündigen Garzeit zunächst die Möhren, dann die Kartoffeln und zum Schluss die Paprika in Streifen hinzufügen.

In einer Schale die Nudeln mit 3 Esslöffeln Olivenöl verrühren, bis alle mit Öl überzogen sind.

15 Minuten bevor das Fleisch gar ist, die Nudeln in einen Dämpfeinsatz oder in ein Sieb gießen und im Dampf über dem Topf mitgaren. Nach 10 Minuten etwas Wasser über die Nudeln träufeln.

Die Nudeln mit der Hand voneinander lösen und auf einer Servierplatte anrichten. Die Fleischsauce darüber gießen. Mit Alufolie abdecken, damit die Sauce die Nudeln durchtränken kann. Dann Fleisch und Gemüse auf den Nudeln anrichten und heiß servieren.

Couscous mit

Vorbereitungszeit: 1 Stunde
Einweichzeit für die
Kichererbsen: 1 Nacht
Garzeit: 1 Stunde
Schwierigkeitsgrad: ✱✱✱

Für 6 Personen

50 g	Kichererbsen
4	Kalmare à 150 g
50 g	Lammleber
50 g	Reis
50 g	Zwiebeln
50 g	glatte Petersilie
50 g	frischer Dill
4	Knoblauchzehen
1 Msp.	getrocknete Minze

30 g	Harissa (Gewürzmischung)
1	Ei
	Salz
	Pfeffer
30 g	gemahlene Kurkuma
300 g	frische Spinatblätter
100 ml	Olivenöl
2 oder 3	Gewürznelken
60 g	Tomatenmark
30 g	edelsüßes Paprikapulver
500 g	feiner Grieß
2	Kartoffeln
	Zitronensaft

Zum Garnieren:

4 oder 5	kleine grüne Paprika
	Pflanzenöl zum Frittieren

In jeder tunesischen Region gibt es viele verschiedene Couscoussorten. Dieser aus Hartweizen, unreifem Weizen oder gerösteter Gerste hergestellte Grieß wird in Wasserdampf gegart und mit den unterschiedlichsten Zutaten kombiniert. Feinschmecker in Monastir bereiten Couscous mit dort üblichem Fisch zu, während man auf dem Land eher Gemüse, Kaninchen, Ziegenfleisch oder *khadid* (getrocknetes Lammfleisch) dazu isst. *Couscous mesfouf* hingegen wird mit Honig, Datteln und Zimt serviert. Mohamed Boussabeh stellt Ihnen hier ein Couscousgericht von der Küste vor, dessen Besonderheit die Kalmare sind, welche mit Lammfleisch, Reis und Spinat gefüllt werden.

Diese Meeresweichtiere sind mit dem Tintenfisch verwandt und schmecken im Frühjahr beziehungsweise Sommer am besten. Die Fischer von Kerkenah, der Heimatinsel unseres Küchenchefs, nutzen eine ganz eigene Fangmethode. Für das Meer haben sie ererbte Fischerkonzessionen und besitzen eine konisch geformte Reuse aus Palmstängeln mit einer Art Trichter, durch den die Kalmare und Fische versuchen, zurückzuschwimmen. Wenn sie jedoch diese Engstelle erreicht haben, schließen sich die Stängel, sodass die Tiere gefangen sind.

Für die Farce der Kalmare muss der Reis halbgar sein. In den Kalmaren nimmt er deren Geschmack an und wird fertig gegart. Stechen Sie die gefüllten Kalmare mit einem Zahnstocher mehrfach ein, damit sie nicht aufplatzen. So kann außerdem die Sauce in das Innere gelangen.

Zum Befeuchten des Grießes gießen Sie ein wenig Wasser darüber, vermischen Sie alles mit den Fingern, und fahren Sie auf diese Weise fort, bis der Grieß durch leichten Druck in der Hand geformt werden kann.

Die Kichererbsen am Vorabend einweichen. Die gewaschenen Kalmararme vom Körper trennen, diesen beiseite legen. Kalmararme und Lammleber in Salzwasser blanchieren und würfeln. Den Reis halbgar kochen. Zwiebeln, Petersilie, Dill und Knoblauch schälen und hacken.

Alles auf ein Backblech geben. Die Hälfte von Knoblauch und Zwiebeln beiseite stellen. Reis, getrocknete Minze, Harissa, rohes Ei, Salz, Pfeffer, Kurkuma und klein geschnittenen Spinat zugeben. Alles mit den Fingern zu einer Farce verrühren.

Die Kalmarkörper mit der Reisfarce füllen und mit Zahnstochern verschließen. An mehreren Stellen mit einem Zahnstocher einstechen. Beiseite legen.

gefülltem Kalmar

Den Grieß in eine Schale geben. Etwas kaltes Wasser und Olivenöl hinzufügen und mit den befeuchteten Fingerspitzen vermengen. Anschließend Gewürznelken zugeben.

Die restlichen Zwiebeln und den restlichen Knoblauch goldbraun anbraten. Tomatenmark, Paprikapulver und Wasser hinzufügen und aufkochen. Kalmare und Kichererbsen in die Sauce geben und wieder aufkochen. Den Grieß im Wasserdampf 15 Minuten garen.

Den Grieß mit Zitronensaft beträufeln und die Kartoffeln in die Sauce legen. 15 Minuten kochen. Den gegarten Grieß in eine flache Schüssel füllen und mit Sauce übergießen. Abdecken und ruhen lassen. Mit gefüllten Kalmarringen und kleinen, frittierten Paprika garnieren.

Lamm-

Vorbereitungszeit: 20 Minuten
Einweichzeit für die
Kichererbsen: 12 Stunden
Garzeit: 45 Minuten
Schwierigkeitsgrad: ✶

Für 8–10 Personen

2	Zwiebeln
100 ml	Olivenöl
4	Knoblauchzehen
3	Tomaten

200 g	Tomatenmark
	Salz
1	Lammrücken mit Knochen
150 g	Kichererbsen
5 g	Harissa (Gewürzmischung)
500 g	Möhren
500 g	Kartoffeln
2	grüne Paprika
1 kg	feiner Grieß
	Pfeffer

Lamm-Couscous (*couscous bil meslene*) wird gewöhnlich mit einem ganzen Lammrücken serviert und ist ein typisches Gericht aus Silana. In dieser Region im Nordwesten Tunesiens leben bei den Beduinen noch uralte Traditionen fort. Bei Hochzeitsfeierlichkeiten ist der Lammrücken für die Gäste reserviert.

Bevor 1958 die Polygamie verboten wurde, nutzten die Frauen in Silana alle möglichen Listen, um die Gunst ihres einen Ehemannes zu gewinnen. Das Gericht *couscous bil meslene* wurde zum Streitpunkt dieser weiblichen Rivalitäten. Der Lammrücken wurde am Stück auf den Tisch gebracht und dann vor den Augen des Ehemannes zerteilt. Abwechselnd führten die Frauen dieses Ritual durch und verfeinerten dabei auch ihre Verführungskünste.

Für den Fall, dass Sie das Lamm zerschneiden möchten, empfiehlt unser Küchenchef, die Stücke anzubraten, bevor sie dem Gemüse beigefügt werden. Es ist bequemer, wenn der Lammrücken bereits zerteilt serviert wird. Chedly Azzaz rät, den Pfeffer durch Zimt zu ersetzen.

Der Erfolg dieses Rezepts hängt von der Zubereitung des Couscous ab. Sie benötigen ca. 300 ml heißes Wasser pro Kilogramm Grieß. Wenn Sie etwas Olivenöl hinzufügen, kleben die Körner nicht. Um zu prüfen, ob der Couscous gar ist, zerdrückt unser Küchenchef einzelne Körner zwischen den Fingern. Falls Sie eine Sorte verwenden, die nicht vorgekocht ist, müssen Sie den Grieß auf jeden Fall zunächst 20 Minuten im Dampf garen. Befeuchten und vermengen Sie den Couscous danach noch einmal und garen Sie ihn weitere 20 Minuten.

Die Zwiebeln schälen und in dünne Ringe schneiden. In 80 ml Olivenöl 3 Minuten anschwitzen, ohne dass sie braun werden. Den zerdrückten Knoblauch hinzufügen. Mit einem Holzlöffel umrühren.

Die Tomaten abziehen und die Samen entfernen. Tomaten in Würfel schneiden und mit dem Tomatenmark unter die Zwiebeln rühren. Salzen.

Den Lammrücken von Haut, Fett und Sehnen befreien. Am Stück in den Topf geben und die 12 Stunden eingeweichten Kichererbsen hinzufügen.

Couscous

Mit Harissa würzen. Kaltes Wasser zugießen, bis der Topfinhalt gut bedeckt ist, und 40 Minuten kochen. Nach drei Viertel der Kochzeit die halbierten und geschälten Möhren und Kartoffeln hinzufügen. 5 Minuten vor Ende der Garzeit die Paprika in Streifen zugeben.

Den Grieß auf ein Backblech geben. Mit 25 ml Olivenöl beträufeln und salzen. Mit der Hand vermischen und 300 ml heißes Wasser hinzufügen. Den Grieß quellen lassen.

Grieß zwischen den Handflächen kneten und in einen Dämpfeinsatz oder Sieb ohne Deckel über dem Topf 10 Minuten dämpfen. Die Sauce pfeffern. Den Grieß auf einer Platte anrichten, mit Sauce beträufeln und das Fleisch zerteilen.

Fisch-Couscous

Vorbereitungszeit: 15 Minuten
Garzeit: 1 Stunde
Schwierigkeitsgrad: ★★

Für 4 Personen

2	Zwiebeln
7 EL	Olivenöl
5 g	Harissa (Gewürzmischung)
100 g	Tomatenmark

	Salz
	Pfeffer
4	grüne Peperoni
700 g	Ährenfisch (oder Weißfisch bzw. Stint)
500 g	mittelgrober Grieß
4	Kartoffeln
200 g	Kürbis

Der Fisch-Couscous aus Monastir ist das beliebteste Gericht der Region. Er wird mit den leckeren, kleinen, silbrigen Fischen namens *cherkaw* (Ährenfisch) zubereitet. Die Anwohner sind auf diese Fische sehr stolz und feiern ihnen zu Ehren sogar jedes Jahr ein spezielles Fest. Im Frühjahr sammeln sich ganze Schwärme dieser Tiere vor der Küste, sodass das Wasser durch die Mengen der silbernen *cherkaws* wie ein gigantischer Spiegel wirkt. Die Einheimischen sagen, dass diese Fische nur in der Gegend von Monastir gefangen werden.

Die kleinen Ährenfische ähneln dem französischen Stint, schmecken jedoch deutlich besser, enthalten mehr Jod und haben mehr Fleisch. Da in Europa keine *cherkaws* erhältlich sind, können Sie andere kleine Fische wählen, wie zum Beispiel Weißfische oder eben Stints. In der Regel köpft man die Tiere und entfernt eventuell auch den Schwanz. Es gibt allerdings auch Rezepte, bei denen die Einwohner Monastirs Kopf und Schwanz – knusprig frittiert – mitessen.

Der typisch tunesische Couscous wird oft zusammen mit einer würzigen Tomatensauce gereicht. Der ebenfalls für dieses Rezept benötigte Kürbis wächst in der Gegend von Monastir, steuert einen sehr angenehmen süßlichen Geschmack bei und mildert das scharfe Harissa. Wählen Sie einen Kürbis mit möglichst glattem Fleisch, dessen Samen noch feucht sind. Im Gemüsefach des Kühlschranks hält er sich mehrere Tage.

Mithilfe einer Lochstanze gelingt die Dekoration besonders gut. Stechen Sie ein rundes Stück Kürbis aus und setzen Sie es auf den Couscous. Wenn Ihnen Peperoni zu scharf sind, ersetzen Sie diese durch Paprika. Gemüse und Bouillon können Sie auch separat reichen, aber auf keinen Fall dürfen Sie ein Schälchen mit traditioneller Harissa vergessen!

Die Zwiebeln schälen, hacken und in 4 Esslöffeln Olivenöl leicht anbräunen. Die Hälfte der Harissa und das Tomatenmark hinzufügen, salzen und pfeffern. Ganze Peperoni und 1 l Wasser zugeben.

Die Fische mit Salz, Pfeffer und der restlichen Harissa würzen.

Den Couscous mit 150 ml Wasser und 3 Esslöffeln Olivenöl beträufeln. Verrühren. Die kleinen Fische in den Dämpfeinsatz oder ein Sieb füllen.

aus Monastir

Die Fische mit dem Couscous bedecken und den Dämpfeinsatz beziehungsweise das Sieb auf den Kochtopf setzen. Wenn der Wasserdampf aufsteigt, noch 30 Minuten garen.

Kartoffeln und Kürbis schälen. 4 gleich große Kürbisstücke zuschneiden und zusammen mit den Peperoni zur Bouillon geben.

Die Fische aus dem Couscous nehmen und die Grießkörner trennen. Den Couscous in einer flachen, großen Schale anrichten, mit Bouillon übergleßen, Fische und Gemüse zum Garnieren verwenden. Heiß servieren. Die restliche Sauce sowie das Gemüse separat reichen.

Vegetarischer

Vorbereitungszeit: 25 Minuten
Garzeit: 40 Minuten
Schwierigkeitsgrad: ✳

Für 4 Personen

2	Tomaten
4	Frühlingszwiebeln
100 ml	Olivenöl
2 EL	Tomatenmark
2	Knoblauchzehen
1 EL	Harissa (Gewürzmischung)

4	getrocknete, rote Chilischoten
200 g	mittelgrober Grieß
	Salz
1 EL	gemahlener Koriander
1 EL	gemahlener Kümmel
500 g	Fenchelkraut

Zum Garnieren:

1	Fenchelknolle (nach Belieben)

In Tunesien und Marokko sind Gerichte mit Couscous weit verbreitet. In jeder Familie gibt es besondere Rezepte, die jeweils an die Kinder weitergegeben werden. Wir stellen Ihnen hier eine Spezialität aus der Region Cap Bon vor. Das vegetarische Couscousgericht mit Fenchelkraut ist äußerst erfrischend.

Hier wird das gegarte Kraut der Fenchelknolle unter den Grieß gemischt. Dieser wird befeuchtet und 15 Minuten im Wasserdampf gegart. In allen tunesischen Familien ist Couscous aus Hartweizen sehr beliebt.

Fenchel heißt auf Arabisch *besbes* und wird in der Gegend von Nabeul angepflanzt. Für dieses Rezept benötigen Sie lediglich das Fenchelkraut. Im Zweifelsfall empfiehlt es sich, die Fenchelknollen mit Kraut beim Gemüsehändler zu bestellen. Notfalls können Sie als Ersatz auch frischen Dill verwenden.

Die sonstigen Gewürze und Kräuter, die zum Aromatisieren in das Gericht gehören, sind aber ebenso unersetzbar wie die Harissa. Diese scharfe Paste besteht aus gehackten, getrockneten roten Chilischoten, Salz, Knoblauch, Kümmel und Olivenöl.

Dieses interessante Couscousrezept ist rasch zubereitet. Die Spezialität der Landbevölkerung aus Nabeul wird nicht nur Vegetarier begeistern!

Für die Sauce die Tomaten in große Stücke schneiden, die Frühlingszwiebeln schälen und hacken. 100 ml Olivenöl erhitzen, Tomaten und Frühlingszwiebeln hinzufügen. Umrühren und Tomatenmark, zerdrückte Knoblauchzehen und Harissa zugeben. 5 Minuten anbraten.

Die roten Chilischoten 5 Minuten in Wasser einweichen, dann der Sauce hinzufügen. Den Grieß mit kaltem Wasser befeuchten.

Die Sauce mit Salz, Koriander und Kümmel würzen. Ein Glas Wasser zugießen. Bei geringer Hitze köcheln lassen, bis das Wasser komplett verdunstet ist. Die Chilischoten entfernen und zum Garnieren aufheben.

Couscous

Das Fenchelkraut waschen und fein hacken. Einen Topf mit Wasser zum Kochen bringen und das Fenchelkraut in einem Dämpfeinsatz oder Sieb 10–15 Minuten dämpfen.

Das Fenchelkraut mit dem Grieß bedecken und weitere 15 Minuten garen. Am Ende der Garzeit den Deckel abnehmen und ruhen lassen.

Grieß und Fenchelkraut in eine Schüssel füllen und mit zwei Holzlöffeln verrühren. Sauce darüber gießen und wieder umrühren. Auf einer Platte anrichten und mit den Chilischoten garnieren.

Makkaroni-

Vorbereitungszeit:	20 Minuten
Garzeit:	30 Minuten
Schwierigkeitsgrad:	✶

Für 4 Personen

150 g	Erbsen
	Salz
2	Eier
1	Hähnchen von 1 kg
50 ml	Olivenöl
	schwarzer Pfeffer

1 TL	Kümmel
1	Zwiebel
1	Knoblauchzehe
1 TL	Harissa (Gewürzmischung)
1 Prise	Safranfäden
300 g	Makkaroni
1	Tomate
25 g	Petersilie
50 g	geriebener Gruyère

Die Tunesier nennen dieses Makkaroni-Gratin *mjamra*. In der Gegend von Tunis sind Nudelgerichte besonders beliebt. Oft kommen sie sogar mehrmals in der Woche auf den Tisch.

Die exzellente tunesische Küche hat von verschiedenen mediterranen Einflüssen profitiert. Dieses Rezept ist eine Hommage an das nahe Italien. Nachdem die röhrenförmigen Nudeln in kochendem Wasser gegart worden sind, werden sie mit den übrigen Zutaten vermischt. In einer Auflaufform bestreut man sie dann mit geriebenem Gruyère und überbackt sie im Ofen. Dadurch bleibt das Innere weich und aromatisch.

Für dieses Gratin benötigen Sie Erbsen, die schon seit der Antike im Mittelmeerraum sehr geschätzt werden. Wählen Sie Erbsen, deren Schoten schön grün, unversehrt und fest sind. Im Kühlschrank halten sie sich zwei oder drei Tage, sollten jedoch trotzdem bald aufgebraucht werden.

Zum Aromatisieren würzt unser Küchenchef das Wasser mit Safran. Dieses gelbe Gewürz, das auf Arabisch *za'farân* heißt, ist unersetzbar. Sein besonderer Geschmack wird bei zahlreichen tunesischen Rezepten eingesetzt. Am oberen Ende des Safranfadens erkennt man den dunkelroten, weichen Stempel.

Mohamed Boujelben empfiehlt, zum Hähnchen etwas Zimt zuzugeben und die Knochen sowie Innereien in der Sauce mitzukochen.

Das Makkaroni-Gratin ist ein typisches, mühelos zubereitetes und gehaltvolles Familiengericht, das sowohl mittags als auch abends serviert wird.

Die Erbsen enthülsen und etwa 6 Minuten in Salzwasser blanchieren. Abtropfen lassen. Die Eier kochen, schälen und hacken. Beiseite stellen.

Das Hähnchen zerteilen und in 50 ml Olivenöl anbraten. Mit Salz, Pfeffer und Kümmel würzen.

Die gehackte Zwiebel, den zerdrückten Knoblauch und Harissa hinzufügen. ½ Glas Safranwasser zugießen und umrühren.

Gratin

Die Zutaten mit Wasser bedecken und ca. 15 Minuten abgedeckt kochen. Makkaroni in Salzwasser etwa 10 Minuten kochen, abtropfen lassen und beiseite stellen.

Hähnchenteile herausnehmen, Fleisch ablösen und in kleine Würfel schneiden. Diese wieder in den Topf zurückgeben.

Erbsen, gehackte Eier, Tomatenwürfel und gehackte Petersilie hinzufügen. In einer Schüssel alles mit den Nudeln verrühren. In eine Auflaufform füllen und mit geriebenem Gruyère bestreuen. Im Ofen 5–10 Minuten überbacken.

Couscous-

Vorbereitungszeit: 20 Minuten
Garzeit: 40 Minuten
Schwierigkeitsgrad: ★★

Für 4 Personen

100 ml	Olivenöl
4	Lammkoteletts
2	Hähnchenschenkel
2	Zackenbarschfilets
8	große Garnelen
3	Kalmare
1	Zwiebel
2	Knoblauchzehen

3	Tomaten
4	milde grüne Paprika
2 EL	Tomatenmark
	Salz
	Pfeffer
½ TL	gemahlener Zimt
½ TL	getrocknete Rosenknospen
200 g	mittelgrober Grieß
300 g	gekochte Muscheln

Zum Garnieren:

schwarze entsteinte Oliven
(nach Belieben)

Für dieses Gericht hat Rafik Tlatli das schöne Wort »couseïla« erfunden: »Ich habe die beiden Worte Couscous und Paella für dieses Rezept miteinander verbunden. Es besteht aus Grieß, Lammfleisch, Hähnchen, Fisch und Meeresfrüchten.« Der große tunesische Küchenchef lebt in Nabeul und variiert mit viel Fantasie landestypische Spezialitäten. Darüber hinaus arbeitet er als Autor und ist auch für Fernsehen und Radio tätig.

Rafik Tlatli bevorzugt regionale Erzeugnisse und verwendet ausschließlich Zutaten aus Cap Bon – wie beispielsweise die getrockneten Rosenknospen, die typisch sind für die Stadt Nabeul.

An der fischreichen tunesischen Küste gibt es auch viele verschiedene Meeresfrüchte. Die rosafarbenen Garnelen sind für ihren außerordentlich feinen Geschmack bekannt und verleihen der Couscous-Paella ein köstliches Aroma.

Der Zackenbarsch ist ein Warmwasserfisch, der das ganze Jahr erhältlich ist. Sein weißes, festes Fleisch zerfällt beim Kochen nicht und hat einen milden Geschmack. Falls Sie ein kräftigeres Aroma wünschen, empfiehlt Ihnen unser Küchenchef, den Fisch vor dem Garen mit Zitronensaft und einem Löffel Kreuzkümmel zu würzen.

Verwenden Sie zum Garnieren vorgekochte Muscheln. Sollten Sie frische Muscheln wählen, ist beim Aussortieren Vorsicht geboten: Die Muscheln müssen richtig geschlossen und dürfen nicht ausgetrocknet sein. Werfen Sie Exemplare mit geöffneten oder beschädigten Schalen fort.

In dieser orientalischen Variante der Paella ersetzt der Couscous den traditionellen Reis. Befeuchten Sie den Couscous und garen Sie ihn etwa 15 Minuten im Wasserdampf. Rafik Tlatlis Couscous-Paella ist eine Eigenkreation, die auf den Tellern für Mittelmeerflair sorgt.

In einer großen, tiefen Pfanne die Lammkoteletts und die Hähnchenschenkel etwa 5 Minuten in 100 ml Olivenöl anbraten. Die Hähnchenschenkel in kleine Stücke schneiden. Das Fleisch beiseite stellen.

Dann in derselben Pfanne nacheinander jeweils 5 Minuten den gewürfelten Zackenbarsch, die Garnelen sowie die enthäuteten und in Streifen geschnittenen Kalmare anbraten. Beiseite stellen.

In derselben Pfanne die in Ringe geschnittene Zwiebel, die gehackten Knoblauchzehen, die gewürfelten Tomaten und die grünen, in Scheiben geschnittenen Paprika anbraten. Wenn das Gemüse weich ist, Tomatenmark hinzufügen. Bei geringer Hitze weitergaren.

Paella

Ein Glas Wasser zugießen und etwa 3 Minuten köcheln lassen. Fleisch, Fisch, Kalmare und Garnelen hinzufügen.

Mit Salz, Pfeffer, Zimt und Rosenknospen würzen. Einige Garnelen zum Garnieren beiseite stellen. Den Grieß mit kaltem Wasser befeuchten und im Wasserdampf 15 Minuten garen.

Den Grieß langsam einrühren. Die Muscheln erhitzen. Die Couscous-Paella auf einer Platte anrichten und mit den Garnelen, Muscheln und schwarzen Oliven garnieren.

Süßer Couscous

Vorbereitungszeit: 15 Minuten
Garzeit: 45 Minuten
Einweichzeit für
den Couscous: 15 Minuten
Schwierigkeitsgrad: ★

Für 4 Personen

500 g	Couscous
1 EL	Olivenöl
100 g	Butter
4 EL	Zucker

1 EL	Geranienblütenwasser
100 g	Datteln
150 g	grüne und blaue Weintrauben

Sabri Kouki präsentiert hier ein süßes Couscousgericht. Der Begriff *masfouf*, der in Tunesien und Algerien häufig verwendet wird, steht für gezuckerten Couscous, der in Marokko wiederum unter der Bezeichnung *seffa* bekannt ist. Beide Worte gehen auf den allgemeinen Begriff für »Korn« zurück. Der süße Grieß ist ein eher trockenes Gericht, das jedoch viel Butter enthält. Es wird häufig während des Ramadan serviert oder vor dem Schlafengehen zu einem Glas Milch oder Tee genossen. In manchen Familien wird der Couscous auch in Milch getränkt und mit Trockenfrüchten angerichtet. In der Fastenzeit ist das Gericht beliebt, weil es sehr nahrhaft ist.

Die sonnengereiften tunesischen Datteln, die Sie für dieses Gericht verwenden können, werden auch *deglet nour* (»Lichtfinger«) genannt, da sie im reifen Zustand eine leicht bernsteinfarbene Transparenz erhalten. Diese Datteln haben die beste Qualität und sind im Handel oft unter der Bezeichnung »Deglet nour/Datteln aus Tunis« zu kaufen. Aber Sie können für dieses Rezept selbstverständlich auch andere Datteln verwenden.

Die Weintrauben, die unser Küchenchef ausgewählt hat, stammen aus der Gegend von Cap Bon. Sie sind besonders süß und können auch durch Granatäpfel ersetzt werden. Gerade beim tunesischen Bürgertum ist der auf diese Weise zubereitete Couscous sehr beliebt. Die roten Kerne des Granatapfels sehen sehr dekorativ aus, und das perlmuttartige Fruchtfleisch passt hervorragend zum Geranienblütenwasser. Dieses wird in Cap Bon hergestellt und dient zur Aromatisierung vieler verschiedener Gerichte.

Kaltes Wasser zum Couscous gießen, sodass er gerade bedeckt ist. Evtl. überschüssiges Wasser sofort entfernen. 15 Minuten ruhen lassen. In einem großen Topf Wasser erhitzen und den Couscous im Dämpfeinsatz aufsetzen.

Der Grieß ist gar, wenn die Oberfläche rissig wird. 1 Esslöffel Olivenöl hinzufügen und die Körner mit den Fingerspitzen voneinander trennen. Den Couscous zwischen den Händen rollen. Sämtliche Klümpchen entfernen.

Den Grieß 20 Minuten im Wasserdampf garen. Vom Herd nehmen und mit den Fingerspitzen ein wenig befeuchten, falls er zu trocken geworden ist.

mit Früchten

Wenn der Couscous gar und noch sehr heiß ist, Butter und Zucker hinzufügen. Mit dem Schneebesen verrühren, sodass sich keine Klümpchen bilden. Mit einigen Tropfen Geranienblütenwasser beträufeln.

Den Couscous in eine Napfkuchenform füllen und festdrücken.

Den Couscous aus der Form nehmen und mit halbierten Datteln belegen. In die Mitte grüne und blaue Weintrauben füllen und den Couscous warm servieren.

Couscous mit

Vorbereitungszeit: 1 Stunde 30 Minuten
Garzeit: 4 Stunden
Schwierigkeitsgrad: ★★

Für 8 Personen

1 kg	mittelfeiner Grieß
2 kg	Rindfleisch (Bug)
1	Zimtstange
3 kg	Zwiebeln
1 Bund	Koriander
1 kg	helle Rosinen

1 Bund	Petersilie
100 g	Zucker
10 g	Honig
2 TL	Safranpulver
500 ml	Pflanzenöl
	Salz
	Pfeffer

Dieser Couscous mit eingekochten Zwiebeln und Rosinen ist äußerst delikat. Das Rezept, jüdischen Ursprungs und gleichzeitig stark marokkanisch geprägt, erfordert einige Zeit bei der Zubereitung. Es kommt vowiegend zu religiösen Festen auf den Tisch.

Die mit Zucker und Honig gegarten Zwiebeln sind eine echt orientalische Delikatesse. Ihr feines Aroma kommt in der Verbindung mit Safran und Zimt voll zur Geltung.

Zwiebeln werden in vielen Rezepten zum Würzen wie auch als Gemüse verwendet. Die aus Nordasien stammende Pflanze, die schon seit 5000 Jahren angebaut wird, verleiht Ragouts ein wunderbares Aroma. Marokkanische Zwiebeln sind besonders für ihre feine Süße berühmt.

Wir raten Ihnen für dieses Rezept zu großen, festfleischigen Zwiebeln, die unbeschädigt ohne Keim sein sollten.

Bei sorgfältiger Zubereitung lässt dieses Gericht auch das delikate Aroma des Safrans erkennen. Auf Arabisch heißt dieses Gewürz *Sa'faran*. Der Name enthält die Wurzel *Asfar*, Gelb. Safran, das teuerste Gewürz der Welt, wird im Süden Marokkos angebaut. Ab Oktober erstrecken sich die Felder mit den lilafarbenen Krokusblüten, aus denen Safran gewonnen wird, bis zum Horizont. Man benötigt 200 000 Blüten für ein einziges Kilo Safranfäden!

Die Rosinen, die beim Garen der Zwiebeln zugegeben werden, sind ausgesprochen nahrhaft. In der marokkanischen Küche werden sie häufig zum Würzen verwendet.

Die größte Schwierigkeit beim Nachkochen dieses Gerichts liegt in der Zubereitung des Grießes. Sie müssen Öl und Wasser unbedingt von Hand einarbeiten, und dieser Arbeitsschritt muss zwischen jedem Dämpfvorgang wiederholt werden.

Zwiebeln schälen, eine beiseite legen. Die anderen in feine Streifen schneiden und in einen Topf geben. Zimt zufügen. Wenn die Zwiebeln anfangen, Flüssigkeit abzugeben, 100 ml Öl, Zucker, Salz und 1 Teelöffel Safran zugeben. 2 Stunden einkochen.

Nachdem die Zwiebeln ihre Flüssigkeit abgegeben haben, Rosinen und Honig in den Topf geben. Erneut etwa 1 Stunde einkochen, dann beiseite stellen. Petersilie und Koriander zu einem Bund zusammenbinden.

Das Rindfleisch in den Couscous-Topf geben. Petersilie und Koriander, die in 2 Hälften geschnittene, beiseite gelegte Zwiebel und den restlichen Safran zufügen. Salzen und pfeffern. 150 ml Öl und 2 l Wasser angießen. 4 Stunden garen.

Rosinen und Zwiebeln

Den Grieß mit Wasser befeuchten und dabei zwischen den Handflächen zerreiben.

Den Grieß vorsichtig kneten und dabei das Öl zugeben. Weiter zwischen den Handflächen reiben.

Den Grieß 1 Stunde im Sieb des Couscous-Topfes kochen und dabei 6 Mal den Vorgang des Zerreibens mit Öl und Wasser wiederholen. Den Couscous mit den Zwiebeln und dem Fleisch auf einem Servierteller anrichten. Die Fleischbrühe getrennt dazu servieren.

Hummer-Couscous

Vorbereitungszeit: 50 Minuten
Garzeit: 1 Stunde
Schwierigkeitsgrad: ★★

Für 4 Personen

2	Hummer à 1,5 kg
2 Bund	Brunnenkresse
500 g	feiner Grieß
1	Zwiebel
1 Prise	gemahlener Ingwer
250 g	Frühlingszwiebeln

1 Bund	Petersilie
1 Bund	Koriander
500 ml	Sahne
150 g	Butter
3 EL	Pflanzenöl
	Salz
	Pfeffer

Zum Garnieren:
Brunnenkresse

Lahoussine Bel Moufid fühlt sich dem kulinarischen Erbe seiner Heimat sehr verbunden. Gleichzeitig lässt er sich von regionalen Eigenheiten inspirieren, um Gerichte von besonderer Raffinesse zu kreieren. Dieser große marokkanische Koch steigert den Genuss der Feinschmecker durch immer neue Innovationen. Dabei nimmt er stets traditionelle Gerichte als Grundlage. Inzwischen hat er ein Repertoire von Rezepten geschaffen, in denen orientalische und mediterrane Aromen eine herrliche Verbindung eingehen.

Hummer-Couscous mit Kressecreme ist ein perfektes Beispiel. Die Idee für das raffinierte Gericht entstand im Atlas. Die Berber-Region Imouzzer des Ida ist bekannt für die Reinheit ihrer Gewässer. Die Einwohner pflücken die wild wachsende Kresse, mischen sie mit Sahne und servieren sie als Beilage zu Grieß. Um den vegetarischen Couscous etwas gehaltvoller zu machen, kam dem Küchenchef die Idee, dies mit Krebsen aus den klaren Flüssen zu tun.

Schließlich ersetzte er die Krebse durch Hummer, ein edles Schalentier aus dem Meer, das von Gastronomen sehr geschätzt wird. Hummer haben einen harten Panzer, der am Unterleib schmackhaftes, festes weißes Fleisch umgibt. Das erste Beinpaar ist zu kräftigen Scheren mit viel Muskelfleisch ausgebildet. Denken Sie daran, den Magensack am Kopfansatz und die Eingeweide am Schwanzende zu entfernen. Im Handel wird Hummer stets lebend angeboten. Vor der Verarbeitung müssen Sie ihn mit dem Kopf voran in sprudelnd kochendes Wasser tauchen, um ihn zu töten. Nach ein bis maximal zwei Minuten wieder herausnehmen. Je nach Geschmack und Budget können Sie statt Hummer auch Langusten oder Flusskrebse verwenden.

Die Kresse sollte kräftig grün und frisch sein und unbeschädigte Stängel und Blätter haben. Kresse lässt sich nur einen Tag im Kühlschrank aufbewahren. Die Pflanzen müssen gründlich sortiert, gewaschen und abgetropft werden.

Mit den Händen 3 Esslöffel Öl in den Grieß kneten, anschließend etwas Wasser einarbeiten.

Im Couscous-Topf Wasser mit klein geschnittener Zwiebel, gehacktem Koriander und ½ Bund Petersilie erhitzen. Salz zugeben. Wenn das Wasser kocht, Grieß 15 Minuten im Sieb garen. Etwas Flüssigkeit einarbeiten. 15 Minuten garen. Beides noch einmal wiederholen.

Die Kresse waschen. Von 1 Bund die Blätter entfernen und in einem Mörser zerdrücken. Den Sud aus dem Couscous-Topf filtern und beiseite stellen.

mit Kressecreme

Die gekochten Hummer der Länge nach vom Kopf ausgehend in 2 Hälften schneiden. Die Scheren aufbrechen.

Frühlingszwiebeln schälen, hacken, mit 100 g Butter anschwitzen. Koriander und Petersilie hacken, mit Ingwer und zerdrückter Kresse zugeben. Salzen, pfeffern. Hummerhälften hineinlegen. Sud angießen und 5 Minuten kochen. Hummer herausnehmen und beiseite legen.

Sahne und den Bund Kresse zugeben. Die Sauce auf drei Viertel reduzieren. Die Hummer wieder hineingeben. Die restliche Butter in den Grieß einrühren. Auf einem Teller den Hummer-Couscous mit Kressecreme anrichten.

Dchicha

Vorbereitungszeit: 1 Stunde
Garzeit: 50 Minuten
Schwierigkeitsgrad: ✷✷

Für 6–8 Personen

2 kg	Dchicha (Gerstengrieß)
500 ml	Arganöl
1,5 kg	entbeinte Kalbshaxe
500 g	Möhren
500 g	weiße Rüben
500 g	Zwiebeln

500 g	Zucchini
250 g	Riesenkürbis
500 g	Weißkohl
500 g	Tomaten
1 Bund	glatte Petersilie
1 Bund	Koriander
1 Prise	Paprika
1 Prise	gemahlener Ingwer
1 Prise	marokkanischer Safran zum Färben
	Salz
	Pfeffer

Die Köche aus dem Sous bereiten gern die *Dchicha* mit Gemüse zu und schaffen dabei einen originellen und farbenfrohen Couscous. Die Ebene bei Agadir ist sehr fruchtbar und berühmt für ihr Getreide, ihr Gemüse und ihre Olivenhaine.

Der Name des Rezeptes geht auf den verwendeten Grieß zurück. Die *Dchicha*-Körner, ein Gerstengrieß, sind fein zerstoßen. Nach dem Garen im Dampf vermischen die Bewohner des Sous die *Dchicha* mit heißer Milch, um daraus einen Brei herzustellen, oder aber mit *Lben*, saurer Milch. Sie schätzen auch das *Barkouk*, ein Grießgericht, das mit Honig oder *Amelou*-Sauce aus Honig, Mandeln und Arganöl serviert wird.

Das Arganöl mit seinem kräftigen Aroma wird aus den Früchten des wild wachsenden Arganbaumes gewonnen. Die Früchte sind gelb oder beige und so groß wie Oliven.

Der Arganbaum wird acht bis zehn Meter hoch, hat einen knotigen Stamm mit zahlreichen Wucherungen und er ist dicht belaubt. Man findet Arganbäume im Südosten Marokkos in abgelegenen Gegenden, die sich nordwestlich von Essaouira und bis ins Tal von Sous erstrecken.

Auch Riesenkürbisse bereichern oft marokkanische Couscous-Gerichte. Ihre Form, länglich oder rund, spielt keine Rolle: Das, was zählt, ist ihr kräftiges Orange. Die besten Kürbisse kommen aus der Region von Doukhala.

Kneten Sie zunächst mit den Fingerspitzen lauwarmes Wasser in den Grieß, bis alle Körner befeuchtet sind und zu quellen beginnen. Erst dann sollten Sie das Arganöl zugeben. Lassen Sie den Grieß etwas ruhen, damit er genug Flüssigkeit absorbieren kann. Währenddessen bereiten Sie das Fleisch zu. Arbeiten Sie zwischen den Kochphasen noch zwei Mal kaltes Salzwasser und Arganöl in die *Dchicha* ein.

Die Möhren schaben und längs halbieren. Die Rüben schälen und wie den Kohl vierteln. Zucchini in Stäbchen schneiden. Ein Viertel des Kürbisses schälen und in große Stücke schneiden. Zwiebeln in feine Ringe schneiden.

Die Dchicha auf einen Teller geben. Mit den Fingerspitzen nach und nach etwas heißes Wasser einarbeiten. Etwas Arganöl in die Hand gießen und es in der Dchicha verteilen. Erneut zwischen den Händen reiben.

Im unteren Teil des Couscous-Topfes die Kalbshaxe anbraten. Die Zwiebeln zufügen und alles mit Wasser bedecken. Aufkochen lassen.

soussia

Die Dchicha in den Siebaufsatz des Couscous-Topfes geben. Das Sieb auf den Topf setzen, abdecken und die Dchicha 15 Minuten im Dampf garen.

Am Ende der 15 Minuten das Fleisch mit Salz, Pfeffer, Ingwer und Safran würzen. Rüben, Möhren und ein großes Glas Wasser zugeben. Die Dchicha in 2 weiteren Phasen von 15 Minuten garen und dazwischen jeweils etwas kaltes Wasser und Öl einarbeiten.

Wenn das Gemüse halbgar ist, Zucchini, halbierte Tomaten, Kürbis, Kohl, Petersilie und Koriander zufügen. Dchicha wie beschrieben weitergaren. Kuppelförmig auf einer Servierplatte anrichten, darauf das Fleisch legen und rund herum mit Gemüsestücken garnieren.

Fisch & Meeresfrüchte

Aale auf

Vorbereitungszeit: 45 Minuten
Garzeit: 1 Stunde 15 Minuten
Schwierigkeitsgrad: ✶✶

Für 4 Personen

1 kg	große Aale
200 g	Kartoffeln
100 ml	Olivenöl
3	Knoblauchzehen
4–5 Stängel	Petersilie
1 TL	mildes Paprikapulver

1	getrocknete rote Chilischote
	Salz
	Pfeffer

Picada (Würzpaste):

20	abgezogene Mandeln
½	Knoblauchzehe
2 Stängel	Petersilie
2 EL	Olivenöl

Nach Paella sind Aale mit *Salsa al i pebre* (Knoblauch-Paprika-Sauce) die wohl bekannteste Spezialität Valencias. Da ihre Zubereitung jedoch das Geschick eines erfahrenen Kochs erfordert, findet man sie nur auf den Speisekarten der besten Restaurants nahe der Küste von Albufera.

Wer Aale mit *Salsa al i pebre* zubereitet, beginnt in der Regel mit der Sauce. Man lässt Kartoffeln, Paprika und Aale zusammen schmoren, sodass eine Art Ragout entsteht. Oscar Torrijos dagegen gart jede der Hauptzutaten separat und richtet sie erst ganz zum Schluss gemeinsam an. Dadurch bewahren sie Konsistenz, Farbe und Geschmack.

Aale sind in Spanien sehr beliebt. Die eigenartigen Fische wandern im Laufe ihres Lebens von Salz- zu Süßwasser, vom Meer zum Fluss. Sie schlüpfen in ihrem Laichgebiet tausende Kilometer von Europa in der Sargasso-See zwischen Florida und den Azoren im südwestlichen Atlantik.

Die winzigen Glasaale lassen sich dann vom Golfstrom bis nach Europa tragen, wo sie Flüsse hinauf schwimmen.

Oscar Torrijos schneidet die Kartoffeln in einen Zentimeter dicke Scheiben und sticht dann gleichmäßige Kreise aus. Diese kocht er in Salzwasser, dem er etwas Olivenöl zugibt, damit die Kartoffeln beim Garen nicht zerfallen.

Sollte die Sauce bei der Zubereitung »auseinander fallen«, das heißt, sollte sich das Öl nicht mit den festen Zutaten vermischen, können Sie notfalls alles mit einem Passierstab in ein glattes Püree verwandeln.

Oscar Torrijos richtet Aalfilets und Kartoffeln auf Tellern an und reicht die Sauce separat dazu. Wir weichen davon ab, indem wir etwas Sauce auf den Tellern verteilen. Sie können die Kartoffeln auch mit Olivenöl und Mandelstiften, Chiliröllchen, Pinienkernen und Paprikapulver überziehen.

Die Kartoffeln schälen, in Scheiben schneiden und 20 Minuten in Salzwasser kochen. Für die Picada die abgezogenen Mandeln 5 Minuten in der Pfanne rösten. Die Petersilie hacken. Den Knoblauch schälen und alles im Mörser zerstampfen.

Aale in etwa 10 cm lange Stücke schneiden und ausnehmen. Unter fließendem Wasser waschen, trocken tupfen und waagerecht an der Mittelgräte entlang die Filets ablösen. Die Filets häuten, die Mittelgräte jedoch aufbewahren. Die Filets auf einen Teller legen.

Mit einer Pinzette alle Gräten entfernen. Die Filets salzen, pfeffern und mit gehackter Petersilie bestreuen.

valenzianische Art

In einem Topf Olivenöl erhitzen und darin Aalgräten und gehackten Knoblauch 5 Minuten bei starker Hitze anbraten. Wasser angießen und den Fischfond rund 30 Minuten köcheln lassen, anschließend abseihen und filtern.

In einem anderen Topf den getrockneten Chili ganz kurz in Öl anbraten. Die Picada, Paprikapulver und schließlich den Fischfond zugeben und 20 Minuten einkochen lassen – und fertig ist die Salsa al i pebre.

Etwas Öl in einer großen beschichteten Pfanne stark erhitzen und darin die Aalfilets 10 Minuten auf großer Flamme anbraten. Die Aalstücke zusammen mit den Kartoffelscheiben und der Sauce servieren.

Stockfisch

Vorbereitungszeit: 30 Minuten
Einweichzeit der
Kichererbsen und
des Stockfischs: 24 Stunden
Garzeit: 1 Stunde 15 Minuten
Schwierigkeitsgrad: ★★

Für 4 Personen

1 kg	Stockfisch
500 g	Kichererbsen
200 g	frischer Spinat
2	Eier

2 Scheiben	Brot
2	Knoblauchzehen
50 g	Mehl
½	Zwiebel
1 TL	mildes Paprikapulver
100 ml	Olivenöl
4 EL	Sonnenblumenöl

Bouquet garni:

	Grün von 1 Stange Porree
1 Stängel	Thymian
2	Lorbeerblätter

Stockfisch mit Kichererbsen und Spinat wird in Spanien vor allem in der *Semana santa* gern gegessen, in der wie ein Volksfest begangenen Karwoche. Tag für Tag sieht man lange Bußprozessionen in den Städten. Die Gläubigen tragen schwere Heiligenstatuen und ziehen reich geschmückte Wagen durch die Straßen. Nach der Prozession trifft man sich im Familien- und Freundeskreis, um ganz bestimmte Speisen gemeinsam zu genießen. Zu diesen Gerichten gehört auch Stockfisch in verschiedenen Variationen, insbesondere in Andalusien rund um Córdoba und Jaén.

Kabeljau wird seit Jahrhunderten in allen kalten Meeresgewässern gefangen. Zum Stockfisch wird er durch Trocknen; die mit Hilfe von Salz entwässerten und getrockneten Exemplare müssten strenggenommen als »Klippfisch« bezeichnet werden. In den ländlichen Gebieten Spaniens, besonders im Landesinneren, bereitete man Stockfisch früher in Dutzenden Versionen zu, denn der preiswerte, sehr lange haltbare Fisch war für jedermann erschwinglich. Man kann Stockfisch im Voraus besorgen, sollte ihn jedoch in einem geschlossenen Behälter im Kühlschrank aufbewahren.

Der Fisch wird am Vortag in kaltes Wasser gelegt, damit das Salz ausgeschwemmt und der Fisch schön zart wird. Während der vierundzwanzigstündigen Einweichzeit muss das Wasser mehrmals erneuert werden. Das Schwanzende des Stockfischs wird abgetrennt und in der Brühe für die Kichererbsen mitgekocht. Je nach Größe und Härte haben diese eine Garzeit von rund fünfzig Minuten, im Schnellkochtopf von zehn Minuten. Nehmen Sie während des Kochens mehrmals den Schaum von der Oberfläche ab.

Um das Gericht gehaltvoller zu machen, fügen manche Köche Brotscheiben hinzu, die in Petersilie und Knoblauch gewälzt und verschnürt werden. Neben den Gemüsesorten kann man noch gebratene Kartoffeln mitgaren lassen.

Die Stockfischstücke und die Kichererbsen über Nacht wässern. Einen Topf mit Wasser aufsetzen und den Stockfischschwanz, die Kichererbsen und das Bouquet garni hineingeben. Zum Kochen bringen und rund 50 Minuten köcheln lassen.

Die Zwiebel schälen und fein hacken. In einem kleinen Topf in 4 Esslöffeln Olivenöl glasig, aber nicht braun werden lassen. Mehl und Paprikapulver zusammen mit etwas Wasser zugeben und unter kräftigem Rühren rasch anschwitzen.

Die Kichererbsen abgießen, sobald sie bissfest sind, den Kochsud auffangen und einen Teil davon zur Zwiebelmischung gießen und zu einer dicklichen Mehlschwitze verrühren. Die Kichererbsen zugeben.

mit Kichererbsen

Den Spinat putzen und waschen. In einer großen Pfanne in 4 Esslöffeln Olivenöl schmoren, bis er zusammenfällt. Die Eier 10 Minuten in Wasser hart kochen, schälen und das Eigelb auslösen. Das Eiweiß separat hacken.

Die Brotscheiben in einer Pfanne in Sonnenblumenöl rösten. Den Knoblauch schälen und in einem Mörser zusammen mit Eigelb und geröstetem Brot zu einer glatten Masse zerstoßen.

Spinat, Brot-Ei-Paste, das gehackte Eiweiß und zum Schluss die Stockfischstücke zu den Kichererbsen geben. Bei starker Hitze nochmals 5 Minuten kochen.

Fischeintopf

Vorbereitungszeit: 40 Minuten
Garzeit: 40 Minuten
Schwierigkeitsgrad: ★★

Für 6 Personen

2	Zwiebeln
500 ml	Olivenöl
4	Knoblauchzehen
2	grüne Paprika
2	rote Paprika
2	Kartoffeln

3	Tomaten
	einige Safranfäden
100 g	gemahlene Mandeln
2 EL	trockener Weißwein
1 kg	gesäuberte Venusmuscheln
400 g	spanische Fadennudeln (Fideos)
2 l	Fischfond
	Salz
	Pfeffer

An den spanischen Küsten bereitet man in vielen Fischerfamilien Eintöpfe aus Gemüse, Meeresfrüchten und Fadennudeln zu. Früher ersetzten diese kleinen Teigwaren oft den Reis, wenn dieser nicht zu haben war.

Das Gemüse für dieses farbenfrohe Gericht, das auf der Zunge zergeht, schneidet man in winzige Würfel, so genannte *Brunoises*. Die Kartoffeln werden zunächst in feine Stifte und dann in Würfel geschnitten. Die Paprika wird längs halbiert, um Rippen und Kerngehäuse zu entfernen, und dann in Streifen geschnitten, diese wiederum in Würfel. Die Tomaten werden überbrüht, gehäutet und entkernt, danach geachtelt und ebenfalls gewürfelt. Alles Gemüse wird drei bis vier Minuten auf kleiner Flamme gegart, sollte jedoch nicht bräunen, was regelmäßig kontrolliert werden muss. Die Tomaten gibt man zuletzt zu. Spanier verwenden für dieses Gericht eine flache Paella-Pfanne mit zwei Henkeln, die für eine gute Hitzeverteilung sorgt.

Die Venusmuscheln müssen vor der Verwendung gründlich gewaschen werden, damit sie keinen Sand mehr enthalten. Anschließend sortiert man alle bereits geöffneten Exemplare aus. Sobald die Gemüsemischung gar ist und man die Mandelpaste untergehoben hat, werden die Muscheln bei großer Hitze zugegeben. Sie öffnen sich dann sehr rasch.

Hauptzutat für dieses Rezept sind kleine Fadennudeln, die so genannten *Fideos*, die dick oder dünn, gerade oder gebogen sein können. Sie werden roh zu Gemüse und Muscheln gegeben; anschließend wird alles wie eine Paella in heißem Öl gegart. Der Fischfond sorgt für zusätzliches Aroma.

Zu diesem raffinierten Eintopf passt perfekt eine *Aioli*. Genauso gut eignet sich auch eine Sauce aus Olivenöl, glatter Petersilie und Schnittlauch.

Die Tomaten überbrühen und häuten; Kartoffeln, Zwiebeln, Knoblauch und Paprika putzen bzw. schälen. Die Paprika halbieren, Rippen und Kerne auslösen. Paprika, Tomaten und Kartoffeln in feine Würfel schneiden, die Zwiebel und den Knoblauch fein hacken.

400 ml Olivenöl in einer Paella-Pfanne erhitzen. Darin Knoblauch und Zwiebeln 3–4 Minuten auf kleiner Flamme anschwitzen. Kartoffel- und Paprikawürfel zugeben. 10 Minuten mitschmoren. Tomaten zugeben, salzen, pfeffern und weitere 2–3 Minuten köcheln lassen.

In einem Mörser die Mandeln mit 100 ml Olivenöl, den Safranfäden, Salz und Pfeffer zerstoßen und den Weißwein einarbeiten.

mit Fadennudeln

Diese Paste löffelweise zum Gemüse geben.

Die Venusmuscheln zum Gemüse geben und 1–2 Minuten bei starker Hitze garen.

Die Fadennudeln zugeben. Umrühren und 2 Minuten bei geringer Hitze dünsten. Den Fischfond angießen und nochmals 10–15 Minuten bei mäßiger Temperatur köcheln lassen. Sehr heiß servieren.

Hummer

Vorbereitungszeit: 1 Stunde
Garzeit: 2 Stunden
Schwierigkeitsgrad: ★★★

Für 4 Personen

1,5 kg	Hummer
je 100 g	Möhren, Zucchini, Porree, Champignons
500 g	Felsenfische (Zackenbarsch, Drachenkopf etc.)
1	rote Paprikaschote
1	Tomate
50 g	feinste Fadennudeln
150 ml	Olivenöl
	Salz

Röstgemüse:

100 g	Zwiebel
200 g	Porree
200 g	Möhren
2	Knoblauchzehen

Bouquet garni:

2 Zweige	Thymian
3–4 Stängel	Petersilie
1	Lorbeerblatt

Kräutermayonnaise:

2	Eier
150 ml	Olivenöl
150 ml	Erdnussöl
1	Zitrone
je 1 EL	Dill, Schnittlauch, Kerbel
	Salz

Laut Überlieferung hatten die Fischer von Gandia eines Tages auf ihrem Boot keinen Reis mehr, um ihre Fisch-Paella zuzubereiten. Notgedrungen verwendeten sie übrig gebliebene Fadennudeln, fanden das Ergebnis jedoch so gelungen, dass sie das Rezept weitergaben. Heute hat es unter dem Namen *Fideuà* einen festen Platz auf den Speisekarten von Valencia und in Gandia findet sogar einmal im Jahr ein internationaler Wettbewerb statt!

Bei Oscar Torrijos wird das populäre Gericht zu einem kulinarischen Erlebnis, das höchste Ansprüche erfüllt: ein Fest für alle Sinne. Die saftigen Hummerstücke liegen auf einem Nest aus Fadennudeln und Gemüse, die in einer Brühe von Krustentieren und stark jodhaltigen Fischen gegart werden. Normalerweise dienen Letztere als Garnierung für die Nudeln und werden lange in einer würzigen Brühe gekocht. Kleine Drachenköpfe, Meerjunker oder winzige, grätenreiche Rotbarben geben dem Fond Geschmack und Konsistenz.

Der Hummer bildet den krönenden Abschluss der Nudelnester. Die früher viel in spanischen Gewässern gefangenen Krustentiere müssen heute importiert werden. Der ebenso delikate wie kostspielige Hummer lässt sich hier gut durch Langusten, Heuschreckenkrebse oder Scampi ersetzen. Für den Fischfond brät Oscar Torrijos zunächst Knoblauch an, um der Brühe von vornherein Würze zu verleihen. Dann fügt er den Hummerkopf hinzu und brät ihn an, bis er feuerrot und aromatisch wird. Nun kommen noch Gemüse hinzu und schließlich die Fische sowie ein Bouquet garni.

Bevor er die Hummerscheren in die Pfanne gibt, bricht der Küchenchef sie mit einem Fleischklopfer kurz auf. Die angebratenen Hummerteile werden mit kaltem Wasser abgeschreckt. Dadurch wird der Garvorgang abrupt beendet und man kann das Fleisch gut auslösen, ohne sich die Finger zu verbrennen. Zehn Minuten genügen völlig, um die Hummerteile anschließend in der Brühe fertig zu garen.

Hummer in kochendem Wasser garen. Kopf abtrennen, Schwanz längs halbieren. In einem großen Topf 100 ml Olivenöl erhitzen. Hummerkopf und fein gewürfeltes Röstgemüse hineingeben. 10 Minuten anrösten. Klein geschnittene Felsenfische, Bouquet garni, 2 l Wasser zugeben, 1 Stunde kochen.

Die Pilze putzen, waschen und in feine Scheiben schneiden. Möhre, Porree und Zucchini in feine Streifen schneiden. Tomate und Paprika fein würfeln.

In einem großen Topf etwas Öl kräftig erhitzen und den gesalzenen Hummerschwanz und die Scheren darin bei starker Hitze 5 Minuten braten, bis sie rot werden, dabei einmal wenden. Abschrecken. Das Fleisch aus den Schalen lösen und beiseite stellen.

mit Fadennudeln

In einer Pfanne die Champignonscheiben sowie Paprika- und Tomatenwürfel 10 Minuten im restlichen Olivenöl braten, bis die Flüssigkeit vollständig verdampft ist. Salzen, die Fadennudeln zugeben und 5 Minuten unter Rühren weitergaren.

Die Zucchini-, Porree- und Möhrenstreifen zugeben, salzen und 10–15 Minuten unter häufigem Rühren garen. 200 ml gefilterten Fischfond angießen und das Hummerfleisch zugeben. Nochmals 10 Minuten köcheln lassen; dabei etwas von dem Fond angießen.

Separat Kräutermayonnaise anrühren. Ausstechringe auf eine Servierplatte legen, mit der Gemüse-Nudel-Mischung füllen und mit ausgelöstem Hummerfleisch garnieren. Die Ringe abziehen und Nudeln und Hummer mit der Kräutermayonnaise servieren.

Seeteufel

Vorbereitungszeit: 40 Minuten
Garzeit: 50 Minuten
Schwierigkeitsgrad: ✴

Für 4 Personen

1 kg	Seeteufel
800 g	Kartoffeln
100 g	Mehl
200 ml	Fischfond
400 ml	Olivenöl
2	Eier
3	Knoblauchzehen
	Salz

Pep Masiques kocht Seeteufel am liebsten nach dem Rezept seiner Mutter. Fischmedaillons und Kartoffelscheiben werden mit *Aioli* – einer Sauce aus Knoblauch, Salz, Eigelb und Öl – überzogen und dann im Ofen überbacken.

Seeteufel oder Lotte, Kastilisch *Rape*, ist ein Tiefseefisch, der küstennahe sandige Meeresböden bevorzugt. Er hat keine Schuppen, sondern eine feste, schwer zu lösende Haut. Um den Fisch zu zerteilen, macht man mit einem Messer einen Einschnitt entlang der Mittelgräte und zieht die Haut vom Kopf bis zum Schwanz mit beiden Händen auseinander. Legen Sie nun den Fisch auf den Rücken und gehen Sie von der Bauchseite her ebenso vor. Anschließend zerteilt man das Fleisch in Medaillons und brät diese kurz in Olivenöl an. Die Medaillons garen dann im Backofen weiter. Mittelgräte, Haut und Flossen ergeben mit aromatischem Gemüse (Möhren, Sellerie, Porree) und einem Bouquet garni einen köstlichen hausgemachten Fischfond.

Schälen Sie die Kartoffeln, schneiden Sie sie in Scheiben und legen Sie sie in kaltes Wasser, damit sie nicht braun werden. Vor der Weiterverarbeitung werden sie abgegossen und trocken getupft, dann bei starker Hitze in der Pfanne angebräunt. Die Pfanne muss groß genug sein, damit die Kartoffeln sich verteilen und gleichmäßig garen können.

Die Sauce bringt Würze und Farbe ins Spiel. *Aioli*, Katalanisch *Al i oli*, heißt »Knoblauch und Öl«. Ursprünglich zerrieb man Knoblauch mit einer Prise Salz im Mörser und fügte nach und nach Öl hinzu. Heutzutage verwenden die meisten zusätzlich Eigelb. Damit die Sauce schön andickt, dürfen die Eier nicht zu kalt sein. Nehmen Sie sie deshalb rechtzeitig aus dem Kühlschrank. Sie können die Sauce mit dem Schneebesen oder einem elektrischen Stabmixer aufschlagen. Sollte sie zu dick werden, gibt man einige Tropfen Wasser hinzu, damit sie glatt und geschmeidig wird und die Fischstücke gleichmäßig überzieht.

Den Seeteufel häuten und die Flossen abschneiden. Das Fleisch in Medaillons schneiden und in Mehl wenden. 5 Minuten in Olivenöl anbraten, dann beiseite stellen.

Weiteres Olivenöl in dieselbe Pfanne geben und die geschälten, in Scheiben geschnittenen Kartoffeln darin 10 Minuten bei starker Hitze anbraten.

Den Fischfond angießen und 25 Minuten garen.

mit Aioli

Die gegarten Kartoffeln in eine Tonschüssel füllen, mit dem Kochsud begießen und salzen. Die Fischstücke darauf verteilen.

Den Knoblauch schälen und in Scheiben schneiden. Mit Salz und 2 Eigelb in eine Schüssel geben und verquirlen, dabei nach und nach das Öl zugeben, bis eine sämige Sauce entsteht.

Mit einem Löffel die Sauce auf den Seeteufelstücken verteilen und 10 Minuten im vorgeheizten Backofen goldgelb grillen. In der Tonschüssel servieren.

Seehecht mit

Vorbereitungszeit: 20 Minuten
Garzeit: 30 Minuten
Schwierigkeitsgrad: ★

Für 4 Personen

600 g	Seehecht
100 g	Haselnüsse
500 ml	Fischfond
4	Knoblauchzehen
4–5 Stängel	Schnittlauch
1 Bund	frische Petersilie

150 g	Mehl
100 ml	Olivenöl
	Salz
	Pfeffer

Diese Spezialität aus Madrid kombiniert Seehecht mit Haselnüssen. Angeboten wird sie von zahlreichen Restaurants in der spanischen Hauptstadt. Man wendet die Fischscheiben in Mehl, brät sie mit Knoblauch und Haselnüssen an und lässt das Ganze schließlich in einem Fischfond garen.

Seehecht gehört zu den beliebtesten Fischen der spanischen Küche. Der lang gestreckte, rundliche Körper ist am Rücken grau mit goldenen Sprenkeln und an der Bauchseite weiß. Der Fisch wird dreißig bis hundertzehn Zentimeter lang und besitzt ein großes, mit spitzen Zähnen bewehrtes Maul ohne Bartfäden, zwei Rückenflossen und eine Afterflosse. Das Fleisch enthält nur wenige, leicht zu entfernende Gräten. Die Spanier nennen diesen Fisch *Merluza*. Im Winter finden sich die räuberischen Seehechte vor den Küsten zu großen Gruppen zusammen, um sich an den reichen Sardinenschwärmen zu bedienen. Tagsüber halten sie sich in tieferen Gewässern auf, kommen jedoch nachts zur Jagd an die Oberfläche. Sie fressen so schnell und viel, dass sie rasch schwerfällig und langsam werden und die Fischer sie leicht fangen können. An der baskischen Küste angelt man Seehechte auch. Deren Qualität ist besonders geschätzt, hat allerdings auch ihren Preis, sodass man sie nur in den besten Restaurants auf der Karte findet. Für unser Rezept können Sie den Seehecht nach Belieben durch Seeteufel, Barsch oder Steinbutt ersetzen.

Sind die Haselnüsse für die Sauce sehr trocken, löst sich die Haut beim Blanchieren oft nur schlecht ab und muss dann mit der Spitze eines kleinen scharfen Messers abgeschabt werden.

Sobald der Fischfond angegossen ist, hängt die restliche Garzeit von der Dicke der Fischscheiben ab. Die Sauce ist gegen Ende der Zubereitung ziemlich dünnflüssig. Sie können sie mit etwas Mehl sämiger machen.

Die Nüsse in kochendem Wasser blanchieren, häuten und grob hacken. Den Fisch in Scheiben schneiden, salzen und pfeffern. Den Knoblauch schälen und in feine Scheiben schneiden.

Das Mehl auf einem Teller verteilen und die Fischscheiben darin wenden, bis sie ganz mit Mehl bedeckt sind.

In einer Pfanne Olivenöl erhitzen und darin Knoblauch und Nüsse 5 Minuten goldgelb anrösten, dann an den Rand der Pfanne schieben.

Haselnuss-Sauce

In demselben Öl die Seehechtscheiben rund 5 Minuten von jeder Seite anbraten.

Den Fischfond zugeben, aufkochen und 15 Minuten dünsten.

Den fertig gegarten Fisch mit gehackter Petersilie und Schnittlauchröllchen bestreuen. Etwas Fischfond aus der Pfanne angießen und sofort servieren.

Thunfischfilet

Vorbereitungszeit:	*30 Minuten*
Garzeit:	*40 Minuten*
Schwierigkeitsgrad:	✶

Für 4 Personen

4 Scheiben	frischer Roter Thunfisch à 150 g
1	Zwiebel
1	Knoblauchknolle
1	Möhre
1 Stange	Porree
1	grüne Paprikaschote
1	weißes Rübchen
100 ml	Sherry-Essig
100 ml	Weißwein
2	Lorbeerblätter
1 Prise	getrockneter Oregano
1 Bund	Thymian
1 TL	gemahlener Kreuzkümmel
4	Gewürznelken
200 ml	natives Olivenöl
	Salz
	Pfeffer

Seit Jahrhunderten versuchen spanische Köche auf unterschiedliche Weise, Thunfisch haltbar zu machen, ohne dass er seine Konsistenz und seinen Geschmack verliert. Im Gegensatz zu anderen Fischen, die in Salz konserviert werden, kam man beim Thunfisch auf die Idee, ihn in eine Marinade aus Essig, Gemüse und Gewürzen einzulegen, die *Escabeche*. In Spanien wird diese kalte Sauce für alle möglichen fetthaltigen Fische verwendet, neben Thunfisch etwa für Bonito, Sardinen und Makrelen. Das bei diesen Arten reichlich enthaltene Fischöl trägt zur Konservierung bei und bedingt zugleich ihren Wohlgeschmack. Im Lauf der Zeit ging dieses Verfahren unter unterschiedlichen Bezeichnungen auch in die kulinarische Tradition anderer Länder ein, darunter Nordafrika, Italien, Südamerika und sogar Belgien, das einst der spanischen Krone unterstand.

Julio Reoyo empfiehlt Thunfisch in köstlicher *Escabeche*. Zur Zeit der Mauren setzte man Wachposten auf Aussichts-türmen auf die in großen Schwärmen ziehenden Thunfische an. Wurden die Tiere nahe der Küste erspäht, fuhren Fischer aus und fingen die Fische mit mehrteiligen Stellnetzen. Für dieses Rezept verwendet Reoyo am liebsten den fettreichen Roten Thunfisch.

Die *Escabeche* enthält stets schmackhafte Gemüse. Die weiten, sonnenverbrannten Ebenen Kastiliens versorgen die Märkte von Madrid mit Zwiebeln, Knoblauch, Paprika, Tomaten, Auberginen und anderem mehr. Knoblauch ist ein typisches Erzeugnis aus La Mancha. Die Spanier verzehren pro Kopf und Jahr 1,5 Kilo Knoblauch.

Sobald man die angebratenen Thunfischwürfel in die *Escabeche* gegeben hat, füllt man alles in ein Glas- oder Plastikgefäß. Luftdicht verschlossen hält sich der Fisch im Kühlschrank zwei bis drei Monate. Man serviert ihn kalt oder warm.

Die Möhre schälen und in Scheiben schneiden. Das Rübchen schälen und würfeln. Knoblauch und Zwiebel schälen und grob hacken. Die Paprika und den Porree in Stücke schneiden.

Alles Gemüse mit etwas Wasser in einen Topf geben und 15 Minuten bei geringer Hitze köcheln lassen, dabei häufig umrühren. Das Gemüse sollte gut durchgegart sein.

Essig und Weißwein angießen und alles aufkochen lassen.

in Escabeche

Nun erst die Gewürze mit in den Topf geben: Lorbeer, Thymian, Oregano, Kreuzkümmel, Nelken, Salz und Pfeffer. 500 ml kaltes Wasser angießen und nochmals aufkochen lassen.

Den Thunfisch häuten und in große Würfel schneiden. In einer Pfanne in sehr heißem Olivenöl von allen Seiten anbräunen.

Die Thunfischwürfel in die kochende Escabeche geben und 8 Minuten mitkochen lassen, dann mit dem Schaumlöffel wieder herausnehmen und die Brühe abkuhlen lassen. Zum Schluss den Thunfisch in der lauwarmen Escabeche servieren.

Fischplatte

Vorbereitungszeit: 45 Minuten
Marinieren der Fische und
Kalmare: 1 Stunde
Garzeit: 10–15 Minuten
Schwierigkeitsgrad: ★★

Für 6 Personen

3	mittelgroße Kalmare
3	Rotbarben
12	Anchovis
6	Seezungenfilets

500 ml	Milch
200 g	Mehl
500 ml	Erdnussöl
50 ml	Olivenöl
4–5 Stängel	glatte Petersilie
5	Zitronen
2	Knoblauchzehen
2	Tomaten (nach Belieben)
3–4 Stängel	Schnittlauch (nach Belieben)
	Salz
	Pfeffer

Málaga liegt ziemlich in der Mitte der andalusischen Mittelmeerküste und besitzt einen bedeutenden Fischereihafen. Die Bewohner der Stadt lieben frittierte Fische und Meeresfrüchte und servieren sie in mannigfachen Varianten als warme Hauptgerichte oder köstliche Tapas.

Beim Parieren der Kalmare sind einige Regeln zu beachten. Beginnen Sie das Ausnehmen mit dem Abtrennen des Kopfes, der mit den Bauchorganen zusammenhängt. Wichtig ist auch, den durchsichtigen, dreieckigen Stützapparat zu entfernen. Zum Schluss werden die Mäntel unter fließendem Wasser gründlich gewaschen und mit den Fingern abgerieben, um Sand- und Schmutzreste zu entfernen. In der Mitte der Fangarme sitzt die Mundöffnung. Man drückt den harten »Schnabel« mit dem Finger heraus und schneidet ihn ab. Vergessen Sie beim Filetieren der Rotbarben nicht, den schmalen farbigen Streifen abzulösen. Die extrem dünne und schwer abzulösende rötliche Haut bleibt erhalten und wird beim Frittieren wunderbar knusprig.

Durch das Marinieren in Milch werden die Fischfilets und Kalmare schön zart und trocknen beim Frittieren nicht so stark aus. Wichtig ist jedoch, sie danach gründlich trocken zu tupfen, denn sonst laufen Sie Gefahr, dass das heiße Fett beim Frittieren spritzt. Die Mehlhülle darf nur eine ganz dünne Haut um den Fisch bilden. Schütteln Sie überschüssiges Mehl nach dem Wenden gründlich ab.

Zum Frittieren können Sie Erdnuss- oder Olivenöl oder eine Mischung von beidem verwenden. Erdnussöl kann allerdings stärker erhitzt werden, sodass die Fischfilets schön goldgelb und kross werden. Die frittierten Stücke lässt man auf Küchenpapier abtropfen und serviert sie möglichst heiß. Tomatenwürfel verleihen der Knoblauchsauce zusätzlich Farbe und eine feine, säuerliche Würze.

Die Köpfe der Anchovis abtrennen; die Tiere ausnehmen und entgräten. Die Seezungenfilets abheben. Die Rotbarben zu beiden Seiten der Mittelgräte mit einem scharfen Messer tief einschneiden und vom Kopf zum Schwanz filetieren.

Die Köpfe der Kalmare abtrennen und die Eingeweide herauslösen. Die Mäntel mit den Fingern vollständig entleeren und den harten Stützkörper auslösen. Häuten und alles gründlich unter fließendem Wasser säubern.

Die Kalmare quer in Ringe schneiden und die Fangarme abtrennen.

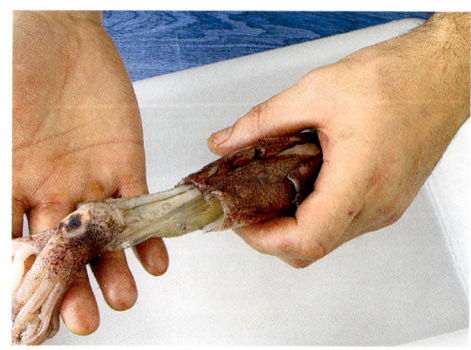

aus Málaga

Anchovis, Kalmarringe, Fangarme, Seezungen und Rotbarben salzen und pfeffern, in eine Schüssel mit Milch legen und eine Stunde darin marinieren. Anschließend alles wieder herausheben und mit Küchenpapier trocken tupfen. In Mehl wenden.

Das Erdnussöl in einem Topf erhitzen, bis es sehr heiß ist. Die Fische sowie Kalmarringe und Fangarme darin 6–7 Minuten goldgelb ausbacken.

Knoblauch in feinen Scheiben 5 Minuten im Olivenöl anbraten. Gehackte Petersilie, Salz, Zitronensaft und gehäutete, gehackte Tomaten zugeben. Fischfilets, Kalmarringe und Fangarme auf Tellern anrichten. Mit Schnittlauch und Knoblauchsauce garniert servieren.

Langustenreis

Vorbereitungszeit: 20 Minuten
Garzeit: 1 Stunde
Schwierigkeitsgrad: ★★

Für 4 Personen

400 g	Reis
1	Languste, ca. 1,2 kg
3	frische Knoblauchzehen
250 g	Hummerkrabben, ausgelöst
500 g	Felsenfische (Drachenkopf, Knurrhahn o. Ä.) oder Fischabfälle

2	Knoblauchzwiebeln
1	Fischfond-Brühwürfel
1 Prise	Safranfäden
2	getrocknete rote Paprika- schoten (»pimiento ñora«)
4 EL	Tomatenmark
150 ml	Olivenöl
	Salz

Zum Garnieren:

glatte Petersilie

Dieses raffinierte Rezept »nach Art von Santa Pola« ist typisch für den Ort in der Nähe von Alicante. Man kennt dort unzählige Varianten, Fische und Meeresfrüchte zuzubereiten. Dieses festliche Gericht vereint viele raffinierte Aromen. Feinschmecker schätzen Langusten wegen ihres festen und dennoch zarten weißen Fleisches. Wählen Sie möglichst ein mittelgroßes, lebendes Exemplar.

Damit das Gericht perfekt gelingt, muss vor allem der Fischfond richtig zubereitet werden. In der Gegend von Alicante verwendet man dazu in der Regel aromatische kleine Felsenfische wie Drachenkopf, Knurrhahn und verschiedene Barsche. Lassen Sie sich von Ihrem Fischhändler auch Fischabfälle (Kopf, Haut, Schwanz) geben, die den Fond noch würziger machen.

Der Reisanbau wurde im 8. Jahrhundert von den Mauren in Spanien eingeführt und breitete sich wegen der Nähe zum Ebro-Delta vor allem in der Umgebung von Alicante aus. Cesar Marquiegui empfiehlt wärmstens die vor allem in Calasparra angebaute Sorte Bomba, da die Körner viel Flüssigkeit aufnehmen können und doch Biss behalten.

Safran, die feinen Staubgefäße einer Krokusart, ist unerlässlich für Reisgerichte wie dieses, denn er gibt Aroma und Farbe. Nach Spanien gelangte das Gewürz mit den arabischen Besatzern. Heute werden allein in Kastilien über siebzig Prozent der gesamten Weltproduktion geerntet! Im Oktober bietet sich ein unvergleichliches Schauspiel, wenn ganze Felder der malvenfarbenen Herbstkrokusse in Blüte stehen. Von Toledo bis Albacete erstrecken sich die blauen Felder bis zum Horizont. Wanderarbeiter finden sich rechtzeitig zur Ernte der kostbaren Staubgefäße ein. Häufig sind es die Männer, die Blüte für Blüte von Hand pflücken. Den Frauen bleibt es überlassen, aus den Blüten die roten Staubgefäße zu lösen, die man anschließend röstet.

Die Languste mit einem scharfen Messer vom Kopf bis zum Schwanz halbieren und quer in Stücke schneiden. Paprika entkernen und Safranfäden im Mörser zerreiben.

Für den Fischfond in einem großen Topf Wasser aufsetzen, die Felsenfische bzw. Fischabfälle und den Brühwürfel zufügen. Aufkochen und rund 20 Minuten kochen lassen.

In 100 ml Olivenöl die ganzen Knoblauchzehen und die Paprika anbraten. Gut verrühren und in den Fischfond geben. Tomatenmark und Safran zufügen und 15 Minuten kochen lassen. Durchseihen und salzen.

Santa Pola

In einer Paella-Pfanne das restliche Olivenöl erhitzen. Die Langustenteile darin anbraten, dann herausnehmen und beiseite stellen.

In der Paella-Pfanne die 3 gehackten Knoblauchzehen und die ausgelösten Hummerkrabben rund 2 Minuten anbraten. Den Reis zugeben und gut vermengen.

800 ml der Fischbrühe angießen und rund 18 Minuten köcheln lassen. Abschmecken und die Langustenstücke auf den Reis legen. 10 Minuten bei 250 °C im Backofen weitergaren, dann 2 Minuten ruhen lassen. Mit Petersilie garnieren.

Paella

Vorbereitungszeit: 40 Minuten
Garzeit: 55 Minuten
Schwierigkeitsgrad: ★★

Für 4 Personen

16	Flusskrebse
200 g	Reis
6 Stangen	grüner Spargel
2 Stangen	Porree
1	Möhre
1 Bund	Frühlingszwiebeln
1	Stangensellerie
1	Knoblauchzehe
150 g	Tomaten
1 Msp.	Safranpulver

1 TL	Paprikapulver (Pimientón)
4 EL	Olivenöl
	Salz

Flusskrebsfond:

4	Flusskrebse
	Grün von 2 Stangen Porree
1	Knoblauchzehe
1	Möhre
2	Frühlingszwiebeln
1	Stangensellerie
3 Stängel	Petersilie
1	Lorbeerblatt
1	Tomate
4 EL	Olivenöl

Zum Garnieren:

	glatte Petersilie

Diese Paella mit Flusskrebsen ist ein köstliches Gericht: Die originelle Kombination vereint delikate Aromen, die es zum Höhepunkt eines festlichen Mahls mit Freunden und Verwandten machen.

Jede am Mittelmeer gelegene Provinz Spaniens hat ihre eigenen Paella-Rezepte. Die Bezeichnung *Paella* bezog sich ursprünglich nur auf die große Pfanne mit zwei Henkeln, in der die Reisgerichte zubereitet werden. Der in Spanien sehr beliebte Reis wird schon seit 6000 Jahren kultiviert und gelangte von Indien und China aus schließlich mit den Mauren auf die Iberische Halbinsel.

Das Gelingen dieses Gerichts hängt vor allem von der Qualität der Reissorte und des Olivenöls ab. Als Purist empfiehlt Herráiz den Rundkornreis »Bomba«, der viel Flüssigkeit aufnehmen kann, ohne seinen Biss zu verlieren. Genauso gut können Sie auch einen Reis aus Calasparra

verwenden, der beim Garen das Fünffache seines Eigengewichts an Flüssigkeit aufnehmen kann, ohne aufzuplatzen.

Bei diesem Rezept sollten Sie unbedingt selbst den Fond aus einigen Flusskrebsen herstellen, denn erst deren konzentriertes Aroma macht den Reiz und Duft der Paella aus. Achten Sie genau auf die Dosierung: Es muss stets doppelt so viel Flüssigkeit wie Reis zugegeben werden.

Flusskrebse, nur zwölf bis fünfzehn Zentimeter lange Krustentiere, leben in Süßwasser. Früher waren sie in Bächen und Flüssen sehr zahlreich zu finden, doch inzwischen sind sie extrem selten geworden. Ihr feines, duftendes Fleisch eignet sich hervorragend für dieses Gericht. Je nach Geschmack und Geldbeutel können Sie auch Gambas oder Hummer verwenden. In jedem Fall werden Sie mit diesem kastilischen Festmahl Ihre Gäste beeindrucken.

Die Gemüse für den Fond putzen und grob hacken. Für die Paella Porree, Möhre, Sellerie und Frühlingszwiebeln in feine Streifen schneiden. Die Spargelstangen schälen. Die Tomaten pürieren.

Sämtliche Flusskrebse ausnehmen. Dazu mit einem Ruck an der mittleren Schwanzflosse ziehen und den Darm entfernen.

In einem großen Topf für den Fond die halbierte Knoblauchzehe in Öl anbraten und alle Gemüse sowie Petersilie und Lorbeer zufügen. 4 der Flusskrebse zugeben und alles andünsten. Die Krebse mit einem Stößel zerkleinern. Mit Wasser bedeckt 30 Minuten kochen.

mit Flusskrebsen

4 Esslöffel Olivenöl erhitzen. Darin 1 ganze Knoblauchzehe anbraten. Gemüsestreifen und halbierte Spargelstangen zueben. Anbraunen. Knoblauch herausnehmen. Tomatenpüree zugeben. Alles gut vermengen. Pfanne vom Herd nehmen und Paprikapulver unterziehen.

Pfanne wieder auf Herd stellen und durchgeseihten Fond angießen. Safran und reichlich Salz zugeben. Umrühren. Den Reis zugeben und unterrühren. 5 Minuten bei großer Hitze kochen. Sobald der Reis an die Oberfläche steigt, die Temperatur herunterschalten.

Reis und Gemüse 10 Minuten im Backofen bei 250 °C weitergaren. Die Flusskrebse auf den Reis legen und weitere 5 Minuten garen. Die Paella mit Petersilienblättern garniert servieren.

Rotbarbe

Vorbereitungszeit: 35 Minuten
Garzeit: 30 Minuten
Schwierigkeitsgrad: ✳

Für 4 Personen

4	kleine Rotbarben
4	Gambas
2	Tomaten
1	rote Paprika
½	Zwiebel
2	Kartoffeln
4 EL	Weißwein

2 EL	Pinienkerne
1 Prise	Safranfäden
1 Stängel	Petersilie
2	Lorbeerblätter
1	Knoblauchzehe
200 ml	Olivenöl
	Salz

Fischfond:

1 Stange	Porree
1	Tomate
	Abfälle der Rotbarben (Köpfe, Schwänze, Gräten)

Dieses Gericht ist typisch für die Stadt Alicante. Es ist leicht zuzubereiten und bietet doch eine große Vielfalt an Aromen. Serviert wird es üblicherweise in einer Tonschüssel, die man auf Spanisch *Rustidera* nennt.

Die Region Alicante besitzt eine rege Fischfangindustrie. Überall findet man Fischerdörfer, in denen die kulinarischen Traditionen noch von Generation zu Generation weitergegeben werden. Die Rotbarbe zählt zu den Felsenfischen und ihr würziges, festes Fleisch hat viele Liebhaber. Den an seiner rosafarbenen bis tiefroten schuppigen Haut gut erkennbaren Fisch bekommt man ganzjährig bei allen guten Fischhändlern.

Die Rotbarbe hat viele kleine Gräten, aber ihr Fleisch ist mager, fein und überaus köstlich. Je kleiner die Fische, desto aromatischer sind sie. Notfalls kann man sie durch Steinbutt ersetzen, einen ebenfalls beliebten Edelfisch.

Ganz in der Nähe von Alicante liegt das Dorf Dénia. Es ist berühmt für seine ausgezeichneten tiefroten Gambas. Diese herrlichen Garnelen werden üblicherweise schlicht *a la plancha*, also auf einer glühend heißen, mit Olivenöl bepinselten Grillplatte, zubereitet und als Tapas verspeist. Bei diesem Rezept jedoch werden sie mit den übrigen Zutaten zusammen im Backofen gegart. Sollten Sie keine Gambas bekommen, können Sie sie auch durch Venusmuscheln ersetzen.

Die eigenständige, raffinierte kulinarische Tradition in der Gegend von Alicante zeigt sich auch in der Beigabe von Pinienkernen, die feste Zutat vieler lokaler Gerichte sind. Die länglichen Kerne sind die Früchte der Schirmpinien, die im Mittelmeerraum sehr zahlreich vorkommen. Ihr harzig-nussiger Geschmack erinnert ein wenig an Mandeln, doch sind ihr mildes Aroma und ihre weichere Konsistenz ideale Ergänzung zu Fischgerichten aller Art.

Die Rotbarben ausnehmen und schuppen. Köpfe und Schwänze abschneiden und für den Fond beiseite legen. Mit einem Messer das Fleisch auf einer Seite kreuzweise einschneiden. Die Fische salzen, mit Olivenöl einpinseln und in einer Grillpfanne kurz vorgaren.

Für den Fond Tomate und Porree grob hacken. In einem großen Topf mit Wasser Porree, Tomate und Rotbarbenabfälle rund 20 Minuten kochen, dann den Fond durchseihen.

Die Paprika entkernen und in Streifen schneiden. Die Kartoffeln schälen und in feine Scheiben schneiden. Die Tomaten ebenfalls in Scheiben schneiden. Den Safran im Mörser zerreiben.

aus Alicante

Die halbe Zwiebel schälen, in feine Streifen schneiden und in einem Topf mit 100 ml Olivenöl anbraten. Im restlichen Olivenöl separat die Paprikastreifen, Kartoffel- und Tomatenscheiben anbraten.

Kartoffeln, Paprika und Tomaten zu den Zwiebeln geben und den Weißwein angießen. Die Safranfäden zufügen und salzen.

Petersilie, gehackten Knoblauch, Lorbeer und Pinienkerne zugeben. Die ausgelösten Gambas und die vorgegarten Rotbarben auf dem Gemüse verteilen. Fond angießen. Bei 180 °C im Backofen etwa 8 Minuten garen. Auf Tellern anrichten.

Tiznao

Vorbereitungszeit: 25 Minuten
Wässern des Stockfischs: 24 Stunden
Garzeit: 2 Stunden
Schwierigkeitsgrad: ★

Für 4 Personen

1 kg	Stockfisch
800 g	Zwiebeln
800 g	rote Paprika
1	Knoblauchzwiebel

Würzsauce:

½ EL	Paprikapulver (Pimientón)
1 TL	getrockneter Oregano
2 EL	Sherry-Essig
100 ml	Olivenöl
	schwarze Pfefferkörner

Zum Garnieren:

frischer Oregano
Paprikapulver (Pimientón)

Für die Kastilier aus La Mancha ist *Tiznao* (wörtlich übersetzt etwa »Glut«) stets mit Stockfisch verbunden. Das traditionelle Rezept wird üblicherweise freitags zubereitet, dem fleischfreien Tag der Katholiken, und natürlich in der Fastenzeit: Die Zeit zwischen Aschermittwoch und Ostersonntag nimmt man in Spanien seit jeher sehr ernst.

Die für ihre Frömmigkeit bekannten Spanier haben deshalb den Stockfisch, *Bacalao*, zur Fastenspeise par excellence gemacht. Seit dem 17. Jahrhundert ist der eingesalzene, getrocknete Kabeljau, der aus kalten Gewässern stammt, auf der Iberischen Halbinsel heimisch und wird in unzähligen schmackhaften Zubereitungen verwendet.

Wichtig ist, den Stockfisch vierundzwanzig Stunden zu wässern. Alberto Herráiz empfiehlt, die Schüssel mit Klarsichtfolie abgedeckt in den Kühlschrank zu stellen und das Wasser mehrfach zu wechseln.

Tiznao ist ein uraltes Rezept. Früher garte man die Zutaten im offenen Kamin. Die Glut sorgte dafür, den Stockfisch zu entsalzen, und räucherte zugleich die übrigen Zutaten.

Dieses sehr gesunde Gericht mit viel mediterranem Flair basiert vor allem auf roter Paprika. Die von der Sonne verwöhnten Gartenfrüchte sind roh oder gegart, mit oder ohne Haut ein Genuss. Die Haut lässt sich mühelos abziehen, wenn man die Schoten im Backofen grillt. Rote Paprika ist reich an Vitamin A und C und besitzt ein knackiges, mildaromatisches Fruchtfleisch. Achten Sie darauf, dass die Früchte fest und glatt sind und einen grünen und harten Stielansatz haben.

Sein Aroma erhält der Tiznao durch die Zwiebeln, Liliengewächse, die seit über 5000 Jahren kultiviert werden und aus Nordasien stammen. Die dicke gelbe Gemüsezwiebel, auch spanische Zwiebel genannt, ist besonders mild.

Am Vorabend Stockfisch in Stücke schneiden. In kaltem Wasser einweichen. Geschälte Zwiebeln, Paprika, Knoblauch und Stockfisch einzeln in Alufolie wickeln und im Backofen bei 150 °C backen: Stockfisch und Paprika 15 Minuten, Knoblauch und Zwiebeln 2 Stunden.

Die Gräten aus dem Stockfisch lösen und das Fleisch zerpflücken. Einige »Blätter« zum Garnieren beiseite stellen.

Die Sauce aus Olivenöl, Sherry-Essig, getrocknetem Oregano, Paprikapulver und schwarzem Pfeffer anrühren und mit einem Schneebesen aufschlagen.

Mit einem scharfen Messer die Paprika häuten und entkernen. Das Fruchtfleisch in feine Streifen schneiden.

Die Zwiebeln ebenfalls in feine Streifen schneiden. Die Knoblauchzehen längs halbieren und mit der Messerklinge das weiche Fruchtfleisch herausdrücken.

In einer Schüssel Stockfisch, Paprika, Zwiebeln und Knoblauch vermengen. Mit Sauce übergießen. Gut vermischen. Auf Tellern anrichten. Jeden Teller mit ein paar »Blättern« des Stockfischs belegen. Mit Oregano garnieren und mit Paprikapulver überstäuben.

Gefüllte Kalmare

Vorbereitungszeit:　1 Stunde
Garzeit:　1 Stunde 30 Minuten
Schwierigkeitsgrad: ★★★

Für 4 Personen

800 g	ganze Kalmare (Tintenfische)
100 g	Mehl
	Öl zum Frittieren

Gemüsefüllung:

16	Gambas
2	Porreestangen
2	große Zwiebeln
2 Bund	Spinatblätter
1 Bund	Mangoldblätter

1	Blumenkohl
100 ml	Olivenöl
2–3	Eier
2	Tomaten, gehackt
1 l	Fischfond

Basilikumsauce:

2 Bund	Basilikum
50 g	Pinienkerne
	Salz
500 ml	Olivenöl

Gambasauce:

	Abfälle der Gambas
50 ml	Olivenöl
50 ml	Weinbrand

Obwohl Kalmare auf den Balearen meist mit Schweinefleisch, Eiern und Kräutern gefüllt werden, erinnert sich unser Küchenchef noch gut an die mit Gemüse gefüllten Kalmare seiner Großmutter. Dieses Rezept hat er nun mit Gambas und Saucen aus Basilikum und Meeresfrüchten verfeinert.

Kalmare sind im Durchschnitt 20–40 cm lange Tintenfische. Mit ihren großen Augen finden Kalmare leicht ihre Beute, die sie mit Gift aus den Saugnäpfen ihrer langen Arme lähmen. Wird der Kalmar selbst gejagt, kann er seine Farbe verändern und eine Fluchtgeschwindigkeit von 11 km/h aufbringen. Früher hat diese Weichtierart viele Mythen über Meeresungeheuer genährt. Heute sind Tiefseekalmar-Arten von bis zu 6 Metern Länge mit 12 Meter langen Armen bekannt.

Auf den Balearen ist der Sommer die beste Zeit für den nächtlichen Fang, für den lange, mit funkelnden Ködern besetzte Schleppleinen verwendet werden. Kalmare müssen gut ausgenommen, gehäutet und gesäubert werden.

Zu diesem Rezept gehört eine reiche Auswahl an Gemüse, wovon die eine Hälfte mit den Kalmararmen und Eiern gemischt als Füllung, die andere Hälfte mit Tomaten und Fischfond zur Sauce verarbeitet wird.

Entfernen Sie bei den Gambas zuerst den Kopf, dann die nächsten zwei Glieder des Panzers. Durch leichten Druck holen Sie das restliche Fleisch heraus, die Abfälle werden für die Sauce gekocht.

Die Gambas schälen und die Kalmare ausnehmen. Die Kalmararme hacken und 15 Minuten mit dem Porree, Zwiebeln, dem Spinat, dem Mangold und dem gehackten Kohl in Olivenöl dünsten. Die Eier zur Hälfte der Mischung zugeben.

Die andere Hälfte weiterdünsten, Tomaten und Fischfond zugeben und 30 Minuten kochen. Die Kalmare mit der Gemüsemischung und den Gambas füllen und mit Zahnstochern verschließen.

Die Kalmare in Mehl wenden und 5 Minuten in heißem Öl von allen Seiten anbraten. Öl abtropfen, Kalmare in die Gemüsemischung geben und 35 Minuten bei geringer Hitze köcheln lassen.

Basilikumsauce: Basilikum zerstampfen, die Pinienkerne rösten, etwas Wasser und Salz zugeben und im Mixer pürieren. Die Sauce durch ein feines Sieb seihen und Olivenöl zugeben.

Gefüllte Kalmare in 2–3 cm lange Stücke teilen.

Die Abfälle der Gambas 5 Minuten in Öl anbraten, mit Weinbrand ablöschen, flambieren, etwas Wasser zugeben, kurz aufkochen und durchs Sieb streichen. Kalmare mit den Saucen servieren.

Eintopf mit kleinen

Vorbereitungszeit: 30 Minuten
Garzeit: 1 Stunde 15 Minuten
Schwierigkeitsgrad: ★

Für 4 Personen

1 kg	kleine Kalmare
4	Kartoffeln
250 ml	Fischfond
250 ml	Sahne
1 EL	Olivenöl
	Safranfäden
	Salz
	Pfeffer

Sofregit:

1	Knoblauchzehe
1	Zwiebel
50 g	katalanischer Speck (Sagi)

Aioli (Knoblauchmayonnaise):

1	Eigelb
1	Knoblauchzehe
6 EL	Olivenöl
	Salz

Gut vertäut schaukeln die Boote der katalanischen Fischer auf den sanften Wellen des Mittelmeers. Wir sind in Port-Vendres … Der Fang war gut und alles ist verkauft. Nun müssen die köstlichen kleinen Tintenfische, die *Supions*, nur noch zubereitet werden. Die Fischer brutzeln dazu den *Sagi*, einen weißen, ranzigen Speck, der den Gerichten ein Nussaroma verleiht, besonders in der traditionellen *Bullinada de supions*. Sie können den *Sagi* in unserem Rezept durch üblichen Speck oder ein gutes Olivenöl ersetzen.

Das Rezept von Jean Plouzennec kann man gut als Vorspeise servieren. Dann sollten Sie aber mehr Tintenfisch nehmen. Falls Sie keine jungen Tintenfische bekommen, können Sie sie durch Tintenfischringe ersetzen. Das *Sofregit*, das zu den Basisrezepten der katalanischen Küche gehört, gibt mit den gebräunten Zwiebeln, zuweilen auch mit Tomaten, den Gerichten ihre Grundlage. Die genauen Zutaten variieren von Familie zu Familie.

Die *Bullinada* wird mit *Aioli* serviert, einer kräftigen Knoblauchmayonnaise, die sich in der südfranzösischen Küche großer Beliebtheit erfreut. Damit sie gelingt, müssen alle Zutaten die gleiche Temperatur haben. Der Küchenchef rät, das Salz gleich zu Beginn der Zubereitung zuzugeben.

Für eine *Aioli* brauchen Sie den besten Knoblauch, den Sie finden können. Der weiße oder rosafarbene geben der Sauce den besten Geschmack, vorausgesetzt, es sind junge Zwiebeln, bei denen die Keime aus den Zehen entfernt sind; sie sollten auch gut zerdrückt sein. Angerösteter, weicher Knoblauch ist übrigens besser zu verarbeiten.

Das Olivenöl sollte duftend und leicht trüb sein – der Geschmack der *Aioli* wird dadurch umso besser! Was die Wahl der Kartoffeln betrifft, die ja auch in die *Bullinada* gehören, sind wir weniger anspruchsvoll. Nehmen Sie jedoch auf jeden Fall eine festkochende Sorte.

Für das Sofregit den Knoblauch und die Zwiebel schälen und ebenso wie den Speck fein hacken. Die Hälfte des Specks in einen Topf geben und auslassen. Dann Knoblauch und Zwiebel darin anbraten. Den nicht geschmolzenen Speck für den nächsten Schritt beiseite legen.

Kartoffeln schälen und in 3 mm dicke Scheiben schneiden. Die Kartoffeln in einen Topf mit kochendem Salzwasser geben und den übrigen Speck sowie 10 Safranfäden zugeben. 15 Minuten kochen, abgießen und 1 Esslöffel Kochwasser zurückbehalten.

Die Tintenfische säubern und leicht ausdrücken. Tentakel abschneiden. Alles in einer Pfanne im Olivenöl 2 Minuten anbraten, bis die Flüssigkeit verdampft und der Tintenfisch leicht angebräunt ist.

Tintenfischen und Speck

Die goldbraunen Tintenfische in den Topf mit dem Sofregit geben. Fischfond angießen und mit Safran bestreuen. Zum Kochen bringen. Die Sahne zugeben. Erneut aufkochen. 45 Minuten köcheln lassen.

Für die Aioli eine Knoblauchzehe im Ofen anrösten, schälen und mit Salz und Eigelb zerdrücken. Wie bei einer Mayonnaise das Olivenöl sowie 1 Esslöffel Kartoffel kochwasser nach und nach mit einem Schneebesen einarbeiten.

Die Aioli in den Topf mit den Tintenfischen geben. Durchrühren, damit eine homogene Mischung entsteht. Abschmecken. Einen Kranz aus Kartoffelscheiben auf die Teller legen. Die Kalmare in die Mitte gießen und sofort servieren.

Gegrillte Dorade

Vorbereitungszeit: 30 Minuten
Garzeit: 40 Minuten
Schwierigkeitsgrad: ✳

Für 4 Personen

1	Dorade à 1 kg
2	große, frische Zwiebeln
3	Knoblauchzehen
1 Zweig	Fenchelgrün
150 ml	trockener Weißwein
4	Tomaten

8	mittelgroße neue Kartoffeln
2	Zitronen
1 EL	Thymianblüten
2	Lorbeerblätter
7 EL	Olivenöl
	Salz
	Pfeffer

Hier ist ein Gericht, das in den Familien Südfrankreichs zu den beliebtesten Sonntagsessen zählt. Zudem gehört es zu den einfachsten Fischrezepten überhaupt. Um sich die Zubereitung zu erleichtern, bitten Sie Ihren Fischhändler, die Dorade für Sie zu schuppen und auszunehmen. Der Fisch ist leicht an seinem hellen Backenstreifen zu erkennen. Hierzulande ist er auch unter dem Namen Goldbrasse bekannt.

Unser Gericht ist saisonabhängig. Goldbrassen finden sich nur zwischen März und Oktober auf den Ständen der Fischhändler. Wenn es dieses edle Tier nicht gibt, nehmen Sie Meerbarbe oder Seebarsch.

Die Augen der Dorade sollten klar sein und die Kiemen rot – das sind Anzeichen dafür, dass der Fisch frisch ist. Vorsicht: Garen Sie ihn nicht zu lange, sonst wird er trocken. Ein Hinweis für Feinschmecker: Dieses Gericht schmeckt am nächsten Tag noch besser. Die Kartoffeln sind dann mit den köstlichen Säften getränkt – ein hinreißendes Vergnügen für die Geschmacksknospen. Und die Aromen sind perfekt miteinander verschmolzen …

Wir haben uns bei diesem Gericht für neue Kartoffeln entschieden, weil sie sich gut für das Backen im Ofen eignen. Sie können aber auch andere Kartoffeln nehmen, zum Beispiel die Sorte *Roseval*. Der Fisch muss im Backofen bis zum Schwanz gut abgedeckt sein, sonst verbrennt er.

Diese prachtvolle Dorade ist leicht zuzubereiten und zu genießen, denn sie hat nicht allzu viele Gräten. Auch Neulinge in der Kochkunst werden an diesem Rezept ihre Freude haben. Es ist so einfach, dass eigentlich nichts schief gehen kann. Das Rot der Tomaten und das Gelb der Zitronenscheiben reicht als Garnierung. Der Clou ist und bleibt der Fisch.

Zwiebelringe und Knoblauchscheibchen in 2 Esslöffeln Olivenöl goldbraun anbraten. In eine feuerfeste Form geben.

Einen schönen Zweig frisches oder getrocknetes Fenchelgrün in die Bauchhöhle der ausgenommenen Dorade schieben. Den Fisch mit 1 Esslöffel Olivenöl beträufeln.

Die in 5 mm dicke Scheiben geschnittenen Kartoffeln mit 1 Esslöffel Thymianblüten und 2 Lorbeerblättern in Olivenöl anbraten. Salzen.

mit Gemüse

Die gebratenen Kartoffeln auf die Zwiebel und den Knoblauch in der Auflaufform schichten. Darüber kommen die in 5 mm dicke Scheiben geschnittenen Tomaten und Zitronen.

Die Dorade darauf legen und mit Tomaten- und Zitronenscheiben garnieren. Mit Salz und Pfeffer würzen und das restliche Olivenöl darüber träufeln.

Alles mit Weißwein übergießen. Mit Alufolie abdecken und 30 Minuten im vorgeheizten Ofen bei 200 °C garen. Alle 5 Minuten mit Kochsud übergießen. Heiß in der Form servieren.

Wolfsbarschfilet

Vorbereitungszeit: 40 Minuten
Garzeit: 30 Minuten
Schwierigkeitsgrad: ✶

Für 4 Personen

1 kg	Wolfsbarsch
15	kleine Frühlingsmöhren
2	Zucchini
1 EL	Olivenöl
	Salz, Pfeffer

Fischfond:

1	Porreestange
	Gräten und Kopf vom Wolfsbarsch

3 EL	Olivenöl
1 Zweig	Thymian
1	Lorbeerblatt
1	Zwiebel
100 ml	Weißwein
1 Bund	Petersilie
30 g	Anissamen

Zabaione:

3	Eigelb
100 ml	Sahne

Zum Garnieren:

1 Bund	Kerbel

Der Wolfsbarsch gehört zur Familie der Serraniden. Die außerordentliche Gefräßigkeit dieses sehr beliebten Speisefisches hat ihm seinen Namen eingetragen. Sie können ihn von Ihrem Fischhändler filetieren lassen. Doch bitten Sie ihn, die Gräten und den Kopf ohne Kiemen aufzubewahren, da Sie sie noch für den Fischfond benötigen. Waschen Sie den Fisch sorgfältig. Und vor allem: nicht salzen! Je nach Marktangebot können Sie den Wolfbarsch auch durch Dorade oder Petersfisch ersetzen.

Zabaione ist eigentlich eine Süßspeise aus Italien. In diesem Gericht wird sie warm serviert. Der Küchenchef empfiehlt, sie am Rand der Herdplatte zu schlagen, damit sich keine Klümpchen bilden. Die Zabaione bleibt flüssig, wenn Sie die Sahne erst am Schluss zugeben. Pürieren Sie das Ganze im Mixer und geben Sie es dann in ein Sieb, um die Anissamen zu entfernen. Kurz vor dem Servieren gießen Sie eine flache Schicht Zabaione in die Teller und über-grillen sie dann zwei Minuten bei zweihundertfünfzig Grad im Backofen. Dabei nimmt die Sauce leicht Farbe an.

Anis stammt aus dem Orient und gehört zur Familie der Doldenblütler. Im Alten China galt Anis als heiliges Kraut und auch die Römer schätzten ihn. In Europa wurden die Anissamen schon sehr früh zum Backen verwendet. Das Gewürz kann gut durch Fenchelsamen ersetzt werden.

Zuerst gart der Küchenchef die Möhren und dann die Zucchini. Halten Sie das Gemüse danach kurz unter kaltes Wasser, damit es seine schöne Farbe behält. Aus dem Gemüse, das übrig bleibt, können Sie eine Suppe kochen.

Nehmen Sie zum Braten der Fischfilets eine Grillpfanne. Die Rillen erscheinen dann als hübsches Muster auf dem Fischfleisch. Zu diesem Gericht können Sie Salzkartoffeln servieren.

Fisch an der Mittelgräte entlang vom Kopf bis zum Schwanz und dann hinter den Kiemen einschneiden. Das Filet in voller Länge abtrennen. Dazu das Messer der Länge nach möglichst nahe an der Wirbelsäule durch den Fisch führen. Das zweite Filet genauso ablösen.

Fischfond: Gräten, Fischkopf und Olivenöl in einen Topf geben. Etwas Wasser aufgießen. Porree, gehackte Zwiebel, Petersilie, Thymian und Lorbeerblatt zugeben. 10 Minuten köcheln. Weißwein zugeben. Alles etwa 10 Minuten kochen. Anissamen einstreuen.

Die Fischfilets, am Schwanz beginnend, in gleich große Scheiben schneiden. Kalt stellen. Die Möhren und Zucchini in ovale Formen schneiden und 5 Minuten in Salzwasser kochen.

auf Anis-Zabaione

Den Fischfond durchsieben, das Eigelb einrühren.

Für die Zabaione das Eigelb kräftig mit dem Schneebesen aufschlagen, damit die Masse andickt.

Sahne zugeben und abschmecken. Mit dem Stabmixer auf hoher Stufe aufmixen, damit die Zabaione emulgiert. Durchsieben. Fischscheiben in 1 Esslöffel Olivenöl 5 Minuten braten. Salzen. Zabaione, Fisch und Gemüse auf Tellern anrichten. Mit Kerbel garnieren.

Meerbarbenfilets

Vorbereitungszeit: 2 Stunden
Garzeit: 45 Minuten
Schwierigkeitsgrad: ★★★

Für 4 Personen

4	Meerbarben à 250g
1 EL	Olivenöl
1 Bund	Dill
	Salz, Pfeffer

Ratatouille:

2	Zucchini
1	große Aubergine
1	rote Paprika
1	grüne Paprika
1	Knoblauchzehe

1	Zwiebel
2 EL	Olivenöl
1 Zweig	Thymian (nach Belieben)
	Salz, Pfeffer

Felsenfischsuppe:

500 g	Felsenfisch
2 EL	Tomatenmark
1 Zweig	Fenchel
je 1	Zwiebel, Knoblauchzehe
1	Möhre
2 Döschen	Safranpulver
2 EL	Olivenöl
200 ml	Pastis
	Salz, Pfeffer
1	Bouquet garni

Rote Knoblauchmayonnaise (Rouille):

1 Döschen	Safranpulver
1	Eigelb
200 ml	Sonnenblumenöl
1 TL	Dijon-Senf (nach Belieben)
1 Prise	Harissa, Salz

Dieses Rezept macht Frankreichs Süden alle Ehre! Alain Carro hat der Kreation den Namen seines Restaurants gegeben, »Le Castellaras«, nach den prähistorischen Mauerringen auf den Gipfeln am Rand der Seealpen. Wenn Sie in diese Gegend kommen, gedulden Sie sich ein bisschen, ehe Sie sich zu Tisch setzen: Genießen Sie erst einen traditionellen Anislikör, den Pastis.

Alle Zutaten für dieses Rezept stammen aus einem von der Sonne verwöhnten Land. Es ist ein ausgesprochen raffiniertes Gericht, sowohl im Geschmack als auch durch seine Präsentation. Damit diese Spezialität perfekt gelingt, muss man das Gemüse für die Ratatouille in kleine Würfel schneiden – das ist wichtig für den optischen Eindruck.

Entfernen Sie die weißen Rippen aus der Paprika und schneiden Sie alles Gemüse in gleich große Würfelchen. Lassen Sie sich die Meerbarben vom Fischhändler filetie-ren. Wenn Sie sich selbst der Mühe unterziehen wollen, säubern Sie die Fische und filetieren Sie sie mit einem scharfen Messer. Denken Sie daran, auch die letzte Gräte mit der Pinzette zu entfernen. Felsenfische erfordern diese Prozedur nicht, sie müssen nur unter Wasser gut abgespült werden. Die kleinen Fische sollten übrigens ganz frisch sein.

Sie werden sie alle wiedererkennen: die kleine Geißbrasse mit ihren grauen und schwarzen Streifen, den grün-braunen Lippfisch, die zarte, längliche, rot-schwarz gestreifte Girelle, den rot-grün getupften Seebarsch und den Drachenkopf oder Teufelsfisch. Bei einem außergewöhnlichen Fang finden die Fischer manchmal kleine Krustentiere in den Netzen, die Bärenkrebse heißen (*Cigalons de mer*).

Die Basis der *Rouille* ist eine einfache Mayonnaise. Damit sie besser emulgiert, geben Sie einen kleinen Teelöffel Senf oder etwas Wasser hinein – auch falls sie gerinnen sollte.

Das Suppengemüse – Zwiebel, Möhre und Knoblauch – würfeln. Das Bouquet garni zugeben und alles Gemüse in Olivenöl anbraten.

Wenn die Zwiebeln glasig geworden sind, die Felsenfische in den Topf geben. Ebenfalls anbraten.

Pastis angießen, Fenchelzweig, Safran und Tomatenmark zugeben. Wasser angießen, bis alles bedeckt ist. 20 Minuten köcheln lassen. Salzen, pfeffern. Fenchel und Bouquet garni herausnehmen, dann das Ganze im Mixer zerkleinern, durch ein Sieb passieren.

»Castellaras«

Für die Ratatouille Zucchini, Aubergine, Zwiebel, Knoblauch und Paprika in sehr kleine Würfel schneiden. 10 Minuten in Olivenöl anbraten, bis die Zwiebel glasig wird. Thymian zugeben. Das Gemüse muss knackig bleiben. Salzen und pfeffern.

Für die Knoblauchmayonnaise Eigelb, Senf und Sonnenblumenöl zu einer cremigen Mischung aufschlagen. Safran, Salz und Harissa zugeben.

Meerbarbenfilets salzen, pfeffern. Im Olivenöl 2 Minuten auf der Haut-, 3 auf der Fleischseite braten. Auf Tellern anrichten, 1 Esslöffel Ratatouille darauf geben, mit zweitem Filet abdecken. Suppe angießen Mit einem Teelöffel Rouille hineinsetzen. Mit Dill garnieren.

Seeteufel in

Vorbereitungszeit:	30 Minuten
Garzeit Gemüse:	30 Minuten
Garzeit Seeteufel:	15 Minuten
Schwierigkeitsgrad:	✶✶

Für 4 Personen

2	Schwanzstücke vom Seeteufel à 800 g
10 Scheiben	Weißbrot
10	Knoblauchzehen
2	Eier
8	kleine Möhren
4	Minifenchel
8	Mini-Rüben
4	Kartoffeln
2	Lorbeerblätter

1 Bund	Petersilie, gehackt
½ Bund	Thymian
100 g	entsteinte schwarze Oliven
10 g	Butter
2 EL	Olivenöl
7 EL	Erdnussöl
	Salz
	Pfeffer

Knoblauchmayonnaise (Aioli):

1	Eigelb
4	Knoblauchzehen
250 ml	Olivenöl
1 Prise	Safran
	Salz

Bei diesem Rezept von Francis Robin wird das zarte, delikate Fleisch des Seeteufels in ein goldenes Gewand gekleidet, das ihm einen unvergleichlichen Geschmack verleiht. Dieser Fisch ist leicht zuzubereiten und auch für Kinder gut geeignet, denn er besitzt nur eine einzige große Rückengräte. Man findet ihn häufig in Stücken auf den Ständen der Fischhändler. Sein Kopf wird selten präsentiert. Achten Sie bei der Auswahl auf sein schneeweißes Fleisch. Sollten Sie gelbliche Fasern entdecken, entscheiden Sie sich lieber für ein anderes, frischeres Exemplar.

Das Aparte an diesem Fischgericht ist, dass es wie eine Fleischkeule aussieht, da es mit Knoblauchstiften gespickt ist. Knoblauch kommt eigentlich in allen mediterranen Gerichten vor. Bei *Ailloli*, der besonderen Mayonnaise aus Südfrankreich, die auch ein fester Bestandteil unseres Rezeptes ist, spielt Knoblauch die Hauptrolle. Damit diese Knoblauchmayonnaise gut gelingt, empfehlen wir Ihnen,

den zerdrückten Knoblauch zunächst zu salzen. Fügen Sie erst dann das Eigelb zu und schlagen Sie das Ganze mit Olivenöl auf, das Sie nach und nach angießen.

Die Gemüsebeilage sollte einen sehr dezenten Geschmack haben. Francis Robin empfiehlt deshalb, auf Tomaten, Auberginen und Zucchini zu verzichten. Nehmen Sie schöne festkochende Kartoffeln, zum Beispiel die Sorten *Charlotte* oder *Roseval*. Sie fallen beim Kochen nicht auseinander.

Das Minigemüse kann natürlich durch Gemüse von normaler Größe ersetzt werden. Kaufen Sie Fenchelknollen, die weiß und bauchig sind. Der Stiel sollte von einem schönen Grün sein. Greifen Sie lieber zu kleineren Exemplaren, sie sind zarter als die großen. Im Kühlschrank hält sich Fenchel mehrere Tage frisch. Die Möhren und Mini-Rüben, die Sie im Bund kaufen, sollten eine glatte, zarte und glänzende Haut haben.

Schwanzstücke des Seeteufels säubern und von Haut und Fett befreien. Möhren, Kartoffeln, Mini-Rüben und Fenchel schälen, bei Möhren und Mini-Rüben etwas Grün stehen lassen. Getrennt in Salzwasser mit je 1 Knoblauchzehe und ½ Lorbeerblatt kochen.

Bereits am Vortag Weißbrot durch ein grobmaschiges Sieb drücken und an der Luft trocknen lassen. Brösel in eine Schüssel geben. Mit 4 gehackten Knoblauchzehen, der Petersilie und klein gezupftem Thymian mischen. Panade salzen, pfeffern.

2 Knoblauchzehen schälen, in Stifte schneiden und damit gleichmäßig den Fisch spicken. Die Eier mit dem Olivenöl verquirlen.

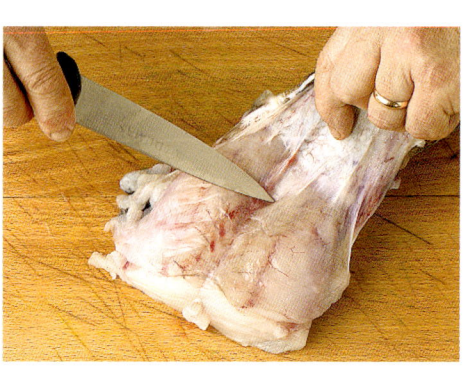

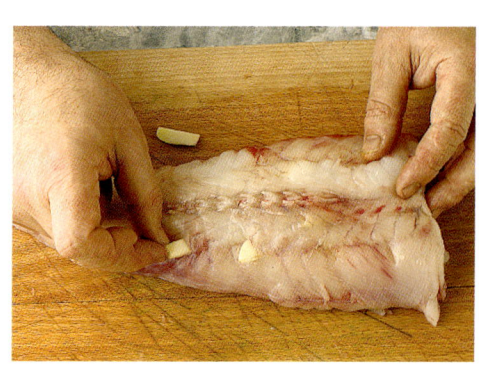

Kräuterpanade

Die Seeteufelstücke in dieser Mischung wenden und panieren. Für die Aioli den Knoblauch in einem Mörser zerdrücken. Salzen und das Eigelb zugeben. Nach und nach das Olivenöl und eine Messerspitze Safran einarbeiten. Wie eine Mayonnaise zubereiten.

Den Backofen auf 200 °C vorheizen. In einer großen, feuerfesten Pfanne das Erdnussöl und die Butter zerlassen. Die Fischstücke darin anbraten, bis sie knusprig und goldbraun sind. Dann 10 Minuten in den Ofen schieben.

Das Garen im Backofen überwachen und den Fisch immer wieder mit Kochsud übergießen. Das Gemüse und die Oliven rund um den Fisch anrichten, die Aioli getrennt dazu servieren.

Rotbarben auf

Vorbereitungszeit: 10 Minuten
Garzeit: 10 Minuten
Schwierigkeitsgrad: ✶

Für 4 Personen

4	Rotbarben à 250 g
4	Roma-Tomaten
2	Schalotten
100 g	schwarze Oliven ohne Steine
1	Knoblauchzehe

3 EL	Olivenöl
	Salz
	Pfeffer

Balsamico-Vinaigrette:

3 EL	Olivenöl
1 EL	Balsamico-Essig
	Salz
	Pfeffer

Christian Étienne hängt sehr an der Provence, wo er geboren und aufgewachsen ist. Sein nach ihm benanntes Restaurant steht im Zentrum von Avignon. Gleich neben dem Palais des Papes gelegen, gehörte es einst den päpstlichen Vizelegaten. Im Inneren des Restaurants erinnern Fresken aus dem 15. Jahrhundert an diese glanzvolle Zeit.

Rotbarben aus dem Mittelmeer werden vor allem wegen ihres delikaten Fleischs geschätzt, das zart und dabei doch fest ist. Bitten Sie Ihren Fischhändler, die Fische zu filetieren. Je nach Marktangebot können Sie statt Rotbarben auch Seeteufel, Kabeljau oder Seewolf nehmen.

Im Sommer dreht sich auf der Menukarte des Küchenchefs alles um Tomaten. Ursprünglich stammen Tomaten aus Peru. Im 16. Jahrhundert wurden sie nach Spanien importiert, wo sie zuerst als giftig galten. Es dauerte noch fast 200 Jahre, bis in Europa Tomaten auf den Tischen kamen.

Roma-Tomaten, eine kleine, duftende Sorte, sind auch unter dem Namen *Olivettes* bekannt. Roma-Tomaten werden vorwiegend in der Provence und im Languedoc-Roussillon angebaut und man findet sie zwischen Juli und Oktober auf den Märkten. Beim Kauf sollte ihr Fleisch fest sein, die Früchte sollten glänzen und eine einheitliche Farbe aufweisen. Sie können die Roma-Tomaten auch durch eine andere Sorte ersetzen, zum Beispiel *Marmande*. Die Tomaten sollten in jedem Fall in sehr heißem Öl angebraten werden.

Auf Knoblauch möchte Christian Étienne keinesfalls verzichten und auch der Schalotte räumt er in diesem Rezept einen Ehrenplatz ein. Diese Verwandte von Zwiebel und Knoblauch verleiht den Tomaten ihr feines Aroma.

Zu den Rotbarben können Sie Reis servieren oder ein Kartoffelpüree mit Olivenöl.

Die Tomaten waschen und mit der Schale der Länge nach in 1 cm dicke Scheiben schneiden.

Die Tomatenscheiben in 2 Esslöffeln heißem Olivenöl 2 Minuten anbraten.

Schalotten und Knoblauch schälen und fein hacken. Über die Tomaten streuen und kurz mit köcheln lassen. Mit Salz und Pfeffer würzen, die Herdplatte ausschalten und das Gemüse ziehen lassen.

gebratenen Tomatenscheiben

Die schwarzen Oliven grob hacken. Für die Balsamico-Vinaigrette Salz, Pfeffer und Balsamico-Essig mischen. Olivenöl zugeben, verrühren und die Oliven hineingeben.

Die Tomaten mit Hilfe eines Spatels auf Tellern anrichten. Die Rotbarbenfilets salzen und pfeffern.

Die Filets im restlichen Olivenöl 2 Minuten auf der Haut- und 1 Minute auf der Fleischseite braten. Die Filets auf das Tomatenbett legen und die Vinaigrette angießen.

Wolfsbarsch

Vorbereitungszeit: 30 Minuten
Garzeit: 30 Minuten
Schwierigkeitsgrad: ✶

Für 4 Personen

1,5 kg	Wolfsbarsch
2	Fenchelknollen
500 ml	Fischfond
5 EL	Olivenöl
	Salz
	Pfeffer

Zum Garnieren:

	Fenchelgrün
1 Prise	Safranfäden

Der Wolfsbarsch auf gedünstetem Fenchel mit Safran-Fisch-Sauce ist einer der Klassiker der provenzalischen Küche. Dieser Fisch gehört zur Familie der Serraniden und wird vor allem wegen seines feinen, festen Fleisches geschätzt, das wenig Fett enthält und außerdem einen köstlichen Geschmack hat. Gegebenenfalls können Sie für dieses Gericht auch Meerbarbe, Kabeljau oder Seeteufel verwenden.

Wenn Sie Probleme damit haben, den Fisch zu filetieren, bitten Sie Ihren Fischhändler, das für Sie zu erledigen. Versuchen Sie einen großen Fisch mit Haut zu bekommen, da diese beim Braten langsam bräunt.

Der Fischfond wird folgendermaßen zubereitet: Eine fein geschnittene Zwiebel wird in einem Esslöffel Olivenöl angebraten. Dann gibt man einen Esslöffel Tomatenmark zu und erhitzt alles eine Minute lang, damit die Säure entweicht. Geben Sie danach ein Kilo kleine Felsenfische zu,

die Sie vorher ausgenommen und gewaschen haben. Schälen Sie eine Knoblauchknolle, zerdrücken Sie die Zehen und geben Sie sie zu. Danach sollten Sie alles würzen. Gießen Sie so viel Wasser an, bis alles bedeckt ist. Geben Sie zwei Gramm Safran, einen Thymianzweig und ein Lorbeerblatt dazu. Lassen Sie das Ganze zwanzig Minuten kochen und sieben Sie dann den Fond durch. Wenn der Fond sirupartig wird, schlagen Sie ihn mit drei Esslöffeln Olivenöl auf.

Eine ebenso prominente Zutat wie der Fischfond ist der Fenchel. Sein anisartiger Geschmack passt wunderbar zu Fisch. Fenchel ist eine breite Knolle aus eng aneinander liegenden Blättern und wird als Gemüse gegessen. Wenn Sie ihn auf dem Markt kaufen, sollte er weiß und fest sein, eine runde Form und keine Flecken haben.

Der Wolfsbarsch auf Fenchel mit Safran-Fisch-Sauce entfaltet einen feinen Jodgeschmack und ein frisches Aroma.

Fisch schuppen und Filets herauslösen. Dazu das Messer auf Kiemenhöhe ansetzen und vom Kopf aus an der Mittelgräte entlang führen. Von der unteren Bauchhälfte bis zum Schwanz von der Rückengräte ablösen. Die Gräten mit einer Pinzette herausziehen.

Den Bauch und die Gräten für den Fischfond aufbewahren. Die Fischfilets mit Haut in 4 dicke Stücke schneiden.

Fenchel waschen und in dicke Scheiben schneiden. Das Grün zur Seite legen.

auf Fenchel

Die Fenchelscheiben in 2 Esslöffeln Olivenöl 1–2 Minuten goldbraun anbraten.

Den Fenchel im Fischfond etwa 20 Minuten schmoren. Abtropfen lassen und die Wurzelansatz herausschneiden. Die Sauce abschmecken.

Die Wolfsbarschfilets salzen und pfeffern. Im restlichen Olivenöl 5 Minuten von jeder Seite braten. Etwas Sauce in die Teller gießen. In die Mitte den Fenchel geben, die Fischstücke darauf setzen. Mit Fenchelgrün und Safranfäden garnieren.

Aalragout

Vorbereitungszeit: 30 Minuten
Garzeit: 25 Minuten
Schwierigkeitsgrad: ★★

Für 4 Personen

1,2 kg	Aale
75 g	Schalotten
50 g	Zwiebeln
2	Knoblauchzehen
6	Tomaten
250 ml	Weißwein
100 ml	Fischfond
30 g	Weizenmehl

2 EL	Olivenöl
1 Prise	Cayennepfeffer
	Salz
	Pfeffer

Kräuter:

20 g	Kerbel
20 g	Schnittlauch
30 g	glatte Petersilie
1 Zweig	Estragon

Croûtons:

4 Scheiben	Brot oder Toast
15 g	Butter

Der Aal ist ein wahrlich ein besonderer Fisch. Mit seinem langen Körper ist er geschmeidig wie eine Schlange. Seine Haut ist mit einer schleimigen Masse überzogen. Alle Aale kommen weiblich zur Welt, einige ändern dann im Laufe ihres Lebens ihr Geschlecht. Bei den Fischhändlern findet man aber nur weibliche Aale.

Dieses Gericht ist ein Klassiker aus der Region von Sète, nahe dem Bassin de Thau, in dem der Fisch in großer Zahl vorkommt. Da er schnell verdirbt, muss er lebend verkauft und seine Haut darf erst im letzten Moment abgezogen werden. Verzehren Sie den Aal an dem Tag, an dem Sie ihn gekauft haben. Bitten Sie Ihren Fischhändler, den Aal vorzubereiten, denn das ist eine lästige Arbeit. Immerhin lässt sich die Wirbelsäule mit einem einzigen Schnitt entfernen.

In der Antike galten Aale bei den Römern als Delikatesse und als Inbegriff des köstlichen Geschmacks, weshalb sie gerne bei prächtigen Gelagen serviert wurden. Heute findet man sie in vielen französischen Rezepten, vor allem an der Westküste. Der Export aus dem Languedoc floriert, denn die größten Aalliebhaber leben im Ausland: Japaner, Skandinavier und Italiener sind geradezu versessen darauf.

Um den lebenden Aal zu häuten, muss man ihn zunächst auf einem harten Untergrund betäuben. Dann wird er hinter der Kopfflosse bis zum Rückgrat durchgeschnitten, festgehalten und der Kopf mit der Haut abgezogen. Schneiden Sie den Aal dann der Länge nach auf und nehmen Sie ihn aus. Entfernen Sie sorgfältig die Eingeweide: Achten Sie darauf, dass die Gallenblase nicht platzt. Schneiden Sie auch das Schwanzende ab. Spülen Sie den Aal unter Wasser ab und zerteilen Sie ihn in Stücke.

Dieses herzhafte Fischragout wird übrigens oft auch mit Rotwein und Kräutern zubereitet.

Wenn die Aale nicht küchenfertig sind, ausnehmen und die Mittelgräte entfernen. Die Haut mit einem Küchentuch zurückrollen und dann nach unten abziehen. Die Aale in ca. 5 cm lange Stücke schneiden.

Aalstücke zum Entfetten 1 Minute in kochendes Salzwasser geben. Dann sofort in kaltem Wasser abschrecken. Abtropfen, beiseite stellen. Zwiebel und Schalotte schälen, sehr fein schneiden. Tomaten brühen, häuten und zerkleinern. Knoblauch schälen und zerdrücken.

In einem Topf 1 Esslöffel Olivenöl erhitzen. Darin Schalotte, Zwiebel, Knoblauch und am Schluss die zerkleinerten Tomaten anbraten. 6 Minuten zu einem Mus verkochen.

à la Palavasienne

Die Aalstücke mit Mehl bestäuben. In die Tomatensauce legen. Salzen, pfeffern und mit Cayennepfeffer würzen. Je nach Größe der Aalstücke 8–10 Minuten garen.

Weißwein angießen und um ein Drittel reduzieren. Den Fischfond zugeben und 5 Minuten kochen. Währenddessen das Brot in dreieckige Scheiben schneiden und in Butter anbraten. Die Kräuter waschen und fein hacken.

Restliches Olivenöl zugeben und im letzten Moment die frischen Kräuter. Noch einmal abschmecken. Die Sauce über die Aalstücke gießen und die Teller mit den goldbraunen Brotscheiben garnieren.

Seeteufel auf

Vorbereitungszeit: 30 Minuten
Einlegen des Knoblauchs: 35 Minuten
Garzeit: 45 Minuten
Schwierigkeitsgrad: ★

Für 4 Personen

1,5 kg	Seeteufel
2 EL	Olivenöl
	Salz, Pfeffer

Auberginenpüree:

1,5 kg	Auberginen
5 EL	Olivenöl
20 g	Pinienkerne
	Salz, Pfeffer

Paprikasauce:

500 g	rote Paprika
250 g	Tomaten
1	Schalotte
1 EL	Tomatenmark
1	Knoblauchzehe
500 ml	Fischfond
5 g	Sternanis
1 EL	Olivenöl
	Salz
	Pfeffer

Zum Garnieren:

4	Knoblauchzehen
50 ml	Olivenöl
1 Zweig	Kerbel

Seeteufelmedaillons sind eines der beliebtesten Gerichte in Südfrankreich. Unser Chefkoch hat dieses Rezept in seinem Restaurant in Monte Carlo verfeinert: »Das feste Fleisch des Seeteufels trifft hier auf die roten Paprikaschoten mit ihrem sonnigen Aroma und dem warmen Temperament sowie auf die weiche Geschmeidigkeit des von gegrillten Pinienkernen begleiteten Auberginenpürees.«

Im Mittelmeerraum wird der Seeteufel meist *Baudroie* genannt, ist aber auch als *Lotte de mer* bekannt. Trotz seines unansehnlichen Äußeren wird er wegen seines festen Fleisches sehr geschätzt. Wenn es Ihnen Schwierigkeiten macht, den Fisch zu filetieren, bitten Sie Ihren Fischhändler darum. Je nach Marktangebot verwenden manche Franzosen für dieses Gericht auch *Lisettes*, kleine Makrelen.

Als Sauce zubereitet, bringt die rote Paprika in diesem Rezept ihr sanftes Aroma vollständig zur Entfaltung. Diese

Frucht, die man als Gemüse verwendet, ist eng verwandt mit den scharfen, länglichen Pfefferschoten, von denen sie sich vor allem in der Größe und der Form unterscheidet. Die rote Paprika ist am empfindlichsten und auch am schwierigsten zu lagern. Kaufen Sie deshalb harte, glatte Exemplare mit grünem, festem Stiel. Beim Dämpfen der Paprika für die Sauce deckt unser Küchenchef den Topf mit Alufolie ab.

Das Fischgericht harmoniert perfekt mit dem Auberginenpüree. Nehmen Sie dafür keine zu dicken Auberginen – ihr Fleisch ist oft faserig. Und wenn sie zu groß sind, haben sie meist viele Kerne. Achten Sie beim Einkauf darauf, dass die Früchte eine glatte, straffe, glänzende Haut ohne Flecken besitzen. Wenn Ihnen der Geschmack des Auberginenpürees zu intensiv ist, servieren Sie stattdessen ein Zucchinipüree zu dem Fisch.

Den Fisch säubern und die äußere Haut mit der Schere einschneiden. Die übrigen Häute entfernen. Bauch- und Rückenflossen in der Gegenrichtung sowie den Schwanz abtrennen. Das Fischfleisch in 12 Medaillons schneiden.

Mit einem Sparschäler Streifen von der Aubergine abschälen. Schale aufbewahren. Auberginen durchschneiden und einritzen. Salzen und pfeffern. Jede Hälfte mit 2 Esslöffeln Olivenöl beträufeln. Auf ein Backblech legen und 45 Minuten bei 160 °C backen.

Für das Auberginenpüree das gegarte Fleisch der Auberginen auskratzen. Zusammen mit den Pinienkernen fein hacken. Abschmecken und beiseite stellen. Die Knoblauchzehen in Olivenöl anbraten. Für die Garnierung beiseite legen.

Paprikasauce

Paprikasauce: Die fein gehackte Schalotte im Olivenöl anbraten. Gewürfelte rote Paprika und Tomaten, Tomatenmark, zerdrückten Knoblauch, Fischfond und Sternanis zugeben. 15 Minuten einkochen. Mit dem Mixstab pürieren und durch ein Sieb passieren.

Die Hautstreifen der Auberginen in Rauten schneiden. Im restlichen Olivenöl frittieren. Für die Garnierung beiseite stellen.

Fischmedaillons salzen, pfeffern. 3 Minuten im Olivenöl braten. Alles auf Tellern anrichten: Je 3 Klößchen Auberginenpüree und darauf ein Seeteufelmedaillon. Sauce angießen. Mit Kerbel, frittierten Auberginenrauten und gedünstetem Knoblauch garnieren.

Pot-au-feu

Vorbereitungszeit:	30 Minuten
Wässern der Markknochen:	24 Stunden
Garzeit:	35 Minuten
Schwierigkeitsgrad:	★

Für 4 Personen

4 Stücke	Wolfsbarsch à 150 g
4	Markknochen von 3 cm Dicke
1	Trüffel
20 ml	Trüffeljus
500 g	grüner Spargel
200 ml	Fischfond
1 TL	Olivenöl
1	Lorbeerblatt

1	Kartoffel
	Öl zum Frittieren
	Salz
	Pfeffer

Gemüse:

1	Kartoffel
2	Möhren
2	runde Mini-Rüben
2	Selleriestangen
4	kleine junge Zwiebeln

Zum Garnieren:

| | Selleriegrün (nach Belieben) |
| | grobes Meersalz |

Ein *Pot-au-feu* ist etwas ganz spezifisch Französisches. Der ursprüngliche Bauerneintopf besteht aus Brühe, Fleisch und Gemüse. Zwar gibt es bereits unzählige Rezepte für das Gericht, doch unserem Küchenchef ist noch eine neue, originelle Variante eingefallen: Er ersetzt das Fleisch durch Fisch.

Der Wolfsbarsch aus dem Mittelmeer gehört zur Familie der Serraniden. Die außerordentliche Gefräßigkeit dieses sehr beliebten Speisefisches, der, wenn er aus dem Atlantik stammt, auch Seebarsch genannt wird, hat ihm seinen bildhaften Namen eingetragen. Fragen Sie Ihren Fischhändler nach wildem Wolfsbarsch; er schmeckt viel besser als der gezüchtete. Falls Sie keinen bekommen, können Sie das Rezept auch mit Gold- oder Zahnbrasse zubereiten.

Die Verwendung von Trüffeln verleiht dem Gericht einen zusätzlichen Reiz. Dieser äußerst begehrte und teure Pilz war schon in der Antike bekannt. Die Alten Ägypter mochten ihn am liebsten mit Gänsefett umhüllt und gebacken und die Griechen und Römer sprachen ihm eine erstaunliche Wirkung als Aphrodisiakum zu. Der Pilz selbst ist eine unregelmäßig gerundete Knolle. Meist ist er schwarz oder dunkelbraun, manchmal auch grau oder weiß.

Wenn Sie das Gemüse kaufen, achten Sie darauf, dass Sie größere Stücke nehmen. Damit das grüne Gemüse seine Farbe und sein Chlorophyll behält, schrecken Sie es nach dem Kochen in Eiswasser ab. Die Markknochen sind ein Klassiker im *Pot-au-feu*. Sie müssen zuvor vierundzwanzig Stunden lang in kaltem Wasser, das Sie häufig austauschen sollten, gewässert werden.

Richten Sie zuerst das Gemüse auf den Tellern an und darauf den Fisch. Zum Schluss kommt die Brühe dazu. Nach Belieben können Sie etwas Olivenöl darübergeben.

Gemüse waschen und schälen. Einen Teil der Stiele stehen lassen. Den Staudensellerie in Stücke schneiden und Fasern, sofern vorhanden, sorgfältig entfernen.

Das Gemüse im mit 750 ml Wasser verlängerten Fischfond kochen. Mit Salz und Pfeffer würzen. Sobald das Gemüse gar ist, herausnehmen und beiseite stellen. Den grünen Spargel getrennt 10 Minuten in Salzwasser kochen.

Die Fischstücke und die Markknochen 7–8 Minuten in der Gemüsebrühe kochen. Den Trüffeljus, das Lorbeerblatt und die Hälfte des Trüffels, in kleine Würfel geschnitten, zugeben.

mit Wolfsbarsch

Das Gemüse in der Brühe erhitzen und die andere, in Scheiben geschnittene Hälfte des Trüffels zugeben.

Kartoffel waschen und säubern; nicht schälen. Der Länge nach vierteln. In Salzwasser blanchieren und 2 Minuten in kaltes Wasser legen. Abtrocknen und dann frittieren.

Die Kartoffelstücke auf Küchenpapier abtropfen lassen und noch warm in grobem Meersalz wälzen. Das Gemüse auf Tellern anrichten, darauf den Fisch und die Markknochen. Zum Abschluss etwas Olivenöl darüber träufeln.

Jakobsmuscheln

Vorbereitungszeit: 1 Stunde
Wässern der Muscheln: 45 Minuten
Garzeit: 5 Minuten
Schwierigkeitsgrad: ✶

Für 4 Personen

12	mittelgroße Jakobsmuscheln
150 g	Mesclun-Salat
	grobes Salz

Farce:

2	Knoblauchzehen
1 Bund	glatte Petersilie
1	dicke Schalotte
½	frische Chilischote

2 Scheiben	Weißbrot
1	Frühlingszwiebel
100 g	Butter
½	Zitrone
2 EL	Olivenöl
	Salz

Balsamico-Vinaigrette:

3 EL	Olivenöl
1 EL	Balsamico
	Salz
	Pfeffer

Zum Garnieren:

	grobes Salz

Das Originelle an diesem Rezept ist die Art der Zubereitung der Jakobsmuscheln. Unser Küchenchef gart das Muschelfleisch in der Schale. Das Gericht erfordert keine großen Kochkünste und repräsentiert doch durch seine Zutaten die Köstlichkeiten des französischen Südens.

Die Jakobsmuschel – französisch *Coquille Saint-Jacques* – ist eine große Muschel, die auf dem Meeresboden der Atlantik- und der Mittelmeerküste lebt und sich fortbewegt, indem sie sich öffnet und schließt. Auf der einen Seite ist sie flach und auf der anderen gewölbt. Die mit fächerförmigen Rillen geschmückte Schale misst, wenn die Muschel in den Handel kommt, zehn bis fünfzehn Zentimeter im Durchmesser. Kaufen Sie nur fest geschlossene Muscheln. Bitten Sie Ihren Fischhändler, die Muscheln für Sie vorzubereiten, ohne den Muskel zu durchtrennen. Vergessen Sie zu Hause nicht das Wässern. Das grobe Salz dient dazu, die Muscheln zu fixieren, damit sie nicht kippen.

Das in Frankreich äußerst beliebte weiße, feste Fleisch dieser Muscheln entfaltet einen sehr feinen Geschmack. Jakobsmuscheln werden vorschriftsmäßig zwischen Ende September und Anfang Mai gefischt. In früheren Zeiten waren die Schalen das Erkennungszeichen der Pilger nach Santiago de Compostela.

Die aromatische Farce ist ein wesentlicher Bestandteil des Gerichts. Sie verleiht den Muscheln einen leicht säuerlichen Geschmack. Je nachdem, was Sie auf dem Markt finden, können Sie, so der Küchenchef, die Farce auch um schwarze Oliven, Zitronenwürfel oder Kapern bereichern.

Der *Mesclun* ist ein gemischter Salat aus jungen südfranzösischen Salatsorten. Traditionell besteht er aus Winterendivie, Radicchio, Chicoree, Feldsalat, Löwenzahn, Kerbel, Eichblattsalat und Portulak. Es gibt ihn aber auch fertig gemischt.

Die Jakobsmuscheln öffnen: Mit der Messerklinge zwischen den Schalen entlang fahren, ohne den Muskel zu zertrennen. Die flache Seite weglegen.

Muscheln säubern: Dazu mit dem Zeigefinger unter die dunkle Tasche greifen, Membrane und Bartfäden herausziehen. Das Fleisch muss in der Schale verankert bleiben. 45 Minuten wässern, damit Sand und andere Verunreinigungen herausgespült werden.

Für die Farce Knoblauch, Schalotte, Petersilie, Chilischote und Frühlingszwiebel sehr fein schneiden. Butter in Stückchen schneiden. Brot klein würfeln.

mit Blattsalat

Butter und Brotwürfel mischen. Dann die anderen Zutaten der Farce zugeben und das Olivenöl darüber gießen. Den Zitronensaft zugeben und vermengen.

Das Muschelfleisch salzen und mit einem Löffel leicht anheben ohne den Muskel zu lösen. In jede Muschelschale 1 Esslöffel Farce füllen, sie auf ein Backblech setzen, das dicht mit grobem Salz bestreut ist. 5 Minuten bei 250 °C backen.

Salat waschen. Aus Salz, Pfeffer, Balsamico und Olivenöl eine Vinaigrette zubereiten. Die Teller mit grobem Salz bestreuen und die Muscheln darauf setzen. Den Salat dazu servieren.

Gefüllte Sardinen

Vorbereitungszeit: 30 Minuten
Garzeit: 45 Minuten
Schwierigkeitsgrad: ✶

Für 4 Personen

12	Sardinen à 150 g
1 Bund	frische Minze
400 g	*brocciu* (korsischer Frisch-käse)
2	Eier
	Salz
	Pfeffer
150 g	*tomme* (korsischer Käse)

Tomatensauce:

1	Zwiebel, gehackt
50 ml	Olivenöl
½ Bund	Petersilie, fein gehackt
1	Knoblauchzehe, zerdrückt
500 g	Tomaten, fein gewürfelt
	Salz
	Pfeffer
50 ml	Weißwein

Zum Garnieren:

	Minzeblättchen

Gefüllte Sardinen sind ein typisches korsisches Fischerge-richt. Es verbindet Küste und Gebirge und kann zusätzlich mit Mangold oder Spinat verfeinert werden.

Auf Korsika ist der Fischfang noch ein verbreitetes Hand-werk, und besonders im Frühjahr und Sommer werden Sar-dinen in großen Mengen gefangen. Die Fische mit dem un-vergleichlichen Geschmack sollten etwa 150 g pro Stück wiegen, damit man sie füllen kann. Die Füllung passt auch gut zum Kalmar.

Füllungen werden auf Korsika oft mit *brocciu* zubereitet, dem typischen korsischen Käse mit dem milden Ge-schmack. Er wird aus Molke, Milch von Schaf oder Ziege und Salz hergestellt und ist durch eine Herkunftsbezeich-nung geschützt. Zu dem cremigen Käse passt hervorragend die Minze mit ihrem frischen Aroma, die im Mittelmeer-raum wild wächst und besonders reich an Kalzium, Eisen und Vitaminen ist. Seit dem Altertum ist die Minze wegen ihrer anregenden Eigenschaften beliebt. Wenn Sie sie trocknen wollen, hängen Sie sie in einem luftigen, dunklen Raum auf, zerreiben Sie die trockenen Blätter und bewah-ren Sie sie in fest verschlossenen Gläsern auf.

Dieses maritime Gericht mit seinen appetitlichen Farben kommt natürlich nicht ohne Tomatensauce aus, die mit ih-rem fruchtigen Geschmack den *brocciu* und die Sardinen abrundet.

Die Köpfe der Sardinen von Hand abzie-hen und die Fische ausnehmen. Die Mit-telgräten entfernen und die Sardinen ab-spülen.

Die Minze waschen, die Blättchen abzup-fen und fein hacken.

Brocciu mit Eiern und Minze mischen, salzen und pfeffern.

Tomatensauce: Die Zwiebel im Olivenöl anbraten, die Petersilie, den Knoblauch und die Tomaten zugeben, salzen und pfeffern. Den Weißwein zugießen, 15 Minuten köcheln lassen und im Mixer pürieren.

Sardinen mit der Käsemischung füllen.

Die Tomatensauce in eine Auflaufform füllen, Sardinen darauf legen. Mit tomme belegen und im Ofen bei 180 °C 30 Minuten überbacken. Mit Minze garnieren und heiß servieren.

Seebarschpäckchen

Vorbereitungszeit: 40 Minuten
Garzeit: 40 Minuten
Schwierigkeitsgrad: ✶

Für 4 Personen

12	große Spinatblätter
600 g	Seebarschfilet
	Salz
	gemahlener Pfeffer

Füllung:

300 g	*brocciu* (korsischer Frisch-käse) oder Ricotta
½ Bund	Petersilie, fein gehackt
1 Zweig	Majoran, fein gehackt
200 g	Spinat, gehackt
	Salz
	Pfeffer
1	Ei

Tomatensauce:

12 Blättchen	Basilikum, fein gehackt
5 Zweige	Petersilie, fein gehackt
1	Frühlingszwiebel
2	Knoblauchzehen, zerdrückt
50 ml	Olivenöl
300 g	reife Tomaten, gewürfelt
	Salz
	Pfeffer

Zum Garnieren:

	Kirschtomaten
	Basilikum
	schwarze Oliven

Dieses raffinierte Gericht ist eine Kreation unseres Küchenchefs, der darin auf wunderbare Weise den Fisch der Küstenregion mit dem Käse und Gemüse des Hochlandes verbindet. Die Füllung auf der Grundlage des korsischen Frischkäses *brocciu* ist an traditionelle Rezepte angelehnt. Die Zubereitung ist ganz einfach.

In korsischen Hirtenfamilien bekam die Braut von ihrer Schwiegermutter zur Hochzeit Sauermilch geschenkt. Diese Tradition zeigt den Stellenwert, den der Käse auf der Insel hat. Der berühmte *brocciu* wird aus Molke und Vollmilch von Ziege oder Schaf hergestellt und besitzt eine geschützte Herkunftsbezeichnung. Er wird für süße und salzige Speisen verwendet.

Die an traditionelle Rezepte angelehnte Füllung mit frischem Majoran wird oft zu Nudeln serviert, sie passt jedoch ganz hervorragend zum Seewolf, der auch Seebarsch genannt wird. Er besitzt ein feines, festes Fleisch, das sehr mager ist. Je nach Angebot können Sie ihn durch Zahnbrasse oder Forelle ersetzen, die in den Flüssen Korsikas in großer Anzahl vorkommt.

Zu kleinen Päckchen gepackt, werden die gefüllten Fischfilets mit Spinatblättern umwickelt. Das Gemüse ist im Frühjahr und Herbst frisch erhältlich, kann aber auch durch Mangold ersetzt werden. Die Tomatensauce verleiht dem Gericht mit ihrer roten Färbung und ihrem fruchtigen Geschmack den letzten Pfiff.

Den Spinat waschen. Die Blätter für die Füllung und die 12 großen Blätter getrennt voneinander blanchieren. Die Blätter zum Umwickeln nach dem Blanchieren in Eiswasser abkühlen.

Tomatensauce: Kräuter, Zwiebel und Knoblauch in Olivenöl dünsten. Die Tomaten zugeben, salzen und pfeffern. 30 Minuten köcheln lassen und im Mixer pürieren.

Füllung: Den Käse mit den Kräutern und dem Spinat mischen, salzen und pfeffern. Das Ei zugeben und alles gut kneten.

mit Käsefüllung

Gräten aus dem Fischfilet entfernen. Den Fisch in 24 feinste Filets schneiden.

12 Spinatblätter auslegen, je 1 Fischfilet darauf legen, salzen, pfeffern und etwas Füllung darauf setzen. Mit einem zweiten Filet belegen und alles in das Spinatblatt wickeln.

Tomatensauce in eine Auflaufform geben und gefüllte Päckchen darauf legen. Im Ofen bei 180 °C 8–10 Minuten backen und heiß servieren.

Stockfisch »Frecole«

Vorbereitungszeit: 30 Minuten
Entsalzen des Fischs: 48 Stunden
Garzeit: 20 Minuten
Schwierigkeitsgrad: ✱

Für 4 Personen

500 g	Stockfisch
150 g	Walnusskerne
250 g	altbackenes Brot
1	Knoblauchzehe
10 g	getrockneter Oregano

3 EL	Olivenöl
	Salz (nach Belieben)
	Pfeffer

Zum Garnieren:

Walnüsse
Oreganoblätter

Das Wort *Frecole* bezeichnet im neapolitanischen Dialekt die Brotkrume. In dieser Gegend wird die Krume oft statt Semmelbröseln verwendet. Dieses typische Stockfisch-Gericht aus Avellino ist ein traditionelles Weihnachtsessen.

Der Kabeljau, den nicht nur die Italiener sehr schätzen, ist weltweit einer der meistgefangenen Fische. In Norwegen wird er zu Stockfisch verarbeitet, das heißt, er wird in zwei Teile geschnitten und reichlich gesalzen, bevor man ihn an der frischen Luft trocknen lässt. Deshalb ist es unbedingt notwendig, ihn achtundvierzig Stunden vor der Zubereitung gründlich zu wässern.

Baccalà – so heißt Stockfisch auf Italienisch – ist wegen seines mageren, wohlschmeckenden Fleisches etwas für Feinschmecker. Sie können ihn durch Seezunge oder Goldbrasse ersetzen. In diesem Fall empfiehlt Michelina Fischetti, das Gericht mit Tomaten und Petersilie abzurunden.

Die *Frecole*-Mischung besteht aus Knoblauch, Oregano, Olivenöl und Walnüssen. Die Nüsse verleihen dem Gericht nicht nur Biss, sondern sie sind auch nahrhaft und gesund. Walnüsse sollten stets in einem luftdicht verschlossenen Behälter an einem kühlen und trockenen Ort aufbewahrt werden. Um ihnen ihre »Jugend« zurückzugeben, weichen Sie sie einige Stunden in heißer Milch ein. Anschließend löst sich die Haut fast wie von allein ab und die Kerne sind wieder frisch und knackig. Natürlich können Sie auch Haselnüsse oder Mandeln verwenden.

Oregano ist eine wilde Art des Majorans, der etwas kräftiger schmeckt. In der italienischen Küche ist er unentbehrlich, besonders als Gewürz für zahlreiche Tomatengerichte.

Stockfisch »Frecole« eignet sich hervorragend für festliche Anlässe, die keinesfalls nur auf das Weihnachtsfest beschränkt sind.

Mit einem großen Messer den Stockfisch in Stücke von etwa gleicher Größe schneiden und entgräten.

Die Fischstücke in eine Schüssel mit Wasser legen. Den Fisch 48 Stunden entsalzen; dabei mehrmals das Wasser wechseln.

Die Nüsse in einen Mörser geben und mit einem Stößel zerkleinern.

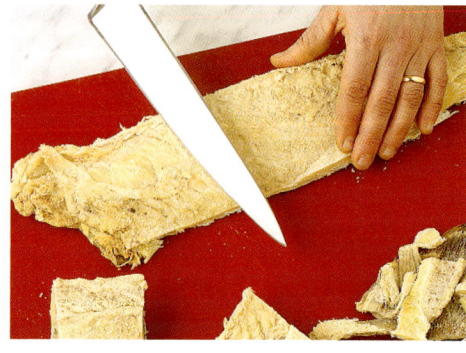

mit Nüssen

Das Brot mit den Händen zerbröseln. Die Knoblauchzehe schälen und zerdrücken.

Brotkrumen, Knoblauch, Oregano und die geschälten Nüsse in eine Salatschüssel geben. 2 Esslöffel Olivenöl zugeben und alles mit den Händen vermengen.

Eine ofenfeste Form mit dem restlichen Öl einfetten. Die Stockfischstücke in die Form legen und die Nussmischung darüber geben. Bei 180 °C 20 Minuten im Backofen garen. Den Fisch anrichten und mit ganzen Nüssen und Oreganoblättern garnieren.

Cacciucco

Vorbereitungszeit: 1 Stunde
Garzeit: 55 Minuten
Schwierigkeitsgrad: ✶✶

Für 4 Personen

320 g	Schwertfisch
200 g	lebender Aal
200 g	Lachsforelle
4	lebende Flusskrebse
300 g	Tomaten
1	Knoblauchzehe
200 ml	Weißwein
1 EL	gehackte Petersilie
1 kleine	getrocknete Chilischote
	extra natives Olivenöl

Salz
Pfeffer

Fischbrühe:

	Kopf, Gräten und Flossen der Forelle
1	kleiner Stangensellerie
1/2	Möhre
1/2	Zwiebel
3	Basilikumblätter
	Salz

Beilage:

geröstetes Bauernbrot in Scheiben
Olivenöl
gehackte Petersilie

In der Nähe des Restaurants »La Mora« von Sauro Brunicardi fließt der Serchio mit seinem reichen Vorkommen an Fischen und Krustentieren. Dies hat den Küchenchef auf die Idee gebracht, ein berühmtes Rezept aus Livorno an der Küste des Tyrrhenischen Meeres abzuwandeln und an die Süßwasserfische des Serchio anzupassen. Einer Legende nach erbettelte sich vor langer Zeit eine arme Witwe aus Livorno die Abfälle von Fischen und Weichtieren, um daraus eine magere Suppe zu kochen: So sei der *Cacciucco* entstanden. Mit der Zeit erweiterte sich die Zutatenliste etwas, zum Beispiel um Fische aus der Region und um Krustentiere. Die farbenfrohe und wohlschmeckende Brühe dieses *Cacciucco* besteht aus Tomaten, Knoblauch, Petersilie, Weißwein und Gewürzen.

Sauro Brunicardi verwendet vor allem Süßwasserfische – sieht man einmal von dem Schwertfisch ab. In der Regel kommen Flussfische in Italien eher selten auf den Tisch,

weil man ihr Fleisch für fade hält. Eine Ausnahme sind da aber sicher die Aale. Sie werden in der südlichen Toskana in der Bucht von Orbetello gefangen, wenn sie den Albegna-Fluss im Richtung Meer hinab schwimmen.

Aale kommen in erster Linie geräuchert in den Handel, man kann sie aber auch lebend kaufen. Um einen Aal zu töten, durchtrennen Sie das Rückgrat des Tieres mit einem Messerstich direkt hinter dem Kopf. Fassen Sie dabei den Aal mit Hilfe eines Tuchs, damit er Ihnen nicht entgleitet. Danach wird der Fisch ungehäutet in Stücke geschnitten.

Beim Zerlegen der Forelle sollten Sie sorgfältig alle Gräten entfernen oder bitten Sie Ihren Fischhändler, den Fisch zu filetieren. Sauro Brunicardi serviert seinen *Cacciucco* mit toskanischem Holzofenbrot, das eine sehr feste Kruste hat. Das Brot wird erst geröstet, dann mit Öl beträufelt. Man kann damit wunderbar die Brühe auftunken.

Den Aal durch einen Stich mit einem scharfen Messer direkt hinter dem Kopf töten. Den Kopf abtrennen und den Körper des Aals in Stücke von 3–4 cm Länge schneiden.

Lachsforelle auf der Bauchseite öffnen und ausnehmen. Längs des Rückens tranchieren und vor dem Schwanz schräg abschneiden. Das Messer an der Hauptgräte entlang führen, um die Filets auszulösen. Diese in 4–5 cm breite und 10 cm lange Streifen schneiden.

Kopf, Gräten und Flossen der Forelle in einen Topf mit Salzwasser geben. Sellerie, Möhre, Zwiebel und Basilikum zugeben. 30 Minuten bei schwacher Hitze köcheln lassen. Beiseite stellen.

Die Flusskrebse in einen Topf mit sprudelnd kochendem Wasser geben und 2 Minuten kochen. Anschließend der Länge nach durchschneiden. Den Schwertfisch in Scheiben schneiden. Die Chilischote aufschneiden und entkernen.

Den Knoblauch in einer großen Pfanne in Öl anbraten. Petersilie und klein geschnittene Chilischote zugeben und 1 Minute andünsten. Schwertfisch, Aal, Flusskrebse und Forelle zugeben und 5 Minuten unter Umrühren garen. Mit Weißwein ablöschen.

Zerkleinerte Tomaten zugeben und bei starker Hitze 5 Minuten garen. Salzen, pfeffern. Den Fischsud angießen und 10 Minuten köcheln lassen. Fische, Krebse, Sauce und die mit Öl beträufelten Brotscheiben auf Tellern anrichten. Mit gehackter Petersilie garnieren.

Gefüllte

Vorbereitungszeit: 45 Minuten
Garzeit: 45 Minuten
Schwierigkeitsgrad: ★★

Für 4 Personen

800 g	Tintenfische
500 g	Kirschtomaten
150 g	Toastbrot
1	Knoblauchzehe
200 ml	Roséwein

1	kleine frische Chilischote
9 EL	extra natives Olivenöl
	Salz

In der Bucht von Salerno liegt die »Taverna del Capitano« von Alfonso Caputo, der sich auf Gerichte aus Fisch und Meeresfrüchten spezialisiert hat. Bei der Zubereitung gefüllter Tintenfische besteht die Füllung traditionell aus den Tentakeln, Hackfleisch vom Schwein oder vom Kalb und Toastbrot. Der Küchenchef schlägt eine leichtere Füllung vor, für die er die Tentakeln mit Kirschtomaten, Brotwürfeln, Knoblauch und Chili mischt.

Tintenfische zählen zu den Kopffüßern und gehören damit zur Klasse der marinen Weichtiere. Sie haben eine dunkle Haut, aber ihr Fleisch ist zart und besonders schmackhaft. Sie werden in der Tiefe des Meeres mit Schleppnetzen gefischt. Vor allem die Neapolitaner verwenden sie gern in der Küche – sei es, um sie zu füllen oder um sie in Suppen oder mit Pasta zu servieren. Toastbrot eignet sich ausgezeichnet für die Füllung. Nachdem Sie die Kruste sorgfältig abgeschnitten haben, stapeln Sie die Scheiben aufeinan-

der und schneiden sie in Würfel. Die Kirschtomaten tragen durch ihre kräftige rote Farbe und ihren leicht säuerlichen Geschmack viel zum Gelingen des Gerichtes bei. Sie passen hervorragend zu den Tintenfischen und zur feinen Säure des Roséweins, der zum Garen verwendet wird. Alfonso Caputo empfiehlt einen Lacrima Christi aus Kampanien. Aber man kann auch jeden anderen Roséwein, ja sogar einen Weißwein verwenden.

Die einzige Schwierigkeit bei diesem Rezept besteht darin, die gefüllten Tintenfische richtig zu garen, denn Mantel und Füllung sollten gleichzeitig gar sein. Wenn die Sauce eingekocht ist und bereits sämig wird, sind die Tintenfische genau richtig. Schneiden Sie sie sorgfältig durch, ohne dass die Füllung aus den Mantelringen fällt. Geben Sie drei Medaillons mit etwas Sauce auf jeden Teller und garnieren sie ihn dann mit ein wenig gehackter Petersilie.

Die Köpfe der Tintenfische abschneiden und die Innereien entfernen. Die Haut abziehen und unter fließendem Wasser gründlich abspülen.

Die Fangarme würfeln, ebenso das Brot.

2 Esslöffel Öl in einer Pfanne erhitzen und die Tentakeln anbraten. Die Hälfte der Kirschtomaten, Brotwürfel, in feine Scheiben geschnittene Chilischote und Knoblauch zugeben. Bei starker Hitze schmoren.

Tintenfische

Die Tintenfische ebenfalls in die Pfanne legen. Mit einem Löffel die Füllung hineingeben und mit einem Holzspieß verschließen.

Übriges Olivenöl in eine Auflaufform geben. Die restlichen Kirschtomaten zufügen und salzen. Die gefüllten Tintenfische in die Form legen und mit Wein begießen. Die restliche Füllung darum verteilen. Alles mit Alufolie abdecken. 40 Minuten im Backofen bei 170 °C garen.

Wenn Mäntel und Füllung gar sind, warm stellen. Das Gemüse und etwas Sauce aus der Auflaufform passieren. So viel Flüssigkeit zugeben, dass eine glatte Sauce entsteht. Die Tintenfische in drei Teile schneiden und auf der Sauce anrichten. Sehr heiß servieren.

Rotbarbenfilet

Vorbereitungszeit:	40 Minuten
Ruhezeit für die Polenta:	1 Stunde
Garzeit:	10 Minuten
Schwierigkeitsgrad:	✴

Für 4 Personen

4	Rotbarben à 200 g
4 EL	Sonnenblumenöl
12	Kirschtomaten
	Salz
	Pfeffer

Nusspesto:

40 g	frisches Basilikum
200 g	Walnusskerne
2	Knoblauchzehen
400 ml	Olivenöl
	Salz
	Pfeffer

Für die Polenta:

100 g	Maisgrieß
500 ml	Milch
60 g	Butter
	Salz
	Pfeffer

Das weltberühmte *Pesto Genovese* wird mit Basilikum und Pinienkernen zubereitet und zu Pasta gegessen. Sergio Pais stellt hier eine ganz eigene Variation dieses Klassikers vor. Statt der Pinienkerne verwendet er Walnüsse und als Fischliebhaber serviert er sein Pesto mit Rotbarbenfilets, die in Ligurien sehr geschätzt werden.

Die im Mittelmeer vorkommende Rotbarbe mit ihren charakteristischen drei Schuppen unter den Augen war schon in der Antike beliebt. Ihr festes und schmackhaftes Fleisch muss nur kurz gegart werden. Auch wenn Sie den Fisch von Ihrem Fischhändler filetiert bekommen, vergessen Sie nicht, die restlichen kleinen Gräten mit einer Pinzette zu entfernen. Je nach Angebot auf dem Markt können Sie die Barben auch durch Goldbrassen oder Petersfisch ersetzen.

Walnusskerne werden in der ligurischen Küche hauptsächlich für die *Salsa dei noci*, eine Nuss-Sauce, verwendet.

Walnüsse kommen ursprünglich aus Asien und wurden im Altertum von den Römern nach Italien eingeführt.

Das Wichtigste an jedem Pesto ist das Basilikum mit seinem ausgeprägten Duft und seiner kräftig grünen Farbe. In den Gärten Genuas gedeiht eine Basilikumart von besonders feinem Geschmack. Diese aromatische Pflanze ist ein Import aus Indien und leitet ihren Namen von dem altgriechischen Wort *Basilikos* ab, das »königlich« bedeutet. In der Küche gibt man Basilikum vor allem zu Tomaten- und Pastagerichten.

Diese Rotbarbenfilets werden mit Polenta serviert. Polenta ist eine Spezialität aus Venetien, die man aber heute in ganz Norditalien bekommt. Kulinarische Puristen bereiten die Polenta bis heute auf Holzfeuer zu, geben sie anschließend auf ein Holzbrett und schneiden sie mit einem angefeuchteten Messerrücken.

Für die Polenta die Milch erhitzen, Butter zugeben und Maisgrieß hineingeben. Mit einem Holzspatel umrühren und 3–4 Minuten kochen lassen. Salzen und pfeffern.

Ein feuchtes Küchenhandtuch ausbreiten und die Polenta darauf verstreichen. Das Tuch fest zusammenlegen und 1 Stunde ruhen lassen.

Barben schuppen und an der Schwanzflosse einschneiden. Vom Kopf aus entlang der Rückengräte bis zum Schwanz schneiden. Fisch umdrehen und Vorgang auf der anderen Seite wiederholen. Die kleinen Gräten entfernen. Die Filets an einem Ende einschneiden.

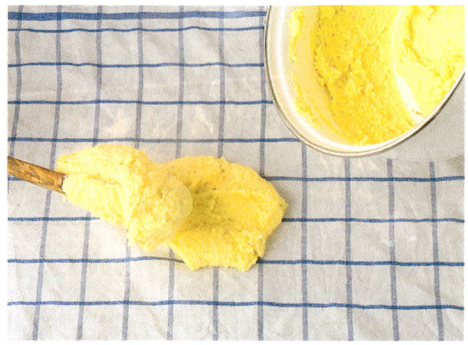

mit Nusspesto

Für das Pesto Walnusskerne, Knoblauch, Basilikumblätter und Olivenöl in einem Mixer verarbeiten und mit Salz und Pfeffer abschmecken.

Die Fischfilets in einer Pfanne auf die Hautseite legen. Mit einem Pinsel Pesto auf die Filets streichen. Kirschtomaten halbieren und zugeben. Salzen und pfeffern. 3 Minuten im Backofen bei 180 °C garen (notfalls vorher den Griff der Pfanne abschrauben).

Die Polenta auswickeln und in regelmäßige Scheiben schneiden. Sonnenblumenöl in eine Pfanne geben und die Polenta darin goldgelb braten. Salzen und pfeffern. Die Fischfilets mit Polenta und etwas Pesto anrichten.

Steinbuttfilet

Vorbereitungszeit: 20 Minuten
Garzeit: 1 Stunden 15 Minuten
Schwierigkeitsgrad: ★★

Für 4 Personen

1	Steinbutt von 1 bis 1,2 kg
2	Knoblauchzehen
200 g	weißer Maisgrieß
200 ml	Weißwein
50 g	Butter
6 EL	extra natives Olivenöl

1½ EL	Weißweinessig
	schwarzer Pfeffer
	Salz

Den *Boreto*, einen Fischfond bestehend aus Essig, Weißwein, schwarzem Pfeffer und Knoblauch, haben wir Fischern aus Friaul und Julisch Venezien zu verdanken. Der *Boreto* dient zur Verfeinerung von Aal, Steinbutt oder auch Barsch. Paolo Zoppolatti serviert seinen Steinbutt in *Boreto* auf einem Bett aus weißer Polenta.

Der Steinbutt mit seinem rautenförmigen Körper kommt sowohl im Mittelmeer als auch im Atlantik vor. Aufgrund seines zarten und saftigen weißen Fleisches zählt er zu den Edelfischen. Der Küchenchef schlägt vor, die Filets kurz anzubraten, bevor sie mit dem *Boreto* begossen werden.

Die weiße Polenta, die ein zarteres Aroma hat als gelbe, ist im Friaul als Beilage zu gegrilltem oder gebratenem Fisch sehr beliebt. Seit dem 17. Jahrhundert zählt das üppige Gericht zu den kulinarischen Schätzen der Region, seit Mais durch venezianische Kaufleute bekannt geworden war.

Paolo Zoppolatti verwendet klassischen Maisgrieß und für die Zubereitung braucht man etwa vierzig bis fünfundvierzig Minuten. Man kann die Polenta aber auch vorgekocht kaufen; dann ist sie in zwanzig Minuten fertig. Traditionell kocht man sie in einem Kupferkessel über einem Holzfeuer (Kupfer ist ein sehr guter Wärmeleiter). Das Wasser muss bis kurz vor dem Siedepunkt erhitzt werden. Um festzustellen, ob es schon die richtige Temperatur erreicht hat, geben Sie eine kleine Prise Grieß hinein. Wenn sich Wirbel bilden, können Sie den restlichen Maisgrieß zugeben. Rühren Sie mit einem Holzlöffel um und ändern Sie immer wieder die Richtung, bis Sie einen dicken Brei erhalten. Damit er geschmeidiger wird, können Sie ihn auch in einer Mischung aus Milch und Wasser kochen.

Zum Servieren können Sie den Fischfond mit etwas Olivenöl abbinden. Garnieren Sie den Fisch mit einigen gebratenen Kirschtomaten.

In einem Topf 800 ml Salzwasser bis kurz vor den Siedepunkt erhitzen. Den Maisgrieß zugeben und 40 Minuten lang zu einem dicken Brei anrühren. Die Butter zugeben und warm stellen.

Den Steinbutt am Rücken öffnen und filetieren. Gräten und andere Fischreste zerkleinern.

Die geschälten und halbierten Knoblauchzehen in 2 Esslöffeln Olivenöl in einer Pfanne anbräunen. Die Fischreste zugeben, den Knoblauch entfernen. Bei starker Hitze 5 Minuten braten.

mit Polenta

Den Essig zugießen und den Bratensatz vom Boden lösen. Mit Pfeffer würzen. 5 Minuten bei mittlerer Hitze einkochen lassen.

Mit Weißwein ablöschen, erneut den Bodensatz lösen und gut mit etwas Wasser aufgießen. Nochmals 10 Minuten einkochen lassen, salzen und dann filtern.

Die Steinbuttfilets salzen. Im restlichen Olivenöl auf jeder Seite 5 Minuten anbraten. Die Filets jeweils auf einem Polentabett anrichten. Mit dem Fischfond umgießen und mit grob gemahlenem Pfeffer bestreuen.

Stockfisch

Vorbereitungszeit: 25 Minuten
Entsalzen des Fischs: 48 Stunden
Garzeit: 30 Minuten
Schwierigkeitsgrad: ★

Für 4 Personen

500 g	Stockfisch
100 g	Kartoffeln
1	Zwiebel
200 g	Tomaten
1	Stangensellerie

4 EL	Olivenöl
	Salz
	Pfeffer

Die Fischettis sind eine typisch süditalienische Familie, die entsprechend eng zusammenhält.

Das Restaurant der Familie mit Namen »L'Oasis« hängt wie ein Bienenstock hoch oben in Vallesaccarda im Hinterland von Avellino. Auf dem prachtvollen Anwesen empfängt der Clan der Fischetti – dreizehn Personen gehören dazu – seine Gäste und experimentiert mit traditionellen regionalen Rezepten, die liebevoll variiert werden.

Stockfisch ist besonders in der Gegend von Neapel sehr beliebt. Er kann auf vielfältige Weise zubereitet werden. Früher kam dem Stockfisch eine ganz besondere Bedeutung zu, weil das Salzen und Trocknen die einzige Möglichkeit war, Fisch haltbar zu machen. Die Bevölkerung konnte mit reichlichen Fischvorräten sogar Hungersnöte überstehen.

Dieses farbenfrohe Gericht der Familie Fischetti ist ein typisch mediterranes Gericht. Die Blätter des Stangenselleries verleihen ihm sein besonderes Aroma. Sellerie gibt es im Herbst und im Winter im Überfluss und er eignet sich gut für Suppen, Saucen und Gulaschs.

Die Tomaten setzen in diesem Gericht klassische neapolitanische Akzente. In Italien kommen Tomaten beinahe täglich auf den Tisch. Früher wurden die Nachtschattengewächse für den Eigenbedarf in den Gärten gezogen, heute dagegen werden sie besonders in Süditalien im großen Stil angebaut und in die ganze Welt exportiert.

Dieses Stockfischrezept der Familie Fischetti ist einfach zuzubereiten und doch sehr raffiniert!

Mit einem großen Messer den Stockfisch in Stücke von gleicher Größe schneiden und entgräten.

Die Fischstücke zum Entsalzen 48 Stunden in eine Salatschüssel mit Wasser legen. Das Wasser mehrmals wechseln.

Kartoffeln und Zwiebel schälen und in Stücke schneiden. Den Sellerie waschen und seine Blätter klein schneiden. Die Tomaten blanchieren, häuten und zerkleinern.

»Casa Fischetti«

Das Olivenöl in einer Pfanne erhitzen und die Zwiebel 5 Minuten andünsten. Kartoffeln zugeben und weitere 5 Minuten dünsten. Tomaten zugeben. Alles salzen und pfeffern. Weitere 5 Minuten dünsten, dabei mehrmals mit einem Holzspatel umrühren.

Den Stockfisch abtropfen lassen und die restlichen Gräten entfernen. Die Fischstücke in die Pfanne zum Gemüse geben und etwa 5 Minuten köcheln lassen.

Die geschnittenen Sellerieblätter zufügen. 10 Minuten unter Rühren köcheln lassen, dann den Stockfisch mit dem Gemüse auf Tellern anrichten.

Miesmuscheln

Vorbereitungszeit: 40 Minuten
Garzeit: 50 Minuten
Schwierigkeitsgrad: ✷

Für 4 Personen

2 kg	Miesmuscheln
200 ml	Sahne
200 ml	Weißwein
1	Zwiebel
1 Bund	Majoran
10 g	Butter
	Salz
	Pfeffer

Salat:

2	Auberginen
2	große Zwiebeln
2	rote Paprika
1 Glas	Kapern
100 ml	Balsamico-Essig
100 ml	Weißwein
	Sonnenblumenöl, zum Frittieren
2 EL	Olivenöl
	grobes Salz

Zum Garnieren:

Majoran

Diese raffinierte warme Vorspeise ist eine Kreation von Sergio Pais. Die Sahnemuscheln werden mit einem Salat angerichtet, der nach Sonne und Süden schmeckt. Dieses farbenfrohe Gericht ist leicht zuzubereiten und wird Ihre Gäste begeistern. Der Golf von Tarent in Süditalien, zwischen dem »Absatz« und der »Sohle« des italienischen Stiefels gelegen, ist für seine Muschelkulturen bekannt. Die Bevölkerung nennt ihn *Mar piccolo*, kleines Meer. Die klaren Gewässer des Golfs sind ideal für die Zucht von Miesmuscheln.

Wählen Sie beim Einkauf nur fest geschlossene Muscheln. Sie sollten spätestens drei Tage nach ihrer Ernte verzehrt werden. Werfen Sie alle Exemplare weg, deren Schalen gebrochen oder auch nur leicht geöffnet sind. Die Muscheln müssen entbartet und die Schalen von Tang befreit werden. Dann sollte man sie noch einmal gründlich unter fließendem Wasser abbürsten.

Die Majoransauce ist ein Erlebnis und passt exzellent zu den Muscheln. Majoran wird in der mediterranen Küche sehr häufig verwendet. Das Gewürz kommt ursprünglich aus Asien und ist ein enger Verwandter des Oreganos, hat aber ein milderes und feineres Aroma und sein Geschmack erinnert an Minze und Basilikum. Man würzt damit Tomatengerichte, Salatsaucen, Füllungen, Fische und Suppen.

Der Salat besteht aus Auberginen, Zwiebeln, roter Paprika und Kapern und zur Verfeinerung gibt man einen Spritzer Olivenöl, Salz, Pfeffer und Balsamico-Essig zu. Balsamico-Essig gewinnt man durch das Einkochen von Traubenmost – wie schon vor neunhundert Jahren, als er für den Herzog von Este und andere Adlige in der Gegend von Modena hergestellt wurde. Er galt als Medizin, wurde aber auch an Persönlichkeiten der obersten Schichten verschenkt. Hochwertiger Balsamico-Essig ist sehr teuer und wird daher nur sehr sparsam verwendet.

Die Paprika auf ein Backblech legen. Olivenöl und grobes Salz darüber geben. Ungefähr 45 Minuten im Ofen grillen, dann die Haut abziehen, entkernen und in feine Streifen schneiden. Die Auberginen würfeln, die Zwiebeln schälen.

Sonnenblumenöl in eine Pfanne geben und die Auberginenwürfel andünsten. Aus der Pfanne nehmen und abtropfen lassen. In einer anderen Pfanne die Zwiebeln anbräunen.

Auberginen, Zwiebeln und die Paprikastreifen in eine Salatschüssel geben und die Kapern zufügen.

in Majoransauce

Weißwein und Balsamico-Essig in eine kleine Pfanne geben und auf die Hälfte reduzieren. Die Flüssigkeit auf den Salat geben und behutsam umrühren, dann mit Salz und Pfeffer abschmecken.

Die Muscheln putzen und entbarten. Die Zwiebel hacken. Den Weißwein mit den gehackten Zwiebel in einen Topf geben und andünsten. Die Muscheln zugeben und zugedeckt 10 Minuten ziehen lassen. Das Muschelfleisch aus den Schalen lösen.

In einem Topf Sahne, Butter und Majoranblätter bei geringer Hitze verrühren. Salzen, pfeffern und gut durchziehen lassen. Das Muschelfleisch zugeben. 3–4 Minuten köcheln lassen. Salat und Muscheln mit der Sauce anrichten und mit Majoranblättern garnieren.

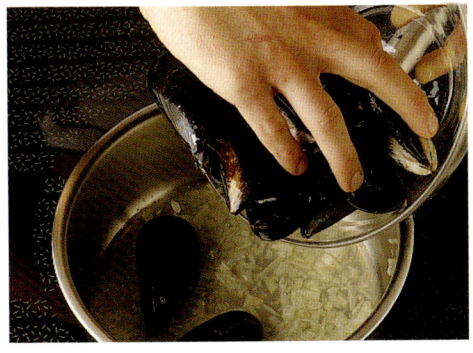

Sardinen

Vorbereitungszeit:	30 Minuten
Einweichzeit:	1 Stunde
Marinieren:	12–48 Stunden
Garzeit:	30 Minuten
Schwierigkeitsgrad:	✶

Für 4 Personen

600 g	frische Sardinen
100 g	Mehl
400 ml	extra natives Olivenöl
300 g	Zwiebeln
50 g	Rosinen
50 g	Pinienkerne
100 ml	Rotweinessig
	Salz

Die Venezianer lassen sich Sardinen so, wie Biancarosa Zecchin sie zubereitet – *Sarde in saor* heißt das Gericht im dortigen Dialekt –, schon seit Jahrhunderten schmecken. Sie werden erst in Mehl gewendet, dann in Öl gebraten und anschließend in einer Mischung aus Essig und Zwiebeln mariniert. Der venezianische Adel verfeinerte das Gericht noch mit Rosinen und Pinienkernen, um sich vom einfachen Volk zu unterscheiden, das sich diese Zutaten nicht leisten konnte. Die Trockenfrüchte machen das Gericht nahrhafter und geben ihm eine festliche Note. In den Restaurants von Venedig werden Sardinen in saor als Appetithäppchen oder auch als Hauptgang gereicht.

In den von Vaporetti und anderen Motorbooten weniger befahrenen Teilen der Lagunen von Venedig gibt es noch immer zahlreiche Sardinen. Früher stellten sie sogar den Hauptanteil des täglichen Fischs dar, den sich auch ärmere Familien leisten konnten.

Mittlere und kleinere Sardinen eignen sich vorzüglich für dieses Rezept. Bei der Vorbereitung der kleinen Fische entfernen Sie einfach nur den Kopf, das ist alles. Nachdem Sie sie in Mehl gewendet haben, klopfen Sie mit dem Finger das überschüssige Mehl von den Tieren ab. Das Öl für die Sardinen wird anschließend noch zum Andünsten der gehackten Zwiebeln verwendet.

Biancarosa Zecchin empfiehlt, die Sardinen mindestens zwölf Stunden vor dem Verzehr zu marinieren. Werden die Fische achtundvierzig Stunden mariniert, entfalten sie ein noch kräftigeres Aroma.

Servieren Sie drei oder vier Sardinen pro Person. Geben Sie die Zwiebelmischung darüber und bestreuen Sie die Sardinen nach Belieben mit Rosinen und Pinienkernen.

Die Rosinen 1 Stunde in lauwarmem Wasser einweichen. Die Fischköpfe entfernen. Die Sardinen dann der Länge nach öffnen und ausnehmen. Unter fließendem Wasser gründlich abspülen und sorgfältig trocken tupfen.

Die Sardinen in Mehl wenden.

Das Olivenöl in einer großen Pfanne erhitzen. Die Sardinen auf jeder Seite 5 Minuten braten. Wenn sie goldgelb sind, auf Küchenpapier abtropfen lassen. Das Öl aufbewahren.

»in saor«

Die Zwiebeln schälen und in Scheiben schneiden.

Die Zwiebeln 5 Minuten in dem Öl andünsten, in dem zuvor die Sardinen gebraten wurden. Mehrfach umrühren, damit sie gleichmäßig garen. Pinienkerne, eingeweichte Rosinen, Essig und Salz zugeben. 15 Minuten garen.

Die Sardinen auf einen Teller legen und die Zwiebelmischung darüber geben. Mindestens 12 Stunden ziehen lassen. Mit der Beilage und etwas gefilterter Marinade anrichten. Kalt servieren.

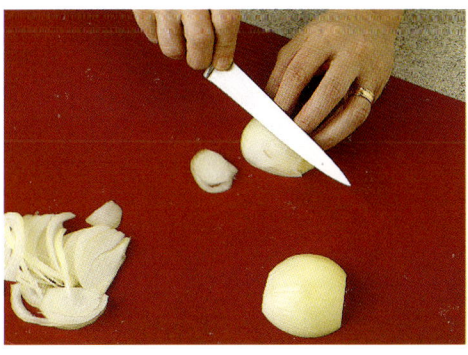

Lachsforelle

Vorbereitungszeit: 35 Minuten
Garzeit: 10 Minuten
Schwierigkeitsgrad: ★★

Für 4 Personen

2	Lachsforellen à 600 g
1	unbehandelte Orange
200 ml	Weißwein
50 g	Butter
50 g	Weizenmehl
	Salz

Fischfond:

	Köpfe, Gräten und Flossen der Forellen
3	Tomaten
1	Zwiebel
1	Stangensellerie
1	Möhre
3 Blätter	Basilikum
	Salz

Zum Garnieren:

1	Tomate
1	Orange
	Kerbel

Über Jahrhunderte waren die großen Flüsse, die das Wasser von den Gebirgen des Apennin und der Alpen zu Tal brachten, reich an Forellen, Barschen, Karpfen, Stören und Maifischen. Die industrielle Entwicklung und natürlich auch die Umweltverschmutzung haben diesem Überfluss ein Ende bereitet. Heutzutage stammen die meisten Forellen aus Fischzuchten.

Die Bestände an Lachsforellen sind stark zurückgegangen. Im Flüsschen Serchio, das in der Nähe von Sauro Brunicardis Restaurant in Ponte a Moriano fließt, gibt es sie aber noch. Früher wurden sie gegrillt oder gebraten, doch der Küchenchef serviert sie in einer Orangensauce.

Sauro Brunicardi verwendet Forellen mit einem Gewicht von jeweils 600 Gramm. Bei größeren Fischen müssten die Filets geteilt werden. Nach dem Herauslösen der Filets entfernen Sie alle Gräten sorgfältig mit einer Pinzette. Selbst-

verständlich ist es leichter, wenn Sie den Fischhändler bitten, die Filets auszulösen. Bitten Sie ihn dann jedoch, die Köpfe, Gräten und Flossen für den Fischfond für Sie aufzubewahren. Weiterhin benötigen Sie zur Zubereitung des Fonds noch Sellerie, Zwiebeln, Möhren und Basilikum. Tomaten kann man nach Belieben zugeben.

Sauro Brunicardi brät die Filets zunächst – mit Haut – in einem Mehlmantel. Zuerst sollte die Seite mit der Haut gebraten werden: Sie hält das Fleisch beim Braten zusammen und durch das Fett werden die Filets knusprig braun. Wenden Sie dann die Filets und braten Sie sie auf der anderen Seite.

Dieses Rezept eignet sich auch hervorragend für Forellen, Schwertfische oder Steinbutt – alles Fische, die in der Orangensauce ihr Aroma voll entfalten.

Die Forellen an der Bauchseite auftrennen und ausnehmen. Den Rücken aufschneiden und vor dem Schwanz schräg anschneiden. Die Filets entnehmen. Köpfe, Gräten und Flossen für den Fischfond beiseite legen.

Für den Fischfond die Möhre schälen und in Stücke schneiden. Die Zwiebel schälen und vierteln, die Tomaten ebenfalls vierteln. Den Sellerie in Stäbchen schneiden.

Köpfe, Gräten und Flossen der Forellen mit Gemüse, Basilikum und Salz in kochendes Wasser geben. 1 Stunde bei schwacher Hitze ziehen lassen, dann beiseite stellen.

mit Orangensauce

![Plated fish with orange sauce]

Mehl mit etwas Salz in einen Teller geben. Die Fischfilets im Mehl wenden, zuerst die Fleischseite, dann die Hautseite. Überschüssiges Mehl abklopfen.

Butter in einer großen Pfanne zerlassen. Wenn sie heiß ist, die Forellenfilets mit der Hautseite nach unten in die Pfanne geben. Umdrehen und in etwa 6 Minuten goldbraun braten. Das Fett abgießen.

Weißwein in die Pfanne gießen. Saft der Orange, in Streifen geschnittene Schalen und Fischfond zufügen. 5 Minuten bei starker Hitze einkochen. Die Filets auf Teller geben und mit der Sauce übergießen. Mit Orangenstückchen, Orangenscheiben, Tomaten, Kerbel garnieren.

Schwertfisch mit

Vorbereitungszeit: 40 Minuten
Garzeit: 25 Minuten
Schwierigkeitsgrad: ✳

Für 4 Personen

4 Scheiben	Schwertfisch
100 g	Mehl
80 ml	Olivenöl
1 TL	Butter
5	Tomaten
1	Selleriestange
1 Bund	Basilikum

1 Bund	Petersilie
1	Zwiebel
2	Knoblauchzehen
50 g	entsteinte grüne Oliven
40 g	Kapern
25 g	Rosinen (Sorte *Italia* empfohlen)
	Salz
	Pfeffer

Zum Garnieren:

	Sellerieblättchen

Im Lauf der Geschichte haben die Sizilianer ihre Küche immer wieder mit fremden Einflüssen bereichert. Die Araber, die zwischen dem 9. und 11. Jahrhundert auf der Insel lebten, brachten Trockenfrüchte, Zucker und Gewürze mit, und die Sizilianer wurden zu Anhängern der süß-sauren Geschmacksrichtung.

Der Schwertfisch mit süß-saurem Gemüse stammt aus der Region um Messina und Palermo. Der äußerst beliebte Fisch wird in der Straße von Messina gefangen. Er wird bis zu 4 m lang, 200 kg schwer und besitzt ein Furcht erregendes Schwert. Den Schwertfischfang, der oft lebensgefähr-

lich war, hat Domenico Modugno sogar in einem Lied verewigt. Die Fischhändler bieten den Schwertfisch, der wegen seines zarten Fleischs gerühmt wird, meist in Scheiben an. Er lässt sich auch gut grillen, dünsten oder marinieren und kann durch Thunfisch ersetzt werden.

Mit der Verbindung aus süßen Rosinen und säuerlichen Kapern ist die Zubereitung typisch sizilianisch, die Rosinen erinnern dabei an ihre orientalische Herkunft. Obwohl die meisten Rosinen heute ohne Kern angeboten werden, empfiehlt Angelo La Spina die Sorte *Italia*, die auf Sizilien hergestellt wird und große, ovale Kerne hat.

Schwertfischscheiben in Mehl wenden und in 50 ml heißem Olivenöl und Butter braten. Auf Küchenpapier abtropfen lassen.

Tomaten häuten, entkernen und würfeln. Den Sellerie, das Basilikum und die Petersilie waschen und fein hacken. Die Zwiebel, den Knoblauch und die Oliven fein hacken.

Die Zwiebel und den Knoblauch im restlichen Olivenöl anbraten. Sellerie, Kapern und Rosinen zufügen. Salz und Pfeffer zugeben und 5 Minuten dünsten. Gehackte Tomaten zufügen.

süß-saurem Gemüse

Die gehackten Oliven zugeben und alles gut mischen.

Die Petersilie und das Basilikum zugeben, gut unterrühren und 5 Minuten dünsten.

Schwertfischscheiben in eine Auflaufform legen und mit der Gemüsemischung bedecken. Bei 180 °C ca. 10 Minuten überbacken. Die Schwertfischscheiben mit Sellerieblättchen garniert servieren.

Wolfsbarsch auf Gemüsebett

Vorbereitungszeit: 40 Minuten
Garzeit: etwa 1 Stunde
Schwierigkeitsgrad: ★★

Für 4 Personen

4 Portionen	Wolfsbarsch
	Salz
	Pfeffer
3	Zwiebeln
3	Knoblauchzehen
4	Kartoffeln

8	vollreife Tomaten
2	Zucchini
2	Auberginen
1	Porreestange
	Olivenöl
1 Bund	Dill
1 Bund	Petersilie

Konstantinos und Chrysanthi Stamkopoulos führen seit Jahren ein Restaurant, das sie dem griechischen Sonnengott Apollo geweiht haben. Dieses Fischrezept mit dem ausgeprägt griechischen Charakter ist eine Kreation des Hauses: Wolfsbarsch auf einer aromatischen Gemüsevariation. Dieses üppige Familiengericht ruft förmlich nach einer geselligen Tafelrunde.

In Griechenland wird Wolfsbarsch meist gegrillt und mit Gemüsebeilage serviert. Dieser Edelfisch kommt insbesondere an den europäischen Küsten vor. Er hat einen langen Kopf mit großem Maul und einen pfeilförmigen Körper. Der Rücken ist dunkelgrau, an den Flanken ist er silbrig und am Bauch weiß. Er ist zwischen 40–100 cm lang und bringt ein Gewicht von 1,5–12 kg auf die Waage! Er lebt alleine vorwiegend in Flachwasser und im Sommer auch in Küsten- und Mündungsgewässern. Die ausgewachsenen Exemplare ernähren sich von kleinen Fischen und Krustentieren, während sich der in Schwärmen lebende Nach-

wuchs an kleinen Wirbellosen und Kopffüßern gütlich tut. Statt Wolfsbarsch kann man auch Dorade, Makrele oder jeden anderen Fisch nehmen, der durch den Garprozess nicht zerfällt.

Hier wird der Barsch zusammen mit Auberginen, Kartoffeln, Tomaten, Zucchini, Zwiebeln, Knoblauch und Porree gegart. Übrigens besitzt die griechische Kost – gemessen an den anderen europäischen Ländern – den höchsten Gemüseanteil. Die hohe Sonnenscheindauer und die vielen Fastentage haben die Fantasie der Köche beflügelt: So reichen für gewöhnlich ein paar Gewürze und ein kräftiger Schuss Olivenöl, um aus den bunten, aromatischen Feldfrüchten Schmackhaftes zu köcheln.

Damit die Zutaten mit gleichmäßig goldbrauner Farbe auf den Teller kommen, werden sie mit einer Spur Öl angebraten, bevor sie alle zusammen in einer großen Auflaufform im Ofen gleichmäßig gebräunt werden.

Die Fische mit einem Küchenmesser abschuppen. Dann an der Bauchseite längs aufschneiden und die Eingeweide entfernen. Die harten inneren Teile der Kiemen vorstülpen und abschneiden. Die Fische unter fließendem Wasser abspülen.

Die Fische innen und außen mit Salz und Pfeffer einreiben.

Zwiebeln, Knoblauch und Kartoffeln schälen. Zwiebeln in Ringe schneiden und beiseite stellen. Knoblauch, Kartoffeln, Tomaten, Zucchini, Auberginen und Porree in Scheiben schneiden. Jede Gemüsesorte getrennt in etwas Öl in der Pfanne bräunen.

»Apollo«

Die Zwiebelringe und den Knoblauch in Öl dünsten. Sobald sie braun werden, etwas von den gehackten Kräutern (Dill und Petersilie) zufügen, den Rest beiseite stellen.

Je 4–5 Scheiben Auberginen und Tomaten in einer Auflaufform verteilen. Die Fische auf das Gemüsebett legen. Gebratene Kartoffeln, Zucchini und Porree in Scheiben ringsherum anordnen.

Die Zwiebel-Kräuter-Mischung über den Fisch verteilen. Tomatenscheiben obenauf legen. Die restlichen Kräuter darüber streuen. 30–40 Minuten im vorgeheizten Ofen bei 180 °C garen.

Seeteufelpfanne mit

Vorbereitungszeit: 30 Minuten
Garzeit: 10 Minuten
Schwierigkeitsgrad: ✴

Für 4 Personen

500 g	Seeteufel
60 ml	Olivenöl
2	Knoblauchzehen
1	Zwiebel
1	kleine grüne Peperoni
	Salz und Pfeffer

10 g	Mehl
300 g	Muscheln
40 ml	Weißwein
25 g	Paniermehl
½ Bund	Petersilie
½ Bund	Dill (nach Belieben)
125 g	Zucchini
1	Zitrone
25 g	milder Senf

Zum Garnieren (nach Belieben):
rote Paprika, in Streifen
geschnitten

Die Küstenstadt Thessaloniki (Saloniki) mit ihren prächtigen Fassaden blickt auf eine glanzvolle Vergangenheit zurück. Sie wurde von Kassandros, König von Makedonien, 325 v. Chr. gegründet, und Fischgerichte stehen bei der Bevölkerung seit Urzeiten hoch im Kurs. Die folgende Seeteufelpfanne mit Muscheln und Zucchini ist eine Spezialität der traditionellen regionalen Küche. Als warme Vorspeise serviert, schmeckt sie besonders lecker.

Aus den kleinen Fischerhäfen in der Umgebung von Thessaloniki kommen tagtäglich Fische von hervorragender Qualität auf die Märkte dieser Metropole. Die Griechen haben eine Vorliebe für Seeteufel, der sich in den sandigen, tonhaltigen Küstengewässern aufhält. Sein festes, saftiges Fleisch erinnert an Hummer und ist für die verschiedensten Zubereitungsarten geeignet. Aber notfalls tut es für unsere Zwecke auch Merlan (Wittling) oder Kabeljau.

Muscheln sind die zweite Hauptzutat in dieser Küstenspezialität. Im lokalen Sprachgebrauch nennt man sie *mydia*, und gezüchtet werden sie hauptsächlich in der Region Pieria in Makedonien. Muscheln haben bekanntlich ein sehr schmackhaftes Fleisch und werden als *mezze* serviert. Von Hand ausgelöste Pieria-Muscheln sind in Athen und Thessaloniki reichlich im Angebot. Bei der Verwendung frischer Muscheln müssen beschädigte oder geöffnete Exemplare sehr sorgfältig aussortiert werden. Vor dem Garen werden die Muscheln von Bärten und faserigem Belag befreit und anschließend unter fließendem Wasser abgebürstet.

Diese südliche Speise ist eine Hommage an die Sommerküche. Die im Mittelmeerraum sehr beliebten, mit Petersilie und Dill aromatisierten Zucchini gehen mit dem Fisch und den Muscheln eine perfekte Verbindung ein.

Den Seeteufel häuten. Mit einem Messer die Mittelgräte heraustrennen. Den Fisch in gleichmäßig dicke Medaillons schneiden.

25 ml Olivenöl in einer Pfanne erhitzen und 1 zerdrückte Knoblauchzehe, die gehackte Zwiebel und die klein geschnittene Peperoni andünsten. Die Fischmedaillons salzen, pfeffern, in Mehl wenden und in 25 ml Olivenöl goldbraun braten. Beiseite stellen.

Die von ihren Bärten befreiten und geputzten Muscheln zu der Knoblauch-Zwiebel-Peperoni-Mischung geben. Die gebräunten Fischmedaillons zufügen.

Muscheln und Zucchini

Mit Weißwein ablöschen und 3 Minuten offen garen. Muscheln aus der Pfanne nehmen. 2 Minuten weitergaren. Fisch herausnehmen und Muscheln auslösen. Paniermehl, restlichen Knoblauch, 2 fein geschnittene Zweige Petersilie und Dill vermengen. Auf dem Fisch verteilen.

Den Sud aufbewahren. Die Zucchini der Länge nach in dünne Scheiben schneiden. In kochendem, gesalzenem Wasser etwa 1 Minute blanchieren.

Den Sud mit etwas Wasser und 1 TL Mehl vermischen und gut verschlagen. Den Zitronensaft und den Senf zufügen und verrühren. Mit gehackter Petersilie und Dill bestreuen. Fischmedaillons mit Muscheln und Zucchini anrichten. Sauce zugießen und mit Paprikastreifen garnieren.

Vorbereitungszeit: 15 Minuten
Garzeit: 5 Minuten auf dem
                     Holzkohlengrill
Schwierigkeitsgrad: ✳

Für 4 Personen

4 Scheiben	*mastelo*
4	rote Spitzpaprika
4	große Kalmare
	Salz
1 EL	Olivenöl

Sauce:

1	Knoblauchzehe
50 ml	Olivenöl
1 EL	Mehl
2	Zitronen
	Salz
½ Bund	Petersilie

Zum Garnieren:

Zitronenzesten

In der griechisch-orthodoxen Religion sind zahlreiche Fastentage vorgeschrieben, an denen die Gläubigen kein Fleisch essen dürfen. Griechische Familien, die sich an die Fastenregeln halten, weichen deshalb oft auf Kalmar aus.

Diese warme Vorspeise stammt von der Insel Chios und ist eine wahre Huldigung an die heimischen Produkte. Die mit Käse und roter Paprika gefüllten Kalmare sind einfach zubereitet und schmeicheln dem mediterranen Gaumen.

Kalmare kommen häufig an den Küsten der Ägäis vor. Sie sind ca. 50 cm groß, und ihr lang gestreckter Körper befindet sich im Inneren eines schwarz gesprenkelten Beutels. Sie werden gegrillt, frittiert und oft auch gefüllt.

Dieses perfekt ausgetüftelte Rezept betont außerdem die rote Spitzpaprika (Florini). Diese Sorte wird nur in der Region Florina in Ostmakedonien angebaut. Die Griechen schätzen ihr mildes Aroma. Früher hat man sie hauptsächlich für den Export nach Westeuropa und in den Balkan zu Paprikapulver verarbeitet. Heute gelangt sie in Essig eingelegt als Konserve in den Handel. Ersatzweise können auch frische rote Paprika verwendet werden. Bevor man sie füllt, werden sie etwa 10 Minuten im Ofen gegrillt, damit man die Haut abziehen kann. Anschließend werden unter Beibehaltung der Form vorsichtig die Samen entfernt.

In unserem Sommerrezept bildet der *mastelo* das Tüpfelchen auf dem i. Dieser Käse wird im Flachland von Chios noch in Handarbeit hergestellt. Der Küchenchef empfiehlt, ihn gegebenenfalls durch Mozzarella zu ersetzen.

Mit einer Petersiliensauce sind diese gefüllten Kalmare ein purer Genuss. Die dekorativ geschnittenen Zesten sorgen für den farbigen Tupfer. Sie müssen zuvor zweimal nacheinander mit kochendem Wasser überbrüht werden.

Den mastelo in längliche Dreiecke schneiden. Je ein Käsedreieck in eine Spitzpaprika stecken.

Die Kalmare säubern. Kopf und Arme in die Hand nehmen und vorsichtig den Kopf mit den Eingeweiden aus dem Körper ziehen. Die Tentakel beiseite legen.

In jeden Körperbeutel eine gefüllte Paprika stecken. Die abgetrennten Tentakeln mit hineingeben.

Käse-Paprika-Füllung

Den Kalmar in eine Hand nehmen und die Öffnung mit einem Holzspieß verschließen. Mit Salz einreiben. Mit Olivonöl beträufeln. Auf dom Holzkohlengrill rösten. Zum Garnieren die Zitrone schälen und die Zesten zu Locken formen. Mit kochendem Wasser überbrühen.

Für die Sauce die Knoblauchzehe im Ganzen in Olivenöl dünsten. Dann herausnehmen. Das Mehl zum Öl geben. Mit dem Schneebesen einarbeiten. 150 ml Wasser zugießen. Verrühren und Zitronensaft zugeben. Salz einstreuen.

Die gehackte Petersilie in die Sauce streuen. Die Kalmare in dicke Ringe schneiden. Mit Zitronenzesten garnieren und die Sauce darüber gebcn.

Kalmar mit Gemüse-

Vorbereitungszeit: 40 Minuten
Marinieren der Kalmare: 30 Minuten
Garzeit: 45 Minuten
Schwierigkeitsgrad: ✶✶

Für 6 Personen

6	Kalmare à 300 g
1	Zitrone
90 g	Zwiebeln
90 g	Tomaten
90 g	grüne Paprika

90 g	rote Paprika
125 g	*kefalotyri*
	Salz
	Pfeffer
180 ml	natives Olivenöl extra

Miltos Karoubas empfiehlt, den Kalmar nach einer äußerst beliebten griechischen Zubereitungsmethode mit Paprika und Käse zu füllen. Die auffällig farbige, aromatische Füllung hebt den ansonsten eher neutralen Geschmack und macht das Fleisch besonders zart.

Kalmare gehören seit der Antike zum kulinarischen Erbe Griechenlands. Vor dem Gebrauch werden sie in der Regel am Kopf samt den Eingeweiden aus dem Körperbeutel gezogen. Dann werden Sand und andere Verunreinigungen herausgespült, die Haut entfernt, der Körper und die Tentakel mit etwas Zitrone beträufelt. Danach kommt das Fleisch für 30 Minuten in eine Marinade, die das Aroma unterstreicht und dem Kalmar die weiße Farbe verleiht.

Diese köstlichen Kalmare sind mit einer Mischung aus Paprika, Tomaten, Zwiebeln und Käse gefüllt. Die Paprikaschote, heutzutage fester Bestandteil der mediterranen Küche, wurde im 16. Jahrhundert aus der Neuen Welt importiert. Das Farbenspektrum reicht von Grün über Orange, Lila und Hellgelb bis hin zu Zinnoberrot. Man sollte nur die festen Exemplare mit schöner, glänzender Haut nehmen. Paprika halten sich acht Tage lang im Gemüsefach des Kühlschranks.

Zu den Ingredienzien der Füllung zählt auch der *kefalotyri*, eine der meistgekauften Käsesorten innerhalb Griechenlands. Der Käse hat einen Laib mit gelblicher Rinde, wird aus Schafs-, Ziegen- oder Kuhmilch hergestellt und hat eine harte, feinporige Konsistenz. Die Festigkeit und der Salzgeschmack machen ihn ideal für Füllungen, Teigwaren und Pasteten.

Gefüllte Kalmare werden generell ganz belassen und individuell angerichtet. Wer einen optischen Blickfang bevorzugt, schneidet die Kalmare in Medaillons.

Die Tentakel vom Körper der Kalmare abschneiden. Jeweils das obere Ende des Körperbeutels abschneiden, den Kopf mit den Eingeweiden, dem Fischbein und der grauen Membran herausziehen. Alles gut unter fließendem Wasser abspülen.

Die Kalmarbeutel mit Zitrone abreiben. 30 Minuten marinieren.

Die Zwiebeln schälen und in feine Ringe schneiden. Die Tomaten vierteln. Von den Paprika die Stielansätze entfernen, die Samen und Stränge herausschneiden. In Streifen schneiden.

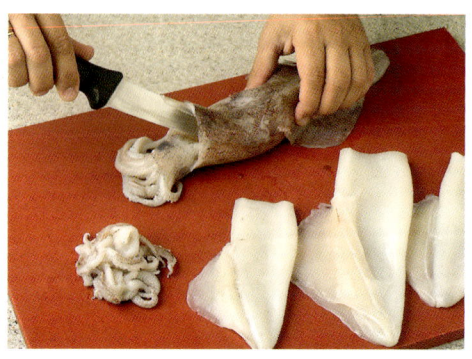

Kefalotyri-Füllung

Die Körperbeutel auf ein Schneidebrett legen. Mit Paprikastreifen, Zwiebelringen, Tomatenspalten und Käsestücken füllen.

Nach dem Füllen die Beutelöffnung mit 3 oder 4 Holzspießchen zusammenstecken. Salzen und pfeffern. Dann unter gelegentlichem Wenden im Backofen 45 Minuten grillen.

Olivenöl mit Salz, Pfeffer und ½ Zitrone in eine Schale geben und zu einer glatten Sauce schlagen. Die gefüllten Kalmare auf Tellern anrichten und mit etwas Sauce beträufeln.

Meerbrasse mit Sellerie

Vorbereitungszeit:	20 Minuten
Einsalzen der Meerbrassen:	15 Minuten
Garzeit:	35 Minuten
Schwierigkeitsgrad:	✶

Für 4 Personen

4	Meerbrassen à 700 g, küchenfertig
	Salz
100 g	Mehl
100 ml	natives Olivenöl

1	mittelgroße rote Zwiebel
1	Selleriestange
1	kleine Sellerieknolle
	schwarzer Pfeffer

Avgolemono:

3	Eier
3	Zitronen

Im Süden von Epirus, am Ambrakischen Golf, öffnet sich die Hafenstadt Preveza zum Ionischen Meer, und auf ihrem Markt gibt es Fisch und Meeresfrüchte in Hülle und Fülle. Unsere Küchenchefin bevorzugt die grauen, mit Sellerie gewürzten Meerbrassen, die mit einer traditionellen Sauce aus Ei und Zitronensaft (*Avgolemono*) serviert werden.

Die Goldbrasse, auch Dorade Royale genannt, kommt zwar nicht in Griechenland vor, dafür aber die graue Dorade, die preisgünstiger, jedoch weniger delikat ist. Dieser Küstenfisch ist 20–40 cm lang und wiegt 300 g bis 2 kg. Kenner schätzen das weiße, magere Fleisch. Die kleinen Brassen von 300 bis 350 g werden im Griechischen als *kotses* bezeichnet. Die großen Exemplare, die wir für dieses Rezept bevorzugen, heißen *tsipoures*.

Nur die grünen Blätter der Selleriestangen dienen zum Würzen und setzen einen farbigen Akzent. Aber in Grie-

chenland sind die dünnen Selleriestangen insgesamt von einem intensiven, dekorativen Grün. Bei den Zwiebeln nimmt man entweder weiße oder rote Exemplare. Unsere Küchenchefin bevorzugt rote.

Während die Fische zusammen mit Sellerie und Zwiebel garen, werden sie in gleichmäßigen Abständen mit Sud beträufelt, damit das Fleisch saftig und aromatisch wird.

Die *Avgolemono*-Sauce, die als Beilage serviert wird, ist nach *avgo* (Ei) und *lemoni* (Zitrone) benannt. An der Ionischen Küste, wo sie sich besonderer Beliebtheit erfreut, genießt man sie gleichermaßen zu Fisch- und Fleischgerichten wie zu Suppen. Unsere Küchenchefin rät dringend davon ab, die Sauce in kaltem Zustand über den heißen Fisch zu gießen, weil sie gerinnen würde. Stattdessen wird sie zunächst unter ständigem Schlagen in den heißen Sud eingearbeitet, um ihre Temperatur anzupassen.

Die Meerbrassen abspülen. In ein Küchensieb geben, mit Salz bestreuen und 15 Minuten stehen lassen. Dann in Mehl wenden.

50 ml Olivenöl in einer Fischpfanne erhitzen. Die Fische in das heiße Öl legen, von einer Seite 5 Minuten braten, dann mit einem Bratenwender umdrehen und die andere Seite bräunen.

In einen großen Bräter Olivenöl geben und die Zwiebelringe darin andünsten. Das Selleriegrün, den fein gewürfelten Knollensellerie, 1 Tasse Wasser, Salz und Pfeffer zufügen. Den Bräter schließen und alles etwa 15 Minuten garen (gelegentlich umrühren).

und Avgolemono

Die gebratenen Meerbrassen auf das Gemüse geben und zum Kochen bringen. Eventuell etwas Wasser zufügen.

Für die Avgolemono: Die Eier in eine Schüssel geben und den Zitronensaft mit einem Schneebesen unterrühren. Etwas von dem Sud unter raschem, kräftigem Schlagen einarbeiten.

Die Sauce über den Fisch geben, mit Salz und Pfeffer abschmecken und heiß servieren.

Fenchel-Kalkani

Vorbereitungszeit: 45 Minuten
Garzeit: 30 Minuten
Schwierigkeitsgrad: ★★

Für 4 Personen

1	Steinbutt (2 kg)
1	Lorbeerblatt
1	Selleriestange, in Stücke geschnitten
1	Möhre, in Stücke geschnitten
1	Zwiebel, in Stücke geschnitten
300 g	Fenchel

150 ml	Olivenöl
150 g	Schalotten
1	Knoblauchzehe
	Salz
	Pfeffer
1 Zweig	Thymian
200 ml	Weißwein

Avgolemono:

1	Eigelb
2	Zitronen

Zum Garnieren:

Fenchelgrün

Dieses besonders bei den Bewohnern Kretas und des Nordostens Griechenlands beliebte Rezept aus den Küstenregionen vereint den Steinbutt (*kalkani*) und den Fenchel zu einem raffinierten Sommergericht.

In der griechischen Küche kommen Fisch und Meeresfrüchte in den Rezepten wunderbar zur Geltung. Meist werden sie gegrillt und mit etwas Olivenöl, Kräutern und Zitronensaft verfeinert, was ihre besondere geschmackliche Note noch unterstreicht.

Der schon seit der Antike wegen seines festen und besonders zarten, weißen Fleisches bei Feinschmeckern geschätzte Steinbutt wird auch als König der Schollenfische bezeichnet. Je nach Angebot sollten Sie eher einen geschmacklich intensiveren Hochseefisch als einen Zuchtfisch wählen. Ersatzweise können Sie auch Petersfisch verwenden.

Vergessen Sie nicht, Kopf und Haut für den Fischfond aufzubewahren. Der zarte Anisgeschmack des Fenchels passt wunderbar zu diesem Fisch. Fenchel ist ein Doldengewächs, das bis zu 2 m groß werden kann und die sandigen Böden der Mittelmeerküste bevorzugt. Der für seinen hohen Vitamin-C-Gehalt bekannte Fenchel ist im Winter auf jedem Markt zu finden. Schon in der Antike empfahlen ihn Hippokrates und Dioskorid ihren Patienten! Wählen Sie kleine Knollen – sie sind besonders zart, weiß und fest. Unser Küchenchef empfiehlt, dieses Gericht zur Abwechslung auch mit jungen Mangoldblättern zuzubereiten.

Eine typisch griechische *Avgolemono*, die aus einem geschlagenen Eigelb, Olivenöl, Zitronensaft, Salz, Pfeffer und Brühe besteht, rundet dieses Rezept ab. Diese köstliche Sauce ist traditionell die Grundlage von Fischsuppen und passt zu vielen Fischgerichten.

Den Steinbutt vorsichtig filetieren. Haut und Kopf säubern und für den Fischfond beiseite legen.

1 l Wasser in einen großen Topf geben. Das Lorbeerblatt und die Sellerie-, Möhren- und Zwiebelstücke zugeben. Haut- und Fischreste sowie den Kopf des Steinbutt hinzugeben. Etwa 20 Minuten köcheln lassen. Dann die Brühe abgießen.

Den Fenchel waschen. Mit einem Messer in gleich große Streifen schneiden.

25 ml Olivenöl erhitzen. Die in feine Ringe geschnittenen Schalotten und den zerdrückten Knoblauch zugeben und dünsten. Den Fenchel zugeben. Salzen und pfeffern. Thymian darüber streuen. Den Weißwein angießen und mit etwas Brühe bedecken. 3 Minuten köcheln lassen.

Die Filets salzen und pfeffern und hautseitig in 1 Esslöffel Olivenöl goldbraun anbraten. Danach den Fisch in die Fenchelzubereitung legen. 2 Minuten schmoren. Die Kochflüssigkeit aufbewahren.

Das Eigelb in einer Schüssel steif schlagen. Das restliche Olivenöl und den Zitronensaft hinzugeben. Salzen und pfeffern. Etwas Kochflüssigkeit hinzugeben und verrühren. Den Steinbutt mit dem Fenchel und der Sauce auf einem Teller anrichten. Mit Fenchelgrün garnieren.

Mai-Languste

Vorbereitungszeit: 45 Minuten
Garzeit: 45 Minuten
Schwierigkeitsgrad: ★★

Für 4 Personen

	Salz
2	Möhren
2	Zwiebeln
1	Selleriestange
1 Schuss	roter Essig
2	Lorbeerblätter

2	Langusten (1 kg)
100 ml	Olivenöl
10	Gemüsezwiebeln
600 g	frische Champignons
1 kg	Tomaten
	Pfeffer
1 Bund	glatte Petersilie
1	Zitrone

George Anastassakis empfiehlt hier ein typisches Gericht aus Mytilene. Die Kombination von Krustentieren und frischem Gemüse wird von den Griechen besonders geschätzt.

Im Monat Mai fangen die Fischer aus Mytilene in der Ägäis die größten Langusten und ernten in ihren Gärten Zwiebeln und anderes Frühlingsgemüse. Daher rührt der Name dieses Rezeptes *astakos mayatikos:* »Mai-Languste«.

Seit Jahrtausenden erfreuen sich griechische Feinschmecker an der großen Auswahl an Fisch und Meeresfrüchten. Schon zur Zeit des Perikles (450 v. Chr.) gehörten Langusten – ebenso wie Austern, Krabben, Muscheln und Seezunge – zur allgemeinen Volksspeise in Athen. Heutzutage wird die Languste in Griechenland häufig in einer würzigen Fischbrühe gegart und mit Mayonnaise angerichtet oder ganz einfach auf dem Grill zubereitet.

Es gibt verschiedene Möglichkeiten, eine Languste zu töten. Unser Küchenchef legt die Languste auf ein flaches Metallstück und befestigt sie mit einem Faden an den vorhandenen Löchern. Mit den Haltegriffen kann man die Languste in die heiße Brühe tauchen und sie dann gut wieder herausnehmen. Sie können sie natürlich auch direkt in die kochende Flüssigkeit geben. Die Languste sollte vor dem Kochen durch einen Stich mit dem Messer in den Kopf an der Verbindungsstelle zum Schwanz getötet werden. Aber Achtung: Die Languste entleert sich nach dem Töten. Beim Herausnehmen des Tieres entfernen Sie den Panzer erst, wenn die Languste abgekühlt ist.

Zum Garen der Champignons und Zwiebeln benötigt man lediglich ein Glas der Brühe. Den Rest können Sie für eine Fischsuppe oder -sauce verwenden.

Wasser, Salz, Möhrenscheiben, in Ringe geschnittene Zwiebeln, in feine Scheiben geschnittenen Sellerie, Essig und 1 Lorbeerblatt in eine Fischpfanne geben. Bei geschlossenem Deckel aufkochen. Langusten hineingeben und 20–25 Minuten kochen.

Gekochte Langusten aus der Flüssigkeit herausnehmen. Auf ein Schneidebrett legen und abkühlen lassen. Dann den Panzer entfernen.

Beide Schwänze in Scheiben schneiden.

½ Glas Olivenöl, 1 Glas Kochflüssigkeit, in feine Ringe geschnittene Zwiebeln und Champignonscheiben in einen Topf geben. 10 Minuten schmoren.

Geschälte und passierte Tomaten, Salz, Pfeffer und gehackte Petersilie in diese Mischung geben. Etwa 5 Minuten köcheln lassen.

Langustenscheiben auf das Gemüse legen und 3 Minuten bei starker Hitze erwärmen. Auf einem Teller ein Gemüsebett anrichten, Langustenscheiben darauf legen und mit einem Lorbeerblatt und eventuell etwas Zitrone garnieren.

Gegrillter Seewolf

Vorbereitungszeit: 35 Minuten
Garzeit: 25 Minuten
Schwierigkeitsgrad: ★★

Für 4 Personen

4	große Artischocken
1	Zitrone
12	kleine Kartoffeln
12	kleine Möhren mit Grün
12	Schalotten
100 g	Erbsen
	Salz
1	Seewolf (1,2 kg)
	Pfeffer

Sauce:

3	Knoblauchzehen
3	Basilikumblätter
½ TL	milder Senf
	Salz und Pfeffer
1 Msp.	Safranfäden
25 ml	Weißwein
1	Zitrone
2 EL	Olivenöl
3	Blutorangen

Zum Garnieren:

	Kapern
	Dillsamen
	Basilikumblätter

Lassen Sie sich mit diesem besonders leichten Gericht von der Vielfalt der griechischen Kochkunst überzeugen. Der auf den griechischen Inseln sehr beliebte Seewolf wird traditionell mit etwas Olivenöl und Zitrone serviert. Dieses leicht zubereitete Rezept ist ein wunderbares Sommergericht mit einer mediterranen Note.

Der Mittelmeer-Seewolf ist ein besonderer Fisch und aufgrund seines feinen, festen und schmackhaften Fleisches bei Feinschmeckern sehr begehrt. Er sollte nur kurz gegart werden, damit er nicht zerfällt. Der frische Fisch sollte fest sein und glänzende Schuppen sowie rosa Kiemen besitzen. Ersatzweise können Sie auch eine Dorade verwenden.

Zu diesem köstlichen Gericht gehört Frühlingsgemüse. Auf besonderen Wunsch unseres Küchenchefs wird das ursprüngliche Rezept durch die Zugabe von Artischocken verfeinert, die hier mit Zitrone, Olivenöl und Dill zubereitet werden und den Namen Polita-Artischocken tragen. Sie können als warme Vorspeise oder Hauptgericht verzehrt werden.

Auch Erbsen, die schon seit der Antike sehr geschätzt werden, gehören zu diesem Rezept. Erbsen sind die Samen einer Gemüsepflanze und bis in die Sommermonate hinein auf den Gemüsemärkten zu finden. Die Hülsen sollten bevorzugt grün, voll und fest sein. Sie können frische Erbsen zwei bis drei Tage im Kühlschrank aufbewahren, wenngleich sie vorzugsweise sofort verarbeitet werden sollten. Alternativ können Sie auch Dicke Bohnen verwenden.

Aristedes Pasparakis ist ein großer Fan der Produkte seines Landes. Für dieses Rezept hat er gegrillten Seewolf mit Blutorangen und Basilikum kombiniert. Die Blutorange ist eine Zitrusfrucht, die vornehmlich auf dem Peloponnes gedeiht und die diesem Fischgericht mit ihrem leicht säuerlichen Aroma eine ganz besondere Note verleiht.

Die Blätter der Artischocken entfernen. Artischocken am Stiel festhalten und die Blätter abdrehen. Mit einem Kartoffelausstecher das Heu entfernen. Die Artischockenherzen in eine Schüssel mit Zitronenwasser geben.

Kartoffeln, Möhren und Schalotten schälen. Die Erbsen enthülsen. Das Gemüse in Stifte schneiden.

Salzwasser in einem Topf zum Kochen bringen. Kartoffeln und Möhren hineingeben. 5 Minuten köcheln lassen. Zwiebeln und Artischockenherzen zugeben. 5 Minuten garen. Erbsen hinzufügen. 5 Minuten kochen lassen. Das Gemüse mit eiskaltem Wasser abschrecken.

mit Blutorangensauce

Den Seewolf schuppen und ausnehmen. Filetieren, salzen und pfeffern. In einer Pfanne ohne Zugabe von Öl braten.

Für die Sauce in einer Schüssel den gehackten Knoblauch, die gezupften Basilikumblätter und den Senf mischen. Salzen und pfeffern. Safran in Weißwein auflösen und hinzugeben. Zitronensaft und Olivenöl zufügen. Verrühren.

Orangen auspressen. Die Sauce erhitzen und den Saft hinzugeben. Die Hitze reduzieren. Die Sauce eindicken lassen. Den Seewolf mit der Sauce und dem Gemüse anrichten. Mit Kapern, Dillsamen und Basilikum garnieren.

Tintenfischragout

Vorbereitungszeit: 20 Minuten
Garzeit für den Tintenfisch: 55 Minuten
Garzeit für die Nudeln: 10 Minuten
Schwierigkeitsgrad: ✶

Für 6 Personen

1 kg	Tintenfisch, küchenfertig
	Salz
100 ml	Weißwein
2	Zwiebeln, gehackt
3	Knoblauchzehen, zerdrückt

160 ml	natives Olivenöl extra
600 g	passierte Tomaten
1	Zimtstange
	weißer Pfeffer, gemahlen
15	schwarze Pfefferkörner
½ Bund	Petersilie, gehackt
500 g	Nudeln (z. B. Penne)

Auf Chalkidiki, der östlichsten Halbinsel Makedoniens, liegt der Berg Athos. Dort leben fast 1700 orthodoxe Mönche in etwa 20 Klöstern. Das Tintenfischragout mit Nudeln ist eine besondere kulinarische Spezialität der Mönche. Es wird gerne zu Fastenzeiten zubereitet, denn der Tintenfisch ist ein blutloses Weichtier, dessen Verzehr erlaubt ist.

Der Tintenfisch bzw. der Krake heißt auf Griechisch *oktapodi*, was »Achtfüßer« bedeutet. In der Tat hat der Tintenfisch acht gleich lange, direkt mit dem Kopf verbundene Greifarme mit Saugnäpfen. Sein Lebensraum ist insbesondere die Ägäis. Im Sommer kehren die Fischer mit großen Mengen dieses Meerestieres in die Häfen zurück. Tintenfisch ist die Grundlage für unzählige Gerichte. Damit das äußerst feste Fleisch des Tintenfischs weicher wird, werden die Tiere von den Fischern traditionell 44-mal gegen eine Mauer oder einen Felsen geschlagen. Das Fleisch der größeren Tiere wird bevorzugt gewürfelt für Salate oder

Ragout verwendet; kleinere Tiere dagegen werden eher gegrillt. Außerdem werden Tintenfische in Griechenland an Fäden zum Trocknen aufgehängt und so bis zum Verzehr zur Fastenzeit konserviert.

Ein Oktopus muss nicht ausgenommen werden. Gegebenenfalls ist lediglich vorhandener Sand auszuwaschen, falls dies noch nicht vom Fischhändler erledigt wurde.

Für unser Rezept wird der Tintenfisch bei geringer Hitze in einer würzigen Tomatensauce gegart und mit köstlichen kleinen Nudeln serviert. In Griechenland bekommt man auf den Märkten etwa zehn verschiedene Nudelsorten, die alle den Namen *macaronia* haben. Unser Küchenchef verwendet *macaronia kofta* – kleine Nudelstücke. Erst kurz vor dem Servieren werden die fertig gekochten Nudeln dem Gericht zugefügt.

Den Tintenfisch waschen und in einem Topf mit Salzwasser und dem Weißwein 30 Minuten kochen, dann herausnehmen und abtropfen lassen.

Den Tintenfisch in Würfel schneiden.

Die Tintenfischwürfel mit den gehackten Zwiebeln und dem Knoblauch in einen Topf geben und kurz in Olivenöl anbraten. Die passierten Tomaten zugeben.

mit Nudeln

Anschließend die Zimtstange, den gemahlenen Pfeffer, die Pfefferkörner, etwas Salz und Öl zugeben und 15–20 Minuten schmoren. Wenn der Tintenfisch weich geworden ist, die Petersilie unterrühren.

In der Zwischenzeit die Nudeln 10 Minuten in Salzwasser kochen, abgießen und zum Tintenfischragout geben.

Kurz unterrühren und sofort servieren.

Miesmuscheln mit

Vorbereitungszeit: 30 Minuten
Garzeit: etwa 25 Minuten
Schwierigkeitsgrad: ✶✶

Für 4 Personen

1 kg	Miesmuscheln
2–3	Möhren
1	Zucchini
2	Knoblauchzehen
1	Zwiebel
125 ml	Olivenöl

100 ml	Weißwein
100 ml	Ouzo
800 ml	Fischfond
1	Lorbeerblatt
3 g	Safran
	Salz
	Pfeffer
350 g	Parboiled-Reis
1 Bund	Rucola
2 EL	Dill

Auf den Speisekarten der kleinen Restaurants am Strand von Aretzo und im Hafen von Thessaloniki sind zahlreiche Muschelgerichte zu finden. Unser Küchenchef empfiehlt hier ein Gericht mit Reis, Gemüse, Miesmuscheln und Safran, das ein wenig an eine spanische Paella erinnert.

Seit Jahrtausenden ernten die Griechen an ihren Küsten Miesmuscheln. Diese werden mit Basilikum oder Safran zubereitet. Gezüchtet werden die köstlichen Weichtiere seit 20 Jahren in der Präfektur Pieria in Zentralmakedonien.

Bereiten Sie frische Miesmuscheln vor, indem Sie die Seepocken, die auf der Schale kleben, mit einem Messer abkratzen und die überstehenden schwarzen Fäden, den so genannten Bart, abschneiden. Beachten Sie, dass geöffnete und somit tote Muscheln nicht verzehrt werden dürfen. Miesmuscheln sind ebenfalls küchenfertig in Plastikbeuteln abgepackt erhältlich.

Für dieses Gericht werden die Miesmuscheln mit würzigen Zutaten wie Ouzo und Safran zubereitet. Bereits im 2. Jahrtausend v. Chr. eroberte Safran die Küchen von Santorin und Kreta. Nach Erzählungen des Dichters Homer ruhte der Gott Jupiter auf einem Bett aus Safran, Hyazinthen und Lotusblüten etc. Heute stammen 15 % der Weltproduktion aus Kozani in Westmakedonien. Verwenden Sie bevorzugt Safranfäden, denn Safranpulver wird häufig mit Färberdistel, Kurkuma oder Ringelblume gemischt.

Ouzo ist ein mit Fenchel und Anis gewürzter Schnaps, der in Griechenland zu jeder Tageszeit getrunken wird. Er verleiht diesem Gericht eine ganz besondere Note.

Parboiled-Reis passt hervorragend zu diesem Gericht. Reis wird in Griechenland in Larissa (Thessalien) produziert und aus der ganzen Welt importiert. Sie haben die Wahl zwischen unzähligen Sorten.

Die Miesmuscheln abbürsten, um die Seepocken zu entfernen, und den Bart abschneiden. Die Möhren und Zucchini schälen und in Streifen schneiden.

Den Knoblauch und die Zwiebel schälen, in feine Ringe schneiden und in einer großen Pfanne in Olivenöl goldbraun anbraten. Die Möhrenstreifen zugeben und unterrühren.

Die Miesmuscheln auf die Gemüsemischung geben und 5 Minuten schmoren lassen.

Safranreis und Gemüse

Die Zucchinistreifen zugeben.

Wein, Ouzo, Fischfond, Lorbeerblatt, Safran, Salz und Pfeffer zugeben. 4–5 Minuten leicht köcheln lassen.

Den gewaschenen, rohen Reis unterrühren und 10 Minuten bei starker Hitze garen. Heiß servieren und mit dem Rucola, einem Lorbeerblatt und etwas Dill garnieren.

Zackenbarschfilet

Vorbereitungszeit:	35 Minuten
Marinieren:	1–2 Stunden
Garzeit:	50 Minuten
Schwierigkeitsgrad:	✶

Für 4 Personen

600 g	frische Okraschoten
1	Zitrone
	Salz
1 kg	Zackenbarschfilet
100 g	Zwiebeln

1	Knoblauchzehe
200 g	Tomaten
80 ml	natives Olivenöl extra
	Pfeffer
25 g	glatte Petersilie

Die kretischen Küstenbewohner sind Meister darin, Fisch und Meeresfrüchte dem täglichen Speiseplan anzupassen. In Malia, Sitia und Rethymnon gehört der Zackenbarsch mit Okraschoten zu den beliebtesten Gerichten.

Der Zackenbarsch, den Michalis Markakis für dieses Rezept gewählt hat, ist ein großer Fisch mit feinem Fleisch, gefleckten Seiten und einem vorspringenden Maul. Auf Kreta bekommt man kleinere Fische (1–2 kg), die man im Ganzen gart. Da die Mittelgräte des Fisches leicht zu entfernen ist, kann das Filet ohne jede Bedenken verzehrt werden. Goldbrasse oder Rötling sind ebenso geeignet.

Okraschoten sind etwa so groß wie Cornichons und vor allem in Nordafrika, Schwarzafrika und auf den Antillen beliebt. Sie passen gut zu Tomaten und Zwiebeln.

Die Schoten enthalten eine gelatineartige Substanz, die zum Binden von Saucen genutzt wird. Um diese Substanz zu entfernen, werden die Okras gesalzen, mit Zitronensaft oder Essig beträufelt und vor der Verwendung abgespült. Sie behalten so ihren Biss, und die Garzeit wird etwas reduziert.

Traditionell wird das Gericht mit Petersilie bestreut, bevor es gebacken wird. Unser Küchenchef empfiehlt, die Petersilie nach dem Garen zuzugeben, dann bleibt sie schön aromatisch und voller Vitamine.

Okraschoten abspülen und die winzigen Blättchen am Stielansatz abschneiden. Pelzige Stacheln abschaben.

Okraschoten auf einen Teller legen, mit dem Saft einer halben Zitrone beträufeln und großzügig salzen. 1–2 Stunden marinieren, danach unter fließendem Wasser abspülen.

Fischfilets in Einzelportionen teilen. Die Zwiebeln und den Knoblauch schälen und fein hacken, die Tomaten häuten und pürieren.

mit Okra

Zwiebeln und den Knoblauch in heißem Öl 5 Minuten anbraten, mit Zitronensaft ablöschen. Tomatenpüree zufügen, salzen, pfeffern und 15 Minuten köcheln lassen.

Okraschoten und Fischfilets in eine Auflaufform geben und mit Tomatensauce übergießen. Im Ofen 30 Minuten bei 170 °C backen.

Wenn das Gemüse und der Fisch gar sind, Auflaufform aus dem Ofen nehmen, mit Petersilie bestreuen und heiß servieren.

Sepia in Honigsauce

Vorbereitungszeit: 20 Minuten
Garzeit: 35 Minuten
Schwierigkeitsgrad: ✶

Für 4 Personen

1 kg	ausgenommene und gesäuberte Sepia oder Kalmar (Tintenfische)
200 ml	natives Olivenöl
100 ml	Rotweinessig
50 g	Honig
	Salz
	Pfeffer
50 g	frischer Rosmarin

Dieses traditionelle Gericht wird auf Kreta besonders in der Fastenzeit zubereitet, wenn es den Gläubigen nicht gestattet ist, Fleisch oder Erzeugnisse von Fleischtieren (Butter, Eier, Käse) zu essen. Fisch und Meeresfrüchte sind von dem Verbot ausgenommen.

Um die Vorbereitung zu vereinfachen, empfiehlt unser Küchenchef küchenfertige Sepien. Sollten Sie diese nicht bekommen, entfernen Sie Kopf und Innereien, den Knorpel und die Haut und spülen den Körperbeutel gut ab, indem Sie ihn umstülpen.

Die abgespülten Beutel müssen gut abgetupft werden, damit sie während des Bratens nicht »explodieren«. Trotzdem sollten Sie einen Deckel auf die Pfanne legen, falls doch etwas Öl spritzt.

Sepia ist für dieses Rezept gut geeignet, da ihr Fleisch fest bleibt. Wenn Sie Kalmar verwenden, panieren Sie ihn vor dem Braten in Mehl, damit er schön braun, aber nicht zu weich wird.

Die typisch kretische süß-saure Honigsauce *oxymeli* passt gut zu Fisch, Meeresfrüchten, Schnecken und Salat. Der Legende nach verbrachte Zeus seine Jugend auf Kreta, wo er von Ziegenmilch und dem Honig lebte, den die Bienen auf seine Lippen träufelten. Der Nektar gilt seitdem als Grundnahrungsmittel, Süßungsmittel und Medizin.

Die Sauce enthält auch Rosmarin, der das native Olivenöl, das zu jedem kretischen Gericht gehört, fein aromatisiert. Die kleinen, nadelförmigen Blätter des Heilkrautes haben seit der Antike ihren Platz in der kretischen Küche.

Körperbeutel aufschneiden und in große Rechtecke teilen.

Das Olivenöl in einer Pfanne erhitzen und die Sepiastücke jeweils 10 Minuten bei starker Hitze braten.

Sepiastücke in eine Auflaufform geben. Das Öl in der Pfanne belassen.

Den Rotweinessig zum Bratöl geben, Honig, Salz, Pfeffer und Rosmarinblättchen zufügen. Alles aufkochen und 3–4 Minuten eindicken lassen, dabei umrühren.

Die Sepiastücke mit der Sauce übergießen und 10 Minuten im Ofen bei 220 °C backen.

Sepiastücke wenden und nochmals 10 Minuten backen.

Gebackene Makrelen

Vorbereitungszeit: 40 Minuten
Garzeit: 50 Minuten
Schwierigkeitsgrad: ✶✶

Für 4 Personen

8	Makrelen
100 g	Mehl
	Salz
	Pfeffer
250 ml	Olivenöl
2	Knoblauchzehen, zerdrückt

12	Tomaten, fein gewürfelt
400 ml	Weißwein
1 Zweig	frische Minze
2 EL	Kapern

Seit acht Jahren führt Michael Cauchi mit seiner Frau das renommierte Fischrestaurant *Il Re del Pesce* in Marsascala. Das Rezept für die frittierten Fische in Tomatensauce ist dort entstanden.

Die maltesischen Fischer fahren in bunt bemalten und mit einem Glück bringenden »Auge« am Bug versehenen Booten auf traditionellen Fischfang. Die Boote namens *luzzu* sind beliebte Motive auf Postkarten und Postern.

Der beste Fang wird auf dem Markt von Marsaxlokk angeboten. Unser Küchenchef bereitete dieses Gericht anfangs mit Gelbstriemen-Brassen zu. Sie sind von goldgelber Farbe, haben große Augen, einen langen Körper, kleine Brustflossen und stachelige Streifen auf der Rückenflosse. Sie

können durch die leichter erhältliche Makrele ersetzt werden, am besten verwendet man dazu die »spanische Makrele«. Sie besitzt ein weißeres Fleisch und eine gestreifte Rückenflosse, grau-bläuliche Flecken an den Seiten und auf dem Bauch und eine durchscheinende Hautzone zwischen den Augen. Pressen Sie nach dem Braten eine Zitrone über dem Fisch aus.

Für die Sauce häuten Sie die Tomaten und schneiden sie in kleine Würfel. Die auf Malta weit verbreiteten Kapern bereichern die Sauce durch ihr Aroma.

Legen Sie die Makrelen zum Servieren auf die Sauce, anstatt sie damit zu übergießen. So bleibt die appetitliche Bräunung der Fische sichtbar.

Makrelen am Bauch aufschneiden und ausnehmen. Fische abspülen, trockentupfen und innen salzen.

Das Mehl auf einen Teller geben, salzen, pfeffern und die Makrelen darin wenden.

Makrelen in 200 ml sehr heißem Olivenöl ca. 5 Minuten von beiden Seiten braten.

Den Knoblauch in Olivenöl anbraten.
Tomaten und den Weißwein zugeben und
bei starker Hitze gut rühren.

Sobald die Sauce gebunden ist, die
gehackte Minze und gehackte Kapern
zugeben.

Die Tomatensauce in eine Auflaufform
geben, die Makrelen darauf legen und im
Ofen bei 160 °C 25 Minuten backen.

Seebarsch

Vorbereitungszeit: 10 Minuten
Garzeit: 40 Minuten
Schwierigkeitsgrad: ★

Für 4 Personen

800 g	Seebarsch
200 ml	Fischfond
200 g	Champignons
2	Tomaten
½	grüne Paprikaschote
2	Knoblauchzehen

1	Zwiebel
1 Bund	Dill
2	Lorbeerblätter
	Saft von ½ Zitrone
10 ml	Rakı
80 ml	Olivenöl
	Salz
	gemahlener weißer Pfeffer

Der einfach zuzubereitende Seebarsch mit *Rakı* ist ein traditionelles Fischgericht mit typisch türkischen Aromen und schmeckt zu jeder Jahreszeit.

Seebarsch ist auch als Wolfsbarsch oder Seewolf bekannt und in der Türkei sehr beliebt, vor allem wegen seines feinen und sehr mageren Fleischs. Das weiße Fleisch zerfällt allerdings sehr schnell, weshalb es sich besonders empfiehlt, ihn zu dünsten. Der Fisch schmeckt aber ebenso gut pochiert, flambiert oder gefüllt. Fangfrischer Seebarsch hat einen festen Körper, riecht leicht nach Jod, und seine Haut ist glänzend. Je nach Angebot können Sie ihn auch durch eine Dorade ersetzen.

Das herrliche Fischgericht wird dezent mit *Rakı* verfeinert. Dieser Anisschnaps wird vor allem in der Stadt Tekirdağ, zwischen Istanbul und Gelibolu (Gallipoli), produziert und kann als Nationalgetränk der Türken bezeichnet werden.

Es ist zum Beispiel üblich, dass eine Flasche *Rakı* während eines mehrgängigen Essens auf dem Tisch steht und mehrmals daraus eingeschenkt wird.

Rakı wird traditionell in staatlichen Monopolbrennereien aus fermentierten Feigen und Rosinen hergestellt, deren ersten Brand man mit Anissamen destilliert. Die erste *Rakı*-Destille wurde 1912 in Izmir gegründet.

Die vitaminreiche Gemüsebeilage macht dieses Gericht sehr leicht. Grüne Paprikaschoten sind Schoten, die vor der vollen Reife geerntet wurden. Kaufen Sie nur Exemplare, die fest und glatt sind und deren Stielansatz hart sowie ohne Flecken und welke Stellen ist.

Champignons sind das ganze Jahr über in allen Supermärkten erhältlich. Verwenden Sie möglichst kleine Pilze, denn diese besitzen einen intensiveren Eigengeschmack.

Den Fisch filetieren. Dazu den Fisch um die Kiemen herum einschneiden und mit dem Messer entlang der Mittelgräte in Richtung Schwanzflosse fahren, um die Filets zu lösen.

Tomaten und Champignons enthäuten und in Würfel bzw. Scheiben schneiden. Die Paprikaschote in kleine Stücke schneiden. Die Zwiebel hacken und die Knoblauchzehen fein hacken.

Das Olivenöl in einer Pfanne erhitzen und die fein gehackten Knoblauchzehen darin andünsten. Die gehackte Zwiebel zugeben und 3–4 Minuten andünsten, dann die Lorbeerblätter zugeben.

mit Rakı

Das Gemüse zugeben, mit dem Fischfond ablöschen und 2 Minuten kochen.

Die Fischfilets mit Salz und Pfeffer würzen und auf das Gemüse legen. Etwa 4 Minuten dünsten. Den Dill hacken.

Das Gemüse noch einmal mit Salz und Pfeffer abschmecken. Zitronensaft, gehackten Dill und Rakı zugeben und 2 Minuten köcheln. Fisch und Gemüse auf einem Servierteller anrichten.

Bonito-

Vorbereitungszeit:	20 Minuten
Marinieren:	30 Minuten
Garen:	auf dem Grill
Schwierigkeitsgrad:	★

Für 4 Personen

800 g	echter Bonito, ersatzweise Thunfisch oder Makrele
2	Tomaten
2	grüne Paprikaschoten
1	gelbe Paprikaschote
1	Zitrone

Marinade:

	Saft von ½ Zitrone
16	Lorbeerblätter
100 ml	Olivenöl
	Salz
	gemahlener Pfeffer

Umgeben von kleinen Fischerdörfern am Ufer des blauen Bosporus, ist Istanbul in der ganzen Türkei für seine vielen Meeres-Spezialitäten bekannt. In dieser Stadt, deren Bewohner als begeisterte Fischesser gelten, sind die Gerichte mit Fisch und Meeresfrüchten außerordentlich vielfältig und delikat. Bonito-Spieße werden besonders geschätzt, weil sie leicht sind und sich durch eine Kombination wunderbarer mediterraner Aromen auszeichnen.

Spieße werden auf Türkisch *Şiş* genannt, sind schnell und einfach zuzubereiten und bei den Istanbulern sehr beliebt. Diese Zubereitungsart hat eine lange Tradition; Gerichte am Spieß gelten als geselliges Essen und werden deshalb im ganzen Land gern zubereitet. Der Bonito oder gestreifte Thunfisch ist einer der meistverkauften Speisefische in der Türkei. Er ist im Ägäischen Meer beheimatet und sein Fleisch schmeckt exzellent. Falls kein Bonito erhältlich ist, können Sie auch Thunfisch oder Makrele verwenden.

In der türkischen Küche mariniert man Fisch vor dem Garen sehr oft, was das Fleisch noch zarter macht und zugleich wunderbar aromatisiert. Aybek Şurdum empfiehlt, die Marinade zusätzlich noch mit Zwiebelsaft zu verfeinern. In diesem Fall sollte die Marinierzeit von dreißig Minuten allerdings keinesfalls überschritten werden.

Bonito-Spieße werden auf dem Grill gegart und sind daher ein ideales Sommeressen. Das Fleisch des Fisches bricht relativ leicht auseinander, weshalb Sie den Garvorgang genau im Auge behalten sollten. Die Fischspieße gelingen natürlich auch unter dem Backofengrill; dort benötigen sie eine Garzeit von ungefähr sieben Minuten.

Ergänzt wird der Fisch durch die bunten Paprikastücke. Die Mittelmeerküche schätzt dieses fruchtige und vielseitige Gemüse sehr. Rote und gelbe Paprikaschoten schmecken süßer als grüne, besitzen dafür aber weniger dickes Fleisch.

Den Fisch in gleich große Würfel schneiden.

Das Gemüse waschen. Die Zitrone der Länge nach halbieren und ebenso wie die Tomaten in dünne Scheiben schneiden.

Die Paprikaschoten entkernen und in gleich große Rechtecke schneiden.

Spieße

Die Fischwürfel in einen tiefen Teller legen und die Zutaten für die Marinade darüber geben. 30 Minuten marinieren.

Die Fischwürfel abwechselnd mit den Paprikastücken, Tomaten- und Zitronenscheiben und Lorbeerblättern auf lange Metallspieße stecken. Die Spieße mit der Marinade bestreichen.

Die Spieße auf dem Grill garen und auf einem Servierteller anrichten.

Seebarsch nach

Vorbereitungszeit: 10 Minuten
Garzeit: 25 Minuten
Schwierigkeitsgrad: ★

Für 4 Personen

4	Seebarschfilets
2	große Kartoffeln
1	Zucchini
100 g	fester Ziegenkäse
2 TL	Paprikapulver
4 Stängel	Dill
4 EL	Olivenöl
	Salz
	gemahlener Pfeffer

Sauce:

250 g	Mehl
	Saft von ½ Zitrone
8 EL	Olivenöl
	Salz

Zum Garnieren:

Dill
Paprikapulver

Das in der Nähe von Izmir an der ägäischen Küste gelegene Dorf Karaburun (der Name bedeutet wörtlich übersetzt »schwarze Halbinsel«) ist im ganzen Land bekannt für seine gesunde und leichte Meeresküche.

Die Sauce, in der der Fisch nach diesem Rezept gegart wird, besteht aus Olivenöl, Mehl, Salz, Wasser und Zitronensaft; wenn man das Wasser durch Milch ersetzt, wird die Sauce noch etwas gehaltvoller. Dieses köstliche Gericht wird hauptsächlich von Frauen zubereitet, die ihre Arbeit auf den Feldern verrichten, und hat den Vorteil, einfach und schnell fertig zu sein.

Seebarsch, auch Wolfsbarsch oder Seewolf, wird wegen seines festen, mageren, delikaten Fleischs sehr geschätzt und kann auf verschiedene Arten zubereitet werden. Gökçen Adar rät Ihnen, den Fisch während des Garens im Auge zu behalten, da sein empfindliches Fleisch dazu neigt, auseinander zu fallen. Fangfrischer Seebarsch hat einen festen Körper mit glänzenden Schuppen und riecht leicht nach Jod. Sie können aber auch Knurrhahn nehmen.

Als Beilage für dieses Familiengericht schlagen wir ein Kartoffel-Zucchini-Gratin vor. Beide Gemüsearten stammen aus Mittel- bzw. Südamerika und haben ihren Platz in der mediterranen Küche gefunden. Zucchini sind ein klassisches Sommergemüse, da sie sehr wasserhaltig und kalorienarm sind. Ganz gleich, ob man sich für dunkelgrüne oder helle Exemplare entscheidet: Man sollte kleinere Zucchini auswählen, da sie ein viel zarteres Fleisch haben, und darauf achten, dass die Schale unversehrt ist.

Der Ziegenhartkäse kann durch Gruyère oder eine andere würzige Käsesorte ersetzt werden. Unverzichtbar ist allerdings das Paprikapulver, da es für einen hübschen farblichen Kontrast sorgt.

Für die Sauce das Mehl in eine Schüssel sieben und mit 500 ml Wasser und dem Olivenöl mit einem Schneebesen glatt rühren. Salzen und den Zitronensaft einrühren.

Zucchini und Kartoffeln schälen und in feine Scheiben schneiden.

Die Zucchini- und Kartoffelscheiben in eine ofenfeste Form schichten. Mit Salz und Pfeffer würzen. Im vorgeheizten Ofen etwa 15 Minuten bei 200 °C backen, dann mit der Hälfte der Sauce übergießen und für weitere 5–6 Minuten in den Ofen stellen.

Karaburun-Art

Den Käse reiben, über das Gratin streuen und mit 1 Teelöffel Paprikapulver bestäuben. Im Ofen gratinieren.

Die Seebarschfilets enthäuten und salzen. Die Dillstängel ein wenig zerkleinern und in die übrige Sauce geben. So viel von der Sauce in eine ofenfeste Form gießen, dass der Boden bedeckt ist. Die Fischfilets in die Form legen und mit der restlichen Sauce übergießen.

Den Fischauflauf mit dem übrigen Paprikapulver bestäuben und im vorgeheizten Ofen 10–15 Minuten bei 200 °C backen. Den Fisch zusammen mit dem Gratin auf einem Teller anrichten und mit Paprikapulver und Dill garnieren.

Bonito-

Vorbereitungszeit: 50 Minuten
Garzeit: 25 Minuten
Schwierigkeitsgrad: ✶

Für 4 Personen

800 g	echter Bonito, ersatzweise Thunfisch
2	Möhren
2	Kartoffeln
1	Zwiebel
4	Knoblauchzehen

2	Lorbeerblätter
	Saft von ½ Zitrone
2	Tomaten
½ Bund	glatte Petersilie
100 ml	Olivenöl
	Salz
	gemahlener Pfeffer

Bonito-*Pilaki* ist als kalte Vorspeise in Istanbul überaus beliebt und wird hauptsächlich in den *Meyhane*, den *Rakı*-Bars, serviert. Das köstliche Gericht hat eine lange Tradition und eignet sich ideal für gesellige Anlässe.

Der gestreifte Thunfisch (Bonito) kommt in den Gewässern des Bosporus vor und ist in der Türkei sehr gefragt. Sein aromatisches Fleisch schmeckt unvergleichlich gut und lässt sich auf viele verschiedene Arten zubereiten.

Pilaki ist eine typisch türkische Zubereitungsart, bei der grundsätzlich Olivenöl von der Ägäisküste, Zwiebeln und Tomaten verwendet werden.

Glatte Petersilie verleiht dieser Meeres-Spezialität ein ganz charakteristisches Aroma. Dieses Küchenkraut ist das ganze Jahr über erhältlich, aber man sollte darauf achten, dass Blätter und Stängel schön grün, frisch und fest sind.

Lorbeerblätter werden bei vielen mediterranen Spezialitäten entweder ganz oder zerkrümelt verwendet. In der Antike krönten Lorbeerkränze die Häupter von Dichtern und siegreichen Heeresführern. Aybek Şurdum ist der Ansicht, dass sie aber auch eine hübsche Garnierung ergeben.

Bonito-*Pilaki* ist eine farbenfrohe Fisch-Spezialität, der die Möhren einen leuchtend orangeroten Farbton verleihen. Dieses Wurzelgemüse stammt ursprünglich aus dem Mittleren Osten und Zentralasien und ist bekannt für seinen hohen Gehalt an Vitamin A. Je nach Saison gibt es junge, knackige Möhren im Angebot, die vorzuziehen sind. Achten Sie darauf, dass die Möhren fest und unversehrt sind und ihr Laub frisch und grün ist.

Kartoffeln werden auf allen Kontinenten angebaut und verzehrt. Legen Sie sie nach dem Schälen in Wasser, damit sie nicht nachdunkeln.

Eventuell die Haut abziehen und den Fisch in Medaillons schneiden.

Kartoffeln und Möhren schälen. Mit einem Kugel-Ausstecher Kugeln ausschneiden. Zwiebel und Knoblauchzehen hacken.

Das Olivenöl erhitzen und den Knoblauch darin andünsten. Die Zwiebel zugeben. Die Tomaten enthäuten und in kleine Stückchen schneiden.

Pilaki

Gemüsekugeln und Tomatenstückchen, Lorbeerblätter und Zitronensaft zu den Zwiebeln geben. Mit Salz und Pfeffer würzen. Kurz umrühren und 3–4 Minuten andünsten.

Die Gemüse-Mischung mit Wasser aufgießen und etwa 10 Minuten garen.

Die Bonito-Medaillons mit Salz und Pfeffer würzen, auf die Gemüse-Mischung legen und 3 Minuten dünsten. Mit gehackter Petersilie bestreuen und auf einem Servierteller anrichten.

Petersfisch

Vorbereitungszeit: 40 Minuten
Garzeit: 20 Minuten
Schwierigkeitsgrad: ✶

Für 4 Personen

2	Petersfische à 500 g
2 g	Safranfäden
100 ml	Fischfond
1	Zwiebel
2	Lorbeerblätter
10 g	Mehl

60 ml	Olivenöl
	Salz
	gemahlener Pfeffer

Petersfisch mit Safransauce zergeht förmlich auf der Zunge. Das Rezept dafür ist sehr alt und stammt noch aus der osmanischen Zeit. Heute wird er als Festtagsgericht hauptsächlich bei großen Anlässen zubereitet.

Fisch hat in der türkischen Küche einen hohen Stellenwert; schließlich ist das Land von vier Meeren umgeben, sodass es jederzeit ein reichhaltiges Angebot an fangfrischen Fischen und Meeresfrüchten gibt.

Petersfisch, der im Herbst und Winter feilgeboten wird, ist an seiner ovalen Form und dem dunklen runden Fleck auf beiden Seiten seines Körpers zu erkennen. Er ist wegen seines weißen, festen Fleisches ein beliebter Speisefisch und seine Abschnitte ergeben einen exzellenten Fischfond.

Frischen Petersfisch erkennt man an den schönen Flossen und glänzenden Schuppen. Wer sich mit dem Filetieren des Fisches schwer tut, kann den Fischhändler darum bitten. Wenn Petersfisch keine Saison hat, kann man auch auf Dorade oder Seelachs zurückgreifen.

Das Wort Safran ist abgeleitet vom arabischen *Za'farân*, was auf das Wort *Asfar* (»gelb«) zurück geht. Geerntet wird Safran vor allem in der Grenzregion zum Iran. Das teuerste Gewürz der Welt wird den Blüten einer Krokusart entnommen, wobei man 200 000 Blüten für ein Kilo Safran benötigt. Getrocknete Safranfäden verleihen dem Gericht nicht nur die schöne gelbe Farbe, sondern auch das besondere Aroma. Um einen bitteren Beigeschmack zu vermeiden, sollte man den Safran erst im letzten Moment zufügen.

In den türkischen Küstenregionen ist Lorbeer eine wichtige Zutat. Die Blätter des immergrünen Baumes verfeinern, ganz oder zerdrückt, Suppen und Schmorgerichte, Füllungen und Marinaden.

Die Petersfische filetieren und die Haut abziehen. Die Filets auf beiden Seiten mit Salz und Pfeffer würzen.

Zwei Drittel des Olivenöls in einer Pfanne erhitzen und die Fischfilets von beiden Seiten jeweils 1 Minute anbraten. Die Filets aus der Pfanne heben und beiseite stellen. Das Öl in der Pfanne lassen.

Die Zwiebel schälen, in feine Ringe schneiden und in der Pfanne andünsten. Lorbeerblätter und Fischfond zufügen und auf die Hälfte einkochen.

mit Safransauce

Den Fond sieben und in einen Topf geben. Die Lorbeerblätter aufbewahren. In einer kleinen Schale das Mehl mit dem restlichen Olivenöl glatt rühren und in den Fischfond gießen.

Die Fischfilets vorsichtig in den Fischfond geben. Die Lorbeerblätter wieder zugeben.

Die Safranfäden einstreuen und die Sauce mit Salz und Pfeffer abschmecken. Die Fischfilets auf einem Servierteller anrichten und mit der Safransauce übergießen. Mit einem Lorbeerblatt garnieren.

Meeräsche

Vorbereitungszeit: 25 Minuten
Garzeit: 25 Minuten
Schwierigkeitsgrad: ✻

Für 4 Personen

1	Meeräsche (1 kg)
150 ml	Olivenöl
	Salz
	Pfeffer
1 TL	Kreuzkümmel
1 TL	Kurkuma

1	Zwiebel
750 g	Kartoffeln
2	Tomaten
2	milde grüne Paprika
2 g	Safranfäden
25 g	gesalzene Butter
1	Zitrone

Zum Garnieren:

Petersilie (nach Belieben)

Der alte Hafen in Bizerte mit seinen Straßencafés ist ein sehr beliebter Ort, an dem die Menschen gerne beim Pfefferminztee sitzen und die farbenfrohen Schiffe beobachten, auf denen die Fischer ihre Netze vorbereiten. Einer der beliebtesten Fische in dieser nordtunesischen Stadt ist zweifellos die Meeräsche. Sie wird dort *bouri* genannt und hat festes Fleisch mit einem starken Jodgeschmack. Wählen Sie beim Fischhändler ein besonders festes Exemplar mit glänzenden Schuppen und Augen. Im Zweifelsfall können Sie den Fisch auch durch Rotbrasse ersetzen.

Dieses Gericht wird auf typisch mediterrane Art zubereitet. Die Meeräsche kommt zusammen mit den Kartoffeln, Tomaten, Zitronenscheiben und einer Zwiebel in den Backofen.

Unser Küchenchef ist der Meinung, dass die Würzung viel zum Gelingen dieses Rezeptes beiträgt: »*In Tunesien gibt es ein Sprichwort, demzufolge man Fisch niemals ohne Kreuzkümmel zubereiten darf. Der kamoun, wie wir ihn nennen, ist unvergleichlich. Dieses Wort wird auch in vielen Liedern verwendet, denn es steht ebenfalls für den Charme einer Person!*«

Kreuzkümmel ist ein aromatisches Gewürz, das aus Turkestan stammt und in der gesamten mediterranen Küche weit verbreitet ist. Er hat einen würzigen, leicht bitteren Geschmack.

Safran verwendet man vor allem bei der Zubereitung von Fischgerichten. In diesem Fall wird er ins Wasser gerührt. Kurkuma ist vor allem wegen ihrer intensiven gelben Farbe in Tunesien sehr beliebt.

Wir empfehlen, die Meeräsche vor dem Servieren mit ein wenig Petersilie zu bestreuen.

Den Fisch abschuppen, ausnehmen und in Stücke schneiden.

150 ml Olivenöl in eine Schüssel geben. Die Fischteile mit Salz, Pfeffer, Kreuzkümmel und Kurkuma würzen und zusammen mit der in Ringe geschnittenen Zwiebel in die Schüssel legen.

Die Kartoffeln schälen. Die eine Hälfte in Scheiben schneiden, die andere am Stück lassen. Tomaten waschen und vierteln.

tunesisch

Die Fischteile auf ein Backblech legen.

Kartoffeln, Tomaten und milde Paprika hinzufügen.

Safranfäden in ein Schälchen Wasser einrühren. Die Mischung über dem Fisch auf dem Backblech verteilen. Flocken der gesalzenen Butter und Zitronenscheiben hinzufügen. Im Backofen bei 180 °C ca. 25 Minuten backen. Fisch und Gemüse auf einer Servierplatte anrichten.

Gefüllte Goldbrasse

Vorbereitungszeit: 30 Minuten
Garzeit: 20 Minuten
Schwierigkeitsgrad: ✳

Für 4 Personen

4	Goldbrassen
400 g	Kartoffeln
	Safranfäden
50 g	Kalbsleber
	Olivenöl
	Salz

	Pfeffer
50 g	Zwiebeln
50 g	glatte Petersilie
1	Zitrone

In Tunesien bleibt die mit Kalbsleber gefüllte Goldbrasse besonderen Anlässen und hohen Gästen vorbehalten. Die Einwohner von Tunis essen wenig Fisch – mit Ausnahme der Meeräsche, die in den nahe gelegenen stehenden Gewässern sehr zahlreich vorkommt. Die Goldbrasse und der Steinbeißer werden meist gefüllt. Ali Matri bereitet sie oft mit einer Füllung aus verschiedenen Muscheln oder mit Fenchel, Zitrone und geschmolzener Butter zu.

Bei Tunesiern ist der Wanderfisch Goldbrasse sehr beliebt und wird überall entlang der 1300 Kilometer langen Küste gefangen. In Sfax und auf den Kerkenna-Inseln kommt sie am häufigsten auf den Tisch. Mittelgroße Exemplare werden gefüllt, während die großen Tiere (bis 5 kg) in Steaks geteilt und mit Couscous serviert werden.

Wenn ein tunesischer Koch eine Goldbrasse aufschneidet, setzt er am Rücken einen einzelnen Schnitt an. Bei einem Schnitt am Bauch würden die feinen Gräten stören, sodass man sie kaum entfernen könnte, ohne das Fleisch zu beschädigen. Wenn man die Mittelgräte am Schwanz beginnend entfernt, entsteht das Hauptproblem am Kopf. Sie müssen sehr fest ziehen, um die Gräte vom Kopf abzutrennen oder sie mit einer Schere durchzuschneiden.

Verwenden Sie Safran sparsam, denn er hat einen kräftigen Geschmack und könnte das feine Aroma des Fischs überdecken. In der tunesischen Küche entscheidet nicht die Fischart, sondern die Zubereitungsmethode darüber, ob Safran verwendet wird oder nicht. Bei frittiertem Fisch wird beispielsweise kein Safran beigefügt.

Die Fische entlang des Rückgrats aufschneiden, vom Kopf bis zum Schwanz. Aufklappen und mit der Messerspitze auf jeder Seite der Gräte entlangfahren, um diese vom Fleisch zu lösen. Die Mittelgräte herausziehen, am Kopf abschneiden und entfernen.

Die Kartoffeln schälen und in Scheiben schneiden. Mit Safranfäden bestreuen und beiseite stellen. Die Kalbsleber fein würfeln.

In einer Pfanne etwas Olivenöl erhitzen, die Kalbsleberwürfel ins heiße Fett geben und unter Rühren anbraten, bis sie von allen Seiten gebräunt sind.

Fische aufklappen und innen mit Salz, Pfeffer und Safranfäden würzen.

Zwiebeln schälen und ebenso wie die Petersilie hacken. Das Innere der Goldbrassen mit Zwiebeln, Petersilie und Kalbsleberwürfeln füllen. Die Fische wieder zuklappen.

Die gefüllten Goldbrassen auf ein Backblech legen. Die Kartoffelscheiben zwischen den Fischen verteilen. Mit etwas Wasser und Olivenöl beträufeln. 10–15 Minuten bei 180 °C backen. Mit Zitronenscheiben servieren.

Wolfsbarsch mit Oliven

Vorbereitungszeit:	*30 Minuten*
Garzeit:	*30 Minuten*
Schwierigkeitsgrad:	✳

Für 4 Personen

4	Wolfsbarschfilets à 200 g
4	Tomaten
1	Knoblauchzehe
1	Zwiebel
100 ml	Olivenöl
	Salz
1	sauer eingelegte Zitrone
150 g	grüne entsteinte Oliven
½ Bund	Petersilie
	Pfeffer
1 TL	Harissa (Gewürzmischung)
½ TL	Kurkuma

Zum Garnieren:

2 Zweige	frische Minze
4 Zweige	Petersilie

Wolfsbarsch mit Oliven und eingelegter Zitrone ist ein typisch mediterranes Gericht. Das Rezept unseres Küchenchefs stammt von der fischreichen tunesischen Küste.

Schon seit der Römerzeit ist der auch als Seebarsch bekannte Fisch wegen seines feinen, festen, sehr mageren und wohlschmeckenden Fleischs äußerst beliebt. Die Tunesier züchten ihn in Meerwasserbecken und exportieren jährlich etwa 500 Tonnen nach Italien, Frankreich und Spanien.

Für dieses Rezept benötigen Sie eine sauer eingelegte Zitrone. Das saure, saftige Fruchtfleisch ist für seinen hohen Gehalt an Vitamin C bekannt und wird von einer gelben, duftenden Schale geschützt. Wenn Sie selbst eine Zitrone einlegen möchten, müssen Sie die Frucht gut waschen und oben kreuzweise einschneiden. Legen Sie die Zitrone dann etwa zwei Monate in einer Mischung aus Wasser, Salz und Essig ein. Sie benötigen 100 ml Essig pro 1 Liter Wasser. Für die Dosierung des Salzes empfiehlt unser Küchenchef die traditionelle Methode der Dorfbewohner: Waschen Sie ein Ei und legen Sie es vorsichtig in eine Schüssel mit 1 Liter Wasser. Fügen Sie dann so viel Salz hinzu, bis das Ei nach oben steigt und die Schale die Wasseroberfläche erreicht. So erhalten Sie genau die richtige Dosierung!

Auf dieselbe Weise können Sie auch grüne Oliven einlegen. Unser Küchenchef empfiehlt, sie vorher zu blanchieren, damit sie nicht zu bitter oder salzig schmecken. Sie können sie zum Einlegen auch in Scheiben schneiden.

Wolfsbarsch mit Oliven und eingelegter Zitrone kann das ganze Jahr über serviert werden und zaubert die Sonne Tunesiens auf Ihren Teller.

Mit einem Messer das Fischfilet in einzelne Scheiben teilen.

Tomaten abziehen, Samen entfernen und Tomaten in kleine Würfel schneiden. Die gehackte Zwiebel in 20 ml Olivenöl anbraten. Tomaten und gehackten Knoblauch zugeben. Alles salzen und 10 Minuten anbraten.

Die eingelegte Zitrone in dünne Streifen schneiden und wässern, um den Geschmack von Salz und Essig zu mildern.

und eingelegter Zitrone

Oliven 10 Minuten in kochendem Wasser blanchieren. Abtropfen lassen und kalt stellen.

Die Zitronenstreifen, Oliven und gehackte Petersilie der Tomatenmasse zugeben und vorsichtig umrühren. 2 Minuten bei geringer Hitze köcheln lassen.

Die Fischfilets salzen und pfeffern. Mit Harissa, Kurkuma und 30 ml Olivenöl bestreichen. 4 Minuten von jeder Seite braten. Zusammen mit Tomatensauce und Oliven auf Tellern anrichten. Mit Minzeblättern und gehackter Petersilie bestreuen.

Vorbereitungszeit: 25 Minuten
Garzeit: 35 Minuten
Schwierigkeitsgrad: ★

Für 6 Personen

1	Kartoffel
500 g	Wittlingfilet
1	Zwiebel
500 ml	Olivenöl
½ Bund	Petersilie
50 g	gemahlener Kreuzkümmel
50 g	gemahlene Kurkuma
	Salz
	Pfeffer

1	Zitrone
2	Eier
50 g	Paniermehl
150 g	Mehl

Tomatensauce:

50 ml	Olivenöl
1	Zwiebel
4	Knoblauchzehen
100 g	Tomatenmark
30 g	Paprikapulver
	Salz
	Pfeffer
4 oder 5 Zweige	Petersilie
30 g	Kreuzkümmel

Wie überall auf der Welt mögen auch tunesische Kinder Fisch mit Gräten nicht. Deshalb bereiten die Mütter aus entgräteten Fischstücken, Kartoffeln und Eiern kleine flach gedrückte Klößchen, die sie frittieren. In dieser Form als goldbraune *kefta* mögen auch Kinder Fisch. Meist werden die Fischfrikadellen mit Kreuzkümmel gewürzt. Wenn die Tunesier Gäste empfangen, servieren sie häufig *kefta*.

Für unser Rezept hat Mohamed Boussabeh Wittlingfilet ausgesucht. Sie können jedoch auch anderen Fisch wählen, wie zum Beispiel große Sardinen.

Wenn man den Fisch im Dampf gart, gerät er relativ trocken. Zusammen mit den übrigen Zutaten lässt er sich dann leicht zu Frikadellen formen. Falls Sie den Fisch pochieren, sollten Sie ihn gut abtropfen lassen, bevor Sie ihn unter die anderen Zutaten mischen. Achten Sie darauf, alle Gräten zu entfernen – auch die kleinen – und schneiden Sie das Fleisch in möglichst kleine Stücke. Dadurch erhalten die Klößchen einen besonders feinen Geschmack.

Kreuzkümmel und Kurkuma betonen das köstliche Aroma der Fischfrikadellen. Nach der Ernte werden die Samen von Kreuzkümmel, Koriander, Kümmel und Fenchel in der Sonne getrocknet. Dann zerdrücken die Tunesier immer nur die Menge, die sie zum Kochen für eine Woche benötigen, damit die Gewürze nichts von ihrem intensiven Geschmack einbüßen. Wird der Kreuzkümmel zu früh gemahlen, verliert er einen Teil seines flüchtigen Aromas und macht die *kefta* bitter. Kurkuma kommt ursprünglich aus Indien und China und wird aus getrockneten Wurzeln gewonnen. Häufig dient sie als Ersatz für den teuren Safran, da sie ebenfalls eine intensive gelbe Farbe hat.

Die Kartoffel schälen, vierteln und kochen. Die Wittlingfilets 3 Minuten bei geringer Hitze pochieren oder dämpfen.

Die Zwiebel schälen, fein würfeln und mit etwas Öl in einer Pfanne goldbraun anbraten. Gehackte Petersilie darüber streuen, vom Herd nehmen und verrühren.

Fisch entgräten und in Stücke schneiden. In einer Schüssel mit den Zwiebeln, Petersilie, Kreuzkümmel, Kurkuma, Salz, Pfeffer und etwas Zitrone verrühren. Kartoffelstücke unterheben. Die Eier in die Mitte schlagen und alles mit der Gabel verrühren. Mit Paniermehl andicken.

Kefta

Mit den Händen aus der Masse kleine Kugeln formen und flach drücken.

Für die Sauce die gehackte Zwiebel und den zerdrückten Knoblauch in Öl anbraten. Mit Wasser angerührtes Tomatenmark, Paprikapulver, Salz, Pfeffer und etwas Wasser hinzufügen. 10 Minuten köcheln lassen. Anschließend gehackte Petersilie und Kreuzkümmel zugeben.

Zum Frittieren Öl in einem Topf erhitzen. Die Frikadellen mit Mehl bestäuben und goldbraun ausbacken. Mit einem Schaumlöffel herausheben und auf Küchenpapier abtropfen lassen. In die Mitte der Teller etwas Sauce gießen, die kefta verteilen und mit Petersilie garnieren.

Zackenbarsch mit

Vorbereitungszeit:	25 Minuten
Einweichzeit der Kichererbsen:	1 Nacht
Garzeit der Kichererbsen:	50 Minuten
Garzeit der Gerste und des Zackenbarsches:	1 Stunde 35 Minuten
Schwierigkeitsgrad:	✶✶

Für 4 Personen

200 g	Kichererbsen
300 g	Zwiebeln
100 ml	Olivenöl

50 g	Knoblauch
1 TL	gemahlener Kreuzkümmel
2 Prisen	Paprikapulver
200 g	Tomatenmark
	feines Salz
	schwarzer Pfeffer
1 kg	Zackenbarsch
1 Prise	gemahlene Kurkuma
200 g	grüne Paprika
500 g	malthout (geröstete Gerste)
400 g	Kartoffeln
400 g	Kürbis
200 g	Zucchini

Moez Ksouda hat dieses Rezept, das in Tunesien *malthout bil manani* genannt wird und sehr beliebt ist, von seiner Mutter übernommen. Dabei wird der Fisch in einer *taklia*-Sauce gekocht, die typisch für die Küstenregion ist: Eine Mischung aus Tomatenmark, in Olivenöl angebratenen Zwiebeln und Kräutern wird eingekocht, bevor man sie zusammen mit gesalzenen Paprika köcheln lässt, die der Sauce ihr Aroma verleihen.

Malthout wird aus Gerste hergestellt und gehört zu den zahlreichen tunesischen Getreideprodukten. Die rohe, verlesene Gerste wird geröstet und zerstoßen, um die Schalen zu entfernen. Anschließend worfelt man sie in einem Sieb, bevor sie gemahlen wird. Das Getreide wird mehrfach gesiebt, wodurch man die großen, als *malthout* bezeichneten Bestandteile erhält. Die mittelgroßen Partikel heißen *chicha*, die kleinen sind so fein wie Mehl.

Tunesier haben die Wahl zwischen rotem und weißem Zackenbarsch. Unser Küchenchef empfiehlt Letzteren, da sein Fleisch etwas zarter ist. Es gibt einen großen Bestand an teurem weißem Zackenbarsch, der als »edel« gilt, sodass er oft zu Ehren von Gästen serviert wird. Um der Sauce ein besonderes Aroma zu verleihen, sollten Sie Paprikapulver, Tomaten, Salz, Pfeffer und Kreuzkümmel miteinander verrühren, Kopf und Gräten des Fischs hinzufügen und alles 30 Minuten köcheln lassen. Seihen Sie die Sauce durch ein Sieb ab.

Waschen Sie den Fisch und schneiden Sie ihn der Länge nach 2–3 cm oberhalb des Schwanzes ein. Spießen Sie die kleinen grünen Paprika auf ein Messer und bestreuen Sie sie mit Salz. Wenn Sie in der Sauce gegart sind, sollten Sie wieder entfernt werden, bevor der Fisch hinzugefügt wird. Sauce und Paprika reicht man in separaten Schüsseln.

Die Kichererbsen über Nacht einweichen. 50 Minuten kochen. In einem großen Topf die gehackten Zwiebeln in 50 ml Olivenöl anbraten. Im Mörser den Knoblauch mit einer Prise Kreuzkümmel zerstoßen und zu den Zwiebeln geben. Bei großer Hitze anbraten. Kaltes Wasser zugießen.

Paprikapulver, Tomatenmark, Salz, Pfeffer und eine Prise Kreuzkümmel hinzufügen. Etwas Wasser zugießen. Diese Tomatensauce 15 Minuten bei geringer Hitze einkochen.

Den Zackenbarsch in Filets zerteilen, die Haut entfernen. Quadrate mit 10 cm Seitenlänge zuschneiden. Mit Kurkuma, Paprikapulver, Pfeffer und Kreuzkümmel würzen.

gerösteter Gerste

Paprika entstielen und oben einschneiden. Auf einer Messerspitze Salz im Innern der Paprika auftragen. Dann die Schoten in die eingekochte Tomatensauce legen. Bei geringer Hitze köcheln lassen, bis die Paprika gar sind. Herausnehmen und beiseite legen.

Gerste waschen, mit 50 ml Olivenöl und Salz verrühren und in einen Dämpfeinsatz füllen. Auf den Topf mit der Tomatensauce setzen und 10 Minuten dämpfen.

Den Zackenbarsch in die Sauce legen und weitere 20 Minuten kochen. Den Fisch herausnehmen und beiseite legen. In der Sauce die Kartoffeln 10 Minuten, dann den Kürbis und die Zucchini 20 Minuten garen. Den Fisch mit Gemüse und Kichererbsen auf der Gerste servieren.

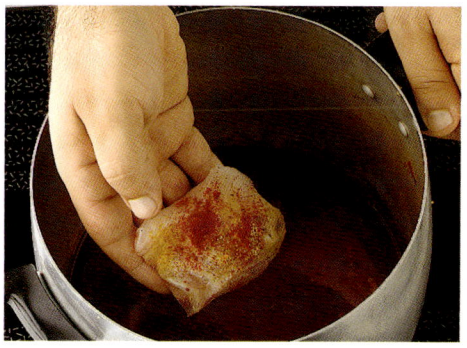

Gefüllte Sardinen

Vorbereitungszeit: 35 Minuten
Garzeit: 35 Minuten
Schwierigkeitsgrad: ✦ ✦

Für 4 Personen

Gefüllte Sardinen:

1	Wittlingfilet
1	Kabeljaufilet
	Salz
50 g	Zwiebeln
1	Knoblauchzehe
1 Bund	glatte Petersilie
100 ml	Olivenöl
1 Prise	gemahlener Kreuz-
kümmel
1 Prise	Chilipulver

1 Prise	gemahlener Koriander
25 g	Paniermehl
2 oder 3	Eier
	Pfeffer
12	große Sardinen

Tomatensauce:

350 g	Tomaten
5 g	Knoblauch
100 ml	Olivenöl
½ TL	Kümmel
	Salz
	Pfeffer
½ TL	Tomatenmark
½ TL	Harissa (Gewürz-
mischung)

Frittiertes Gemüse:

4	Kartoffeln
je 2	rote und grüne
Paprika
	Pflanzenöl zum
Frittieren

Die Feinschmecker aus der Region Sousse lieben gefüllte Sardinen. Ebenso wie Mahdia, Sfax und Gabès ist dieser Ort bekannt wegen seiner Sardinen, Makrelen, Sardellen und Thunfisch. Seit etwa 100 Jahren werden zahlreiche Sardinen nachts mithilfe von Lampen gefangen; dazu werden sehr kräftige Schiffslaternen verwendet, die den Fisch anlocken sollen.

Von Mai bis August ist das Meer voll von köstlichen Sardinen. Die Tunesier kaufen sie sofort ganz frisch, wenn die Boote im Hafen einlaufen. Am schnellsten kann man Sardinen auf dem Grill zubereiten, frittieren, backen oder mit Couscous garen. Besonders gut schmecken sie mit Paprika, Tomaten, Knoblauch, Zwiebeln und Kurkuma.

Unser Küchenchef bereitet die Farce mit Sardellen, Makrelen und Wittling zu. Sie können jedoch auch eine Füllung wählen, die lediglich aus Zwiebeln, Knoblauch, Petersilie, Paniermehl, Eiern und Kräutern besteht.

Die Sardinen können frittiert oder im Ofen gebacken werden. Chokri Chtéoui empfiehlt Ihnen, die Fische beim Füllen am Bauch aufzuschneiden und die Farce dort einzufüllen. Da es manchmal schwierig ist, große Sardinen zu bekommen, können Sie auch kleine Exemplare wählen und die Zubereitungsart etwas abwandeln. Legen Sie eine aufgeklappte Sardine auf den Rücken und übergießen Sie sie mit Farce. Decken Sie eine weitere Sardine umgekehrt darüber. Dann muss dieses »Fischsandwich« nur noch in der Pfanne gebraten werden.

Wittling und Kabeljau 10 Minuten in Salzwasser pochieren. Zwiebel und Knoblauch schälen und hacken, Petersilie und abgetropften Fisch hacken. Zwiebel und Knoblauch anbraten. Vom Herd nehmen. Fisch, Kreuzkümmel, Chili, Petersilie, Koriander, Paniermehl, Eier, Salz und Pfeffer zugeben.

Den Kopf der Sardinen abschneiden. Am Schwanzende einschneiden. Sardinen entlang der Mittelgräte kneten, um diese zu lösen. Leicht am Schwanz ziehen und die Mittelgräte entfernen. Jede Sardine mit Farce füllen und diese mit einem Löffelstiel hineindrücken.

In einer Pfanne Öl erhitzen. Die gefüllten Sardinen ins heiße Öl legen und auf beiden Seiten braten. Mit einem Holzspatel umdrehen. Auf Küchenpapier abtropfen lassen.

nach tunesischer Art

Für die Sauce die Tomaten häuten, von Samen befreien, in kleine Würfel schneiden und dann mixen. Knoblauch und Kartoffeln schälen und in dünne Scheiben schneiden.

In einer Frittierpfanne Öl erhitzen und mithilfe eines Schaumlöffels die Paprika zugeben. Goldbraun frittieren und auf Küchenpapier abtropfen lassen. Anschließend die Kartoffelscheiben frittieren.

In einem Topf das Tomatenpüree in Olivenöl erhitzen. Kümmel, Salz, Pfeffer, Tomatenmark, Harissa und Knoblauchscheiben hinzufügen 10 Minuten köcheln lassen. Auf jedem Teller 3 Sardinen mit etwas Tomatensauce, frittierten Paprikastreifen und Kartoffelscheiben anrichten.

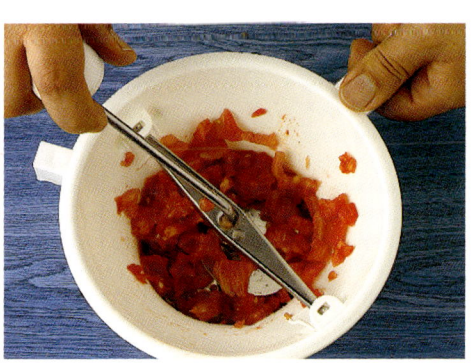

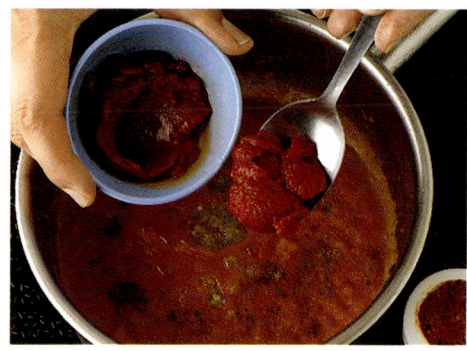

Gegrillte

Vorbereitungszeit: 35 Minuten
Marinieren: 2 Stunden
Garzeit: 20 Minuten
Schwierigkeitsgrad: ✶

Für 4 Personen

600 g	Schwertfisch
200 g	Reis
50 g	Butter
2	grüne Paprikaschoten
2	rote Paprikaschoten
1 TL	Paprikapulver
1 EL	Pflanzenöl
	Salz

Marinade:

6	Knoblauchzehen
1 Bund	Petersilie
1 Bund	Koriander
1	Zitrone
1 TL	Chilipulver
½ TL	Kumin
1 TL	Paprikapulver
	Salz
	Pfeffer

Essaouira, gut geschützt durch seine rosa-ockerfarbene Befestigungsanlage, ist darauf bedacht, seine grandiosen Häuser mit den blauen Fensterläden zu erhalten. Die charmante phönizische Stadt mit ihren quadratisch angelegten Straßen ist bekannt für ihre maritimen Aktivitäten.

Man sollte sich gegen Abend zum Hafen aufmachen, um zu sehen, wie die Fischerboote anlegen. Die Kais, die bis dahin ganz verschlafen wirken, erwachen dann plötzlich zum Leben. Viele Menschen finden sich dort ein, angezogen von den Marktschreiern, die ihre Ware feilbieten. An den Fischständen, die zwischen bunten Booten und Kuttern eingekeilt sind, erreicht die Geschäftigkeit ihren Höhepunkt. Von *Kanouns* und *Braseros* dringen verführerische Düfte nach gegrillten Spießchen. Essaouira lebt …

Die Bewohner von Essaouira sind Liebhaber von allem, was das Meer ihnen an Nahrungsmitteln bietet, und verpassen keine Gelegenheit, etwas davon zu genießen. Die Schwertfischspieße werden manchmal direkt am Strand gegrillt. Sie sind sehr populär und eignen sich auch für ein Essen mit Gästen. Dabei sind sie sehr leicht zuzubereiten.

Schwertfische leben in großer Zahl in warmen ozeanischen Gewässern und sind eindrucksvoll groß. Das Schwert ist eine Verlängerung des Oberkiefers, dem der Fisch seinen Namen verdankt. Schwertfische sind sehr begehrt, da sie exzellentes, zartes Fleisch haben. Für dieses Rezept kann man ebenso gut Thunfisch nehmen. Im Allgemeinen werden Schwertfische in Stücke geschnitten angeboten. Auch Schwanz und Flossen sind essbar.

Die Spieße über der Glut zu garen, ist eine der ältesten Zubereitungsweisen. Manche geben etwas Lammfett zu, um dem Fisch zusätzlich Aroma zu verleihen. Warten Sie mit dem Grillen, bis die Holzkohle nur noch aus Glut besteht.

Für die Marinade zerstoßene Knoblauchzehen, gehackte Petersilie, gehackten Koriander, Chilipulver, Kumin und Paprika in eine Salatschüssel geben. Die Zitrone auspressen und den Saft zugeben. Salzen, pfeffern und alles vermischen.

Den Schwertfisch in Streifen und dann in regelmäßige Würfel schneiden. In die Marinade legen und vorsichtig umrühren. Mindestens 2 Stunden marinieren.

Rote und grüne Paprikaschoten waschen und ausnehmen. In sehr kleine Würfel schneiden.

Fischspieße Essaouira

In einen Topf Butter zerlassen. Reis und Paprikawürfel hineingeben. Etwa 3 Minuten anschwitzen.

1 Teelöffel Paprikapulver zufügen und salzen. Mit Wasser bedecken und 12–15 Minuten abgedeckt kochen.

Die Schwertfischwürfel aus der Marinade nehmen und auf Spieße stecken. Mit Öl beträufeln. Auf dem Grill garen, dann mit etwas Reis auf Tellern anrichten.

Gefüllte Kalmare

Vorbereitungszeit: 30 Minuten
Garzeit: 30 Minuten
Schwierigkeitsgrad: ★★

Für 4 Personen

1 kg	Kalmare
250 g	Reis
1 Bund	glatte Petersilie
1 Bund	Koriander
100 g	Knoblauch
2 Prisen	Cayennepfeffer

4 EL	Olivenöl
	Salz
	Pfeffer

Zum Garnieren:

1	grüne Zitrone

Die Kalmare, die M'hamed Chahid hier vorstellt, sind mit einem Knoblauch-Kräuter-Reis gefüllt und werden in einer würzigen roten Sauce serviert. In seinem Restaurant bietet der Küchenchef sie gern auf einem Bett aus Petersilie an und überzieht sie dann lediglich mit der Sauce.

Marokkanische Fischer versorgen das Land das ganze Jahr über mit einer Vielzahl an Weichtieren wie Kalmaren, Tintenfischen, Kraken und so weiter, die auf den Märkten angeboten werden: Die kleinsten bezeichnet man als *Chipirons*, *Puntia* oder *Supions*. Für dieses traditionelle Gericht verwendet der Küchenchef mittelgroße Kalmare von sieben bis acht Zentimetern Länge. Doch man findet auch große Exemplare, die bis zu fünfzig Zentimetern lang werden.

Die Marokkaner schätzen besonders Kalmare mit einer Füllung aus Wittling und *Chermoula*. Die kleinen Hafenrestaurants bieten sie Passanten auch gegrillt an.

Nachdem Sie den Kopf abgetrennt haben, sollten Sie auch das schnabelartige Kauwerkzeug entfernen, das sich im Zentrum der Tentakeln befindet: Öffnen Sie den Tentakelring, drücken Sie mit zwei Fingern auf den Kopf, sodass der »Schnabel« zum Vorschein kommt, und ziehen Sie ihn dann heraus.

Zunächst wird der Reis in kochendem Wasser gegart, sollte aber schon vom Herd genommen werden, wenn er zwar weich, aber noch nicht ganz durch ist. Er quillt in den Kalmaren noch weiter, wenn diese in der Sauce köcheln.

Der Küchenchef empfiehlt, dieses Gericht mit grüner Zitrone zu servieren: Ihr Geschmack verfeinert das kräftige Aroma der Kalmare. In den Altstädten vieler marokkanischer Städte gibt es noch Häuser mit Innenhöfen, in denen auch Zitronenbäume wachsen. Alle Bewohner können sich dort nach Belieben bedienen.

Zum Ausnehmen der Kalmare den Kopf festhalten und Innereien vorsichtig herausziehen. Schulp entfernen. Mäntel gründlich ausspülen. Tentakeln abschneiden und »Schnabel« entfernen. Tentakeln 5 Minuten in kochendem Wasser blanchieren. Mäntel beiseite legen.

Gesalzenes Wasser in einem Topf zum Kochen bringen. Den Reis hineingeben und 10 Minuten kochen.

Mit dem Messer nacheinander Petersilie, Koriander und die pochierten Tentakeln hacken. Den Knoblauch schälen und klein schneiden.

Tanger-Art

Etwas Olivenöl in einen Topf geben. Reis, drei Viertel des Korianders und der Petersilie, 80 g Knoblauch und die Tentakeln hineingeben. Auf der heißen Herdplatte umrühren.

Die Reisfüllung mit Pfeffer, Salz und einer Prise Cayennepfeffer würzen. 3–4 Minuten unter Rühren anbraten.

Mäntel mit Reismischung füllen. Mit einem Zahnstocher die Öffnung verschließen. In Olivenöl mit Koriander, Petersilie und Knoblauch, die beiseite gelegt wurden, mit Salz, Pfeffer und Cayennepfeffer anbraten. Kalmare 10 Minuten in der Sauce garen. Servieren.

Seebarsch mit

Vorbereitungszeit:	30 Minuten
Marinieren:	15 Minuten
Garzeit:	25 Minuten
Schwierigkeitsgrad:	✶✶

Für 4 Personen

4	Seewölfe à 350 g
560 g	Zwiebeln
½ Päckchen	Safranfäden
½ Päckchen	marokkanischer Safran zum Färben
320 g	große Majhoul-Datteln
200 g	Walnusskerne

4	Knoblauchzehen
2	Zitronen
4 EL	Olivenöl
4 EL	Erdnussöl
1 Bund	Koriander
1 Bund	Petersilie
80 g	Butter
	Salz
	Pfeffer

Zum Garnieren (nach Belieben):

2	Zitronen
4	mittelgroße Tomaten

An der Kreation dieses Gerichts beteiligten sich mehrere Küchenchefs. Ganz traditionell haben sie Süßes mit Herzhaftem verbunden, das Überkommene aber weiterentwickelt. Das Ergebnis ist eine Kombination von mariniertem Seebarsch mit einer Mischung aus Kräutern und Gewürzen und den mit Walnüssen gefüllten, süßen Datteln.

In marokkanischen Gewässern leben zwei Seebarscharten: eine mit dunklem Rücken und die gefleckte, die vor allem im Mittelmeer verbreitet ist. Der Fisch mit feinem, weißem Fleisch wird in Marokko für viele Köstlichkeiten verwendet: Spießchen, Schnitzel, in verquirlten Eiern mit Gewürzen (Petersilie, Kumin, Koriander, Salz und Pfeffer) gewendet und dann gebraten, oder auch für Taginen mit frischem Gemüse (Kartoffeln, Oliven, eingelegten Zitronen).

In Marokko bietet man Gästen Datteln und Milch als Ausdruck der Gastfreundschaft an. Der Küchenchef empfiehlt,

für dieses Rezept *Majhoul*-Datteln zu verwenden, die groß, fleischig und sehr süß sind. Marokko ist als Herkunftsland von Datteln weniger bekannt als Tunesien und doch reifen hier unzählige verschiedene Dattelarten: Als Beispiele seien nur die *Boussekri* genannt, die relativ klein und hell sind, oder auch die etwas gelblichen *Bleuh*.

Ganz im Süden gibt es in den wasserreichen Oasen des Tafilalet fast eine Million Dattelpalmen. Ihre Früchte werden Ende September geerntet. Anfang Oktober findet dann in Erfoud das Fest der Datteln statt. Drei Tage lang feiern Berberstämme, Hoteliers, Händler und Touristen gemeinsam die kleine Wüstenfrucht.

In seinem Restaurant beträufelt Bouchaïb Kama die Seewölfe mit einer Sauce aus Zwiebeln und Safran. Bei dieser Zubereitung hat er die Sauce rings um den Fisch verteilt, um Fisch und Datteln besser zur Geltung kommen zu lassen.

Mit einer Fischschere die Flossen und die Schwanzspitze der Seewölfe abschneiden. Die Fische an den Kiemen und ein wenig am Bauch einschneiden. Ausnehmen und unter fließendem Wasser abspülen.

Knoblauch, Zwiebeln (280 g davon anschließend beiseite legen), Petersilie und Koriander hacken. Mit Salz, Pfeffer und Zitronensaft vermischen. Die Fische mit dieser Mischung füllen und 15 Minuten durchziehen lassen.

Die Datteln vorsichtig an einer Seite öffnen (ohne sie in zwei Hälften zu teilen) und die Kerne herausnehmen. Jede Dattel mit einem Walnusskern füllen.

Majhoul-Datteln

In einer tiefen Fischpfanne die beiden Ölsorten erhitzen. Die beiseite gelegten Zwiebeln hineingeben und kurz anbraten. Safranfäden und Safranpulver zufügen. Die Zwiebeln unter Rühren bei geringer Hitze anschwitzen.

Die gefüllten Seewölfe auf dieses Bett von Safranzwiebeln legen.

Die gefüllten Datteln um die Fische herum anordnen. Verbliebene Marinade zugeben und etwas Wasser angießen. Die Pfanne mit einem Stück Alufolie abdecken und 15 Minuten in den Backofen stellen. Die Sauce etwas reduzieren und dann mit Butter aufschlagen.

Gefüllter

Vorbereitungszeit:	1 Stunde 10 Minuten
Marinieren:	2 Stunden
Garzeit:	40 Minuten
Schwierigkeitsgrad:	✷✷

Für 4 Personen

1	Seebarsch à 2 kg
1 kg	Tomaten
500 g	grüne, rote und gelbe Paprikaschoten
200 g	Zwiebeln
2	Zitronen
100 ml	Olivenöl

Chermoula (Marinade):
6	Knoblauchzehen
1 Bund	Petersilie
1 Bund	Koriander
1 TL	Paprika
½ TL	gemahlener Kumin
1 Prise	Chilipulver
1 TL	Tomatenmark

100 ml	weißer Essig
	Salz
	Pfeffer

Füllung:
200 g	Reis
200	ausgelöste Garnelen
100 g	eingelegte Zitronen
4 EL	Tomatenmark
50 g	violette entsteinte Oliven

Zum Garnieren:
| 50 g | ausgelöste Garnelen |

Dieser gefüllte Seebarsch ist ein delikates Gericht, das gewöhnlich nur zu großen Festen auf den Tisch kommt. Die Spezialität stammt aus der Königsstadt Fes.

Im Mittelmeer ist der See- oder auch Wolfsbarsch sehr zahlreich vertreten. Er wird wegen seines festen, mageren und delikaten Fleisches sehr geschätzt. Man kann ihn pochieren, flambieren, braten oder füllen. Behalten Sie ihn beim Garen gut im Auge, denn sein Fleisch fällt rasch auseinander. Wenn er frisch ist, ist sein Körper fest, riecht leicht nach Jod, seine Schuppen glänzen, die Augen stehen etwas vor und die Kiemen sind rosa. Je nach Marktlage können Sie ihn auch durch Rot- oder Goldbrasse ersetzen.

Der Fisch wird mit einer *Chermoula* gewürzt. Die Mischung aus Knoblauch, Petersilie, Koriander, Paprika, Kumin, Tomatenmark, Chilipulver, Salz, Pfeffer und weißem

Essig dient nicht nur als Würze, sondern macht das Fischfleisch auch zarter. Die *Chermoula* macht den Fisch zudem haltbarer. Wenn er recht groß ist, stechen Sie ihn leicht ein, damit die Marinade ins Fleisch eindringen kann.

Für die Füllung sind Garnelen von besonderer Bedeutung, von denen es hundertzweiundsechzig verschiedene Arten gibt. Die Körper der Krebstiere werden umso länger, je kälter das Wasser ist, in dem sie leben. Die kleinen Sägegarnelen duften köstlich frisch und leicht nach Jod. Sie verbinden sich harmonisch mit dem Reis, der auch Bestandteil der Füllung ist. Der Reis muss gekocht werden, bevor man die anderen Zutaten untermischt.

Der Seebarsch wird mit Tomaten, Zitronen, Zwiebeln und Paprika in verschiedenen Farben serviert. Diese Gemüsesorten sind Bestandteil zahlreicher mediterraner Gerichte.

Für die Chermoula die zerdrückten Knoblauchzehen, gehackte Petersilie, gehackten Koriander, Chilipulver, Kumin und Paprika in eine Schüssel geben. Den Essig zugießen und alles vermischen. Salzen, pfeffern, dann das Tomatenmark einrühren.

Den Seebarsch am Bauch halten und vom Kopf bis zur Schwanzflosse einschneiden. Zuerst ein Filet, dann das andere anheben. Mit einer Schere die Mittelgräte herauslösen und entfernen. Den Fisch 2 Stunden im Kühlschrank in der Chermoula marinieren.

Die beiden Zitronen schälen. Tomaten und Paprikaschoten waschen, bei Letzteren die Samenkerne entfernen. Alle Früchte in Scheiben schneiden, desgleichen die Zwiebeln. Beiseite stellen.

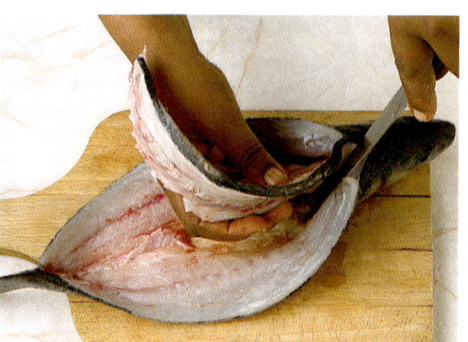

490 Khadija Bensdira, Marokko

Seebarsch

Für die Füllung den Reis blanchieren. Tomatenmark, Garnelen und in kleine Würfel geschnittene eingelegte Zitronen und Oliven zufügen. 2 Esslöffel Chermoula zugeben. Die restliche Chermoula mit einem Glas Wasser verdünnen und beiseite stellen.

Den Seebarsch vorsichtig mit der Mischung füllen. Mit einer Nadel und Küchengarn, vom Kopf ausgehend, mit gleichmäßigen Stichen zunähen.

Hohe Backform mit Tomaten-, Zitronen- und Zwiebelscheiben auslegen. Seebarsch darauf legen. Verdünnte Chermoula, Olivenöl und Garnelen zum Garnieren darüber geben. Bei 180 °C 40 Minuten garen. Dann Fäden entfernen und mit Gemüse und Garnelen servieren.

Vorbereitungszeit:	25 Minuten
Marinieren:	24 Stunden
Garzeit:	25 Minuten
Schwierigkeitsgrad:	★★

Für 4 Personen

1,4 kg	Rotbrassen
2 EL	Speiseöl
2 EL	Olivenöl
150 g	grüne Paprika
125 g	rote Paprika
1	eingelegte Zitrone
15 g	Tomatenmark
125 g	mittelgroße Tomaten

75 g	Champignons
90 g	ausgelöste Sägegarnelen

Chermoula:

50 g	frischer Koriander
50 g	glatte Petersilie
30 g	Knoblauch
200 g	Zwiebeln
¼ TL	gemahlener Kumin
½ TL	Paprika
100 ml	Olivenöl
1	Zitrone
	Salz, Pfeffer

Zum Garnieren:

50 g	rote Oliven
50 g	eingelegte Zitrone
20 g	glatte Petersilie (nach Belieben)

In vielen Gegenden Marokkos werden Fische in einer Sauce aus Tomaten, Paprika und Olivenöl gegart. Mohammed Aïtali, der aus Rabat stammt, modifiziert diese Zubereitungsweise, indem er Champignons und Garnelen in die Sauce gibt. Sein würziges und farbenfrohes Rotbrassen-Rezept wird allerdings festlichen Anlässen vorbehalten bleiben. Für den Alltag begnügen sich die Marokkaner damit, rasch einige preiswerte Sardinen, kleine Seezungen oder Wittlinge zu grillen. Obwohl der Küchenchef sich für Rotbrasse entschieden hat, sollte Sie das nicht daran hindern, Goldbrasse oder Bartumber zu verwenden.

Die delikaten *R'bati*-Fische werden von kleinen Fischerbooten angeliefert, die vor den alten Häusern der Oudaïa-Kasbah in Rabat ankern. Der Fluss Bou Regreg, der nicht weit entfernt in den Atlantik mündet, trennt Rabat von der antiken Stadt Salé. An der Mündung des Bou Regreg hindert eine maritime »Schranke« seit jeher große Schiffe daran, in den Hafen einzulaufen. Der nächstgelegene große Hafen ist Casablanca und von dort kommt auch der größte Teil der Fische, die in Rabat verzehrt werden.

In der marokkanischen Küche finden als einzige Pilze fein geschnittene Champignons Verwendung, und zwar gleichermaßen in Füllungen von Fischen und Teigtaschen, den *Briouates*. Wildpilze isst man nur sehr selten. Auf den Märkten des Atlas, des Mittleren Atlas und der Region Shoul (bei Rabat) wird allerdings eine lokale Pilzart angeboten, die dem Champignon sehr ähnelt.

Mohammed Aïtali empfiehlt dringend, den Fisch einen Tag lang in *Chermoula* zu marinieren, damit er sein Aroma voll entfalten kann. Wer es eilig hat, sollte ihn wenigstens eine Stunde einlegen. Die *Chermoula* verleiht dem feinen Fleisch der Rotbrasse eine wunderbare Würze.

Die Rotbrasse hinter dem Kopf auf Höhe der Kiemen einschneiden. Die Filets vorsichtig abheben, indem das Messer vom Kopf bis zum Schwanz an der Mittelgräte entlang geführt wird.

Für die Chermoula Koriander, Knoblauch, Petersilie und Zwiebeln hacken und mit Kumin, Salz, Pfeffer und Paprika mischen. Etwas Zitronensaft und einen Spritzer Olivenöl zufügen. Umrühren, bis eine glatte Masse entsteht.

Die Fischfilets auf eine Platte legen. Jedes Filet mit Chermoula bedecken, dabei die Marinade mit dem Löffelrücken etwas andrücken, damit der Fisch das Aroma gut aufnimmt. Einen Tag kalt stellen und marinieren.

Rotbrasse

Am nächsten Tag die Paprikaschoten der Länge nach aufschneiden. Die weißen Rippen und Kerne entfernen. Die Tomaten halbieren, entkernen und in Viertel schneiden. Paprikaschoten und Tomaten in feine Streifen schneiden.

In einer Pfanne eine Mischung von Oliven- und Speiseöl erhitzen. Fein geschnittene Paprika, Tomaten und Pilze hineingeben und alles bei starker Hitze unter Rühren anschwitzen. In Wasser angerührtes Tomatenmark, Garnelen und gewürfelte eingelegte Zitrone zufügen.

Den marinierten Fisch zu dem Gemüse in die Pfanne legen. Etwas Wasser angießen. 15 Minuten im Ofen garen. Den Fisch auf einem Gemüsebett anrichten und mit roten Oliven und Zitronenscheiben garnieren.

Fisch auf

Vorbereitungszeit: 30 Minuten
Garzeit: 25 Minuten
Schwierigkeitsgrad: ✶✶

Für 4 Personen

1	Rotbrasse von 1 kg
1 Bund	Koriander
6	Knoblauchzehen
10	Ñoras (getrocknete milde rote Paprikaschoten)
10	dünne Schilfrohrstäbe
100 ml	Pflanzenöl
	Salz

Der Fisch auf jüdische Art ist typisch für Tanger. Dieses einladende und familiäre Gericht wird gewöhnlich freitagabends im Familienkreis verzehrt und war früher sehr verbreitet. Am Mittag des folgenden Tages wurde es als *Kemia* gegessen.

Dank seiner Ausgewogenheit lässt sich dieses Rezept auch gut mit einer Goldbrasse zubereiten. Rot- und Goldbrasse, beides Mittelmeerfische, bieten sich für zahlreiche Zubereitungsarten an.

Die Rotbrasse ist leicht an ihrer Keilform zu erkennen und unterscheidet sich vor allem durch ihre rötliche Färbung von der Goldbrasse. Beide Fische besitzen ein weißes, mageres und schmackhaftes Fleisch und müssen nicht lange gegart werden. Vergessen Sie nicht, den Boden des Kochtopfs mit Schilfrohrstäben auszulegen. Mit diesem Trick verhindern Sie, dass die Meerbrasse anbrennt.

Bei diesem Rezept entfaltet der Koriander sein volles Aroma. Die Pflanze wird auch als »arabische Petersilie« bezeichnet und würzt vor allem Salate, Suppen und Saucen. Die Samen erkennt man an ihrem an Muskat und Zitronen erinnernden Geruch. Der Knoblauch, der von den Mittelmeeranrainern sehr geschätzt wird, ist hier unverzichtbar. Die Zwiebelpflanze findet man das ganzjährig auf den Märkten. Kaufen Sie im Frühjahr möglichst jungen Knoblauch. Er ist milder und lässt sich leichter schälen. Am besten bewahrt man ihn im Kühlschrank im Gemüsefach auf.

In Marokko kennt man das traditionelle Gericht auch als »Fisch in roter Sauce«. Die Farbe stammt von den Ñoras, milden Paprikaschoten aus Spanien. Christoph Columbus hatte diese Früchte aus der Neuen Welt mitgebracht und als Gewürz eingeführt. Die Schoten werden getrocknet und halten sich dann mindestens ein Jahr. Vergessen Sie nicht, sie in Wasser einzuweichen, bevor Sie sie verwenden.

Die Meerbrasse schuppen, ausnehmen und waschen. In gleich große Scheiben schneiden.

Den Bund Koriander waschen und fein schneiden. Die Ñoras in kaltem Wasser einweichen.

Die Knoblauchzehen schälen. Die Hälfte davon mit einer Gabel zerdrücken, die andere Hälfte beiseite stellen.

jüdische Art

Die Schilfrohrstäbe auf den Boden eines Kochtopfes legen.

Das Öl zugießen und die abgetropften Ñoras zugeben.

Koriander und zerdrückte Knoblauchzehen in den Topf geben. Salzen. Fischscheiben zufügen. Vermischen. ½ Glas Wasser und ganze Knoblauchzehen zugeben. 25 Minuten zugedeckt kochen. Fisch anrichten und mit Ñoras und Knoblauch garnieren. Etwas Sauce angießen.

Fleisch & Geflügel

Honig-Rosmarin-

Vorbereitungszeit: 1 Stunde
Garzeit: 1 Stunde 30 Minuten
Schwierigkeitsgrad: ✳

Für 4 Personen

2	Lammcarrés mit je 12 Koteletts
1	Tomate
1	Zwiebel
1 Stange	Porree
1	Möhre
200 ml	Rotwein

100 g	Honig
1 Zweig	Rosmarin
150 ml	Olivenöl
4 EL	Rotweinessig
	Salz
	Pfeffer

Zum Garnieren:

8	Mini-Karotten
8	Mini-Zucchini
8	Mini-Rüben
100 g	Kaiserschoten

Bereits im 15. Jahrhundert bereitete die muslimische Bevölkerung von Córdoba zu Festtagen Lammbraten mit Honig und aromatischen Kräutern zu. Infolge der Reconquista gelangte die Region ab 1492 wieder in spanisch-christliche Hand, doch blieb das Rezept bis heute erhalten.

Alberto Herráiz ist stolz auf seine Heimatregion und so bevorzugt er für dieses Gericht qualitativ ausgezeichnete Lämmer mit kontrollierter Herkunftsbezeichnung. Die Tiere leben freilaufend in La Mancha im Zentrum Spaniens. Die hier vorgestellte Zubereitungsart wird der Qualität des Fleischs bestens gerecht. Das Carré ist nach Meinung des Küchenchefs das beste Stück für dieses Rezept, es kann jedoch problemlos auch gegen Keule ausgetauscht werden.

Um die Sauce besonders gut zur Geltung zu bringen, löscht Alberto Herráiz den Bratensatz und das Gemüse mit Rotwein aus La Mancha ab. Er ist relativ schwer und eignet sich daher gut zum Reduzieren der Sauce.

Er verwendet zudem einen Weinessig auf der Basis eines Cabernet-Sauvignon, der auch gut gegen einen milden Rotweinessig ausgetauscht werden kann; allerdings sollte der Essig für diese Sauce nicht allzu viel Säure haben. Als Ergänzung zu dem fein mit Rosmarin aromatisierten Lammcarré ist ein Rosmarinhonig als Saucengrundlage besonders raffiniert. Sollte die Sauce nach dem Schmoren von Gemüse und Knochen nicht genügend reduziert sein, empfiehlt Alberto Herráiz die Flüssigkeit zu passieren und nochmals bei starker Hitze in einem Topf einzukochen. Sie können die Knochen auch mit Mehl bestäuben, bevor der Schmortopf in den Ofen kommt.

Als Beilage zum Lammcarré bieten sich im Winter Dampfkartoffeln an, im Frühling dagegen das junge Gemüse.

Die kleinen Möhren und Rübchen schälen, die Zucchini streifenweise abschälen. Die Kaiserschoten bissfest blanchieren und in kaltem Wasser abschrecken. Die Zucchini allein und anschließend Möhren und Rübchen gemeinsam blanchieren.

Die Knochen der Lammcarrés sauber abkratzen. Mit einem kleinen Messer das Fleisch entlang der Wirbelsäule einschneiden und diese mit dem Beil abtrennen. Die Wirbelknochen beiseite legen. Das Fett abschneiden.

Möhre, Zwiebel, Tomate und Porree putzen und schälen. Das Rückgrat des Lamms in Stücke hacken. Gemüse und Knochen mit etwas Öl in einen Schmortopf geben und 15 Minuten anbräunen.

Lammcarré

Sobald das Gemüse Farbe annimmt, den Rotwein angießen. Rosmarin, Salz und Pfeffer zugeben. Den Schmortopf bei 250 °C etwa 1 Stunde in den Backofen stellen, bis Gemüse und Fleisch sehr weich sind.

Die Carrés salzen und pfeffern und in einer Pfanne von allen Seiten anbraten. Die Pfanne in den Backofen stellen und 6 Minuten weitergaren, die Carrés dabei gelegentlich wenden.

Schmortopf aus dem Ofen nehmen. Honig und Essig einrühren und alles durch ein Sieb streichen, damit die Sauce angedickt ist. Aufgewärmte Carrés aufschneiden. Die Koteletts mit dem blanchierten Minigemüse und der Honig-Weinsauce servieren.

Zickleinkoteletts

Vorbereitungszeit: 25 Minuten
Garzeit: 15 Minuten
Schwierigkeitsgrad: ✳

Für 4 Personen

1 kg	Carré vom Zicklein
1 Bund	frischer Knoblauch
3	dicke Kartoffeln
400 ml	Olivenöl
	Salz

Das Dorf Villena in der Nähe von Alicante ist berühmt für seine Knoblauchproduktion. Die Spanier lieben das Zwiebelgewächs wegen seiner milden Würze und so verwundert es nicht, dass es in zahlreichen Rezepten auftaucht.

Dieses Gericht verdanken wir den Hirten, denn die Hauptzutat ist Zicklein. Ziegen werden vor allem in der Region Verga Baja bei Murcia gezüchtet. Das Fleisch der Jungtiere wird in den Metzgereien meist von Mitte März bis Anfang Mai angeboten. Zicklein schmeckt ähnlich wie Milchlamm, das man ohne weiteres stattdessen verwenden kann.

Die Koteletts vom Zicklein erhalten in diesem Rezept vor allem durch das Olivenöl ein wunderbares Aroma. In der spanischen Gastronomie trifft man es überall an. Die Iberer sind große Liebhaber des feinen Öls und wissen über die verschiedenen Qualitäten und Geschmacksrichtungen genauestens Bescheid.

In diesem sonnendurchfluteten Land ist das Öl manchmal eher herb, oft jedoch sehr mild und fruchtig. Wer Wert auf ein hochwertiges Produkt legt, muss drei Dinge beachten: die Produktion in Olivenhainen, die Ernte von Hand und die fachgerechte Pressung. Am renommiertesten ist das *Aceite de oliva virgen extra*, also das extra native Öl aus der ersten Kaltpressung.

Olivenöl muss stets kühl und vor Licht geschützt gelagert werden, vorzugsweise in Glasflaschen oder Tonkrügen. Direkte Sonneneinstrahlung verkürzt seine Haltbarkeit und senkt seinen Gehalt an Vitaminen und Nährstoffen.

Kartoffeln werden entlang der gesamten Mittelmeerküste von Gerona bis Málaga angebaut. Die aus Südamerika stammenden Knollen gehören heute auf der ganzen Welt zu den Grundnahrungsmitteln. Wählen Sie feste, glatte Kartoffeln ohne sichtbare Keimansätze.

Das Carré parieren, dazu das Fleisch in der ganzen Länge von den Rippen lösen und das restliche Fleisch zwischen den Rippen wegschneiden. Die Knochen daraufhin sauber abschaben.

Das äußerste Ende der Rippen mit dem Beil abhacken. Das Carré mit einem scharfen Messer in Koteletts zerteilen.

Den frischen Knoblauch schälen, in Stücke schneiden, salzen und in 100 ml Olivenöl anbraten. Den Knoblauch beiseite stellen und das Öl für die Koteletts weiterverwenden.

aus Villena

Die Kartoffeln schälen. Mit einer Küchenreibe in ganz dünne Scheiben hobeln und diese in feinstes »Stroh« schneiden.

Die Kartoffelstäbchen in dem restlichen Olivenöl ausbacken und auf Küchenpapier abtropfen lassen. Salzen.

Die Zickleinkoteletts salzen und in dem Knoblauchöl braten. Auf Tellern jeweils 2 Koteletts mit etwas Knoblauch und Kartoffelstäbchen anrichten.

Fleischbällchen

Vorbereitungszeit: 45 Minuten
Garzeit: 1 Stunde
Schwierigkeitsgrad: ★

Für 4 Personen

½	grüne Paprika
½	rote Paprika
je 1	Tomate, Möhre, Zwiebel
1 Zweig	Thymian
1	Lorbeerblatt
200 g	Tintenfisch
4 EL	Weißwein
1 TL	spanischer Brandy
15 g	Mehl
1	Knoblauchzehe

300 ml	Olivenöl
	Salz

Bouletten:

600 g	gehacktes Kalbfleisch
200 g	gehacktes Schweinefleisch
	frisch geriebene Muskatnuss
1	unbehandelte Zitrone
1	Knoblauchzehe
1 Bund	Schnittlauch
1	Ei
1 Scheibe	helles Landbrot
10	Pinienkerne
	Salz
	schwarze Pfefferkörner

Dieses Schmorgericht, auf Spanisch *Estofado*, mit Hackfleischbällchen und Tintenfisch ist eine katalanische Spezialität. Es vereint auf raffinierte Weise die Aromen von Land und Meer und ist weit über die Grenzen Kataloniens hinaus bekannt und beliebt. In Alicante an der Mittelmeerküste isst man das deftige Gericht vor allem im Winter.

Den Tintenfisch oder Sepia erkennt man an seinem ovalen, sackförmigen graubeigen Körper, der an den Seiten in einem dünnen Flossensaum ausläuft. Im Innern befindet sich eine harte Kalkschale, die vor der Verarbeitung entfernt werden muss. Von dem relativ großen Kopf gehen zehn Fangarme aus, von denen zwei erheblich länger als die übrigen acht sind. Je nach Marktangebot können Sie die Tintenfische auch durch die kleineren Kalmare ersetzen.

Tomaten und Paprika werden in der Gegend von Alicante angebaut und liefern bereits kräftige Aromen, ergänzt durch die ursprünglich in Nordasien beheimatete Zwiebel. Kaufen Sie am besten milde Gemüsezwiebeln. Ein Tipp zum tränenlosen Schälen von Zwiebeln: Legen Sie sie eine Stunde in den Kühlschrank und überbrühen Sie sie kurz mit kochendem Wasser, damit sich die Schale leichter löst.

Cesar Marquiegui kombiniert den Tintenfisch mit Bällchen aus Kalbs- und Schweinegehacktem. Das Hackfleisch wird mit Zitronenschale, Knoblauch, Ei und Brot angereichert und mit Muskatnuss abgeschmeckt. Das von den Molukken stammende tropische Gewürz wird stets frisch gerieben verwendet und luftdicht verschlossen aufbewahrt.

Eine weitere Zutat ist Schnittlauch, der dem Gericht eine leicht pfeffrige Note verleiht. Das vitaminreiche Kraut ist vom Frühling bis zum Herbst auf allen Gemüsemärkten frisch zu bekommen. Die Stängel sollten leuchtend grün und fest sein und noch keine Blüten tragen.

Hackfleisch mischen. Mit abgeriebener Zitronenschale und Salz würzen. Schnittlauchröllchen, Pinienkerne, gehackten Knoblauch untermischen. Brot ohne Rinde einweichen. Mit Ei zum Fleisch geben. Mit Muskat und Pfeffer würzen. Glatt verkneten.

Die Hände leicht einölen und aus dem Hackfleisch kleine, gleichmäßige Kugeln formen und diese in Mehl wälzen.

200 ml Olivenöl in einer Pfanne erhitzen und die Fleischbällchen darin anbräunen. Herausheben, auf Küchenpapier abtropfen lassen und beiseite legen.

mit Sepia

Paprikahälften, Möhre, Tomate, Zwiebel und Knoblauch fein würfeln und in einem Topf im restlichen Olivenöl anbraten. Thymian, Lorbeerblatt und Salz zugeben.

Den Tintenfisch säubern und die Kalkschale entfernen. Körper und Fangarme in Stücke schneiden und zum Gemüse geben. Salzen und umrühren.

Weißwein und Brandy angießen. 2 Minuten kochen. Mit 1 Esslöffel Mehl bestäuben und umrühren. Mit Wasser bedecken, aufkochen. 40 Minuten köcheln lassen. Die Fleischbällchen zugeben und 10 Minuten weitergaren. Auf Tellern anrichten und servieren.

Frikassee mit

Vorbereitungszeit: 30 Minuten
Garzeit: 1 Stunde 15 Minuten
Schwierigkeitsgrad: ★★

Für 4 Personen

1	küchenfertiges Hähnchen
150 g	Mehl
1	Zwiebel
200 ml	Olivenöl
200 ml	trockener Weißwein
1 l	Geflügelbrühe

1	Knoblauchknolle
50 g	Walnusskerne
1 Bund	Petersilie
200 ml	Milch
½	Baguette
2	Eier
	Salz
	Pfeffer

Mit einer appetitlichen Walnuss-Petersilien-Sauce, gehackten Eiern und Croûtons ist Hühnerfrikassee ein beliebtes Gericht auf den Speisekarten der Luxusrestaurants. Die Walnüsse in der Sauce machen das Gericht typisch für Madrid, denn in den übrigen Teilen der Iberischen Halbinsel würde man stattdessen gehackte Mandeln verwenden.

Julio Reoyo findet, dass von allen hellen Fleischsorten Hähnchen diesem Rezept am besten gerecht wird. Allerdings können Sie stattdessen auch eine größere, fettere Poularde oder sogar einfach ein Junghuhn verwenden. Für dieses Gericht kommt es nicht so sehr auf die Gewichtsklasse an, zumal Hühner in Spanien meist erst am Ende ihrer Legekarriere in den Kochtopf wandern. Achten Sie lediglich darauf, dass das Tier genug zartes Fleisch hat.

Sofern noch Federkiele in der Haut stecken, flämmen Sie sie mit einem Gasbrenner ab. Beim Zerteilen trennt der Küchenchef Flügel und Schenkel ab und unterteilt letztere noch in Ober- und Unterschenkel. Die Karkasse wird in zwei gleiche Teile zerschnitten. Schließlich werden alle Teile in Mehl gewendet, damit sie beim Braten schön knusprig werden. Außerdem dickt das Mehl die Sauce etwas an.

Wie in Spanien üblich, werden die Brotscheiben in reichlich Öl kross ausgebacken. Sobald sie von einer Seite goldgelb sind, wendet man sie und röstet sie von der anderen Seite, nimmt sie dann mit einem Schaumlöffel aus dem Fett und lässt sie auf Küchenpapier abtropfen. Sie sind dann beim Servieren nicht ganz so fettig.

Dieses altehrwürdige Gericht aus Madrid gehört zu den so genannten *Guisos*, wie man in Spanien Ragouts nennt. Wie alle Schmorgerichte ist es auch am nächsten Tag aufgewärmt besonders köstlich.

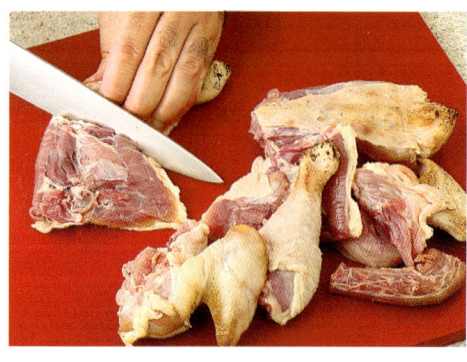

Das Hähnchen auf ein Schneidebrett legen und mit einem großen Messer in 8 Stücke zerlegen. Salzen und mit frisch gemahlenem schwarzem Pfeffer bestreuen.

Das Mehl auf einen Teller schütten und die Hähnchenteile darin wenden, bis sie ganz mit Mehl überzogen sind.

Im Schmortopf die Hähnchenteile 10 Minuten bei starker Hitze in 100 ml Öl anbraten und wenden, damit sie gleichmäßig bräunen. Beiseite legen. Im gleichen Topf fein gewürfelte Zwiebel 5 Minuten anschwitzen. Hähnchenteile dazulegen und Weißwein angießen.

Walnuss-Sauce

Im Mörser die Walnusskerne mit gehackter Petersilie zerstoßen und mit Milch aufgießen. Diese Mischung zu den Hähnchenteilen gießen.

Die Geflügelbrühe zugeben, zum Kochen bringen und rund 45 Minuten garen lassen.

Die Eier 10 Minuten kochen, abschrecken und schälen. Das Brot in Scheiben schneiden und diese 5 Minuten in der Pfanne im restlichen Olivenöl rösten. Das Frikassee sehr heiß servieren. Mit Brotscheiben und gehackten Eier garnieren.

Kalbsbäckchen

Vorbereitungszeit: 45 Minuten
Garzeit: 4 Stunden
Schwierigkeitsgrad: ✳

Für 4 Personen

4	Kalbsbäckchen
2	rote Zwiebeln
2	Stangen Porree
1	Knoblauchknolle
2	Tomaten
4	milde Chilischoten (Pimientos de choriceros)
750 ml	Rioja-Wein
1 TL	Kalbsfondkonzentrat

500 g	Erbsen
200 ml	Olivenöl
	Olivenöl zum Frittieren
	Salz
	Pfeffer

Als Beilage (nach Belieben):

Kartoffeln
Nudeln
Reis-Pilaw

Zum Garnieren:

das Weiße von 2 Stangen Porree

Wenn die ersten Winterfröste einsetzten, war es im Baskenland Brauch, Kalbsbäckchen in Rioja-Wein auf den Tisch zu bringen. Emilio González Soto besann sich auf das herzhafte, sättigende Gericht und gestaltete es etwas um.

Die Zubereitung ist einfach und das Ergebnis dennoch ein Genuss wegen des feinen Geschmacks der zarten Kalbsbäckchen. Nach Belieben können Sie das Rezept aber auch mit Rind- oder Schweinefleisch nachkochen.

Wie alle traditionsreichen Gerichte bietet auch dieses eine große Vielfalt unterschiedlicher Aromen. Je nach Größe müssen die Bäckchen drei bis vier Stunden im Wein schmoren. Besonders gut passt ein Wein aus der Anbauregion Rioja, wie ihn auch Emilio González Soto verwendet. Die kontrollierte Herkunftsbezeichnung steht in ganz Spanien für Qualität und Lebensart, und die Landschaft selbst ist durch ihre Weinberge und Winzerdörfer ebenso

einzigartig wie ihre ausgezeichneten Weine. Notfalls tut es für dieses Rezept natürlich auch ein anderer Rotwein.

Die milden Chilies sind ein unverzichtbareres Element der baskischen Küche und liefern in diesem Fall die Würze für die Sauce. Die *Pimientos de choriceros* sind an ihrer länglichen Form und dunkelroten Farbe zu erkennen. Gemahlen dienen sie als Zutat für die Chorizo-Wurst.

Um etwas mehr Farbe in dieses traditionsreiche Gericht zu bringen, entschied sich der Küchenchef für frische Erbsen. Achten Sie darauf, dass die Schoten kräftig grün, fest und makellos sind. Frische Schoten halten sich ohne weiteres zwei bis drei Tage im Kühlschrank. Gepahlte Erbsen brauchen nicht mehr gewaschen zu werden.

Der Porree macht die Weinsauce herrlich mild. Der frittierte weiße Teil der Stangen dient zudem als Garnierung.

Die Kalbsbäckchen parieren, Sehnen und Fett abschneiden.

In einem Topf 200 ml Olivenöl erhitzen und die Kalbsbäckchen darin anbraten. Den Kalbsfond in 4 Esslöffeln Wasser auflösen und zugeben. Die roten Zwiebeln schälen. Tomaten und Porree waschen.

Zwiebeln, Tomaten und Porree in feine Streifen schneiden und mit in den Topf geben. Die Knoblauchzehen ungeschält und die Chilies als Ganze zufügen. Zugedeckt rund 10 Minuten köcheln lassen, dabei gelegentlich umrühren. Salzen und pfeffern.

in Rioja-Wein

Den Rotwein angießen und umrühren. Alles je nach Größe der Bäckchen 3–4 Stunden sanft köcheln lassen. Die Erbsen pahlen, 6 8 Minuten in Salzwasser kochen und beiseite stellen.

Kalbsbäckchen herausnehmen und die Sauce durch ein Passiergerät geben. Nochmals 5 Minuten erwärmen, dann gekochte Erbsen zugeben. Für die Garnierung das Weiße der Porreestangen in feine Streifen schneiden und in Olivenöl frittieren. Beiseite stellen.

Die Bäckchen in gleichmäßige Scheiben schneiden und auf Tellern anrichten. Die Sauce darüber geben und den frittierten Porree dazu anrichten.

Rebhuhn in

Vorbereitungszeit: 50 Minuten
Garzeit: 1 Stunde 40 Minuten
Schwierigkeitsgrad: ★

Für 4 Personen

2	Rebhühner à 450 g
1 kg	Zwiebeln
4	Knoblauchzehen
2	Lorbeerblätter
2 Stängel	Petersilie
1 Zweig	Rosmarin

1 Zweig	Thymian
1 EL	Geflügelfondkonzentrat
250 ml	Weißwein (Albariño)
250 ml	roter Portwein
200 g	roher Schinken
500 g	Wirsing
4	kleine Kartoffeln
250 ml	Sherry-Essig
250 ml	Olivenöl
	Salz
	Öl, zum Frittieren

Die Landschaft der galicischen Küste ist geprägt von so genannten Rías, weitläufigen, seichten Flussmündungen, die an Fjorde erinnern. Die Menschen am Atlantik ganz im Nordwesten Spaniens sind ihrer Heimat sehr verbunden und halten die Bräuche, natürlich auch die kulinarischen, ihrer Vorfahren in hohen Ehren. Der Jagd kommt dabei ein besonderer Stellenwert zu und so verwundert es nicht, dass es zahllose Wildgerichte gibt. Das in Galicien sehr geschätzte Rebhuhn ist eine äußerst begehrte Jagdbeute.

Die Küchenchefin möchte mit diesem Rezept ein Gericht aus ihrer Heimat vorstellen. Das würzige Rebhuhn in Wein aus dem Anbaugebiet Rías Baixas wird bevorzugt während der Jagdsaison im Herbst und Winter gegessen.

Das Rebhuhn genießt auf der Iberischen Halbinsel geradezu Kultstatus. Noch im Mittelalter war der kleine Wildvogel Fürsten und kirchlichen Würdenträgern vorbehalten.

Sein Fleisch ähnelt dem Hähnchen, doch bleibt das Geflügel bis heute besonderen Anlässen vorbehalten. Besonders geschätzt sind Jungvögel, die nicht älter als ein Jahr sind, doch auch ausgewachsene Reb- und Rothühner besitzen schmackhaftes, festes Fleisch. Die Garzeiten sind allerdings unbedingt zu beachten.

Bei dieser Kreation der Küchenchefin wird der Wein so eingesetzt, dass er sein Aroma ganz entfalten kann. Der in Spanien renommierte Albariño ist eine feine, äußerst fruchtige weiße Rebsorte, vergleichbar einem Riesling, durch den man ihn hier auch ersetzen kann.

Der Wirsing als typisches Wintergemüse passt ausgezeichnet zum Rebhuhn. Sein knackiger Biss und seine milde Würze bereichern das Gericht ungemein. Achten Sie beim Einkauf darauf, dass der Kohlkopf fest ist und weder Risse noch harte Stellen aufweist.

Rebhühner ausnehmen und längs halbieren. Säubern und unter fließendem Wasser spülen. Jede Hälfte bridieren, also mit Küchengarn die abstehenden Keulen und Flügel an den Rumpf binden. So werden die Rebhuhnhälften beim Braten rundherum gleichmäßig braun.

In einem großen Topf 150 ml Olivenöl erhitzen und darin den in feine Scheiben geschnittenen Knoblauch sowie die klein geschnittenen Zwiebeln rund 5 Minuten anschwitzen.

Knoblauch und Zwiebeln herausnehmen und im Mixer pürieren. Die Rebhuhnhälften zusammen mit dem Knoblauch-Zwiebelpüree in den Topf geben und unter Rühren anbraten. Den Geflügelfond in 150 ml heißem Wasser auflösen.

Albariño-Wein

Lorbeer, Thymian, Rosmarin und Petersilie zugeben. Portwein, 150 ml Weißwein
und Sherry-Essig sowie den Geflügelfond
angießen. Zugedeckt rund 1 Stunde und
30 Minuten kochen lassen. Leicht salzen.

Den Wirsing waschen und in Streifen
schneiden. Den Schinken fein würfeln.
Die Kartoffeln schälen und frittieren.
Salzen.

In kochendem Wasser Wirsing 35 Minuten kochen. Abgießen. Im Schmortopf
Kohl und Schinkenwürfel im übrigen Olivenöl anbraten. Restlichen Weißwein zugießen. 3 Minuten weitergaren. Rebhuhn
auf einer Servierplatte anrichten, dazu
Wirsing und Kartoffeln reichen.

Fasanenhenne

Vorbereitungszeit: 35 Minuten
Garzeit: 1 Stunde 15 Minuten
Schwierigkeitsgrad: ✶

Für 4 Personen

2	Fasanenhennen à 800 g
40 g	Frühlingszwiebeln
1	Möhre
4	Lorbeerblätter
20 g	Mehl
300 ml	Sherry-Essig

2 Zweige	Rosmarin
3	Knoblauchzehen
100 ml	Olivenöl
	Salz
	schwarze Pfefferkörner

Zum Garnieren:

Lorbeerblätter
frischer Rosmarin

Fasanenhenne in *Escabeche* ist eine Spezialität aus La Mancha. In dieser bei Jägern sehr beliebten Gegend isst man viel Wildgeflügel in allen möglichen Zubereitungen.

Das herzhafte Gericht wird üblicherweise kalt genossen. Früher diente die als *Escabeche* bezeichnete Marinade zum Konservieren von Lebensmitteln und zugleich als Würztunke, und noch heute ist sie aus der spanischen Küche nicht wegzudenken. Alberto Herráiz meint sogar, das Gelingen dieses Gerichts hänge wesentlich von der Qualität von Essig und Öl ab! Zum Würzen der Escabeche verwendet unser Küchenchef Lorbeerblätter. Der immergrüne Lorbeerbaum gedeiht vor allem im Mittelmeerraum. Seine herben Blätter gehören unbedingt in viele Schmorgerichte, Farcen und Marinaden.

Dieses Gericht ist leicht nachzukochen und problemlos lange Zeit haltbar, da es zum Schluss im Wasserbad in einem Einmachglas eingekocht wird. So lässt es sich nicht nur zur Jagdsaison, sondern das ganze Jahr über genießen. Das Wasserbad oder *Bain-Marie* macht es möglich, bestimmte Speisen ganz sanft zu garen oder zu schmelzen, ohne dass etwas anbrennen kann.

Fasanenhennen werden wegen ihres zarten, feinen Fleisches sehr geschätzt. Der an seinem beige-braunen Gefieder erkennbare Vogel stammt aus Asien, wurde aber bereits im Mittelalter in Europa heimisch gemacht. Während der Jagdzeit von Oktober bis Februar findet man ihn häufig noch mit Gefieder in den Auslagen. Bitten Sie in diesem Fall den Händler, Ihnen den Vogel küchenfertig zu machen.

Wildfasanen sind etwas völlig anderes als die handelsüblichen Zuchtfasanen, deren Fleisch fetter ist und den typischen Wildgeschmack vermissen lässt. Als Alternative eignet sich das in Kastilien hoch geschätzte Rothuhn gut.

Die Fasanenhennen parieren und bridieren, also mit Küchengarn die abstehenden Keulen und Flügel an den Rumpf binden. Unter das Küchengarn ein Lorbeerblatt; etwas Möhre und Rosmarin schieben. Salzen und mit Mehl überstäuben.

Das Olivenöl in einem Schmortopf erhitzen und darin die Hennen vorsichtig anbräunen, dann wieder herausnehmen.

In demselben Topf die halbierten Frühlingszwiebeln, die Pfefferkörner, die teils in Streifen, teils in Scheiben geschnittene Möhre, die ungeschälten Knoblauchzehen und die Lorbeerblätter 3–4 Minuten anbräunen.

in Escabeche

Den Sherry-Essig angießen und einkochen lassen. 300 ml Wasser angießen.

Die Fasanenhennen zurück in den Topf
legen und rund 35 Minuten kocheln lassen, dabei gelegentlich wenden.

Fasanenhennen und Beilagen in ein Einmachglas füllen und rund 30 Minuten im
Wasserbad garen. Die Hennen aufschneiden und mit Gemüse und Sauce auf Tellern anrichten. Mit Lorbeer und Rosmarin
garnieren.

Paella

Vorbereitungszeit: 15 Minuten
Garzeit: 30 Minuten
Schwierigkeitsgrad: ★★

Für 4 Personen

4	Hähnchenschenkel, mögichst von freilaufenden Hähnchen
700 g	Kaninchen
400 g	Reis, möglichst der Sorte »Bomba«

60 g	gekochte, ausgelöste Weinbergschnecken
150 g	Stangenbohnen
150 g	Kaiserschoten
50 g	vorgekochte weiße Riesenbohnen
8	kleine Artischocken
1	Knoblauchzehe
150 ml	Tomatensauce
½ TL	mildes Paprika (Pimientón)
0,4 g	Safranpulver
1 Zweig	Rosmarin
150 ml	Olivenöl

Paella-Rezepte gibt es so viele wie Ortschaften. Benannt ist das Gericht nach der großen Pfanne, in der es zubereitet wird: Sie gewährleistet eine gleichmäßige Verteilung der Hitze und hat an beiden Seiten Metallhenkel. Ursprünglich war die Paella ein Gericht der Landarbeiter aus der Gegend von Valencia und wurde bald mit Gemüse und Schnecken, an Festtagen mit Kaninchen und auch mit Hühnchen angereichert. In Spanien bereiten üblicherweise die Männer sonntags Paella zu und so gilt das Gericht als ausgesprochene Festtagsspeise. Jedes Dorf, jede Familie haben ihre eigenen Rezepte und verwenden das, was sie gerade vorrätig haben: an der Küste Fisch, im Inland Fleisch und Wurst sowie Gemüse, Kräuter und Gewürze.

Einzige unverzichtbare Zutat der Paella ist der Reis, vorzugsweise die Rundkornsorte »Bomba« mit ihrer Fähigkeit, sehr viel Flüssigkeit zu absorbieren. Sie wird in einigen Teilen Spaniens angebaut, etwa in Calasparra, wo sie zudem über eine geschützte Herkunftsbezeichnung verfügt. Der Reis saugt sich mit Flüssigkeit voll, ohne aufzuplatzen, bleibt *al dente* und schön locker. Zugleich nimmt er aber auch die Aromen aus der Paella-Pfanne in sich auf. Genau darin liegt das Geheimnis jeder Paella. Die bekanntesten Versionen dieses Gerichts sind die Paella valenciana, bei der der Reis in einer Brühe aus Felsenfischen gart, sowie Paella mit Kalmaren und Tinte. Bei dem hier vorgestellten Rezept verwendet der Küchenchef neben Fleisch, Reis und Artischocken auch Bohnenkerne.

Eine nach allen Regeln der Kunst zubereitete Paella bekommt man auch in Alberto Herráiz' Restaurant »Fogón Saint Julien«. Herráiz ist nicht nur Praktiker, sondern beschäftigt sich auch mit der Theorie der Kochkunst und setzt sich für die Erhaltung der spanischen Küchentraditionen ein. Als Getränk zur Paella empfiehlt er übrigens einen roten Valdepeña aus La Mancha.

Mit einem großen Messer das Kaninchen und die Hähnchenschenkel in kleine Stücke zerteilen.

Das Olivenöl in einer Paella-Pfanne erhitzen und die Fleischstücke darin anbräunen. In der Zwischenzeit die Kaiserschoten putzen und in Stücke schneiden. Den Knoblauch hacken.

Stangenbohnen und Kaiserschoten zum Fleisch in die Pfanne geben. Stiele und Blätter der Artischocken abschneiden. Artischocken vierteln und »Heu« herauslösen. In die Pfanne geben und alles bei hoher Temperatur anbräunen. Den Knoblauch zugeben.

Den Backofen auf 250 °C vorheizen. Die Tomatensauce zu Fleisch und Gemüse geben und alles mit Paprika überstäuben. 1,5 l Wasser angießen und zum Kochen bringen. Auf ²/₃ der Menge einkochen lassen.

Den Safran zufügen und gut unterrühren.

Den Reis zugeben und gleichmäßig unterrühren. Rosmarin, Riesenbohnen und Schnecken zufügen. Sobald der Reis sich mit Brühe voll gesogen hat, steigt er an die Oberfläche. Nun die Paella noch 10 Minuten im Backofen weitergaren.

Kaninchen mit

Vorbereitungszeit: 1 Stunde
Garzeit: 1 Stunde 50 Minuten
Schwierigkeitsgrad: ★★★

Für 4 Personen

1	Kaninchen à 1,5 kg
	Salz
	Pfeffer
100 g	Mehl
	Olivenöl
1	getrocknete *Niora*-Schote
4	dicke Zwiebeln
½	Knolle Knoblauch
1	Lorbeerblatt

1 Zweig	Thymian
3–4 Stängel	Schnittlauch
3–4 Zweige	Petersilie
300 ml	Weinbrand
3	Tomaten
1 EL	Paprikapulver
12	Garnelen

Kräuterpesto:

½	Kaninchenleber
	Olivenöl
2	Knoblauchzehen
4–5 Zweige	glatte Petersilie
1 Zweig	frischer Thymian

Im Jahr 1229 eroberte König Jakob I. von Aragon mit seinen Verbündeten, den katalanischen Grafen von Barcelona, Sóller, den Archipel der Balearen. Die Grafen brachten ihre Kultur und ihre Sprache mit auf die Inseln. Heute ähneln sich die Küche der Balearen und die Barcelonas. Oscar Martínez Plaza, unser Küchenchef in Palma de Mallorca, vereint bei seinem Rezept Kaninchen und Garnelen. In der Bucht von Sóller ist die Hälfte der Fischereiflotte für den Garnelenfang reserviert.

Zwar ist Schwein das beliebteste Fleisch auf den Balearen, doch auch Kaninchenfleisch hat viele Freunde. Den Knochen der Keulen legt unser Küchenchef frei, denn auch das Auge isst bekanntlich mit. Dieses Gericht kann sogar mit Hähnchen zubereitet werden, denn die Garnelen passen auch gut zu Geflügel.

Mit Gemüse und Kräutern angereichert, ist die Schmorflüssigkeit des Kaninchens reich an Aromen. Auch die Niora-Schote gehört dazu, sie wird auf Mallorca – ebenso wie Tomaten – aufgefädelt und zum Trocknen in die Sonne gehängt. Vor der Verwendung muss die Schote gewässert werden. Wenn sie gut eingeweicht ist, kratzt man das Mark mit einem Messer heraus.

Im Originalrezept werden alle Kaninchenteile zusammen gegart, unser Küchenchef brät den Kaninchenrücken jedoch einzeln, damit er zart bleibt. In Stückchen geteilt, wird er mit frittierten Zwiebelringen serviert.

Den Kaninchenrücken auslösen und beiseite legen. Den Rest in kleine Stücke teilen, in Salz, Pfeffer und Mehl wenden, 10 Minuten in Öl anbraten und beiseite stellen. Die Niora-Schote einweichen.

Zwiebelringe (½ Zwiebel zurücklegen), Knoblauch und Kräuter im selben Öl anbraten wie das Fleisch. 100 ml Weinbrand zugeben und den Alkohol verdampfen lassen.

Die Niora-Schote abgießen und das Mark herauskratzen. Das Mark mit zwei pürierten Tomaten und dem Paprikapulver zu den Zwiebeln geben und einige Minuten dünsten.

Garnelen

Gebratene Fleischstücke zugeben und mit Wasser auffüllen, das Fleisch 45 Minuten zart kochen. Die Kaninchenleber braten und mit Knoblauch und Kräutern im Mörser zu Pesto zerstoßen.

Garnelen schälen, Abfälle 5 Minuten in heißem Öl braten. 1 pürierte Tomate und 200 ml Weinbrand zugeben, 10 Minuten bei starker Hitze kochen und die Sauce abseihen.

½ Zwiebel in Ringe schneiden, Zwiebelringe dünsten, in Mehl wenden und frittieren. Den Kaninchenrücken salzen, pfeffern und braten. Das Garnelenfleisch separat dünsten. Die Kaninchenkeulen mit Garnelen und Sauce sehr heiß servieren.

Lammcarré mit

Vorbereitungszeit: 45 Minuten
Garzeit: 1 Stunde 15 Minuten
Schwierigkeitsgrad: ✳

Für 4 Personen

2	Lammcarrés à 700 g
1	Zucchini
3	Tomaten à 60 g
1	Aubergine
2	weiße Zwiebeln
1 Zweig	Thymian
1	Lorbeerblatt
2 EL	Olivenöl
	Salz
	Pfeffer

Kräuterkruste:

200 g	Senf
2	Eigelb

1 Bund	Estragon
1 Bund	Kerbel
1 Bund	Schnittlauch

Lammfond:

1	Möhre
1	Zwiebel
1 Zweig	Petersilie
50 ml	Weißwein
1 EL	Olivenöl

Knoblauchöl:

4	Knoblauchzehen
150 ml	Olivenöl
1 Zweig	Thymian
1	Lorbeerblatt

Zum Garnieren:

4 Zweige	Rosmarin

Mit diesem Rezept gibt Joël Garault, Chef des Restaurants unter dem Dach des Hotel »Hermitage« in Monte Carlo, dem Fürstenstaat und seinem berühmten Felsen die Ehre.

Das Lammcarré mit Kräutermantel ist ein traditionelles Gericht aus dem provenzalischen Hinterland. Es ist ein sehr beliebtes Stück vom Lamm. Die vom Fett befreiten Stücke sollten, so unser Küchenchef, jeweils siebenhundert Gramm wiegen. Falls Sie kein Lamm bekommen, können Sie zu den Gemüserosetten auch Kalbfleisch oder Geflügel servieren.

Der scharfe Senf spielt in der goldenen Kräuterkruste eine wichtige Rolle. Die Körner der Senfpflanze, die im Mittelmeerraum heimisch ist, dienen dazu, das gelbe, mehr oder minder scharfe Gewürz gleichen Namens herzustellen. Der Senf verbindet sich mit dem Lammfleisch zu einer charakteristischen Geschmacksnote.

Zur Kräuterkruste gehören natürlich auch Kräuter. Statt Estragon nimmt unser Küchenchef manchmal Basilikum oder statt Kerbel glatte Petersilie. Der Schnittlauch mit seinem leicht pfeffrigen Geschmack dagegen ist ein unerlässlicher Bestandteil. Frischen Schnittlauch gibt es vom Frühling bis in den Herbst auf dem Markt. Er sollte keine Blüten haben und die Stängel sollten fein und ganz grün sein.

Um Zeit zu sparen, können Sie die Gemüserosetten auch am Vortag zubereiten. Wenn man sie wieder erwärmt, sind sie schön saftig. Wählen Sie Zucchini, Auberginen und Tomaten in etwa derselben Größe. Fangen Sie das Olivenöl, in dem Sie die ungeschälten Knoblauchzehen braten, auf, denn darin werden auch die Gemüserosetten gedünstet.

Das Lammcarré mit Kräutern ist bestechend schlicht. Als Garnierung legen Sie nur eine Knoblauchzehe und einen Rosmarinzweig dazu.

Zwiebel hacken und 10 Minuten im Olivenöl bei geringer Hitze anschwitzen. Salzen und pfeffern. Thymian und Lorbeerblatt zugeben.

Rückgratknochen des Carrés auslösen. Bauchlappen und Fett entfernen. Unteren Teil zwei Fingerbreit durchtrennen, Rippen freilegen. Abschnitte aufbewahren. Knoblauchöl: Zehen mit Thymian und Lorbeer 35 Minuten in Olivenöl bei kleiner Flamme garen. Zehen beiseite stellen.

Zucchini, Auberginen, Tomaten in Scheiben schneiden, ins abgekühlte Knoblauchöl legen. Runde Ausstechförmchen auf ein Backblech setzen. Zwiebeln darin verteilen, eingelegtes Gemüse rosettenförmig darauf legen. Würzen, etwas Olivenöl darüberträufeln. 20 Minuten bei 160 °C backen.

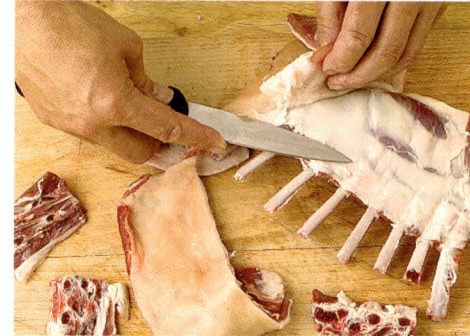

Kräutermantel

Für die Kräuterkruste Schnittlauch, Kerbel und Estragon klein schneiden. In einer Schüssel mit Eigelb und Senf mit dem Schneebesen verrühren.

Lammcarrés und Abschnitte salzen, pfeffern. Mit Zutaten für den Lammfond – bis auf den Wein – 20 Minuten bei 200 °C garen. Mit Weißwein ablöschen. Die Kräuterpaste auf die Carrés streichen und 3 Minuten bei 250 °C grillen. Sauce sieben, abschmecken.

Die Lammcarrés 5 Minuten ruhen lassen. Anschließend in Koteletts schneiden. Auf jedem Teller 3 Koteletts und eine Gemüserosette anrichten. Mit Rosmarin, einer durchgeschnittenen Knoblauchzehe und einem Löffel Sauce anrichten.

Vorbereitungszeit: 1 Stunde
Garzeit: 2 Stunden 40 Minuten
Schwierigkeitsgrad: ★★★

Für 4 Personen

Gefüllte Keulen:

4	Keulen von jungen Kaninchen
2	Knoblauchzehen
1	Schweinenetz
4	Zucchini
1 l	Olivenöl
	Salz, Pfeffer

Kaninchenfond:

	Kaninchenknochen
1	Zwiebel
1	Knoblauchzehe
1 EL	Olivenöl

3 Zweige	Petersilie
2 Zweige	Thymian
20 g	Butter

Zwiebelmus:

3	mittelgroße Zwiebeln
2 Zweige	Thymian

2 EL	Olivenöl
	Salz, Pfeffer

Knoblauchcreme:

1	Knoblauchknolle
200 ml	Milch
300 ml	Sahne
	Salz, Pfeffer

Kichererbsenstäbchen:

200 g	Kichererbsenmehl
3 EL	Olivenöl
	Olivenöl zum Frittieren
	Salz

Geschmolzene Tomaten (nach Belieben):

200 ml	heller Geflügelfond
4	kleine Tomaten
1	Zwiebel
2	Knoblauchzehen
2 Zweige	Thymian

In Südfrankreich auf dem Land steht Kaninchen häufig auf dem Speisezettel. Die kleinen Nager, die man überall bekommt, sind normalerweise Zuchttiere. Nur während der Jagdsaison tauchen bei den Geflügelhändlern wilde Kaninchen auf. Beachten Sie, dass Fleisch von höchster Qualität fest, aber nicht zu fett ist und eine intensive rosa Farbe hat.

Diese Kreation von Francis Robin verlangt ein gewisses Know-how. Die Kaninchenkeulen müssen sorgfältig vorbereitet werden. Auch die Temperatur des Olivenöls spielt eine entscheidende Rolle. Am besten bedient man sich eines Fleischthermometers, denn die siebzig Grad müssen unbedingt eingehalten werden. Dann ist das Resultat garantiert perfekt. Vor dem Servieren sollten Sie die gefüllten Kaninchenkeulen noch einmal kurz unter den Grill schieben, um das überschüssige Fett abzuschmelzen.

Eine weitere beliebte Zutat ist der Knoblauch. Wählen Sie ihn sorgfältig aus: Die Zwiebel muss sehr fest sein. Kaufen Sie möglichst rosafarbenen Knoblauch und bewahren Sie ihn am trockensten Ort in Ihrer Küche auf. Bei der Zubereitung sollten Sie den Keim aus den Zehen entfernen, denn der Knoblauch wird dadurch besser verdaulich.

Das Festtagsgericht erhält nicht nur eine farbige, sondern auch leicht säuerliche Note, wenn Sie dazu geschmolzene Tomaten servieren. Braten Sie dazu gehackte Zwiebeln mit zerdrücktem Knoblauch und zwei Thymianzweigen in Olivenöl an. Dann geben Sie gehäutete, entkernte und in Würfel geschnittene Tomaten zu. Gießen Sie den Geflügelfond an und reduzieren Sie ihn. Arrangieren Sie die Tomaten als Beilage neben den frittierten Kichererbsenstäbchen. Sehr heiß servieren – das Gericht darf nicht lauwarm werden!

Für das Zwiebelmus die Zwiebeln schälen und klein schneiden. Thymian zufügen. Salzen, pfeffern und in 2 Esslöffeln Olivenöl anbraten. 5–10 Minuten einkochen lassen. Dann kalt stellen.

Die Kaninchenkeulen entbeinen, sodass eine Tasche entsteht. Das Innere salzen und pfeffern. Alle Knochen aufbewahren. Die Keulen mit dem Zwiebelmus füllen, ins Schweinenetz wickeln und in kleine Ausstechringe setzen.

Das Olivenöl in einem großen Topf auf 80 °C erhitzen. 2 ungeschälte Knoblauchzehen hineingeben. Die Kaninchenkeulen 1 Stunde in 70 °C heißem Öl garen. Die Zucchini einkerben und in Scheiben schneiden. In Salzwasser blanchieren und beiseite stellen.

Kaninchenkeulen

Fond: Kaninchenknochen zerkleinern. Mit Zwiebel, Knoblauch, Petersilie und Thymian in 1 Esslöffel Olivenöl anbraten. 1 l Wasser angießen. 1 Stunde bei kleiner Flamme unter häufigem Rühren köcheln. Fond reduzieren, durch ein Sieb gießen. Mit 20 g Butter aufschlagen.

Kichererbsenmehl mit 250 ml kaltem Wasser und 1 Esslöffel Olivenöl anrühren. Unter Rühren in 750 ml kochendes Salzwasser mit übrigem Olivenöl geben. Teig auf der Arbeitsplatte flach verstreichen und abkühlen lassen. In Stäbchen schneiden und in Olivenöl frittieren.

Knoblauch schälen, Keim entfernen, dreimal blanchieren. Abtropfen. 25 Minuten in Sahne und Milch köcheln. Salzen, pfeffern. Pürieren, sieben. Keulen mit Kichererbsenstäbchen auf einem Bett aus Zucchini anrichten. Mit Sauce und Knoblauchcreme beträufeln.

Gefüllte

Vorbereitungszeit: 2 Stunden
Garzeit: 1 Stunde 10 Minuten
Schwierigkeitsgrad: ★★★

Für 4 Personen

2	Kaninchenvorderteile
250 ml	trockener Weißwein
30 g	Butter
1	Möhre
1	Zwiebel
2	Knoblauchzehen
1	Bouquet garni: frischer Thymian, Lorbeer, Petersilie
1	Schweinenetz

Farce:

	Kaninchenleber und -nieren
1 Scheibe	durchwachsener Speck

50 g	mageres Kalbfleisch
200 g	Champignons
1 Bund	Petersilie
2	Knoblauchzehen
20 g	Butter
1	Zwiebel
	Salz
	Pfeffer

Arme Ritter:

1	altbackenes Baguette
200 g	eingelegte Aprikosen
1	Ei
2 EL	Milch
10 g	Butter
1 Bund	Rosmarin

Diese Kreation verdanken wir unserem Küchenchef Alain Carro, der bei dem berühmten Marseiller Wettbewerb »Mangez du lapin« (»Essen Sie Kaninchen!«) 1998 einen Preis gewann. Mit der außergewöhnlichen Art, wie das Kaninchen zerlegt ist, und mit seiner doppelten Zubereitungsart – in der Pfanne und im Ofen – werden Sie Ihre Freunde verblüffen.

Das Zerlegen der Carrés erfordert große Sorgfalt – und nur bei exzellenten Kaninchen sind die Knochen dafür stabil genug. Gut geeignet ist ein auf dem Bauernhof gezogenes Tier, am besten eines aus Angers. Wenn Sie nur die vorderen Teile des Kaninchens bekommen können, umso besser! Damit das Fleisch weich bleibt, umwickelt der Küchenchef die Schultern mit einem Schweinenetz. Dadurch behält es außerdem seine Form. Wenn Sie kein Schweinenetz zur Verfügung haben, stecken Sie das Fleisch mit einem Zahnstocher zusammen.

Die Beilage aus Armen Rittern mit Aprikosen hat einen Hauch von Säure. Sie verleiht dem Gericht eine raffinierte, exotische, süß-salzige Note. Wenn Sie diese noch betonen wollen, empfiehlt der Küchenchef, bei der Zubereitung des Fond eine Orangenschale mitzukochen. Diese Geschmacksrichtung findet man im ganzen Mittelmeerraum, zum Beispiel auch in einigen marokkanischen Schmorgerichten, den *Tajines*. Rosmarin, schließlich, wächst rund um das Mittelmeer, wo es kalkhaltige Böden und viel Sonne gibt. Überall, wo sich die *Garrigue*, die südliche Strauchheide, erstreckt, wuchert auch der Rosmarin.

Falls Ihre Gäste besonderen Wert auf eine schöne farbliche Gestaltung legen, rät Ihnen der Küchenchef, die Teller mit einer Dolde Kirschtomaten zu garnieren. Wenn man sie kurz frittiert, wölbt sich die Haut, ohne dass man sich die Finger verbrennen müsste, äußerst elegant nach oben.

Die Kaninchenschultern aufschneiden und die Schulterblätter auslösen. Alles Fleisch sorgfältig von den Knochen lösen und zum späteren Füllen flach auslegen. Kopf und Knochen aufbewahren.

Die kleinen Carrés einschneiden und die Rippenspitzen freilegen. Nur die ersten Rippen noch einmal einschneiden.

Kaninchenknochen und übriges Fleisch mit klein geschnittener Zwiebel, Knoblauchscheiben, Möhre und Bouquet garni 10 Minuten in Butter anbraten. Weißwein zugießen, verkochen lassen. Alles mit Wasser bedecken. 15–20 Minuten köcheln, Fond sieben.

Kaninchenschulter

Für die Farce Innereien, durchwachsenen Speck, Kalbfleisch und Champignons in Würfel schneiden. Zwiebel, Knoblauch und Petersilie hacken. In einer Pfanne mit 20 g Butter anbraten. Mit Salz und Pfeffer würzen.

Schulter füllen und in Schweinenetz wickeln. In einer Backofen geeigneten Pfanne mit 10 g Butter 5 Minuten braten. Fond angießen und bei 200 °C fertig garen. Immer wieder mit Fond übergießen. Kurz vor dem Anrichten Kaninchencarrés 5 Minuten in 10 g Butter braten.

Brot in Scheiben schneiden. In mit Milch und Rosmarin verschlagenes Ei tauchen und in einer Pfanne mit Butter braten. Mit Aprikosenscheiben und Rosmarin belegen. Schultern, Carrés und Arme Ritter auf den Tellern anrichten und nur die Carrés mit Sauce überziehen.

Keule vom Zicklein

Vorbereitungszeit: 35 Minuten
Knoblauch einfrieren: 10 Minuten
Garzeit der Chichoumay: 30 Minuten
Garzeit der Keule: 60 Minuten
Schwierigkeitsgrad: ★

Für 4 Personen

1,2 kg	Hinterkeule vom Zicklein
16	Wacholderbeeren
7	Knoblauchzehen
2	Thymianzweige
1	Zwiebel
2 EL	Olivenöl
	Salz
	Pfeffer

Chichoumay:

1	Aubergine
1	Zucchini
3	Tomaten
6	Frühlingszwiebeln
2	Knoblauchzehen
1	Lorbeerblatt
3	Basilikumblätter
6 EL	sehr aromatisches Olivenöl
6 EL	einfaches Olivenöl
	Salz
	Pfeffer

Das Fleisch vom Zicklein ist im Languedoc sehr beliebt, vor allem wenn es von sieben Wochen alten Tieren stammt. Das Gericht ist saisonabhängig und kinderleicht zuzubereiten: Sie sollten es am besten zwischen Februar und April auf Ihren Speisezettel setzen.

Das relativ feste und kalorienarme Fleisch des Zickleins besitzt einen ausgeprägten Geschmack. Wenn Sie kein Zicklein bekommen, können Sie das Rezept ebenso gut mit Lammkeule zubereiten. Der Wacholder gibt dem Gericht die ganze Würze der *Garrigue*, der duftenden Strauchheide des Languedoc. Die aromatische Beere mit ihrem leicht harzigen Geschmack reift an dem dornigen Wacholderstrauch. Wacholder passt auch ausgezeichnet zu Wild.

Die *Chichoumay* ist eine Ratatouille ohne Paprika. Die ursprünglich aus Indien stammende Aubergine wurde schon im 12. Jahrhundert in der Provence heimisch. Kaufen Sie pralle, feste Exemplare. Da die Aubergine wie die giftige Tollkirsche (*Belladonna*) zu den Nachtschattengewächsen gehört, gab man ihr zunächst den Beinamen *Mala insana*, ungesunde Frucht. Heute verwendet man die Aubergine gerne zusammen mit Zucchini und Tomaten. Kaufen Sie wenn möglich Strauchtomaten, die es zwischen Juni und Oktober gibt – sie schmecken am besten.

Die Zucchini, die wie der Gartenkürbis oder die Gurke zu den Kürbisgewächsen zählt, vervollständigt das berühmte Trio der südfranzösischen Küche. Die kleinsten Zucchini sind die besten; sie müssen sich fest anfühlen. Der Kürbis ist eine der ältesten Gemüsesorten, die die Menschheit kennt. Wieder einmal waren es die Italiener, die uns mit diesem köstlichen Gemüse vertraut gemacht haben. Im 18. Jahrhundert kamen sie auf die Idee, noch nicht ganz ausgereifte Kürbisse zu schmoren … So eroberte auch die Zucchini ihren Platz in der Küche.

2 Knoblauchzehen schälen, stifteln und 10 Minuten im Eisfach anfrieren. Das Fleisch mit einem spitzen Messer rundherum einstechen und mit Knoblauchstiften und Wacholderbeeren spicken. Salzen und pfeffern.

Die Keule in eine mit 2 Esslöffeln Olivenöl eingestrichene Auflaufform legen. Den Ofen auf 180 °C vorheizen. Fein geschnittene Zwiebel, ungeschälten Knoblauch und Thymian zugeben und 60 Minuten im Ofen garen. Häufig wenden und mit Bratenfond übergießen.

Aubergine und Zucchini putzen, in 4 cm lange Stäbchen schneiden. 2–3 Minuten getrennt blanchieren. Abtropfen. Tomaten mit kochendem Wasser überbrühen, häuten, entkernen und in Würfel schneiden. Frühlingszwiebeln waschen und in 4 cm lange Stücke schneiden.

auf Chichoumay

Das einfache Olivenöl in einem Topf erhitzen. Zucchini, Auberginen und Frühlingszwiebeln nacheinander etwa 5 Minuten im heißen Öl braten. Dann alles zusammen in den Topf geben.

2 zerdrückte Knoblauchzehen und Lorbeerblatt zum Gemüse geben. Salzen und pfeffern. 5 Minuten köcheln (das Gemüse muss knackig bleiben). Gegen Ende der Kochzeit gewürfelte Tomaten, klein geschnittenes Basilikum und das aromatische Olivenöl zugeben. 5 Minuten einkochen.

Wenn die Keule gar ist, die Auflaufform aus dem Ofen nehmen. Den Bratensatz mit etwas Wasser lösen. Kurz vor dem Servieren das Fleisch noch einmal mit Bratenfond und einem Esslöffel Olivenöl übergießen. Die heiße Gemüsebeilage rundherum anrichten.

Kaninchen mit

Vorbereitungszeit: 1 Stunde 30 Minuten
Garzeit: 1 Stunde
Schwierigkeitsgrad: ★★

Für 4 Personen

1	Kaninchen à 1,2 kg
1	rote Paprikaschote
1	grüne Paprikaschote
5	Kartoffeln
1 Dose	geschälte Tomaten
1	Zwiebel
250 g	grüne Bohnen

250 g	Möhren
2	Knoblauchzehen
250 ml	Weißwein
1 EL	Petersilie
2	blühende Thymianzweige
100 ml	Milch
200 ml	Olivenöl
	Salz
	Pfeffer

Zum Garnieren:

4	Thymianzweige
4	Strauchtomaten

Hachis Parmentier ist ein rustikales französisches Gericht aus Kartoffeln und Hackfleisch. Seinen Namen verdankt es Antoine-Augustin Parmentier, einem berühmten Militärarzt und Agronomen. Er leistete einen wesentlichen Beitrag, dass die Kartoffel als gesundes, preiswertes Grundnahrungsmittel anerkannt wurde, galt sie doch lange Zeit als Viehfutter oder bestenfalls als Armenkost. Das Olivenöl verleiht dem Kartoffelpüree Duft und Würze.

Wenn Sie die Kaninchenknochen auslösen, befreien Sie das Fleisch vollständig von seinem Fett. Es empfiehlt sich, Leber und Nieren vorab zu braten, damit sie ihren Saft abgeben. Wenn Sie sie vor dem Braten mit Mehl bestäuben, werden sie außerdem schön braun. Innen sollten sie allerdings rosa bleiben. Statt mit Kaninchen können Sie das Rezept auch mit jungem Rebhuhn zubereiten. Und so lässt sich das Fleisch leichter hacken: Braten Sie es erst, und hacken Sie es dann. Zerkleinern Sie es aber auf keinen Fall im Mixer,

sonst bekommt es eine unangenehme Konsistenz. Angel Yagues betont, dass man bei dem Gericht die mit Paprika gemischten Fleischstückchen noch spüren muss.

Für die Kaninchensauce hacken Sie die Knochen. Beim Servieren kommt diese Sauce nur über die Innereien.

Paprika wird gern gekocht als Gemüse und roh in Salaten verwendet. Achten Sie beim Einkauf auf eine glänzende Haut. Thymian wächst wild in der *Garrigue*, der Strauchheidelandschaft des Languedoc. Das widerstandsfähige, aromatische Kraut mit seinen kleinen grünlich-grauen Blättern wird im Mai geerntet und hält sich das ganze Jahr.

Vergessen Sie bei der Zubereitung nicht, den Deckel von den Strauchtomaten abzuschneiden. Dann brauchen Sie sie nur noch zu salzen, mit etwas Olivenöl beträufeln und bei zweihundert Grad Celsius im Ofen backen.

Mit einem Hackbeil die Kaninchenschenkel abtrennen. Das Fleisch mit einem scharfen Messer von den Knochen lösen. Den nicht entbeinten Rumpf des Kaninchens und alle Knochen für die Sauce aufbewahren. Das Fleisch, die Leber und die Nieren kalt stellen.

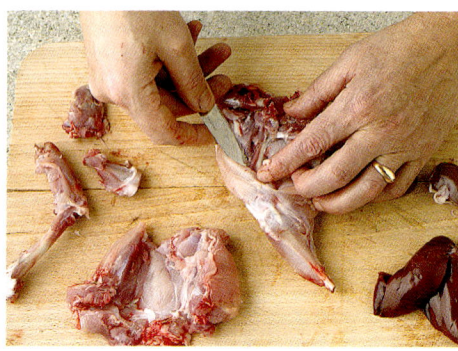

Paprika putzen, entkernen und in sehr kleine Würfel schneiden. In etwas Olivenöl andünsten. 4 geschälte Tomaten und einen Thymianzweig zugeben und ungefähr 10 Minuten köcheln lassen. Das Ganze mit einem flachen Rührlöffel zerdrücken.

Kartoffeln waschen und schälen. In kaltes, gesalzenes Wasser legen und etwa 20 Minuten kochen. Die grünen Bohnen 8 Minuten in Salzwasser kochen. Die Kartoffeln mit der Milch zu einem Püree verarbeiten. Mit 5 Esslöffeln Olivenöl aufschlagen und würzen.

Thymianblüten

Das Kaninchenfleisch hacken. Die Nieren längs halbieren und mit der Leber 5 Minuten in 1 Esslöffel Olivenöl braten. In der gleichen Pfanne das Fleisch 5 Minuten anbraten. Würzen, Knoblauch, gehackte Petersilie sowie Thymianblüten zugeben.

Sauce: Kaninchenknochen und Rumpf in 1 Esslöffel Olivenöl anbraten. Gewürfelte Möhren, fein geschnittene Zwiebel und Thymian zugeben. Mit Weißwein ablöschen. Tomatensaft zugießen. Auf kleiner Flamme 20 Minuten köcheln. Passieren, abschmecken.

Mit Hilfe einer runden Ausstechform Fleisch – Tomaten-Paprika-Mischung – Püree aufeinander setzen. Daneben Nieren- und Leberscheiben, grüne Bohnen und Strauchtomaten anrichten. Innereien mit Sauce überziehen und alles mit einem Thymianzweig garnieren.

Täubchen auf

Vorbereitungszeit: 1 Stunde
Garzeit: 25 Minuten
Schwierigkeitsgrad: ★★

Für 4 Personen

2	Täubchen à 500 g
4	mittelgroße neue Kartoffeln
150 g	Erbsen
150 g	Dicke Bohnen
4	kleine Möhren
2 Zweige	Thymian
1	mittelgroße Zwiebel
150 ml	heller Fond

3 EL	Olivenöl
	grobes Salz
	Salz
	Pfeffer

Farce:

2	Perugine-Würste
2 Scheiben	Baguette, gewürfelt
100 ml	Milch
1	kleine Zwiebel
1 Zweig	Thymian
4	Knoblauchzehen
1 EL	Olivenöl
1 Bund	glatte Petersilie
	Salz

Das gefüllte Täubchen auf Saisongemüse ist ein rustikales Gericht aus dem Hinterland von Nizza. Ursprünglich wurde es einfach bei geringer Hitze geschmort. Im Rezept unseres Küchenchefs erhält es noch eine pikante Füllung.

Das zarte, wohlschmeckende Fleisch der Taube macht aus diesem Geflügelgericht eine köstliche Mahlzeit. Wildtauben findet man von Frühling bis zum Ende des Sommers auf dem Markt; den Rest des Jahres überlassen sie ihren Platz auf den Ständen ihren Verwandten aus der Zucht. Falls Sie Schwierigkeiten haben, die Tauben zu zerlegen, bitten Sie Ihren Geflügelhändler, die Flügel vom Körper abzutrennen. Lassen Sie sich aber auch die Flügelspitzen und den Rumpf mitgeben – Sie brauchen sie für die Sauce. Legen Sie die gefüllten Täubchen vorsichtig in die Bratpfanne, damit die Haut nicht reißt. Daniel Ettlinger rät, sie ein paar Minuten ruhen zu lassen, bevor Sie die Filets ablösen.

Die Farce muss ein wenig abkühlen, bevor man sie unter die Haut der Täubchen schiebt. Die leicht pikanten Perugine-Würste aus Nizza geben der Farce ihren charakteristischen Geschmack. Daher braucht man keinen zusätzlichen Pfeffer zuzugeben. Vor der Zubereitung der Farce müssen Sie die Haut der Perugines entfernen. Sie schmelzen dann beim Schmoren mit den anderen Zutaten der Farce und sind gleichzeitig mit den Täubchen fertig gegart. Die Brotwürfel müssen gut in der Milch eingeweicht werden, damit sie sich leicht in die Farce einarbeiten lassen. Bewahren Sie die Zwiebelschalen für die Sauce auf.

Die Gemüsebeilage hängt von der Jahreszeit ab. Im Frühling können Sie zarte Dicke Bohnen mit der Haut verwenden. Sie können auch Kaiserschoten oder grüne Bohnen nehmen. Salzen Sie das Gemüse gleich am Anfang der Zubereitung, damit es seine Farbe behält. Im Winter können Sie Haferwurzel, Mangold oder Endivie servieren.

Brotwürfel in Milch einweichen. Kleine Zwiebel würfeln und in 1 Esslöffel Olivenöl andünsten. Unter Rühren klein geschnittenen Knoblauch und Perugines, eingeweichte, abgetropfte Brotwürfel und gehackte Petersilie zugeben, salzen.

Die Flügel von den Tauben abtrennen, ohne die Haut am Brustkorb zu beschädigen. Die Flügelspitzen abschneiden und die Brustfilets ablösen. Dazu an jeder Seite des Brustbeins entlang schneiden.

Die Haut mit den Fingern leicht vom Fleisch lösen und die Farce mit der in kleine Würfel geschnittenen Leber hineinfüllen. Die Tauben wieder in die ursprüngliche Form bringen.

Saisongemüse

Knochen und Flügel in 1 Esslöffel Olivenöl anbraten. Salzen, Zwiebelschalen und
Thymian zugeben und 10 Minuten schmoren. Mit dem hellen Fond ablöschen.
Nach 10 Minuten die Flügel herausnehmen und noch 15 Minuten weiterkochen.
Durchsieben.

Geviertelte Kartoffeln und die in dicke
Scheiben geschnittene Zwiebel 5 Minuten in 1 Esslöffel Olivenöl anbraten. Salzen und pfeffern. Thymian und gestiftelte
Möhren zugeben und etwa 10 Minuten
garen.

Erbsen 6 Minuten mit grobem Salz in
Wasser blanchieren. Mit Dicken Bohnen
zum übrigen Gemüse geben. Gefüllte
Täubchen im restlichen Olivenöl bei
250 °C im Ofen backen. 3 Minuten ruhen
lassen. Filets ablösen. Mit Gemüse und
Sauce auf Tellern anrichten.

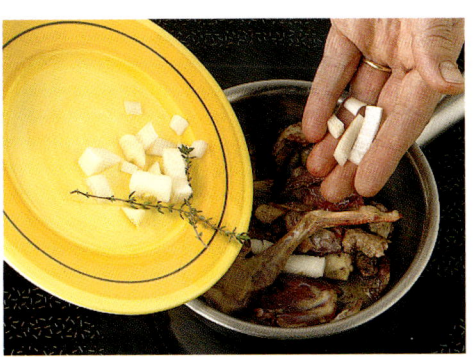

Perlhuhn

Vorbereitungszeit: 15 Minuten
Garzeit: 1 Stunde
Schwierigkeitsgrad: ★ ★

Für 4 Personen

1	Freiland-Perlhuhn
4 Scheiben	Bauchspeck
30	Knoblauchzehen
3	unbehandelte Zitronen
50 ml	Banyuls sec oder Rancio
200 ml	Kalbsfond

1 EL	Olivenöl
1	Bitterorange
	Salz
	Pfeffer

Bouquet garni:

Thymian
Lorbeer
Petersilie

Zum Garnieren:

Schnittlauch

Wenn Sie ein Kochbuch der katalanischen Küche aufschlagen, finden Sie mit Sicherheit auch dieses Rezept, das ursprünglich mit Rebhuhn zubereitet wurde. Der Küchenchef empfiehlt Ihnen, ein Freiland-Perlhuhn zu kaufen. Dann haben Sie die Garantie, dass dieser edle Vogel vom Bauernhof stammt und festes, schmackhaftes Fleisch hat.

Dieses Geflügel, dessen Fleisch bei jungen Tieren am köstlichsten ist, ist das ganze Jahr über erhältlich. Meist stammt es aus Frankreich oder aus Italien. Über Rom gelangte das Perlhuhn einst nach Frankreich und verbreitete sich schnell über die europäischen Staaten mit gemäßigten klimatischen Bedingungen. Damit das Fleisch nicht zu trocken wird und schön zart bleibt, umwickelt Jean Plouzennec es mit Bauchspeckstreifen. Dieser wird aus Schweinebauch hergestellt, der etwa zehn Tage in Salzlake eingelegt wird. Dann wird er mit Pfeffer eingerieben und zum Trocknen aufgehängt.

Der Banyuls ist ein süßer Dessertwein (*Vin doux naturel*), dessen Gärungsprozess man stoppt, indem man Alkohol zusetzt, damit der Traubengeschmack und die Süße erhalten bleiben. Gemeinsam mit den säuerlichen Orangenschalen ergibt er den süß-salzigen Geschmack, den man in vielen katalanischen Fonds findet.

Die Hauptanbaugebiete für Zitronen liegen in Italien und auf der Iberischen Halbinsel, aber sie werden auch in Südfrankreich kultiviert, vor allem in Menton. Kaufen Sie relativ große Früchte mit einem intensiven Gelbton.

Um sich der Tradition anzunähern, können Sie das Rezept auch mit den besten Stücken vom jungen Rebhuhn zubereiten, das zarter ist als das älterer Tiere. Rechnen Sie ein junges Rebhuhn pro Person. Das Fleisch des Geflügels hat eine leicht graue Färbung. Als Beilage passen neue Kartoffeln und, je nach Saison, Steinpilze oder Pfifferlinge.

Backofen auf 200 °C vorheizen. Perlhuhn innen und außen salzen und pfeffern. Beide Keulen mit Bauchspeck umwickeln. Die übrigen Speckscheiben auf den Körper legen, alles mit Küchengarn festbinden. Olivenöl darüberträufeln und 35–40 Minuten im Ofen braten.

Perlhuhn während des Garens immer wieder mit Bratensaft übergießen. Die Zitronen in einem Stück abschälen und die weiße Haut entfernen. Zwei Zitronen filetieren und die dritte in Scheiben schneiden.

Den Speck vom Perlhuhn entfernen und beiseite legen. Das Perlhuhn auf klassische Art zerlegen: Keulen, Brust und Flügel abtrennen (letztere durchschneiden). Für die Saucenzubereitung die Karkasse zurück in die Pfanne geben.

mit Knoblauch

Bratensatz des Perlhuhns mit 50 ml Banyuls und 200 ml Kalbsfond loskochen. Bouquet garni und Schale der Bitterorange zugeben, salzen und pfeffern. Rund 10 Minuten köcheln lassen. Durch ein Sieb passieren und dabei alles gut ausdrücken.

Die geschälten, ganzen, zweimal blanchierten Knoblauchzehen und die Zitronenspalten in die Sauce geben. Aufkochen und 10 Minuten zugedeckt köcheln lassen. Die Zitronenscheiben zugeben und abschmecken.

Perlhuhnflügel mit Brust und Keulen in die Sauce geben und erwärmen. Das Fleisch mit den Zitronenscheiben, den Speckstreifen und den Knoblauchzehen anrichten und mit ein paar Schnittlauchzweigen garnieren.

Rinderfilet mit

Vorbereitungszeit:	*1 Stunde*
Wässern der Knochen:	*24 Stunden*
Ruhezeit des Teigs:	*1 Stunde*
Garzeit:	*1 Stunde*
Schwierigkeitsgrad:	★★

Für 4 Personen

4 Scheiben	Rinderfilet à 180 g
20	frische Sardellen
2 EL	Olivenöl
je 200 ml	Rotwein, roter Portwein
400 ml	Rinderfond
12	Markknochen
2	Knoblauchzehen
1 Zweig	Thymian
1	Lorbeerblatt
½ Bund	Petersilie
	Öl zum Frittieren

	Salz
	Pfeffer
Tempura-Teig:	
30 g	Mehl
10	Eiswürfel
	Salz
	Pfeffer

Pissaladière-Teig:

250 g	Mehl
25 ml	Olivenöl
1	kleines Ei
5 g	Salz
5 g	Bäckerhefe
Beilage:	
1 kg	Zwiebeln
8	schwarze Oliven
1	Tomate
	Thymian
	Lorbeer
	Petersilie
100 ml	Olivenöl
4	Sardellen in Öl
	Salz
	Pfeffer
Zum Garnieren:	
	Petersilie
	grobes Meersalz

Nizza und seine *Pissaladière*! Dieser üppig mit Sardellenfilets und schwarzen Oliven belegte Fladen, dessen Name aus dem 14. Jahrhundert stammt, schmeckt warm und kalt. Ursprünglich wurde er, bevor er in den Ofen kam, traditionell mit *Pissalat* bestrichen, einer provenzalischen Würzpaste. Sie besteht aus Sardellenpüree mit Thymian, Gewürznelken, Lorbeer, Pfeffer und Olivenöl.

Erster Hauptbestandteil des Originalrezepts von Laurent Broussier sind die Sardellen. Die höchstens zwanzig Zentimeter langen Meeresfische sind auf dem Rücken gelbgrün und haben einen silbrigen Bauch. Falls Sie frische Fische nehmen, die eine etwas längere Garzeit haben, überlassen Sie Ihrem Fischhändler das Filetieren. Sardellenkonserven sind schon gesalzen. Denken Sie beim Würzen daran!

Für den *Pissaladière*-Teig gießen Sie eine Hälfte des Wassers (insgesamt etwa einhundertfünfzig Milliliter) in ein Gefäß und die andere Hälfte in ein anderes. Geben Sie in das eine das Salz, in das andere die Hefe. Häufen Sie das Mehl in einem Ring auf die Arbeitsfläche. In die Mitte geben Sie das Ei und das gesamte Wasser mit Salz und Hefe. Kneten Sie den Teig solange durch, bis er nicht mehr an den Fingern klebt. Danach sollte er eine Stunde ruhen. Wenn Sie sich diese Arbeit sparen wollen, kaufen Sie bei Ihrem Bäcker runde Bauernbrötchen.

Wässern Sie die Markknochen gut, damit Blut und Giftstoffe ausgeschwemmt werden. Kurz vor dem Servieren wird das Fleisch im Ofen noch einmal erhitzt. Das Mark wird mit grobem Meersalz und gehackter Petersilie bestreut.

Für den Tempura-Teig Mehl und Eiswürfel in eine Salatschüssel geben. Mit dem Schneebesen verrühren, bis das Eis geschmolzen und ein flüssiger Teig entstanden ist. Salzen und pfeffern.

Den Teig für die Pissaladière zubereiten (siehe rechte Seite) und zu Brötchen formen. Für die Füllung Zwiebeln schälen und in Ringe schneiden. Mit Olivenöl in einer Pfanne langsam anschwitzen. Thymian zugeben und sparsam würzen.

Lorbeer, grob gehackte Petersilie und die Sardellenfilets zugeben. 30 Minuten bei geringer Hitze schmoren, bis die Sardellenfilets schmelzen. Gewürfelte Tomate zugeben und mit Salz und Pfeffer würzen.

Sardellen-Tempura

Die frischen Sardellen in den Tempura-Teig tauchen und 1 Minute in sehr heißem Fett frittieren. Auf Küchenpapier abtropfen lassen.

Die Brötchen durchschneiden und die Hälften toasten. Die untere Hälfte mit der Zwiebelmasse, den Oliven und den frittierten Sardellen belegen und die obere Hälfte darauf setzen.

Das Mark in Salzwasser mit Pfeffer, Knoblauch, Thymian und Lorbeer 3–4 Minuten pochieren. Rinderfilets in Olivenöl braten. Fleisch aus der Pfanne nehmen und Bratensatz mit Rot- und Portwein ablöschen. Den Fond unter Rühren zugießen und die Sauce auf $^2/_3$ reduzieren.

Tauben- und

Vorbereitungszeit: 55 Minuten
Garzeit: 1 Stunde 5 Minuten
Schwierigkeitsgrad: ★★

Für 4 Personen

2	Tauben à 500 g
300 g	*Arborio*-Reis
4	Schalotten
1	Knoblauchzehe
160 g	Pfifferlinge
1 Zweig	glatte Petersilie
150 ml	Portwein
200 ml	heller Fond
100 g	geriebener Parmesan
4	Möhren

100 g	Butter
2 EL	Olivenöl
	grobes Salz
	Salz
	Pfeffer

Taubenfond:

1	Möhre
1	Zwiebel
1	Selleriestange
100 ml	Rotwein
100 ml	Geflügelfond
20 g	Butter
1 Zweig	Thymian
1	Lorbeerblatt

Joël Garault übt seinen Beruf in Monte Carlo aus. Sein Rezept ist eine Hommage an das antike *Gallia transalpina*: Das Risotto steht in direkter Verbindung zu Italien, und die anderen Zutaten stammen aus dem Département Alpes-de-Haute-Provence.

Wildtauben findet man vom Frühling bis zum Ende des Sommers auf dem Markt; den Rest des Jahres überlassen sie ihren Platz auf den Ständen ihren Verwandten aus der Zucht. Denken Sie beim Zerlegen daran, die Flügelspitzen und den Rumpf aufzubewahren – Sie brauchen sie bei der Zubereitung des Fonds. Sie können dieses Rezept auch mit Wachteln oder jungem Perlhuhn zubereiten.

Durch die gelben Pfifferlinge erhält das Gericht seine besondere provenzalische Note. Diese Pilze gibt es vom Juni bis in den Herbst. Bei feuchtem Wetter sprießen sie üppig im Hinterland der Provence und ihr köstlicher Duft erinnert an Aprikosen. Garnieren Sie die Pfifferlinge mit etwas gehackter Petersilie.

Joël Garault schätzt die italienische Küche. Für sein Risotto verwendet er die Sorte *Arborio*. Dieser qualitativ hochwertige Reis hat den Vorteil, dass die Körner beim Kochen nicht zusammenkleben. Wenn Sie dieses Gericht etwas gehaltvoller machen wollen, bereichern Sie das Risotto um ein Püree aus in Olivenöl gedünstetem Knoblauch. Geben Sie aber trotzdem die Butter und den Parmesan hinein.

Der Parmesan erscheint in unserem Rezept in der Form von Chips, die Sie auf einem beschichteten Blech backen. Der König der italienischen Käse ist ein Zertifikatsprodukt aus teilentrahmter Kuhmilch, die zu einer formbaren Käsemasse erhitzt und gepresst wird und eine natürliche Fettkruste entwickelt. Er schmeckt leicht rauchig nach Milchsäure, fruchtig, salzig und manchmal pikant.

Taubenkeulen mit einem Messer ablösen. Dazu den Knochen am Gelenk durchschneiden. Beine und Flügel abtrennen. Wirbelsäule und Brustbeinkamm ablösen und alles Geflügelklein und die Knochen für den Fond aufheben.

Fond: Möhre, Sellerie und Zwiebel klein würfeln. Rumpf und Geflügelklein in Butter anbraten. Gemüse zugeben und ebenfalls anbraten. Rotwein zugießen und völlig verdunsten lassen. Hellen Fond zugießen, Lorbeer und Thymian zugeben und 25 Minuten kochen.

Keulen in 20 g Butter braten. Wenn Sie goldbraun sind, 2 in Ringe geschnittene Schalotten zugeben. Mit Portwein ablöschen und reduzieren. Durchgesiebten Fond zugießen und 25 Minuten einkochen. Keulen herausnehmen und Sauce sieben.

Pfifferling-Risotto

Möhren schälen und 10 Minuten in Wasser mit grobem Salz kochen. Abtropfen lassen und fächerförmig aufschneiden. 2 Schalotten und Knoblauch schälen und klein schneiden. Mit 50 g Butter in einen Topf geben. Reis hineinrühren.

Für das Risotto den hellen Fond zugießen und 15 Minuten kochen. Mit 30 g Butter und 20 g Parmesan verrühren. Salzen, pfeffern. Gehackte Petersilie zugeben. 80 g Parmesan mit einem Esslöffel auf ein Backblech verteilen und 4 Minuten grillen, sodass die Häufchen zu Chips schmelzen.

Tauben salzen und pfeffern. In 1 Esslöffel Olivenöl auf jeder Seite 3 Minuten braten, dann 3 Minuten bei 180 °C in den Backofen geben. Filets auslösen, fächerförmig aufschneiden. Risotto mit Möhre, Filet, Keule, Pfifferlingen und Parmesanchips anrichten. Filet mit Sauce überziehen.

Schmorhähnchen

Vorbereitungszeit: 40 Minuten
Garzeit: 45 Minuten
Schwierigkeitsgrad: ✶

Für 4 Personen

1	Hähnchen à 1,4 kg
400 g	Tomaten
1	Zwiebel
400 g	rote Paprika
400 g	grüne Paprika
8	Knoblauchzehen

60 ml	Olivenöl
	Salz
	Pfeffer
750 ml	Rotwein
1	Bouquet garni (Lorbeer, Thymian)
½ Bund	Petersilie

In der korsischen Küche sind Schmorgerichte sehr beliebt. Mit aromatischen Zutaten der Region zubereitet, werden sie gemütlich im Kreise der Familie verzehrt. Das Schmorhähnchen mit Paprika ist solch ein traditionelles Gericht.

Was die Qualität der Zutaten angeht, ist Vincent Tabarani, ein Vertreter der Vereinigung »Cucina Corsa«, unnachgiebig. Nur ein mit Körnerfutter gemästetes Freilandhähnchen kommt für dieses Gericht in Frage. Auf Korsika sind besonders die Hähnchen aus Linguizetta für ihre Qualität bekannt. Das Rezept kann auch mit Kalbfleisch zubereitet werden.

Der Rotwein, der sonst meist dunkles Fleisch und Wild begleitet, verleiht dieser Spezialität das kräftige Aroma. Unser Küchenchef empfiehlt einen jungen, nicht zu kräftigen korsischen Wein.

Das Gericht aus dem korsischen Hinterland ist sonnenverwöhnt. Olivenöl, Zwiebeln, Knoblauch, Kräuter, Tomaten und ganz besonders die Paprika machen das Hühnchen zu einem Fest für die Sinne. Die Paprika, Sinnbild des Sommers, stammt ursprünglich aus der Neuen Welt, ist aber aus der Mittelmeerküche nicht mehr wegzudenken.

Die rote Paprika wird besonders wegen ihres saftigen, süßen Fruchtfleisches geschätzt, das diese Eigenschaften auch im gekochten Zustand beibehält. Die grünen Schoten, unreif geerntet, sind knackiger und schärfer im Geschmack. Als Salatbeilage werden beide Sorten gern roh verzehrt. Wählen Sie feste, glatte Früchte ohne Flecken und mit grünem Stielansatz.

Das Hähnchen in Stücke teilen: Keulen abtrennen, das Hähnchen vierteln. Den Bürzel und die Nerven entfernen, die Rippen teilen und Flügel abschneiden.

Tomaten häuten und würfeln, die Zwiebel hacken. Paprika entkernen und in Streifen schneiden. Knoblauchzehen mit einem Messer einstechen.

Hähnchenteile im Olivenöl anbraten, einige Minuten köcheln lassen, salzen und pfeffern.

mit Paprika

Die Zwiebel zufügen, mischen und 5 Minuten garen.

Mit Rotwein ablöschen, den Knoblauch und das Bouquet garni zufügen. Tomaten zugeben und 20 Minuten bei starker Hitze kochen.

Paprika zugeben und abschmecken. Bei geringer Hitze 15 Minuten köcheln lassen, mit der gehackten Petersilie bestreut servieren.

Lamm nach

Vorbereitungszeit: 25 Minuten
Garzeit: 30 Minuten
Schwierigkeitsgrad: ✶

Für 4 Personen

1,5 kg	Lammkeule
1	Knoblauchzehe
1	Rosmarinzweig
4 EL	Weißwein
1	Zitrone
2	Eier

1 TL	geriebener Parmesankäse
4 EL	Olivenöl
2	Pfefferkörner
	Salz

Zum Garnieren:

Rosmarin
Kirschtomaten

In den Abruzzen gibt es viele traditionelle, regionaltypische Fleischgerichte. Dazu gehört auch dieses Lammgericht, das man vor allem zu Weihnachten und zu Ostern gerne reicht.

Maddalena Beccacecis Abruzzen-Lamm hat deutlich rustikalen Charakter. Die Schafherden werden auch heute noch von den Schäfern zu Beginn der warmen Jahreszeit auf die Almen getrieben. Auf den Hochebenen ernähren sich die Tiere ausschließlich von frischen Gräsern und Kräutern. Ihr Fleisch ist daher überaus schmackhaft und in ganz Italien begehrt. Statt der Keule, die im Rezept vorgesehen ist, kann man ebenso gut auch Lammschulter nehmen.

Früher ernährte sich die Landbevölkerung in den Abruzzen hauptsächlich von Eiern und Käse. So ist es nur natürlich, dass beide Zutaten auch zur Zubereitung dieses Festmahls verwendet werden.

Der Parmesankäse, den man bis heute in Handarbeit macht, ist der König der italienischen Käse. Vermutlich wurde er zum ersten Mal im 11. Jahrhundert in der Toskana hergestellt. Angeblich war es ein gewisser Bartolomeo Riva, der 1612 den ersten *Parmigiano reggiano* unter die Leute brachte. Heutzutage darf Parmesan nur in den Provinzen Parma, Reggio Emilia, Modena, Mantua und Bologna erzeugt werden. Hergestellt wird er aus teilentrahmter Kuhmilch. *Vecchio*, »alt«, heißt er nach einer Reifezeit von einem Jahr. Die Zusatzbezeichnung *Stravecchio*, »besonders alt«, erhält er erst nach drei Jahren Reifung.

In diesem Lammrezept darf Rosmarin nicht fehlen. Dieses typisch mediterrane Gewürz hat einen leicht pikanten Geschmack und sein Duft erinnert an das Aroma des sonnigen Hinterlandes. Zum Würzen nimmt man die frischen oder getrockneten Blätter des immergrünen Strauches, verwendet sie aber sparsam.

Das Lammfleisch würfeln. Das Olivenöl mit der gehackten Knoblauchzehe in einer Pfanne erhitzen und das Fleisch zugeben. Salzen und anbraten. Gehackte Rosmarinblätter und gestoßene Pfefferkörner zugeben. Alles etwa 10 Minuten schmoren lassen.

Den Weißwein angießen und 10 Minuten einkochen lassen.

Die Zitrone auspressen und in ein Schälchen geben. Eier und Parmesankäse zufügen. Salzen.

Art der Abruzzen

Mit einer Gabel Zitronensaft, Eier und Käse gründlich verschlagen.

Die Mischung vorsichtig über das Fleisch geben.

Die Pfanne rütteln und die Eimischung mit einem Holzlöffel unterziehen, bis die Eier gestockt sind. Das Fleisch anrichten und mit Rosmarin und Kirschtomaten garnieren.

Kalbschnitzel

Vorbereitungszeit:	45 Minuten
Garzeit:	15 Minuten
Schwierigkeitsgrad:	☆

Für 4 Personen

600 g	Kalbsfilet
150 g	Parmaschinken
12	Salbeiblätter
200 ml	Weißwein
250 ml	Bratenfond
20 g	Butter

500 g	Broccoli
2	Zucchini
100 g	Mehl
250 ml	Milch
	Olivenöl, zum Frittieren
1 EL	Sonnenblumenöl
	grobes Salz
	Salz
	Pfeffer

Diese Kalbschnitzel mit Salbei schmecken so richtig nach Italien – einfach köstlich. Vor allem in Latium werden sie zu festlichen Anlässen zubereitet.

Schnitzel sind an ihrer regelmäßigen ovalen Form leicht zu erkennen und können aus dem Fleisch der Nuss, der Schulter oder der Unterschale stammen. In Italien werden *Scaloppine* üblicherweise aus dem Filetstück geschnitten. Sie werden geklopft, manchmal auch an einer Seite eingeschnitten und eignen sich gut zum Braten oder Schmoren. In Mailand isst man sie am liebsten paniert.

Für dieses gehaltvolle Gericht benötigt Sergio Pais Parmaschinken. Der Schinken wird aus der Keule des Schweins gemacht. In der Toskana würzt man ihn mit Knoblauch, Nelken und Pfeffer. Nachdem er vier Wochen so gepökelt worden ist, muss er noch längere Zeit reifen. Nach sechs Monaten wird der nicht von Schwarte bedeckte Teil mit Schweineschmalz bestrichen. Dann muss er weitere sechs Monate unter sorgfältiger Beobachtung nachreifen. Auf der Schwarte jedes Schinkens prangt als Stempel die Krone des Herzogtums von Parma: ein illustrer Herkunftsnachweis.

Der leicht pikante Geschmack des Salbeis, der in der italienischen Küche häufig zum Einsatz kommt, gibt diesem Gericht sein besonderes Aroma. Salbei wächst in gemäßigten Zonen und wird bevorzugt zum Würzen von Fleisch verwendet, aber auch für Bohnen- oder Nudelgerichte.

Broccoli kommt aus Süditalien und wird vor allem in Apulien angebaut. Dieses Kohlgemüse ist reich an Vitaminen und Mineralstoffen und hat von April bis Oktober Saison. Sein Name stammt vom griechischen *Brotrytis*, was so viel wie »eine Traube bilden« bedeutet. Die Broccoliröschen sollten fest und dicht, der Strunk sehr fest sein. Broccoli benötigt etwa zehn bis fünfzehn Minuten zum Garen.

Das Kalbsfilet in gleichmäßige Stücke schneiden und zu Schnitzeln klopfen.

Den Parmaschinken auf die Länge der Schnitzel schneiden. Das Fleisch auf die Arbeitsfläche legen. Eine Scheibe Schinken und ein Salbeiblatt auf jedes Schnitzel legen und mit einem Holzstäbchen feststecken.

Die Broccoliröschen vom Strunk lösen und mit einer Prise groben Salzes in einem Topf mit kochendem Wasser etwa 15 Minuten garen. Abtropfen lassen und in Eiswasser abkühlen.

mit Salbei

Die Zucchini in Stäbchen schneiden. In die Milch tauchen, dann in Mehl wenden. In Olivenöl frittieren und anschließend abtropfen lassen.

Sonnenblumenöl in einer Pfanne erhitzen und die Schnitzel etwa 3 Minuten anbraten. Die Holzstäbchen entfernen und die Schnitzel mit dem Weißwein ablöschen. Den Bratenfond zugeben und das Fleisch weitere 3 Minuten garen.

Die Butter zufügen. Die Pfanne ab und zu rütteln. Salzen und pfeffern. Die Schnitzel mit den frittierten Zucchinistreifen, dem Broccoli und der Sauce auf Tellern anrichten.

Carré vom

Vorbereitungszeit:	*25 Minuten*
Garzeit:	*55 Minuten*
Schwierigkeitsgrad:	✱

Für 4 Personen

1 kg	Carré vom Spanferkel
50 g	Semmbrösel
1 EL	Kräuter der Provence
4 EL	extra natives Olivenöl
	Salz

Knoblauchsauce:

500 ml	Sahne
5	Knoblauchzehen
1 EL	Speisestärke
	Salz

Für dieses Rezept hat sich Sauro Brunicardi von einem traditionellen toskanischen Gericht inspirieren lassen, einem Schweinebraten mit Kräutern (*Arista di maiale*). Der Küchenchef verfeinert das Schweinfleisch noch, indem er den Speckrand jedes Fleischstückes mit einer dicken Knoblauch-Kräuter-Sauce überzieht und mit einer Mischung aus Semmelbröseln und Kräutern der Provence bestreut, einem *Pan alle herbe* (Kräuterbrot).

Seit dem Mittelalter gilt Milchschwein als Delikatesse. Das Ferkel wird geschlachtet, bevor es zwei Monate alt ist, und sollte dann mindestens fünfzehn Kilogramm wiegen. Sein Fleisch ist weiß, zart und schmackhaft. Nehmen Sie für dieses Rezept ein Carré mit vier bis fünf Rippenstücken, die erst nach dem ersten Garen im Backofen getrennt werden. Genauso gut können Sie auf die beschriebene Weise ein Lamm-Carré zubereiten.

Sauro Brunicardi bevorzugt zum Braten des Fleisches ein extra natives Olivenöl aus Lucca. Es hat eine wunderbar leuchtende gelb-grüne Farbe und schmeckt und riecht nach grünem Apfel.

Die mit der Knoblauch-Kräuter-Sauce überzogenen Rippenstücke werden beim zweiten Garen im Ofen in Alufolie eingeschlagen, sodass noch nur der Rand mit der Sauce herausschaut. Auf diese Weise bildet sich eine köstlich duftende knusprige Kruste.

Als Beilage empfiehlt Sauro Brunicardi geschmortes Gemüse, zum Beispiel eine Mischung aus Spinat, Broccoli oder Blumenkohl mit Kartoffeln, die farbliche Akzente setzen. Sie können aber auch pochiertes Gemüse dazu servieren. Richten Sie die Carrés mit Möhren, Zucchini und Kartoffeln sowie mit der Knoblauch-Kräuter-Sauce an und dekorieren Sie die Teller mit einigen Spritzern Bratensauce.

Die äußere Schale der Knoblauchzehen entfernen. Mit einem kleinen spitzen Messer die beiden Enden abschneiden und die Haut abziehen, hellgrüne Keime ebenfalls entfernen.

Die Sahne mit den Knoblauchzehen und Salz in einen Topf geben. Aufkochen und 5 Minuten köcheln lassen. Anschließend im Mixer verarbeiten.

Die gemixte Sauce zurück in den Topf geben. Die angerührte Stärke unterrühren und 5 Minuten weiterrühren, bis die Sauce glatt und sämig ist.

Spanferkel mit Kräutern

Das Olivenöl in eine ofenfeste Form geben. Das Fleisch hineingeben und salzen. Bei 220 °C im Backofen 40 Minuten garen.

Das Fleisch auf ein Schneidebrett legen und die Koteletts abtrennen. Die Kräuter der Provence mit den Semmelbröseln mischen

Den Fettrand der Koteletts mit der Knoblauchcreme bestreichen und mit der Kräutermischung bestreuen. Die Koteletts so in Alufolie einwickeln, dass nur der mit der Sauce bestrichene Rand herausschaut. 5 Minuten im vorgeheizten Backofen grillen.

Schweinefilet

Vorbereitungszeit: 40 Minuten
Kühlzeit: 30 Minuten
Garzeit: 15 Minuten
Schwierigkeitsgrad: ★

Für 4 Personen

600 g	Schweinefilet
1 kg	Broccoli
3	Knoblauchzehen
1 TL	Mehl
3 EL	Olivenöl
	Salz

Teigmantel:

300 g	Toastbrot
2	Eiweiß

10 g	frischer Thymian
10 g	Bohnenkraut
10 g	Majoran
10 g	Rosmarin
1	Lorbeerblatt
3 Stängel	Petersilie
20 g	Butter
	Salz
	Pfeffer

Basilikumsauce (nach Belieben):

½ Bund	Basilikum
5 Stängel	Petersilie
4 EL	Olivenöl

Die Bewohner der Marken sind zu Recht stolz auf ihr Land. Das geschichtsträchtige Hinterland mit seinen mittelalterlichen Städten und jahrhundertealten Eichenwäldern ist auch für Touristen attraktiv.

Die Küche der Marken hat ebenfalls einiges zu bieten. Die aromatischen Kräuter, die dort im Überfluss wachsen, passen wunderbar zu Fleisch, Fisch oder Gemüse.

Dieses traditionelle Schweinefilet im Teigmantel ist ein vorzügliches Beispiel für die Raffinesse der regionalen Küche. Es ist leicht zuzubereiten und ein klassisches Sonntagsessen.

Die Italiener essen mit Vorliebe Schweinefleisch und sind entsprechend anspruchsvoll, was die Qualität des Fleisches anbelangt. Die in den Marken zumeist artgerecht aufgezogenen Tiere haben, so der Küchenchef, besonders zartes Fleisch. Alberto Melagrana rollt das Schweinefilet in einen mit Kräutern gewürzten Teig, bevor es in den Backofen kommt.

Der wilde Majoran, im Dialekt *Persichina* genannt, ist typisch für die Region. Er schmeckt und riecht nach einer Mischung aus Minze und Basilikum. Majoran schmeckt milder als sein naher Verwandter, der Oregano.

Alberto Melagrana schlägt zur Verfeinerung der Schweinelende eine Trüffelsauce vor, sofern frische Trüffeln erhältlich sind. Wenn Sie sich dafür entscheiden, gehen Sie sparsam mit den Gewürzen um. Den Broccoli können Sie auch durch Blumenkohl ersetzen.

Für den Teig Brot, Butter, Eiweiß, Petersilie, Thymian, Majoran, Rosmarin, Bohnenkraut und Lorbeerblatt mit Salz und Pfeffer im Mixer verarbeiten. Anschließend den Teig 30 Minuten kühl stellen.

Die Schweinefilets leicht mit Mehl bestäuben. In 1 Esslöffel Olivenöl anbraten, bis sie fast gar sind. Abkühlen lassen.

Den Teig dünn ausrollen. Mit Hilfe von Klarsichtfolie die Filets in den Teig einrollen. Die Klarsichtfolie entfernen und die eingerollten Filets bei 170 °C etwa 6 Minuten im Backofen garen.

im Teigmantel

Die Broccoliröschen vom Strunk lösen. Etwa 5 Minuten in Salzwasser kochen. Abtropfen lassen und in Eiswasser abkühlen.

Die ungeschälten Knoblauchzehen mit dem restlichen Olivenöl in einer Pfanne erhitzen. Den Broccoli zugeben und dünsten.

Die eingerollten Schweinefilets in Medaillons schneiden. Die Basilikumsauce zubereiten. Die Filets im Teigmantel mit Broccoli auf Tellern anrichten. Mit der Sauce garnieren.

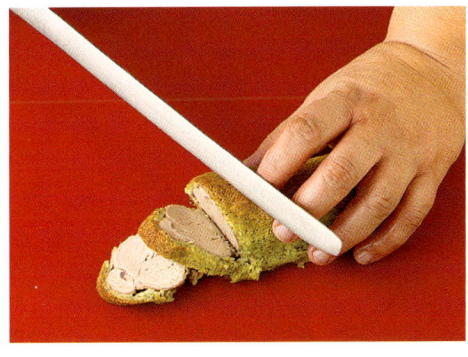

Kaninchen

Vorbereitungszeit: 25 Minuten
Einweichzeit: 30 Minuten
Garzeit: 1 Stunde
Schwierigkeitsgrad: ✶

Für 4 Personen

1	Kaninchen à 1 kg
3	Knoblauchzehen
1 Zweig	Thymian
2	Salbeiblätter
4 EL	Weißwein

1 gute Prise	Safranfäden
4 EL	Olivenöl
2	schwarze Pfefferkörner
	Salz

Der Ort Navelli liegt in der Provinz L'Aquila. Wenn der Oktober kommt, macht sich im Ort Geschäftigkeit breit. Saisonarbeiter aus ganz Italien kommen in die Abruzzen-Region, wo im Herbst die Ernte des teuersten Gewürzes der Welt, des Safrans, ansteht. Zahlreiche Frauen und Männer sind im Einsatz, um die Ernte innerhalb von zwei Wochen einzubringen und in Handarbeit den Blüten die wertvollen Staubfäden zu entnehmen. Safran aus L'Aquila ist international geschätzt und natürlich kochen auch die Italiener gern mit diesem edlen Gewürz.

Maddalena Beccaceci würzt ihr Kaninchen mit Safran aus Navelli. Dieses traditionelle Gericht ist leicht zuzubereiten und dabei ein unvergesslicher Genuss.

In Italien werden Kaninchen wegen ihres festen und sehr schmackhaften Fleisches sehr geschätzt. Kaninchen sollten einen wohl gerundeten Rücken sowie eine blasse, fle-ckenlose Leber haben. Achten Sie bei der Zubereitung darauf, dass das Fleisch nicht austrocknet, was sehr leicht passieren kann. Für dieses Rezept kann man statt des Kaninchens auch ein Hähnchen nehmen.

Ohne die frischen Gewürze wäre dieses Kaninchen nicht, was es sein soll. Vor allem der Thymian, der zur Familie der Lippenblütler gehört, ist aus der mediterranen Küche kaum wegzudenken. Salbei wird in Italien für die unterschiedlichsten Spezialitäten verwendet. Sein kräftiges, ein wenig bitteres Aroma würzt Wurstwaren und andere Fleischgerichte. Seit Urzeiten wird diese Pflanze, die in gemäßigten Zonen wächst, wegen ihrer Heilkräfte geschätzt – nicht zuletzt deshalb, weil sie fettes Essen leichter verdaulich macht.

Dieses wunderbare Kaninchen mit Safran ist ein exquisites Festmahl.

Die Safranfäden in eine kleine Schüssel geben und 4 Esslöffel warmes Wasser darüber gießen. 30 Minuten einweichen.

Das Kaninchen in der Mitte durchtrennen und in Teile zerlegen.

Den Knoblauch schälen und im Olivenöl anbraten. Thymian, Salbei und die Pfefferkörner zufügen.

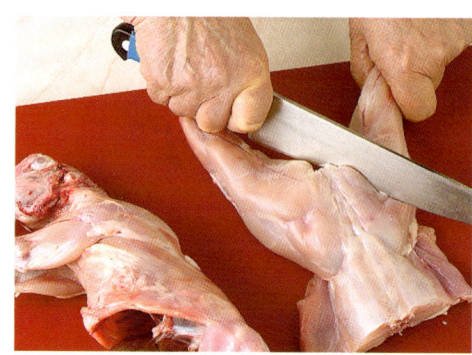

mit Safran

Die Kaninchenteile ebenfalls in die Pfanne geben. Mehrfach wenden, sodass sie mit Öl und Gewürzen überzogen sind. Salzen und etwa 30 Minuten braten.

Den Weißwein angießen. Mit einem Holzspatel umrühren. Die Flüssigkeit 15 Minuten einkochen lassen.

Den Safran zugeben. Weitere 5 Minuten köcheln lassen. Die Kaninchenteile mit etwas Sauce auf Tellern anrichten.

Ossobuco

Vorbereitungszeit: 30 Minuten
Garzeit: 1 Stunde 50 Minuten
Schwierigkeitsgrad: ★

Für 4 Personen

4	Beinscheiben vom Kalb
100 g	Mehl
50 g	Butter
120 ml	Weißwein
2	Anchovisfilets
2	unbehandelte Zitronen
1 Bund	Petersilie
3 EL	Sonnenblumenöl
	Salz
	Pfeffer

Safran-Risotto:

200 g	Arborio-Reis
3 g	Safranpulver
90 g	Butter
1	kleine Zwiebel
125 g	geriebener Parmesankäse
750 ml	Geflügelbrühe
3 EL	Olivenöl
	Salz
	Pfeffer

Zum Garnieren:

Safranfäden

Ossobuco alla milanese ist ein Klassiker der lombardischen Küche. Im Norden Italiens isst man es zu allen Gelegenheiten. Wörtlich übersetzt heißt es »Knochen mit Loch«; gemeint sind Scheiben der Kalbshaxe. Sie werden lange in Weiswein gekocht und erweisen sich als äußerst schmackhaft. Der Küchenchef hat eine persönliche Note in dieses Rezept eingebracht, indem er die Zutatenliste um Anchovisfilets und Zitronenschalen erweitert.

Die bei Feinschmeckern beliebte Kalbshaxe liegt zwischen Fuß und Bug des Kalbs. Nehmen Sie nur Kalbfleisch von bester Qualität von rosaroter Farbe. Bitten Sie Ihren Metzger, Beinscheiben von etwa zweieinhalb Zentimetern Dicke zu schneiden.

In der lombardischen Küche hat Reis eine solch große Bedeutung, dass er die Pasta – anders als im übrigen Italien – auf den zweiten Platz verdrängt! Man kennt etwa 8000 verschiedene Reissorten, die man nach dem Typ der Körner unterscheidet: kurze, lange oder mittlere.

Schon 3000 Jahre vor Beginn der christlichen Zeitrechnung wurde Reis, der ursprünglich auf trockenem, sandigem Boden wuchs, in China angebaut. Arabische Reisende sollen ihn nach Europa gebracht haben, wo er zunächst in Sizilien kultiviert wurde. Erst im 19. Jahrhundert wurde mit Reisanbau in großem Stil begonnen – in der Po-Ebene. Der Safran-Risotto heißt in Mailand auch *Risotto giallo*, »gelber Risotto«. Die Spezialität, bei der an Butter und Parmesan nicht gespart wird, ist heute international bekannt.

Safran, der schon lange in den Abruzzen angebaut wird, gewinnt man aus der Blüte einer violetten Krokusart. Eine Anekdote erzählt, dass Papst Cölestin IV. im 13. Jahrhundert das Gewürz über alles schätzte; der Mailänder habe trotz der hohen Kosten sein Badewasser damit parfümiert!

Die Beinscheiben in Mehl wenden und im Sonnenblumenöl 10 Minuten anbraten.

Den Weißwein angießen und alles etwa 1 Stunde 30 Minuten köcheln lassen. Von den Zitronen Zesten abschälen und die Früchte auspressen.

Für den Risotto die Zwiebel schälen und hacken. In Olivenöl andünsten. Den Reis zugeben und 2 Minuten glasig angehen lassen, dann nach und nach die Geflügelbrühe angießen. Etwa 16 Minuten kochen.

546 Sergio Pais, Italien

alla milanese

Den Safran unterheben, salzen, pfeffern und 2 Minuten ziehen lassen.

Den Parmesankäse und die Butter zugeben und umrühren.

Die Zitronenzesten zum Fleisch geben und den Zitronensaft zugießen. Anchovisfilets und Butter zugeben, mit Salz und Pfeffer würzen. 10 Minuten köcheln lassen. Mit gehackter Petersilie bestreuen und das Fleisch auf dem Risotto anrichten. Mit Safranfäden garnieren.

Rebhuhn

Vorbereitungszeit:	*50 Minuten*
Garzeit:	*40 Minuten*
Schwierigkeitsgrad:	★★

Für 4 Personen

2	Rebhühner oder Rothühner
10	Salbeiblätter
2 EL	Weißwein
150 g	kleine Zwiebeln
150 g	geschälte Maronen
150 g	Steinpilze
20 g	Butter

½ Bund	Petersilie
1 EL	Zucker
2 EL	Weißweinessig
4 EL	Pflanzenöl
	Salz
	Pfeffer

Polenta:

200 g	Maisgrieß
	grobes Salz

Zum Garnieren:

	Salbeiblätter

Im Umland von Vicenza, wo bis heute viel gejagt wird, hat die Zubereitung von Wildgeflügel eine lange Tradition. Vor allem im Winter kann man sich dort die herrlichsten Gerichte der regionalen Küche schmecken lassen.

Rebhühner oder Rothühner werden von Feinschmeckern hoch geschätzt und erinnern an zartes Hähnchenfleisch. Francesca de Giovannini brät die Rebhühner zunächst und begießt sie dann mit Weißwein. Je nach Marktlage können Sie die Rebhühner oder Rothühner auch durch die kleineren Wachteln ersetzen.

Francesca de Giovannini hat diesem traditionellen Gericht durch die Zugabe von Steinpilzen eine persönliche Note verliehen. Steinpilze erfreuen sich in dieser Region seit jeher großer Beliebtheit. Aufgrund ihres kräftigen Aromas passen sie hervorragend zu Fleisch oder Geflügel. Häufig verwendet man sie zur Zubereitung schmackhafter Saucen.

In diesem Rezept gehen sie eine wunderbare Verbindung mit den kleinen Zwiebeln und den Maronen ein.

Maronen gedeihen besonders gut auf den granithaltigen Böden Südeuropas. Die Bäume tragen Früchte, bis sie fünfzig Jahre alt sind. Wenn Sie frische Maronen nehmen wollen, schneiden Sie die Schale kreuzförmig ein. Geben Sie die Früchte dann mit einigen Lorbeerblättern in kochendes Salzwasser. Anschließend sind sie leicht zu schälen.

In Venetien ist es kaum denkbar, ein Wildgericht ohne Polenta zu servieren, aber auch in anderen Kombinationen ist der Maisgrieß stark vertreten. Das hat den Venezianern bzw. den Norditalienern überhaupt den Spitznamen *Polentoni* eingetragen. Polenta wird heiß, kalt, gegrillt oder gekocht gegessen und es gibt unendlich viele Arten, sie zuzubereiten. Puristen kochen Polenta noch heute in einem runden Kupferkessel über einem Holzfeuer!

Für die Polenta 500 ml Wasser mit grobem Salz erhitzen. Sobald das Wasser kocht, den Maisgrieß einrieseln lassen. Mit einem Schneebesen umrühren und etwa 40 Minuten unter ständigem Rühren kochen.

Die Rebhühner auf beiden Seiten entlang des Brustbeins einschneiden und anschließend in 2 Hälften zerteilen. Die Maronen mit den Zwiebeln etwa 10 Minuten in Dampf garen.

Die Rebhuhnhälften auf ein hochwandiges Backblech legen. Salzen und pfeffern. 2 Esslöffel Pflanzenöl und die Salbeiblätter darüber geben. 10 Minuten bei 200 °C backen. Den Weißwein angießen und weitere 10 Minuten im Backofen garen.

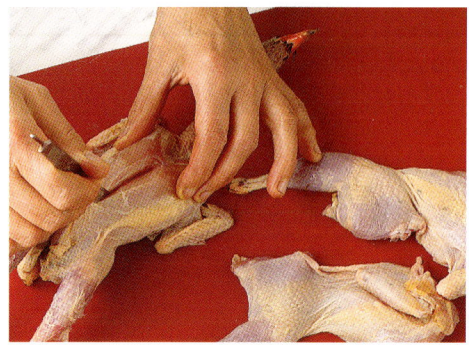

mit Polenta

1 Esslöffel Pflanzenöl in einer Pfanne erhitzen und die zerkleinerten Steinpilze darin etwa 3 Minuten dünsten.

Für die Sauce übriges Pflanzenöl mit Butter und Zucker in einer Pfanne erhitzen. Mit einem Holzlöffel umrühren.

Kastanien, Steinpilze und Zwiebeln in die Karamellsauce geben. 1 Minute umrühren. Den Essig angießen und weiterrühren. Die gehackte Petersilie darüber streuen. Die Rebhuhnhälften mit der Beilage und der Polenta anrichten. Mit Salbei garnieren.

Tauben-Suprêmes

Vorbereitungszeit: 50 Minuten
Garzeit: 50 Minuten
Schwierigkeitsgrad: ★★

Für 4 Personen

2	küchenfertige Tauben à 500 g
3	Knoblauchzehen
200 g	Kartoffeln
100 g	Butter
4 EL	Milch (nach Belieben)
50 g	schwarze Trüffeln
5 EL	Olivenöl
	Salz
	Pfeffer

Geflügelfond:

	Reste der Taube
1 Zweig	Rosmarin
1	Möhre
3	Schalotten
1 EL	Mehl (nach Belieben)
150 ml	Weißwein
1 EL	Olivenöl

Zum Garnieren (nach Belieben):

	Granatapfelkerne

Ein klassisches Gericht für große Familientreffen in den Marken waren früher mit Kartoffeln gefüllte Tauben. Als Beilagen zu der mit Zimt gewürzten Taube wurden Leber, Schweinefleisch, Hähnchen und Trüffeln gereicht.

Alberto Melagrana hat sich von diesem traditionellen Gericht inspirieren lassen. Seine köstlichen Tauben-*Suprêmes* beweisen einmal mehr die Raffinesse der italienischen Küche.

Feinschmecker lieben das feine, delikate Fleisch von Wildtauben, die zu edlen Gerichten verarbeitet werden. Sie sind vom Frühjahr an bis zum Ende des Sommers auf den Märkten zu haben. Den Rest des Jahres muss man auf Zuchttauben zurückgreifen.

Unter *Suprême* versteht man die von der Haut befreite Brust mitsamt dem Flügelknochen. Sollte es Ihnen Schwie-rigkeiten bereiten, die *Suprêmes* herauszuschneiden, bitten Sie Ihren Geflügelhändler, dies für Sie zu erledigen. Heben Sie die Reste der Tiere für den Fond auf. Sollten Sie Ihnen zu fett scheinen, geben Sie Mehl dazu.

Trüffeln gelten in Italien und besonders in den Marken als die »Diamanten« der Gastronomie. Aus der Vielzahl der verschiedenen Trüffelpilze empfiehlt der Küchenchef, für die Sauce schwarze Trüffeln zu verwenden. Lösen Sie kleine Erdkrumen ab, indem Sie die Pilze vorsichtig abbürsten, und legen Sie sie dann einige Minuten in lauwarmes Wasser. Sie sollten bei schwacher Hitze mit einem extra nativen Olivenöl gegart werden. So behalten sie ihren unvergleichlichen Geschmack.

Um dieses luxuriöse Gericht zu garnieren, hat Alberto Melagrana die Frucht gewählt, die im Italienischen seinen Namen trägt: den Granatapfel, *Melagrana*!

Die Taubenschenkel abtrennen, ebenso die unteren Enden der Flügel. An beiden Seiten am Brustbein entlang schneiden, um die Suprêmes auslösen. Den Rest beiseite stellen.

Für den Fond das restliche Taubenfleisch mit Mehl in 1 Esslöffel Olivenöl andünsten. Schalotten, Möhre, Rosmarin, Knoblauch zufügen. Hälfte des Weißweins angießen. Ist er eingekocht, restlichen Wein zufügen. Mit Wasser aufgießen und 40 Minuten köcheln lassen.

Kartoffeln schälen und in feine Scheiben schneiden. In kochendem Wasser 15–20 Minuten garen. Mit einer Gabel zerdrücken. 2 Esslöffel gefilterten Fond zugeben. Salzen und pfeffern.

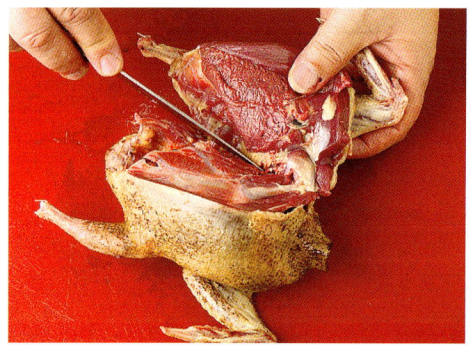

»Melagrana«

2 Esslöffel Olivenöl in einer Pfanne erhitzen. Die zerdrückten Kartoffeln dazu geben und leicht anbraten.

Das restliche Olivenöl in einem Topf erhitzen. Die Tauben-Suprêmes anbraten, anschließend bei 170 °C 3 Minuten im Backofen garen. In Scheiben schneiden.

In einem Topf Geflügelfond mit in feine Scheiben geschnittenen Trüffeln erhitzen. Salzen, pfeffern. Vom Herd nehmen, Butter zugeben, mit Schneebesen aufschlagen. Die Suprêmes mit Kartoffeln und Sauce auf Tellern anrichten und mit Granatapfelkernen garnieren.

Kaninchen

Vorbereitungszeit: 50 Minuten
Garzeit: 40 Minuten
Schwierigkeitsgrad: ✶

Für 4 Personen

1	Kaninchen à 1 kg
2	Möhren
1	Selleriestange
1 Bund	Petersilie
1 Bund	Basilikum
2	Zwiebeln
300 g	Tomaten
70 ml	Olivenöl

1 TL	Butter
50 g	Mehl
50 g	Kapern
1	kleine getrocknete rote Chilischote
	Salz
150 g	entsteinte grüne Oliven
100 ml	Rotwein
100 ml	Weißwein

Zum Garnieren:

Basilikum

Das Kaninchen ist in dieser Zubereitung besonders in Caltagirone beliebt. Diese Stadt im Hinterland ist die Hauptstadt der Keramikherstellung und lebt noch nach dem Rhythmus der Tradition. Unser Küchenchef, der von dort stammt, hat dem alten Rezept, das rasch und einfach zubereitet ist, Oliven und Kapern hinzugefügt.

Die Sizilianer essen sehr gern Kaninchen, gegrillt oder geschmort und zum Osterfest mit Pinienkernen und Rosinen zubereitet. Das Fleisch ist fest und aromatisch; idealerweise wählen Sie ein kräftiges Kaninchen mit breitem Rücken. Besonders lecker ist Wildkaninchen zur Jagdzeit.

Die Vielfalt der Aromen überzeugt auch in diesem Gericht, dem der Stangensellerie seinen frischen Geschmack und festen Biss verleiht. Mit Möhren und Zwiebeln ist er ein unverzichtbarer Bestandteil der sizilianischen Küche, der das ganze Jahr über erhältlich ist.

Oliven gehören natürlich zu diesem Gericht wie die Sonne zu Sizilien. Schon in der Antike wurden Olivenhaine angelegt, sie finden sich heute noch besonders in der Region um Biancavilla, nahe Catania. Zur Zeit des Römischen Reiches gab es eine regelrechte Olivenöl-Industrie, die von der Warenbörse *arca olearia* kontrolliert wurde.

Das Kaninchen zwischen Brustkorb und Rückenansatz teilen, die Leber entfernen, Keulen abtrennen und zerteilen. Den Rücken in gleich große Teile schneiden.

Das Gemüse waschen und vorbereiten: Möhren in Scheiben schneiden, den Sellerie, die Petersilie und das Basilikum hacken. Zwiebeln schälen und hacken, Tomaten würfeln.

25 ml Olivenöl mit der Butter erhitzen und die in Mehl gewendeten Fleischstücke darin ca. 10 Minuten anbraten, danach das Fleisch mit Küchenpapier abtupfen und beiseite stellen.

»Angelino«

Zwiebeln im restlichen Öl anbraten, den Sellerie zufügen und 5 Minuten dünsten. Möhren, Kapern, Kräuter, die zerstoßene Chilischote und Tomatenwürfel zugeben und salzen.

Oliven in Scheiben schneiden, zum Gemüse geben und ca. 5 Minuten köcheln lassen.

Fleischstücke in eine Auflaufform legen und das Gemüse darüber verteilen. Den Wein zufügen und im Ofen bei 170 °C 20 Minuten schmoren. Mit Basilikum garniert servieren.

Lammragout mit

Vorbereitungszeit: 30 Minuten
Garzeit: 40 Minuten
Schwierigkeitsgrad: ★

Für 4 Personen

600 g	frische Dicke Bohnen
1 kg	Lammkeule
5 EL	Olivenöl
2	Zwiebeln
250 ml	Lammbouillon
	Salz
	Pfeffer
6 Blättchen	frische Minze

Tomatensauce:

1	Zwiebel, gehackt
1	Knoblauchzehe, gehackt
2 EL	Olivenöl
200 g	Tomaten, gewürfelt
1	Selleriestange, gewürfelt
1	Möhre, gewürfelt
1	Lorbeerblatt
	Salz und Pfeffer
3 Blättchen	Basilikum, gehackt

Zum Garnieren:

frische Minze

Wenn die Sarden ein Ereignis zu feiern haben, tun sie das mit einem guten Essen im Familienkreis. Dieses Gericht ist auf keiner Restaurant-Speisekarte zu finden, es ist ein typisches Familienrezept aus traditionellen Zutaten der Insel.

Die sardische Küche ist im Grunde eine Hirtenküche, da die Einwohner lange von der Viehzucht lebten. Während des Almauftriebs ernährten sich die Männer nur von Brot, Olivenöl und Käse. Fleisch wurde, wenn überhaupt, am Spieß gegrillt. Zur Feier ihrer Rückkehr bereiteten die Frauen aromatische, nahrhafte Eintöpfe wie diesen hier.

Die Keule ist ein sehr aromatisches Stück Fleisch und wird hier ganz einfach zubereitet. Zu Olivenöl und Zwiebeln gesellt sich die charakteristische Frische der Minze, die auf Sardinien wild wächst und als Heilkraut für ihre anregende Wirkung bekannt ist.

Das nahrhafte Ragout wird von Dicken Bohnen begleitet. Die Hülsenfrüchte stammen ursprünglich aus Persien, sind aber seit der Antike im gesamten Mittelmeerraum wegen ihres feinen Geschmacks beliebt. Sie gehören zur Familie der Erbsen – durch die sie ersetzt werden können – und sind reich an pflanzlichem Eiweiß und Vitaminen.

Auch die allgegenwärtigen Tomaten sind natürlich mit von der Partie. Wählen Sie eine fleischige Sorte mit glatter Haut, so wie sie auf Sardinien wachsen. Dort gedeihen sie so gut, dass sie sogar auf das italienische Festland exportiert werden.

Dicke Bohnen enthülsen und in kochendem Salzwasser 4 Minuten blanchieren. Bohnen in Eiswasser abschrecken und abgießen.

Das Fleisch in gleichmäßige Würfel schneiden.

Das Fleisch in sehr heißem Olivenöl von allen Seiten anbraten und beiseite stellen. Das Öl nicht weggießen.

Dicken Bohnen

In derselben Pfanne 2 gehackte Zwiebeln anbraten, das Fleisch wieder zugeben, die Bouillon zugießen und 25 Minuten köcheln lassen.

Tomatensauce: Die Zwiebel und den Knoblauch im Öl anbraten. Tomaten, Sellerie, die Möhre und das Lorbeerblatt zugeben, salzen und pfeffern. 30 Minuten köcheln lassen, das Basilikum zugeben, die Sauce pürieren und zum Fleisch geben.

Die Fleischmischung salzen und pfeffern, die gehackte Minze und die Dicken Bohnen zugeben. 10 Minuten kocheln lassen. Das Lammragout in tiefen Tellern anrichten und mit Minze garnieren.

Kalbsschnitzel

Vorbereitungszeit: 20 Minuten
Garzeit: 15 Minuten
Schwierigkeitsgrad: ✲

Für 4 Personen

1	Aubergine
6 EL	Olivenöl
4	Kalbsschnitzel
125 ml	Weißwein
	Salz
	Pfeffer

4 Scheiben	roher Schinken
2 EL	Tomatensauce
8 Blättchen	Basilikum
4 Scheiben	junger Pecorino

Zum Garnieren:
Basilikum

Die Sarden betrachteten die Küste und das Meer noch im letzten Jahrhundert voller Misstrauen, waren doch die Eroberer immer übers Wasser gekommen: Phönizier, Karthager, Römer, Vandalen und Spanier. Die Sarden zogen sich ins unwegsame Bergland zurück und widmeten sich der Viehzucht.

Die Kalbsschnitzel sind eine Spezialität der Region Barbaria im Osten der Insel und werden traditionell an Festtagen im Kreis der Familie verzehrt. Sie sind rasch zubereitet und trotzdem raffiniert.

Das Kalbsschnitzel ist ein besonders zartes Fleisch aus der Keule. Für dieses Rezept wird es mit rohem Schinken, Aubergine und Käse belegt und erhält so sein spezielles Aroma.

Fast die Hälfte der Fläche Sardiniens wird für die Viehzucht genutzt. Folglich spielt auch der Käse auf der Insel eine herausragende Rolle und hier besonders der beliebte Pecorino, der aus Schafsmilch hergestellt wird. In diesem Gericht sorgt er für den zarten Schmelz.

Natürlich gehört zu dem sardischen Gericht eine Tomatensauce, die aus 2 fein gewürfelten Tomaten, ½ Zwiebel, 1 Selleriestange und ½ Möhre besteht, die in Olivenöl mit 2 Knoblauchzehen, 1 Lorbeerblatt und etwas Petersilie 30 Minuten gegart werden. Alle Zutaten werden püriert und mit Basilikum verfeinert.

Die Aubergine waschen, den Stielansatz entfernen und längs in feine Scheiben schneiden.

4 EL Olivenöl erhitzen und die Auberginenscheiben darin braten. Auberginen auf Küchenpapier abtropfen lassen.

Das restliche Olivenöl in einer Pfanne erhitzen, die man in den Ofen stellen kann. Die Kalbsschnitzel auf jeder Seite 2 Minuten braten.

mit Auberginen

Den Weißwein über die Kalbsschnitzel gießen, Salz und Pfeffer zugeben und 4 Minuten dünsten.

Schinkenscheiben auf die Schnitzel legen, mit Tomatensauce übergießen und mit gehacktem Basilikum bestreuen.

Erst Auberginenscheiben, dann den Käse auf den Schinken legen. Im Ofen 4 Minuten bei 200 °C überbacken. Schnitzel auf einem Teller anrichten, mit Tomatensauce umgießen und mit Basilikum garnieren.

Backofenlamm

Vorbereitungszeit: 20 Minuten
Garzeit: 1 Stunde 15 Minuten
Schwierigkeitsgrad: ✶

Für 4 Personen

2	Knoblauchzehen
1,4 kg	Lamm- oder Schafskeule
2	Zwiebeln
50 ml	Olivenöl
	Salz und Pfeffer
2	Zitronen

25 g	Butter (nach Belieben)
1 Zweig	Thymian
1 Zweig	Rosmarin
1	Lorbeerblatt
1,5 kg	neue Kartoffeln
2	Tomaten

Zum Garnieren:

	Lorbeerblatt
	Rosmarinzweig

Dieses Gericht ist ein Symbol für Geselligkeit. Es wird in ländlichen Gegenden traditionell sonntags serviert und mit Genuss in großer Runde verzehrt. Früher wurde es von den Dorfbewohnern direkt beim Metzger zubereitet.

Als Land der Schäfer und Hirten hat Griechenland eine besondere Vorliebe für im Backofen gegartes Lamm- oder Schaffleisch. Diese traditionell in Bergregionen gezüchteten Tiere werden wegen ihres besonders geschmackvollen Fleisches sehr geschätzt. Sie können dieses Gericht aber auch mit Ziege oder Schwein zubereiten.

Das Backofenlamm hat eine besondere mediterrane Note. Typisch griechische Zutaten wie Thymian, Rosmarin, Zwiebeln und Lorbeerblätter machen dieses einfach zu bereitende Gericht zu einem geschmacklichen Hochgenuss.

Das Fleisch wird mit dem in Griechenland wild wachsenden Knoblauch gespickt, der so wunderbar sein ganzes

Aroma entfaltet. Schon in der Antike wurde Knoblauch aufgrund seiner kräftigenden und vitalisierenden Wirkung als »Dopingmittel« für die Athleten verwendet. Der morgendliche Verzehr von Knoblauch wurde seinerzeit empfohlen. Heutzutage sind besonders die Kykladen für die ausgezeichnete Qualität des dort wachsenden Knoblauchs bekannt. Diese Zutat ist ganzjährig auf den Märkten zu finden. Achten Sie darauf, dass die Knollen fest und hart sind.

Die weltweit geschätzte Kartoffel entfaltet, in Olivenöl getränkt, ihr ganzes Aroma. Die ursprünglich aus der Neuen Welt stammende Kartoffel wird in Griechenland seit Anfang des 20. Jahrhunderts angebaut. Insbesondere von der Gegend um Livanates aus werden die nationalen Märkte beliefert.

Genießen Sie dieses Backofenlamm und holen Sie sich ein wenig Sonne des Südens auf den Teller ...

Die Knoblauchzehen schälen und den Keim entfernen. Die Lammkeule einritzen und mit den Knoblauchzehen spicken.

Die Zwiebeln schälen und in feine Ringe schneiden. Eine Auflaufform mit den Zwiebelringen auslegen und mit etwas Olivenöl beträufeln.

Die Lammkeule von beiden Seiten salzen und pfeffern und in die Form legen. Mit etwas Zitronensaft beträufeln. Die Butter, den Thymian, den Rosmarin und das Lorbeerblatt zugeben. 25 ml Olivenöl und ein Glas Wasser zugeben. Bei 180 °C etwa 40 Minuten im Backofen garen.

Die Kartoffeln schälen, würfeln und mit dem restlichen Olivenöl und Zitronensaft in eine Schüssel geben. Salzen und pfeffern.

Die Kartoffelmischung zu dem Fleisch in die Auflaufform geben. Ein Glas Wasser zugießen und bei 180 °C etwa 20 Minuten garen.

Die Tomaten waschen, vierteln und eben falls zum Fleisch geben. Bei 180 °C etwa 15 Minuten garen. Das Fleisch mit dem Gemüse auf einem Teller anrichten und mit einem Lorbeerblatt und dem Rosmarinzweig garnieren.

Fleischfrikadellen

Vorbereitungszeit: 40 Minuten
Garzeit: 30 Minuten
Schwierigkeitsgrad: ★★

Für 4–6 Personen

Frikadellen:

3	Zwiebeln
4	Knoblauchzehen
1 Bund	Petersilie
200 g	trockenes Weißbrot
1 kg	Rindergehacktes
1 TL	Kreuzkümmel
	Salz und Pfeffer

4	Eier
	Mehl zum Bestäuben
	Pflanzenöl, zum Braten

Tomatensauce:

10	Tomaten
4	Knoblauchzehen
4 EL	Olivenöl
	Salz
	Pfeffer
1 EL	Zucker
150 ml	Weißwein
1 EL	Mehl

Dieses Gericht heißt auf Griechisch *soutsoukakia*. Die Fleischfrikadellen werden aus Rind- oder Schweinefleisch zubereitet und sind in ganz Griechenland sehr beliebt. Häufig werden sie zum Beispiel mit Pflaumen köstlich gefüllt. Sie haben stets die typische ovale Form.

Der Teig besteht traditionell aus Gehacktem, Zwiebeln, Kräutern, Eiern und Brot. Verwenden Sie stets trockenes Brot ohne Rinde, denn durch aufquellendes, frisches Brot wird der Teig klebrig. Besonders gut eignet sich Brot, das bereits eine Woche alt ist. Es sollte beim Einweichen nicht breiig werden. Falls Sie feststellen, dass der Teig zu feucht ist, können Sie trockenes Paniermehl zugeben.

Vollreife Tomaten sind auf den Märkten nicht immer in Hülle und Fülle zu bekommen. Um der Tomatensauce trotzdem eine schön rote Farbe und eine besonders aromatische Note zu verleihen, fügen Sie einen Löffel Tomatenmark zu. Ebenso hilft ein Löffel Zucker gegen eine eventuelle Übersäuerung durch das Gemüse. Chrysanthi Stamkopoulos empfiehlt, der Sauce für ein intensives Aroma ein Lorbeerblatt und eine Zimtstange zuzugeben.

Je nach Größe sind 2 oder 3 Frikadellen pro Portion angemessen. Reis oder Nudeln passen hervorragend zu diesem Gericht und können als Beilage serviert oder wie folgt angerichtet werden: Füllen Sie eine kleine Schüssel mit Reis und stürzen diese mittig auf einen Teller. Richten Sie die Frikadellen um diesen Reishügel herum mit der heißen Tomatensauce an. Ihre Gäste werden diese wunderbar würzigen Fleischfrikadellen mit großem Genuss verzehren!

Für die Frikadellen die Zwiebeln und den Knoblauch schälen und fein hacken. Die Petersilie klein zupfen (einige Blätter beiseite legen). Weißbrot zerbröseln. Hackfleisch, Petersilie, Brotbrösel, Zwiebeln, Knoblauch, Kreuzkümmel, Salz, Pfeffer und die Eier in eine Schüssel geben.

Die Zutaten mit den Händen gut vermischen und einen gleichmäßigen Teig herstellen. Ovale Frikadellen von 5–6 cm Länge formen.

Die Frikadellen in Mehl wenden und etwa 10 Minuten unter regelmäßigem Wenden in reichlich heißem Fett braten und gleichmäßig bräunen.

mit Tomatensauce

Für die Sauce zuerst die Tomaten mit heißem Wasser überbrühen, häuten und pürieren. Dann in eine Pfanne geben und mit dem gehackten Knoblauch, Olivenöl, Salz, Pfeffer, Zucker und Weißwein mischen. Aufkochen und 10 Minuten dünsten.

Das Mehl mit etwas Wasser vermischen, zum Binden der Tomatensauce zufügen und etwa 5 Minuten unterrühren.

Die Frikadellen in eine Auflaufform geben und mit der Tomatensauce bedecken. 5 Minuten bei 180 °C im Backofen garen. Die Frikadellen mit der Tomatensauce heiß servieren und mit etwas Petersilie garnieren.

Lammrücken mit weißen

Vorbereitungszeit: 40 Minuten
Einweichzeit der Bohnen: 12 Stunden
Garzeit: 1 Stunde
15 Minuten

Schwierigkeitsgrad: ✶

Für 4 Personen

200 g	weiße Bohnen, getrocknet
1	Möhre
1	Selleriestange
1	Zwiebel
2	Tomaten
1	Lorbeerblatt
	Salz und Pfeffer

150 ml	Olivenöl
2	Lammrücken (mit je 4 Koteletts)

Zum Panieren:

100 g	Paniermehl
1	Knoblauchzehe (nach Belieben)
½ Bund	Petersilie
½ Bund	Dill
1 Zweig	Rosmarin

Zum Garnieren:

	Korianderblätter
	Kardamomblätter

Der Lammrücken mit weißen Bohnen aus Kastoria ist ein außergewöhnlich köstliches, traditionelles Gericht aus Thessalien und Ostmakedonien. Dieses Rezept bäuerlichen Ursprungs gilt heute als besondere Delikatesse und wird gerne für Hochzeiten zubereitet.

Das aromatische Fleisch des besonders in gebirgigen Gegenden lebenden Lammes ist aus der griechischen Küche kaum mehr wegzudenken und wird besonders gerne auf dem Grill zubereitet. Unser Küchenchef empfiehlt, dieses Rezept auch einmal mit dem in Griechenland ebenfalls sehr geschätzten Fleisch eines Zickleins auszuprobieren.

Besonders köstlich werden die Lammkoteletts durch eine würzige Panade aus Paniermehl, Knoblauch, Petersilie, Dill und Rosmarin, die dem Fleisch eine mediterrane Note gibt.

Die schon zur Zeit Homers bekannte Petersilie diente den Kriegern in dessen Werk als Pferdefutter! Die ursprünglich aus Südeuropa stammende Pflanze ist auf den Märkten ganzjährig erhältlich. Achten Sie beim Kauf auf eine tiefgrüne Farbe und feste Blätter und Stiele.

Dill heißt auf Griechisch *anithos* und wird aufgrund seines feinen Anisgeschmacks in Griechenland und in der Türkei gerne verwendet. Die wegen ihrer kulinarischen Eigenschaften und ihrer Heilkraft sehr geschätzte Pflanze mit süßlichem, leicht bitterem Geschmack ist eine häufige Zutat von Fischgerichten und Milchspeisen.

Zur byzantinischen Zeit waren die gehaltvollen Bohnen ein Grundnahrungsmittel. Bedingt durch die lange Kochzeit nehmen die Bohnen das Aroma der anderen Zutaten auf.

Die Bohnen in einem Gefäß mit Wasser bedeckt 12 Stunden einweichen, dann abgießen.

Die Bohnen in einen Topf mit Wasser geben und etwa 1 Stunde kochen.

Die Möhre, den Sellerie, die Zwiebel und die Tomaten in kleine Würfel schneiden und mit dem Lorbeerblatt zu den Bohnen geben. Salzen und pfeffern. 10 Minuten kochen, dann 50 ml Olivenöl zugeben und alles weitere 2 Minuten köcheln lassen.

Bohnen aus Kastoria

Beide Lammrücken salzen und pfeffern. In 100 ml Olivenöl anbraten, dann im Backofen bei 200 °C 10 Minuten garen.

Für die Panade das Paniermehl mit dem Knoblauch, der Petersilie, dem Dill und dem Rosmarin in der Küchenmaschine zerkleinern.

Die Lammrücken in der Panade wenden und 1 Minute im Backofen bei 200 °C garen. In Koteletts zerteilen und mit den Bohnen anrichten. Mit dem Koriander und dem Kardamom garnieren.

Giouvetsi – Griechischer

Vorbereitungszeit: 35 Minuten
Garzeit: 1 Stunde
Schwierigkeitsgrad: ★

Für 4 Personen

800 g	Kalbsschulter
6	Tomaten
80 ml	Olivenöl
1	Fleischbrühwürfel
50 ml	Weißwein
3	Lorbeerblätter

6 Körner	Piment (Nelkenpfeffer)
2	Zwiebeln
	Salz
300 g	Bandnudeln
25 g	Pecorino (Hartkäse), gerieben

Der Name dieses Gerichts, *Giouvetsi,* erinnert an einen traditionellen Tontopf, in dem man früher Fleisch schmorte. Heute wird dieses Kalbsgericht, zu dem gerne hausgemachte Nudeln gereicht werden, besonders in den großen Städten Griechenlands sehr geschätzt. Es ist ein außergewöhnlich köstliches Gericht und ein Genuss für jede Gelegenheit.

In der traditionellen griechischen Küche ist Kalbfleisch eine Seltenheit. Griechenland ist geprägt von mediterranen Buschlandschaften und wenig Weideland, also für Rinder weniger geeignet als für Schafe und Ziegen.

Früher dienten Rinder lediglich zur Unterstützung des Menschen bei der Feldarbeit. Nur verletzte Tiere wurden geschlachtet und zubereitet. Nach Nicolaos Katsanis kauften die Bauern das Fleisch vom Besitzer des verletzten Rindes und finanzierten diesem so ein neues Tier.

Das von Gourmets geschätzte, feine und saftige Fleisch der Kalbsschulter entwickelt bei diesem Gericht eine besonders schmackhafte Note.

In Olivenöl, Zwiebeln, Weißwein und Tomaten gegart, nimmt das Fleisch das typische Aroma des Lorbeerblatts an. Diese Pflanze heißt auf Griechisch *dafni* und hat ihren Namen von der schönen Nymphe Daphne. Diese wurde nach der griechischen Mythologie von den Göttern des Olymp in einen Lorbeerbaum verwandelt, um sich der Liebesintrigen des schönen Apollon zu entziehen. Die Blätter des Lorbeerbaums werden nur sehr sparsam verwendet. Sie verleihen Ragouts, Füllungen und Marinaden ein besonderes Aroma.

Dieser Fleischtopf ist, mit Nudeln serviert, ein sehr gehaltvolles Gericht. Nach Geschmack können Sie dieses Rezept auch gut mit Schweinefleisch zubereiten.

Die Kalbsschulter auslösen und in gleich große Würfel schneiden. Eine Tomate in Scheiben schneiden und beiseite legen. Mit den restlichen Tomaten ein Püree zubereiten.

Die Fleischstücke in 60 ml heißem Olivenöl bei starker Hitze in wenigen Minuten anbraten. Den Brühwürfel in Wasser auflösen und beiseite stellen.

Den Weißwein zum Fleisch geben und unterrühren. 2 Lorbeerblätter, 3 Körner Piment zugeben und die vorbereitete Brühe zugießen. 35–40 Minuten köcheln lassen.

Fleischtopf mit Nudeln

Die Zwiebeln in kleine Würfel schneiden und in einer Pfanne kurz dünsten. Das Tomatenpüree, die restlichen Körner Piment sowie das Lorbeerblatt zugeben und 10 Minuten köcheln lassen. Das Fleisch mit der Brühe zugeben, salzen und weitere 10 Minuten köcheln lassen.

Die Nudeln in Salzwasser kochen und abgießen.

Die Fleischzubereitung mit den Nudeln in einen Tontopf geben und mit den Tomatenscheiben bedecken. Im Backofen 20 Minuten bei 180 °C garen. Den Fleischtopf mit den Nudeln anrichten und mit geriebenem Pecorino garnieren.

Moussaka

Vorbereitungszeit: 45 Minuten
Entwässern der Auberginen: 30 Minuten
Garzeit: 1 Stunde
30 Minuten

Schwierigkeitsgrad: ★★

Für 4 Personen

1,5 kg	reife Auberginen
	Salz
4 EL	natives Olivenöl extra
1	große rote Zwiebel
500 g	Lammgehacktes
1	Zimtstange

1 Prise	Muskatnuss, gerieben
250 ml	Tomatensaft
	Pfeffer
	Olivenöl zum Einfetten
100 g	Paniermehl

Béchamelsauce:

50 g	Butter
60 g	Mehl
	Salz und Pfeffer
1 Prise	Muskatnuss, gerieben
500 ml	Milch
2	Eier
2 EL	Parmesankäse, gerieben

Die Moussaka ist ein weltweit bekanntes und geschätztes Gericht, dessen Wurzeln bis in den Orient und den Iran reichen. Woher der Name kommt, ist unbekannt. Griechen, Türken, Iraner und ihre Nachbarn kennen dieses Gericht unter fast identischem Namen. Doch erst seit 80 oder 100 Jahren wird die Moussaka mit einer Béchamelsauce zubereitet. Vorher wurden Tomaten- oder Auberginenscheiben auf das Fleisch gelegt, damit dieses während der Backzeit nicht austrocknet. In griechischen Familien wird die Moussaka als Hauptgericht gereicht, während sie in Restaurants seit etwa 20 Jahren häufig als Vorspeise angeboten wird.

Bestreuen Sie die Auberginenscheiben mit Salz und warten Sie, bis sich an der Schnittoberfläche Saft bildet. Nach dem Braten sollten Sie die Auberginen auf Küchenpapier legen, welches das überschüssige Öl aufsaugt (unsere Küchenchefin empfiehlt, dies möglichst am Vortag zu tun). Auch durch das Paniermehl, das auf dem Boden der Auflaufform verteilt wird, wird überschüssiges Öl aufgesaugt.

Die Moussaka wird meist mit Lammfleisch zubereitet. In Griechenland verwendet man gelegentlich auch das Fleisch ausgewachsener Mutterschafe. Manche Lämmer wiegen 5–7 kg, doch deren edles, zartes Fleisch – besonders von Keule und Schulter – wird bevorzugt im Backofen mit Kartoffeln gebraten.

Je nach Kreativität der Köche gibt es zahlreiche Zubereitungsmöglichkeiten für eine Moussaka. So kann man beispielsweise Kartoffelscheiben oder gebratene Zucchini zugeben. Gelegentlich schneidet unsere Küchenchefin das Fleisch in feine Streifen oder fügt Champignons hinzu. Man könnte sogar das Lammfleisch durch Rindfleisch ersetzen. Schneiden Sie die Moussaka kurz vor dem Servieren in Stücke. Garnieren können Sie mit etwas Lauchzwiebelgrün.

Die Auberginen in Scheiben schneiden, in ein Sieb legen und salzen. Das Salz 30 Minuten einziehen lassen. Dann in einer Pfanne bei starker Hitze in reichlich Olivenöl 5 Minuten braten.

In einer weiteren Pfanne die gehackte Zwiebel und das Fleisch bei starker Hitze 10–15 Minuten braten, dabei die Zutaten mit einer Gabel häufig zerdrücken, um eine gleichmäßige Masse zu erhalten.

Wenn der Bratensaft verkocht ist, die Zimtstange, etwas geriebene Muskatnuss, den Tomatensaft, etwas Salz und Pfeffer zufügen und unterrühren. Mit Wasser aufgießen und etwa 10 Minuten bei starker Hitze weiterkochen, bis die Flüssigkeit verdampft ist.

Für die Béchamelsauce die Butter in einem Topf schmelzen. Das Mehl zufügen und eine Mehlschwitze herstellen. Mit Salz, Pfeffer und Muskatnuss würzen. Die Milch zufügen und etwa 10 Minuten mit dem Schneebesen zu einer dicken, gleichmäßigen Sauce rühren.

Die Eier in einer Schüssel mit einem Schneebesen schaumig schlagen. Die Sauce vom Herd nehmen und die Eier unterrühren. Den geriebenen Käse ebenfalls zugeben. Gegebenenfalls nachwürzen.

Eine Auflaufform einfetten und die Hälfte des Paniermehls auf den Boden streuen. Die gebratenen Auberginen hineingeben. Mit der Fleischmasse, der Béchamelsauce und dem restlichen Paniermehl bedecken. 50 Minuten bei 200 °C backen. In Stücke schneiden und heiß servieren.

Griechische Kohlrouladen

Vorbereitungszeit: 40 Minuten
Garzeit: 55 Minuten
Schwierigkeitsgrad: ✶

Für 4 Personen

1	großer Weißkohl
	Salz
1	Fleischbrühwürfel
70 ml	Olivenöl

Füllung:

500 g	Rindergehacktes
500 g	Schweinegehacktes
3	Zwiebeln
3	Schalotten
1 Bund	Petersilie
85 g	Arborio-Reis
1 Prise	*boukovo* (getrocknete zerstoßene rote Chilis)
	Salz und Pfeffer
1	Ei

Avgolemono:

1 EL	Speisestärke
1	Zitrone
2	Eigelb
	Salz und Pfeffer

Zum Garnieren:

	Zitronenzesten
	boukovo

Gefüllte Kohlrouladen heißen auf Griechisch *lachanosarmades* oder auch *lachanodolmades* und sind besonders im Winter sehr beliebt. Dieses unvergleichlich köstliche und gehaltvolle Rezept stammt ursprünglich aus Kozani im Norden Griechenlands.

Der in der griechischen und türkischen Küche sehr beliebte Kohl ist in Europa seit mehr als 4000 Jahren bekannt und verbreitete sich im Mittelalter auf dem gesamten Kontinent. Er ist sehr reich an Vitamin A und C und hat einen milden Geschmack. Wählen Sie einen festen, runden Weißkohl mit anliegenden Blättern. Die Kohlblätter werden wie Zigarren gerollt und dürfen beim Kochen nicht auseinander fallen. Unser Küchenchef empfiehlt, sie daher dicht nebeneinander in die Pfanne zu legen.

Die Griechen lieben Gemüse und bereiten es mit großem Können zu. Gemüse wird frittiert, gegrillt oder zu Püree und häufig auch zu Füllungen verarbeitet. In unserem Rezept werden Rind- und Schweinefleisch von Zwiebeln, Petersilie, Eiern und Reis begleitet.

Reis ist ein weltweit geschätztes Getreide und wurde schon in der Antike von den Persern nach Mesopotamien importiert. Im 4. Jahrhundert v. Chr. kam es dann durch Alexander den Großen nach Griechenland. Anfangs galt Reis als Luxusgetreide; heute gehört er zu den Grundnahrungsmitteln.

Die köstlichen *lachanosarmades* werden mit einer typisch griechischen *Avgolemono*-Sauce gereicht, die aus Eigelb, Zitronensaft, Brühe, Speisestärke, Salz und Pfeffer besteht. Diese Sauce gehört traditionell zu zahlreichen Gerichten und wird immer reichlich verwendet. Damit sich die verschiedenen Zutaten gut miteinander verbinden, empfiehlt unser Küchenchef, die Zubereitung der Sauce zunächst mit einem Schneebesen zu beginnen.

Mit einem Messer den Strunk entfernen und den Kohl aushöhlen. In Salzwasser etwa 10 Minuten blanchieren.

Den Kohlkopf abtropfen lassen und vorsichtig in einzelne Blätter zerlegen. Mit dem Brühwürfel eine Fleischbrühe zubereiten und beiseite stellen.

Für die Füllung in einer Schüssel das Rinder- und Schweinegehackte mit den gehackten Zwiebeln und Schalotten, der gezupften Petersilie und dem Reis mischen. Mit boukovo, Salz und Pfeffer würzen. Das Ei zugeben. Alles gut vermischen.

Die harten Teile der Kohlblätter entfernen und diese zweiteilen. Die Füllung auf den Rand der Blätter geben. Die Blätter an den Seiten einschlagen und zu Rouladen einrollen.

Den Boden eines Topfes mit Kohlblättern auslegen. Die Kohlrouladen dicht nebeneinander darauf legen. Mit Kohlblättern bedecken. Die Brühe und 70 ml Olivenöl zugießen und salzen. Mit Deckel etwa 45 Minuten garen. Den Kochsud abgießen und beiseite stellen.

Die Hälfte des abgekühlten Kochsuds in einem Gefäß mit der Speisestärke und dem Zitronensaft mischen. Den restlichen Kochsud und das Eigelb zugeben. Salzen und pfeffern. Die Rouladen mit der Sauce anrichten und mit etwas Zitronenzeste und rotem Pfeffer garnieren.

Kaninchen mit

Vorbereitungszeit:	*35 Minuten*
Marinieren des Kaninchens:	*5 Stunden*
Garzeit:	*35 Minuten*
Schwierigkeitsgrad:	*★*

Für 4 Personen

1	Kaninchen (1,4 kg)
50 ml	Olivenöl
50 g	Schalotten
1	Knoblauchzehe
	Salz und Pfeffer
100 ml	Gemüsebrühe
600 g	grüne Oliven

Marinade:

2	Knoblauchzehen
1 Zweig	Thymian
2 Zweige	Rosmarin
2	Lorbeerblätter
1	Selleriestange
½	Zwiebel
150 ml	Rotwein

Zum Garnieren:

	Rosmarinzweige

Diese besondere Kaninchenspezialität stammt aus Chalkidiki, der größten Halbinsel im Nordosten Griechenlands mit der Form einer Hand, von der drei Finger in das Ägäische Meer hinausragen. Die Gegend ist bekannt für die Jagd, den Fischfang und eine sehr traditionelle Küche. Das außergewöhnliche Rezept eignet sich sehr gut für eine Familienmahlzeit zu verschiedenen Anlässen.

Kaninchenfleisch wird in der griechischen Gastronomie besonders geschätzt. Normalerweise wird es mit Olivenöl und regionalen Erzeugnissen zubereitet. In unserem Rezept nimmt das feste Kaninchenfleisch das Aroma der Marinade auf und entwickelt einen ganz besonderen, intensiven Geschmack. Wählen Sie möglichst ein kurzes, kräftiges Tier mit rundem Rücken. Während der Jagdsaison sollten Sie dieses Gericht mit einem Hasen zubereiten, der sich geschmacklich vom Kaninchen deutlich abhebt.

Dieses Gericht ist ein Symbol für die ländlichen Gegenden Griechenlands und eine Ansammlung an herrlichen Aromen. Die stets sparsam zu verwendenden Gewürze Thymian, Lorbeer und Rosmarin geben zusammen mit dem Wein der Marinade eine besondere Note. Der in Griechenland wild wachsende Stangensellerie namens *selino* erinnert an glatte Petersilie. Er schmeckt sehr intensiv und wird auch zum Verfeinern von Suppen und Ragouts verwendet.

Die Verarbeitung von grünen Oliven erinnert deutlich an den mediterranen Ursprung dieses Gerichts. Die Früchte des Olivenbaums sind aus Griechenland nicht mehr wegzudenken, stammen aber ursprünglich aus dem Orient. Sie haben eine ovale Form, einen spindelförmigen Kern und sind sehr fleischig. Sie dienen der Herstellung von Olivenöl und werden auch in der Küche gerne als besondere Zutat verwendet.

Die Kaninchenleber entfernen. Den Brustkorb vom Hinterteil angefangen bis zur Verbindung von Rippen und Rücken auftrennen. Die Schenkel abtrennen und klein schneiden. Den Rücken in gleich große Stücke schneiden.

Für die Marinade zerdrückte Knoblauchzehen, Thymian, Rosmarin, Lorbeerblätter, Selleriestange und die halbe, in Ringe geschnittene Zwiebel in eine Schüssel geben. Die Fleischstücke zugeben. Den Rotwein zugießen und das Ganze 5 Stunden marinieren.

Die Fleischstücke in Olivenöl anbraten. Den Thymian und die Lorbeerblätter aus der Marinade sowie die Schalotten und eine Knoblauchzehe zugeben. Salzen und pfeffern.

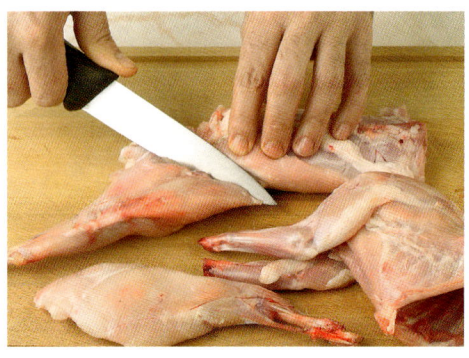

grünen Oliven

Die Marinade filtern, die Flüssigkeit zu der Fleischzubereitung geben und das Ganze weitere 5 Minuten kochen. 100 ml Gemüsebrühe zugeben und weitere 20–25 Minuten kochen.

Die grünen Oliven entsteinen, zu der Fleischzubereitung geben und 3 Minuten kochen. Dann die Oliven herausnehmen.

Die Sauce binden. Das Kaninchenfleisch mit den Oliven und den Zwiebeln sowie der Sauce anrichten und mit Rosmarin garnieren.

Stifado-Kaninchen

Vorbereitungszeit: 45 Minuten
Garzeit: 1 Stunde 35 Minuten
Schwierigkeitsgrad: ✷✷

Für 6 Personen

1	Kaninchen (1,5 kg), abgezogen und ausgenommen
300 g	Blumenkohl
600 g	Zwiebeln
200 g	Austernpilze
150 g	Möhren
1	Porreestange
125 ml	Olivenöl
150 g	kleine Tomaten

1	Zimtstange
3 oder 4	Gewürznelken
4 oder 5 Körner	Piment (Nelkenpfeffer)
	Salz
	Pfeffer
60 ml	Rotweinessig
125 ml	Rotwein (*Brusco*)
2	Knoblauchzehen
2	frische Lorbeerblätter
1 Zweig	frischer Rosmarin

Zum Garnieren:

1	Lorbeerblatt
	Rosmarinzweige

Das Stifado-Kaninchen heißt auf Griechisch *lagos stifado*, was »im Dampfverfahren gegartes Fleisch« bedeutet. Zu diesem in Griechenland sehr beliebten Gericht werden traditionell verschiedene bunte Gemüsesorten gereicht. Die Vielfalt an Gemüse und Kräutern zeichnet viele nationale Gerichte aus und gibt auch diesem Rezept eine besondere Note.

Griechenland ist ein gebirgiges, raues Land, in dem traditionell wenig Fleisch gegessen wird. Es gibt nur relativ wenig Viehzucht (Lämmer, Ziegen, Kaninchen) und Wild (Hasen, Rebhühner). Wahlweise lässt sich dieses Gericht auch mit Kaninchen oder Rindfleisch zubereiten.

Die Austernpilze können sehr gut auch durch weiße oder braune Champignons ersetzt werden. Der Rotwein »*Brusco*« ist ein milder, feiner Wein aus Patras auf dem Peloponnes.

Unser Küchenchef empfiehlt für dieses Gericht kleine, sonnengereifte Tomaten mit intensivem Aroma (etwa aromatische Kirschtomaten). Dieses Gemüse kam erst im 16. Jahrhundert durch portugiesische Seefahrer von Amerika nach Griechenland und brauchte ein oder zwei Jahrhunderte, um sich in griechischen Gemüsegärten zu etablieren.

Um dieses Rezept schnell zuzubereiten, können Sie alle Zutaten in einen geölten Schmortopf geben und im Backofen garen. Einen intensiveren Geschmack und eine schöne Bräunung erhalten Sie allerdings, wenn Sie das Fleisch mit den Champignons, den Möhren, dem Porree, den Zwiebeln und Kräutern zunächst in einem Bratschlauch bräunen, dann mit Wein und Essig ablöschen, die weiteren Gemüsesorten und Kräuter zugeben und abschließend eine Stunde im Backofen garen.

Das Kaninchen erst in 3 große Stücke und diese dann in Stücke von 8–10 cm Länge teilen.

Den Strunk und die äußeren Blätter des Blumenkohls entfernen und diesen in kleine Röschen zerteilen. Die Zwiebeln schälen. Die Austernpilze grob in Stücke schneiden. Die Möhren abschaben und in Scheiben schneiden. Den Porree in feine Streifen schneiden.

Einen Schmortopf ölen. Die Fleischstücke, Möhren und Zwiebeln mit der Zimtstange, den Nelken, dem Piment und dem Porree hineingeben. Salzen und pfeffern.

Den Essig und den Rotwein zum Fleisch und Gemüse gießen und schnell unterrühren.

Die geschälten Knoblauchzehen, die Lorbeerblätter und den Rosmarin zugeben. Zuletzt die gehäuteten und gehackten Tomaten zufügen.

Den Blumenkohl 5 Minuten blanchieren, abkühlen lassen und zum Fleisch geben. Im Backofen 1½ Stunden schmoren. Das Fleisch mit der Sauce anrichten und mit einem Lorbeerblatt und Rosmarin garnieren.

Schweinefilet in

Vorbereitungszeit: 35 Minuten
Einweichzeit der Rosinen: 10 Minuten
Garzeit: 20 Minuten
Schwierigkeitsgrad: ★

Für 4 Personen

600 g	Schweinefilet
	Salz und Pfeffer

Joghurt-Tomaten-Sauce:

3	Knoblauchzehen
1	Zwiebel
50 ml	Olivenöl
300 g	Tomaten, geschält
1 TL	Kreuzkümmel
3 TL	Koriander, getrocknet

1 TL	boukovo (getrocknete zer-stoßene rote Chillies)
	Salz

	Pfeffer
150 g	Joghurt

Pilaw:

25 g	Rosinen
25 ml	Brandy
3	Frühlingszwiebeln
1	Porreestange
25 ml	Olivenöl
	Salz und Pfeffer
100 g	Arborio-Reis
25 ml	Weißwein
1	Zitrone
25 g	Pinienkerne
4 Zweige	Dill

Dieses sehr alte Rezept stammt ursprünglich von den Ufern des Bosporus und ist ein wunderbares Beispiel für die raffinierte Kochkunst Konstantinopels. Mit seiner orientalischen Note ist dieses Gericht eine wahre Gaumenfreude!

Unser Küchenchef hat dieses Rezept zu Ehren des Mönchs Jean Moshos kreiert, der im 6. Jahrhundert n. Chr. die ganze Welt bereiste. Er begab sich vom Berg Athos aus in den Sudan und durchquerte auf seinem Weg den Libanon, Syrien und Ägypten. Auf seiner Reise lernte er die gastronomische Verwendung von Gewürzen kennen, die in den wohlhabenden Kreisen sehr geschätzt wurde.

Dieses Kochbuch voller Anekdoten beschreibt sehr gut die Vorlieben der Menschen dieser Zeit. Auch ein in Konstantinopel sehr beliebter Pilaw gehört zu den beschriebenen

Rezepten. Unser Küchenchef empfiehlt hier das originalgetreue Rezept und kombiniert es mit Schweinefilet in Joghurt-Tomaten-Sauce.

Dieses raffiniert zusammengestellte Gericht zeichnet sich durch die Verwendung von Kräutern und Gewürzen aus. Im Pilaw entfaltet Dill sein volles Aroma. Die Gewürzpflanze stammt ursprünglich aus dem Mittelmeerraum und wurde in Griechenland schon in der Antike wegen ihrer verdauungsfördernden und stimulierenden Wirkung geschätzt. Dill verwendet man in Griechenland und in der Türkei für viele Fischgerichte und Milchspeisen.

Die Joghurt-Tomaten-Sauce, die zu den Schweinemedaillons gereicht wird, besticht durch ihre orientalische Note. Koriander und Kümmel entfalten hier ihr ganzes Aroma.

Die Schweinefilets in gleich große Medaillons schneiden. Die Rosinen 10 Minuten im Brandy einweichen.

Für den Pilaw die Frühlingszwiebeln und die Porreestange waschen, klein schneiden und im Olivenöl anbraten. Salzen und pfeffern. Den Reis zugeben und unterrühren. Den Weißwein zugeben und die Flüssigkeit verkochen lassen.

Die abgeriebene Zitronenschale, die Rosinen und den Brandy zugeben und weitere 5 Minuten garen. Die Pinienkerne in einer Pfanne rösten und mit dem Dill zum Pilaw geben. Zitronensaft zugießen. Das Ganze mit Wasser auffüllen und weitere 10 Minuten kochen. Salzen und pfeffern.

Joghurt-Tomaten-Sauce

Für die Joghurt-Tomaten-Sauce den Knoblauch und die Zwiebel schälen, fein hacken und im Olivenöl anbraten. Die geschälten Tomaten zugeben und das Ganze etwa 10 Minuten köcheln lassen. Salzen und pfeffern. Mit Kreuzkümmel, Koriander und boukovo würzen.

Die Tomatenzubereitung von der Herdplatte nehmen und den Joghurt zufügen. Das Ganze vorsichtig verrühren und beiseite stellen.

Die Schweinemedaillons mit Salz und Pfeffer würzen und ohne Öl in einer beschichteten Pfanne braten. Das Fleisch mit dem Pilaw und der Joghurt-Tomaten-Sauce anrichten und mit etwas Dill garnieren.

Gefülltes Huhn

Vorbereitungszeit: 1 Stunde
Garzeit: 45 Minuten
Schwierigkeitsgrad: ★★★

Für 4 Personen

1	Huhn (2–2,5 kg)
	Salz
1	Möhre
3	Knoblauchzehen
1	Selleriestange
1	Zwiebel
1	Kartoffel
½	Porreestange
4 EL	Olivenöl
50 ml	Rotwein
2	Tomaten

Füllung:

5	Frühlingszwiebeln
4 EL	Olivenöl
100 g	gelber Langkornreis
1	Knoblauchzehe
50 ml	Weißwein
500 g	Esskastanien, geschält
60 g	Pinienkerne
50 g	Korinthen
1	Apfel
1 Zweig	Oregano
	Salz

Sauce:

2 EL	Grießzucker
½	Zitrone
1 TL	Speisestärke

Dieses raffinierte Gericht wird in Griechenland traditionell zu Silvester serviert. Mit seiner süß-sauren Note ist das gefüllte Huhn auf griechische Art eine wahre Gaumenfreude!

Huhn wird wegen seines festen Fleisches sehr geschätzt, braucht aber eine relativ lange Garzeit. Unser Küchenchef empfiehlt, das Huhn mit etwas Zitronensaft zu beträufeln, bevor Sie es in den Backofen schieben. Wenn Sie den Rotwein zugeben, sollten Sie das Huhn zudem mit etwas Wasser bespritzen. Garen Sie das Gericht mit Alufolie bedeckt im Backofen. Nach Geschmack können Sie für dieses Rezept auch Pute verwenden.

Die äußerst köstliche Füllung besteht aus Reis, Apfel und Pinienkernen – einer klassischen Zutat in der griechischen Küche. Auch die verwendeten Esskastanien passen hervorragend zum Geflügel. Sie sind sehr gehaltvoll und werden wegen ihres feinen Aromas sehr geschätzt. Frische Esskastanien bereiten Sie zu, indem Sie die Schale kreuzförmig einritzen, sie dann in kochend heißes Wasser geben und anschließend schälen.

Zur Füllung gehören außerdem die vorwiegend von den Ionischen Inseln stammenden kernlosen Korinthen, die an ihrer dunklen Farbe zu erkennen sind. Korinthen werden aus einer sehr süßen Rebsorte hergestellt.

Eine Karamellsauce begleitet dieses festliche Gericht. Sie bereiten sie zu, indem Sie den Zucker, 1 Esslöffel Wasser und 3 Tropfen Zitronensaft in einem Topf zum Kochen bringen und etwas vorab gefilterten Geflügelbratsud zufügen. Kochen Sie das Ganze unter Rühren mit einem Schneebesen auf. Abschließend geben Sie Salz und mit etwas Wasser angerührte Speisestärke hinzu.

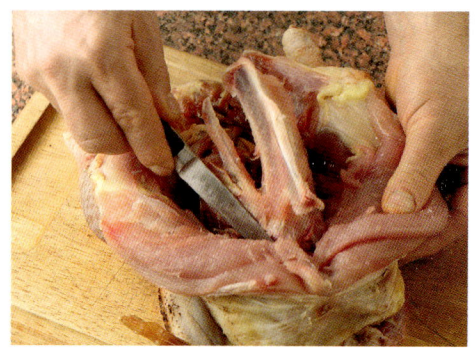

Die Knochen des Huhns auslösen. Dafür am Brustbein entlang schneiden, damit das Huhn ganz bleibt. Die Fleischreste und den Rumpf des Huhns beiseite legen.

Für die Füllung die Frühlingszwiebeln in kleine Ringe schneiden und in 4 Esslöffel Olivenöl anbraten. Den Reis zugeben und unterrühren. Die Knoblauchzehe zufügen. Weißwein und 100 ml Wasser zugießen. Das Ganze etwa 10 Minuten köcheln lassen, bis die Flüssigkeit verdampft ist.

Die Esskastanien in Scheiben schneiden und mit den Pinienkernen und Korinthen zu der Masse geben. Den Apfel würfeln und ebenfalls zufügen. Mit gezupftem Oregano und Salz würzen. Das Ganze durchrühren und beiseite stellen.

auf griechische Art

Das Huhn gut salzen und mit einem Löffel die Füllung hineingeben.

Das Huhn mit Küchengarn zunähen. Die Möhre, den Knoblauch, den Sellerie, die Zwiebel, die Kartoffel und den Porree klein schneiden. Für die Sauce den Zucker mit 1 Esslöffel Wasser und dem Zitronensaft aufkochen und beiseite stellen.

Die Fleischreste und das Gemüse mit dem gefüllten Huhn und Olivenöl in eine Auflaufform geben. 15 Minuten bei 250 °C backen. Rotwein und gewürfelte Tomaten zugeben und weitere 30 Minuten backen. Sauce mit dem abgeseihten Bratsud verrühren und mit Speisestärke binden.

Hähnchen in

Vorbereitungszeit: 30 Minuten
Garzeit: 20 Minuten
Schwierigkeitsgrad: ✶

Für 4 Personen

1	Hähnchen (1 kg)
1 EL	Olivenöl
	Salz
	Pfeffer
1 EL	süßer Senf
50 ml	Weißwein

1 TL	getrockneter Oregano
½ Bund	Petersilie
1	Zitrone
150 g	*graviera* (Gruyère-Käse aus Kreta)
4	Kartoffeln

Zum Garnieren:

	Rucola

Das besonders auf Kreta sehr beliebte Hähnchen in Graviera-Sauce ist einfach zubereitet und eignet sich als Mahlzeit für jede Gelegenheit.

Hähnchen – auf Griechisch *kotopoulo* – wird heutzutage in der ganzen Welt verzehrt. Es wurde wahrscheinlich von den Persern nach Griechenland gebracht und wird dort auch heute noch in dörflichen Gegenden im Freiland gehalten. Wählen Sie ein Tier mit prallem, saftigem Fleisch.

Einfache, edle und für die südeuropäische Küche typische Zutaten prägen dieses raffiniert gewürzte Rezept. Das unerlässliche Olivenöl betont das Aroma der anderen Zutaten und entfaltet sein fruchtiges Aroma.

Nach der griechischen Mythologie gewann Athene, die Göttin des Krieges und der Intelligenz, im Streit mit Poseidon die Macht über Attika, indem sie als Symbol des Friedens Olivenbäume pflanzen ließ. Bereits im 1. Jahrhundert n. Chr. rühmte Dioskorid in seinen Schriften die positiven Eigenschaften dieser Ölpflanze.

Das Hähnchen in Graviera-Sauce ist ein köstliches und leichtes Gericht. Oregano wird hier sehr häufig verwendet und wächst auf Kreta reichlich in der Gegend um Embaros. Oregano ist mit Majoran verwandt, hat aber einen etwas intensiveren Geschmack. *Graviera* ist ein Hartkäse aus Schafsmilch, der dem Schweizer Gruyère oder Emmentaler ähnelt, die sich ebenfalls eignen.

Das Hähnchen zerlegen und das Brustfleisch in Streifen schneiden. Den Rucola waschen.

Das weiße Hähnchenfleisch in einer Pfanne in Olivenöl anbraten. Salzen und pfeffern. Den Senf und den Weißwein in einem Gefäß mit dem Oregano vermischen.

Die Mischung zu dem Fleisch geben und köcheln lassen, bis der Wein vollständig verdampft ist.

Graviera-Sauce

Die gezupfte Petersilie und den Zitronensaft zum Fleisch in die Pfanne geben. Den Käse in Stückchen schneiden und zugeben. Das Ganze verrühren.

Die Kartoffeln schälen und reiben. Mit Salz würzen und die Flüssigkeit ausdrücken.

Die Kartoffelmasse in eine beschichtete Pfanne geben und ohne Öl ausbacken. Den Kartoffelkuchen auf einem Teller mit dem Fleisch und der Sauce anrichten und mit Rucola garnieren.

Ziegenkotelett mit

Vorbereitungszeit: 20 Minuten
Garzeit: 55 Minuten
Schwierigkeitsgrad: ✱

Für 4 Personen

1 kg	*askolibri* (ersatzweise Löwenzahn oder wilde Zichorie)
2	Zwiebeln, in Ringe geschnitten
150 ml	natives Olivenöl

1 kg	Kotelett von jungen Ziegen
100 ml	Weißwein
	Salz
	Pfeffer
2	Eier
1	Zitrone
1 Bund	Dill

Bei diesem traditionellen Frühjahrsgericht verbindet sich das zarte Ziegenfleisch mit frischen Wildkräutern in einer typisch griechischen Sauce mit Eiern und Zitronensaft.

Bereits vor 4000–5000 Jahren hielten die Minoer auf Kreta Schafe, Ziegen und Rinder. Ziege und Lamm sind heute die beliebtesten Fleischsorten, zu Ostern sind sie besonders zart. Die beiden Sorten können gegeneinander ausgetauscht werden. Das Aroma des kretischen Ziegenfleischs profitiert von den wilden Kräutern, die die frei lebenden Tiere in den Gebirgsregionen fressen. Statt mit Kotelett kann das Gericht auch mit anderen Fleischstücken zubereitet werden.

Das kretische Originalrezept wird mit einer Wildpflanze namens *askolibri* zubereitet, deren lange, stachelige Stängel mit gezackten Blättern besetzt sind. Schon Homer kannte *askolibri*, und einige Jahrhunderte später empfahlen Plinius und Dioskorides die in Wein gekochte Wurzel als Mittel zur Körperreinigung. Heute werden *askolibri*-Stängel gekocht als Salat verzehrt. Wo die Pflanze nicht erhältlich ist, wird das Rezept mit Löwenzahn oder wilder Zichorie zubereitet.

Die Zitronen-Ei-Sauce *avgolemono* gehört zu vielen Gerichten, verlangt aber viel Aufmerksamkeit bei der Zubereitung: Die Eier dürfen nicht ohne den Zitronensaft kochen. Sobald die Sauce über das Fleisch gegeben ist, wird der Topf schnell über dem Herd geschwenkt und umgehend serviert.

Wurzel, Blätter und Stacheln von den askolibri entfernen und die Stängel in Stücke schneiden. Alternativ: Löwenzahn oder wilde Zichorie waschen und in Stücke schneiden.

Zwiebeln in Öl anbraten und die Koteletts zugeben. Wenn das Fleisch gebräunt ist, den Wein zugießen und 5 Minuten bei starker Hitze kochen.

Askolibri 5 Minuten in kochendem Wasser blanchieren. Alternativ: Löwenzahn oder wilde Zichorie 3 Minuten blanchieren.

Wildkräutern in Zitronensauce

Das Gemüse zum Fleisch geben, salzen, pfeffern und 5 Minuten köcheln lassen. Mit Wasser auffüllen und zugedeckt 30 Minuten köcheln lassen.

Zwei Eiweiß cremig schlagen. Eigelb verquirlen und unter den Fischnee ziehen. Den Zitronensaft und unter Rühren nach und nach etwas Kochsud vom Fleisch zugeben.

Die Sauce in den Topf mit dem Fleisch geben, dabei kräftig umrühren. Mit Dill garnieren und sofort servieren.

Schmorhaxe mit

Vorbereitungszeit:	30 Minuten
Einweichzeit:	12 Stunden
Garzeit:	1 Stunde 20 Minuten
Schwierigkeitsgrad:	✶

Für 4 Personen

300 g	getrocknete Kichererbsen
800 g	Schweinshaxe ohne Knochen
100 g	Zwiebeln
80 ml	Olivenöl
100 g	reife Tomaten
	Salz
	Pfeffer

In der zentralkretischen Bergregion um den Berg Psiloriti begann das Hochzeitsessen früher bereits am Vorabend: Die Eltern der Braut boten ihrem zukünftigen Schwiegersohn ein Gericht aus Schweinefleisch und Kichererbsen an, zu dem sie einen guten Wein öffneten. Diese Tradition wird heute noch fortgesetzt, meist allerdings mit Kräutergebäck oder Kuchen.

Für dieses Gericht eignet sich die Schweinshaxe am besten, ein Vorderrippenstück oder Rind- oder Lammfleisch sind ebenfalls möglich. Das Fleisch sollte saftig, aber nicht zu fett sein, es verträgt Gewürze wie Lorbeer und Kreuzkümmel.

Schweinefleisch wird auf Kreta häufig zubereitet. In früheren Zeiten wurde das Hausschwein kurz vor Weihnachten geschlachtet, und zum Fest konnte sich die ganze Familie an Fleisch- und Wurstwaren satt essen. Manche Stücke wurden frisch verzehrt, andere geräuchert oder eingemacht. Diese Delikatessen bereicherten den Tisch auch im neuen Jahr an Sonn- und Feiertagen.

Die Kreter sind große Freunde der Energie spendenden Hülsenfrüchte, die sich gut lagern lassen und zu Getreidegerichten, Gemüse und Fleisch passen. Kichererbsen werden mit Tomatensauce serviert oder mit einer Mischung aus Mehl und Zitronensaft beträufelt. Als *mezze* werden sie püriert, als Salat zubereitet oder gebraten und gesalzen. Das Gläschen Ouzo darf dazu nicht fehlen.

Zum Garnieren dieses Gerichts empfiehlt sich Dill oder Petersilie.

Kichererbsen über Nacht einweichen, am Folgetag abgießen und blanchieren. Nochmals abspülen, in kaltes Wasser geben und 30 Minuten kochen (die Zeit bis zum Aufkochen eingerechnet).

Das Fleisch in Würfel schneiden, Zwiebeln schälen und hacken.

Die Zwiebeln in Olivenöl glasig dünsten, das Fleisch zugeben und von allen Seiten anbraten.

Kichererbsen

Die Tomaten halbieren und auf einer Gemüsereibe reiben.

Das Fleisch mit dem Tomatenpüree übergießen, salzen, pfeffern und 20 Minuten köcheln lassen.

Danach gekochte und abgetropfte Kichererbsen zugeben und weitere 20 Minuten köcheln lassen, falls nötig Wasser zugießen. Eintopf mit Dill garnieren und heiß servieren.

Gebratenes Kaninchen mit

Vorbereitungszeit: 35 Minuten
Marinieren: 6 Stunden
Garzeit: 30 Minuten
Schwierigkeitsgrad: ✶✶

Für 4 Personen

2	kleine Kaninchen
100 ml	Maiskeimöl
6	Knoblauchzehen
3 Zweige	Rosmarin
3	Lorbeerblätter

400 ml	Weißwein
300 ml	Rinderbouillon
250 g	frische grüne Erbsen ohne Hülsen

Marinade:

1	Lorbeerblatt
2	Knoblauchzehen, geschält
	Salz
	Pfeffer
500 ml	Weißwein

Seit 1530 wird auf Malta das Fest St.-Peter-und-Paul an jedem 29. Juni mit großem Aufwand gefeiert. In Anlehnung an die Beleuchtung der Kathedrale von Mdina, Maltas ehemaliger Hauptstadt, wird das Fest im Volksmund auch das »Fest der Lichter« genannt. Bereits am Abend des 28. Juni treffen sich die Familien in den Parks von Buskett oder den Wäldern um Mdina, um die ganze Nacht und den nächsten Tag lang zu tanzen und zu feiern. Zu diesem Ereignis gehört das Spaghettigericht mit Kaninchensauce *spaghetti biz-zalza tal-fenek* und dieses Gericht, genannt *fenek moqli*.

Das Kaninchen, *fenek*, ist das Lieblingsfleisch der Malteser. Früher lebten Scharen von wilden Kaninchen auf Malta und Gozo, heute werden meist Zuchtkaninchen verarbeitet.

Die Marinade verbessert das Aroma des Fleischs, muss aber nach der vorgesehenen Zeit sorgfältig abgegossen werden. Die Kaninchenstücke werden mit einem großen Tuch trockengetupft, damit sie gleichmäßig braun werden und das Bratöl nicht spritzt.

Nach der Garzeit in Bouillon und Wein (rot oder weiß, je nach Geschmack) belegen manche Köche das Kaninchen mit einer Teigplatte und verwandeln das Gericht so in eine saftige Pastete. Zu dem kräftigen Gericht passen Pommes frites oder einfach knuspriges Brot.

Kaninchen in kleine Stücke teilen.

Fleischstücke mit dem Lorbeerblatt, dem Knoblauch, Salz, Pfeffer und Wein in eine Schüssel geben und mit Wasser auffüllen. Im Kühlschrank 6 Stunden marinieren.

Nach 6 Stunden das Fleisch in ein Sieb geben, abtropfen lassen und gut trockentupfen.

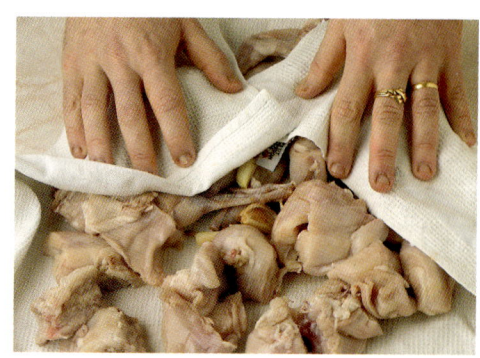

Knoblauch und Weißwein

Fleischstücke in sehr heißem Öl anbraten und 10 Minuten garen. Etwas Öl abgießen, den gehackten Knoblauch zugeben und 5 Minuten garen.

Den Rosmarin, Lorbeerblätter und Weißwein zugeben und Deckel auflegen. 10 Minuten leicht köcheln lassen, bis der Wein absorbiert ist, dabei gelegentlich rühren.

Die Rinderbouillon und Erbsen zugeben und das Fleisch 5 Minuten zart kochen, dabei falls nötig Flüssigkeit zugeben.

Quittenragout

Vorbereitungszeit: 20 Minuten
Garzeit: 1 Stunde 50 Minuten
Schwierigkeitsgrad: ✷

Für 4 Personen

500 g   Lammkeule
500 g   Quitten
500 g   Zwiebeln
8 g   Zimtpulver

15 ml   Weintraubensirup
200 g   Butter
15 g   Salz
    gemahlener Pfeffer

Zum Garnieren (nach Belieben):
    glatte Petersilie

Ayva yahnısı ist der Name dieses Quittenragouts. Dieses Rezept stammt noch aus der osmanischen Zeit und ist ein anschauliches Beispiel für die Vielseitigkeit der kulinarischen Tradition des Landes. Heute wird das Gericht überwiegend im Osten der Türkei genossen.

Dieses einfache Ragout ist eine wahre Gaumenfreude. Das delikate Lammfleisch aus der Keule wird lange geschmort und die Zwiebeln verleihen dem Ragout ihren feinen Geschmack. Zwiebeln werden seit über 5000 Jahren kultiviert. Ihre Heimat ist das nördliche Asien.

Das Besondere an diesem Ragout sind jedoch die Quitten (*Ayva*). Die gelben und je nach Sorte apfel- oder birnenförmigen Früchte des im Kaukasus und im Iran beheimateten Quittenbaums, einer Pflanze aus der Familie der Rosengewächse, waren schon in der Antike bekannt. Die Griechen zum Beispiel entkernten Quitten, füllten sie mit

Honig und umhüllten sie mit einem Teig, um sie dann auszubacken. Falls saisonbedingt keine Quitten im Handel erhältlich sind, kann man auch auf getrocknete Aprikosen oder Backpflaumen zurückgreifen.

In den orientalischen Ländern wird häufig mit Sirup gekocht. Der dunkle, zähflüssige Weintraubensirup mit seinem süß-säuerlichen Aroma eignet sich bei Fleisch- und Fischgerichten ideal zur geschmacklichen Verfeinerung.

Zimt (*Tarçın*) wird in der Türkei fast nur in Pulverform verwendet. Die getrocknete Rinde des mit dem Lorbeerbaum verwandten Zimtbaums duftet stark und war wegen ihres süßlichen und zugleich pikanten Aromas vor allem in den Küchen der Sultanspaläste unersetzlich.

Dieses herrliche Ragout ist ein ideales Sonntagsessen für die ganze Familie.

Die Lammkeule in gleich große Würfel schneiden. Die Zwiebel schälen, halbieren und in dünne Scheiben schneiden.

100 g Butter in einem Schmortopf zerlassen und die Fleischwürfel darin von allen Seiten anbraten. Wenn das Fleisch beginnt, Saft zu ziehen, die Hitze reduzieren, den Deckel aufsetzen und 15 Minuten garen.

Die Zwiebeln untermischen und 5 Minuten andünsten. Mit 500 ml Wasser aufgießen und bei schwacher Hitze und geschlossenem Deckel etwa 1 Stunde schmoren.

Die Quitten schälen und vierteln. Die Kerngehäuse entfernen und die Viertel nochmals halbieren. Die restliche Butter in einem Topf zerlassen und die Quitten darin anbraten.

Die angebratenen Quitten zum Fleisch geben.

Weintraubensirup und Zimt zugeben. Mit Salz und Pfeffer würzen. Bei schwacher Hitze weitere 30 Minuten schmoren. Das Ragout auf Tellern anrichten und mit Petersilie garnieren.

Gefüllter

Vorbereitungszeit: 1 Stunde
Garzeit: 1 Stunde 50 Minuten
Schwierigkeitsgrad: ✲

Für 4 Personen

1	Wirsing

Füllung:

250 g	Lammhack
250 g	Kalbshack
1 Bund	Frühlingszwiebeln

1 Bund	Petersilie
150 g	Reis
1 EL	Paprikamark
3 EL	Tomatenmark
1 TL	Paprikapulver
	Saft von 1 Zitrone
100 ml	Olivenöl
	Salz
	gemahlener Pfeffer

Zum Garnieren:

glatte Petersilie

Gefüllter Wirsing ist ein vor allem an der Ägäisküste und in Istanbul beliebtes winterliches Familiengericht.

Die Füllung steckt voller mediterraner Aromen. Die Zubereitung dieses sättigenden und traditionsreichen Gerichts erfordert allerdings ein wenig Geduld, denn bevor er mit der köstlichen Hackfleisch-Mischung gefüllt werden kann, muss der Wirsing ausgehöhlt werden.

Wild wachsender Kohl ist in Europa seit über 4000 Jahren bekannt. Als Gemüsepflanze breitete er sich im Mittelalter über den ganzen Kontinent aus und wurde, auch wegen seiner gesunden Inhaltsstoffe – darunter viel Vitamin A und Vitamin C –, bald ein Grundnahrungsmittel.

Kohl wird auch in der türkischen Küche oft verwendet. Wirsing ist dabei nur eine von vielen Kohlarten. Seine dunkel- bis zartgrünen, krausen Blätter besitzen einen feinwürzigen Geschmack. Achten Sie beim Einkauf darauf, dass die Blätter fest, unbeschädigt und ohne welke Stellen sind.

Die köstliche, leichte Füllung belegt die Finesse der ägäischen Küche auf eindrucksvolle Weise. Das fruchtige Olivenöl, das als einziges Fett in dieser Region eingesetzt wird, verfeinert und unterstreicht den Geschmack des Hackfleisches. Als Alternative dazu kann man jedoch auch in kleine Würfel geschnittenes Hähnchenfleisch verwenden.

Paprikapulver eignet sich zur geschmacklichen Verfeinerung der Füllung ausgezeichnet. *Kırmızı biber*, so der türkische Name, wird aus den getrockneten und gemahlenen Schoten der Gewürzpaprika hergestellt und ist eines der wichtigsten türkischen Gewürze. In den Dörfern im türkischen Hinterland werden die Schoten auf eine Schnur gefädelt zum Trocknen an die Hauswände gehängt.

Die äußeren Blätter des Wirsings entfernen. Ein Blatt zum Kochen aufbewahren. Den Strunk mit einem Messer herausschneiden und den Kohl mit Hilfe eines Kugel-Ausstechers aushöhlen.

Das Kohlinnere klein hacken. Die Frühlingszwiebeln putzen, waschen und in feine Ringe schneiden. Die Petersilie hacken.

Frühlingszwiebeln im Olivenöl dünsten. Hackfleisch zugeben, 10 Minuten anbraten. Fleischklümpchen mit einem Holzlöffel zerdrücken. Salzen, pfeffern. Paprikapulver, Petersilie und Reis zugeben. Alles gut vermengen. Topf vom Herd nehmen und beiseite stellen.

Wirsing

In einem zweiten Topf 200 ml Wasser erhitzen und den klein geschnittenen Kohl unter Zugabe von 2 Esslöffeln Tomatenmark und dem Paprikamark etwa 8 Minuten garen. Salzen. Den Kohl zum Hackfleisch geben und gut durchmischen.

Den Wirsing mit der Hackfleisch-Mischung füllen und die Öffnung mit dem zurückgelegten Wirsingblatt wieder verschließen.

Wasser in einen hohen Topf gießen. Wirsing hineinsetzen. Übriges Tomatenmark mit 200 ml Salzwasser und Zitronensaft verrühren. Über den Wirsing gießen. Zugedeckt 1 Stunde 30 Minuten garen. Wirsing auf einen Servierteller heben und mit Petersilie garnieren.

Wirsingrouladen

Vorbereitungszeit: 20 Minuten
Einweichzeit: 30 Minuten
Garzeit: 50 Minuten
Schwierigkeitsgrad: ★

Für 4 Personen

1   Wirsing

Füllung:

250 g	Lammhack
100 g	Zwiebeln
50 g	Reis
5 g	Dill
5 g	Estragon
15 g	Salz
5 g	gemahlener Pfeffer

In der Türkei heißen die kleinen Wirsingrouladen *Lahana sarma*. Diese sehr beliebten und leicht zubereiteten Köstlichkeiten sind sehr nahrhaft und werden meist zu größeren Anlässen gereicht, üblicherweise während der Winterzeit.

Die krausen Wirsingblätter, die die Hackfleischfüllung umhüllen, enthalten viel Vitamin A und C und besitzen einen fein-würzigen Geschmack. Kohl ist Europa seit über 4000 Jahren bekannt, wenngleich seine Verbreitung über den ganzen Kontinent erst im Mittelalter erfolgte. Man sollte nur Kohlköpfe auswählen, deren Blätter sich fest und knackig anfühlen und nicht beschädigt oder fleckig sind. Eine Empfehlung von Feridun Ügümü: Ersetzen Sie die Kohlblätter auch einmal durch die in der ägäischen Küche häufig verwendeten Weinblätter.

In der türkischen Küche wird Gemüse sehr gerne als *Dolma*, das heißt gefüllt, präsentiert. Die um die Füllung gerollten Wirsingblätter dürfen beim Garen allerdings nicht zerfallen.

Die Füllung besteht aus Lammhack, Zwiebeln und Reis. Estragon verleiht der Füllung ein kräftiges, anisartiges, leicht herbes und pfeffriges Aroma. Dieses Kraut stammt aus Asien und kann problemlos erhitzt werden. Seine therapeutischen Eigenschaften sind schon seit Menschengedenken bekannt und waren vor allem im Altertum zur Behandlung von giftigen Tierbissen gefragt.

Dill ist eines der beliebtesten Kräuter in der Türkei. Seine tiefgrünen, feinen Blätter verfeinern Fischgerichte, Joghurts und Gurkensalate. Das auch als Gurkenkraut bekannte Gewächs stammt aus dem Orient und ist in Europa schon seit der Antike verbreitet. Sein Aroma erinnert an Fenchel.

Außenblätter des Wirsings entfernen. Den Kohl in einem Topf mit kochendem Wasser 10 Minuten blanchieren und in einer Schüssel mit Eiswasser abschrecken. Reis 30 Minuten in Wasser einweichen.

Den Kohlkopf abtropfen lassen und die Blätter abtrennen. Die Blätter auf einer Arbeitsfläche glatt streichen und die Mittelrippen herausschneiden.

Die Zwiebeln schälen, fein hacken und mit dem abgetropften Reis in eine Schüssel geben. Mit Salz und Pfeffer würzen und von Hand verkneten. Die gehackten Kräuter untermischen.

Das Hackfleisch zugeben und nochmals durchkneten.

Die Kohlblätter auf der Arbeitsfläche ausbreiten. Aus der Hackfleisch-Mischung kleine Würste formen und auf die Kohlblätter legen.

Die Kohlblätter aufrollen und die Enden nach innen einschlagen. Die Kohlrouladen in einen Topf legen, mit 200 ml Wasser auffüllen und 40 Minuten garen. Auf einem Servierteller anrichten.

Anatolischer

Vorbereitungszeit: 10 Minuten
Garzeit: 25 Minuten
Schwierigkeitsgrad: ✶

Für 4 Personen

800 g	Lammkeule
50 g	Butter
5 g	getrockneter Thymian
	Salz
	gemahlener Pfeffer

Beilage (nach Belieben):
Reis mit Dill

Zum Garnieren:
glatte Petersilie

Dieser herrlich aromatische Lammtopf ist ein anatolisches Gericht mit Tradition. Es wird in dieser schönen Region anlässlich des muslimischen Opferfestes zubereitet. Dazu reicht man in der Regel Reis und ein Glas *Ayran*, mit Wasser gestreckten, salzigen Joghurt.

Als typisch türkisches Gericht ist es auch ein ideales Familien- und Gästeessen. Im Gegensatz zur ägäischen Küche, wo hauptsächlich Olivenöl eingesetzt wird, verwendet die anatolische Küche reichlich Butter.

Lammkeule wird von Fleischliebhabern wegen ihres Geschmacks sehr geschätzt. Sehr gut dazu passt Thymian, ein im Mittelmeerraum beheimatetes Gewürzkraut, das oft zur Verfeinerung von Marinaden, Grillgerichten und Eintöpfen verwendet wird. Auf Türkisch nennt man Thymian *Kekik* und sein Aroma verleiht jedem Gericht ein deutlich südliches Flair. Frisch wie getrocknet eignet er sich hervor-

ragend zum Mitkochen. Man unterscheidet zwei Hauptsorten des Gewürzkrauts: echten Sommerthymian und Winterthymian, der auch deutscher Thymian genannt wird und ein etwas herberes Aroma besitzt.

Als Beilage zu dem Lammtopf empfiehlt der Küchenchef Reis. Erhitzen Sie dazu zwei Esslöffel Olivenöl und einen Esslöffel Butter. Geben Sie zweihundert Gramm Reis zu und lassen Sie ihn unter Rühren glasig werden. Salzen Sie ihn und gießen Sie ihn mit vierhundert Millilitern Geflügelfond auf. Dann sollte er aufkochen und weiter bei schwacher Hitze gut zwanzig Minuten garen. Danach nimmt man den Topf vom Herd und lässt den Reis fünfzehn Minuten ruhen. Schließlich wird er mit gehacktem Dill garniert.

Der anatolische Lammtopf ist ein Essen für jede Gelegenheit und zugleich eine kulinarische Reise in eine alte Kulturlandschaft.

Die Lammkeule parieren und in Würfel schneiden.

Die Butter langsam in einem Topf zerlassen.

Die Fleischwürfel zufügen und 5 Minuten von allen Seiten anbraten. Den Deckel aufsetzen und 15 Minuten garen.

Lammtopf

Das Fleisch großzügig salzen und mit einem Holzlöffel umrühren.

Den Pfeffer über das Fleisch streuen und unterrühren. Den Reis als Beilage zubereiten.

Thymian übers Fleisch streuen, unterrühren. Den Deckel aufsetzen und etwa 5 Minuten garen. Danach 10 Minuten ruhen lassen. Die Fleischwürfel auf Servierteller geben und mit Petersilie garnieren. Den mit gehacktem Dill garnierten Reis separat dazu reichen.

Vorbereitungszeit: 25 Minuten
Garzeit: 1 Stunde 5 Minuten
Schwierigkeitsgrad: ✷

Für 4 Personen

400 g	Hähnchenschenkel
12	Schalotten
4	Knoblauchzehen
4	Tomaten

4	kleine türkische Paprikaschoten (grün oder rot)
1 große	Möhre
1	Zucchini
100 g	frische Champignons
1	Aubergine
200 ml	Hühnerbrühe
4 g	Salz
2 g	gemahlener Pfeffer
	Olivenöl

Diese Hähnchen-Spezialität ist in der Türkei unter dem Namen *Sebzeli piliç güveç* bekannt. Traditionell wird das Gericht in einem tönernen Gefäß mit mehr oder weniger hohem Rand zubereitet, der *Güveç* heißt. Darin wird nicht nur Hähnchenfleisch gegart, sondern auch Lamm, Fisch, Garnelen, Gemüse und sogar einige Milch-Desserts (*Muhallebi*).

Zunächst müssen die Hähnchenschenkel entbeint werden. Dazu schneidet man sie der Länge nach ein und löst das Fleisch mit kurzen Messerschnitten vom Knochen. Dann klappt man die Schenkel auseinander und würfelt das Fleisch. Danach brät man die Würfel in heißem Öl an. Legen Sie das Fleisch danach auf Küchenpapier oder in ein Sieb, damit das überschüssige Fett abtropfen kann.

Zu der kleinen Gemüseauswahl, die man zum Fleisch reicht, gehört auch die Aubergine, das Königsgemüse der Türken. Als sie vor mehreren Jahrhunderten aus Indien eingeführt wurden, waren Auberginen noch weiß und hatten Eiform. Englische Forschungsreisende in Indien nannten die Aubergine denn auch *Egg plant*, »Eierpflanze«. Ihr türkischer Name ist *Patlıcan*, und sie wird häufig mit allen Arten von Fleisch kombiniert.

Vier verschiedene Sorten werden auf den Märkten angeboten: *Kemer patlıcan*, lange, schlanke Auberginen, die zum Füllen verwendet werden; *Bostan patlıcan*, rundere, fleischigere, die man für die Zubereitung von Auberginenkaviar nutzt; *Beyaz patlıcan*, weiße Auberginen; und eine vierte, ebenfalls weiße Art, die etwas bitter schmeckt und besonders für Ragouts verwendet wird. Schälen Sie die Auberginen so, dass ein dekoratives Streifenmuster entsteht.

In Stifte geschnittene und um die Fleischwürfel arrangierte Auberginen, Zucchini, Möhren, Champignons und Paprika bilden einen farbenfrohen und geschmackvollen Kranz.

Die Hähnchenschenkel entbeinen und das Fleisch in große Würfel schneiden. Das Olivenöl erhitzen und die Fleischwürfel darin 5 Minuten scharf anbraten. Abtropfen lassen.

Schalotten und Knoblauch hacken und im heißen Olivenöl 5 Minuten andünsten. Fleischwürfel zugeben und mit Salz und Pfeffer würzen. Bei starker Hitze 3–4 Minuten scharf anbraten. Die Tomaten zerkleinern und zugeben.

Mit der heißen Hühnerbrühe ablöschen. Kurz aufkochen, dann den Topf vom Herd nehmen.

Gemüse-Topf

Die Pilze enthäuten und halbieren. Aubergine und Möhre schälen und ebenso wie die Zucchini in Stifte schneiden. Die Pa prikaschoten entkernen und in Viertel schneiden.

Das Gemüse der Reihe nach 3–4 Minuten in reichlich heißem Olivenöl frittieren.

Die Fleischwürfel in die Mitte einer ofenfesten Form (nach Möglichkeit aus Keramik) geben. Die Gemüsestifte um das Fleisch herum anordnen und mit dem Bratensaft übergießen. Im vorgeheizten Ofen 10 Minuten bei 160 °C garen. Mit den Paprikastreifen garnieren.

Kalbsragout

Vorbereitungszeit: 40 Minuten
Garzeit: 45 Minuten
Schwierigkeitsgrad: ★

Für 4 Personen

400 g	Kalbshaxe
100 g	Pistazienkerne
2	Schalotten
2	Tomaten
3	rote Paprikaschoten

100 g	Champignons
1 TL	Mehl
2 g	Mastix
50 g	Butter
1 EL	Paprikamark
1 Prise	getrockneter Thymian
2 EL	Olivenöl
	Salz

Die türkische »Pistazien-Hauptstadt« Gaziantep, die heute noch von den Türken bei ihrem alten Namen Antep genannt wird, ist landesweit für ihren kulinarischen Reichtum bekannt. Aus dieser östlich der Mittelmeerküste gelegenen Stadt kommen würzige *Kebaps* und Schmorgerichte – ebenso wie zahlreiche Spezialitäten mit Pistazien.

Dieses einfache Kalbsragout mit Pistazien ist eine Spezialität mit vielen Geschmacksfacetten. Als Fleisch empfiehlt sich dafür Kalbshaxe, da sie sehr aromatisch ist und sich vorzüglich zum Schmoren eignet. Beim Einkauf sollte man darauf achten, dass das Fleisch qualitativ hochwertig ist und eine hellrosa Farbe hat.

Mastix wird in der türkischen Küche häufig verwendet und verleiht diesem traditionellen Gericht sein unvergleichliches Aroma. Die kleinen, bernsteinfarbenen Harzkristalle werden aus den Samen der Terebinthe gewonnen – einer Pistazienbaumart, die an der ägäischen Küste wächst. Sie sollten nur äußerst sparsam verwendet werden. Die Odalisken, Sklavinnen in einem Sultansharem, sollen einst Mastix gekaut haben, um ihren Atem zu verbessern.

Das Besondere an dieser farbenfrohen Spezialität aber sind die Pistazien. Die kleinen grünen Kerne mit ihrem milden und delikaten Aroma sind fester Bestandteil der mediterranen und orientalischen Küche. Der Pistazienbaum stammt aus Syrien und wird in der Türkei in der ganzen Region um Gaziantep angepflanzt. Seine Samenfrüchte sind reich an Kalium, Kupfer und Magnesium und werden für Füllungen, Saucen sowie Desserts und Gebäck verwendet.

Falls Sie unblanchierte Pistazien verwenden, sollten Sie die Kerne zwei Minuten in kochendes Wasser geben. Nach dem Abkühlen lässt sich die Haut leichter abziehen.

Die Kalbshaxe parieren und das Fleisch in sehr kleine Würfel schneiden. Die Schalotten schälen und sehr fein würfeln, ebenso die Champignons.

Butter und Olivenöl erhitzen und das Fleisch darin etwa 10 Minuten von allen Seiten anbraten. Die Schalotten zugeben und 10 Minuten andünsten. Die Pilze zugeben.

Die Paprikaschoten entkernen, in kleine Würfel schneiden, zum Ragout geben und alles gut vermengen. Die Tomaten fein würfeln und ebenfalls zufügen. 5 Minuten dünsten.

mit Pistazien

Das Ragout mit dem Mehl bestäuben und das Paprikamark zugeben. Mit einem Holzlöffel verrühren.

Das Ragout mit Wasser aufgießen. Salzen und Mastix zugeben. Mit Thymian bestreuen und 10 Minuten schmoren.

Die Pistazienkerne zufügen und bei geschlossenem Deckel etwa 10 Minuten schmoren. Das Ragout in eine Servierschüssel umfüllen und servieren.

Kartoffel-Lamm-

Vorbereitungszeit: 30 Minuten
Einweichzeit: 12 Stunden
Garzeit: 1 Stunde 25 Minuten
Schwierigkeitsgrad: ✶

Für 4 Personen

500 g	Lammfleisch ohne Knochen
140 g	Kichererbsen
1 kg	Kartoffeln
2 g	gemahlener Pfeffer
4 g	Salz

Joghurt-Sauce:

660 g	stichfester Joghurt
1	Ei
1 EL	Mehl

Zum Garnieren:

1 EL	Olivenöl
2 g	Safranfäden

Türkische Feinschmecker erfreuen sich seit Jahrhunderten an Joghurt. Bereits den nomadischen Schafhirten gelang es, die Milch ihrer Herdentiere auf gesunde und leichte Art haltbar zu machen. In Anatolien breitete sich diese Verarbeitungsweise im 11. Jahrhundert aus.

Heute stellt man *Yoğurt* aus Kuh-, Schafs- oder Büffelmilch her. Dazu wird die Milch mit bestimmten Milchsäurebakterien versetzt und einige Stunden »bebrütet«. Der Joghurt wird dadurch fest und erhält seinen angenehm säuerlichen Geschmack.

In der türkischen Küche wird Joghurt in der Regel zu gemischtem oder gefülltem Gemüse gereicht, als Sauce oder in Form eines mit Wasser verdünnten, salzigen Joghurtgetränks. Das Originelle an den Spezialitäten aus Gaziantep besteht darin, dass der Joghurt als Bestandteil der Gerichte mitgekocht wird. Hier werden saftiges Lammfleisch, Ki-

chererbsen und Kartoffelwürfel in einer cremigen, leicht säuerlichen Joghurt-Sauce gereicht.

Während Lammfleisch und Kichererbsen in der türkischen Küche eine ebenso lange Tradition wie Joghurt haben, ist die Kartoffel eine relativ junge Errungenschaft. Die spanischen Eroberer brachten sie im 16. Jahrhundert aus Mittelamerika mit nach Europa, wo sie sich nur sehr langsam im Mittelmeerraum ausbreitete. Für dieses Gericht wählt man vorzugsweise eine möglichst gelbe und fest kochende Sorte, die beim Schmoren nicht auseinander fällt.

Für die Herstellung von Safranöl verwenden die Türken ein kleines Gefäß, *Cevze*, in dem sonst Kaffee oder Eier gekocht werden. Die Safranfäden geben beim Erhitzen ihren orangegelben Farbstoff an das Öl ab. Einige Tropfen davon auf dem fertigen Gericht erfreuen Auge und Gaumen.

Die Kichererbsen über Nacht in kaltem Wasser einweichen. Das Lammfleisch in 1–2 cm große Würfel schneiden. In einen Topf geben, mit Wasser aufgießen und aufkochen. Den Schaum abschöpfen und salzen.

Die abgetropften Kichererbsen zugeben. Bei geschlossenem Deckel 1 Stunde garen.

Die Kartoffeln schälen, in Würfel schneiden und kurz abspülen.

Topf mit Joghurt

Die Kartoffelwürfel zum Fleisch geben. Mit Pfeffer würzen und weitere 20 Minuten bei starker Hitze garen.

Für die Joghurt-Sauce den Joghurt mit Ei und Mehl glatt rühren und nach und nach unter Rühren zum Fleisch gießen. 2 Minuten kochen lassen.

Olivenöl und Safranfäden in einem kleinen Topf leicht erhitzen. Den Eintopf mit dem Safranöl beträufeln und anschließend sehr heiß servieren.

Lamm im

Vorbereitungszeit:	*1 Stunde*
Garzeit:	*1 Stunde*
	30 Minuten

Schwierigkeitsgrad: ★★

Für 4 Personen

8	Artischocken
100 ml	Zitronensaft
1 kg	Lammkeule
	Salz und Pfeffer
2 g	Safran

40 g	Knoblauch
50 g	Möhren
30 g	Sellerie
20 g	Petersilie
1	kleine Zwiebel
100 g	frischer Rosmarin
500 g	*chorba* oder Reisnudeln
30 ml	Olivenöl
1 TL	Maisstärke

Lamm im Rosmarinbett oder *aknef* ist ein typisch tunesisches Gericht, das auch auf dem Speiseplan des größten moslemischen Festes, *Aïd el Kébir*, steht. Aus Anlass der Feierlichkeiten, die mit dem Ritual der Pilgerreise nach Mekka verbunden sind, schlachten alle Familien ein Schaf. Im Laufe einer Woche wird das Fleisch des Tieres dann auf jede erdenkliche Art verarbeitet, sodass täglich eine andere Speise serviert werden kann. Beim *aknef* dämpft man ein Stück Lammfleisch auf einer Schicht Rosmarin und reicht dazu Safrannudeln.

Sie können für dieses Gericht Fleisch aus der Keule, aus der Schulter oder andere Teile wählen, die eine lange Garzeit benötigen. Unser Küchenchef bevorzugt ein Stück aus der Keule mit einem besonders feinen Geschmack. In Tunesien stammt das Lammfleisch von lokalen oder ausländischen Rassen.

Die Artischocken verleihen dem Lamm eine frühlingshafte Note. In Tunesien gewinnt die Artischocke immer noch weiter an kulinarischer Bedeutung; inzwischen werden Artischocken auch in Konserven angeboten. Sie werden im Salat, in Ragouts oder Couscousrezepten verwendet.

Die Nudeln reicht man separat. In Tunesien genießt man die reiskorngroßen *chorba*-Nudeln aus Hartweizengrieß. *Chorba* werden in zwei verschiedenen Größen angeboten: Die mittelgroßen Nudeln werden in Sauce gekocht und zu Lammgerichten serviert, während man die kleineren vorzugsweise in Suppen mit Gemüse kombiniert. Wenn Sie die Nudeln in der Sauce garen, sollten Sie häufig umrühren, damit sie nicht am Topfboden kleben bleiben.

Artischocken putzen und die Böden herausschneiden. Die Stiele schälen, auch die Herzen aufheben. Alle Artischockenteile in Wasser mit Zitronensaft einlegen. Das Lammfleisch vom Knochen lösen und in große Würfel schneiden. Mit Salz, Pfeffer, Safran und zerdrücktem Knoblauch würzen.

Etwas Wasser in einen großen Topf füllen. Safran zugeben. Zum Kochen bringen. Eine Möhre und Sellerie sowie Petersilie und eine kleine Zwiebel hinzufügen.

Die Rosmarinzweige in einen Dämpfeinsatz oder ein Sieb geben. Die Lammstücke darauf legen. Dann den Dämpfeinsatz auf den Topf mit dem aromatisierten Wasser setzen.

Rosmarinbett

Die beiseite gelegten Artischockenböden und -stängel neben das Lammfleisch legen. Deckel auflegen und 1 Stunde 15 Minuten im Dampf garen.

Die mit Safran aromatisierte Bouillon durch ein feines Sieb in einen Topf gießen. 200 ml Brühe aufheben. Die Möhre des zum Aromatisieren verwendeten Gemüses in Scheiben schneiden und in den Topf geben.

Nudeln und Öl hinzufügen. 10 Minuten bei starker Hitze kochen. In einem anderen Topf die zurückbehaltene Bouillon mit Stärke verruhren und einkochen. Das Fleisch auf Safransauce anrichten, Artischocken daneben anrichten. Die Nudeln in einer separaten Schüssel reichen.

Kaninchen mit

Vorbereitungszeit: 30 Minuten
Garzeit: 45 Minuten
Schwierigkeitsgrad: ✷✷

Für 4 Personen

Kaninchen in Sauce:

1,2 kg	Kaninchen
200 ml	Olivenöl
50 g	Zwiebeln
	Salz
	Pfeffer
2 Zweige	Thymian
1 TL	Harissa (Gewürzmischung)
1 Prise	gemahlener Koriander
1 EL	getrocknete Tomaten

2	Knoblauchzehen
2 EL	Tomatenmark

Klößchen:

	Kanincheninnereien
100 g	Kaninchenfleisch
50 g	Zwiebeln
1 Bund	glatte Petersilie
40 g	Bulgur
1 Prise	Quatre-Épices (Pfeffer, Kümmel, Koriander, Zimt)
1 Prise	getrocknete Minze
	Salz und Pfeffer
	Olivenöl
1 Bund	Mangold

Sorghum:

250 g	gemahlenes Sorghum
	Salz

Ein Püree aus Sorghum bildet die Basis für dieses Gericht. Kaninchen mit Sorghum ist eine Spezialität aus Redjiche, einer 5 Kilometer von Mahdia entfernten Küstenstadt im Osten Tunesiens. Das Sorghum-Püree ähnelt einem festen, homogenen und grauen Kartoffelbrei. Unser Küchenchef serviert Kaninchen und Tomatensauce sowie in Mangold eingewickelte Klößchen dazu.

Sorghum ist ein kleinkörniges Getreide, das überall in Afrika angebaut wird. Die Tunesier mischen das gemahlene graue Pulver mit Zucker, Milch und Orangenblütenwasser und genießen die entstandene Creme namens *sohleb* zum Frühstück. Die so genannte *bsissa* entsteht, wenn man Sorghum mit geröstetem Weizen, Kichererbsen, Koriander und Zucker verrührt.

Die Sauce wird mit Harissa gewürzt – der berühmten Mischung aus Knoblauch, Kümmel und Salz mit zerkleinerten roten Chilischoten.

Die *osbène* genannten Klößchen dienen zum Garnieren des Sorghum. Ursprünglich stellte der Koch eine Farce aus den frischen oder getrockneten Innereien eines Schafs oder Rindes her. Diese füllte er in ein Stück Darm, das er zunähte. Diese Würstchen wurden oft mit Couscous serviert. In unserem Rezept hat Chokri Chtéoui eine Kaninchenfarce hergestellt, die er mit Graupen oder Bulgur andickt. Der Darm wurde durch ein Mangoldblatt ersetzt.

Nachdem Sie die Alufolie über den Klößchen geschlossen haben, sollten Sie diese zum Garen mehrfach einstechen.

Für die Klößchen die Innereien und etwas Kaninchenfleisch vom Bauch in kleine Würfel schneiden. In eine Schüssel geben. 50 g Zwiebeln und die Petersilie hacken.

Zwiebeln, Petersilie, Bulgur, Quatre-Épices, getrocknete Minze, Salz, Pfeffer und etwas Olivenöl mit dem Fleisch zu einer Farce verrühren.

Die Mangoldblätter in große Rechtecke schneiden. Mit der Hand Klößchen formen, einzeln in Mangoldblätter rollen und in Alufolie einwickeln. Auf diese Weise die gesamte Farce verarbeiten.

Sorghum

Das Kaninchen in 8 Stücke teilen. 200 ml Öl in einem großen Topf erhitzen und die Kaninchenteile zum Anbraten in das heiße Öl legen. Dann 50 g Zwiebeln, Salz und Pfeffer hinzufügen und goldbraun werden lassen.

Zerkleinerten Thymian, Harissa, gemahlenen Koriander, getrocknete Tomaten, zerdrückten Knoblauch und Tomatenmark zugeben und umrühren. 10 Minuten köcheln lassen. Zum Verdünnen etwas Wasser zugießen. Die mit Mangold umwickelten Klößchen hinzufügen. 20–25 Minuten köcheln lassen.

In einem Topf das Sorghum mit 250 ml Wasser anrühren und salzen. 10 Minuten unter ständigem Rühren bei mittlerer Hitze köcheln lassen. Das Sorghumpüree auf Serviertellern anrichten, die Klößchen im Mangoldmantel darauf setzen. Kaninchenfleisch und Sauce daneben anrichten.

Gedämpfte Lammkoteletts

Vorbereitungszeit: 20 Minuten
Garzeit: 50 Minuten
Schwierigkeitsgrad: ✶

Für 4 Personen

1 kg	Lammrippe
2	Zwiebeln
2 Zweige	Thymian
2 Zweige	Rosmarin
½ Bund	Petersilie
1 EL	Harissa (Gewürzmischung)

50 ml	Olivenöl
	Salz
	Pfeffer
4	kleine Kartoffeln

Zum Garnieren:
Rosmarinzweige

Lammkoteletts, die im Rosmarindampf gegart sind, zählen zu den traditionellen Gerichten des tunesischen Bürgertums. In einigen Familien im Nordwesten des Landes rührt man einen Esslöffel Tomatenmark in die Bouillon. Am nächsten Morgen werden dann noch kleine Reisnudeln hinzugefügt.

Die Lammrippe ist ein besonders saftiges Stück Fleisch. Über Dampf gegarte Koteletts geraten ausgesprochen zart. Direkt vor dem Servieren empfiehlt es sich, das Fleisch auf den Tellern mit seinem eigenen Saft zu übergießen. Das Gericht sollte nach der Zubereitung sofort verzehrt werden.

Die charakteristischen Gewürze und Kräuter der Region sind die Seele der tunesischen Küche. Aufgrund der klimatischen Unterschiede in den verschiedenen Regionen des Landes können zahlreiche verschiedene Aromapflanzen angebaut werden – wie etwa der Rosmarin mit seinen festen Blättern, die oben dunkelgrün und unten weißlich sind. Für dieses Rezept ist nur eine geringe Menge erforderlich.

Rosmarin und Thymian können auch durch frische Minze ersetzt werden. Legen Sie die Blätter direkt in den Dämpfeinsatz des Topfes unter das Fleisch.

Eine besonders wichtige Zutat für dieses Rezept ist die Harissa. Diese tunesische Standardwürzpaste wird aus getrockneten und gehackten roten Chilischoten, Salz, Knoblauch, Kümmel und Olivenöl hergestellt und gekühlt aufbewahrt.

Chedley Azzaz reicht zu diesem leichten Sommergericht, das meist mittags serviert wird, kleine Kartoffeln.

Die Koteletts zuschneiden, indem Sie die Knochenenden durchtrennen. Reste und Knochen für die Sauce aufbewahren.

Zwiebeln schälen und in dünne Ringe schneiden.

Die Kräuter (Rosmarin, Thymian und Petersilie) hacken.

mit Kräutern

Das Fleisch mit den Kräutern aromatisieren. Zwiebelringe hinzufügen und umrühren. Harissa und Olivenöl zugeben und mit Salz und Pfeffer abschmecken.

Kotelettreste und Knochen in einen großen Topf geben und den Topf halb mit heißem Wasser füllen. Gewürzte Koteletts in den Dämpfeinsatz legen, auf den Topf setzen und 40–45 Minuten im Wasserdampf garen. 15 Minuten vor Ende der Garzeit die geschälten Kartoffeln zugeben.

Das Fleisch mit Fleischsaft übergießen. Den Dämpfeinsatz 5 Minuten abdecken. Die Lammkoteletts mit Kartoffeln auf Serviertellern anrichten und mit Rosmarinzweigen garnieren.

Gewürzlamm

Vorbereitungszeit: 10 Minuten
Garzeit: 1 Stunde
Einlegezeit des Safran-
Orangenblütenwassers: 12 Stunden
Schwierigkeitsgrad: ✶

Für 4 Personen

1 Prise	Safranfäden
100 ml	Orangenblütenwasser
1 kg	Lammfleisch (Keule, Hals, Leber)
	Salz

1 EL	Kurkuma
1 EL	Paprikapulver
1	Zimtstange
1 TL	Rosenpulver
100 ml	Olivenöl
1	Zitrone

Zum Garnieren:

1	Kartoffel
	Minzeblätter
½	Zitrone

Aus Anlass des moslemischen Festtags *Aïd el Kébir* schlachten die Tunesier ein Schaf und teilen die verschiedenen Stücke unter den Nachbarn auf. In der Gegend von Nabeul bereiten die Menschen gern *m'chalouat* (Gewürzlamm) zu. Dieses traditionelle Gericht besteht aus Leber, Herz sowie Fleisch aus Keule und Hals. Es ist rasch zubereitet und wird in der Regel zum Mittagessen serviert.

Orangenblütenwasser ist eine regionale Spezialität. Die destillierten Orangenblüten werden in zahlreichen tunesischen Gerichten verwendet. Für dieses Rezept müssen die gerösteten und zerstoßenen Safranfäden mindestens zwölf Stunden im Orangenblütenwasser eingelegt werden. Der rötliche Sud verleiht dem Lamm ein wunderbares Aroma.

Safran wird auf Arabisch *za'farân* genannt und ist das teuerste Gewürz der Welt. Sein ganz eigener Geschmack sowie seine intensive Farbe können nicht ersetzt werden.

In der traditionellen tunesischen Küche wird das Fleisch immer vor dem Kochen oder Braten gewürzt. Kurkuma gehört zu den Gewürzen, die gern zum Aromatisieren und Färben verwendet werden. Auch Milchprodukten, Gebäck, Getränken und Senf verleiht diese Pflanzenwurzel oft ihre gelbe Farbe. In Pulverform wird Kurkuma leicht bitter.

Das Lamm wird außerdem mit Rosenpulver aromatisiert, einer weiteren Spezialität aus Nabeul. Getrocknete und zu Pulver verarbeitete Rosenknospen mildern die Schärfe dieses Gerichts auf bekömmliche Weise.

Das Gewürzlamm wird im Allgemeinen für Nachbarn und Freunde zubereitet. In der Gegend von Nabeul ist dieses festliche Gericht mittags der erste warme Gang nach der langen Zeit des Ramadan. Da es mit viel Sauce serviert wird, sollten Sie es auf tiefen Tellern anrichten.

Am Vorabend die Safranfäden in einer Pfanne knusprig anbraten. Die Fäden in einem Mörser zerstoßen und mit dem Orangenblütenwasser verrühren. Alles 12 Stunden ziehen lassen.

Die verschiedenen Lammteile in Stücke schneiden und mit Salz, Kurkuma, Paprikapulver, Zimtstange und Rosenpulver würzen.

Olivenöl und die Safran-Orangenblütenwasser-Mischung hinzufügen.

Mithilfe zweier Holzlöffel das Fleisch gut mit den Gewürzen verkneten. Kartoffel in Salzwasser kochen und für die Dekoration beiseite legen.

Das Fleisch bei starker Hitze 10 Minuten braten.

2 Gläser Wasser zugießen und ca. 40 Minuten kochen, bis eine gelbliche, sämige Sauce entsteht. Vor dem Anrichten das Fleisch mit Zitronensaft beträufeln. Mit Kartoffelscheiben und Leberstückchen, einem Minzeblatt und einer Zitronenscheibe garnieren.

Oliven mit

Vorbereitungszeit: 15 Minuten
Kühlzeit der Oliven: 10 Minuten
Garzeit: 30 Minuten
Schwierigkeitsgrad: ★★

Für 4 Personen

800 g	Rinderfilet in 4 Scheiben
2 Prisen	Quatre-Épices (Pfeffer, Kümmel, Koriander, Zimt)
	Salz
	Pfeffer
1 EL	Essig
150 g	Rinderhackfleisch
150 g	große grüne Oliven

2	Eier
5 EL	Mehl
	Pflanzenöl zum Frittieren
1 EL	Kapern

Tomatensauce:

1	Zwiebel
2	Knoblauchzehen
3 EL	Olivenöl
1 EL	Harissa (Gewürzmischung)
500 g	geschälte Tomaten aus der Dose

Zum Garnieren:

	Petersilie

Dieses tunesische Gericht stammt vermutlich aus Sousse oder Sfax, da man für die Zubereitung die berühmten Oliven benötigt, die in diesen Gegenden angebaut werden. Obwohl die Früchte zum Großteil für die Herstellung von Öl verwendet werden, sind die besonders fleischigen Oliven (akhdar) dem direkten Verzehr vorbehalten.

Jeder Tunesier, der einen eigenen Olivenbaum besitzt, schätzt sich glücklich. Es gibt rund fünfzig verschiedene Olivensorten, die alle im November geerntet werden. Zum Verzehr bestimmte Oliven können sehr aromatisch sein und einen kräftigen Geschmack haben. Bei unserem Rezept werden die Oliven kurz in kochendes Wasser gelegt, um die Bitterkeit und den Geschmack der Lake zu mildern.

Im Gegensatz zu den Europäern benennen die Tunesier die meisten Gerichte nach dem Gemüse und nicht nach dem für die Zubereitung verwendeten Fleisch oder Fisch.

Im Maghreb wird bei vielen Speisen nur eine kleine Menge Fleisch gebraucht. Diese Tatsache schlägt sich auch in der Namensgebung für die Rezepte nieder. Unser Küchenchef spart bei seinem Gericht jedoch nicht am Fleisch, sondern fügt den gefüllten Oliven sogar noch separate Scheiben Rinderfilet hinzu.

Sie können allerdings auch die Menge an Oliven und Hackfleisch erhöhen und auf das Rinderfilet verzichten. Das ist dann die traditionelle Variante dieses Rezepts. Reichen Sie dazu Brot oder Grießpfannkuchen. Manchmal wird dieses Gericht auf einer großen Servierplatte für alle angerichtet. Jeder nimmt sich eine gefüllte Olive und ein Stück Brot und tunkt es in die Sauce.

Für die Tomatensauce Zwiebel und Knoblauch schälen und in 3 Esslöffeln Olivenöl anbraten. Geschälte Dosentomaten zerkleinern und mit der Harissa hinzufügen. Filetscheiben weich klopfen.

Die Filets in die Tomatensauce legen, 1 Prise Quatre-Épices hinzufügen und mit Salz und Pfeffer abschmecken. 200 ml Wasser zugießen. Zugedeckt bei geringer Hitze garen, bis das Öl an die Oberfläche steigt. Am Ende der Garzeit den Topf vom Herd nehmen und den Essig zugießen.

Das Hackfleisch mit 1 Prise Quatre-Épices, Salz und Pfeffer würzen und gut durchkneten. Beiseite stellen.

Hackfleischfarce

Die Oliven 2–3 Minuten in kochendem Wasser blanchieren und abtropfen lassen. Mit kaltem Wasser abspülen und mit Küchenpapier abtupfen. Oliven der Breite nach halbieren und mit Hackfleisch füllen. In den Handflächen rollen und 10 Minuten kalt stellen.

2 Eier verquirlen. Oliven hineintauchen und dann in Mehl wenden. 5–6 Oliven pro Person einplanen.

Oliven in sehr heißem, dampfendem Öl frittieren. Oliven mit Filet und reichlich Sauce anrichten. Mit Kapern bestreuen. Sofort mit Brot servieren.

Lammragout

Vorbereitungszeit: 30 Minuten
Garzeit: 45 Minuten
Schwierigkeitsgrad: ✶

Für 4 Personen

700 g	Lammkeule
200 g	Tomaten
100 ml	Olivenöl
	Salz
	schwarzer Pfeffer
1	Zwiebel

2	Knoblauchzehen
1 Prise	Safranfäden
1	Zitrone
1	Limette
2	rote Paprika
2	grüne Paprika

Zum Garnieren:

gehackte Petersilie (nach Belieben)

Tunesier essen sehr gern Lammfleisch. In der kulinarischen Tradition des Landes wird es in zahlreichen verschiedenen Gerichten verwendet und verleiht ihnen sein charakteristisches Aroma.

In der Gegend von Tunis wird Lammragout mit Zitrone in der Regel als Hauptgericht serviert. Es lässt sich problemlos zubereiten und kommt das ganze Jahr über auf den Tisch.

Tunesien ist nicht nur für seinen einzigartigen Jasmin, sondern auch für die zahlreichen, wunderschönen Orangen- und Zitronenbäume bekannt.

Für dieses Rezept müssen die Zitronen und Paprika in dünne Streifen geschnitten werden. Dazu teilt man sie zunächst in 2 cm dicke Stücke, legt sie dann übereinander und schneidet sie in feine 3–5 cm lange Streifen.

Zitronen werden in Suppen und Saucen, zu Gemüse, Ragouts sowie beim Backen verwendet. Die saure Zitrusfrucht ist gut gegen Durst und auch für ihren hohen Gehalt an Vitamin C bekannt. Wählen Sie bevorzugt unbehandelte Früchte, oder waschen Sie die Zitronen gründlich mit heißem Wasser und trocknen Sie sie gut ab.

In Tunesien werden zahlreiche Arten Paprika angebaut. Sie dienen als Gewürz und Gemüse. Häufig werden Paprika getrocknet, eingelegt oder gekocht. Wenn Sie das kräftige Aroma mildern möchten, sollten Sie weder die Samen noch die weißlichen Stränge mitverzehren.

Das Lammragout mit Zitrone besitzt eine typisch mediterrane Geschmacksnote. Unser Küchenchef empfiehlt gehackte Petersilie als Garnierung, damit erhält es einen zusätzlichen Farbtupfer.

Die Lammkeule in Würfel schneiden. Die Tomaten abziehen und die Samen entfernen, dann Tomaten zu Püree einkochen.

Das Lammfleisch in 100 ml Olivenöl anbraten, salzen und pfeffern. Gehackte Zwiebel, zerdrückte Knoblauchzehen, Tomatenpüree und ein halbes Glas Safranwasser hinzufügen. 10 Minuten köcheln lassen. Mit Wasser bedecken und ca. 15 Minuten zugedeckt köcheln lassen.

Zitrone und Limette schälen. Die Schale in feine Streifen schneiden.

mit Zitrone

Die grünen und gelben Zitruszesten jeweils 10 Minuten getrennt in kochendem Wasser blanchieren, dann abtropfen lassen.

Rote und grüne Paprika waschen, von Samen befreien und in feine Streifen schneiden.

Dem Fleisch Paprikastreifen hinzufügen. 5 Minuten köcheln lassen. Zitruszesten zugeben. Weitere 5 Minuten köcheln lassen. Lammragout mit Zitrone auf Tellern anrichten.

Tunesisches

Vorbereitungszeit: 30 Minuten
Garzeit: 50 Minuten
Schwierigkeitsgrad: ✱✱

Für 4 Personen

2	Eier
200 g	Kartoffeln
100 g	Zwiebeln
50 g	Knoblauch
50 g	glatte Petersilie
500 g	Rinderhackfleisch

1 Prise	tabel (Mischung aus Koriander, Kümmel, Knoblauch und Chili)
25 ml	Olivenöl
250 ml	Pflanzenöl zum Frittieren
100 g	Tomatenmark
	Salz und Pfeffer
½	sauer eingelegte Zitrone
25 g	Kapern
4	grüne Paprika

Wenn Ali Matri dieses typische Gericht aus Tunis zubereitet, ersetzt er die scharfen Würstchen *merguez* durch kleine längliche Frikadellen aus Rinderhackfleisch, die er selbst herstellt. Früher wurden sie speziell für den Festtag *Aïd el Kébir* aus Lammstückchen gemacht. In unserem Rezept verändert die würzige Tomatensauce den Geschmack des Rinderhackfleischs nicht, würde jedoch das feine Aroma von Lammfrikadellen übertönen.

Unser Küchenchef würzt das Hackfleisch mit einer tunesischen Mischung namens *tabel*. Köche mischen dafür ¾ getrocknete Koriandersamen mit getrocknetem Knoblauch, Paprikapulver und Chili. Diese berühmte Gewürzmischung passt besonders gut zu Rindfleisch. Bei der Herstellung der Frikadellen sollten Sie die Hände stets feucht halten, damit das Fleisch nicht klebt und die Oberfläche schön glatt wird.

Die Tunesier verwenden beim Kochen von Saucen oft Safran zum Aromatisieren und Färben. Braten Sie das Tomatenmark nicht direkt in Öl an, da es sonst schädliche Stoffe freisetzen kann. Mischen Sie es vorher mit Bouillon, Wasser oder Fleischsaft.

Am Ende der Garzeit fügen Sie einige Zesten der sauer eingelegten Zitrone hinzu. Tunesier stellen auch gern selbst in Salz eingelegte Zitronen her. Am besten gelingt dies mit den an den Enden länglichen, stark duftenden Winterzitronen. Diesem Gericht verleiht die Zitrone eine leicht herbe Note. Sie sollte allerdings nicht in der Sauce mitkochen, da sie sonst den Geschmack dominiert.

Im traditionellen Rezept werden die Kartoffeln zunächst frittiert, bevor sie in der Sauce köcheln. Ali Matri empfiehlt, sie erst direkt vor dem Servieren zu frittieren und dann rund um die Frikadellen anzurichten.

Die Eier 10 Minuten kochen. Kartoffeln schälen, in Scheiben schneiden und beiseite stellen. Zwiebeln und Knoblauch schälen, Knoblauch zerdrücken, Zwiebeln und Petersilie hacken. In einem Topf mit den Fingern Hackfleisch, Zwiebeln, 25 g Knoblauch und Petersilie vermengen.

Die Fleischmasse salzen und pfeffern. Mit tabel bestreuen, verrühren. Ein wenig Olivenöl in einer Pfanne erhitzen.

Hände mit kaltem Wasser befeuchten. Jeweils aus etwas Fleischmasse kleine längliche Frikadellen formen.

Frikadellen-Ragout

Die Frikadellen in heißem Olivenöl von allen Seiten braten. Aus der Pfanne holen und beiseite stellen.

25 g gehackten Knoblauch und das Tomatenmark in die Pfanne geben. Bei geringer Hitze anbraten und ein Glas Wasser zugießen. Mit einem Holzlöffel den Bratensatz vom Pfannenboden lösen. Köcheln lassen, damit der saure Geschmack der Tomaten gemildert wird.

Frikadellen in die Sauce legen. Salzen, etwas Wasser zugießen, 30 Minuten kochen. Zitronenzesten und Kapern hinzufügen. Kartoffelscheiben frittieren. Frikadellen mit Sauce anrichten. Mit Zitronenschalen- und Paprikastreifen, Eierscheiben, Kartoffeln und gehackter Petersilie garnieren.

Vorbereitungszeit: 1 Stunde
Ruhezeit: 30 Minuten
Garzeit: 20 Minuten
Schwierigkeitsgrad: ✶

Für 4 Personen

2	Zwiebeln
2 kg	Erbsen
12	kleine Frühlings-Artischocken
2	Zitronen
1	Stangensellerie
2 Prisen	Safranfäden
7 EL	Pflanzenöl
	Salz, Pfeffer

Fleischbällchen:

1 kg	Hackfleisch vom Rind
1 Scheibe	Brot
1 Bund	Petersilie
1	Zwiebel
1	Ei
1 TL	Muskatblüten
1 Prise	Muskatnuss
1 Prise	gemahlener Ingwer
1 TL	Kurkuma
	Salz
	Pfeffer

Die sephardisch-jüdische Gemeinde in Marokko, besonders jene in der Stadt Tanger, verfügt über ein kulinarisches Repertoire, das reich an orientalischen Geschmacksrichtungen ist. Zu Festen und besonderen Anlässen sind jeweils ganz spezifische Gerichte vorgesehen.

Der Sabbat, der Ruhetag in der Woche, fällt auf den Samstag und ist ein Tag des Gebets, an dem die Familien zusammenkommen. Die Feier beginnt bereits am Vorabend: Der Tisch wird zu diesem Anlass mit einem weißen Tischtuch bedeckt, auf dem zwei Kandelaber stehen. Die Hausherrin stellt eine Weinkaraffe, genannt *Kiddouch*, auf den Tisch, ebenso mit einer Serviette bedeckte *Halot*-Brote.

Im Rahmen des Sabbats, der mit Freude und Heiterkeit gefeiert wird, haben sich viele köstliche, sehr beliebte Rezepte entwickelt. Zum Sabbat wird üppig gegessen, und die religiösen Traditionen legen genau fest, welche Speisen auf welche Weise zuzubereiten sind. Die Rindfleischbällchen erfreuten sich in Tanger großer Beliebtheit. Aus diesem Grunde bereitete man sie häufig für den Vorabend des Sabbats zu.

Sie bestehen ausschließlich aus koscherem Fleisch. Der Begriff »koscher« stammt aus dem Hebräischen und wird für Lebensmittel verwendet, die nach den religiösen Vorschriften bedenkenlos verzehrt werden können. Als Beilage serviert man entweder eine Sellerie-Sauce oder Erbsen und Artischocken.

Das mit Petersilie, Zwiebel, Ei, Brot, Muskatblüten, Muskatnuss, Ingwer, Kurkuma, Salz und Pfeffer vermischte Fleisch ist sehr aromatisch. Wenn Sie sich für die Zubereitung einer Sellerie-Sauce entscheiden, nehmen Sie das Fleisch aus der Sauce und reduzieren Sie sie. Sie können die Fleischbällchen auch gut aus Lammfleisch zubereiten.

Fleischbällchen: Brot in Wasser einweichen. In einer Schüssel das Hackfleisch mit dem eingeweichten Brot und dem Ei mischen. Gehackte Zwiebel, fein geschnittene Petersilie, Ingwer, Kurkuma, Muskatblüte und Muskatnuss zugeben. Mit Salz und Pfeffer würzen.

Mit den Fingern alle Zutaten vermischen, dann 30 Minuten ruhen lassen. Den Sellerie waschen. Die Stange in feine Stäbchen schneiden und diese mit den abgezupften Blättern beiseite stellen. Die Safranfäden mit 1½ Gläsern Wasser vermischen.

Mit feuchten Händen gleich große Fleischbällchen formen. Die beiden Zitronen auspressen und den Saft in eine Schüssel mit kaltem Wasser gießen. Die Blätter der Artischocken bis zum Boden entfernen. Das »Heu« entfernen und die Böden ins Wasser legen.

Fleischbällchen

Die Erbsen pahlen. Die Zwiebeln schälen und in 2 Esslöffeln Pflanzenöl anschwitzen. ½ Glas Safranwasser angießen. Erbsen und Artischockenböden zugeben. Salzen und pfeffern. Alles mit Wasser bedecken und 10–15 Minuten kochen.

Die Hälfte der Fleischbällchen in einen Kochtopf geben. 3 Esslöffel Pflanzenöl und ½ Glas Safranwasser zugießen. Abgedeckt etwa 15 Minuten kochen.

Sellerie in einen Topf legen. Restliche Fleischklößchen, 2 Esslöffel Öl, übriges Safranwasser zugeben. Salzen, pfeffern. Mit Sellerieblättern bedecken. 20 Minuten kochen. Klößchen auf dem Servierteller neben mit Erbsen und Artischocken gegarten Buletten anrichten.

Wachteln mit

Vorbereitungszeit: 40 Minuten
Garzeit der Wachteln: 30 Minuten
Garzeit des Couscous: 1 Stunde
Schwierigkeitsgrad: ✶✶

Für 4 Personen

8	Wachteln
250 g	Zwiebeln
10 g	Knoblauch
1 Prise	Safranfäden
10 g	glatte Petersilie
10 g	frischer Koriander
5½ EL	Olivenöl
1 Prise	gemahlener Zimt

1 Spritzer	Orangenblütenwasser
	Salz, Pfeffer

Füllung:

400 g	Couscous-Grieß
200 g	Mandelblättchen
50 g	feiner Zucker
5 g	gemahlener Zimt
1 Spritzer	Orangenblütenwasser
1 Spritzer	Olivenöl
	Salz

Zum Garnieren:

30 g	frischer Koriander (nach Belieben)
50 g	Mandelblättchen

In Marokko gibt es viele köstliche, reichhaltige Wachtelgerichte. Mohammed Aïtali köchelt die Wachteln in einer mit Kräutern, Zwiebeln und Safran gewürzten Bouillon. Dann füllt er sie mit einer himmlischen Farce aus zerstoßenen gerösteten Mandeln, Zucker, Grieß, Zimt und Orangenblütenwasser. Braten Sie die Wachteln vorsichtshalber zunächst auf der Seite an, auf der sie das meiste Fleisch haben, also nicht unbedingt auf der Brustseite. Später werden sie dann umgedreht.

In Marokko erfreuen sich Wachteln unter Feinschmeckern besonderer Wertschätzung. Zu den feinsten Kreationen der für ihre Raffinesse berühmten Küche aus Fes zählt die Wachtel-*Pastilla* mit Mandeln, die üppig mit Puderzucker und Zimt bestreut wird. Man bereitet Wachteln auch mit gerösteten Mandeln, Hühnerlebern oder mit einer Mischung aus feinen Nudeln, Zimt und Orangenblütenwasser zu.

Viele Festtagsgerichte in Marokko enthalten Mandeln oder Rosinen, die ein Symbol für Luxus und Wohlstand sind. Gefüllte Wachteln, *Tajines*, *Mêchouis* und *Pastillas* sind ohne diese beiden Zutaten undenkbar. Die Region von Agadir mit ihrem heißen Klima ist berühmt für die Qualität der dort wachsenden Mandeln, die auf Marokkanisch *Louz* heißen. Frisch werden sie praktisch kaum verwendet, in getrocknetem Zustand dagegen verfeinern sie zahlreiche Gerichte.

Die großen marokkanischen *Louz* sind weitaus weniger gefragt als die süßen, kleinen *Bled*-Mandeln. Für die Zubereitung dieser Wachtelfüllung verwendet man am besten abgezogene Mandeln oder sogar Mandelblättchen. Letztere lassen sich besser rösten und sind leichter zu hacken.

Couscous-Grieß in eine flache Schüssel geben und mit der Hand etwas Öl und Wasser einarbeiten. Grieß in den Siebaufsatz des Couscous-Topfes geben. Den Grieß 3 Mal 20 Minuten im Dampf garen, zwischendurch immer wieder etwas Salz und Wasser einarbeiten.

Die Hälse der Wachteln abschneiden. Die Vögel säubern, dann abspülen und von innen mit Küchenkrepp trocken tupfen. Die Flügelspitzen abschneiden.

Zwiebeln und Knoblauch schälen. Wie Petersilie und Koriander hacken. Einen Spritzer Öl, Orangenblütenwasser, gehackte Kräuter und Wachteln in einen Topf geben. Mit Safran, Zimt, Salz und Pfeffer bestreuen. Mit Wasser bedecken. 30 Minuten bei starker Hitze kochen.

Mandel-Füllung

Mandelblättchen ohne Zugabe von Fett in der Pfanne rösten. In der Küchenmaschine zerkleinern. Gut mit Zimt und Zucker mischen. Den gekochten Grieß in einer Schüssel geben und die Mandel-Mischung mit einem Löffel gut untermischen.

Die Mischung mit Orangenblütenwasser bespritzen. Mit einem Löffel vermengen, bis sich eine braune, homogene Masse ergibt.

Die Wachteln aus dem Sud nehmen und etwas abkühlen lassen. Die Wachteln mit der Farce füllen. Mandelblättchen für die Garnitur ohne Zugabe von Fett rösten. Die Wachteln im Bratensud servieren und mit Koriander und gerösteten Mandelblättchen bestreuen.

Lammschulter

Vorbereitungszeit: 25 Minuten
Garzeit: 1 Stunde 5 Minuten
Schwierigkeitsgrad: ★★

Für 4 Personen

2	Lammschultern
2 g	Safranfäden
½ Päckchen	marokkanischer Safran zum Färben
2	Zwiebeln
½ TL	gemahlener Ingwer

3	Zimtstangen
40 g	Butter
2 EL	Olivenöl
4 EL	Erdnussöl
1 Bund	frischer Koriander
1 Bund	glatte Petersilie
150 g	Backpflaumen
50 g	Zucker
1	Zitrone
100 g	getrocknete Aprikosen
	Salz
	Pfeffer

Lammschulter, auf Arabisch *Delaa*, steht bei den beliebtesten marokkanischen Gerichten ganz oben auf der Liste. Der Küchenchef gart sie in einer gehaltvollen Safransauce und verfeinert sie mit Zimt, Zitrone, pochierten Backpflaumen und in Butter eingekochten Aprikosen. Nach Belieben kann man sie auch mit Pflaumen, die mit Nüssen gefüllt werden, Artischocken und Erbsen garen.

Man rechnet eine Lammschulter für zwei Personen. Das Fleisch wird vor der Zubereitung gründlich abgespült, um den religiösen Vorschriften zu entsprechen: Ein Tier, das nach muslimischem Ritus, *Hallal*, geschlachtet wurde, muss völlig ausgeblutet sein, da Blut als unrein gilt.

Vergessen Sie nicht, die Oberfläche der Lammschulter mit einem Messer leicht einzuschneiden, sodass sich die Linien kreuzen. Auf diese Weise wird das Fleisch leichter gar und lässt sich besser schneiden, wenn es durch ist. Bouchaïb

Kama sticht auch mit der Messerspitze mehrmals an verschiedenen Stellen in das rohe Fleisch, damit die Gewürze besser eindringen und das Fleisch vollständig aromatisieren. Wenn Sie die Lammschulter bräunen wollen, damit sie noch appetitlicher und knuspriger wird, beenden Sie den Garvorgang im Ofen auf höchster Stufe.

Aprikosen werden in Marokko in großem Stil auf Obstplantagen angebaut und sind die am meisten verarbeitete Frucht im Land: Sie werden entweder in Sirup eingelegt oder getrocknet. Frische Aprikosen isst man gern mit Zimt, Honig und Orangenblütenwasser zum Nachtisch. Getrocknet werden sie nur selten in herzhaften Gerichten verwendet, abgesehen von den Lamm-Taginen. Pflaumen gibt man in Marokko ebenfalls in Hammel- oder Rindfleischgerichten. Früher wurde das *Gassaa*-Couscous, das mit Pflaumen und hart gekochten Eiern garniert wird, den Neuvermählten nach der Hochzeitsnacht serviert.

Die Aprikosen in einer Schüssel mit lauwarmem Wasser einweichen. Die Lammschultern abspülen. Mit einem Messer leicht einschneiden, sodass sich die Linien kreuzen.

In einem großen Topf 2 Esslöffel Erdnussöl erhitzen. Gehackte Zwiebeln, 2 Zimtstangen, Safranfäden und -pulver, Salz und Pfeffer zugeben. Bei starker Hitze anschwitzen. Die Lammschultern mehrfach wenden, um sie vollständig mit den Gewürzen zu überziehen.

Je 2 Esslöffel Olivenöl und Erdnussöl über das Fleisch gießen und mit Ingwer bestäuben. Mit Wasser bedecken und 30 Minuten garen.

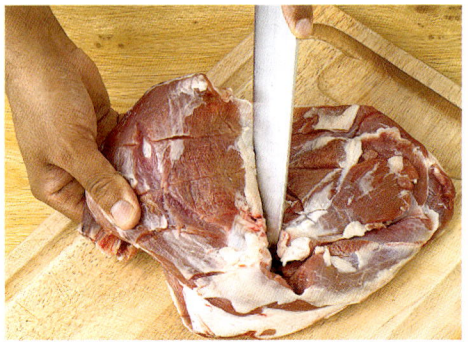

mit Aprikosen

Am Ende der Garzeit gehackte Petersilie und gehackten Koriander über das Fleisch geben. Mindestens weitere 30 Minuten garen.

Die Pflaumen vorbereiten: In einen Topf etwas Wasser, 1 Zimtstange, Zitronenscheiben, Zucker und die Pflaumen geben. Pochieren, bis die Pflaumen weich sind. Die Aprikosen abtropfen lassen und in 20 g Butter schmoren.

Das Lamm auf einen Servierteller geben. Den Bratenfond durchseihen und dann bei starker Hitze reduzieren. Ein Stück Butter zugeben und gut einrühren, dann weiter reduzieren. Das Fleisch mit der Sauce überziehen und mit Aprikosen und Pflaumen garnieren.

Hähnchen-

Vorbereitungszeit:	45 Minuten
Garzeit:	40 Minuten
Schwierigkeitsgrad:	★★

Für 4 Personen

8	Hähnchenfilets à 140 g
8	Hähnchenschenkel
320 g	Champignons
320 g	Frühlingszwiebeln
1 Bund	Petersilie
1 Bund	frischer Koriander

2 Prisen	Safranfäden
1 EL	Olivenöl
1 EL	Erdnussöl
2	große Zwiebeln
40 g	Butter
4	Knoblauchzehen
½ Päckchen	marokkanischer Safran zum Färben
10 g	Ingwer
500 ml	Geflügelfond
	Salz
	Pfeffer

Kourdass sind eine Art Rouladen, die schon von den Vorfahren der Marokkaner ersonnen wurden. Im traditionellen Rezept wird die Füllung aus Leber und Herz vom Lamm, Kräutern und Gewürzen durch Lammkutteln zusammengehalten. Bouchaïb Kama hat es moderneren Gewohnheiten angepasst und verwendet Hähnchenfleisch. Seine Füllung ist eine feine Kombination von Geflügel, Petersilie, Koriander und Safran, die er in ganz dünn geklopftes Hähnchenfilet einrollt. Andere Küchenchefs sind nicht weniger erfindungsreich und bereiten *Kourdass* auch mit Fisch zu.

In Marokko isst man Hähnchen und Lamm etwa gleich häufig. Zahlreiche industrielle Aufzuchtsstationen haben sich zwischen Casablanca und Rabat angesiedelt, wo die Mehrzahl der Verbraucher lebt. Geflügel ist daher viel preisgünstiger und auch weniger fett, wie alle auf ihre Linie achtenden Marokkaner wissen.

Für dieses Rezept sollten Sie küchenfertige Filets und entbeinte Schenkel kaufen oder aber vier ganze Hähnchen. Nachdem Sie die Filets und die Schenkel ausgelöst haben, bereiten Sie aus den Karkassen einen Fond zu. Geben Sie sie mit Petersilienstängeln, fein geschnittenen Zwiebeln, Möhren und Thymianzweigen in einen Topf. Bedecken Sie alles mit Wasser und kochen Sie es eine bis eineinhalb Stunden. Sie können Ihre *Kourdass* selbstverständlich auch mit Instant-Geflügelfond zubereiten. Wenn Sie nach der Zubereitung noch etwas Füllung übrig haben, machen Sie daraus kleine Fleischklöße in einer Tomaten-Kräuter-Sauce.

Unser Küchenchef gibt Champignons mit in die Sauce. Die Pilze stammen aus heimischer Produktion: Sie wachsen in Imouzar im Atlasgebirge in Höhlen. Im Unterholz marokkanischer Wälder wachsen dieselben Pilze, wie wir sie aus Europa kennen: Pfifferlinge, Semmel-Stoppelpilze, Morcheln, Steinpilze …

Ein Hähnchenfilet auf ein Stück Klarsichtfolie legen. Mit einem zweiten Stück Klarsichtfolie abdecken und flach klopfen. Ebenso mit den anderen Filets verfahren.

Die Hähnchenschenkel entbeinen. Das Fleisch auf ein Schneidebrett legen. Zunächst in kleine Würfel schneiden, dann alles in der Küchenmaschine weiter zerkleinern.

Salz, Pfeffer, die Hälfte der gehackten Petersilie und des gehackten Korianders und 1 Prise Safran zufügen. Mit der Hand verkneten, bis die Mischung schön glatt ist.

Kourdass

Etwas von der Farce auf das Ende eines Filets legen. Aufrollen, sodass eine Roulade entsteht. Die Enden mit einem hölzernen Zahnstocher verschließen. Auf diese Weise noch 7 weitere Kourdass zubereiten. Zwiebeln und Knoblauch schälen und hacken.

Zwiebeln und Knoblauch in Oliven- und Erdnussöl anbraten. Kourdass hineingeben und während des Bratens wenden. 1 Prise Safranfäden und -pulver zugeben, ebenso Ingwer, Koriander, Petersilie, in Viertel geschnittene Pilze und geschälte Frühlingszwiebeln.

Die Kourdass etwa 40 Minuten garen, bis sie zart sind, dabei nach und nach den Geflügelfond angießen. Wenn die Kourdass gar sind, die Sauce reduzieren und mit Butter aufschlagen. Die Kourdass halbieren und in der Sauce mit den Zwiebeln servieren.

Kaninchen mit

Vorbereitungszeit: 25 Minuten
Garzeit: 1 Stunde 10 Minuten
Schwierigkeitsgrad: ★★

Für 4 Personen

1	Kaninchen von 2 kg
5 g	gemahlener Ingwer
2 Päckchen	marokkanischer Safran zum Färben
200 g	Zwiebeln
1 Bund	Petersilie

1 Bund	Koriander
1 kg	Mangold
1	frische Zitrone
4 EL	Olivenöl
	Salz
	Pfeffer

Kaninchenfleisch wird besonders in Südmarokko sehr geschätzt und oft in Dampf gegart. In Marrakesch verarbeiten die Köche manchmal die Schenkel in einer *Tangia*, einer Art Ragout, das lange in einem amphorenähnlichen Gefäß geköchelt wird. M'hamed Chahid hat sich dafür entschieden, das Kaninchen in einer Sauce aus Zwiebeln, Ingwer und Kräutern zu garen, in die er dann noch Mangoldstiele gibt.

Das hier vorgestellte Rezept beruht auf einem Gericht, das auf dem Land eine lange Tradition hat: Hase mit wilder Kardone. In den Bergen ist es leicht, einen der zahlreichen dort lebenden Hasen zu erlegen. In den meisten Ländern werden Hasen jedoch nur zur Jagdsaison angeboten. Deshalb ist es einfacher, sie durch Kaninchen zu ersetzen.

Mangold gehört zur selben botanischen Familie wie Spinat. In seinem Restaurant bevorzugt der Küchenchef in der Regel die wilde Kardone mit ihren stacheligen Stängeln und dem leicht bitteren Geschmack.

Blätter und Stiele des Mangolds sind essbar. Letztere nehmen in diesem Gericht den Platz der Kardonen ein. Sie können aber auch, um das Rezept ein wenig zu variieren, durch Okraschoten oder sogar durch kleine, sauer schmeckende Quitten ersetzt werden. Die abgetrennten grünen Mangoldblätter lassen sich wie Spinat kochen.

In der marokkanischen Küche gilt Gemüse als vollwertiges Gericht und ist ganz und gar nicht »nur« eine Beilage. Um diese Tradition zu respektieren, schneidet M'hamed Chahid die Mangoldstiele in Stücke und kocht sie in der Fleischsauce mit: Sie bilden so einen integralen Bestandteil des Gerichts und nehmen auf delikateste Weise die Aromen der Kräuter und Gewürze auf.

Den Kopf des Kaninchens und überschüssiges Fett entfernen. Mit einem Tranchiermesser in 6 oder 8 Stücke zerteilen.

Etwas Öl in einem Topf erhitzen und die Kaninchenteile hineinlegen. Mit Safranpulver, Ingwer, Salz und Pfeffer würzen. Geschälte und gehackte Zwiebeln zufügen.

Petersilie und Koriander hacken und in den Topf geben. 10 Minuten schmoren lassen. Mit Wasser bedecken, den Topf zudecken und 45 Minuten bei geringer Hitze sanft garen.

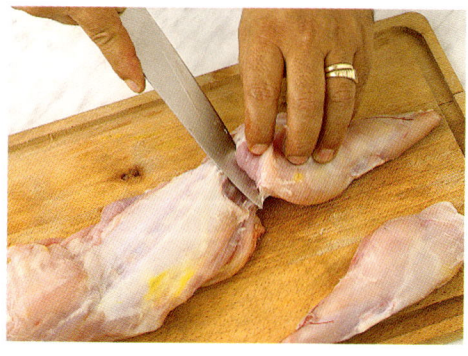

Mangoldstielen

Die Mangoldblätter von den Stielen abschneiden. Die Stiele putzen und mit dem Messer abschaben, um die Fasern zu entfernen.

Die Mangoldstiele längs halbieren, dann in Stäbchen schneiden. Mit reichlich Wasser abspülen und dann in mit Zitrone versetztes Wasser legen.

Am Ende der angegebenen Kochzeit die Mangoldstiele in die Kaninchensauce geben. Etwas Wasser angießen. Den Topf zudecken und weitere 15 Minuten kochen.

M'rouzia

Vorbereitungszeit:	*25 Minuten*
Einweichzeit:	*über Nacht*
Garzeit:	*1 Stunde 55 Minuten*
Schwierigkeitsgrad:	★

Für 6 Personen

je 1 kg	Lammschulter, -haxe und -keule
2 EL	Smen (gereifte Butter), ersatzweise Olivenöl
2 EL	gemahlener Ingwer

2 EL	Honig
1 Prise	Safranfäden
1 Prise	marokkanischer Safran zum Färben
4	Zwiebeln
200 g	abgezogene Mandeln
250 g	helle Rosinen
500 ml	Öl

Dieses Lammgericht namens *M'rouzia* entstand hinter den Befestigungsanlagen der antiken Stadt Fes. Als es noch keine Kühlschränke gab, ermöglichte diese Zubereitungsart, das Fleisch für mehrere Monate haltbar zu machen. Nach Zugabe von Gewürzen und konservierter Butter (*Smen*) köchelten die Hammel- oder Lammfleischstücke viele Stunden auf der Glut des *M'jmar*, eines Holzkohlenofens. Anschließend gab man alles in ein Terrakottagefäß: ganz unten das Fleisch, darauf die Rosinen und Mandeln und schließlich die Sauce. Beim Abkühlen erstarrte die Sauce und bildete eine Schutzschicht über dem Fleisch. Schließlich wurde der Behälter mit einem ölgetränkten Stück Papier bedeckt, das man mit einer Kordel befestigte.

Heutzutage wird *M'rouzia* häufig zum *'Aid el-kebir* zubereitet. Anlässlich dieses Festes verzehren die Marokkaner große Mengen Hammel- oder Lammfleisch. Heute allerdings wird das Fleisch in einem Schmortopf über der Gas-

flamme gegart. Die *M'rouzia* kann drei oder vier Monate in großen Gläsern im Kühlschrank aufbewahrt werden.

Das Aroma der *M'rouzia* kann man je nach persönlichem Geschmack variieren. Viele würzen es unter anderem mit Zimt und *Ras el-Hanout* (einer marokkanischen Gewürzmischung) oder aber mit getrocknetem und gemahlenem Koriander. Gesüßt wird es entweder mit Zucker oder mit Honig. Die Küchenchefin bevorzugt eindeutig Letzteren, da Honig das Fleisch besser zusammenhält und ihm mehr Glanz und eine appetitliche goldbraune Farbe verleiht.

Nicht alle mögen den intensiven Geschmack des *Smen*, den man gut durch Olivenöl ersetzen kann. Zum Herstellen von *Smen* lässt man Butter zunächst bei Raumtemperatur weich werden. Danach arbeitet man über eineinhalb Stunden auf einem Teller feines Salz und heißes Wasser ein. In einem luftdichten Einweckglas, hält *Smen* sich mehrere Jahre.

Die Rosinen am Vorabend in einer Schüssel mit kaltem Wasser einweichen. Haxe, Schulter und Keule in große Stücke schneiden.

Die Zwiebeln schälen, halbieren und in sehr feine Ringe schneiden.

Das Fleisch in einen großen Topf legen. Mit den fein geschnittenen Zwiebeln bedecken. Ingwer, Safranfäden, Safranpulver und Smen zugeben. 10–15 Minuten anbräunen lassen und die Fleischstücke zwischendurch wenden.

aus Fes

Wasser über das Fleisch gießen, bis der Topf zu drei Vierteln gefüllt ist. Zudecken. 1 Stunde 30 Minuten kochen, bis das Fleisch beginnt, sich von den Knochen zu lösen.

Gegen Ende der Garzeit den Honig und die abgetropften Rosinen zum Fleisch geben. Umrühren. Weitere 5–10 Minuten kochen, bis die Sauce auf eine leicht sirupartige Konsistenz reduziert ist.

In einer Pfanne die abgezogenen Mandeln im Öl frittieren. Das Fleisch mit den Mandeln bestreuen und servieren.

Pastilla

Vorbereitungszeit: 1 Stunde
Garzeit: 1 Stunde 15 Minuten
Schwierigkeitsgrad: ✶✶

Für 4 Personen

4	Tauben à 450 g
150 g	Butter
500 g	Zwiebeln
½ TL	gemahlener Ingwer
1 Prise	Safranfäden
1 Bund	Koriander
1 Bund	Petersilie
1 EL	gemahlener Zimt

1	Zimtstange
200 g	Zucker
10	Eier
500 g	Yufka-Teigblätter
250 g	abgezogene Mandeln
1 EL	Orangenblütenwasser
	Salz
	Pfeffer

Zum Garnieren:

Puderzucker
gemahlener Zimt
Mandeln
Minzeblätter (nach Belieben)

Die weithin verbreiteten und in vielen Varianten existierenden Pastilla-Rezepte zeigen deutlich die Raffinesse der marokkanischen Küche. Je nach Familie werden Pastillas mit Hühnchen, Innereien oder Fisch zubereitet. So wunderbar sie alle schmecken, verblassen sie doch neben der Pastilla mit Täubchen, dem delikatesten und berühmtesten aller Pastilla-Rezepte. Für die Zubereitung dieses Gerichts braucht man allerdings etwas Zeit und Geduld.

Laut Lahoussine Bel Moufid fühlen sich die Marokkaner geradezu emotional mit dem Pastilla- oder Ourqa-Teig verbunden. Er wird aus Mehl, Wasser und Salz hergestellt und gelangte vor 1300 Jahren mit den arabischen Eroberern ins Land. Zwar stammt er ursprünglich aus Isfahan in Persien, doch prägten die Araber im Lauf der Jahrhunderte das kulinarische Repertoire Marokkos. Bestreichen Sie die Teigblätter mit Butter, wenn Sie sie verarbeiten. Auf diese Weise verhindern Sie, dass der Teig austrocknet.

Die Pastilla reserviert der Taube einen Ehrenplatz. Tauben werden in Marokko wegen ihres feinen Fleischs sehr geschätzt. Auf Arabisch heißt die Taube Hamam und steht für Finesse und Subtilität. Die Mandeln in diesem Gericht können nicht ersetzt werden. Mandeln stammen ursprünglich aus Asien. Die Früchte des Mandelbaumes enthalten immer einen oder zwei Kerne, die von einer harten Schale umgeben sind. In getrockneter Form sind Mandeln Bestandteil zahlreicher orientalischer Kreationen.

Auch die Präsentation dieses Gerichts trägt zu seinem Charme bei. Die Pastilla wird stets mit Puderzucker und Zimt bestreut, was ihr zusätzliche Raffinesse verleiht. Es ist tatsächlich die Garnierung, die dieses Luxusgericht auszeichnet. Manche Küchenchefs werden wie Lahoussine Bel Moufid über dieser Aufgabe zu wahren Künstlern. Sie können zum Beispiel in der Mitte der Pastilla eine Blume aus Mandeln formen und diese mit Minzeblättern garnieren.

Die Zwiebeln schälen und fein schneiden. Die Tauben in Stücke teilen. In einem großen Topf die Zwiebeln in 50 g Butter anschwitzen. Taubenteile, Ingwer, gemahlenen Zimt, Safranfäden, Salz und Pfeffer zugeben. 500 ml Wasser angießen und alles 30–40 Minuten kochen.

Fein geschnittene Petersilie und fein geschnittenen Koriander zufügen, ebenso Zimtstange, Orangenblütenwasser und 150 g Zucker. 10 Minuten kochen. Taubenteile herausnehmen und entbeinen. Sauce etwa 15 Minuten reduzieren. 8 Eier verquirlen und einrühren.

Mandeln ohne Zugabe von Fett rösten und zerstoßen. Übrige Butter zerlassen und eine runde Backform damit bestreichen. Mit 1 Blatt Yufka-Teig abdecken. 4 weitere Blätter zu einer Rosette legen, sodass sie sich etwas überlappen. Mit geschmolzener Butter bestreichen.

mit Täubchen

Das Taubenfleisch hineingeben. Die Sauce mit den Eiern zufügen, dann die Mandeln. Mit dem restlichen Zucker bestreuen.

Die restlichen 2 Eier trennen und das Eigelb aufbewahren. Die Pastilla mit 2 weiteren Teigblättern bedecken. Die überstehenden Ränder darüber klappen und alles mit dem Eigelb bestreichen.

Ein letztes Teigblatt darauf legen und mit dem Eigelb festkleben. Im Backofen zwischen 2 Blechen 10 Minuten bei 180 °C backen. Die Pastilla mit Butter beträufeln. Mit Puderzucker und Zimt bestreuen. Mit Mandeln und Minzeblättern garnieren.

Täubchen

Vorbereitungszeit: 40 Minuten
Garzeit: 1 Stunde 10 Minuten
Schwierigkeitsgrad: ✶

Für 4 Personen

4	Jungtauben à 450 g
8	Eier
1/2 Bund	Petersilie
150 ml	Olivenöl
1 TL	Smen (gereifte Butter), ersatzweise gesalzene Butter
1 EL	Pflanzenöl
	Salz
	Pfeffer

Marinade:

4	Knoblauchzehen
½ Bund	Petersilie
½ Bund	frischer Koriander
250 g	Zwiebeln
3 g	Mastix
1 TL	gemahlener Ingwer
1 Prise	Safranfäden
	Salz
	Pfeffer

Zum Garnieren:

2	eingelegte Zitronen
	violette Oliven (nach Belieben)

Auf Marokkanisch bedeutet *M'fenede* so viel wie versteckt, verborgen. Also muss man dieses Gericht einfach probieren, um unter dem Omelett das Täubchen zu entdecken. In den Bergen des Hohen Atlas in Südmarokko, genauer in Tafilalet und Sijilmassa, wird dieses Gericht vor allem jungen Müttern angeboten. Die Täubchen *M'fenede* sind ein symbolträchtiges Gericht, und man sagt ihnen nach, dass sie die Muttermilch verbessern und damit das Wachstum des Neugeborenen fördern. Um die Tradition fortzuführen, servieren noch heute manche Marokkaner das Gericht einer Frau kurz nach der Geburt.

Täubchen *M'fenede* gehört darüber hinaus auch zum Erbe der feinen Küche in Marokko und wird häufig anlässlich großer Zeremonien zubereitet. Das zarte Fleisch der Tauben und ihr delikater Geschmack machen sie zu einer idealen Zutat für luxuriöse Gerichte. Auf den Märkten findet man vom Frühjahr bis zum Ende des Sommers frei lebende Tiere, den Rest des Jahres muss man sich mit Tauben aus Zuchtbetrieben begnügen. Für dieses Rezept können Sie allerdings auch anderes Geflügel verwenden, zum Beispiel ein Hühnchen.

Es gibt verschiedene Methoden, Täubchen *M'fenede* zuzubereiten. Khadija Bensdira schlägt vor, es kurz vor dem Servieren in ein feines Omelett einzuschlagen. Andere ziehen es vor, die Tauben zunächst in heißem Öl vorzugaren, sie dann herauszunehmen und in verquirltes Ei zu tauchen, um sie dann erneut zu frittieren. Die dritte Methode, ein Erbe der Alawiten-Dynastie, ist die schwierigste: Man gibt das Täubchen mit etwas Sauce in einen großen Topf. Wenn es heiß ist, gibt man verquirlte Eier dazu und deckt den Topf wieder ab. Sobald es gar ist, muss man es aus dem Topf nehmen, ohne dass die schützende Schicht aus Ei abfällt. Wie man die Tauben auch zubereitet – die Gäste dürfen nicht ahnen, was sich im Omelett verbirgt!

In einer Schüssel die Marinade aus gehackter Petersilie, gehacktem Koriander, zerdrückten Knoblauchzehen und fein geschnittenen Zwiebeln vorbereiten. Safranfäden, Mastix und gemahlenen Ingwer zugeben. Salzen, pfeffern. Etwas Wasser angießen.

Die Täubchen über eine offene Flamme halten, um noch vorhandene Flaumfedern abzusengen. Die Füße und Flügelspitzen abschneiden. Die Tauben ausnehmen und unter Wasser abspülen. Schenkel und Flügel mit Bindfaden fest an den Körper binden.

Die Täubchen in die Marinade geben. Die eingelegten Zitronen in Schnitze schneiden und für die Garnierung beiseite legen.

M'fenede

In einem Topf die Tauben in der Marinade zum Kochen bringen. Mit Wasser bedecken. Wenn es kocht, Olivenöl und Smen zugeben. Die Tauben wenden. Etwa 1 Stunde kochen, dann die Tauben herausnehmen und die Sauce reduzieren.

Die Tauben für etwa 3 Minuten bei 180 °C in den Backofen legen. Die Eier aufschlagen und mit der gehackten Petersilie verquirlen. Salzen und pfeffern. In einer Pfanne 4 Omeletts in Öl ausbacken.

Die Bindfäden von den Tauben ablösen und jede Taube in ein Omelett einwickeln. Auf Tellern anrichten. Mit Zitronenschnitzen und violetten Oliven garnieren.

Hähnchen

Vorbereitungszeit: 40 Minuten
Marinieren: 1 Stunde
Garzeit: 40 Minuten
Schwierigkeitsgrad: ★

Für 4 Personen

1	Hähnchen von 1,2 kg
500 g	Zwiebeln
250 g	abgezogene Mandeln
6 EL	Pflanzenöl
	Salz

Marinade:

1 TL	Smen (gereifte Butter), ersatzweise Olivenöl
1 Bund	Petersilie
1 TL	Safranfäden
1 EL	Lebensmittelfarbe
4 EL	Pflanzenöl
	Salz
	weißer Pfeffer

Zum Garnieren:

	Petersilie

In der marokkanischen Küche bezeichnet der Begriff *Kedra* eine spezifische Zubereitungsweise auf der Basis von eingekochten Zwiebeln und Mandeln. In der Umgebung von Fes wird Hähnchen meistens mit dieser süßlich schmeckenden Beilage serviert.

Dieses traditionelle, raffinierte Gericht genießt man in der Regel im Kreis der Familie. Laut Abdellah Achiai wird es noch heute fast immer von den Großmüttern zubereitet. Es ist leicht nachzukochen, benötigt jedoch etwas Zeit.

Viele Marokkaner erweisen sich als sehr wählerisch, wenn es um die Auswahl des richtigen Geflügels geht. Im ganzen Land werden die *Beldi*-Hühner, freilaufende Tiere vom Bauernhof, die an ihrem vielfarbigen Gefieder zu erkennen sind, sehr geschätzt. An Markttagen begeben sich die Bauern aus den umliegenden Dörfern in die Stadt, beladen mit Käfigen, in denen sie lebendes Geflügel transportieren.

Feinschmecker suchen sich dort ihr *Beldi*-Huhn aus, das dann auf der Stelle getötet und gerupft wird. Wählen Sie für dieses Rezept ein Hähnchen, das artgerecht aufgezogen wurde. Es sollte festes Fleisch und wenig Fett haben. Diese Hähnchen müssen meist recht lange garen.

Typisch marokkanisch ist die *Kedra* aus Zwiebeln, die man als Gewürz verwendet, aber auch als Gemüse isst. Sie haben einen süßlichen Geschmack, wenn sie an sonnenreichen Orten wachsen. Die Knollenpflanze aus der Familie der Liliengewächse wird seit 5000 Jahren angebaut und stammt aus Nordasien. Wählen Sie Zwiebeln ohne Keimlinge mit geschlossener, harter Knolle.

Die Mandeln in der Zwiebelmischung stammen ebenfalls aus Asien. Die Römer kannten sie unter dem Namen »griechische Nüsse«. Für dieses Rezept sollten Sie unbedingt abgezogene Mandeln verwenden.

Die Flügel und Schenkel des Hähnchens ablösen und den Körper in 2 Teile schneiden. Die Filets auslösen.

Für die Marinade gehackte Petersilie, Lebensmittelfarbe, Safranfäden und Smen in eine Schüssel geben. Öl angießen. Salzen und pfeffern. Die Hähnchenteile 1 Stunde darin marinieren.

Die Hähnchenteile in der Marinade und 1 Esslöffel Pflanzenöl anbraten. Mit Wasser bedecken und etwa 30 Minuten kochen.

»Kedra«

Die Zwiebeln schälen und fein schneiden. Bei geringer Hitze im restlichen Pflanzenöl langsam garen. Salzen.

Wenn das Hühnchen gar ist, beiseite legen. Die Mandeln etwa 10 Minuten lang in kochendem Wasser blanchieren.

Die Mandeln in den Kochtopf mit den Zwiebeln geben und vorsichtig umrühren. Das Hähnchenfleisch mit der Beilage auf Tellern anrichten. Mit gehackter Petersilie garnieren.

Ochsenschwanz

Vorbereitungszeit: 20 Minuten
Einweichzeit: über Nacht
Garzeit: 2 Stunden 15 Minuten
Schwierigkeitsgrad: ★

Für 4 Personen

1,4 kg	Ochsenschwanz in Stücken
4 EL	Speiseöl
4 EL	Olivenöl
30 g	frischer Koriander
20 g	glatte Petersilie

50 g	Knoblauch
350 g	Zwiebeln
½ TL	gemahlener Kumin
¼ TL	Paprikapulver
200 g	Kichererbsen
150 g	helle Rosinen
	Salz
	Pfeffer

Zum Garnieren:

25 g	Sesamsaat
10 g	glatte Petersilie

Ochsenschwanz mit Kichererbsen und Rosinen ist ein sehr populäres Gericht in Marokko. Ochsenschwanz wird von den Marokkanern sehr geschätzt, und man gart ihn auch in einer Zwiebelsauce mit Rosinen. Für viele Couscous-Gerichte wird Ochsenschwanz mit Gemüse gegart. Insgesamt gesehen, isst man in Marokko allerdings mehr Hammelschwanz. Getrocknet bereichert er einen delikaten Couscous, der anlässlich des Aschura-Festes serviert wird.

Ochsenschwanz gilt als minderwertiges Fleisch. Damit er zart und aromatisch wird, muss er sehr lange bei geringer Hitze in einem würzigen Sud garen. In mehreren Ländern, vor allem in Frankreich, gart man das Fleisch so lange, bis es sich vom Knochen löst. Die so erhaltenen delikaten Fleischstückchen werden für Füllungen, Eintöpfe oder Aufläufe mit Hackfleisch und Kartoffelpüree und so weiter verwendet. Der Küchenchef dagegen serviert den Ochsenschwanz noch mit Knochen. Marokkanische Köche sind

der Auffassung, dass Geschmack und Konsistenz des Fleisches mit dem von Nacken vergleichbar ist, durch das man es in diesem Rezept auch ersetzen kann. Wählen Sie ein großes Stück mit reichlich Fleisch am Knochen.

Kichererbsen, die in Marokko angebaut werden und von einer Pflanze stammen, die der Bohne ähnelt, werden fast nur getrocknet gegessen. Wenn sie frisch sind, haben sie kaum einen Eigengeschmack. In der regionalen Küche findet man sie in Couscous-Gerichten, als Beilage zu Ochsenschwanz, in Salaten und in Gerichten mit Kalbshaxen.

Die Rosinen, die in der Sauce quellen, verleihen dem Gericht eine süße Note. Sie werden in den Weinbaugebieten rund um Meknès, Fes und Marrakesch produziert – und kommen in hellen, rötlichen und fast schwarzen Varianten auf den Markt. Hochzeiten, offizielle Anlässe und religiöse Feste sind ohne Rosinen und Mandeln kaum denkbar.

Die Kichererbsen am Vorabend einweichen. In einem großen Kochtopf die beiden Ölsorten erhitzen. Die Ochsenschwanzstücke ins heiße Öl legen.

Auf einem Küchenbrett mit einem Messer Petersilie, frischen Koriander, geschälte Zwiebeln und Knoblauch hacken. Zum Fleisch geben. Einige Augenblicke bei starker Hitze unter Umrühren anbraten.

Mit Salz und Pfeffer, Kumin und Paprika abschmecken. Eine Minuten auf dem Feuer umrühren, damit die Gewürze ihr Aroma entfalten.

mit Rosinen

Die Kichererbsen abtropfen lassen und in den Topf mit dem Fleisch geben.

Alles mit Wasser bedecken. Den Topf zudecken und mindestens 2 Stunden bei geringer Hitze köcheln lassen, bis das Fleisch beginnt, sich von den Knochen zu lösen.

15 Minuten vor dem Ende der Garzeit die Rosinen in den Topf geben. Aufkochen lassen. Das Fleisch mit Kichererbsen und Rosinen auf Tellern anrichten. Mit Petersilie und Sesamsaat garnieren.

Tride mit

Vorbereitungszeit: 30 Minuten
Garzeit: 1 Stunde 25 Minuten
Schwierigkeitsgrad: ★★

Für 4 Personen

1	Hähnchen aus artgerechter Haltung
2	Zwiebeln
5	Safranfäden
1 Päckchen	marokkanischer Safran zum Färben

1 TL	Ras el-Hanout (Gewürzmischung)
1,5 l	Hühnerbrühe
100 ml	Olivenöl
	Salz
	Pfeffer

Tride-Teig:

500 g	Mehl
1 Prise	Salz
1 EL	Öl

Tride mit Masthähnchen ist ein Festessen. Auf dem Land serviert man es gern zu Erntefesten. Häufig bietet man es auch jungen Müttern zur Stärkung nach der Entbindung an.

Tride-Teig ähnelt Yufka-Teigblättern, ist aber etwas dicker und etwa so groß wie eine Crêpe. Die traditionelle Art der Zubereitung ist recht originell. Zuerst stellt man einen Teig aus Mehl, Salz, Öl und Wasser her, knetet ihn durch und formt ihn zu einer Kugel. Dann unterteilt man ihn in mehrere kleinere Kugeln. Auf einer gut geölten Arbeitsfläche zieht man den Teig mit den Fingerspitzen so dünn wie möglich aus. Man entzündet die Kohle eines *Brasero*, eines kleinen Grills, und erhitzt darauf einen großen, gewölbten Krug. Sobald dieser sehr heiß ist, klebt man die Tride-Fladen an dessen Wände und wartet, bis sie gar sind. Manche Marokkaner machen sich die Arbeit leichter, indem sie die *Tride*-Fladen in der Pfanne zubereiten, eine Methode, für die sich auch der Küchenchef entschieden hat.

M'hamed Chahid empfiehlt, für dieses Rezept ein Hähnchen aus artgerechter Haltung zu verwenden, das ausschließlich mit Getreide gefüttert wurde. In Marokko nennt man diese Hähnchen *Beldi*. Trotz ihrer gräulichen oder gelblichen Haut und ihres nicht allzu üppigen, sehr festen Fleisches halten viele Marokkaner ihren Geschmack für weit besser als den der Hähnchen aus industrieller Aufzucht, deren Fleisch heller und weicher ist. Braten Sie das Hähnchen gut mit den Gewürzen an, damit es köstlich goldbraun wird, die Zwiebeln schön gar werden und die Würze tief ins Fleisch eindringen kann. Erst dann sollten Sie die Geflügelbrühe angießen.

Vergessen Sie nicht, die Sauce mit *Ras el-Hanout* abzuschmecken. Diese raffinierte Gewürzmischung besteht manchmal aus bis zu einem Dutzend verschiedener Ingredienzien. Leider ist die Verwendung dieses Gewürzes heute auf Rezepte aus der regionalen Küche beschränkt.

Für den Teig das Mehl in eine Schüssel geben. Salz, ein Glas Wasser und Öl zugeben. Den Teig kneten, bis sich eine Kugel formen lässt. Diese in mehrere kleine Kugeln aufteilen.

Mit den Fingerspitzen jede kleine Kugel dehnen und strecken, bis sich dünne, fast transparente Fladen ergeben. In der Pfanne wie Crêpes backen. Beiseite stellen.

Die beiden Schenkel vom Hähnchen lösen, ebenso die Flügel. Die Karkasse in vier Teile zerlegen.

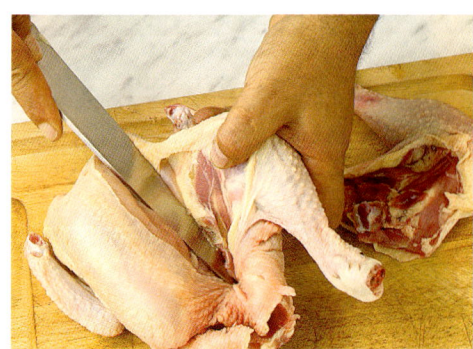

Masthähnchen

Die Hähnchenteile in einem Topf in Olivenöl anbraten. Die in Ringe geschnittenen Zwiebeln, Safranfäden, Safranpulver, Salz, Pfeffer und Ras al-Hanout zugeben. 10 Minuten schmoren lassen.

Am Ende dieser 10 Minuten die Hähnchenteile mit der Hühnerbrühe begießen. Zugedeckt 1 Stunde kochen.

Die Trides mit den Händen in große Stücke zerteilen und auf einen dekorativen Servierteller legen. Die Hähnchenteile darauf legen und alles mit der Sauce übergießen.

Desserts & Gebäck

Biskuit

Vorbereitungszeit: 40 Minuten
Garzeit: 40 Minuten
Schwierigkeitsgrad: ★★

Für 4 Personen

Biskuit:

4	Eier
100 g	Zucker
125 g	Mehl
25 g	Puderzucker
1	unbehandelte Zitrone
5 g	Butter

Sauce:

500 ml	Milch
200 g	Zucker
2	Zimtstangen
1	Vanilleschote
1	unbehandelte Zitrone

Zum Garnieren:

	gemahlener Zimt

Die Kastilier gelten als ausgesprochene Leckermäuler. In der schönen Landschaft Zentralspaniens hat jede Stadt, jedes Dorf eigene süße Spezialitäten. Das Biskuit aus La Mancha ist eine Süßspeise aus Alcázar de San Juan.

Die Biskuitschnitten werden zum Frühstück serviert – mit Milch getränkt. Biskuit ist ein sehr luftig-leichter Kuchenteig. Sieben Sie das Mehl vor der Weiterverarbeitung durch und bestreichen Sie das Backpapier mit zerlassener Butter. Öffnen Sie während des Backens nicht die Ofentür, sonst fällt Ihr Biskuit durch den Luftzug in sich zusammen.

Eine besondere Rolle bei dieser Süßspeise spielt die Zitrone. Die von der Sonne verwöhnte Frucht ist eines der Aushängeschilder Spaniens und wird wegen ihres hohen Vitamin-C-Gehalts geschätzt. Wenn Sie die Schale benötigen, wählen Sie beim Einkaufen unbehandelte Früchte oder waschen Sie die Schalen mit heißem Wasser gründlich ab.

Die hier verwendete Vanille verleiht der Milch ihr unvergleichliches Aroma. Die Schoten sind die Früchte einer Schlingpflanze aus der Orchideenfamilie, die erstmals mit den Konquistadoren nach Spanien gelangten. Es heißt, die Entdecker hätten dieses Gewürz erstmals kennen gelernt, als sie bei den Azteken Kakao zu trinken bekamen. Angetan von dem ungewohnten Aroma der Vanille, nannten die Iberer sie *Vanillia*, kleine Hülse. Schon bald traten die duftenden Schoten ihren Siegeszug über die Grenzen der Iberischen Halbinsel hinweg an und eroberten ganz Europa.

Als Gegengewicht zur Süße kocht Alberto Herráiz in der Milch eine Zimtstange mit, die für eine herbere Note sorgt. Die Rinde des Zimtbaums besitzt eine warme, milde Schärfe. Das tropische Gehölz wird vor allem in Ceylon und China angebaut und verströmt in den Plantagen einen durchdringenden, betäubenden Geruch.

Für die Sauce eine Zitrone schälen. In einem Topf Milch, Zimt, Vanille, Zitronenschale und Zucker erhitzen. Bei geringer Hitze in 40 Minuten auf drei Viertel der Menge einkochen lassen. Zimt, Vanille und Schale zum Garnieren beiseite legen. Sauce abkühlen lassen.

Ein Blech mit Backpapier auslegen und dieses mit zerlassener Butter einfetten. Die Schale der zweiten Zitrone abreiben.

Die Eier aufschlagen und trennen. Mit dem Schneebesen das Eigelb verquirlen. Zitronenschale und Zucker zugeben und gut verrühren. Den Puderzucker zugeben und alles schaumig schlagen.

aus La Mancha

In einer zweiten Schüssel mit einem sauberen Schneebesen das Eiweiß steif schlagen.

Mit einem Spatel den Eischnee zur Eigelbmischung geben und kurz unterziehen. Das Mehl zugeben und unterheben.

Teig in einen Spritzbeutel füllen und mit der breiten Rundtülle Streifen aufs Backpapier spritzen. Bei 160 °C rund 10 Minuten backen. Abkühlen lassen. Auf Teller legen, Sauce angießen. Mit Zitronenschale, Zimtstange, Vanilleschote und Zimtpulver bestreuen.

Turrón-

Vorbereitungszeit:	50 Minuten
Gefrierzeit des Parfaits:	3 Stunden
Kühlzeit der Crème anglaise:	30 Minuten
Garzeit:	12 Minuten
Schwierigkeitsgrad:	✴✴

Für 4 Personen

Turrón-Parfait:

250	Zucker
250 g	Turrón (spanischer Nougat)
9	Eigelb
1 l	Sahne

Crème anglaise:

500 ml	Milch
1	Vanilleschote
1	unbehandelte Zitrone
4	Eigelb
100 g	Zucker
1 TL	Speisestärke
250 ml	Sahne

Zum Garnieren:

	Minzeblättchen
25 g	gemahlene Mandeln
	rote Beeren (nach Belieben)

Dieses Parfait ist ein höchst delikates Dessert und dabei typisch spanisch. Es ist leicht herzustellen und duftet verführerisch nach Mandeln und Honig.

In der Stadt Jijona, rund zwanzig Kilometer von Alicante entfernt an der Mittelmeerküste Südspaniens gelegen, wird *Turrón* produziert, das wohl weltweit bekannteste spanische Konfekt. Die cremige, karamellfarbene Nougatmasse wird nur sechs Monate im Jahr hergestellt, denn man genießt sie üblicherweise zu Weihnachten. Die uralte Rezeptur ist ein weiteres Erbe der maurischen Besatzer, die im Hoch- und Spätmittelalter über Spanien herrschten. Sie erst machten die Iberer mit köstlichen Süßigkeiten aus Honig und Mandeln bekannt.

Seit nunmehr rund zwölf Jahrhunderten kultiviert man in der Region Alicante Mandelbäume, soweit das Auge reicht. Für *Turrón* verwendet man die Sorte Marcona, die für ihren feinen, leicht bitteren Geschmack und ihren Duft berühmt ist. Die Mandeln werden als Ganze geröstet, dann gemahlen und schließlich mit Orangenblütenhonig, Eiweiß und Puderzucker zu Nougat verarbeitet. Die extrem kurze Garzeit erfolgt unter dem wachsamen Blick des *Turronero*, des Konditormeisters, der als einziger in der Lage ist, selbst geringfügige klimatische Besonderheiten des jeweiligen Tages in Betracht zu ziehen!

Für dieses Rezept ist es notwendig, das Eigelb mit Zucker und *Turrón* im Wasserbad zu erhitzen, bevor die Mischung unter die Sahne gehoben wird. Dadurch vermeidet man einen allzu großen Temperaturunterschied, der die Creme ausflocken ließe.

Zum Parfait serviert Cesar Marquiegui eine Crème anglaise. Die herrliche Nachspeise wird bei Partys der Renner sein und alle Kinder begeistern.

Für das Turrón-Parfait die Sahne in eine Schüssel füllen und mit dem Schneebesen steif schlagen.

Die Eigelb mit dem Zucker schaumig schlagen, den zerkrümelten Turrón zugeben. Rund 5 Minuten im Wasserbad schlagen, bis sich alles verbunden hat. Anschließend unter Rühren wieder abkühlen lassen.

Die Ei-Nougatmischung zur Sahne geben und vorsichtig mit einem Spatel unterziehen.

Parfait

Die Mischung in eine zuvor mit Klarsicht-folie ausgekleidete Kastenform füllen und mindestens 3 Stunden gefrieren lassen.

Für die Crème anglaise die Milch mit Zitronenschale und Vanilleschote auf-kochen lassen. Eigelb mit Zucker und Stärke mit dem Schneebesen auf-schlagen. Die Milch durch ein Sieb zugießen und das Ganze 2–3 Minuten ziehen lassen.

Die Sahne halbsteif schlagen und zur Eiermilch geben. 30 Minuten kalt stellen. Auf Tellern das Turrón-Parfait in Schei-ben anrichten und ringsum etwas Crème anglaise angießen. Schließlich mit ge-mahlenen Mandeln, Minzeblättchen und Beeren garnieren.

Crema catalana

Vorbereitungszeit: 30 Minuten
Kühlzeit: 2 Stunden
Garzeit: 25 Minuten
Schwierigkeitsgrad: ✶

Für 4 Personen

1 l	Milch
8	Eigelb
35 g	Speisestärke
200 g	Zucker
1	Zimtstange

1	unbehandelte Zitrone
1	Vanilleschote
200 g	Erdbeeren

Am 19. März, dem Tag des heiligen Josef, wird in vielen katalanischen Familien die so genannte *Crema catalana* zubereitet. Zu dieser Jahreszeit legen die Hennen die meisten Eier, sodass man davon reichlich für ein Dessert wie dieses verwenden kann. Die Tradition ist so tief verwurzelt, dass die Süßspeise auch als *Crema de Sant Josep* bezeichnet wird.

Pep Masiques wählte mit diesem Rezept ein authentisches katalanisches Dessert aus: Die mit Zimt, Vanille und Zitrone aromatisierte Milch wird siedend heiß zur Eiercreme gegeben. Nun muss die Creme bei geringer Hitze nur noch langsam andicken, bis sie schön glatt und hellgelb wird.

Die Verbindung von Speisestärke und Eiern dickt die Creme an. Früher verwendete man in Katalonien zu diesem Zweck Reismehl, doch dadurch wurde die Zubereitung erheblich zeitaufwändiger und komplizierter.

Die Creme wird heute von vielen Katalanen, aber auch von Köchen in anderen Regionen, in Portionsschälchen gefüllt und nach dem Abkühlen mit Zucker bestreut. Mit einem heißen Brenneisen wird die Oberfläche karamellisiert, was sehr schnell geht, denn der Zucker bildet nur eine ganz dünne Schicht auf der Oberfläche und wird schnell braun und kross. Pep Masiques allerdings meint, die Creme werde dadurch viel zu süß, zudem übertöne der Karamell die ausgewogene Vielfalt an Aromen, die sich in der Milchspeise verbirgt.

Der Küchenchef serviert die Creme mit frischen Erdbeeren, deren fruchtige Süße sich auf das Schönste mit der milden Creme verbindet. Die besten katalanischen Erdbeeren oder *Maduixes* stammen aus den Treibhäusern von Maresme, der Region nördlich von Barcelona. Noch raffinierter wäre es natürlich, Walderdbeeren zu verwenden, wie man sie in den Pyrenäen findet.

Die Zitrone schälen. 750 ml Milch in einen Topf füllen und mit Zucker bestreuen. Zimtstange, Vanilleschote und Zitronenschale zugeben und alles zum Kochen bringen. Die Temperatur herunterschalten und die Milch ziehen lassen.

In einer Schüssel die Speisestärke in 250 ml Milch auflösen. 8 Eigelb verquirlen und unterziehen.

Die aromatisierte Milch durch ein Sieb abseihen.

mit Erdbeeren

Die Milch in einen großen Topf füllen und auf dem Herd vorsichtig erhitzen, dabei nach und nach unter ständigem Rühren die Eiermischung angießen.

Unter ständigem Rühren die Creme weiter erhitzen, bis sie dick und geschmeidig ist. Vom Herd nehmen, abkühlen lassen und dann in den Kühlschrank stellen.

Die Erdbeeren waschen, putzen und vierteln. Die gut gekühlte Creme nochmals aufschlagen, in eine Servierschüssel fullen und mit den Erdbeeren garnieren.

Mallorquinische

Vorbereitungszeit:	40 Minuten
Ruhezeit für den Teig:	10 Minuten
Kühlzeit der Schnecken:	24 Stunden
Aufgehen der Schnecken:	3–4 Stunden
Garzeit:	15 Minuten
Schwierigkeitsgrad:	★★

Für 4 Personen

1	Ei
70 g	Zucker
20 g	frische Hefe

300 g	Mehl
130 g	Schweineschmalz
	Öl, zum Einfetten von
	Arbeitsplatte und Backblech

Zum Garnieren (nach Belieben):
Puderzucker

Die Mallorquiner sind stolz auf ihre herrlichen Schnecken, die dort *Ensaïmadas* genannt werden. Manchmal handelt es sich dabei um appetitliche kleine Kringel, manchmal um Spiralen, die so groß sein können wie ein Wagenrad. Wer nach Mallorca reist, kann eine große Auswahl probieren und als essbares Souvenir mit nach Hause nehmen.

Die Leckerei wird mit Schweineschmalz zubereitet, das auf dem ausgerollten Teig ausgestrichen wird und verhindert, dass die Spiralen aneinander festkleben. Früher, als man keine fertige Bäckerhefe kannte, musste man stets etwas vergorenen Teig als Triebmittel bereithalten.

Wenn Sie den Teig in der Küchenmaschine zubereiten, wird er manchmal etwas zu fest, doch ein paar Tropfen Wasser machen ihn rasch wieder geschmeidig. Manche Konditoren empfehlen auch Milch anstelle von Wasser. Ist der Teig zu flüssig, gibt man noch Mehl hinzu.

Verstreichen Sie das Schweineschmalz sorgfältig mit den Fingerspitzen, damit der ausgerollte Teig nicht reißt. Achten beim Ausrollen zu Dreiecken darauf, dass der Teig heil bleibt. Es ist wichtig, ihn ausreichend ruhen zu lassen, bevor man ihn ausrollt. Fetten Sie die Dreiecke rasch und ganz leicht mit den Fingerspitzen ein und rollen Sie sie dann wie bei Hörnchen auf. Leichter geht das, wenn man die Arbeitsfläche ein wenig mit Öl einpinselt.

Nach dem Kaltstellen muss der Teig drei bis vier Stunden aufgehen. Dabei sollten Sie regelmäßig prüfen, dass er nicht zu sehr aufgeht, sondern schön in Form bleibt, vor allem, wenn die Hefe frisch und der Raum warm ist.

Die Schnecken werden gern zum Frühstück gegessen; dazu gibt es meist Schokolade oder Kaffee. Leckermäuler genießen die Schnecken mit Honig, Kürbiskonfitüre, Sahne oder sogar einer Schokoladensauce.

In der Schüssel der Küchenmaschine Zucker mit 100 ml Wasser, Ei, Mehl und zerbröckelter Hefe mischen. Mit dem Knethaken zu einem glatten Teig verarbeiten, der am Haken kleben bleibt. Den Teig zu einer Kugel formen und 10 Minuten ruhen lassen.

Die Arbeitsfläche einölen. Die Teigkugel in Stücke von je rund 60 g teilen. Einzeln auf die Arbeitsplatte schlagen und wiederum zu Kugeln formen.

Mit dem Nudelholz jede Kugel zu einer ovalen Platte ausrollen. In einer Schüssel das weiche Schweineschmalz kräftig mit dem Schneebesen aufschlagen, bis es wie Eischnee aussieht. Mit den Fingerspitzen auf dem Teig verteilen.

Schnecken

Jedes Teigoval mit den Händen in die Form eines Dreiecks ziehen.

Jedes Dreieck von der Längsseite her aufrollen, sodass Sie nun mehrere dünne Teigrollen vor sich haben. Das Backblech mit Backpapier auslegen.

Teigrollen ausziehen und zu einer Schnecke zusammenlegen. Mit Klarsichtfolie abdecken und 24 Stunden kalt stellen. Am nächsten Tag bei Raumtemperatur 3–4 Stunden gehen lassen. 15 Minuten bei 180 °C backen. Abkühlen lassen und mit Puderzucker bestäuben.

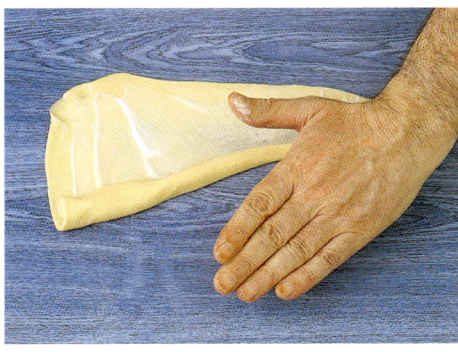

Arme Ritter

Vorbereitungszeit: 20 Minuten
Garzeit: 15 Minuten
Schwierigkeitsgrad: ✶

Für 4 Personen

8 Scheiben	helles Brot mit dünner Kruste
500 ml	Milch
150 g	Zucker
1	Vanilleschote
3	Eier
500 ml	Sonnenblumenöl

Zum Garnieren:
Puderzucker
gemahlener Zimt

In den Tagen vor Ostern zieht es die Spanier auf die Straßen: Die Karwochen-Prozessionen sind überall grandiose Volksfeste, bei denen Büßer in Kapuzengewändern, reich geschmückte Karren mit Heiligenstatuen und Bruderschaften in Kutten durch die Städte ziehen. Nach dem Spektakel treffen sich die Familien zu Festessen, bei denen für die Karwoche oder *Semana Santa* typische Gerichte auf den Tisch kommen. Dabei handelt es sich je nach Region um unterschiedliche Speisen. Eine davon sind die *Torrijas*, die etwa unseren Armen Rittern entsprechen und zum Abschluss eines leckeren Mahls serviert werden.

Für die Zubereitung sollte man ein hochwertiges Weißbrot mit dichter Krume und dünner Kruste wählen, im Idealfall ein wenig altbacken. Deshalb heißt das Gericht übrigens bei uns auch Arme Ritter, denn altbackenes Brot ist natürlich eigentlich ein Armeleuteessen, das hier aber zu einer herrlichen Leckerei aufgewertet wird. Anstelle von

Weißbrot kann man auch Toastbrot nehmen, doch das Resultat schmeckt völlig anders.

Der Küchenchef aromatisiert die Milch mit einer Vanilleschote, doch steht es Ihnen völlig frei, sie auch oder stattdessen mit einer Zimtstange, Orangen- oder Zitronenschale zu würzen. José-Ignacio Herráiz benetzt das Brot nur kurz von beiden Seiten mit Milch, damit es sich nicht allzu voll saugt. Bei anderen Varianten dieses Rezepts wird das Brot mit Honig oder sogar Wein getränkt.

Sobald das Brot goldgelb ausgebacken ist, bestreut man es mit Zucker und Zimt, denn der Zucker schmilzt auf der heißen Oberfläche und sorgt so für ein intensives Aroma. In La Mancha, der Heimat des Küchenchefs, wird das in Milch getränkte Brot zu Kugeln geformt, in Ei gewälzt und dann ausgebacken. Es wird als typisches Karwochen-Dessert serviert.

Die Milch in einen Topf füllen, Zucker und Vanilleschote zugeben. Zum Kochen bringen, durchziehen lassen und dann durchseihen.

Das Brot in dicke Scheiben schneiden und die Kruste abschneiden, sodass die Scheiben einigermaßen rechteckig sind.

Das Brot auf einen Teller legen und mit einer Suppenkelle mit der Vanillemilch übergießen. Die Scheiben in der Milch wenden, damit sie ganz durchtränkt sind.

zur Karwoche

Die Eier verquirlen und auf einen Teller geben. Jede Brotscheibe darin wenden und auf einen zweiten Teller legen.

In einer Pfanne Öl erhitzen und die Brotscheiben darin goldgelb braten. Zwischendurch wenden.

Für die Garnierung Zucker und Zimt in einem Teller vermengen und die noch heißen Torrijas darin wenden. Warm servieren.

Tarta

Vorbereitungszeit: 20 Minuten
Abkühlen: ca. 1 Stunde
Garzeit: 20–25 Minuten
Schwierigkeitsgrad: ✶

Für 4 Personen

150 g	Puderzucker
100 g	Butter
2	Eier
200 g	gemahlene Mandeln
	Butter und Mehl für die Backform

Seit dem 9. Jahrhundert ziehen Millionen von Pilgern aus allen Teilen Europas nach Santiago de Compostela in Galicien, um das Grab des Apostels Jakob zu besuchen. Noch heute erfrischen sie sich in einer der Konditoreien der Stadt mit einer *Tarta de Santiago*, einem dem leiblichen Wohl ausgesprochen zuträglichen Kuchen, der mit dem typischen Kreuz des Heiligen geschmückt ist. Niemand weiß, ob das Rezept für diese Leckerei von einem naschhaften Pilger mitgebracht oder von einem ortsansässigen Konditor erfunden und nach dem Schutzpatron Spaniens benannt wurde.

Santiago Pérez García ist ein großer Kenner der spanischen Konditorkunst. Er stellt hier ein Rezept vor, das er in langjähriger Erfahrung vervollkommnet hat. Ursprünglich wurde offenbar gar keine Butter für diesen Kuchen verwendet, doch sie ergänzt das in den Mandeln enthaltene Pflanzenfett und macht den Teig zart. Man schlägt sie zunächst schaumig und kann dann einen allzu festen Teig durch etwas

Eiweiß wieder geschmeidig machen. Gerät er dagegen zu weich, können Sie noch etwas Puderzucker zufügen. Es gibt verschiedene Varianten dieses Kuchens, manche davon auch mit Milch oder Sahne. Manche Konditoren aromatisieren ihn auch mit Zimt oder Zitronenschalen.

Boden und Seiten der Backform werden mit zerlassener Butter bepinselt und mit Mehl bestäubt. Der Küchenchef stellt die Form anschließend eine Zeitlang kalt: So wird die Butter wieder fest und das Mehl haftet an der Form, ohne dass beides sich mit dem Teig vermischt. Nach dem Kühlen klopft man das überschüssige Mehl aus der Form.

Die Verzierung der *Tarta de Santiago* macht man mit einer Schablone. In die Mitte des Kuchens legt man ein Jakobskreuz aus Holz oder Metall – oder Pappe. Dann wird die Oberfläche mit einer dicken Schicht Puderzucker bestäubt und das Kreuz wieder weggenommen.

In der Rührschüssel der Küchenmaschine die weiche Butter mit 100 g Puderzucker rühren, bis die Masse hellgelb und dick wird.

Die Eier zugeben und weiterrühren, bis die Mischung cremig wird.

Schließlich die gemahlenen Mandeln unterziehen.

de Santiago

Mit einem Pinsel eine runde Backform mit zerlassener Butter einfetten und mit Mehl bestäuben. Die Form ein paar Minuten kalt stellen.

Den Teig in die Form füllen und bei 180 °C im vorgeheizten Ofen 20–25 Minuten backen. Den Kuchen aus der Form stürzen und abkühlen lassen.

Den Kuchen auf ein Blech legen. Ein Jakobskreuz in die Mitte des Kuchens legen und die Oberfläche mit Puderzucker bestauben. Das Kreuz vorsichtig ablösen, sodass in der Tortenmitte das Kreuz als Negativ zurückbleibt.

Tocinillos

Vorbereitungszeit: 20 Minuten
Garzeit: 30 Minuten
Schwierigkeitsgrad: ✶

Für 4 Personen

4	Eier
10	Eigelb
200 g	Zucker
	Glukose für die Förmchen (nach Belieben)

Wenn die Nonnen der Klöster von Madrid sich sonntagmittags ein Dessert gönnten, dachten sie dabei vermutlich an den Himmel, der sie am Ende ihres geistlichen Lebens erwartete. *Tocinillo de cielo*, »Himmelsspeck«, gehört zu den ältesten und beliebtesten Süßspeisen Spaniens.

Das Rezept für diesen Flan ist denkbar einfach: Ganze Eier werden mit Eigelb verquirlt und mit Zuckersirup verrührt. Santiago Pérez García kennt Dutzende von Varianten. Warum nicht einmal mit Orangen- oder Zitronenaroma den Gaumen kitzeln oder mit Kuvertüre beziehungsweise Kakao? Manche Köche ersetzen bei der Sirupzubereitung sogar das Wasser durch Milch.

Damit die Flans leicht aus den Förmchen gleiten, streicht der Küchenchef diese mit warmer Glukose aus, aber Karamell tut es ebenso gut. Um die Form der *Tocinillos de cielo* zu variieren, kann man auch Savarinförmchen verwenden.

Wenn man den Sirup zu den geschlagenen Eiern gibt, muss dies unter ständigem Rühren geschehen, damit sich die Zutaten gut vermischen. Schlagen darf man die Masse jedoch nicht, damit sie nicht schaumig wird. Vor dem Einstellen der Förmchen in den Einsatz des Dampfkochers muss das Wasser sprudelnd kochen, denn die Mischung muss so rasch wie möglich stocken, da sich sonst der Zucker, der schwerer als Wasser und Eigelb ist, am Boden absetzt.

Bevor er die Flans im Dampf gart, legt Santiago Pérez García ein Geschirrtuch zwischen Topfrand und Deckel. Das Tuch saugt den aufsteigenden Dampf auf, sodass dieser nicht als Kondenswasser auf die Flans tropfen kann, wo er andernfalls unschöne Löcher hinterlassen würde.

Zum Garnieren überzieht man den Boden der Servierplatte mit einem Muster aus Karamell oder Schokolade, setzt die *Tocinillos* darauf und garniert sie mit Minzeblättchen.

Das Eigelb und die ganzen Eier in eine Schüssel geben. Die Flanförmchen mit den Fingern mit etwas erwärmter Glukose bestreichen. Im Dampfkochtopf Wasser zum Kochen bringen.

Für den Sirup den Zucker in einen Topf geben und 100 ml Wasser angießen. Kurz aufkochen lassen und dann sofort vom Herd nehmen.

Die Eier verquirlen. Unter ständigem Rühren etwas heißen Sirup zugeben. Alles gründlich vermischen und ggf. durch ein Spitzsieb streichen.

de cielo

Mit einer kleinen Schöpfkelle die Creme in die vorbereiteten Förmchen füllen.

Sobald das Wasser im Dampfkochtopf siedet, die Flans in den Einsatz stellen und zugedeckt 15–20 Minuten garen. Aus dem Topf nehmen und abkühlen lassen.

Zum Auslösen die Formen vorsichtig schütteln und die Flans auf Teller oder eine Platte stürzen. Möglichst bald servieren.

Yemas

Vorbereitungszeit: 30 Minuten
Vorbereitungszeit: 1 Tag
Garzeit: 10 Minuten
Schwierigkeitsgrad: ✶

Für 4 Personen

250 g	Zucker
15	Eigelb
1	Zitrone
	Puderzucker für die Arbeitsfläche

Die Kastilier hegen seit jeher eine Vorliebe für Süßspeisen aller Art. Im 17. Jahrhundert erfand ein Konditor aus Ávila westlich von Madrid diese kleinen Kugeln aus gebackenem Teig, die in Zucker gewälzt und karamellisiert werden. Sein Sohn hatte die geniale Idee, diese *Yemas* nach einer berühmten Lokalheiligen zu benennen: Teresa von Ávila, der Gründerin des Ordens der Karmeliterinnen. Die naschhafte Heilige war nämlich bekannt für den Ausspruch: »Gott ist gegenwärtig bis in die Kochtöpfe hinein ...«

Das Rezept für die *Yemas de Santa Teresa* wird heute in verschiedenen Varianten in Ehren gehalten. Hier werden die Kügelchen in feinem Zucker gewälzt, mit dem Brenneisen karamellisiert und heißen *Yemas de León*. Die in Madrid übliche Art wird direkt mit Karamell überzogen.

Die Mischung aus Eiern, Zucker und Zitronensaft wird bei geringer Hitze lange Zeit mit dem Schneebesen aufge-schlagen, wobei der Küchenchef auch den Boden und die Wände des Topfes abschabt, damit alle Zutaten gleichmäßig stocken. Gegen Ende der Garzeit ähnelt die Masse einer dicken, orangegelben Mayonnaise. Nun wird sie nochmals kräftig mit dem Schneebesen bearbeitet und löst sich schließlich wie ein Brandteig von den Topfwänden.

Santiago Pérez García setzt der Mischung einige Tropfen Zitronensaft zu, hält aber weitere Aromen nicht für notwendig. Ist die Masse nach dem Erkalten zu weich, um zu Kugeln geformt zu werden, kann man sie mit etwas mehr Zucker fester machen.

Die Fertigstellung der *Yemas* variiert je nach Region und Inspiration des Küchenchefs. Falls Sie kein Brenneisen besitzen, können Sie die *Yemas* auch unter dem Backofengrill karamellisieren. Ebenso gut werden sie, wenn man sie nur in Puderzucker oder Kakaopulver wälzt.

Zucker in einen Topf geben und das Ei-gelb sowie einige Tropfen Zitronensaft zufügen. Mit dem Schneebesen verquir-len und bei mäßiger Hitze erwärmen, bis ein dicklicher Teig entsteht.

Den Teig mit einem Spatel in eine hohe rechteckige Form füllen und ausstrei-chen. Mit Klarsichtfolie abdecken und einen Tag kalt stellen.

Am nächsten Tag die Arbeitsfläche mit Puderzucker bestäuben und den Teig mit den Händen verkneten. Zu einer Kugel formen.

de León

Den Teig mit den Händen zu einer gleichmäßigen Stange ausrollen.

Die Stange in Stücke schneiden, jedes zu einer etwa pflaumengroßen Kugel formen und ringsum in dem restlichen Puderzucker wälzen.

Die Yemas auf einem Backblech verteilen und die Oberfläche jeder Kugel kurz mit dem rot glühenden Brenneisen karamellisieren beziehungsweise unter den Backofengrill schieben.

Zitronenravioli

Vorbereitungszeit: 50 Minuten
Tiefkühlen: 12 Stunden
Garzeit: 40 Minuten
Schwierigkeitsgrad: ★★

Für 4 Personen

Zitronenravioli:

140 g	Zucker
2	Eier
1	Zitrone
150 g	Butter
4	frische Nudelplatten für Ravioli

Orangensauce:

3 Blatt	Gelatine
150 g	Zucker
1 l	Orangensaft

Eishaube aus Kräuterlikör:

50 g	Zucker
400 ml	Kräuterlikör
2 Blatt	Gelatine

Zum Garnieren:

	Minzeblättchen
	Himbeeren
	Zimtstangen
	Zitronenthymian

Unser Küchenchef hat ein appetitliches Dessert aus den wichtigsten Aromen der Balearen zusammengestellt. Zitronencreme für die Ravioli, Orange für die Sauce und Kräuterlikör für die Eishaube. Orange, Zitrone, Oliven und Mandeln sind die wichtigsten Erzeugnisse der mallorquinischen Landwirtschaft.

Für die Ravioli können Sie frischen italienischen Nudelteig oder chinesischen *Wan-tan*-Teig verwenden. Alternativ stellen Sie aus 300 g Mehl, 3 Eiern, 25 ml Olivenöl und einer Prise Salz selbst einen Teig her, den Sie dünn ausrollen.

Die Zitronencreme ist rasch zubereitet, sie benötigt kein Wasserbad. Der kalt zugegebene Zitronensaft verbindet sich gut mit Eiern und Zucker, die Creme dickt bei Erwärmung schnell ein. Lassen Sie sie abkühlen, bevor Sie sie mithilfe zweier Löffel auf die Ravioli setzen.

Eine Eishaube aus inseltypisch mildem Kräuterlikör krönt das Dessert. Viele Mallorquiner setzen ihn mit Anisschnaps, Fenchel, Thymian, Rosmarin, Minze, grünen Nüssen und Kaffeebohnen selbst an.

Die Orangensauce muss vor dem Servieren gut verquirlt werden. Die Gegensätze der Ravioli, der Eishaube und der Orangensauce werden Sie an einem heißen Sommertag begeistern!

Zitronencreme: Den Zucker mit Eiern und Zitronensaft mischen. 10 Minuten auf dem Herd schlagen, bis die Creme eindickt.

Die Creme auf 55 °C abkühlen lassen und die Butter stückchenweise zufügen. Gut mischen und abkühlen lassen.

Den Nudelteig kochen, abschrecken. Ein Teigstück auslegen, mit einem Teelöffel Zitronencreme aufsetzen und den Teig falten. 8 Ravioli herstellen.

Orangensauce: Die Gelatine in kaltem Wasser einweichen. Den Zucker mit etwas Wasser bei starker Hitze karamellisieren, Orangensaft und Gelatine zugeben, diese auflösen. 1 Nacht kalt stellen.

Eishaube: Den Zucker mit dem Kräuterlikör aufkochen, 500 ml Wasser zugießen und nochmals aufkochen.

Die Gelatine zur kochenden Mischung geben und auflösen. Abkühlen lassen und eine Nacht bei −20 °C tiefkühlen. Ravioli in Orangensauce anrichten, mit Eishaube krönen und garnieren.

Quarkinsel in

Vorbereitungszeit:	40 Minuten
Quarkinsel kalt stellen:	3–4 Stunden
Garzeit:	45 Minuten
Schwierigkeitsgrad:	★★

Für 4 Personen

Quarkinsel:

150 ml	Milch
75 g	Zucker
150 ml	flüssige Crème fraîche oder Sahne
150 g	Eigelb
2 Blatt	Gelatine

1	Zitrone
1 TL	gemahlener Zimt
200 g	Quark

Aprikosensauce:

800 g	frische Aprikosen
150 g	Zucker
200 ml	Triple-Sec (Orangenlikör)
250 ml	Orangensaft

Zum Garnieren:

	frische Minze
	dunkle Früchte nach Wahl

Die Einwohner der obstreichen Balearen lieben gut gekühlte Quarkdesserts mit Honig oder mit karamellisiertem Zucker ebenso wie gegarte Aprikosen. Unser Küchenchef bevorzugt Letztere, kocht sie in einer Mischung aus Karamell, Orangenlikör und Orangensaft und püriert sie. Diese Sauce, kräftig in Farbe und Aroma, umgibt die Insel aus Zitronen-Zimt-Quark.

Die Quarkspeise ist eine Mischung aus Crème anglaise mit Zitronenschale und Zimt sowie Quark und Gelatine. Sie wird in einzelne Förmchen gegeben und gekühlt. Durch kurzes Eintauchen der Form in heißes Wasser lässt sich die Quarkspeise leicht stürzen.

Aprikosen gehören zu den häufigsten Früchten auf den Balearen. Unser Küchenchef brät sie auf einer heißen Metallplatte, Sie können aber auch eine Pfanne verwenden. Achtung, die Früchte brennen leicht an!

Die Aprikosensauce verbindet Orangensaft mit Triple-Sec, einem Likör aus Orangenschalen, der meist eisgekühlt getrunken oder zu Cocktails, Obstsalat oder Eis gegeben wird. Er kann durch Kirschlikör ersetzt werden.

Stürzen Sie eine Quarkinsel auf einen tiefen Teller, umgeben Sie sie mit Aprikosensauce und fügen Sie zum Garnieren Brombeeren, Minze und Blaubeeren hinzu.

Quarkinseln: Die Milch mit dem Zucker und der Crème fraîche erwärmen, Eigelb schlagen, Milchmischung zugießen. Mischung in den Topf zurückgeben und eindicken lassen. Topf vom Herd nehmen, eingeweichte Gelatine unterrühren.

Die abgeriebene Zitronenschale, den Zimt und den Quark vorsichtig unterheben und in 4 Förmchen füllen. 3–4 Stunden im Kühlschrank ruhen lassen.

Aprikosensauce: Aprikosen halbieren und entsteinen, in einer heißen Pfanne von allen Seiten rösten.

Aprikosensauce

Den Zucker mit einem Spritzer Wasser karamellisieren, Aprikosen zugeben.

Triple-Sec zugießen und alles ca. 20 Minuten bei starker Hitze kochen. Häufig rühren.

Orangensaft zugießen und zugedeckt 10 Minuten köcheln lassen. 3 Aprikosen beiseite stellen, den Rest pürieren und abkühlen lassen. Quarkinsel in Aprikosensauce mit Aprikosenvierteln, Minze und farbenfrohen Früchten garnieren.

Crème brûlée

Vorbereitungszeit: *40 Minuten*
Kühlzeit der Creme: *3 Stunden*
Garzeit: *2 Stunden 20 Minuten*
Schwierigkeitsgrad: ★

Für 4 Personen

200 ml	Muskateller
250 g	weiße Muskatellertrauben
	Puderzucker

Crème brûlée:

6	Eier
500 ml	Milch
150 g	Zucker
1	Vanilleschote

Vanilleeis:

4	Eier
250 ml	Milch
100 g	Zucker
1 EL	Vanilleextrakt

Zum Garnieren:

	Johannisbeeren
	frische Minzeblättchen
1 Schale	Himbeeren

Die Crème brûlée mit Muskateller ist ein typisches Dessert aus dem Languedoc, wo zwischen Weinbergen und mediterraner Strauchheide die Trauben für den süßen Wein reifen. Man trinkt ihn als Aperitif, aber er wird auch gern in der Küche verwendet. Die Trauben wachsen in kleinen Dolden mit hellen, duftenden und festen Beeren. Bei der Zubereitung werden die Beeren gehäutet und entkernt, bevor man sie kurz im Wein erwärmt. Für dieses leicht zuzubereitende Dessert können Sie statt Muskateller auch Beaumes de Venise, Grand Marnier oder Cointreau nehmen.

Beim Backen verhindert die Alufolie, dass das Wasserbad aufkocht. Wenn Sie Zeit sparen möchten, empfiehlt Ihnen der Küchenchef, die Crème schon am Vortag zuzubereiten.

Vanille spielt in diesem Rezept die Hauptrolle. Die Vanilleschote, deren Mark verwendet wird, ist eine Kletterpflanze aus der Familie der Orchideen. Sie wurde ursprünglich in Mexiko angebaut, wächst heute aber auch auf den Antillen, auf Madagaskar und auf den Komoren. Die reifen Vanilleschoten werden geerntet, in Wasser gekocht und dann an der Sonne getrocknet. Dabei nehmen sie eine dunkelbraune Farbe an und bedecken sich mit einer Raureif ähnlichen Kristallschicht. Diese verleiht ihnen ihren charakteristischen Duft und Geschmack.

Für die Weinsauce wird Vanilleeis geschmolzen – aber eigentlich handelt es sich um eine *Crème anglaise*. Um diese herzustellen, lassen Sie die Milch aufkochen. Schlagen Sie Eigelb und Zucker mit dem Schneebesen schaumig und rühren Sie dann den Vanilleextrakt ein. Gießen Sie die Milch zu und rühren Sie sie mit einem Holzspatel unter. Lassen Sie die Mischung zwei Minuten kochen und danach in der Tiefkühltruhe fest werden. Wenn Sie wenig Zeit haben, können Sie auch fertiges Vanilleeis in der Sauce schmelzen.

Für die Crème die Vanilleschote und das Mark in die heiße Milch geben und 15 Minuten ziehen lassen. Durchsieben.

Eigelb und Zucker mit dem Schneebesen kräftig aufschlagen. Die Milch zugießen und gut unterrühren. Durch ein Sieb passieren.

Die Crème in Soufflé-Förmchen füllen. Ein Backblech mit Alufolie auslegen, etwas Wasser zugießen und die Förmchen hineinsetzen. Im Ofen in diesem Wasserbad 2 Stunden bei 120 °C stocken lassen.

mit Muskateller

Den Wein in einen Topf gießen und die Trauben ohne Haut und Kerne zugeben. 2 Minuten leicht erwärmen, damit die Trauben den Weingeschmack annehmen. Dann die Früchte herausnehmen.

Mit der Messerspitze vorsichtig rund um den Rand der Förmchen fahren und die fest gewordene Crème auf Teller stürzen. Mit Zucker bestreuen und unter dem Backofengrill bei 250 °C bräunen.

Die Weinsauce etwas abkühlen lassen und das Eis beziehungsweise die gefrorene Crème anglaise zugeben. Wenn das Eis vollständig geschmolzen ist, die Sauce mit einem Löffel rund um die Crème angießen. Mit Weintrauben, Himbeeren und Minzeblättchen dekorieren.

Rotwein-Feigen

Vorbereitungszeit: *30 Minuten*
Garzeit: *30 Minuten*
Schwierigkeitsgrad: ✶

Für 4 Personen

8	Feigen
150 ml	Rotwein
150 ml	Portwein
1 TL	Zimt
250 g	Mascarpone
2	Baisers
70 g	Zucker
1	Orange
1	Zitrone
½	Vanilleschote

Dies hier ist ein ganz einfaches Rezept aus der Gegend von Nizza. Das einzig Schwierige daran ist die Auswahl der besten Feigen, die, wie der Küchenchef betont, äußerst empfindlich sind: Sie halten sich nur einen Tag im Kühlschrank. Wenn sie reif sind, zeigen sich an der Oberfläche kleine Risse und auf Daumendruck geben sie etwas nach. Sie dürfen aber keinesfalls zu weich sein. Ein festes Stielende weist auf frische Früchte hin. Daniel Ettlinger empfiehlt Ihnen die besonders süße südfranzösische Sorte *Belonne*. Beim Kochen der Feigen sorgt der Portwein für eine gewisse Milde. Dieser gespritete Wein, bei dem die Gärung durch Alkoholzugabe unterbrochen wird, ist ein beliebter Apéritif. Sie können ihn auch durch einen Banyuls oder einen Beaumes de Venise ersetzen.

Auch Zimt spielt in diesem Rezept eine wichtige Rolle. Das Gewürz wird aus der Rinde verschiedener exotischer Sträucher gewonnen und hier beim Pochieren der Früchte eingesetzt. Man erkennt Zimt an seinem lieblichen, durchdringenden Duft und seinem pikanten Geschmack.

An der von der italienischen Kultur durchdrungenen Côte d'Azur wird gern Mascarpone verwendet. Der gehaltvolle Käse ist den Liebhabern von Tiramisù gut vertraut. Stattdessen können Sie auch eine Crème double nehmen.

Die pochierten Feigen in Rotwein mit Mascarpone-Creme werden mit zerbröckeltem Baiser überstreut. Für Baisers wird Eiweiß mit viel Zucker zu festem Eischnee geschlagen und im Ofen getrocknet. Je nachdem, wie lange er gebacken wird, ist der Baiser musig, weich oder knusprig. Kaufen Sie bei Ihrem Bäcker eher feste Baisers.

Die Zubereitung des Desserts erfordert wenig Zeit, doch der Küchenchef betont, dass es dann auch sofort serviert werden muss, wenn Ihnen der Nachtisch perfekt gelingen soll.

Die Feigen waschen und mit einem kleinen Messer oben vorsichtig kreuzweise einschneiden.

Die Feigen in eine flache Auflaufform setzen und Rotwein und Portwein zugießen.

Mit 50 g Zucker bestreuen und mit Zimt bestäuben.

mit Mascarpone

Zitrone und Orange vierteln und die Vanilleschote auskratzen. Ein Zitronen- und ein Orangenviertel sowie das Vanillemark zu den Feigen geben und das Ganze 30 Minuten bei 200 °C im Ofen backen.

Mascarpone mit dem restlichen Zucker verrühren.

Die Weinsauce in die Teller gießen und den Mascarpone in Klößchen darauf setzen. Darüber kommen die geteilten Feigen. Zerbröckelten Baiser darüber streuen und mit den Zitrusfrüchten garnieren.

Ziegenkäse

Vorbereitungszeit: 15 Minuten
Garzeit: 40 Minuten
Schwierigkeitsgrad: ✳

Für 4 Personen

4	Ziegenfrischkäse (à ca. 120 g)
200 g	Möhren
1	Aubergine
70 g	Rosmarinhonig

140 g	Zucker
100 ml	Milch
1	Vanilleschote

Zum Garnieren:
blühender Rosmarin

Mel y mato ist katalanisch für »Honig und Quark«. Jean-Claude Vila hat sich von diesem traditionsreichen Rezept inspirieren lassen und es etwas abgewandelt: »Ich habe festgestellt, dass manche Gemüsesorten mit Zucker hervorragend schmecken. Deshalb verwende ich in meinem Rezept Auberginen und Möhren.«

Der Ziegenfrischkäse enthält mindestens fünfundvierzig Prozent Fett. Sein fast neutraler Geschmack kann sich auch dem von Frischkäse aus Kuhmilch nähern. Kaufen Sie für dieses Rezept vier Stücke von je hundertzwanzig Gramm.

Der in der Antike den Göttern als Speise zugeschriebene Honig schenkt dem Dessert seine ganze Süße. Der Honig, den die Bienen aus dem Nektar der Blüten herstellen, ist in den Waben des Bienenstocks eingelagert. Honig spendet weitaus mehr Energie als Zucker. Der Rosmarinhonig wird von den Bienen aus den Blüten des mediterranen Strauchs

im katalanischen Hinterland gesammelt. Der Küchenchef nimmt zudem Rosmarinzweige zur Garnierung der Teller.

Die Zubereitung der Möhren mit Zucker wird so manches Kind auf den Geschmack dieser Gemüsepflanze bringen. Das Gemüse enthält viel Vitamin A. Kaufen Sie, wenn möglich, frische, junge Möhren. Bei der Kochzeit richten Sie sich nach deren Größe und Qualität.

Vergessen Sie nicht, die Vanilleschote aufzubewahren. Schneiden Sie sie nach dem Kochen der Länge nach auf, kratzen Sie das Mark heraus und geben es in die Honig-Möhren-Mischung.

Für die persönliche Note unseres Küchenchefs stehen auch die Auberginenscheiben. Schön knackig, wie sie sind, gehören sie unbedingt dazu und sind außerdem eine ideale Garnierung auf den Tellern.

Auberginen waschen und der Länge nach in dünne Scheiben schneiden.

Für den Sirup 240 ml Wasser mit dem Zucker zum Kochen bringen. Die Auberginenscheiben im heißen Sirup 2–3 Minuten ziehen lassen.

Die Auberginenscheiben etwas abtropfen lassen und auf einem mit Backpapier ausgelegten Backblech verteilen. Rund 8 Minuten bei 170 °C im Backofen backen, bis sie Farbe annehmen.

mit Honig

Möhren schälen und in Scheiben schneiden. Mit Milch, 100 ml Wasser und Vanilleschote in einem Topf 15 Minuten zugedeckt kochen. Dann Deckel abnehmen und weiterkochen, bis die Flüssigkeit verdampft ist. Möhren durch ein Sieb passieren und Vanillemark zugeben.

30 g Honig in das Möhrenpüree einrühren und das Ganze etwa 10 Minuten bei geringer Hitze einkochen.

Die abgetropften Ziegenfrischkäse auf die Teller legen. Mit Rosmarinblüten garnieren und den restlichen warmen Honig darüber gießen. Daneben das Möhrenpuree und die karamellisierten Auberginenscheiben anrichten.

»Pflastersteine«

Vorbereitungszeit:	1 Stunde
Kühlzeit:	1 Stunde 30 Minuten
Garzeit:	15 Minuten
Schwierigkeitsgrad:	★★

Für 4 Personen

| 4 | Physalis |

Nougatfond:

10 g	Zartbitterschokolade
80 g	Nougat
5 g	Kakaobutter
100 g	Waffelgebäck

Süßholzmousse:

| 2 | Eigelb |
| 50 g | Zucker |

200 ml	Sahne
2 Blatt	Gelatine
4 g	Süßholzextrakt

Italienisches Baiser:

| 2 | Eiweiß |
| 40 g | Zucker |

Mousse aus weißer Schokolade:

2	Eier
50 g	Zucker
200 ml	Sahne
90 g	Vollmilchschokolade
40 g	Zartbitterschokolade

Englische Creme mit Süßholz:

2	Eigelb
50 g	Zucker
500 ml	Milch
2 g	Süßholzextrakt

Dieses Dessert ist eine Spezialität des »Miramar«, des Restaurants von Jean-Michel Minguella. Kreiert hat es sein Chef-Patissier Fabrice Vaquer, der diese Köstlichkeit einer berühmten Avenue gewidmet hat: der Canebière, die durch ganz Marseille verläuft und am Alten Hafen endet. Der Name unseres Desserts erinnert daran, dass sie früher einmal gepflastert war.

Die köstliche Nachspeise mit Süßholz trägt einen Teil der Geschichte der Stadt in sich. Früher gab es nicht weit von der Canebière eine Süßholzfabrik. Wussten Sie, dass der Süßholzextrakt von einem Strauch stammt? Die Wurzeln heißen Süßholz und werden auch als Kaustangen angeboten. Der aus dem Strauch gewonnene Süßholzextrakt wird zum Aromatisieren von Alkohol und Bier sowie für Süßwaren wie zum Beispiel Lakritz verwendet. Da er einen sehr kräftigen Geschmack hat, sollten Sie ausgesprochen sparsam damit umgehen und aufpassen, dass Ihnen beim Dosieren nicht die Hand ausrutscht.

Alle Genüsse, denen man im »Miramar« begegnet, erzählen von der Hafenstadt. Jedes Element dieser Nachspeise lässt die antike Stadt entstehen und die Schokolade bringt eine exotische und kosmopolitische Note hinein.

Physalis, die Frucht, die dieses Dessert krönt, stammt aus Peru und wird manchmal auch »Liebe im Käfig« genannt. Je nach Saison können Sie auch andere säuerliche Früchte wie Karambola, Kiwi oder Ananas verwenden. Jean-Michel Minguella hat Physalis nicht nur wegen der Schönheit der orangen Kirsche ausgewählt, sondern auch wegen ihrer zarten Säure, die die vom süßen Zucker trägen Geschmackspapillen wieder belebt. Die Säure balanciert die Schokolade und den süßen Geschmack des Desserts aus.

Schokolade mit Kakaobutter und Nougat im Wasserbad schmelzen.
Englische Creme: Eigelb mit Zucker schaumig schlagen. Milch erhitzen und zur Hälfte zugeben. Andere Hälfte bei geringer Hitze unter Rühren noch einmal aufkochen und Süßholzextrakt zugeben.

Die Creme durch ein Sieb geben und kalt stellen. Das Waffelgebäck zerkrümeln und in die flüssige Schokoladen-Nougat-Mischung geben. Diese Masse auf Backpapier etwa ½ cm dick verstreichen. 10 Minuten im Gefrierfach fest werden lassen.

Süßholzmousse: Eigelb und Zucker schaumig schlagen. Süßholzextrakt und eingeweichte, dann in 2 Esslöffeln heißem Wasser aufgelöste Gelatine zugeben. Für die Baisers Eiweiß steif schlagen. 100 ml Wasser mit Zucker auf 120 °C erhitzen und in dünnem Strahl unter Eischnee schlagen.

aus Canebière

Die Baisermasse in die Süßholzcreme einarbeiten. Steif geschlagene Sahne zugeben und die Masse auf die Schokoladen-Nougat-Mischung streichen. 20 Minuten ins Gefrierfach stellen.

Für die Schokoladenmousse Sahne steif schlagen, beiseite stellen. Zucker verflüssigen (110 °C), mit dem Mixer in das zuvor verschlagene Eigelb einarbeiten und dabei abkühlen lassen. Helle und dunkle Schokolade im Wasserbad schmelzen.

Schokolade mit der Eigelb-Zucker-Masse verrühren und die Sahne vorsichtig unterheben. Auf fest gewordene Süßholzmousse streichen. 1 Stunde kalt stellen. Englische Creme auf Teller gießen. 4 »Pflastersteine« zuschneiden, auf die Creme setzen und mit einer Physalis garnieren.

Vorbereitungszeit:	15 Minuten
Ruhezeit:	30 Minuten
Garzeit:	20 Minuten
Schwierigkeitsgrad:	✶

Für 4 Personen

2	Birnen
15 g	Butter
50 g	Mandeln, blättrig geschnitten
20 g	Rosinen
10 ml	Birnengeist
1 EL	Zucker

Crêpe-Teig:

125 g	Mehl
1 Prise	Salz
50 g	Zucker
3	Eier
500 ml	Milch
1	unbehandelte Zitrone
1	unbehandelte Orange

Englische Creme:

55 g	Zucker
250 ml	Milch
3	Eier

Zum Garnieren:

1	unbehandelte Orange

Francis Robins Rezept für die Birnen im Crêpe-Mantel (*Pannequets*) erinnert ihn an seine Vergangenheit. Schon als Küchenjunge glänzte der heutige Maître Cuisinier de France bei der Zubereitung von Crêpes oder Eierkuchen.

Als *Pannequets* wurden ursprünglich gesalzene oder süße Gerichte bezeichnet, die aus einer mit Haschee aus Fleisch oder Geflügel, einem Püree oder einer Creme gefüllten Crêpe bestanden. Weil sie perfekt für Gäste geeignet und leicht zuzubereiten sind, findet man sie häufig in den Menüs, sei es als Vorspeise, als warmes Hors d'œuvre oder, wie hier vorgeschlagen, als süßes Dessert.

Für den Teig plant Francis Robin eine Ruhezeit von dreißig Minuten ein. Sie können ihn aber auch eine Stunde stehen lassen. Damit die Crêpes nicht festbacken, benutzen Sie eine beschichtete Pfanne. Wischen Sie diese nach jeder fertigen Crêpe mit einem mit Öl getränkten Küchenpapier aus.

Da Birnen und Mandeln hervorragend miteinander harmonieren, ist es nur natürlich, dass sich beide in dem Rezept von Francis Robin wiederfinden. Die beste Sorte für das Dessert ist die köstliche Birne *Gute Luise*, die im Herbst auf den Markt kommt. Sie ist nicht sehr bauchig, von mittlerer Größe und hat eine glatte, grüne Haut mit einer hellroten Wange. Ihr leicht säuerlicher Geschmack unterstreicht die Milde der englischen Creme. Wenn Sie keine *Gute Luise* bekommen, kaufen Sie Birnen der Sorte *Passe-Crassane* oder *Williams*.

Francis Robins Tipp: Bereiten Sie dieses Dessert an den Festtagen am Jahresende auch einmal mit Haselnüssen, gehackten Mandeln, Pinienkernen oder Datteln zu. Der Alkohol an den Birnen kann übrigens problemlos weggelassen werden. Der abschließende Rat des Küchenchefs für ein gutes Gelingen ist: Backen Sie die Crêpes erst im letzten Moment – warm schmecken sie am allerbesten!

Englische Creme: Milch zum Kochen bringen und währenddessen die Eigelb mit dem Zucker schaumig rühren. Die heiße Milch unter Rühren zugeben. In einen Topf gießen und unter ständigem Rühren bei geringer Hitze eindicken lassen.

Crêpe-Teig: Mehl mit einer Prise Salz in eine Schüssel geben. Zucker und 3 Eier zugeben und mit der Milch verrühren. Orangen- und Zitronenschale darüber reiben und verrühren. Den Teig 30 Minuten ruhen lassen, bevor Sie die Crêpes backen.

Die Birnen schälen. Kerngehäuse entfernen und das Fruchtfleisch in sehr kleine Würfel schneiden. In der Zwischenzeit die Rosinen in heißem Wasserdampf quellen lassen.

Crêpe-Mantel

10 g Butter in einer Pfanne zerlassen und die Birnenwürfel mit dem Zucker und dem Birnengeist darin schmoren.

Sobald der Alkohol verdampft ist, die abgetropften Rosinen und die Mandelblättchen zugeben und unter die Birnenwürfel mischen. In einer anderen Pfanne die Crêpes in der restlichen Butter backen.

Die Crêpes mit der Fruchtmischung füllen. Zu einem kleinen Beutel formen und mit einem Streifen Orangenschale zubinden. Die englische Creme in die Teller gießen und die noch warmen Crêpes hineinsetzen.

Rote Grütze

Vorbereitungszeit:	*30 Minuten*
Ziehenlassen des Eises:	*4 Stunden*
Garzeit:	*20 Minuten*
Schwierigkeitsgrad:	*✱*

Für 4 Personen

Rote Grütze:

125 g	Himbeeren
200 g	Erdbeeren
50 g	Brombeeren
20 g	Johannisbeeren
100 ml	Maraschino
20 g	Butter
20 g	Honig
100 g	Pinienkerne

Sirup:

250 g	Zucker
1	Vanilleschote

Eisenkraut-Eis:

150 ml	Milch
100 ml	Sahne
3	Eigelb
50 g	Zucker
1 Zweig	Eisenkraut

Zum Garnieren:

4	Minzeblätter

Die provenzalische Rote Grütze mit Eisenkraut-Eis ist ein originelles Rezept unseres Küchenchefs. Dieses frühlingshafte Dessert ist wahrhaftig ein Genuss.

All die kleinen roten Früchte sind zart und empfindlich. Sie sind so saftig, dass sie behutsam behandelt werden müssen und nur in geschlossenen, festen Behältern transportiert werden können. Suchen Sie nach Früchten, die noch nicht überreif sind, und verarbeiten Sie sie nach dem Kauf rasch. Je nach Jahreszeit können Sie für dieses Dessert auch Walderdbeeren, Früchte des Erdbeerbaums, Preiselbeeren oder Kirschen verwenden.

Maraschino ist ein Likör aus einem gesüßten Branntwein, der ursprünglich aus den Steinen der Maraska-Kirsche hergestellt wurde. Maraschino wird vor allem für Süßwaren und feine Backwaren verwendet. Sie können ihn auch durch Kirschlikör ersetzen.

Die Idee, ein Eis aus Eisenkraut zu komponieren, entstand eines Tages im Kopf von Joël Garault, als seine Schwiegermutter ihm eine Eisenkrautpflanze schenkte. Unser Küchenchef wollte die Pflanze aus der Familie der Verbenaceen, die vor allem für ihre medizinische Wirkung bekannt ist, einmal kulinarisch würdigen. Aus den Blättern und Blüten des duftenden Eisenkrauts wird ein Kräutertee gegen Leber- und Nierenleiden bereitet. Wenn Sie das Glück haben, dass in Ihrem Garten Eisenkraut wächst, garnieren Sie das Eis – je nach Jahreszeit – mit den Blüten statt mit Minzeblättern. Sie können auch ein paar Blüten klein schneiden und mit den roten Früchten kochen.

Die gerösteten Pinienkerne verleihen der Nachspeise ihren Biss. Sie sind reich an Kohlehydraten und Lipiden und deshalb sehr gute Energiespender. Ihr pikanter, harziger Geschmack erinnert an Mandeln. Knusprig wird das Ganze auch mit trockenen Keksen.

Für die Eiscreme Eigelb und Zucker schaumig schlagen. Die Milch zum Kochen bringen und das Eisenkraut sowie die Eigelb-Zucker-Masse zugeben. Aufkochen und die Sahne zugießen. 4 Stunden ziehen lassen.

Die Eisenkrautcreme sieben und in die Eismaschine geben. Für den Sirup 500 ml Wasser mit dem Zucker und der Vanilleschote zum Kochen bringen und dann abkühlen lassen. Die Vanilleschote herausnehmen und beiseite legen.

Die Pinienkerne in einer heißen Pfanne ohne Fett anrösten. Sobald sie Farbe angenommen haben, zusammen mit einer zuvor gewaschenen Erdbeere zerdrücken.

mit Eisenkraut-Eis

Für die Rote Grütze die Himbeeren, Erdbeeren, Brombeeren und Johannisbeeren
küchenfertig vorbereiten. In einer Pfanne
den Honig und die Butter karamellisieren
lassen.

Erdbeeren halbieren und mit den anderen
Früchten im Karamell schwenken.

Mit Maraschino und Sirup ablöschen und
Vanilleschote zugeben. 5 Minuten bei ge-
ringer Hitze aufwärmen. Anrichten: Eine
Eiskugel auf die Pinienkerne setzen und
mit Minze garnieren. Rundherum die Rote
Grütze zugießen.

Backäpfel mit

Vorbereitungszeit:	20 Minuten
Quellzeit der Rosinen:	30 Minuten
Garzeit:	30 Minuten
Schwierigkeitsgrad:	✳

Für 4 Personen

4	Äpfel *(Golden Delicious)*
50 g	Polenta, mittelfein
200 ml	Milch
50 ml	Sahne
50 g	Pinienkerne

50 g	Rosinen
30 g	Butter
150 g	Zucker
50 ml	Calvados
1	Vanilleschote
4 Kugeln	Vanilleeis

Schlagsahne:

200 ml	Sahne
15 g	Zucker

Gebackene Äpfel mit Vanille-Polenta sind ein raffiniertes Dessert für Kenner. In der Kreation unseres Küchenchefs werden durch die Zutaten die Mittelmeerküste und die Hügellandschaft der Normandie miteinander vereint.

Ohnehin ist der Apfel geradezu universell. Auf der ganzen Welt verbreitet, findet man Äpfel das ganze Jahr über auf dem Markt. Bei dieser Nachspeise hat sich unser Küchenchef für die Sorte *Golden Delicious* entschieden. Sie ist goldgelb, hat eine glatte Schale und eine saftiges, knackiges, gelbes Fruchtfleisch. Die Liebhaber dieser Sorte schätzen besonders ihren feinen, süßlichen Geschmack mit leicht säuerlicher Note.

Viele Apfelrezepte werden mit Calvados zubereitet. Für Daniel Ettlinger gehört der Apfelschnaps aus der Normandie unbedingt dazu. Hier zieht das Calvados-Aroma beim Quellen in die Rosinen ein.

Deshalb sind es gerade die Rosinen, die das Bindeglied zwischen der Mittelmeerküste und dem Norden Frankreichs bilden. Unser Küchenchef verwendet sie lieber als Korinthen. Die kleinen, dunklen, kernlosen Rosinen haben einen ganz typischen Geschmack.

Mit der Polenta kommen wir zurück zu den provenzalischen Wurzeln. Der meist in herzhaften Speisen verwendete Maisgrieß stammt zwar ursprünglich aus Norditalien, kommt aber besonders in Gerichten aus Nizza häufig vor. Sie können das Dessert auch mit Weizengrieß zubereiten. Der pikante, harzige Geschmack der Pinienkerne erinnert an Mandeln, die Sie ersatzweise auch verwenden können.

Für dieses Rezept müssen Sie Schlagsahne herstellen. Schlagen Sie die Sahne mit dem Stabmixer auf höchster Stufe auf und geben Sie drei Minuten vor dem Ende den Zucker zu.

Die Äpfel schälen. Durchschneiden und die Kerngehäuse entfernen. Rosinen 30 Minuten in Calvados marinieren.

Eine Auflaufform mit Butter einfetten und etwas Zucker darüber streuen. Die Äpfel hineinsetzen.

Die Äpfel mit 50 g Zucker bestreuen und 30 Minuten bei 250 °C im Ofen backen. Die Pinienkerne in einem Topf mit 30 g Zucker bei geringer Hitze anrösten. Rühren, bis die Pinienkerne Farbe angenommen haben.

Vanille-Polenta

Für die Polenta Milch, Vanilleschote, Sahne und den restlichen Zucker aufkochen. Den Maisgrieß mit dem Schneebesen einrühren und das Ganze bei geringer Hitze 20 Minuten unter Rühren kochen.

Die Rosinen aus dem Calvados nehmen. Die Äpfel mit dem Calvados ablöschen und beiseite stellen. Sahne schlagen.

Rosinen hacken und in die Polenta geben. Mit einer runden Form die Polenta auf die Teller setzen, obenauf den Apfel. Mit einem Klecks Schlagsahne garnieren, geröstete Pinienkerne und gehackte Rosinen darüber streuen. Daneben eine Kugel Vanilleeis anrichten.

Fenchelsorbet

Vorbereitungszeit: 1 Stunde
30 Minuten
Ruhezeit des Tuile-Teiges: 1 Stunde
Ziehenlassen des Sirups: 1 Stunde
Garzeit: 25 Minuten
Schwierigkeitsgrad: ✶

Für 4 Personen

Sirup:
240 g Zucker
25 g Traubenzucker
125 g Fenchelsamen
1 TL Honig

Tuiles:
25 g Butter
25 g feiner Zucker

25 g Rohzucker
25 g Mehl
100 ml Orangensaft
10 g Fenchelsamen

Safransauce:
3 Eigelb
50 g Zucker
250 ml Milch
2 g Safran

Zum Garnieren:
Safranfäden
Fenchelgrün

Das Fenchelsorbet mit Safransauce ist eine Eigenkreation von Christian Étienne. Eines Tages kam ihm die Idee, ein Dessert mit Fenchel zuzubereiten. Begeistert von diesem Einfall, suchte er nach einer Sauce, die dieser Nachspeise würdig war. Und seine Fantasie wies dem Kenner der hohen Kochkunst sofort den Weg: eine englische Creme mit Safran. Das Dessert mit seinem wahrlich überraschenden Geschmack war geboren.

Fenchel wird in Frankreich häufig zu Fisch verwendet. Die fleischige Knolle aus eng übereinander liegenden Blättern wird meist als Gemüse gegessen und sollte makellos weiß und fest sein.

Zerkleinern Sie die Fenchelsamen mit einem Nudelholz. Für die *Tuiles* können Sie auch gehackte Haselnüsse oder Mandeln nehmen. Um Zeit zu sparen, bereitet unser Chefkoch den Sirup schon am Vortag zu. Wenn Sie den leichten Anis-

geschmack des Fenchels noch betonen möchten, geben Sie etwas Zitronensaft dazu, bevor Sie die Masse in die Eismaschine geben. Und falls Ihnen das eher bittere Aroma des Safrans nicht zusagt, rät Ihnen der Küchenchef zu einer Vanillesauce.

Damit die Herstellung der *Tuiles* leichter von der Hand geht, sollte die Butter Raumtemperatur haben. Wenn Sie kein Backpapier oder keine Silikon-Backunterlage haben, können Sie die *Tuiles* auch direkt auf dem eingefetteten, bemehlten Blech herstellen.

Das Feingebäck erhält seine charakteristische Form, indem man es noch warm auf einem Nudelholz trocknen lässt. Achtung: Es ist hauchzart und zerbricht leicht!

Unser Küchenchef richtet die *Tuiles* auf den Sorbetklößchen an, die in der Safransauce liegen.

Aus 250 ml Wasser, Traubenzucker und Honig den Sirup zubereiten. Den Zucker zugeben und das Ganze aufkochen.

Die Fenchelsamen und 250 ml Wasser zugeben. 1 Stunde ziehen lassen.

Safransauce: Milch aufkochen. Eigelb mit Zucker schaumig schlagen und heiße Milch einrühren. Topf auf den Herd stellen, rühren, damit das Eigelb abbindet. Sobald es aufkocht, den Topf vom Herd nehmen. Safran zugeben und die Creme kräftig aufschlagen.

mit Safransauce

Den Sirup durch ein Sieb gießen und abschmecken. Das Sorbet in die Eismaschine geben, Klößchen abstechen und diese im Gefrierfach aufbewahren.

In einer Schüssel die weiche Butter und den restlichen Zucker verrühren. Den Rohzucker zugeben und unter Rühren das Mehl und den Orangensaft zugeben. Mit dem Rührlöffel alles zu einem glatten Teig verarbeiten. 1 Stunde ruhen lassen.

Teig auf dem Backpapier zu Kreisen verstreichen. Mit zerdrücktem Fenchelsamen bestreuen. Etwa 5 Minuten bei 180 °C backen. Tuiles auf einem Nudelholz trocknen. Creme auf Tellern anrichten, drei Sorbetklößchen dazulegen. Mit Safran und Fenchelgrün garnieren.

Pinientarte mit

Vorbereitungszeit: 25 Minuten
Ruhezeit: 1 Stunde
Garzeit: 20 Minuten
Schwierigkeitsgrad: ✶

Für 4 Personen

100 g	Zucker
100 g	Butter
400 g	Pinienkerne
500 ml	Sahne
60 g	Lavendelhonig

Mürbeteig:

125 g	Butter
125 g	feiner Zucker
250 g	Mehl
1	Ei
1 Prise	Salz

In der Provence ist ein Tag, an dem es eine Pinientarte mit Lavendelhonig gibt, kein Tag wie jeder andere … Es ist ein Tag für Kinder, die dieses Schlemmerdessert besonders gern nach der Schule genießen. Die typisch südfranzösische Nachspeise serviert man am besten nach einem leichteren Hauptgang.

Pinienkerne sind reich an Kohlehydraten und Lipiden und deshalb sehr gute Energiespender. Ihr pikanter, harziger Geschmack erinnert an Mandeln, durch die man sie auch ersetzen kann. Die kleinen, länglichen Kerne stammen von den Zapfen der Schirmkiefer, eines Baumes aus der Familie der Abietaceen, der im Mittelmeerraum wächst. Von einer harten Schale umhüllt, sitzen sie zwischen den Schuppen der Zapfen.

Christian Étienne verrät Ihnen einen Trick, damit der Mürbeteig perfekt gelingt: Backen Sie den Teig zehn Minuten im Ofen vor – abgedeckt mit Backpapier, das mit getrockneten Erbsen, Linsen, weißen Bohnen oder Kieselsteinen beschwert ist. Dann geht der Teig beim Backen nicht auf. Anschließend füllen Sie die karamellisierten Pinienkerne hinein und backen die Tarte noch einmal fünfzehn Minuten.

Honig galt in der Antike als Speise der Götter. Als Nahrungsmittel und Opfergabe symbolisierte er Reichtum und Glück. In dieser Pinientarte kommt sein Aroma wunderbar zur Geltung. Honig wird von Bienen aus Blütennektar hergestellt und in den Waben eingelagert. Er spendet weitaus mehr Energie als Zucker. Der Lavendelhonig stammt aus der Provence, wo die ganze Landschaft vom Duft der lilafarbenen Blüten durchdrungen ist. Je nach Geschmack können Sie aber auch anderen Honig nehmen

Zu diesem leicht zuzubereitenden Nachtisch gibt es in Frankreich meist eine Tasse Tee oder Kakao.

Teig: Butterstückchen und Zucker von Hand mischen. Mehl mit Salz auf Arbeitsplatte geben, Ei und dann die Butter-Zucker-Mischung in die Mitte geben. Mit den Fingerspitzen mischen. Teig durchkneten, zu einer Kugel formen, in Mehl wälzen und 1 Stunde ruhen lassen.

Die Kuchenform einfetten. Den Teig ausrollen und in die Form legen. Die Form auf ein Backblech stellen.

In einem Kupfertopf die Butter zerlassen. Zucker und Honig zugeben und einen hellen Karamell herstellen.

Lavendelhonig

![Lavendelhonig-Torte mit Pinienkernen]

Die Pinienkerne zugeben. Gut verrühren, bis sie Farbe annehmen.

Mit der Sahne ablöschen und kräftig verrühren.

Die Mischung auf den Tortenboden gießen und 15 Minuten bei 180 °C backen. Noch warm aus der Form lösen.

Melonentörtchen

Vorbereitungszeit: 45 Minuten
Ruhezeit: 1 Stunde
Garzeit: 20 Minuten
Schwierigkeitsgrad: ✳✳

Für 4 Personen

2	Melonen aus der Provence (glatte Charantais)
3 EL	Grenadinesirup
100 ml	Muskateller
15 g	Puderzucker
10 g	Butter

Mürbeteig:

250 g	Mehl
50 g	gemahlene Mandeln
750 g	feiner Zucker
190 g	Butter
3	Eier
3 TL	Rum
1	unbehandelte Zitrone
1 Prise	Salz

Konditorcreme mit Muskateller:

6	Eier
125 g	Zucker
50 g	Mehl
20 g	Maisstärke
500 ml	Vollmilch
1	Vanilleschote
2 Blatt	Gelatine
120 ml	Sahne
50 ml	Muskateller

Sirup:

150 g	Zucker

Zum Garnieren:

	frische Minze

Diese erfrischende Nachspeise ist die perfekte Abrundung eines sommerlichen Essens, zumal die Melone, mit der das zarte Törtchen gefüllt ist, in der schönen Jahreszeit reift. Der Name des Desserts ist eine Hommage an Bel Air, das ländliche Viertel der Stadt Salon-de-Provence.

Um eine gute Melone zu erkennen, wiegt man sie in der Hand. Sie muss sich schwer anfühlen, aber auf Daumendruck am Blütenansatz etwas nachgeben und der Stiel sollte leicht zu entfernen sein und die Melone duften. Falls der Geruch zu intensiv ist, kann die Frucht auch überreif sein. Die Farben der Schalen variieren von Hellgrün, Dunkelgrün gestreift, strahlend Gelb bis hin zu Grün-Ocker, mit einer glatten oder rauen Haut.

Melonen halten sich an einem kühlen, gut belüfteten Platz fünf bis sechs Tage frisch. Legen Sie sie besser nicht in den Kühlschrank, sonst setzt sich ihr Aroma in anderen Lebensmitteln fest. Bei Raumtemperatur reifen Melonen übrigens etwas nach.

Wir empfehlen Ihnen für dieses Rezept eine glatte *Charentais*-Melone mit ihrem süßen, saftigen, festen Fruchtfleisch. Um gleichmäßige Melonenkügelchen herzustellen, benutzen Sie am besten einen Kugelausstecher. Sie können zum Garen der Melonenkugeln auch Zuckerrohr- oder Zuckerrübensirup nehmen, statt selbst Sirup herzustellen.

Kneten Sie den Teig nicht zu lange, sonst wird er hart. Um ihn ruhen zu lassen, formt man ihn zu einer Rolle, die so dick ist wie ein Nudelholz. Die Teigscheiben lassen sich dann unproblematisch ausrollen und ausstechen. Sie können aber auch fertigen Sandteig kaufen, den es im Supermarkt gibt. Sie brauchen davon etwa vierhundert Gramm.

Mürbeteig: Gemahlene Mandeln, Mehl, Zucker, Schale von 1/2 Zitrone und eine Prise Salz mischen. Weiche Butter in Würfeln, 2 Eigelb, 1 Ei und den Rum zugeben. Zu einem Teig kneten, eine Rolle formen und 1 Stunde ruhen lassen.

Teigrolle in 3 Zentimeter dicke Scheiben schneiden, ausrollen und Kreise von 8 cm Durchmesser ausstechen. 10 Minuten bei 200 °C im Ofen backen. Gelatine in Wasser einweichen.

Konditorcreme: Milch mit Vanilleschote aufkochen. 4 Eigelb, 2 Eier, Zucker und Maisstärke aufschlagen. Mehl hineinrieseln lassen, einrühren. Hälfte der Milch einrühren, dann in die andere Hälfte der Milch gießen. Alles unter Rühren 5 Minuten kochen.

»Bel Air«

Topf vom Herd nehmen und ausgedrückte Gelatine einrühren. Muskateller zugießen und das Ganze abkühlen lassen. Sahne steif schlagen und vorsichtig unter die Konditorcreme heben. Beiseite stellen.

In einem Topf 250 ml Wasser mit 150 g Zucker mischen. 2–3 Minuten kochen, bis ein farbloser Sirup entsteht. Beiseite stellen. 32 Melonenkugeln ausstechen. Aus dem übrigen Fruchtfleisch mit Grenadinesirup und 30 ml Zuckersirup eine Fruchtsauce mixen.

Melonenkugeln in der Butter dünsten. 7 Esslöffel Sirup und den Muskateller zugießen. Abtropfen. Teigscheiben mit Konditorcreme und Melonenkugeln garnieren. Übrige Scheiben darauflegen. Mit gesiebtem Puderzucker bestreuen und mit Minze und Fruchtsauce garnieren.

Fiadone

Vorbereitungszeit: 15 Minuten
Garzeit: 25 Minuten
Schwierigkeitsgrad: ✶

Für 4 Personen

500 g	*brocciu* (korsischer Frischkäse, ersatzweise Ricotta)
1	Zitrone
300 g	Zucker
6	Eier
10 ml	Wodka
10 g	Butter

Der *Fiadone* ist sicher der beliebteste Kuchen auf Korsika, wo er seit jeher zu den wichtigsten religiösen Festen wie Taufe, Kommunion und Hochzeit gehört. Die kurze Liste der Zutaten sollte nicht darüber hinwegtäuschen, dass diese Spezialität eine echte Delikatesse ist.

Die Kuchenform darf nur so groß sein, dass der Teig eine Dicke von mindestens 4 cm erreicht. Der korsische Frischkäse *brocciu* besitzt eine geschützte Herkunftsbezeichnung. Er wird in alter Hirtentradition aus Ziegen- oder Schafsmilch hergestellt und ist mit seinem milden Aroma auch gut für Süßspeisen geeignet.

Schon im 2. Jahrhundert v. Chr. beschreibt der griechische Historiker Polybius in seiner »Geschichte der Römischen Republik« die Besonderheiten der Viehzucht auf Korsika: »*Man hält die Tiere für wild lebend, da die Insel von Bäumen bewachsen und voller Steine und Schluchten ist, sodass die Hirten ihrem Vieh nicht folgen können. Findet der Hirte einen Ort, an dem seine Herde grasen kann, so bläst er in sein Horn. Die Herden folgen dem Ruf ihres Hirten und verwechseln dabei niemals den Ton der Hörner.*«

Zum mit Wodka abgeschmeckten Fiadone gehört auch das Aroma der Zitrone, die viel Vitamin C enthält und auf der Insel in großen Mengen gedeiht. Wählen Sie am besten eine unbehandelte Frucht, oder waschen Sie sie sehr sorgfältig mit heißem Wasser ab.

Den Käse zerdrücken.

Die Zitrone waschen und die Schale abreiben.

Den Zucker und die Eier zum Käse geben und alles zu einem glatten Teig verrühren.

Die Zitronenschale und den Schnaps zugeben und mischen.

Die Kuchenform mit der Butter auspinseln.

Den Teig in die Form füllen und im Ofen bei 180 °C 25 Minuten backen. Aus der Form auf einen großen Teller stürzen.

Korsische Frischkäse-

Vorbereitungszeit:	1 Stunde
Teig kalt stellen:	1 Stunde
Ruhezeit der Krapfen:	40 Minuten
Garzeit:	15 Minuten
Schwierigkeitsgrad:	✶

Für 4 Personen

100 g	Mehl
1 l	Olivenöl zum Frittieren
100 g	Zucker

Teig:

500 g	Mehl
10 g	Backpulver
3	Eier

100 g	weiches Schmalz
200 ml	süße Kondensmilch
½	abgeriebene Zitronenschale
25 ml	Pastis
1 Prise	Salz

Füllung:

150 g	brocciu (korsischer Frischkäse, ersatzweise Ricotta)
½	Orange
50 g	Puderzucker
25 ml	Grappa
1	Ei

Diese Krapfen sind auf Korsika ein typisches Anzeichen für Familienfeiern, werden sie doch besonders zur Taufe, Hochzeit und Kommunion in großen Mengen verzehrt.

Der Teig, aus Mehl, Backpulver, Zitrone, Salz, Eiern und einem Schuss Pastis leicht zubereitet, kann schon am Vortag hergestellt werden. Der Anisschnaps aus Marseille wird üblicherweise mit Wasser verlängert als Aperitif getrunken.

Vincent Tabarani, der das Rezept von seiner Mutter geerbt hat, fügte dem früher ungefüllten Gebäck eine Füllung mit brocciu hinzu.

Dieser typisch korsische Hirtenkäse wird in einem holzbefeuerten Kessel hergestellt, der mit Schaf- oder Ziegen-

molke gefüllt und, sobald diese warm ist, mit Milch und Salz aufgefüllt wird. Die Hirten schöpfen den Rahm ab und geben ihn in geflochtene Weidenkörbchen, in denen er auch verkauft wird.

Der brocciu ist ein sehr milder Frischkäse, der für süße wie für herzhafte Gerichte verwendet wird. Er ist dem Ricotta ähnlich, durch den er ersetzt werden kann.

In den Teig gehört ein Glas Schnaps, der auf Korsika aus verschiedenen Früchten hergestellt wird: Myrte, Weintraube, Orange, Früchten des Erdbeerbaums, um nur einige zu nennen. Gäste werden auf Korsika traditionell mit einem kleinen Gläschen Aquavita willkommen geheißen.

Teig: Eier trennen, das Eiweiß steif schlagen. Alle Zutaten der Reihe nach zu einem glatten Teig kneten und 1 Stunde kalt stellen.

Füllung: Käse, abgeriebene Orangenschale, Puderzucker, Grappa und Ei mit einem Schneebesen verquirlen.

Die Arbeitsfläche mit Mehl bestreuen und den Teig 2 mm dick ausrollen.

Krapfen mit Grappa

Runde Teigstücke von 10–12 cm Durchmesser ausstechen.

Je einen Teelöffel Füllung auf ein Teigstück setzen.

Die Teigkreise ringsum mit Wasser einpinseln und falten, 40 Minuten ruhen lassen. In heißem Olivenöl ausbacken, auf Küchenpapier abtropfen lassen und in Zucker wenden.

Cantucci

Vorbereitungszeit: 30 Minuten
Garzeit: 40 Minuten
Schwierigkeitsgrad: ✶

Für 4 bis 6 Personen

100 g	Butter
200 g	Puderzucker
200 g	Zucker
3	Eier
200 g	Mandeln
500 g	Mehl Type 550

8 g	Hefe
1 EL	Zitronenschale, gerieben
7 EL	Blütenhonig
	Salz

Diese Cantucci sind typisch für die Stadt Prato unweit von Florenz. Die Italiener lieben sie als krönenden Abschluss einer Mahlzeit – besonders dann, wenn noch ein Glas Vin santo dazu gereicht wird.

Jeder Bäcker in der Toskana verkauft Cantucci, die auch *Biscotti di Prato* heißen. Inzwischen sind sie aber in ganz Italien und sogar im Ausland erhältlich. Manche mögen Cantucci schon zum Frühstück, andere lieber nachmittags zu einer Tasse heißer Schokolade.

Der Grundteig für die Cantucci wird wie kleine Baguettes aufgerollt, gebacken und dann diagonal in Scheiben geschnitten. Diese kommen dann zum Trocknen nochmals in den Backofen – daher auch die Bezeichnung *Biscotti*, was soviel wie »zweimal gebacken« heißt. Weil sie im Ofen so gut getrocknet sind, kann man sie lange aufbewahren, was früher, als die Methoden der Nahrungsmittelkonservierung

noch recht eingeschränkt waren, von besonders großer Bedeutung war.

Cantucci haben eine lagen Tradition, haben sich aber weder in der Form noch in der Zusammensetzung wesentlich geändert. Die Mandeln kann man abgezogen und geröstet oder gehackt verwenden. Viele Cantucci-Liebhaber schätzen auch ein leichtes Anis-Aroma. Paolo Luni empfiehlt Ihnen, den Teig halb mit Puderzucker und halb mit normalem weißem Zucker anzurühren, damit die Kekse schön knusprig werden.

Der Teig wird durch Honig noch verfeinert. In Italien bieten etwa 85 000 Imker die verschiedensten Sorten von Honig an – wählen Sie aus zwischen Akazie, Zitrusfrüchten, Kastanie, Heidekraut, Eukalyptus, Thymian, Linde und vielen anderen.

Die Butter in einer Schüssel mit einem Schneebesen schaumig rühren. Dann den mit der geraspelten Zitronenschale gemischten Puderzucker zugeben.

Die Eier aufschlagen und in die Buttermischung geben. Durchrühren.

Den Honig, die mit dem Mehl vermischten Mandeln, Hefe und eine Prise Salz zufügen.

Mit einem Spatel alles kräftig durch-mischen, bis das Mehl eingearbeitet und ein glatter Teig entstanden ist.

Den Teig zu mehreren langen, dünnen Rollen formen. Auf ein Backblech legen und 10 Minuten bei 220 °C backen.

Die gebackenen Rollen auf ein Schneide-brett legen und mit einem Messer diago-nal in etwa 1 cm dicke Scheiben schnei-den. Noch einmal in den Ofen geben und bei 130 °C etwa 30 Minuten trocknen lassen.

Mandelkrokant

Vorbereitungszeit: 20 Minuten
Garzeit: 15 Minuten
Schwierigkeitsgrad: ✶✶

Für 4 Personen

500 g	abgezogene Mandeln
220 g	Zucker
1 EL	Olivenöl
1	Zitrone

Zum Garnieren:
Lorbeerblätter

In den Abruzzen servierte man Brautpaaren früher zum Nachtisch Mandelkrokant in Form eines Hauses – Sinnbild für die zukünftige Bleibe der Vermählten. Das Mandelkonfekt sollte den Neuvermählten Glück bringen. Im Laufe der Zeit wurde das Mandelgebäck auf der ganzen italienischen Halbinsel bekannt. Im Süden wird es vor allem zu Heiligabend zubereitet, ist aber auch überall auf den Jahrmärkten zu finden. Für die Kinder gehört es unbedingt zum Karussellfahren dazu.

Schon die Alten Römer stellten Süßigkeiten her, indem sie Mandeln mit Honig umgaben. Die ovalen, aus Asien stammenden Früchte bezeichnete man damals als »griechische Nüsse«. Auch viele orientalische Süßigkeiten werden mit Mandeln hergestellt.

Für dieses Rezept sollten Sie die braune Haut der Mandeln abziehen. Dafür geben Sie die Mandeln eine Minute in kochendes Wasser. Wenn sie abgekühlt sind, kann man sie leicht aus ihrer Haut herausdrücken, indem man sie zwischen Daumen und Zeigefinger presst.

Damit der Krokant gelingt, muss man das Mandel-Zucker-Gemisch unbedingt kräftig rühren, solange es auf dem Herd ist. Das geht am besten mit einem Holzspatel. Es ist auch ratsam, den Krokant auf einer Marmorplatte zu schneiden oder zumindest auf einer sehr glatten, schnittfesten Fläche. Diese sollte ebenso wie die Klinge vorher mit Öl bestrichen werden. Das erleichtert das Schneiden. Die Zitrone sorgt dafür, dass der Krokant seine schöne Karamellfarbe behält.

In den Abruzzen wird das Mandelkonfekt immer mit Lorbeerblättern garniert. Die Abruzzesen, die sehr traditionsverbunden sind, bringen dem Lorbeerbaum großen Respekt entgegen: Als antikes Symbol der kaiserlichen Macht soll er dem Haushalt Wohlstand bringen.

Mit einem Tuch die Arbeitsfläche und die Klinge eines großen Messers leicht einölen.

Die abgezogenen Mandeln halbieren. Mit dem Zucker in eine Pfanne geben.

Die Pfanne erhitzen. Mit einem Holzspatel die Masse kräftig umrühren, damit sich Mandeln und Zucker gut verbinden. Wenn die Mandeln gebräunt sind, die Pfanne vom Herd nehmen.

Die Mandelmischung vorsichtig auf die geölte Arbeitsfläche geben.

Die Zitrone darüber ausdrücken. Der Masse mit der Klinge des Messers eine rechteckige Form geben.

Den Krokant in gleichmäßige Stücke schneiden. Diese auf einen Teller legen und mit Lorbeerblättern garnieren.

Venezianische

Vorbereitungszeit: 20 Minuten
Einweichzeit: 1 Stunde
Garzeit: 10 Minuten
Schwierigkeitsgrad: ✶

Für 4 Personen

300 ml	Milch
60 g	Butter
1 Prise	Salz
240 g	Mehl Type 550
½	unbehandelte Zitrone

3	Eier
2	Eiweiß
50 g	helle Rosinen
4 EL	Grappa
20 g	Pinienkerne
100 g	Puderzucker
	Pflanzenöl, zum Frittieren

Die Venezianer stehen seit jeher im Ruf, das Feiern und die dazugehörigen süßen Leckereien besonders zu lieben. Früher zog sich der venezianische Karneval über Monate hin und war immer wieder Anlass zum Schlemmen. Die mit der *Bauta* – einem volkstümlichen Kostüm, das aus Dreispitz, schwarzem Umhang und weißer Maske besteht – verkleideten Damen und Herren besorgten sich bei den Straßenhändlern die unterschiedlichsten Leckereien: zum Beispiel Beignets aus Brandteig, die man *Frittelle* oder *Fritole* nennt, oder andere in Fett ausgebackene süße Teilchen. Inzwischen gibt es diese Köstlichkeiten das ganze Jahr über.

Im 18. Jahrhundert waren *Frittelle*-Verkäufer untrennbar mit dem Stadtbild von Venedig verbunden. Der Venezianer Carlo Goldoni, Reformer des italienischen Theaters, brachte 1756 in seinem »Il Campiello« sogar eine Verkäuferin dieser Leckerei in der Hauptrolle auf die Bühne.

Grundlage des Rezeptes ist ein klassischer Brandteig, der mit Rosinen und Pinienkernen verfeinert und dann in Fett ausgebacken wird. Er wird ohne Zucker zubereitet, weil er karamellisieren könnte und die Beignets dann zu dunkel würden. Sobald sich die Masse aus Butter, Mehl und Milch vom Topfboden löst, nehmen Sie sie vom Herd. Geben Sie den Teig auf die Arbeitsfläche und lassen Sie ihn abkühlen. Die Eier darf man nicht in die heiße Masse schlagen, weil sie sofort stocken und den Teig unbrauchbar machen. Fügen Sie zur Verfeinerung etwas Grappa oder Anislikör zu.

Um festzustellen, ob das Öl die richtige Temperatur hat, geben Sie etwas Mehl oder Wasser hinein. Wenn Bläschen aufsteigen, ist die Temperatur ideal. Schieben Sie den Teig mit dem Finger vom Löffel ins Öl. Er geht sehr schnell zu kleinen goldgelben Bällchen auf. Lassen Sie diese auf Küchenpapier abtropfen, wenden Sie sie in Zucker und essen Sie sie kalt.

Die Rosinen in den Grappa legen. Milch und Butter mit einer Prise Salz in einem Topf verrühren. Zum Kochen bringen.

Sobald die Milch kocht, das Mehl und die geriebene Zitronenschale zugeben. Umrühren, bis sich der Teig vom Boden löst. Den Teig auf eine hitzebeständige Arbeitsplatte geben und abkühlen lassen.

Den Teig in eine Schüssel geben. 3 Eier sowie Eiweiß zugeben. Kräftig unterrühren, bis sich die Eier vollständig mit dem Teig verbunden haben.

Frittelle

Die eingelegten Rosinen und die Pinienkerne zugeben. Ein letztes Mal umrühren.

Das Öl in einer Pfanne erhitzen. Mit einem
Suppenlöffel kleine Teigportionen in das
heiße Öl geben. Sobald die Frittelle anfangen aufzugehen, wenden, damit sie
rundum goldgelb werden.

Die Frittelle auf Küchenpapier abtropfen
lassen. Mit dem Puderzucker bestäuben
und kalt servieren.

Mirabellen-

Vorbereitungszeit: 40 Minuten
Garzeit: 30 Minuten
Schwierigkeitsgrad: ★★

Für 4 Personen

600 g	Kartoffeln
250 g	Mehl
10	frische rote Mirabellen
1	Ei
2 Prisen	gemahlener Zimt
100 g	Semmelbrösel

200 g	Butter
3 TL	Puderzucker
	Salz

Mirabellen-Gnocchi sind ein vom Trentino bis in den Friaul, ja bis hin nach Slowenien beliebter Nachtisch. Alle diese Regionen gehörten im Laufe der Geschichte zur Donaumonarchie von Österreich-Ungarn. Bei den Adligen standen oft böhmische Köche in Lohn und Brot, wenn sich die Herrschaften in ihren Schlössern bei Triest aufhielten. Sie brachten ihre kulinarischen Eigenheiten mit, die auf diese Weise auch in Italien Verbreitung fanden.

Gnocchi bestehen normalerweise aus Kartoffeln und Weizen- bzw. Maismehl oder einer Mehl-Ricotta-Mischung. Mehlig kochende Kartoffelsorten wie zum Beispiel Bintje sind für die Zubereitung besonders gut geeignet. Meistens werden Gnocchi, die inzwischen auch weit über Italien hinaus bekannt sind, kurz in Salzwasser gekocht und dann mit Butter, Käse oder einer Tomatensauce serviert. Eine Obstfüllung ist also eher ungewöhnlich.

Im Hinterland von Triest wachsen ausgezeichnete Mirabellen, die man roh isst oder auch zu Schnaps verarbeitet. Die Sorte *Violine* wird sehr gerne gekocht, während die gelb-orangefarbenen Früchte roh gegessen werden. Die Gnocchi behalten ihre Form besser, wenn Sie frische Früchte nehmen, denn tiefgefroren geben sie zu viel Saft ab. Man kann die Mirabellen auch durch Zwetschgen, getrocknete Aprikosen oder Kirschen ersetzen.

Die heißen Gnocchi werden zunächst mit Zucker und Zimt bestreut. Dann werden sie sofort mit einer Sauce aus Semmelbröseln und zerlassener Butter begossen. Die heiße Butter lässt den Zucker schmelzen, sodass die Gnocchi wie karamellisiert aussehen. Im Friaul werden heiße Mirabellen-Gnocchi gerne zu einem pikanten Gulasch serviert, sie kommen aber auch als Dessert auf den Tisch.

Die ungeschälten Kartoffeln 20 Minuten kochen. Abkühlen lassen und die Schale abziehen. Die Kartoffeln in grobe Würfel schneiden und passieren.

Ein Drittel des Mehls auf die Arbeitsfläche geben. Das Kartoffelpüree darauf geben und in die Mitte eine Mulde drücken. Ein Ei hineinschlagen und etwas Salz darauf geben. Mit den Händen kneten, dabei nach und nach das Mehl einarbeiten, bis ein glatter Teig entsteht.

100 g Butter in einer Pfanne zerlassen. 80 g Semmelbrösel einstreuen und mit einem Holzspatel mischen. 1 Prise Zimt und 2 Teelöffel Puderzucker einrühren.

Gnocchi

Die Mirabellen aufschneiden und entsteinen. Mit einem Löffel die Früchte mit der Semmelbröselmischung füllen und zusammendrücken.

Teig in eigroße Portionen aufteilen und mit bemehlten Händen zu dicken Scheiben formen. Immer eine Scheibe in die Hand nehmen, eine Mirabelle in die Mitte setzen, die Hand schließen und so die Frucht im Teig einschließen. Dann mit den Händen zu dicken Kugeln rollen.

Gnocchi 5 Minuten in kochendes Salzwasser geben, mit einem Schaumlöffel herausnehmen. Restliche Butter zerlassen, übrige Semmelbrösel zugeben und braunen. Auf Tellern anrichten, mit Puderzucker und Zimt bestäuben und die heißen Semmelbrösel darüber geben.

Tiramisù

Vorbereitungszeit: 45 Minuten
Schwierigkeitsgrad: ★★

Für 4 Personen

250 g	Mascarpone (Frischkäse)
4	Löffelbiskuits
2	Eier
40 g	Zucker
½ TL	weißes oder braunes Vanillepulver
2 Tassen	Espresso

2 EL	Brandy
10 g	Kakaopulver
	Salz

Zum Garnieren:
Bitterschokolade

Tiramisù ist das wohl bekannteste italienische Dessert überhaupt. Auf der italienischen Halbinsel hat sich ein richtiger Kult darum entwickelt. Von Nord bis Süd beansprucht jede Region, das *Tiramisù* – was wörtlich übersetzt »zieh mich hinauf« bedeutet – erfunden zu haben.

Für die Piemontesen ist es ganz klar: Die Löffelbiskuits, die *Savoiardi*, beweisen den Ursprung des Desserts in ihrem Landstrich. Dem widersprechen die Lombarden, die daran erinnern, dass der Mascarpone eine Spezialität ihrer Region ist. Die Römer hingegen betrachten das Dessert als typisches Abbild ihrer Stadt. Und die Küchenchefin? Sie behauptet voller Stolz, dass das Tiramisù in Vicenza, also in Venetien, das Licht der Welt erblickt habe.

Dieser gehaltvolle Klassiker der italienischen Küche wird in den verschiedenen Gegenden auch auf verschiedene Art zubereitet. In manchen Familien wird die Creme nicht mit Kakao bestreut, sondern mit Obst belegt, zum Beispiel mit Pfirsichen, Bananen oder Ananas. Andere Varianten gibt es bei der Wahl des Alkohols: Auch wenn man für die Biskuits meist den sizilianischen Marsala bevorzugt, so wird doch gern auch Brandy, Cognac oder Rum verwendet.

Dagegen ist ein Tiramisù ohne Mascarpone, den delikaten, cremigen Frischkäse, undenkbar. Er wird aus der Sahne von Kuhmilch, manchmal aber auch von Büffelmilch gewonnen. Man erhitzt die Milch auf fünfundsiebzig bis neunzig Grad. Dann wird Zitronensaft oder Weißweinessig zugesetzt, um die Gerinnung zu beschleunigen. Mit fünfzig Prozent Fettgehalt ist er sehr gehaltvoll.

Der Espresso gibt dem Tiramisù eine leicht bittere Note. Espresso wird in Italien schon seit dem 16. Jahrhundert getrunken und unter der Bezeichnung *Caffè* ist er an beinahe jeder Straßenecke zu haben.

2 Eiweiß mit einer Prise Salz in eine Schüssel geben. Das Eigelb in einer anderen Schüssel beiseite stellen. Mit einem Schneebesen das Eiweiß zu Eischnee schlagen.

Das Eigelb mit Zucker und Vanillepulver mit einem Schneebesen gut verquirlen.

Den Mascarpone unter die Eigelbmischung ziehen. Gut vermischen.

Anschließend den Eischnee unterheben. Jeweils etwas von der Creme in Gläser füllen.

In einem tiefen Teller 2 Tassen Espresso und den Brandy mischen. Die Biskuits kurz eintauchen, zerbrechen und in die Gläser geben.

Die Gläser mit der Creme auffüllen. Mit Kakao bestreuen und mit Schokolade garnieren.

Panna

Vorbereitungszeit:	20 Minuten
Kühlzeit:	5 Stunden
Garzeit:	20 Minuten
Schwierigkeitsgrad:	✶

Für 4 Personen

250 ml	Sahne (30–40 % Fettgehalt)
500 ml	Milch
150 g	Zucker
6 Blätter	Gelatine

Kaffeesauce:

125 g	Zucker
100 ml	Espresso
200 ml	Sahne

Schokoladensauce:

250 g	dunkle Blockschokolade
200 ml	Sahne
40 g	Butter

Zum Garnieren:

Minzeblätter

Die weltbekannte *Panna Cotta* stammt aus dem Aosta-Tal und ist in den nördlichen Regionen Italiens äußerst beliebt. Sie ist leicht zuzubereiten. Ob sie gelingt, hängt wesentlich von der Qualität der verwendeten Zutaten ab.

Am besten verwenden Sie italienische Sahne. Sie ist sehr fetthaltig und die entscheidende Zutat dieses Desserts. Bis zum Ende des 19. Jahrhunderts stellte man sie so her, dass man Milch vierundzwanzig Stunden kühlte und dann den Rahm abschöpfte. Heute erfolgt die Herstellung in Molkereien mit Hilfe von Milchzentrifugen. Sollten Sie keine italienische Sahne haben, ersetzen Sie die Milch durch Sahne und verwenden Sie zwei Blatt Gelatine mehr.

Die Gelatine ist ebenfalls wichtig für das Gelingen der *Panna Cotta*. Diese farb- und geruchslose Substanz wird aus Knochen- und Knorpelsubstanz von Tieren und aus bestimmten Algen gewonnen. Sie ist im Handel in Form von Pulver oder durchsichtigen Blättern erhältlich. Die Blätter müssen zunächst in lauwarmes Wasser gelegt und dann in heißer Flüssigkeit aufgelöst werden.

Sergio Pais serviert seine *Panna Cotta* mit einer Kaffee- und einer Schokoladensauce. Sie können sie aber auch mit einer Sauce aus verschiedenen Früchten servieren.

Im Orient ist Kaffee seit dem Mittelalter bekannt, nach Italien dagegen wurde er erst im 15. Jahrhundert eingeführt. Die Kaufleute Norditaliens ließen riesige Kaffeelieferungen nach Triest kommen. In Venedig nahm die Begeisterung für das neue Getränk bald so überhand, dass die Stadtväter beschlossen, die Zahl der Orte, wo Kaffee ausgeschenkt werden durfte, zu limitieren. Heute gibt es in Italien kaum ein Getränk, das so verbreitet ist wie Espresso. Er hat ein kräftiges, leicht bitteres Aroma und ist immer von einer delikaten, hellbraunen Schaumschicht bedeckt.

Die Gelatineblätter in ein Schälchen mit lauwarmem Wasser legen. In einem Topf die Milch mit dem Zucker aufkochen lassen.

Gelatine ausdrücken, mit einem Schneebesen in die Milch einrühren und 3 Minuten kochen lassen.

Die Sahne zugießen. Aufkochen lassen und 1 Minute unter Rühren kochen. Die Mischung in 4 Förmchen geben und 5 Stunden kalt stellen.

Cotta

Für die Schokoladensauce Butter und Schokolade unter ständigem Rühren im Wasserbad schmelzen. Die Sahne zugießen. Umrühren und beiseite stellen.

Für die Kaffeesauce in einem Topf den Zucker im Espresso auflösen und 4 Minuten kochen.

Die Sahne in die Kaffeesauce rühren. Die Panna Cotta aus den Förmchen nehmen und jeweils in die Mitte eines Tellers setzen. Schokoladensauce und Kaffeesauce zugießen und schließlich mit Minzeblättern garnieren.

Gefrorene Zabaglione

Vorbereitungszeit: 40 Minuten
Gefrierzeit: 12 Stunden
Garzeit: 1 Minute
Schwierigkeitsgrad: ✶✶

Für 4 Personen

6	Eier
150 g	Zucker
700 ml	Mandelmilch
800 ml	Marsala
250 ml	Sahne

100 g	gestoßene Mandeln
1 Stück	Butter

Zum Garnieren:
Erdbeeren
Mandelblättchen
Schokoladenraspeln
Minzeblätter

Die gefrorene Zabaglione mit Marsala zählt zu den typisch italienischen Köstlichkeiten. Diese Art Eiscreme ist ausgesprochen raffiniert und inzwischen weltberühmt – schon seit dem 16. Jahrhundert erfreut man sich daran! Früher wurde die Süßspeise dem Brautpaar am Morgen nach der Hochzeitsnacht serviert, damit es wieder zu Kräften kam.

Zabaglione ist sehr gehaltvoll und wird normalerweise lauwarm gegessen. Die Turiner halten sich für die Erfinder dieser Schaumspeise; auf jeden Fall ist ihnen die Verfeinerung mit Marsala zu verdanken. In Piemont ist man sich über den Erfinder der Zabaglione nicht einig. Manche behaupten, es handle sich dabei um den berühmten Renaissancekoch Bartolomeo Scappi. Das ruft jedoch Widerspruch hervor, denn in Wirklichkeit soll es das Genie des heiligen Pasquale Bayon gewesen sein, den die Turiner 1722 zum Schutzpatron der Köche erkoren. Zur Erhärtung dieser These tragen ihre Anhänger vor, dass sein Name im

piemontesischen Dialekt Sanbajun ausgesprochen werde, woraus dann *Zabagliun* geworden sei.

Zabaglione ist leicht zuzubereiten; ob sie ein Erlebnis wird, hängt vom Marsala ab. Der sizilianische Wein verdankt seine Verbreitung dem Engländer John Woodhouse. Dieser hatte 1770 vor dem sizilianischen Marsala Schiffbruch erlitten. Als er nach seiner Rettung den lokalen Wein kostete, beschloss er, dem Sherry und Madeira aus Spanien damit Konkurrenz zu machen. Admiral Nelson bestellte bei ihm jedes Jahr 500 Fässer für die englische Mittelmeerflotte, die die Franzosen und Spanier bei Trafalgar schlug, den sizilianischen Wein *Marsala Victory Wine* taufte – und so erheblich zu seinem Erfolg beitrug!

Sie können die gefrorene Zabaglione mit Mandeln oder Haselnusskernen verfeinern. Die Erdbeeren kann man je nach Jahreszeit durch andere Früchte ersetzen.

Zucker und Eigelb in eine für ein Wasserbad geeignete Schüssel geben. In einem Topf Wasser erhitzen.

Eigelb und Zucker mit einem Holzspatel schaumig rühren.

Die Mandelmilch unter ständigem Rühren zugeben.

mit Marsala

Die Schüssel mit der Eimischung auf den Topf mit kochendem Wasser setzen. Den Marsala einrühren. 1 Minute im Wasserbad lassen und dabei vorsichtig weiterrühren, dann vom Topf nehmen.

Die Sahne in eine Schüssel gießen und mit einem Schneebesen kräftig aufschlagen.

Sahne zur Eiermischung geben. Nach und nach gestoßene Mandeln zufügen. Masse in eine eingefettete Form gießen, 12 Stunden in die Tiefkühlruhe stellen. Zabaglione in Scheiben schneiden. Mit Erdbeeren, Schokoladenraspeln, Mandeln und Minzeblättern dekorieren.

Möhrenkuchen

Vorbereitungszeit: 25 Minuten
Garzeit: 30 Minuten
Schwierigkeitsgrad: ✶

Für 4–6 Personen

270 g	Butter
250 g	Zucker
200 g	Möhren
3	Eier
250 g	abgezogene Mandeln
300 g	Mehl Type 550

10 g	Trockenhefe
½	unbehandelte Zitrone
2 EL	Strega (ersatzweise ein anderer Kräuterlikör)
5 g	Salz

Einer der typischen Kuchen Südtirols ist dieser Möhrenkuchen. In der Gebirgsregion, die an Österreich grenzt und die im Laufe der Geschichte je nach militärischen Erfolgen bald zu diesem, bald zu jenem Land gehörte, haben sich solide Essgewohnheiten erhalten. Die Skifahrer, die sich auf den Pisten der Dolomiten vergnügen, schätzen die gehaltvollen Backwaren, die viel Butter und Mandeln enthalten und sie wieder zu Kräften bringen.

Es mag etwas ungewöhnlich sein, einen Kuchen mit Möhren zu backen. Aber der Geschmack der Möhren ist keineswegs vorherrschend, sondern sie verleihen dem Teig dekorative orangefarbene Tüpfelchen. Sie können die Möhren entweder mit einer Küchenreibe raspeln oder sie in einem Mixer grob verarbeiten.

Durch die Mandeln wird der Kuchen weich und saftig. Paolo Luni behauptet, dass Apulien die besten Mandeln

Italiens liefere. Er bevorzugt die Sorte Bari wegen ihres milden Geschmacks.

Der Strega-Likör trägt zur Verfeinerung des Aromas bei und wird in Italien seit hundertfünfzig Jahren gern getrunken. Er ist von dunkelgelber Farbe und wird von nur einer Firma mit Sitz in der Provinz Benevent hergestellt. Das Rezept des exklusiven Getränks, für das verschiedene Wildkräuter verwendet werden, unterliegt strenger Geheimhaltung. Man trinkt Strega als Magenbitter oder verwendet ihn zur Verfeinerung von Desserts.

Garnieren Sie den Kuchen, wenn er bereits in der Backform ist. Legen Sie am Rand einen Kreis aus abgezogenen Mandeln. Ziehen Sie mit einer Fingerspitze vom Rand zur Mitte eine Spirale in den Teig und legen Sie weitere Mandeln darauf. Sie können ihn dann mit etwas Sahne zu einer Tasse Tee oder Kaffe am Nachmittag servieren.

Die Endstücke der Möhren abschneiden, Möhren schälen und mit einer Küchenreibe grob raspeln.

In einer Schüssel mit einem Schneebesen 250 g weiche Butter mit dem Zucker glatt rühren. Die Eier zugeben.

300 g Mehl mit der Hefe gemischt unter die Masse rühren.

Die Möhren gründlich untermischen.

Den Strega-Likör, 200 g gemahlene Mandeln, geriebene Zitronenschale und 1 Prise Salz unterrühren.

Die Backform mit Butter einfetten und mit Mehl bestäuben. Mit einem Teigschaber den Teig in die Form geben und verteilen. Mit abgezogenen Mandeln dekorieren. 30 Minuten bei 190 °C im Backofen backen.

Orangen-Ricotta

Vorbereitungszeit: 10 Minuten
Garzeit: 5 Minuten
Schwierigkeitsgrad: ✳

Für 4 Personen

3	Navel-Orangen
500 g	Ricotta
5 EL	Zucker
1 TL	gemahlener Kaffee
25 ml	Honig

Zum Garnieren:

Minzeblättchen
Orangenschale

Unser Küchenchef liebt seine Heimatinsel Sardinien sehr und präsentiert Ihnen hier ein köstliches Dessert mit Ricotta. Sein Vater war Hirte und machte Käse selbst, daher gab es in Amerigo Murgias Kindheit in Osini viele Käsegerichte, die seine Mutter Narcisa immer wieder neu erfand.

Das Orangen-Ricotta-Dessert begeistert heute schon die Kinder unseres Küchenchefs. Narcisa, die inzwischen Großmutter ist, bereitet ihre Spezialität nun für die Enkel zu und verfeinert das Dessert manchmal mit Banane und Honig.

Auf Sardinien kennen alle Käseliebhaber die kleine Stadt Macomer. Am Rand des Plateaus von Campeda gelegen, ist die Stadt seit Eröffnung der Käsekooperative für die herausragende Qualität ihrer Produkte bekannt. Vom Ricotta über den *pecorino sardo* bis zum milden *dolce di Macomer* reicht die Palette der Köstlichkeiten.

Aus Kuh-, Schafs- oder Ziegenmilch hergestellt, hat der Ricotta einen milden Geschmack und wird für süße ebenso wie für herzhafte Gerichte verwendet. Hier verbindet sich sein säuerlicher Geschmack harmonisch mit den Orangen.

Unter der sardischen Sonne wachsen die Orangen in großer Menge. Die aus dem Orient stammenden Früchte enthalten viel Vitamin A und C. Ihr Geschmack ist je nach Sorte süß, aromatisch oder säuerlich. Wählen Sie für dieses Rezept die besonders saftige Sorte Navel.

Amerigo Murgia widmet dieses Dessert seiner Mutter und allen Großmüttern Sardiniens.

2 Orangen halbieren.

Orangen auspressen und Kerne entfernen.

Die dritte Orange waschen und schälen. Die Schale in feinste Streifen schneiden und in 4 EL Zucker und etwas Wasser karamellisieren. Zum Garnieren beiseite stellen.

Den Ricotta mit 1 EL Zucker in eine Schüssel geben.

Den Orangensaft zugießen.

Den Ricotta mithilfe einer Ringform auf dem Teller anrichten, mit gemahlenem Kaffee bestäuben, mit Honig übergießen und mit Minze und Orangenzeste garnieren.

Mandelgelee mit

Vorbereitungszeit: 40 Minuten
Garzeit: 40 Minuten
Gelee kalt stellen: 6 Stunden
Schwierigkeitsgrad: ✳

Für 4 Personen

2	Zitronen
75 g	gemahlene Mandeln (mehlfein)
70 g	Zucker
45 g	Speisestärke

Zitronensauce:

3	Zitronen
120 g	Würfelzucker
3	Eier
70 g	Butter

Zum Garnieren:

	gemahlener Zimt
	Orangenzeste

Das Mandelgelee *biancomangiare* hat eine lange Geschichte und wird in der Region um Modica heutzutage gern als leichtes Sommerfrühstück oder zum Nachmittagskaffee genossen.

Im Mittelalter bekamen auf Sizilien Kranke und junge Mütter eine kräftigende, salzige Speise aus Mandelmilch, der Hühnchen und Gewürze zugegeben wurden. Im Laufe der Jahrhunderte wandelte sich der *biancomangiare* dann zur Süßspeise.

Die Köstlichkeit ist leicht zubereitet und vereint die typischen Aromen Siziliens. Mandeln gehören untrennbar zur lokalen Küche, sie werden zu Spezialitäten wie Marzipan, *torrone* und *pasta reale* verarbeitet. Die Mandelbäume verwandeln zum Winterende die Ebene von Agrigente und die Region um Syrakus in ein Blütenmeer.

Traditionell wird das Gelee in regionaltypischen Förmchen zubereitet, die auf Sizilien die Form eines Zitronenblattes haben. In Anlehnung daran hat Giuseppe Barone eine Zitronensauce zum Gelee kreiert.

Auf Sizilien, das für die Qualität seiner Zitronen weltberühmt ist, werden zahlreiche Sorten kultiviert, darunter *verdello*, *monachello* und *femminello*. Die Bäume, die aus Indien stammen, aber mit den Arabern auf die Insel kamen, gedeihen dort dank eines ausgeklügelten Bewässerungssystems prächtig.

Das Mandelgelee ist eine erfrischende Spezialität, die besonders im Sommer für Begeisterung sorgen wird.

2 Zitronen schälen. Schalen 2 Minuten in 500 ml Wasser blanchieren, abtropfen und das Kochwasser verwahren.

Das Mandelmehl in ein Mulltuch knoten und in das Zitronenwasser tauchen. Das Tuch gut auspressen und das milchige Wasser abseihen.

Den Zucker und die Stärke zur Mandelmilch geben. Bei geringer Hitze kochen, dabei mit einem Schneebesen umrühren.

Zitronensauce

Förmchen mit kaltem Wasser ausspülen. Die nun dickflüssige Creme in die Förmchen gießen und 6 Stunden kalt stellen.

Zitronensauce: Die Zitronen sorgfältig abwaschen. Die Schale mit Würfelzucker abreiben, den Saft auspressen.

Eier, Zucker, Butter und Zitronensaft unter ständigem Rühren mit dem Schneebesen im Wasserbad erhitzen. Das Gelee auf Teller stürzen, mit Sauce umgießen und garnieren.

Amygdalota

Vorbereitungszeit: 20 Minuten
Backzeit: 20 Minuten
Schwierigkeitsgrad: ✱

Für 6 Personen

480 g	geschälte Mandeln
450 g	Puderzucker
1 Päckchen	Vanillezucker
3	Eiweiß
60 g	feiner Grieß
100 g	Belegkirschen
2 EL	Orangenblütenwasser

Dieses köstliche Mandelgebäck ist eine Spezialität auf vielen Ägäischen Inseln. Unser Rezept weicht jedoch ein wenig von dem Gebäck ab, das man traditionell auf Andros, Hydra, Mykonos, Patmos und den anderen Inseln bekommt. Früher wurde es auf der Insel Andros zu Hochzeiten gereicht: Der Mandelbaum ist sowohl ein Symbol aus der griechischen Mythologie (als Garant für Männlichkeit und Fruchtbarkeit) als auch aus dem Christentum, da der Mandelkern in der Schale die Muttergottes symbolisiert, die das Jesuskind schützend umarmt. Heutzutage wird das Gebäck von den Griechen als Leckerei geschätzt, die man gern mit zuckersüßem Kaffee genießt.

Mandeln heißen auf Griechisch *amygdala* und bilden die Grundlage für alle *Amygdalota*-Gebäcksorten. Der Mandelbaum trägt im Frühling wunderschöne weiße Blüten und später Früchte, die Ende August oder Anfang September geerntet werden. Die Mandeln befinden sich in einer wei-

chen, blassgrünen Schale mit feinen Flaumhaaren. Sie werden für den Verkauf geschält und getrocknet.

Als Variation wird der Grieß in einigen Rezepten durch zerbröselte Kekse oder Paniermehl ersetzt, oder dem Teig wird abgeriebene Zitronen-, Mandarinen- oder Orangenschale zugefügt.

Eine besonders schöne, runde Form erhalten Sie, wenn Sie den Teig mit einem Eislöffel auf das Backblech setzen. Sie können aber auch kleine Spiralen formen und auf ein gebuttertes oder mit Backpapier ausgelegtes Backblech legen. Achten Sie darauf, dass die Stücke nicht aneinander haften und von unten nicht zu braun werden.

Beträufeln Sie das heiße Gebäck mit Orangenblüten- oder Rosenwasser. Auch anspruchsvollste Feinschmecker werden sich diese Köstlichkeit nicht entgehen lassen ...

Die Mandeln fein hacken und in einem Topf mit 270 g Puderzucker und dem Vanillezucker vermischen.

Das Eiweiß schaumig schlagen und zu der Mandelmischung geben.

Den Grieß zugeben und den Teig gut verrühren.

Ein Backblech mit Backpapier auslegen. Mit einem Eislöffel kleine Kugeln auf das Backblech geben.

Jede Kugel mit einer Kirsche garnieren. Im Backofen bei 170 °C etwa 20 Minuten backen.

Das Gebäck noch heiß mit Orangenblütenwasser beträufeln und abkühlen lassen.

Bougatsa

Vorbereitungszeit: 25 Minuten
Backzeit: 20 Minuten
Schwierigkeitsgrad: ✳

Für 4 Personen

6	grüne Kardamomkörner
400 ml	Milch
50 g	Grießzucker
80 g	grober Grieß
1	Ei
2 EL	Butter
8 Blätter	Filo-Teig

Zum Garnieren:
Puderzucker
gemahlener Zimt

Früher wurde in Griechenland ein junges Mädchen im heiratsfähigen Alter von der Dorfgemeinschaft nach seinen Kochkünsten beurteilt. Die angehende Braut musste ihr Talent beweisen und *Bougatsa* zubereiten, ein traditionelles und im ganzen Land sehr geschätztes Gebäck aus Blätterteig und Milch, das in den Familien auch heute noch zu jeder Gelegenheit gerne verzehrt wird.

Heutzutage gehören *Bougatsa* insbesondere zum griechischen Frühstück. Dieses gehaltvolle, traditionelle Gebäck ist auch unter dem Namen *galactopita* bekannt.

Mit einer Füllung aus Milch, Zucker, Eiern und Butter entfaltet dieses Gebäck erst durch die Zugabe von Kardamom eine ganz besondere Note. Diese Gewürzpflanze stammt ursprünglich von der indischen Malabarküste und besteht aus einer Kapsel, welche Körner enthält, die in getrockneter Form im Orient vielseitig verwendet werden. Kardamom hat ein leicht pfefferartiges Aroma und passt gut zu Reis und Gebäck. Unser Küchenchef empfiehlt, auch einmal Orange, Mandarine oder Zitrone zu verwenden.

Aber nichts könnte doch die typisch griechischen, an ihrer runden Form zu erkennenden Filo-Teigblätter ersetzen. Ursprünglich wurden diese extrem dünnen Teigblätter von den Bewohnern ländlicher Gebiete Thessaliens hergestellt. An der Luft trocknen sie relativ schnell und werden brüchig. Bewahren Sie sie daher in feuchten Tüchern auf. Erhältlich sind die Filo-Teigblätter im orientalischen Feinkosthandel.

Traditionell werden *Bougatsa* in Griechenland in Form von kleinen Vierecken serviert. In manchen Familien genießt man dazu gerne auch ein Gläschen Likör.

Die Kardamomkörner mit einem Mörser zerkleinern. Dann in einen Topf geben und 1 Minute erhitzen. Die Milch und den Zucker zugeben und unter ständigem Rühren aufkochen.

Den gesiebten Grieß in die kochende Masse geben und das Ganze so lange unter Rühren weiterköcheln, bis eine glatte Creme entsteht.

Den Topf vom Herd nehmen und das Ei sowie einen Esslöffel Butter in die etwas abgekühlte Creme geben. Mit einem Schneebesen verrühren. Die restliche Butter zerlassen und beiseite stellen.

Eine Backform mit zwei Filo-Teigblättern auslegen. Die restlichen Blätter so anordnen, dass sie über den Rand fallen. Die zerlassene Butter mit einem Pinsel auftragen.

Die Creme zufügen und auf den Blättern verteilen.

Die Blätter nacheinander umklappen. Mit zerlassener Butter einpinseln und bei 200 °C 10–15 Minuten backen. Das Gebäck in Vierecke schneiden, auf einem Teller anrichten und mit Puderzucker und gemahlenem Zimt bestreuen.

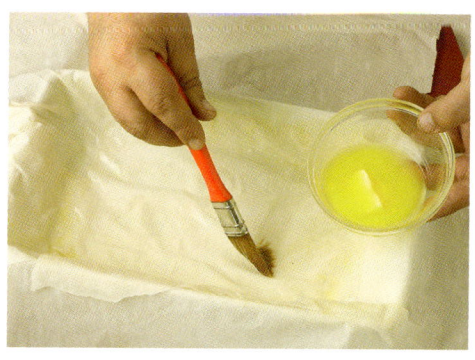  

Österlicher Hefezopf

Vorbereitungszeit:	1 Stunde
Gehenlassen des Teigs:	2 Stunden
	15 Minuten
Backzeit:	45 Minuten
Schwierigkeitsgrad:	✷✷

Für 4 Personen

80 g	frische Hefe
400 ml	Milch
1,5 kg	Mehl
400 g	Grießzucker

6	Eier
1 TL	Mastixpulver
250 g	Butter
50 g	Mandelblättchen

In Griechenland ist das Osterfest für orthodoxe Familien eine Zeit der Freude und des Genusses. Nach wochenlanger Fastenzeit, in der bestimmte Lebensmittel verboten sind, bereitet man nun wieder die köstlichsten Gerichte zu.

Der Hefezopf mit Mastix wird auf der wunderschönen Insel Chios zur Osterzeit in jedem Haushalt gereicht. Er wird mit rot gefärbten Eiern als Symbol für das vergossene Blut Jesu und das ewige Leben dekoriert. Noch heiß wird der Hefezopf genau untersucht, denn Risse an der Oberfläche sollen Glück bringen!

Diese Spezialität ist einfach zubereitet und zu jeder Gelegenheit ein Genuss. Unser Küchenchef empfiehlt, den Teig aus Hefe, Mehl, Zucker und Milch mit einem Küchenhandtuch abgedeckt ruhen zu lassen. Auch sollten Sie den Ofen während der Backzeit nicht öffnen.

Eine leicht würzige und sehr eigene Note erhält der Hefezopf durch das Mastixpulver, das aus dem Stamm und den Ästen des Mastixbaums gewonnen wird. Dieser Baum wächst schon seit Jahrtausenden auf der Insel Chios und produziert eine Art Harz. Wenn man das Holz mit einem Messer einritzt, tritt dieses aus und kann entnommen werden. Der Name Mastix kommt von *massigma* (griech. »kauen«). In der griechischen, türkischen und marokkanischen Küche ist diese Zutat sehr beliebt. Die auf Chios wachsenden Mastixbäume sind die einzigen, die ein solches Harz absondern. Man erzählt sich auf der Insel, dass die Bäume angesichts der Qualen des heiligen Isidor zu »weinen« begannen!

Als Symbol für Gemeinschaft wird der österliche Hefezopf traditionell mit den Händen in großzügige Stücke gebrochen und an die Gäste verteilt.

Die Hefe mit 250 ml warmer Milch in ein Gefäß geben und mit den Fingern verrühren. 250 g Mehl und 200 g Zucker zufügen und unterrühren. Das Ganze durchkneten und 30 Minuten gehen lassen.

5 Eier und den restlichen Zucker in eine Küchenmaschine geben und schaumig schlagen.

Die Eiermischung zum Hefeteig geben und mit den Fingern unterrühren. Das restliche Mehl zufügen und das Ganze verrühren. Die restliche warme Milch, das Mastixpulver und die zerlassene Butter zugeben und verrühren. Den Teig 1 Stunde ruhen lassen.

mit Mastix

Die Arbeitsfläche mit Mehl bestäuben.
Den Teig zu Kugeln und aus diesen längliche Rollen formen.

Jeweils drei Rollen zu einem Zopf
flechten. Diesen auf ein mit Backpapier
ausgelegtes Backblech legen und 45
Minuten ruhen lassen.

Das letzte Ei schaumig schlagen und den
Hefezopf damit einpinseln. Mit Mandelblättchen bestreuen und etwa 45 Minuten
bei 180 °C backen.

Glasiertes Gemüse

Vorbereitungszeit: 30 Minuten
Einlegen der Tomaten: 12 Stunden
Einlegen der Möhren: 2 Stunden
Garzeit: 35 Minuten
Schwierigkeitsgrad: ✶

Für 4 Personen

10	Kirschtomaten
10	kleine Möhren
2 EL	Kalkpulver (in der Apotheke erhältlich)

50 g	Grießzucker
1	Vanilleschote
1	Zimtstange
½	Orange
1 TL	Alaunpulver (in der Apotheke erhältlich)
½	Zitrone
100 g	Thymianhonig

Zum Garnieren:

2 Zweige	Minze
25 g	Mandeln

Glasiertes Gemüse wird in Griechenland als Symbol der Gastfreundschaft traditionell am Nachmittag gereicht. Jede Familie hat stets einen Vorrat dieser in Sirup eingelegten Gemüse- oder auch Obstsorten im Haus. Als so genanntes Löffelfood werden sie auf einem Teller angerichtet. Dazu reicht man ein Glas Wasser.

Schon zur byzantinischen Zeit war diese Süßspeise, die auch *glyca tou koutaliou* genannt wird, sehr beliebt. In den 1920er-Jahren verbreitete sie sich durch Griechen kleinasiatischer Herkunft auf den Kykladen. Seitdem wird das ursprüngliche Rezept von Generation zu Generation weitergegeben.

In Griechenland wird dieses Löffelfood je nach Region mit den unterschiedlichsten Obst- und Gemüsesorten zubereitet. So werden auf der Insel Chios Bergamotten glasiert, auf Andros Zitronenblüten, auf Serifos Kirschen, in Larissa Pastinaken und in Aigion kleine Auberginen.

Sotiris Evangelou empfiehlt in unserem Rezept das Glasieren von Tomaten und Möhren.

Die Zubereitung dieser leicht orientalisch anmutenden Süßspeise gelingt leicht. Das Obst oder Gemüse wird zunächst blanchiert und dann mehrere Stunden in Kalk oder optional auch Zitrone eingelegt, damit es seine Festigkeit behält. Vor dem Kochen in Zuckerwasser sollten Sie es gut waschen.

Der mit Zimt, Vanille und abgeriebener Orangenschale gewürzte Sirup sollte recht dickflüssig sein. Unser Küchenchef empfiehlt daher die Zugabe von Alaunpulver, das aus winzig kleinen Kristallen besteht, die in der Region um Essaouira an der marokkanischen Atlantikküste gewonnen werden. Optional können Sie auch Zitronensaft verwenden. Die Süßspeise hält sich luftdicht verschlossen mehrere Monate.

Die Tomatenhaut einritzen, 1 Minute in kochendes Wasser geben und abziehen. Das Grün der Möhren abschneiden. Die Möhren 3 Minuten in kochendem Wasser blanchieren. Tomaten und Möhren abkühlen lassen.

1 Esslöffel Kalkpulver in ein mit Wasser gefülltes Gefäß geben. Die Tomaten zugeben und 12 Stunden einlegen. Die Möhren in einem anderen mit Wasser und dem restlichen Kalk gefüllten Gefäß 2 Stunden einlegen. Anschließend gut waschen.

Für den Sirup Wasser in einem Topf aufkochen. Den Zucker mit der Vanilleschote, Zimtstange und abgeriebenen Orangenschale zugeben und etwa 15 Minuten köcheln lassen.

auf griechische Art

Etwas Alaunpulver über den Sirup streuen. Zitronenscheiben zufügen. Möhren zugeben und 3 Minuten garen.

Die Tomaten zugeben und 12 Minuten köcheln lassen. Die Möhren und Tomaten herausnehmen.

Den Topf mit dem Sirup von der Platte nehmen und Honig, Möhren und Tomaten zugeben. Das Löffelfood auf einem Teller anrichten und mit Minze, Mandeln und der Vanilleschote garnieren.

Fanouropita

Vorbereitungszeit: 20 Minuten
Backzeit: 30–40 Minuten
Schwierigkeitsgrad: ✶

Für 4 Personen

500 ml	Orangensaft, frisch gepresst
250 ml	natives Olivenöl extra
350 g	Zucker
125 g	Traubensirup (ersatzweise Honig)
500 g	Mehl

1 TL	Natron
½ EL	gemahlene Gewürznelken
½ EL	gemahlener Zimt
180 g	Rosinen
75 g	Walnusskerne

Von vielen Griechen wird der heilige Fanourios um Hilfe gebeten, wenn es gilt, verlorene Gegenstände und verschwundene Tiere oder Personen wiederzufinden. Am 27. August wird der Tag des heiligen Fanourios mit viel Prunk gefeiert. Traditionell bringen die Frauen einen selbst gebackenen Kuchen in die Kirche, um ihn segnen zu lassen, woraus ein regelrechter Wettbewerb um die beste *Fanouropita* entstanden ist. Nach dem Gottesdienst wird der Kuchen entweder direkt vor Ort verzehrt oder mit Nachbarn getauscht und später zu Hause im Familienkreis gegessen.

Die *Fanouropita* ist ein gehaltvoller Kuchen, der sich durch die intensive Note von Zimt und Nelken, durch knusprige Nüsse, saftige Rosinen und einen leichten Karamellgeschmack auszeichnet. Er enthält weder Eier noch Milch, kann also auch in der orthodoxen Fastenzeit verzehrt werden.

In unserem Rezept werden zwei Nebenprodukte der Weinherstellung verarbeitet: Traubensirup und Rosinen. Letztere exportiert Griechenland seit dem 19. Jahrhundert in großen Mengen in die ganze Welt. Neben den hellen, süßen Sultaninen gibt es dunklere Sorten wie Korinthen. Nach der Ernte werden sie 8–10 Tage in der Sonne getrocknet.

Der griechische Sirup ist erhitzter und wieder abgekühlter Traubensaft, der eine dickliche Konsistenz und eine rotbraune Färbung hat. Sie können stattdessen auch Honig verwenden. Manchmal wird dem Kuchenteig auch Cognac, Raki oder ein in Stücke geschnittener Apfel zugefügt.

Wundern Sie sich nicht, wenn der Kuchen beim Backen sehr schnell braun wird. Abhilfe schaffen Sie, indem Sie ihn mit Alufolie abdecken.

Den Orangensaft, das Olivenöl und den Zucker in eine Rührschüssel geben und schnell vermengen.

Den Sirup zugeben und unterrühren.

Das Mehl und das Natron zugeben und gut verrühren.

Die Gewürznelken und den Zimt zugeben und die Masse gut verrühren.

Zuletzt die Rosinen und Walnusskerne zugeben und unterrühren.

Den Teig in eine runde, beschichtete Springform geben und bei 170 °C etwa 30–40 Minuten backen. Aus der Form nehmen, abkühlen lassen und servieren.

Mastixeis mit Kadaifi-Nudeln

Vorbereitungszeit: 25 Minuten
Backzeit: 25 Minuten
Schwierigkeitsgrad: ✴

Für 4 Personen

150 g   Grießzucker
300 g   Schattenmorellen
200 g   *kadaifi*-Nudeln (im türkischen
           Feinkosthandel erhältlich)

Eiscreme:
250 ml   Milch
250 ml   Crème fraîche
125 g   Grießzucker
5   Eiweiß
1 TL   zerstoßener Mastix

Zum Garnieren:
           Minzeblätter

Diese sehr bekannte griechische Süßspeise ist eine Kombination von köstlichen Zutaten unterschiedlicher Konsistenz und Würze. Eine besondere Note erhält sie durch den außergewöhnlich aromatischen Mastix und die knusprigen *kadaifi*-Nudeln. Es ist ein Rezept, das leicht gelingt und jedem Feinschmecker das Wasser im Munde zusammenlaufen lässt.

Die *kadaifi*-Nudeln sind in Form eines Strangs erhältlich und bestehen aus Mehl, Salz und Wasser. Das so genannte »Engelshaar« ist im orientalischen Feinkosthandel erhältlich. Ihre besondere Form erhalten die Nudeln bei der Herstellung durch eine mit Löchern versehene runde Platte, durch die der Nudelteig gegossen wird. *Kadaifi*-Nudeln werden zu zahlreichen Süßspeisen verarbeitet.

In unserem Rezept werden die Nudeln geflochten, ehe sie zu einem Nest gerollt werden. Unser Küchenchef empfiehlt, überstehende Nudeln mit der Schere abzuschneiden.

Als große Liebhaber von Süßspeisen verzehren die Griechen zum Gebäck häufig Mastixeis. Der Mastixbaum wächst schon seit Jahrhunderten auf der Insel Chios und produziert eine Art Harz, das in großen Mengen in der griechischen und türkischen Küche verwendet wird und als Vorgänger von Kaugummi bezeichnet werden kann. Zur Zeit der Ottomanenherrschaft kauten die Haremsdamen des Sultans mit Vorliebe Mastix, um ihren Atem zu erfrischen.

Dieses Dessert wird mit Schattenmorellen und Sirup gereicht. Die aus Kleinasien stammenden kleinen Kirschen mit leicht säuerlichem Geschmack waren bei den Griechen schon in der Antike sehr beliebt. Sie werden entsteint und dann in Zuckerwasser eingelegt. Dem Sirup werden Zitronensaft und gelegentlich auch ein paar Blätter der Gewürzpflanze Moschus zugefügt.

Für die Eiscreme die Milch mit der Crème fraîche und der Hälfte des Zuckers aufkochen.

Das Eiweiß schaumig schlagen, zu der Milch geben und bei geringer Hitze 5 Minuten köcheln lassen. Den zerstoßenen Mastix zugeben. Das Ganze verrühren und einfrieren.

Für den Sirup 150 g Zucker in 150 ml Wasser aufkochen und die entsteinten Schattenmorellen zugeben.

und Schattenmorellen

Die Nudeln mit den Fingern voneinander trennen und durch vorsichtiges Drehen mehrerer Nudeln lange Bänder formen. Die Enden auf gleiche Länge kürzen.

Jeweils 3 Nudelbänder zu einem Zopf flechten.

Den Nudelzopf kreisförmig in Form eines Nests auf ein Backblech legen und bei 160 °C 10–15 Minuten backen. Das Nudelnest auf einem Teller anrichten. Eine Kugel Eis darauf legen und mit dem Sirup und den Schattenmorellen sowie etwas Minze garnieren.

Bourekakia

Vorbereitungszeit: 40 Minuten
Ruhezeit für den Teig: 15 Minuten
Backzeit: 30 Minuten
Kaltstellen der Füllung: 2 Stunden
Schwierigkeitsgrad: ✳

Für 4 Personen

1 l   Maiskeimöl zum Frittieren

Teig:
250 g   Mehl
4 EL   Olivenöl

Füllung:
100 g   Reis
300 ml   Milch
60 g   Grießzucker
1   Vanilleschote
½ TL   Speisestärke

Zum Garnieren:
     Puderzucker
     gemahlener Zimt

Bourekakia sind köstliche kleine Teigtaschen, die – wie in unserem Rezept – süß oder auch salzig zubereitet werden. Traditionell werden sie in der Karnevalszeit, wenn jedes griechische Dorf ein riesiges Buffet ausrichtet, an verkleidete Kinder verteilt.

Das Rezept gelingt leicht und eignet sich für jeden Anlass. Die Füllung besteht in erster Linie aus Reis. Dieses Getreide wird in China seit mehreren Jahrtausenden angebaut und wurde von den Persern nach Turkestan und Mesopotamien gebracht. Im antiken Griechenland wurde Reis durch Alexander den Großen bekannt, der ihn von einer Reise nach Indien mitbrachte.

Der in unserem Rezept mit Milch zubereitete Reis muss auf jeden Fall zwei Stunden ruhen. Die Füllung zeichnet sich durch das typische Aroma der Vanille aus. Die Früchte dieser zur Familie der Orchideen gehörenden Kletterpflanze

kamen im 16. Jahrhundert mit den spanischen Eroberern nach Europa. Den Spaniern war der besondere Geschmack zum ersten Mal beim Probieren des Kakaos der Azteken aufgefallen. Sie nannten die Pflanze *vaynillia*, was »kleine Körner« bedeutet. Die Vanille wurde sehr schnell über die Grenzen der Iberischen Halbinsel hinaus in ganz Europa bekannt.

Schön sieht es aus, wenn Sie die Teigtaschen mit ein wenig gemahlenem Zimt bestäuben. Die Rinde des Zimtbaumes wird in der marokkanischen Küche häufig verwendet und ist gemahlen oder als Stange erhältlich. Zimt wird wegen seines intensiven Aromas geschätzt und gibt süßen und herzhaften Speisen eine warme, leicht scharfe Note.

Dieses kleine Karnevalsgebäck erfreut besonders Kinderherzen.

Für die Füllung den Reis mit 300 ml Wasser in einem Topf aufkochen und etwa 15 Minuten köcheln lassen, bis das Wasser verdampft ist.

300 ml Milch zugeben und mit einem Holzlöffel unterrühren. Den Zucker zugeben.

Die Vanilleschote der Länge nach aufschneiden und in den Topf geben. Den Topf vom Herd nehmen und die in etwas Wasser aufgelöste Speisestärke zugeben. Die Schote wieder entnehmen. Die Füllung 2 Stunden kalt stellen.

Für den Teig das Mehl mit dem Olivenöl in eine Schüssel geben und mit den Händen verkneten. Dabei nach und nach etwa 300 ml Wasser zugeben. Den Teig 15 Minuten ruhen lassen.

Den Teig auf der Arbeitsfläche dünn ausrollen. In regelmäßigen Abständen jeweils 1 Esslöffel der Füllung auf den Teig geben.

Den Teig einrollen und vorsichtig kleine Rollen zuschneiden. Alles wiederholen, die Rollen in Maiskeimöl frittieren und abtropfen lassen. Mit Puderzucker und Zimt garniert servieren.

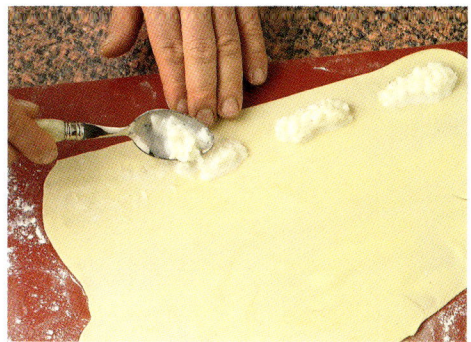

Äpfel mit

Vorbereitungszeit: 30 Minuten
Backzeit: 45 Minuten
Schwierigkeitsgrad: ✳

Für 6 Personen

6	große rote Äpfel
100 g	Walnusskerne
250 g	Zucker
10 g	gemahlener Zimt
50 g	Rosinen
125 ml	Metaxa

40 g	Butter
60 ml	natives Olivenöl extra

Dieses einfache und äußerst köstliche Dessert wird in ganz Griechenland sehr geschätzt. Im Sommer genießt man diese Äpfel mit fruchtig-süßer Füllung gerne noch warm mit Vanilleeis oder *kaymak*, einem in der türkischen und griechischen Küche sehr beliebten halbfesten Rahm.

Unser Küchenchef empfiehlt für dieses Rezept einen roten Landapfel. In Griechenland werden Äpfel hauptsächlich in den gebirgigen Gegenden Westmakedoniens angebaut. Schon beim Dichter Homer fand der Apfel Erwähnung. Bei der Hochzeit der Nymphe Thetis mit dem Menschen Peleus warf Eris, Göttin der Zwietracht und des Streits, einen goldenen Apfel mit der Aufschrift »Der Schönsten« unter die Gäste. Es entstand sofort Streit zwischen Athene, Zeus' Gattin Hera und der Liebesgöttin Aphrodite. Da Zeus die Schönste nicht benennen wollte, ersuchte man Paris, den Sohn des trojanischen Königs, darum. Geblendet von der Schönheit der Aphrodite sprach er ihr den goldenen Apfel zu.

Unser Küchenchef empfiehlt, den Apfel mit einem Schäl- oder speziellen Apfelmesser von unten zu öffnen. Schneiden Sie das Gehäuse und die Kerne vorsichtig heraus. Achten Sie darauf, dass Sie den Apfel nicht bis oben durchstechen, weil sonst die Füllung herausfließen würde. Während der Backzeit liegen die gefüllten Äpfel dank dieser Methode fest auf dem Backblech, verrutschen nicht und fließen nicht aus.

Die Füllung besteht meist aus gehackten Walnüssen, Mandeln oder einer Mischung aus beidem. Die Rosinen müssen vorab nicht eingeweicht werden, da sie durch die Zugabe von Metaxa während der Backzeit weich werden. Metaxa ist ein recht würziger griechischer Cognac. Es gibt Sorten mit 3 Sternen, die gerne zum Backen und Kochen verwendet werden, und sehr gute, lange gereifte Sorten bis zur Kategorie »7 Sterne«.

Die Äpfel waschen und trocknen. Mit einem Schälmesser von unten das Gehäuse und die Kerne herausschneiden.

Für die Füllung die gehackten Nusskerne, 200 g Zucker, den gemahlenen Zimt und die Rosinen in eine Schüssel geben und vermengen.

Metaxa zugeben und unterrühren.

fruchtig-süßer Füllung

![Gefüllter Bratapfel auf Teller mit Zimtstange]

Die Äpfel mit einem Löffel vorsichtig füllen.

Die gefüllten Äpfel mit der Stielseite nach unten auf ein Backblech legen.

Die Butter und das Öl erhitzen und mit einem Löffel auf die Äpfel geben. Die Äpfel mit Zucker bestreuen und 45 Minuten im Backofen braten. Die gefüllten Äpfel heiß servieren und mit dem Bratsud und Zimt garnieren.

Vorbereitungszeit: 20 Minuten
Trocknen des Weizens: 6–8 Stunden
Backzeit: 10 Minuten
Schwierigkeitsgrad: ★

Für 4 Personen

250 g	Vollkornweizenkörner
1 Msp.	Salz
100 g	geschälte Mandeln
80 g	Walnusskerne
100 g	weißer Sesam

200 g	Rosinen
100 g	Sultaninen
100 g	bunte Zuckerstreusel
1	Granatapfel
1 TL	gemahlener Zimt
1 TL	zerstoßener Kardamom
1 TL	gemahlener Koriander
1 TL	Kreuzkümmel
1 EL	feines Paniermehl

Zum Garnieren:
Zuckerperlen

In bestimmten Regionen Griechenlands wird zu Geburtstagen traditionell eine Mischung aus gekochtem Weizen, Trockenfrüchten und Gewürzen zubereitet. Dieses Gericht wird in der Kirche gesegnet, anschließend gemeinsam verzehrt und soll dem Geburtstagskind Glück bringen. Die Körner und Früchte werden in einer großen Schüssel angerichtet und mit bunten Zuckerperlen garniert. Diese Süßspeise ist in Griechenland außerdem Symbol für die ewige Ruhe der Toten, nennt sich dann aber *kolyva*, hat die Form eines Kegels und wird mit Semmelbröseln sowie Puderzucker bestreut und mit silbernen Zuckerperlen in Form des Namens der verstorbenen Person garniert.

All diese Rezepte und Traditionen haben ihre Wurzeln in der Antike. Die alten Griechen kannten in der Tat ein ähnliches Gericht, das sie *panspermia* nannten und zu Ehren der Götter (insbesondere der Göttin der Ernte Demeter) und ihrer Vorfahren zubereiteten.

Weizen als Grundlage dieses Gerichts ist für die Griechen noch immer ein heiliges Lebensmittel und Symbol für die Erde sowie Basis ihrer Ernährung. Demnach würde auch niemand auf die Idee kommen, den Kochsud wegzuwerfen. Stattdessen gibt man dem etwas angedickten Kochsud getrocknete Aprikosen, Rosinen, Kräuter usw. zu und bereitet so eine köstliche Creme, oder man verfeinert ihn mit Honig und genießt ihn dann als Getränk.

Nach traditionellem griechischem Glauben haben alle Zutaten dieses Gerichts eine symbolische Bedeutung. Die Rosinen stehen für das Wort Christi, der Sesam für Leben und Fruchtbarkeit und die geschälten Mandeln erinnern an weiße Menschenknochen und die Nichtigkeit des Lebens. Der Granatapfel ist ein Symbol aus dem Reich der Toten: Nach der griechischen Mythologie schenkte Unterweltherrscher Hades Persephone, der Tochter der Göttin Demeter, einen Granatapfel, um sie zur Hochzeit zu überreden.

Die Weizenkörner waschen, in reichlich Salzwasser aufkochen und 5–10 Minuten köcheln lassen, bis der Weizen weich ist.

Den gekochten Weizen mit kaltem Wasser waschen und in einem Sieb abtropfen lassen.

Ein dickes Küchenhandtuch auf der Arbeitsfläche ausbreiten. Den Weizen darauf mit den Händen verteilen und etwa 6–8 Stunden trocknen lassen.

Körner-Nuss-Mischung

Den Weizen anschließend in eine tiefe Schüssel geben. Die Mandeln, die grob gehackten Walnüsse, den Sesam, die Rosinen und Sultaninen, die Zuckerstreusel und die Samen des Granatapfels (zum Garnieren ein paar Samen beiseite legen) zugeben und vermischen.

Die Zubereitung mit Zimt, Kardamom, Koriander und Kreuzkümmel würzen und mit dem Paniermehl bestreuen. Das Ganze verrühren.

Das Gericht in einer Servierschüssel mit Mandeln, Zuckerstreuseln und Granatapfelsamen anrichten, mit etwas Zucker garnieren und kalt servieren.

Blätterteigvariationen

Vorbereitungszeit: 1 Stunde
Backzeit: 40 Minuten
Schwierigkeitsgrad: ★★★

Für 4 Personen

| 2 Pakete | Filo-Teig |
| 250 g | Butter |

Füllung für Baklava und Saragli:

200 g	gehackte Mandeln
200 g	gehackte Walnüsse
25 g	Muskatnuss, gerieben
25 g	gemahlener Zimt

Füllung für Petalaki:

| 100 g | Sesam |

Füllung für Mandilaki:

| 50 g | Pinienkerne |
| 100 g | getrocknete Pflaumen |

Sirup:

1 kg	Grießzucker
½	Orange
½	Zitrone
1	Zimtstange

Sollte man spontan eine Hitliste der weltweit bekanntesten griechischen Spezialitäten erstellen, würde man sofort an die berühmte Moussaka oder den klassischen griechischen Salat mit Schafskäse, Oliven, Gurken und Tomaten denken. Auch die köstlichen Lammspieße namens Souvlaki sowie jede Menge wunderbarer Vorspeisen kämen einem in den Sinn. Auch wenn diese Liste sicherlich keinerlei Anspruch auf Vollständigkeit erhebt, so dürfen auch köstliche Baklava und anderes orientalisches Gebäck nicht fehlen.

Trockenfrüchte sind die Grundlage der Blätterteigvariationen, die ursprünglich aus der wunderschönen Stadt Thessaloniki in Makedonien stammen. Je nachdem, wie der Filo-Teig (sehr feiner Blätterteig) gefaltet wird, existieren unterschiedliche Bezeichnungen für dieses Gebäck, das traditionell nachmittags mit einer Tasse Kaffee und einem Glas Wasser verzehrt wird.

Die Zubereitung erfordert etwas Geduld und Genauigkeit. Das Ergebnis aber ist ein Blätterteiggebäck von besonderer Raffinesse. Die an ihrer typischen runden Form zu erkennenden Blätter des Filo-Teigs sollten vorsichtig verarbeitet werden, da sie an der Luft schnell austrocknen und brüchig werden. Der traditionell hausgemachte Filo-Teig besteht aus Mehl, Salz, Hefe, Wasser und manchmal Olivenöl. Für dieses Rezept benötigen Sie zwei Pakete mit je 24 Blättern.

Walnüsse, Mandeln und Pflaumen werden schon seit der Antike sehr geschätzt und ergänzen sich hinsichtlich Aroma und Konsistenz hervorragend. Unser Küchenchef empfiehlt die Zugabe von Pistazien.

In Griechenland werden Blätterteigvariationen traditionell in einer runden Aluminiumform namens *tapsi* gebacken und serviert.

Die Zutaten für die Baklava- und Saragli-Füllung vermischen. Eine Packung Filo-Teig auf der Arbeitsfläche ausbreiten. Das erste Blatt mit Butter bestreichen und die Füllung darauf geben. Das Blatt mit den zwei nächsten Blättern übereinander bis zur Hälfte falten und eine Rolle formen.

Die Vorgehensweise wiederholen und so eine weitere Rolle formen. Dann ein weiteres Blatt mit Butter bestreichen. Die zwei Rollen nebeneinander auf das Blatt legen und in dieses einrollen. Die Baklava in kleine, längliche Stücke schneiden.

Die Füllung mittig auf ein gebuttertes Blatt geben. Dieses zusammen mit den zwei nächsten Blättern bis zur Hälfte falten und mithilfe eines Stäbchens rollen. Das Stäbchen dabei mit den Fingern festhalten und dann herausnehmen.

aus Thessaloniki

Für die Petalaki ein Blatt mit Butter bestreichen und mit Sesam bestreuen. Das Blatt bis zur Hälfte falten. Ein weiteres Blatt ebenfalls falten. Eine Rolle formen. Ein weiteres Blatt mit Butter bestreichen und mit der Rolle einrollen. Daraus Stücke schneiden und wie ein Hufeisen formen.

Für die Mandilaki 20 Blätter mit Butter bestreichen und in kleine Vierecke schneiden. Die Pinienkerne darauf geben und wie einen Beutel falten. 5 Blätter ausbreiten und in Vierecke schneiden. Die Pflaumen darauf geben und zusammenfalten.

Eine runde Backform mit Butter einfetten. Das Gebäck hineingeben und nochmals mit Butter bestreichen. Im Backofen bei 180 °C 40 Minuten backen. Den Sirup mit den entsprechenden Zutaten zubereiten und auf das Gebäck geben.

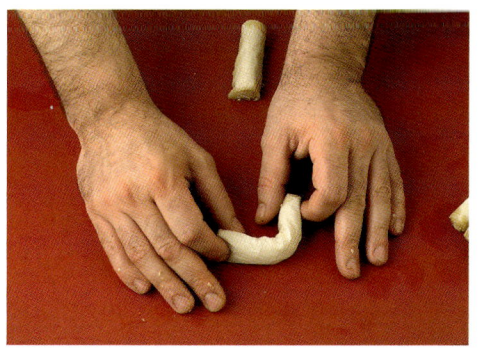
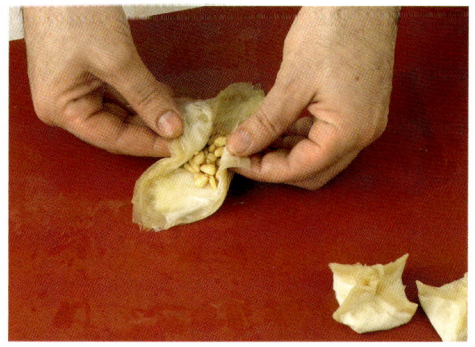

Orangenkuchen

Vorbereitungszeit: 30 Minuten
Garzeit: 40 Minuten
Schwierigkeitsgrad: ✶✶

Für 6–8 Personen

Kuchen:

250 ml	Olivenöl
200 g	Puderzucker
3	Eier
1	Orange
1	Zitrone
1 TL	kohlensaures Natron
440 g	Mehl

Sirup:

200 g	Puderzucker
200 ml	Orangensaft
200 ml	Mandarinensaft

Der Orangenkuchen ist ein Paradestück kretischer Konditorei mit ihren widersprüchlichen Zutaten: Eierschaum und Zitrusfrüchte, Olivenöl und Zucker sowie verschiedene Zitrussäfte und -schalen. Sobald der nicht sehr süße Kuchen aus dem Ofen kommt, wird er in Rauten geschnitten und mit Orangensirup getränkt.

Die Kreter sind so ungemein angetan von Olivenöl, dass sie sogar Kuchen damit backen! Das Öl feinster Qualität wird zunächst mit dem Zucker aufgeschlagen, der sich ganz auflösen soll.

Das frische und fruchtige Aroma verdankt der *Portokalopita* in erster Linie den Zitrusfrüchten. Er erinnert die Kreter an das Aroma des Frühlings, wenn die Orangenbäume auf dem Land blühen. In der Region um Kaneos wachsen Orangen der Sorte Maleme mit sehr feiner Haut und viel Saft. Sie werden als Dessert oder Saft verzehrt.

Portugiesische Entdecker brachten Orangenbäume erst im 15. Jahrhundert aus China nach Europa. Daher stammt der Name *Portokali*, eine Abwandlung des Wortes »Portugal«.

In Stücke geschnitten und mit Sirup getränkt, kann der Kuchen mit Orangenschnitzen und Minze verziert und zu einer Tasse Kaffee oder Tee genossen werden.

Teig: 200 ml Olivenöl und den Puderzucker 10 Minuten schaumig schlagen.

In einer zweiten Schüssel Eier schaumig schlagen. Abgeriebene Schalen der Zitrusfrüchte zugeben.

Die Eiermischung zum Olivenöl mit Zucker geben und gut mischen.

Das kohlensaure Natron im Zitronen- und Orangensaft auflösen und mit 420 g Mehl unter den Vorteig mischen. Eine Kuchenform mit dem Rest Öl und Mehl ausstreichen. Den Kuchen 35 Minuten bei 160 °C backen.

Sirup: Den Zucker in den Fruchtsäften auflösen und erhitzen.

Den Kuchen nach dem Backen in Stücke schneiden, mit Sirup übergießen, abkühlen lassen und kalt servieren.

Parmesaneis

Vorbereitungszeit:	30 Minuten
Rühren:	20 Minuten
Garzeit der Crème anglaise:	25 Minuten
Garzeit des Gebäcks:	15 Minuten
Schwierigkeitsgrad:	✲✲

Für 4 Personen

Parmesaneis:

500 ml	Milch
1	Zimtstange
1	Orange
1	Zitrone
1	Vanilleschote
80 g	Zucker
100 g	Honig
50 g	geriebener Parmesan

6	Eigelb
100 g	flüssige Crème fraîche oder Sahne

Gebäck:

4	Eier
250 g	Zucker
1 EL	Anissamen
1	Orange
1 Msp.	Vanillemark
550 g	Mehl
1 Tütchen	Backpulver

Zum Garnieren:

	kandierte Orangenzeste
	gemahlener Zimt

Mitte des 18. Jahrhunderts erfand ein Malteser namens Michele Marceca ein sonderbares Eis auf der Basis einer Crème anglaise (Vanillecreme) mit Parmesan. Geeiste Desserts waren schon bei den Rittern des Johanniterordens beliebt, als sie noch über die Insel herrschten. Sie ließen Eisblöcke vom Ätna heranschaffen und lagerten sie, in Stroh verpackt, in Höhlen.

Der Parmesan kommt direkt aus der Region um Parma, auf Malta selbst wird nur Ziegenkäse ähnlich dem Ricotta hergestellt.

Unser Küchenchef verbindet das Eis mit traditionellem Gebäck, den *biskuttini tar-rahal* (Gebäck aus dem Dorf),

die wahlweise mit Orangen- oder Zitronenschale, Vanille, Zimt, Gewürznelken oder Anis gewürzt werden.

Die Form der Gebäckstücke variiert von Zylindern, Kugeln, Kegeln bis zu kleinen Klößchen. Um diese herzustellen, tauchen Sie 2 Teelöffel in heißes Wasser, stechen etwas Teig ab und rollen ihn von einem Löffel zum anderen. Dann setzen Sie das Klößchen auf ein mit Backpapier ausgelegtes Backblech.

Zum Servieren zerstoßen Sie einige Kekse und legen sie in die Eisschalen. Geben Sie das Eis darüber, streichen Sie es am Glasrand glatt und garnieren Sie es mit Orangenzesten und Zimt.

Eis: Die Milch aufkochen. Zimt, Orangen- und Zitronenschale und Vanilleschote zufügen und 10 Minuten köcheln lassen.

Den Zucker und den Honig zur Milch geben und gut umrühren. Die Milch in einen großen Topf abseihen, den Parmesan zugeben und auflösen.

6 Eigelbe verquirlen, die Milch dazugießen und alles in den Topf zurückgießen. Bei geringer Hitze rühren, bis eine dicke Creme entsteht.

mit Gebäck

Die flüssige Crème fraîche zugeben und abkühlen lassen. In einer Eismaschine ca. 20 Minuten rühren, in eine Schüssel umfüllen und tiefkühlen.

Gebäck: Das Eiweiß mit dem Zucker aufschlagen. Anis, geriebene Orangenschale, Vanille, Eigelb, 500 g Mehl und Backpulver zufügen und alles gut verrühren.

Ein Backblech mit Mehl bestreuen. Mit zwei Teelöffeln Teigklößchen formen und auf das Blech setzen. 15 Minuten im Ofen bei 200 °C backen. Das Gebäck zum Eis servieren.

Maltesisches

Vorbereitungszeit: 40 Minuten
Marinieren der Datteln: 12 Stunden
Ruhezeit des Teigs: 1 Stunde
Garzeit: 40 Minuten
Schwierigkeitsgrad: ★★

Für 4 Personen

Teig:
150 ml Orangensaft
100 g Zucker
100 ml Olivenöl
500 g Mehl

Füllung:
1 kg weiche Datteln
4 EL Anislikör
1 TL gemahlener Zimt
1 TL Gewürznelkenpulver
2 EL Orangenblütenwasser
 oder Rosenwasser
1 Orange
1 Zitrone

Öl zum Frittieren

In Msida, südwestlich von Valletta, werden Sommerspaziergänger am Meer vom Duft nach warmem Öl und Anis verführt. Dann bietet irgendwo in der Nähe ein fliegender Händler *mqaret* an, frittiertes Gebäck mit Dattel- und Anisfüllung. Auch am City Gate, dem wichtigsten Zugang zur Hauptstadt Valletta, stehen die Händler. Selbst auf den Speisekarten der besten Restaurants findet man diese Köstlichkeit, ebenso wie auf ländlichen Festen.

Die rautenförmigen Küchlein stammen aus Tunesien, von dort werden auch die Datteln importiert, da sie auf Malta nicht wachsen.

Der Teig wird mit Öl, Schmalz oder Butter hergestellt. Letztere macht den Teig fester und das Ausrollen leichter.

Nach einer Ruhezeit von einer Stunde wird er mit einem Nudelholz oder noch besser einer Nudelmaschine sehr dünn ausgerollt.

Zum Kochen der Datteln empfiehlt unser Küchenchef, sie mit maltesischem Anisette zu aromatisieren. Dieser Kräuterlikör mit Anis wird eisgekühlt mit Wasser, Limonade, Orangen- oder Ananassaft getrunken.

Orangensaft findet sich auch im Teig, Orangenblütenwasser in der Füllung. Kein Wunder, ist doch die Insel für ihre Zitrusfrüchte berühmt, von denen eine Orangensorte sogar den Namen »Malteser« trägt.

Das Gebäck ist heiß oder kalt eine Delikatesse, die auf der Zunge zergeht.

Entsteinte Datteln pürieren und 30 Minuten in Wasser mit Anislikör köcheln lassen. Über Nacht im Wasser stehen lassen. Teig: Orangensaft mit Zucker und Öl mischen.

Das Mehl zur Orangensaftmischung geben und beides zu einem glatten Teig kneten. Den Teig zur Kugel formen, in Frischhaltefolie wickeln und 1 Stunde ruhen lassen.

Füllung: Den Zimt, das Nelkenpulver, das Orangenblütenwasser, je 1 Esslöffel abgeriebene Schale von Orange und Zitrone zu den Datteln geben.

Dattelgebäck

[Photo: a plate of date-filled pastries dusted with powdered sugar, garnished with mint and a purple flower]

Den Teig ausrollen und in 20 x 8 cm große Rechtecke schneiden. Die Füllung in einer Linie darauf setzen. Die andere Seite des Rechtecks mit Wasser bestreichen.

Den Teig aufrollen, die Rolle flach drücken und in 3 cm lange, diagonale Scheiben schneiden.

Die Teigstücke in 180 °C heißes Öl geben und frittieren. Auf Küchenpapier abtropfen lassen und heiß servieren.

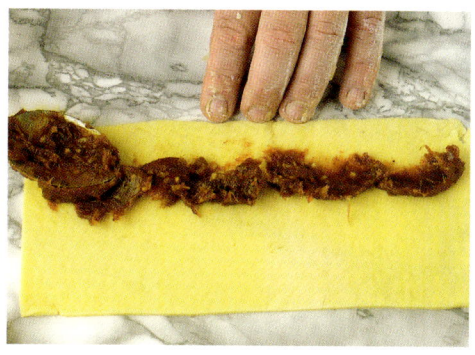

Quitten mit

Vorbereitungszeit:	25 Minuten
Ruhezeit:	6 Stunden
Garzeit:	45 Minuten
Schwierigkeitsgrad:	✶

Für 4 Personen

2	Quitten
150 g	Zucker
	Saft von 1 Zitrone
4	Gewürznelken
2	Äpfel

200 ml	Sahne
30 g	Puderzucker

Quitten mit Apfelfüllung sind ein typisches Istanbuler Dessert und folgen meist auf ein Fischgericht. Zu dieser herbstlichen Nachspeise wird in der Türkei gern ein fester Rahm namens *Kaymak* gereicht. Aybek Şurdum bevorzugt dagegen eine feine, gezuckerte Schlagsahne.

Das einfache Dessert bringt die Quittenfrucht ausgezeichnet zur Geltung. Der Quittenbaum stammt ursprünglich aus dem Kaukasus und dem Iran. Seine gelben Früchte sind apfel- oder birnenförmig und das harte, etwas bittere Fruchtfleisch ist roh ungenießbar. Gegart allerdings entwickelt es ein wunderbar süßes und angenehm säuerliches Aroma.

Aybek Şurdum rät Ihnen, die Quitten samt Kernen mit Zucker zu bestreuen und sechs Stunden im Kühlschrank ziehen zu lassen. Dieser Arbeitsschritt dient dazu, das Fruchtfleisch zu färben. Falls Ihnen die Zeit dazu fehlt, können Sie auch mit gelber Lebensmittelfarbe nachhelfen.

In diesem Dessert vereinen sich auf sehr gelungene Weise das Aroma der Quitten und die Süße der Äpfel. Äpfel, von denen heutzutage etliche Sorten im Angebot sind, haben den Vorteil, das ganze Jahr über erhältlich zu sein. Wir empfehlen Ihnen eine zum Kochen und Backen geeignete Sorte, zum Beispiel Boskop. Hinter der etwas rauen und dicken Schale verbirgt sich saftiges, säuerliches Fruchtfleisch, das auch beim Garen sein volles Aroma behält.

Für eine besonders raffinierte Garnierung können Sie laut Aybek Şurdum die Apfelschalen kandieren und auf der Crème Chantilly anrichten.

Vor dem Servieren sollten Sie die Quitten unbedingt mit einigen Gewürznelken garnieren. Gewürznelken sind die Knospen des Gewürznelkenbaums, die vor der Blüte geerntet und getrocknet werden. Sie verfeinern das Obstdessert mit ihrem würzigen Aroma.

Die Quitten mit einem Sägemesser quer halbieren.

Das Kerngehäuse herausschneiden. Die Kerne aus dem Gehäuse lösen und in die Quittenhälften legen. Die Quitten mit 1 Teelöffel Zucker bestreuen und für 6 Stunden in den Kühlschrank stellen.

Die Äpfel schälen und das Kerngehäuse entfernen. Das Fruchtfleisch raspeln.

Apfelfüllung

Die Kerne wieder aus den Quitten entfernen, aber nicht wegwerfen. Die Quittenhälften mit den geraspelten Äpfeln füllen.

Die Quitten in eine ofenfeste Form legen. Quittenkerne, Gewürznelken, den restlichen Zucker und den Zitronensaft zugeben und mit 400 ml Wasser aufgießen. Im vorgeheizten Ofen 45 Minuten bei 190 °C garen.

Die Sahne mit dem Puderzucker steif schlagen. Die Quitten auf Desserttellern anrichten, mit dem Sirup übergießen und mit Gewürznelken und Quittenkernen garnieren. Die Crème Chantilly getrennt dazu reichen.

Süße

Vorbereitungszeit: 40 Minuten
Marinieren: 30 Minuten
Einweichzeit: 15 Minuten
Garzeit: 40 Minuten
Schwierigkeitsgrad: ✳

Für 4 Personen

Kürbishäppchen:
1 kg   Kürbis
400 g   Zucker
4   Gewürznelken

Gefüllte Aprikosen:
20   getrocknete Aprikosen
100 g   Zucker
200 g   Puderzucker
400 g   Kaymak oder Mascarpone

Zum Garnieren:
          Walnusshälften
          Minzeblättchen
          (nach Belieben)
          gemahlene Pistazien
          (nach Belieben)

In der türkischen Kultur haben *Meze*, kleine Vorspeisen, eine lange Tradition. Sie werden den Gästen vor dem Essen und zwischen den Gängen gereicht. Dazu trinkt man meist den berühmten Anisschnaps *Rakı* oder einen Wein.

In der türkischen Metropole Istanbul ist dieser Ritus Teil des Alltags geworden, und in den *Meyhane* genannten *Rakı*-Bars wird eine große Auswahl an *Meze* angeboten.

Die von den Istanbulern so geliebten geselligen Abende begeht man zunächst mit kalten, dann mit warmen *Meze*-Gerichten und dies meist bis spät in die Nacht. Es gehört zum guten Ton, am Ende eines solchen Abends noch einige süße Köstlichkeiten zu servieren. Dabei sind Desserts auf der Basis von Obst und Früchten besonders populär. Die Kürbishäppchen, die wir in diesem Rezept präsentieren, werden in jeder *Meyhane* angeboten.

Kürbisse, die vor allem bei Bolu kultiviert werden, besitzen eine dicke orange, orange-grüne oder ganz grüne Schale. Das sehr Vitamin-A-haltige Fleisch lässt sich auf viele verschiedene Arten zubereiten. Wenn man keinen ganzen Kürbis kaufen will, kann man ein Stück mit glattem, saftigem Fleisch wählen und im Gemüsefach des Kühlschranks lagern. Ayşecan Tüfekçioğlu lässt den Kürbis mit Zucker bestreut einige Zeit ziehen, damit er schneller gart.

Gefüllte Aprikosen isst man in der Türkei zu jeder Gelegenheit. Die duftende, aromatische Steinfrucht kommt aus der Region Malatya im Südosten des Landes. Getrocknete Aprikosen sollte man vor der Zubereitung einige Zeit in lauwarmem Wasser einweichen.

Garnieren Sie die Aprikosen mit *Kaymak*, einer festen, fetten Sahne, die von Kuh- oder Büffelmilch abgeschöpft wird. Sie hat eine dem Mascarpone vergleichbare Konsistenz.

Den Kürbis in dicke Scheiben schneiden, entkernen und schälen.

Die Kürbisscheiben in einen Topf legen und mit dem Zucker bestreuen. Die Gewürznelken zugeben. Bei geschlossenem Deckel 30 Minuten ziehen lassen.

Kürbis mit 150 ml Wasser übergießen. Bei mittlerer Hitze zugedeckt 15 Minuten dünsten. Die Hitze reduzieren und noch einmal 15 Minuten dünsten. Deckel abnehmen und weitere 10 Minuten garen. Den Kürbis heraus nehmen und abkühlen lassen. Den Sirup aufbewahren.

Meze

Die Aprikosen aufschneiden, zusammen mit dem Zucker in eine Schüssel mit lauwarmem Wasser geben und 15 Minuten einweichen. Die Aprikosen samt Zuckerwasser danach in einen Topf umfüllen und etwa 10 Minuten kochen.

Für die Creme Puderzucker und Kaymak beziehungsweise Mascarpone mit einem Schneebesen glatt rühren.

Creme in einen Spritzbeutel geben und Aprikosen füllen. Beides auf einem Servierteller anrichten. Kürbisstücke mit aufbewahrtem Sirup beträufeln und mit Walnusshälften, Minzeblättchen und Creme garnieren, die Aprikosen mit den gehackten Pistazien.

Mehl-Halva mit

Vorbereitungszeit: 20 Minuten
Kühlzeit: 45 Minuten–1 Stunde
Garzeit: 40 Minuten
Schwierigkeitsgrad: ★

Für 4 Personen

400 g	Mehl
250 g	Butter

Sirup:
500 g Zucker

Zum Garnieren:
gemahlene Pistazien

An *Halva* erfreuen sich alle türkischen Schleckermäuler schon seit Jahrhunderten. Der zarte Schmelz der Süßigkeit, die aus zerlassener Butter und Mehl oder Grieß sowie Zucker und Wasser oder Milch zubereitet wird, ist das Resultat langen Knetens. Die bekannteste der zahlreichen Varianten ist die mit Sesam (*Tahin halva*), die gelegentlich noch mit Pistazien oder Kakao verfeinert wird. Mehmet Kayas Rezept verwendet lediglich Butter, Mehl und Sirup.

Während der langen Winterabende versammelt man sich auf dem Land zu gemeinsamen Abenden, den »Halva-Konversationen«. Dabei werden die letzten Neuigkeiten ausgetauscht, während man die *Halva*-Masse bearbeitet. *Halva* wird grundsätzlich bei religiösen Festen, Hochzeiten oder Begräbnissen serviert. Bei einem Todesfall bekochen die Nachbarn die Trauerfamilie drei Tage lang. In Anerkennung dafür werden sie mit einer *Halva* beschenkt. Ein Freund des Hauses übernimmt das Rühren und Kneten des

Teigs und erinnert sich der schönen Momente mit dem Toten. Dann gibt er den Löffel an den Nächsten weiter und auch dieser erinnert sich – so geht der Topf reihum, bis jeder gesprochen hat und der Teig fertig ist.

Die Zubereitung von *Halva* erfordert Geduld und einen kräftigen Arm, denn der Teig darf nicht anbrennen. Schaben Sie den Teig regelmäßig vom Topfrand nach innen und bearbeiten Sie ihn mit einem breiten Holzlöffel. Dadurch wird der Teig weich und krümelig; er sollte milchkaramellfarben sein und leicht nach getoastetem Brot riechen. Erst dann kann der Sirup eingerührt werden. Um den Geschmack noch zu verfeinern, empfiehlt Mehmet Kaya, etwas Zimt oder Granatapfelsaft hinzuzufügen.

In die *Halva* lassen sich mit einer Gabel oder einem Tortenkamm hübsche Muster ziehen. Man kann sie auch in Rauten schneiden oder fantasievolle Formen ausstechen.

Für den Sirup 500 ml Wasser mit dem Zucker aufkochen. Beim ersten Aufwallen vom Herd nehmen.

Die Butter in Scheiben schneiden und in einem großen Topf zerlassen.

Das Mehl zur zerlassenen Butter geben.

Sirup und Pistazien

Die Masse bei mittlerer Hitze sehr lange rühren und kneten, bis sie milchkaramell-farben ist.

Den heißen Sirup über die Halva-Masse gießen. So lange rühren, bis die Masse homogen und dick ist. Sie sollte eine haselnussbraune Farbe haben.

Die Halva in eine rechteckige Form geben und glatt streichen. Bei Zimmertem-peratur etwa 45–60 Minuten abkühlen lassen. In Rauten schneiden und mit den gehackten Pistazien bestreuen.

Künefe

Vorbereitungszeit: 30 Minuten
Kühlzeit: 15 Minuten
Garzeit: 25 Minuten
Schwierigkeitsgrad: ✶

Für 4 Personen

250 g	Tel kadayif
100 g	Dil peyniri oder Ricotta
300 g	Butter

Sirup:

| 300 g | Zucker |
| | Saft von 1¼ Zitrone |

Crème Chantilly:

| 200 ml | Schlagsahne |
| 30 g | Puderzucker |

Zum Garnieren:

	Schattenmorellen
	Minzeblättchen
	gemahlene Pistazien
	(nach Belieben)

Diese aus dem Nahen Osten stammende Nachspeise ist in der Türkei sehr beliebt und wird hauptsächlich in den *Kebapçi* genannten *Kebap*-Lokalen genossen. Auch in Griechenland isst man sie gern.

Diese einfach zuzubereitende knusprige Nachspeise wird warm gegessen. Ihre Hauptzutat sind *Tel kadayif* – feine, lange Nudeln, die aus Mehl, Salz und Wasser hergestellt werden. Um dem Dessert seine runde Form zu verleihen, werden die Nudeln in kleine Formen mit gelochtem Boden gepresst. Verwenden Sie für die Zubereitung von *Künefe* eine runde Metallform mit zwanzig Zentimetern Durchmesser und mit einer Höhe von etwa drei Zentimetern. *Tel kadayif* sind unverzichtbar für dieses Gericht und in jedem türkischen Lebensmittelgeschäft erhältlich.

Ebenfalls wichtig für dieses Dessert ist *Dil peyniri*. Es handelt sich hierbei um einen faserigen, ungesalzenen Frisch-

käse aus Kuh- und Schafsmilch in Zopfform. Alternativ kann laut Bayram Dönmez auch neutral schmeckender Ricotta verwendet werden.

In der Türkei wird zu *Künefe* meist *Kaymak* gereicht, ein fester und sehr fettreicher Rahm, der von Kuh- oder Büffelmilch abgeschöpft wird und mit dem italienischen Mascarpone vergleichbar ist. Bayram Dönmez verleiht dem Dessert mit einer Crème Chantilly das gewisse Etwas.

Das wunderbare, angenehm säuerliche Fruchtfleisch der Schattenmorellen passt ideal zu *Künefe*. Die kaliumhaltigen Kirschen werden fast ausschließlich eingedünstet angeboten und können wegen ihres fein-säuerlichen Aromas auch gut für Konfitüren, Kuchen, Aufläufe und Liköre verwendet werden. Der Kirschbaum stammt ursprünglich aus Kleinasien und wird seit dem Mittelalter auch in Europa kultiviert.

Die Tel kadayif auf eine Arbeitsfläche legen, mit den Händen auflockern und in eine Schüssel geben.

250 g der Butter zerlassen und über die Tel kadayif gießen. Den Käse in dünne Scheiben schneiden.

Die Form leicht einfetten und die Nudeln hineindrücken. Die Käsescheiben darauf legen.

Käse mit einer zweiten Nudelschicht abdecken und mit den Fingern etwas andrücken. Rund 15 Minuten im Kühlschrank ruhen lassen. Die restliche Butter in kleine Würfel schneiden, auf der Künefe verteilen. Auf dem Herd etwa 15 Minuten knusprig braten, einmal wenden.

Für den Sirup 250 ml Wasser mit dem Zucker aufkochen und 10 Minuten köcheln lassen. Den Zitronensaft zugeben. Für die Crème Chantilly die Sahne mit dem Puderzucker steif schlagen.

Die Künefe mit dem Sirup tränken, 2 Minuten ruhen lassen, dann auf einen Servierteller heben und mit Kirschen, Minze und Crème Chantilly garnieren. Mit gemahlenen Pistazien bestreuen.

Sultansroulade

Vorbereitungszeit: 30 Minuten
Garzeit: 15 Minuten
Schwierigkeitsgrad: ★★

Für 4 Personen

8	Eier
150 g	Mehl
100 g	Zucker
50 g	feiner Grieß
300 g	Apfelmus
10 g	Backpulver

Sirup:

400 g	Zucker
1	Zitrone

Mehmet Kaya stellt hier eine köstliche Apfel-Roulade vor, die Patissiers am Marmara-Meer, dem kleinen Meer zwischen Mittelmeer und Schwarzem Meer, entwickelt haben. Sie gaben ihr den Namen *Fatih sarması* – zu Ehren eines der größten türkischen Helden: Mehmed II., genannt »der Eroberer«, auf Türkisch *Fatih*, der im Jahr 1453 Konstantinopel eroberte und dadurch die Herrschaft der byzantinischen Kaiser beendete.

Die Biskuitmasse wird in der Küchenmaschine geschlagen, doch ein elektrischer Handrührer kann dazu ebenso gut verwendet werden. Wenn das Eiweiß fest, aber noch nicht ganz steif ist, lässt man den Zucker einrieseln. Dann schlägt man weiter, bis die Masse ganz steif, glänzend und locker ist. Nun hebt man vorsichtig Grieß, Mehl und Backpulver unter, damit sich die Zutaten vermengen, die Masse aber schön locker und luftig bleibt.

Die Tiefe der Backform spielt keine Rolle; sie sollte nur ausreichend groß sein. Ganz gleich, ob man ein normales Backofenblech, die Fettpfanne des Ofens oder ein spezielles Rouladenblech verwendet – der Boden sollte mit Backpapier ausgelegt werden, damit der Teig nicht klebt und sich zudem leichter aus der Form heben lässt.

Für die Füllung verwendet Mehmet Kaya vorzugsweise selbst gemachtes Apfelmus. Dazu kocht er ein Kilo rote Äpfel mit einem Kilo Zucker ein, bis das Mus eine rötliche Farbe annimmt und leicht karamellisiert ist. Handelsübliches Apfelmus oder aber Aprikosenkonfitüre sind ein guter Ersatz.

Garniert wird die Roulade mit gezuckerter Schlagsahne und gehackten Pistazien. Bei den Türken ist aber auch *Kaymak* beliebt, eine feste, fette Creme, die mit Mascarpone vergleichbar ist.

Die Eier trennen. Das Eiweiß in die Rührschüssel der Küchenmaschine geben und schlagen. Wenn die Masse fest ist, den Zucker langsam einstreuen und weiter schlagen, bis die Masse sehr steif ist.

Das leicht verquirlte Eigelb, Grieß, Mehl und Backpulver unterheben.

Ein Backblech mit Backpapier auslegen. Den Teig auf das Backblech gießen und glatt streichen. Im vorgeheizten Ofen 15 Minuten bei 180 °C backen.

Währenddessen für den Sirup 300 ml Wasser mit dem Zucker und der in Scheiben geschnittenen Zitrone einmal aufkochen. Den Kuchen vom Blech auf ein sauberes Tuch heben, wieder in das Backblech setzen und mit dem lauwarmen Sirup tränken.

Etwas Apfelmus beiseite stellen; den Rest gleichmäßig auf dem Kuchen verstreichen.

Die Roulade mit Hilfe des Tuchs aufrollen und mit dem beiselte gestellten Apfelmus bestreichen. Die Roulade garnieren und schräg in Scheiben schneiden.

Lokma

Vorbereitungszeit:	20 Minuten
Ruhezeit Sirup:	24 Stunden
Ruhezeit Teig:	15 Minuten
Garzeit:	20 Minuten
Schwierigkeitsgrad:	✳

Für 4 Personen

250 g	Mehl
1	Ei
10 g	Zucker
10 g	frische Hefe

Sirup:

700 g	Zucker
1	Zitrone
3 l	Öl, zum Frittieren

Praktisch überall in Anatolien erfreut man sich bei Feiern und religiösen Festen an *Lokma* und anderen süßen Häppchen: Die kleinen Krapfen aus Hefeteig werden nach dem Ausbacken in Sirup getränkt. Die zahlreichen Rezepte dafür tragen zum Teil so blumige Namen wie »Lippen der Schönen«, »Finger des Wesirs« oder »Damennabel« … Das *Lokma*-Rezept von Mehmet Kaya stammt von der Ägäisküste; es ist eine Spezialität aus Izmir.

Bevor es an die eigentliche Zubereitung der *Lokma* geht, wird am Vortag der Sirup hergestellt, der über Nacht, mit Frischhaltefolie abgedeckt, bei Zimmertemperatur ziehen muss. So können die Zitronenscheiben ihr ganzes Aroma an den Sirup abgeben.

Das Wasser, mit dem der Teig verdünnt wird, sollte unbedingt handwarm sein; dies begünstigt die Treibkraft der Hefe. Wenn der Teig homogen ist, sollte man ihn mindestens fünfzehn Minuten gehen lassen. Um zu prüfen, ob er ausreichend aufgegangen ist, zieht man den Zeigefinger kurz durch den Teig: Dabei sollten sich im Teiginneren Bläschen bilden. Man kann den Gärprozess der Hefe auch beschleunigen, indem man die Schüssel mit einem sauberen Tuch abdeckt und an einen warmen Ort stellt, zum Beispiel in die offene Klappe des vorgeheizten Backofens.

Mehmet Kaya bereitet die *Lokma* wie folgt zu: Er nimmt ein bisschen Teig in seine Hand und ballt sie zur Faust. Dadurch wird etwas Teig zwischen Daumen und Zeigefinger herausgepresst. Dieses pflaumengroße Stück Teig schabt er mit einem Teelöffel ab und taucht es in das heiße Frittierfett. Die *Lokma* gehen noch auf und werden schön rund.

Das Frittieröl (vorzugsweise Olivenöl) sollte siedend heiß sein, der Sirup dagegen vollständig abgekühlt, sonst weichen die kleinen Krapfen auf.

Den Sirup am Vortag zubereiten: 500 ml Wasser erhitzen. Den Zucker und die in Scheiben geschnittene Zitrone zugeben und aufkochen. Den Topf vom Herd nehmen und den Sirup zugedeckt abkühlen lassen.

Das Mehl in eine Schüssel sieben. Ei, zerkrümelte Hefe und Zucker zugeben.

Die Zutaten mit den Fingern unter allmählicher Zugabe von 300 ml handwarmem Wasser zu einem Teig verarbeiten. Den Teig 15 Minuten gehen lassen.

Das Frittieröl bis zum Siedepunkt erhitzen. Mit einem Teelöffel pflaumengroße Krapfen in das Fett geben.

Die Lokma frittieren, bis sie schön rund und aufgegangen sind und eine goldbraune Farbe annehmen. Mit einem Schaumlöffel herausnehmen.

Die Lokma direkt kurz in den Sirup tauchen und abtropfen lassen. Kalt servieren.

Frittierte Teigtaschen

Vorbereitungszeit: 45 Minuten
Ruhezeit: 3 Stunden
Garzeit: 15 Minuten
Schwierigkeitsgrad: ★★

Für 4 Personen

2	große Yufka-Teigblätter
1	Quitte
30 g	Puderzucker
2	Eiweiß
500 ml	Frittierfett

Sirup:

300 g	Zucker
	Saft von 1¼ Zitrone

Zum Garnieren (nach Belieben):

gemahlene Pistazien

In der Türkei bedarf der Mensch in den verschiedenen Lebensetappen eines speziellen Schutzes. So wird einem Neugeborenen ein kleines Auge aus türkisfarbenem Glas ans Leibchen gesteckt, das den Bösen Blick von dem Säugling fern halten soll. Aus dem gleichen Grund schenkt der Imam den Gläubigen ein *Muska*. Dieses Amulett, ein kleines, gefaltetes Dreieck, beinhaltet Koranverse. Die in der Türkei übliche Faltung der Heiligen Schrift ist in den kulinarischen Bereich übergegangen und bezeichnet heute dieses Gericht in Dreiecksform.

Die kleinen, dreieckigen Teigtaschen mit Quittenfüllung stammen aus Zentralanatolien, sind aber im ganzen Land verbreitet. Serviert werden sie vor allem während des Ramadan nach Sonnenuntergang.

Die Quitte ist eine klassische Herbstfrucht und stammt aus dem kaukasischen Raum. Sie war bereits in der Antike geschätzt, besonders die aus der kretischen Stadt Cydon. Die Quitte ist an ihrer runden, wulstigen Form zu erkennen und die gelbe Schale der reifen Früchte ist oft mit einem bräunlichen Flaum überzogen. Das rohe Fruchtfleisch ist hart und bitter und daher ungenießbar. Gekocht dagegen hat die Quitte einen angenehm süß-säuerlichen Geschmack. Wie Apfel und Birne gehört sie zur Familie der Rosengewächse. Statt einer Quitte können Sie auch einen säuerlichen Apfel verwenden.

Yufka-Teig ist ein hauchdünn ausgerollter türkischer Blätterteig. Er wurde früher während des Winters in den Dörfern gemeinsam hergestellt, wobei die Dorfgemeinschaft täglich an der Zubereitung der feinen Teigblätter arbeitete. Diese wurden getrocknet und gestapelt. Vor dem Gebrauch wurden sie wieder etwas befeuchtet.

Garnieren Sie die Teigtaschen mit gemahlenen Pistazien.

Für den Sirup 300 ml Wasser mit dem Zucker und dem Zitronensaft zum Kochen bringen. Etwa 2 Minuten sprudelnd kochen. Den Topf vom Herd nehmen und 3 Stunden ziehen lassen.

Die Quitte schälen, in Viertel schneiden, das Kerngehäuse entfernen und das Fruchtfleisch raspeln.

Die Quittenraspeln mit dem Puderzucker und 1 Eiweiß vorsichtig mischen.

mit Quittenfüllung

Die Yufka-Teigblätter aufeinander legen, halbieren und die Hälften wieder aufeinander legen. Die Teigblätter in 4 cm breite Streifen schneiden.

Ein wenig Quitten-Mischung auf die Enden der Streifen setzen und zu Dreiecken formen. Dazu den Streifen abwechselnd rechts über links falten. Die Teigenden mit dem zweiten, leicht verquirlten Eiweiß verkleben.

Die Muska im heißen Frittierfett 3–4 Minuten ausbacken und sofort kurz in den Sirup tauchen. Abtropfen lassen und mit gemahlenen Pistazien garnieren.

Rosen-

Vorbereitungszeit:	40 Minuten
Vorbereitungszeit:	8–10 Stunden
Garzeit:	15 Minuten
Schwierigkeitsgrad:	★★

Für 4 Personen

| 2 Blätter | Yufka |
| 1 EL | Butter |

Sirup:

300 g	Zucker
	Saft von ½ Zitrone
2 EL	Rosenwasser

Füllung:

15	Mairosen
100 g	Walnusskerne
4 EL	Puderzucker
2	Eiweiß

Dieses orientalische Rosen-Dessert ist eine sehr raffinierte Spezialität aus Izmir. Es erfordert etwas Geduld und große Sorgfalt und wird fast immer von den Frauen zubereitet.

Wie der Meisterkoch Gökçen Adar erzählt, konkurrieren die Damen sogar in der Fertigung der schönsten »Rosen«, denn einmal pro Woche versammeln sich die Frauen von Izmir gerne, um dieses Gebäck bei einer Tasse türkischen Kaffees zu kosten.

Diese feine Patisserie ist eine außergewöhnliche Delikatesse. Die Blütenblätter der Rosen vereinen Düfte und Aromen des Orients und müssen für die Zubereitung mindestens zwölf Stunden in Zucker mazerieren.

Gökçen Adar empfiehlt dafür die Rosensorte »Rose de Damas« (*Rosa x damascena*) oder Mairosen (*Rosa majalis*), die in Feinkostgeschäften erhältlich sind. Diese Blü-

ten, die in der Küche Nordafrikas und des Nahen Ostens eine große Rolle spielen, aromatisieren in Pulverform süße und auch herzhafte Speisen. Die kleinen Knospen werden im Mai gepflückt und im zentralanatolischen İsparta zum größten Teil destilliert und zu Rosenwasser verarbeitet.

Durch die Walnusskerne erhält die Füllung etwas »Biss«. Sie sind sehr kohlenhydratreich und enthalten viel Magnesium und Kupfer. Der aus Asien stammende Walnussbaum wurde von den Römern in Europa eingeführt. Walnusskerne lassen sich am besten in einem luftdichten Behälter aufbewahren, geschützt vor Hitze und Sonneneinstrahlung. Ein Tipp von Gökçen Adar: Legen Sie die Walnusskerne einige Stunden in warme Milch. Dadurch werden auch etwas ältere Kerne wieder frisch und knackig!

Dieses zarte Rosen-Dessert ist eine echte Einladung zum Träumen und zum Reisen.

Für die Füllung die Blütenblätter der Rosen abzupfen und 8–10 Stunden im Puderzucker mazerieren. Die Walnusshälften in einem Mörser zerkleinern und zu den mazerierten Rosenblüten geben.

Für den Sirup den Zucker in einen Topf geben und mit 400 ml Wasser aufgießen. Das Rosenwasser zugeben. Aufkochen und den Zitronensaft zugeben, dann den Topf vom Herd nehmen und leicht abkühlen lassen.

Das Eiweiß mit einer Gabel leicht aufschlagen und zu der Rosenblüten-Mischung geben.

Dessert

Die Teigblätter halbieren und die Füllung entlang der geraden Kante verteilen. Die Füllung dreifach mit den Teigblättern umwickeln.

Den Rand der Teigblätter mit einem Messer fächerförmig einschneiden. Eine ofenfeste Form einfetten.

Gefüllte Teigblätter schneckenförmig aufrollen und mit Teigstreifen Rosen formen. In Form setzen. Mit Alufolie abdecken und 10 Minuten bei 200 °C backen. Alufolie abnehmen und weitere 3 Minuten backen. Sirup auf Dessertteller verteilen und Rosen hineinsetzen.

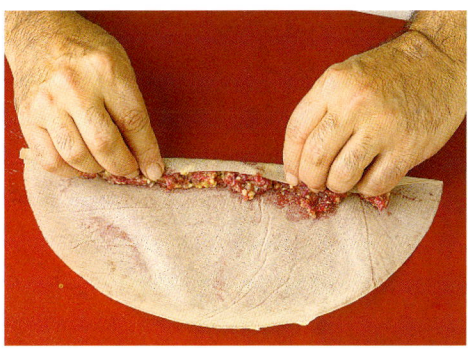

Şekerpare

Vorbereitungszeit: 30 Minuten
Ruhezeit: 20 Minuten
Garzeit: 20 Minuten
Schwierigkeitsgrad: ✶

Für 4 Personen

250 g	Mehl
75 g	Zucker
150 g	Butter
10 g	Backpulver
50 g	feiner Grieß

3	Eier
2 g	Vanillezucker

Sirup:

500 g	Zucker
1	Zitrone

Zum Garnieren:

	Pistazienkerne

Die *Şekerpare* ähneln kleinen, goldenen, von einer grünen Pistazie gekrönten Turbanen und sind genau das Richtige für alle, die es sehr süß lieben. Ihre Erfinder aus Zentralanatolien haben diesem mit Sirup getränkten Grießgebäck einen trefflichen Namen gegeben, der sich von den Wörtern für »Zucker« (*Şeker*) und »Stück« (*Pare*) herleitet.

Damit sich Mehl und Grieß beim Kneten des Teiges schneller und besser vermengen, verteilt Mehmet Kaya den Grieß auf dem Mehlkranz. Man kann den Puderzucker auch durch feinen Kristallzucker ersetzen, wenn man ihn zuvor mit den Eiern verquirlt.

Mehmet Kaya rollt den Teig zu Kugeln, aber man kann ihm auch eine abgerundete Rautenform geben. Bevor man das Gebäck auf das Backblech setzt, sollte man dieses gut einfetten, damit der Teig nicht kleben bleibt. Manchmal verziert Mehmet Kaya das Gebäck nicht mit dem Abdruck

einer runden Spritztülle, sondern mit den Zinken einer Gabel. Vor dem Backen bestreicht er die *Şekerpare* auch gerne mit verquirltem Ei und setzt einen Haselnusskern, eine Pistazie oder eine Mandel in die Mitte – oder er wendet sie in Mohn.

Ein optimales Resultat erhält man, wenn man beim Backen auf Folgendes achtet: Die *Şekerpare* sollten zunächst im vorgeheizten Ofen bei offener Ofentür aufgehen; erst danach werden sie bei geschlossener Backofentür fertig gebacken. Die fertigen *Şekerpare* sollten trocken und goldbraun sein. Gleich nach dem Backen werden sie mit dem heißen Sirup getränkt und mit Alufolie oder einem zweiten Backblech abgedeckt. Auf diese Weise geht das mit Sirup getränkte Gebäck noch weiter auf und erhält eine stabile, aber weiche Konsistenz. Zum Abschluss werden die *Şekerpare* noch mit Pistazienkernen garniert.

Das Mehl auf eine Arbeitsfläche sieben, eine große Vertiefung in die Mitte drücken und Puderzucker, 125 g in Scheiben geschnittene Butter und Backpulver hineingeben.

Den Grieß auf dem Mehlrand verteilen. Eier und Vanillezucker in die Mitte geben. Die Zutaten zu einem glatten Teig verarbeiten. Den Teig zu einer Kugel formen und 20 Minuten ruhen lassen.

Aus der Teigkugel mehrere Rollen bilden, diese jeweils in gleich große Stücke schneiden und zwischen den Handflächen zu pflaumengroßen Kugeln rollen.

Die Fettpfanne des Backofens gut einfetten und die Teigkugeln darauf setzen. Mit einer runden Spritztülle einen Kreis in die Teigkugeln drücken. Im vorgeheizten Ofen 20 Minuten bei 180 °C backen.

Währenddessen die Zitrone in Scheiben schneiden. Für den Sirup 500 ml Wasser mit dem Zucker und der in Scheiben geschnittenen Zitrone aufkochen. Den Topf beim ersten Aufwallen vom Herd nehmen.

Das Gebäck aus dem Ofen nehmen und sofort bis auf halbe Höhe der Fettpfanne mit dem heißen Sirup aufgießen. Die Fettpfanne dann mit Alufolie abdecken und die Şekerpare abkühlen lassen. Mit Pistazien garnieren.

Pinienkerncreme

Vorbereitungszeit:	30 Minuten
Einlegezeit der Pinienkerne:	1 Nacht
Garzeit:	30 Minuten
Schwierigkeitsgrad:	★

Für 6 Personen

Pinienkerncreme:

550 g	Pinienkerne
500 g	Mehl
500 g	Zucker

Weiße Creme:

1 l	Milch
4 EL	Maisstärke
4	Eier
125 g	Zucker
etwas	Geranienblütenwasser

Zum Garnieren:

30 g	Pistazien ohne Schale
30 g	Haselnüsse
30 g	Mandeln (nach Belieben)

Früher wurden die *assida* genannten Cremes bei großen Festen serviert – vor allem zur Feier der Geburt des Propheten und an dem moslemischen Feiertag *Aïd el Kébir*. Die Basis für die Süßspeise ist immer dieselbe: eine Mischung aus Pinienkernen, Haselnüssen, Mandeln oder Walnüssen, die gemahlen, mit Wasser verrührt und anschließend gefiltert werden. Angedickt wird die Creme mit Mehl oder Stärke. Dazu gibt es eine weiße Creme, die mit Geranien- oder Orangenblütenwasser parfümiert wird. Der Begriff *assida* steht auch noch für eine dickere, schwere Masse, die morgens gegessen wird.

Für seine *assida zgougou* bevorzugt Mohamed Boussabeh kleine dunkle Pinienkerne. Tunesische Köche verwenden zwei verschiedene Arten: große weiße Pinienkerne, die etwas ölig sind, *bondok* genannt werden und von der Pinie stammen, sowie kleine schwarze *zgougou,* die Samen der Aleppokiefer.

Unser Küchenchef hat die Pinienkerne zuvor in der Pfanne geröstet, damit er den Bräunungsgrad leichter kontrollieren kann. Sie können die Kerne aber auch im Ofen rösten. Anschließend werden die Pinienkerne lange in Wasser eingelegt, damit sie ihr gesamtes Aroma entfalten.

Wenn Sie die Pinienkernflüssigkeit abseihen, sollten Sie die Masse mit dem Stiel eines Kochlöffels zerstoßen, um möglichst viel Aroma zu erhalten. Falls die Creme beim Kochen zu sehr am Topf klebt, können Sie etwas kaltes Wasser zugießen. Schlagen Sie die Creme mit einem Schneebesen, bis sie dickflüssig und glatt ist.

Füllen Sie die braune Pinienkerncreme dann in Schalen, bis diese zu drei Viertel voll sind. Darauf wird dann etwas weiße Creme gegossen. Garnieren Sie dieses Dessert je nach Belieben mit gehackten Pistazien, weißen Pinienkernen, Haselnüssen oder Mandeln.

Für die braune Creme am Vortag die Pinienkerne in einer Pfanne ohne Öl rösten, sodass sie trocknen und einen intensiveren Geschmack bekommen.

Geröstete Pinienkerne sowie 2 l Wasser nach und nach in eine Küchenmaschine füllen und zu einer sehr feinen Paste verarbeiten. In eine Schüssel füllen und 8–12 Stunden kalt stellen.

Nach der Einlegezeit die Masse mithilfe einer Schöpfkelle durch ein feines Sieb in eine große Schüssel gießen.

Das Mehl sieben und mithilfe eines Schneebesens portionsweise in die Creme einrühren. Zucker hinzufügen, umrühren. In einem Topf kochen, bis die Creme dick wie Kuchenteig ist. In Schalen füllen und abkühlen lassen.

Für die weiße Creme 750 ml Milch zum Kochen bringen. In einer Schüssel 250 ml kalte Milch mit der Stärke, den Eiern, dem Zucker und Geranienblütenwasser verruhren.

Die Mischung in die warme Milch gießen und verquirlen. Köcheln lassen, bis eine glatte Creme entstanden ist. Mit einem Löffel die weiße Creme in die Schalen mit der Pinienkerncreme füllen. Abkühlen lassen. Mit gehackten Pistazien und Haselnüssen bestreuen.

Bey-Baklava

Vorbereitungszeit: 20 Minuten
Garzeit: 10 Minuten
Schwierigkeitsgrad: ✳

Für 4 Personen

150 g	Zucker
1 Tütchen	Vanillezucker
20 ml	Rosenblütenwasser
350 g	gemahlene Mandeln
½ TL	grüne Lebensmittelfarbe
½ TL	rote Lebensmittelfarbe

Die *Bey*-Baklava ist ein typisch tunesisches Dessert, das sich deutlich von der traditionellen türkischen Baklava unterscheidet. Der Name dieser Süßspeise ist eine Anspielung auf die Anwesenheit der Osmanen im Land.

Im 19. Jahrhundert regierten in Tunesien die so genannten *Beys*, nach denen dieses dreifarbige Dessert benannt ist. Im Laufe der Jahre hat sich dessen Herstellung jedoch stark verändert. Ursprünglich bestand Baklava aus Teigschichten auf der Grundlage von Mandeln, Pistazien und Haselnüssen. Die Variante, die wir Ihnen hier präsentieren, wird in Rautenform geschnitten.

Für diese im Nu zubereitete Spezialität werden heute nur noch Mandeln verwendet. Diese Früchte haben eine dicke, grüne und samtige Schale, die ein oder zwei Mandeln enthält. Man isst sie frisch oder geröstet und verwendet sie zur Herstellung von Kuchen und anderen Süßwaren.

Im Laufe der Zeit sind die Haselnüsse und Pistazien aus dem Rezept verschwunden. Um dennoch drei unterschiedliche Farben zu erhalten, verwenden die Tunesier Lebensmittelfarben auf pflanzlicher Basis. Sogar in der Antike wurden diese bereits zum Färben von Speisen eingesetzt. Diesen Zweck erfüllte vor vielen hundert Jahren auch schon der Safran.

Damit der Sirup seinen charakteristischen Geschmack erhält, fügt unser Küchenchef etwas Rosenblütenwasser hinzu. Es wird aus einer sehr kleinen Rosenart aus Damaskus gewonnen, deren Blütenblätter man destilliert. Vielen orientalischen Gerichten verleiht das Rosenwasser sein feines Aroma.

Wenn Sie *Bey*-Baklava wie die Tunesier genießen möchten, sollten Sie einen Pfefferminztee und Pinienkerne dazu servieren.

Für den Sirup Zucker, Vanillezucker, Rosenblütenwasser und 100 ml Wasser 10 Minuten kochen.

Das Mandelmehl sieben und in eine Schüssel geben. Den Sirup zugießen und umrühren. Mit den Händen kneten, bis eine einheitliche Teigmasse entsteht.

Die Masse in drei gleiche Stücke teilen. Einen Teil mit der grünen Lebensmittelfarbe einfärben und mit den Händen verkneten. Einen anderen Teil rot färben und kneten. Den dritten Teil der Mandelmasse unverändert lassen.

Die drei Teigstücke jeweils zu einer Wurst formen und mit einem Nudelholz ausrollen. In gleichmäßig große Quadrate schneiden.

Jeweils drei verschiedenfarbige Teigquadrate übereinander legen: unten rosafarben, in der Mitte naturbelassen und oben grün.

In etwa 3 cm lange, gleichmäßige Rauten schneiden. Die Bey-Baklawa auf einer Platte anrichten.

Pistazienpudding

Vorbereitungszeit: 10 Minuten
Garzeit: 10 Minuten
Schwierigkeitsgrad: ✶

Für 4 Personen

150 g	Pistazien ohne Schale
1 Dose	gesüßte Kondensmilch
3 EL	Maisstärke

Zum Garnieren:

gemahlene Pistazien
Pinienkerne
Haselnüsse

Diese puddingartige Süßspeise mit Pistazien kann auch als Getränk genossen werden. Sie wird häufig während des Ramadan zur Beendigung des Fastens serviert. Man kann den *bouza* genannten Nachtisch rasch verzehren und nimmt damit in der Fastenzeit viele Kalorien auf einmal zu sich. Der Pistazienpudding wird aber auch zu anderen Anlässen gereicht, wie zum Beispiel bei Heiratsanträgen, wenn sich die Männer der beiden Familien treffen. Nachdem die Formalitäten geklärt sind und Einigkeit erzielt wurde, serviert die Herrin des Hauses zur Feier des Tages diese berühmte Süßspeise. *Bouza* fungiert so als Ehrenbezeigung und Zeichen großer Wertschätzung. Die Pistazie ist eine besonders raffinierte Trockenfrucht, die für viele orientalische Backwaren verwendet wird – wie zum Beispiel für Baklava-Varianten oder mit Honig übergossene Teigrollen. Pistazien stammen aus Syrien, werden jedoch auch im Irak, im Iran und in Tunesien angepflanzt.

Gesüßte Kondensmilch ist typisch für heiße Länder. Sie ist lange haltbar, und in Ländern, in denen die Kühlkette oft nicht gewährleistet werden kann, vor allem in Afrika, war diese Art von Kondensmilch früher ein idealer Ersatz für frische Milch. Zudem gibt es in manchen Regionen nur wenige Milchkühe.

Manchmal wird in die Mitte der *bouza*-Dekoration eine Haselnuss gesetzt. Diese wird in Tunesien *bellouza* genannt und findet ebenfalls in vielen Rezepten Verwendung.

Die Pistazien 3–5 Minuten unter dem Backofengrill rösten. Sie müssen dabei grün bleiben. In der Küchenmaschine grob hacken.

Gesüßte Kondensmilch und dreimal so viel Wasser hinzufügen.

3 Esslöffel Maisstärke zugeben. Erneut auf höchster Stufe mixen.

Die Masse unter ständigem Rühren aufkochen, bis sie eindickt.

Den Pistazienpudding gleichmäßig auf
Schälchen oder Gläser aufteilen.

Abwechselnd mit gemahlenen Pistazien,
Pinienkernen und Haselnüssen garnieren
und warm servieren.

Honiggebäck

Vorbereitungszeit: 40 Minuten
Garzeit: 20 Minuten
Ruhezeit des Teigs : 30 Minuten
Vorbereitungszeit: ✹✹

Für 4 Personen

100 g	Mehl
1	Ei
2 TL	Stärke
	Öl zum Frittieren

Honigsirup:

½	Zitrone
50 g	Honig
250 g	Zucker
10 ml	Orangenblütenwasser
1 TL	Stärke

Zum Garnieren:

Sesamsaaten
gemahlene Pistazien

Man kennt das: Die besten Rezepte entstehen oft dann, wenn sich überraschend Besuch anmeldet und aus den Zutaten, die gerade zur Hand sind, auf die Schnelle etwas zubereitet werden muss. In solchen Fällen sind Talent und Fantasie gefragt. Ob sich Frau Boccara an jenem Tag wohl vorstellen konnte, dass ihre Kreation ein fester Bestandteil der tunesischen kulinarischen Tradition werden würde? Als sie unter Zeitdruck in der Küche stand, dachte sie bestimmt nicht daran.

Diese italienische Großmutter lebte in der Toskana und wollte für unerwartete Gäste etwas zubereiten. Zu ihren bescheidenen Vorräten zählten Eier und Mehl. Mit diesen Grundzutaten stellte sie einen Teig her und gab ihm eine originelle Form. Die entstandenen Krapfen frittierte sie in Öl.

Da Frau Boccara der Ansicht war, dass das Gebäck etwas trocken schmeckte, kam sie auf die geniale Idee, es mit Honig zu übergießen. So entstanden Anfang des 19. Jahrhunderts die *manicotti*.

Wie viele andere italienische Juden auch zogen einige Jahre später Frau Boccaras vier Töchter nach Tunesien. Das Familienrezept wurde variiert, indem man Orangenblütenwasser unter den Honig rührte oder die fertigen *manicotti* mit Sesam oder gemahlenen Pistazien bestreute.

Die gesamte jüdische Gemeinde in Tunis übernahm das Rezept, sodass es zu einem festen Bestandteil der kulinarischen Tradition Tunesiens wurde. Auf Arabisch wird es *debla* oder *wednin el kadhi* (»Richterohr«) genannt.

Debla sind bei den Tunesiern sehr beliebt und werden vor allem bei Familientreffen serviert. Frau Boccara wäre sicher stolz, wenn sie wüsste, dass ihre spontane Kreation auch nach so langer Zeit noch derart bekannt ist.

Ei und Mehl in einer Schüssel zu einem Teig verrühren.

Mit den Händen den Teig glatt kneten. Wenn der Teig klebt, etwas Mehl hinzufügen. In ein trockenes Tuch einwickeln und 30 Minuten ruhen lassen.

Die Arbeitsfläche mit 1 Teelöffel Stärke bestäuben. Den Teig darauf kneten und zur Kugel formen. Weiterkneten und mit Stärke bestäuben. Mit einem Nudelholz den Teig ausrollen und dabei mehrfach wenden. Sehr dünn durch eine Nudelmaschine drehen.

Den Teig in lange Streifen schneiden. Für den Sirup eine halbe Zitrone auspressen. Zusammen mit Honig, Zucker, Orangenblütenwasser, Stärke und 300 ml Wasser zum Kochen bringen.

Das Ende eines Teigstreifens zwischen Zeige- und Mittelfinger festhalten. Den Teigstreifen um die Finger wickeln.

Das Gebäck vorsichtig in heißes Frittieröl legen. Mit einem Schaumlöffel wenden. Das Gebäck abtropfen lassen und in den Honigsirup tauchen. Einige Teile mit Sesam, andere mit gemahlenen Pistazien garnieren oder so belassen.

Nusshappen

Vorbereitungszeit: 50 Minuten
Garzeit: 50 Minuten
Schwierigkeitsgrad: ★

Für 4 Personen

50 g	Haselnüsse
150 g	geschälte Mandeln
50 g	Walnüsse
25 g	Pistazien
25 g	Pinienkerne
1 EL	Pflanzenöl

Sirup:

½	Zitrone
150 g	Zucker
1 Tütchen	Vanillezucker

Zum Garnieren:

gemahlene Pistazien
Pinienkerne

In Tunesien hat das Dessert *jaouia* einen besonderen Stellenwert. Es gilt als Luxussüßspeise und soll der Legende nach die Lieblingsleckerei der *Beys* gewesen sein. Dieses Symbol des Überflusses auf der Grundlage von Trockenfrüchten wird heute hauptsächlich für Hochzeiten zubereitet.

Schon die alten Ägypter, Griechen und Römer schätzten Trockenfrüchte sehr. Sie liefern viel Energie und haben hochwertige Inhaltsstoffe. Neben ihrem natürlichen Zuckergehalt sind sie reich an Kohlenhydraten, Vitaminen, Mineralstoffen, Fetten und sogar Eiweißen.

Walnüsse dienen vor allem als Dekoration für orientalisches Gebäck, werden bei diesem Rezept jedoch auch als Zutat verwendet. Wenn Sie die trockenen Nüsse ein wenig auffrischen möchten, können Sie sie einige Stunden in heiße Milch einlegen. Die Haut löst sich dann von selbst, und die Nüsse werden weicher. Für dieses Rezept müssen die Nüsse gehackt werden. Verwenden Sie dazu möglichst keine Küchenmaschine, da damit das Aroma des Öls teilweise verloren geht.

Für diese Süßspeise werden auch Haselnüsse verwendet, die sich durch ihren besonders feinen Geschmack auszeichnen. Sie sind rund oder leicht eiförmig und von einer harten Schale umgeben. Wenn sie aus der Schale gelöst sind, müssen Haselnüsse luftdicht verschlossen aufbewahrt werden, damit sie nicht ranzig werden. Sie werden im Ganzen oder gemahlen verwendet.

Durch den geschmolzenen Zucker, der mit den Nüssen vermischt wird, erinnert *jaouia* an Krokant. Diese tunesische Spezialität liefert viel Energie und ist vor allem bei Kindern sehr beliebt.

Die verschiedenen Nüsse und Trockenfrüchte einzeln vorbereiten und bei 140 °C im Backofen rösten: die Haselnüsse etwa 20 Minuten, die Mandeln 15 Minuten und die Walnüsse 5 Minuten. Die Haut von den gerösteten Nüssen entfernen.

Mit einem Nudelholz die Mandeln, Walnüsse, Haselnüsse, Pistazien und Pinienkerne grob zerkleinern. Die halbe Zitrone auspressen, und den Saft für den Sirup beiseite stellen.

Für den Sirup Zucker, Vanillezucker und 100 ml Wasser zum Kochen bringen. Zitronensaft zugießen. Ein Messer in kaltes Wasser tauchen, etwas Zuckerwasser entnehmen, dann die Klinge wieder in das kalte Wasser tauchen. Am Finger muss der Zucker eine Perle bilden.

Den Sirup auf die zerkleinerten Nüsse gießen und mit einem Holzlöffel rühren.

Die Arbeitsfläche und das Nudelholz leicht einölen und die Nuss-Sirup-Mischung ausrollen. Den Vorgang auf einem Backblech wiederholen.

Die jaouia in lange Streifen schneiden und diese in Quadrate unterteilen. Die Quadrate vorsichtig in gemahlene Pistazien drücken und mit einem Pinienkern garnieren. Die Nusshappen auf einer Platte anrichten.

Mandelkugeln

Vorbereitungszeit: 10 Minuten
Garzeit: 10 Minuten
Schwierigkeitsgrad: ✶

Für 4 Personen

300 g	gemahlene Mandeln
150 g	Zucker
1 Tütchen	Vanillezucker
20 ml	Rosenblütenwasser
½ TL	grüne Lebensmittelfarbe
½ TL	rosa Lebensmittelfarbe

Zum Garnieren:

Zucker
Pinienkerne (nach Belieben)

Auf Arabisch heißen die Mandelkugeln *kâber ellouz*. Die Geschichte dieser einfach zubereiteten Süßspeise könnte ein Märchen aus Tausendundeiner Nacht sein.

Der Legende nach hatte vor langer Zeit ein böser Geist die Datteln der Tunesier gestohlen. Der Sultan, der damals regierte, war ein grausamer Mann. Nur mit Gebäck konnte man ihn milde stimmen. Von Tag zu Tag wurde der Vorrat an Datteln kleiner. Eine der Köchinnen wollte die Geschmacksnerven des Sultans überlisten und rollte kleine Kugeln aus Mandeln, Pistazien und Haselnüssen. Als der Sultan den Betrug bemerkte, ließ er die Frau köpfen. Aus Angst, dasselbe Schicksal könnte sie ereilen, warf eine andere Köchin die restlichen Kugeln in einen Sack mit Zucker. So entstanden die *kâber ellouz*.

In Tunesien wird diese Leckerei vor allem zu großen Festen, Verlobungsfeiern, Hochzeiten und Beschneidungen gereicht. Wie bei vielen anderen Süßspeisen sind auch hier die Mandeln die wichtigste Zutat. Mandelbäume werden hauptsächlich in der Gegend von Sfax angepflanzt und haben schöne, weiße Blüten. Die ersten Mandeln schmecken süß, frisch und sehr aromatisch. In getrocknetem Zustand verwendet man sie im Ganzen, gehackt oder gemahlen zur Herstellung von Cremes, Kuchen, Pralinen oder Gebäck aller Art.

Der Legende nach rettete der Zucker der zweiten Köchin das Leben. Diese süße Substanz findet sich in den Blättern, Stängeln oder Wurzeln zahlreicher Pflanzen. In Nordafrika gewinnt man ihn aus der Dattelpalme. Am gebräuchlichsten ist jedoch der Zucker, der aus Zuckerrohr gewonnen wird. Vor Tausenden von Jahren verwendeten die Asiaten Zucker bereits in Form von Sirup, während Europäer noch ausschließlich Honig benutzten.

Das Mandelmehl sieben.

Für den Sirup Zucker, Vanillezucker und 100 ml Wasser 10 Minuten kochen. Rosenblütenwasser hinzufügen. Den Sirup über die gemahlenen Mandeln gießen. Mit einem Holzlöffel umrühren.

Die Masse mit den Fingern auf der Arbeitsfläche kneten.

Die Mandelmasse in 3 gleiche Stücke teilen. Einen Teil mit der grünen Lebensmittelfarbe einfärben und mit den Händen verkneten. Einen anderen Teil rosa färben und kneten. Den dritten Teil der Mandelmasse unverändert lassen.

Jeden Teil auf der Arbeitsfläche zu einer dünnen Rolle mit etwa 2 cm Durchmesser formen. Die drei Rollen zu einem dreifarbigen Zopf flechten.

Den Zopf in Stücke von ca. 25 g teilen. In der Handfläche zu glatten Kugeln rollen. Die fertigen Kugeln in Zucker wälzen.

Mandel-Nuss-

Vorbereitungszeit: *30 Minuten*
Garzeit: *30 Minuten*
Schwierigkeitsgrad: ★★

Für 4 Personen

150 g	Mandeln
150 g	Haselnüsse
50 g	Pinienkerne
500 g	Zucker
1	Zitrone
	Geranienblütenwasser

100 g	Butter
12	*malsouka*-Teigblätter (ersatzweise Filo-Teig)
50 g	Pistazien

Die Mutter unseres Küchenchefs hat ihn zu diesem sehr aromatischen Gebäck inspiriert, das förmlich im Munde zergeht. Die *ourta* gehört zur großen Familie tunesischer Backwaren, deren Mischung aus türkischen, griechischen und andalusischen Einflüssen charakteristisch ist.

Die meisten dieser Leckereien werden in *malsouka*-Blätter eingewickelt. Deren Teig besteht aus Grieß und muss beim Verzehren knusprig und krümelig sein, da er nur wenig Ei und Wasser als Bindemittel enthält. Nach der Fertigstellung erhitzt der Koch auf seinem Kohleofen eine große Kupferplatte und gießt eine kleine Menge des etwas flüssigen Teigs auf die heiße Platte, sodass eine äußerst dünne Schicht entsteht.

Industriell angefertigte *malsouka*-Teigblätter sind für die Herstellung von Gebäck sehr praktisch. Unser Küchenchef bevorzugt jedoch die Eigenproduktion, da er der Meinung

ist, die im Handel erhältlichen Teigblätter seien nicht dünn genug und ein wenig zu fest. Er legt außerdem den Boden der Backform mit zwei Teigblättern aus, um dem Kuchen mehr Halt zu verleihen und im Notfall eine Schicht entfernen zu können, falls der Boden zu dunkel gerät.

Ali Matri zerkleinert Mandeln und Haselnüsse nur grob in der Maschine. So bleiben sie schön bissfest. Wenn er den Mandel-Nuss-Kuchen (*ourta*) herstellt, behält er einen Teil der gerösteten Pinienkerne zum Garnieren zurück.

Im Nordosten Tunesiens, auf der Halbinsel Cap Bon, gibt es zahlreiche Orangenbäume und Geranien, die zur Herstellung von Blütenwasser verwendet werden. In diesem Land werden auch zahlreiche andere Essenzen produziert – zum Beispiel auf der Basis von Rosen oder Thymian. Für unser Rezept haben wir den Extrakt von wilden Geranien gewählt. So erhält das Dessert ein raffiniertes Aroma.

Im Grill des Backofens auf dem Backblech nacheinander die Mandeln, die Haselnüsse und die Pinienkerne rösten. Mandeln und Haselnüsse in der Küchenmaschine grob hacken. Pinienkerne nicht zerkleinern.

Zucker und ein Glas Wasser in eine Kasserolle füllen. Saft einer halben Zitrone hinzufügen. Bei starker Hitze kochen, sodass ein Sirup entsteht. Vom Herd nehmen, Geranienblütenwasser zugießen und umrühren.

Das Innere einer Springform mit Butter einpinseln. Den Boden mit einem Teigblatt auslegen und mit zerlassener Butter bepinseln. Ein zweites Blatt darüber legen und ebenfalls mit Butter bestreichen.

Kuchen

Die Teigblätter mit gehackten Nüssen und Trockenfrüchten bestreuen. Einige Pinienkerne zurückbehalten. Ein Teigblatt darüber legen, mit Butter bepinseln, mit Trockenfrüchten bestreuen usw., bis alle Zutaten verbraucht sind. Ein mit Butter bestrichenes Teigblatt obenauf legen.

Den Kuchen bei 180 °C etwa 10 Minuten goldbraun und knusprig backen. Aus dem Ofen holen und mit Geraniensirup übergießen

Den Kuchen auf eine Servierplatte stürzen, wenn er den ganzen Sirup aufgesaugt hat. Mit gehackten Pistazien und gerösteten Pinienkernen bestreuen.

Chamia-Parfait mit

Vorbereitungszeit: 30 Minuten
Garzeit: 10 Minuten
Gefrierzeit: 24 Stunden
Schwierigkeitsgrad: ★★

Für 4 Personen

250 ml	Sahne
4	Eier
50 g	Zucker
70 g	*chamia* (Sesam-Öl-Creme) oder Halwa

1	Zitrone
30 g	Sesamsaaten
	Minzeblätter zum Garnieren

Orangensauce:

7	Blutorangen
1 TL	Maisstärke
3 EL	Puderzucker

Dieses Rezept aus der modernen tunesischen Küche unterscheidet sich von klassischen französischen Parfaits. Das typisch orientalische Aroma verleiht die Sesamcreme *chamia*. Da dieses Dessert nicht den landesüblichen Ernährungsgewohnheiten entspricht, zeugt die Kreation unseres Küchenchefs von besonderem Erfindungsreichtum.

Im gesamten Mittelmeerraum ist die industriell hergestellte Paste *chamia* aus Sesam, Zucker und anderen Zutaten weit verbreitet. Manchmal werden Trockenfrüchte, Mandeln, Pistazien oder Haselnüsse hinzugefügt. Bevor Sie die *chamia* für Ihr Parfait verwenden können, müssen Sie sie zerkleinern. Legen Sie die Süßspeise dazu in ein Sieb, das sie auf eine Schüssel stellen, und zerdrücken Sie die Stücke mit der Rückseite eines Löffels.

Wie bei der Herstellung eines Tortenbiskuits muss die Ei-Zucker-Masse im Wasserbad geschlagen werden. Dann nehmen Sie die Schüssel vom Herd und fahren fort, die Masse mit dem Schneebesen zu schlagen, bis sie abgekühlt ist. Anschließend wird zuerst die Sahne, dann die *chamia* in die gut abgekühlte Creme eingerührt, sodass diese ihr Volumen nicht verliert.

Während der Gefrierzeit sollten Sie das Parfait alle drei Stunden mit einer Gabel umrühren. Sie können die Masse in mehrere kleine oder eine große Form füllen.

Am besten wählen Sie für die Orangencreme die Sorte Malteser-Orange – eine Halbblutorange, die von Januar bis April auf der Halbinsel Cap Bon, von Tunis bis Bizerte und in der Gegend von Kairouan geerntet wird. Diese Orange ist saftig und aromatisch und hat eine glatte, leicht rötliche Schale, die sich leicht entfernen lässt, wenn sie reif ist. Normalerweise hat sie keine Kerne. Aber auch andere Sorten, wie beispielsweise die Thompson-Orange, eignen sich für dieses Dessert.

Für das Parfait zunächst die gut gekühlte Sahne in einer Schüssel schlagen.

2 ganze Eier und 2 Eigelb in eine andere Schüssel schlagen. Den Zucker hinzufügen. Die Schüssel in ein heißes Wasserbad stellen und die Masse mit dem Schneebesen schlagen, bis sie heller wird und an Volumen gewinnt.

Vom Herd nehmen und die chamia-Stückchen in die Eiercreme geben. Einige Zesten der Zitronenschale hinzufügen. Vorsichtig unterrühren, damit die Masse nicht zusammenfällt. Alles abkühlen lassen.

Orangensauce

![Dessert auf dekorativem Teller mit Kaffeetassen und Blüten]

Wenn die Creme gut abgekühlt ist, die Sahne vorsichtig unterheben. Die Parfaitmasse ist nun fertig.

Kleine Formen mit Frischhaltefolie auslegen. Mit einem Esslöffel Parfaitmasse in die Formen füllen. 24 Stunden gefrieren lassen. Vor dem Servieren 5 Orangen auspressen und in einem Topf mit der Stärke verrühren.

Den Puderzucker hinzufügen und umrühren. Langsam aufkochen, bis die Mischung eindickt. Abkühlen lassen. Die Parfaits auf Teller stürzen und mit Orangenfilets, Sesam und Minzeblättern garnieren. Ringsum Orangensauce angießen.

Dattelkugeln

Vorbereitungszeit: 40 Minuten
Schwierigkeitsgrad: ✶

Für 4 Personen

400 g	Datteln
3 Scheiben	Toastbrot
50 ml	Olivenöl
50 g	gesalzene Butter
100 g	Zucker

Die Oase von Tozeur ist berühmt für ihren wunderbaren Palmenhain, der sich über mehr als Tausend Hektar erstreckt. In dieser Region im Südwesten Tunesiens lebt ein Großteil der Menschen noch von der Dattelernte. Die beliebte Frucht hat ihren festen Platz in der Landesküche.

Dattelkugeln (*rfiss*) werden besonders von den Nomaden sehr geschätzt. Wenn sie mit ihren Tieren umherziehen, tragen Ziegenhirten, Kameltreiber und Schäfer diese Süßigkeit in einem kleinen Leinenbeutel (*mokhla*) bei sich und genießen sie mit einem Glas Milch.

Die Dattelkugeln bestehen hauptsächlich aus gehackten Datteln, Zucker, salziger Butter, Olivenöl sowie Semmelbröseln und sind problemlos zubereitet. Sie liefern viel Energie und bleiben mehrere Tage lang frisch.

Die Oase von Tozeur ist für die Qualität ihrer Datteln bekannt. Nur die weiblichen Bäume tragen Früchte, nachdem sie von den männlichen befruchtet wurden. Unser Küchenchef hat für sein Rezept die Sorte *allig* gewählt, die mahagonibraun und relativ groß ist.

Wenn Sie keine frischen Datteln verwenden, empfehlen wir Ihnen, die Früchte 1–2 Minuten in kochendem Wasser zu blanchieren.

Damit dieses Rezept gut gelingt, muss die gesalzene Butter Zimmertemperatur haben. In der tunesischen Küche wird diese Zutat als Gewürz eingesetzt und verleiht den Gerichten und Backwaren eine leicht säuerliche Note. Das Toastbrot, das hier zur Herstellung von Paniermehl verwendet wird, können Sie auch durch gerösteten Grieß ersetzen.

Die Datteln entsteinen und durch den Fleischwolf drehen oder in der Küchenmaschine zerkleinern.

Die Toastbrotscheiben in der Küchenmaschine zu Semmelbröseln verarbeiten. Diese mit den fein gehackten Datteln mischen und mit den Fingern verkneten.

50 ml Olivenöl zugießen und alles gut mit den Fingern verkneten.

Die gesalzene Butter hinzufügen und alles zu einem glatten Teig verarbeiten.

50 g Zucker hinzufügen.

Mit den Händen gleich große Kugeln formen. Die Kugeln im restlichen Zucker wälzen und auf einer Platte servieren.

Sesamkugeln mit

Vorbereitungszeit: 25 Minuten
Garzeit: 5 Minuten
Schwierigkeitsgrad: ✶

Für 4 Personen

500 g	Sesamsaaten
100 ml	Orangenblütenwasser
100 g	Puderzucker
100 g	feiner Zucker

Zum Garnieren:

3 Orangen (nach Belieben)
Minzeblätter

Diese *takoua* genannten Kugeln sind ein traditionelles Dessert aus der Gegend von Bizerte. Die rasch zubereitete Spezialität wurde ursprünglich in jüdischen Familien zubereitet, um den Sabbat zu feiern.

Die kleinen Kugeln aus Sesamsaaten sind eine wahre Köstlichkeit. Der Sesam sollte von Hand verlesen werden, um etwaige Verunreinigungen zu verhindern. Die ölhaltigen, kleinen, ovalen Samen werden häufig für orientalische Backwaren verwendet und beispielsweise zusammen mit Honig und Mandeln zu *halwa* verarbeitet.

In diesem Rezept spielen die destillierten Blüten des Orangenbaums eine wichtige Rolle. Vermischt mit Sesam, kann das Orangenblütenwasser sein feines Aroma besonders gut entfalten. Es kommt in vielen tunesischen Rezepten zum Einsatz.

In manchen Familien in Bizerte werden die *takoua* auch mit Geranienblüten- oder Rosenwasser aromatisiert.

Unser Küchenchef bevorzugt jedoch die Orange und garniert die Teller auch entsprechend. In Tunesien gibt es unzählige Orangenplantagen. Dieses Winterobst ist für seinen Gehalt an Vitamin A und C bekannt. Je nach Sorte schmecken die Orangen mehr oder weniger süß, sauer und aromatisch. Wählen Sie möglichst glänzende, schwere Früchte, die Sie mehrere Tage bei Raumtemperatur aufbewahren können.

Dieses Dessert ist sehr gehaltvoll. Wenn Sie trotzdem ein wenig Butter hinzufügen, zergeht es förmlich im Mund.

Die Sesamkugeln mit Orangenblütenwasser kann man zu jeder Tageszeit mit einer Tasse Pfefferminztee genießen.

Die Sesamsaaten auf die Arbeitsfläche streuen und mit den Händen etwaige Verunreinigungen aussortieren. Abspülen und abtropfen lassen. Etwa 10 Minuten trocknen lassen.

Sesam unter Rühren in einer Pfanne rösten. 2 Orangen auspressen und den Saft für die Dekoration beiseite stellen. Die letzte Orange schälen und filetieren.

Sesam und Orangenblütenwasser in den Mixer füllen. Bei hoher Geschwindigkeit mixen.

Orangenblütenwasser

Den feinen Zucker hinzufügen. Alles im Mixer zu einem glatten Teig verarbeiten.

Den Teig herausnehmen, durchkneten und einige Minuten ruhen lassen.

Puderzucker auf die Arbeitsfläche streuen. Die Sesammasse darin wenden und mit den Händen zu kleinen Kugeln formen. Auf einem Teller die Kugeln auf Minzeblätter setzen. Ein wenig Orangensaft zugießen und mit filetierten Orangenstücken garnieren.

Chabakia

Vorbereitungszeit: 30 Minuten
Ruhezeit: 15 Minuten
Garzeit: 10 Minuten
Schwierigkeitsgrad: ✴✴

Für 6 Personen

500 g	Mehl
1	Ei
2 EL	weißer Essig
1 TL	gemahlener Zimt
150 g	Sesamsaat

1 EL	Anissamen
200 g	Mandeln
2 Päckchen	Backpulver
50 g	Butter
100 ml	Olivenöl
1 Prise	Mastix
1 Prise	Safranfäden
100 ml	Orangenblütenwasser
1 kg	Honig
	Öl, zum Frittieren

Im Ramadan brechen die Marokkaner das Fasten gewöhnlich mit einer *Harira*-Suppe, zu der es Datteln und knusprige *Chabakia* mit Honig gibt. *Chabakia* nennt man in Fes *Griwach*, und in Zentralmarokko werden sie als *M'kharka* bezeichnet. Diese süßen Schleifchen gehören zu dem Gebäck, das man gern nach einem Hochzeitsessen zu einem Kaffee anbietet. Es gibt auch noch eine andere Art von *Chabakia*, die aus orangefarbenem Teig hergestellt und zu einem Turban aufgerollt werden. Anschließend taucht man sie in Sirup ein.

Gewöhnlich enthalten *Chabakia* keine Mandeln, sondern es sind die Sesamsamen, die die Grundlage des Teigs bilden: Auf Marokkanisch heißen sie *Janjlan*. Für dieses Rezept wird ein Teil des Sesams gemahlen und in den Teig eingearbeitet, während man den Rest für die Garnierung verwendet. Rösten Sie den Sesam ohne Fett, damit er sein wunderbar nussiges Aroma voll entfalten kann.

Fatima Mouzoun würzt ihren Teig mit Safranfäden, Orangenblütenwasser, Anis und Mastix. Dieses Harz wird von einer in Ägypten und im Sudan wachsenden Akazienart abgesondert. In Marokko erhält man es in blassgelben Kristallen, in anderen Ländern meist als weißes Pulver. Die Küchenchefin zerstößt es in einem Mörser mit einer Prise Zucker. Mörsern Sie auch den Safran.

Die Küchenchefin verarbeitet den Teig, indem sie ihn immer wieder zwischen den Fingern und mit der Handfläche knetet. Während des Knetens macht sie den Teig fester, indem sie Mehl und gehackte Mandeln zufügt. Sie probiert die Mischung immer wieder und kontrolliert so die Menge des zugegebenen Wassers und Orangenblütenwassers. Der Essig dient dazu, den Teig geschmeidig zu halten.

Vor dem Servieren können Sie die *Chabakia* mit Sesamsaat, gehackten Pistazien oder Mandeln bestreuen.

Die Sesamsamen in einer Pfanne ohne Fett rösten. Ei, Essig, abgezogene und gehackte Mandeln, Zimt, zerstoßenen Anis, 100 g in der Küchenmaschine zerkleinerte Sesamsamen, zerlassene Butter, Olivenöl und Orangenblütenwasser in eine Schüssel geben.

Die Mischung mit dem Schneebesen schlagen. Backpulver, Safran und Mastix und danach das Mehl zugeben. Mit der Hand kräftig verkneten, bis ein fester und glatter Teig entsteht. Zu mehreren großen Kugeln rollen und 15 Minuten ruhen lassen.

Auf einer bemehlten Arbeitsfläche den Teig mit einem Nudelholz dünn ausrollen. Mit einem Teigrädchen den Teig zu einem großen Rechteck schneiden, aus dem 6 kleine Rechtecke geschnitten werden.

Bei einem kleinen Rechteck mit dem Teigrädchen 6 parallele Einschnitte vornehmen, allerdings nicht bis zu den Rändern. Mit den Fingern die Streifen voneinander lösen, den Rand mit den Fingern zusammendrücken und die Streifen in der Mitte vorstehen lassen.

Die anderen Chabakia ebenso vorbereiten. In heißes Öl geben und frittieren, bis die Chabakia fast dunkelbraun sind. Dann mit einem Schaumlöffel aus dem Öl heben.

Die Chabakia sofort in einen tiefen Teller mit Honig geben und mit einem Spatel darin wenden. Dann in einem Sieb abtropfen lassen. Mit den restlichen Sesamsamen bestreuen.

Fakkas

Vorbereitungszeit: 20 Minuten
Garzeit: 30 Minuten
Schwierigkeitsgrad: ★

Für 4 Personen

8	Eier
250 g	Zucker
200 g	Butter
200 g	Mandeln
2 Päckchen	Backpulver
1 Päckchen	Vanillinzucker

1 kg	Mehl
200 g	Rosinen
1 Spritzer	Orangenblütenwasser
1 EL	Öl

In marokkanischen Familien wird bis zu dreimal täglich Tee mit Minzeblättern serviert. Es ist Tradition, dazu ein Schälchen mit *Fakkas* sowie Mandeln, Erdnüssen, Datteln, getrockneten Feigen und Rosinen anzubieten. Im Landesinneren bereitet man ganz kleine *Fakkas* zu und serviert sie den Gästen anlässlich des Neujahrsfestes, *Aschura*.

Wie viele marokkanische Backwaren zeichnen sich auch *Fakkas* dadurch aus, dass sie reichlich Mandeln enthalten. Mandelbäume, die zur Familie der Rosazeen gehören, tragen von Juni bis Ende September Früchte. Die Mandeln werden geerntet, indem man sie aus den Bäumen schüttelt oder sie abschlägt, danach schält man sie und zieht ihnen die grüne, flaumige Schale ab, die ungenießbar ist. Anschließend werden die Früchte getrocknet. Getrocknete Mandeln sind das ganze Jahr über in unterschiedlicher Form erhältlich: in der harten Schale, nur als Kern mit der braunen Haut, abgezogen oder sogar schon gehackt.

Die Küchenchefin verwendet anstelle der Mandeln manchmal zerstoßenen Anis, Sesam oder Walnüsse. Wenn sie weder Walnüsse noch Mandeln zur Verfügung hat, knetet sie Sesamsaat in den Teig ein. Die Rosinen, die den Teig süß und saftig machen, werden im Nordwesten Marokkos in der Region um Khmissat und T'ifelt produziert. Auf den Märkten erhält man rötliche, helle oder dunkle Rosinen.

Fatima Mouzoun formt aus dem Teig *Fakkas* in Form von kleinen Baguettes, die sie im Ofen goldbraun backt und dann in feine, kaum fünf Millimeter dicke Scheiben schneidet. Diese Scheiben muss man sehr regelmäßig schneiden, wenn sie hübsch aussehen sollen. Daher rät die Küchenchefin, die Teigrollen mit Eigelb zu bepinseln, damit sie im Backofen eine appetitliche goldbraune Farbe annehmen. Sobald sie gar sind, lässt man sie über Nacht hart werden (man kann sie auch ins Gefrierfach legen). Dann lassen sich die Rollen problemlos schräg in Scheiben schneiden.

Die Mandeln in einem Mörser zerstoßen, aber grob genug, dass einige Stücke erhalten bleiben.

Den Zucker und 7 Eier in eine Schüssel geben. Mit dem Schneebesen schlagen, bis die Mischung hellgelb und schaumig ist.

Die weiche Butter, Öl, zerstoßene Mandeln, Rosinen, Vanillinzucker und Orangenblütenwasser zugeben. Leicht verschlagen und auf einen großen Teller geben.

Mit den Händen das Backpulver und das gesiebte Mehl einarbeiten. Weiterkneten, bis ein fester glatter Teig entsteht. Diesen in mehrere Kugeln zerteilen.

Jede Kugel zu einer rund 20 cm langen und 3 cm dicken Rolle formen. Mit verquirltem Eigelb bestreichen. Die Rollen auf ein eingeöltes Backblech legen und 15 Minuten im Ofen goldbraun backen. Die Fakkas abkühlen lassen.

Die Fakkas auf ein Schneidebrett legen. Schräg in etwa 5 mm dicke Scheiben schneiden. Noch einmal 15 Minuten im Ofen backen, bis die Scheiben goldgelb sind.

Feigen mit

Vorbereitungszeit: 15 Minuten
Garzeit: 15 Minuten
Schwierigkeitsgrad: ★

Für 4 Personen

1 kg	frische Feigen
100 g	Thymianhonig
50 g	Butter
150 g	frischer Ziegenkäse

Zum Garnieren (nach Belieben):
Minzeblätter

In Marokko, wo es herrliche Desserts in Form von kleinem Gebäck mit Trockenfrüchten gibt, haben Süßspeisen mit frischen Früchten keine Tradition. Man bietet verschiedene Obstsorten in einem Korb an oder gibt sie klein geschnitten in süße Salate mit Zimt und Orangenblütenwasser. M'hamed Chahid hat erneut seine Kreativität unter Beweis gestellt und schlägt vor, in Viertel geschnittene Feigen in Butter anzubraten, sie mit einem Sirup aus Thymianhonig zu begießen und mit Ziegenkäse zu servieren.

M'hamed Chahid stammt aus Tanger: Nordmarokko ist für seine Feigen sowie für seinen Ziegenkäse und Honig gleichermaßen berühmt. Der Küchenchef verwendet Thymianhonig, der so dunkel wie Schokolade ist. Wenn Sie keinen Thymianhonig bekommen können, nehmen Sie einfach gewöhnlichen Honig und erwärmen ihn in einem Topf mit einem Zweig Thymian.

Für dieses Dessert verwendet der Küchenchef gern weiße Feigen, die wegen der Farbzusammenstellung ideal sind, aber auch Feigen mit violetter Haut eignen sich bestens. Auf marokkanischen Märkten werden zwei Arten von Feigen angeboten. Die *Bakour*, die nur während einer einzigen Woche reifen, haben zu dem Spruch »Die sieben Feigentage vergehen schnell« geführt. Den Spruch müssen sich all jene anhören, die sich mit ihren Erfolgen brüsten und dabei vergessen, dass unausweichlich wieder andere Zeiten folgen werden. Die andere Feigenart ist sehr süß und hat viel länger Saison.

Wählen Sie einen frischen Ziegenkäse von guter Qualität. Im Rif-Gebirge wird er noch von Hand hergestellt, indem die Milch in einer Ziegenhaut geschüttelt wird. Dann lässt man den Käse in einem Tuch drei bis vier Tage abtropfen. Kleine Würfel aus frischem Ziegenkäse passen wunderbar zu den mit Honigsirup übergossenen Früchten.

Die Feigen abspülen und waschen. Den Stielansatz abschneiden. Die Früchte von oben in regelmäßige Drittel oder Viertel schneiden.

Die Butter in Stücke schneiden. In einem Topf zerlassen, bis sich Schaum bildet.

Die Feigenviertel in die heiße Butter geben. Den Topf rütteln, damit die Feigen gut mit Butter überzogen werden und einheitlich bräunen. Die gebräunten Feigen vom Feuer nehmen und beiseite stellen.

Thymianhonig

Statt der Feigen nun den Honig in die geschmolzene Butter geben. Mit einem Holzspatel umrühren. Die Sauce bei mäßiger Hitze unter ständigem Rühren reduzieren.

Den Ziegenkäse in kleine Würfel schneiden.

Den Honigsirup auf einen Teller geben. Die Käsewürfel in die Mitte legen, darum herum die Feigen ringförmig anordnen. Mit Minzeblättern garnieren.

Dattelhäppchen

Vorbereitungszeit:	40 Minuten
Ruhezeit für den Teig:	15 Minuten
Kühlzeit:	15 Minuten
Garzeit:	25 Minuten
Schwierigkeitsgrad:	★

Für 6–8 Personen

Teig:
150 g	Butter
50 g	Margarine
2 Päckchen	Vanillinzucker

250 g	Mehl
8	Eier
1 Prise	Instantkaffee

Dattelfüllung:
2 kg	Datteln
1 Prise	gemahlener Zimt
10 g	Mastix
1 Prise	geriebene Muskatnuss
100 ml	Orangenblütenwasser

Die Gäste des Hotels »Beach Club« in Agadir schätzen die Dattelhäppchen von Abdelmalek el-Meraoui sehr. Die kleinen, rautenförmigen Stückchen sind einfach und raffiniert zugleich: Zwei dünne Schichten aus süßem Teig umschließen eine köstliche Dattelfüllung. In Marokko isst man gern solches Kleingebäck, und es gibt zahlreiche Rezepte mit Datteln. Die vom Küchenchef hergestellt Dattelpaste eignet sich auch zum Füllen von »Zigarren« aus Yufka-Teig, *Rziza*, und von *M'semmen* (Crêpes aus Blätterteig).

Bei der Zubereitung verhindert die Butter-Margarine-Mischung, dass der süße Teig reißt. Der Küchenchef mischt Butter und Margarine mit den Händen und presst das Fett kräftig durch die Finger, um auch das letzte Klümpchen zu eliminieren. Sollte der Teig zu weich werden, geben Sie etwas Mehl zu und verarbeiten ihn weiter. Der fertige Teig wird zu einer Kugel geformt und muss dann im Kühlschrank ruhen. Dadurch behält er seine Form.

Die Dattelfüllung macht die Häppchen herrlich weich und süß. Abdelmalek el-Meraoui verwendet gewöhnlich *Tmar*-Datteln mit sehr weichem Fleisch. Während des Ramadan essen die Marokkaner diese Dattelart häufig frisch oder getrocknet. Zu feierlichen Anlässen bieten sie ihren Gästen gleich beim Empfang gern Milch und *Tmar*-Datteln an.

Orangenblütenwasser trägt zur Verfeinerung vieler Desserts bei. Es wird meist aus Blüten der Pomeranzen, Bitterorangen, gewonnen. Manchmal püriert man aber auch frische Pomeranzenblüten mit den Datteln, um daraus eine Füllung herzustellen.

Um das Gebäck zu garnieren, nimmt der Küchenchef einen Pinsel und bestreicht es mit einer Mischung aus geschlagenem Ei und Instantkaffee (oder mit Karamell). Dann zieht er mit einer Gabel Linien auf der Oberfläche, die beim Backen ein goldbraunes Muster ergeben.

Butter und Margarine in eine Schüssel geben. Mit den Händen gut durchkneten. Vanillinzucker, Mehl und 7 Eier zugeben. Zuerst alles gut schlagen, dann kneten, damit der Teig schön glatt wird. Zu einer Kugel rollen und 15 Minuten im Kühlschrank ruhen lassen.

Im unteren Teil des Couscous-Topfes Wasser zum Kochen bringen. Die Datteln entkernen und in den Siebaufsatz des Couscous-Topfes geben. Abdecken und 10 Minuten im Dampf garen, dann die Haut abziehen.

Die Datteln in eine Schüssel geben. Mit Zimt, Mastix und Muskatnuss bestreuen. In der Küchenmaschine pürieren. Orangenblütenwasser zugießen und noch einmal mixen.

à la el-Meraoui

Den Teig mit einem Nudelholz ausrollen. Ein großes Rechteck entsprechend der Backform aus dem Teig ausschneiden. Den restlichen Teig erneut ausrollen und ein weiteres Rechteck in gleicher Größe ausschneiden.

Eine rechteckige Backform mit Backpapier auslegen. Mit einem Teigrechteck bedecken. Die Dattelpaste darauf geben und mit einem Spatel oder einem Löffelrücken flach drücken. Mit dem zweiten Teigrechteck bedecken.

1 Ei mit etwas Instantkaffee aufschlagen. Mit dem Pinsel auf dem Teig verstreichen. 15 Minuten ins Eisfach stellen. Den Kuchen in Rauten schneiden. Auf ein Backblech geben und im Ofen 15 Minuten bei 220 °C backen.

Haloua

Vorbereitungszeit:	30 Minuten
Garzeit:	20 Minuten
Schwierigkeitsgrad:	✶

Für 4 Personen

Teig:

250 g	Butter
300 g	Mehl
4 EL	Orangenblütenwasser

Füllung:

250 g	Datteln
100 g	Mandeln
50 g	Walnusskerne
½ TL	gemahlener Zimt
4 EL	Orangenblütenwasser
	Öl, zum Frittieren

Zum Garnieren:

| 250 g | Puderzucker |

Der Begriff *Haloua* steht für alle Arten von Süßigkeiten und Konditorwaren, und dazu gehören auch die rund zwanzig verschiedenen Arten von traditionellen süßen Teilchen, die zu festlichen Anlässen auf den Tisch kommen. Fatima Mouzoun stellt hier ein auf der Zunge zergehendes Gebäck in Form kleiner Schiffchen vor. Sie werden aus kleinen Teigkreisen zubereitet, auf die man etwas Füllung gibt. Anschließend faltet man den Teig über die Füllung und drückt die Enden mit zwei Fingern zusammen. Manchmal formt Fatima Mouzoun den Teig auch zu Kugeln und dekoriert diese dann mit der Gabel. Sie können Ihrer Fantasie auch freien Lauf lassen und die *Haloua* in ganz unterschiedliche Formen schneiden.

In marokkanischen Palmenhainen wächst eine Vielzahl unterschiedlicher Dattelarten. Für die Füllung empfiehlt die Küchenchefin, nur Datteln bester Qualität zu nehmen: Sie bevorzugt die großen *Majhoul*-Datteln, die ziemlich dunkel sind und dabei cremig-süß und saftig. Wenn Sie wollen, können Sie die Datteln aber auch durch Backpflaumen oder getrocknete Feigen ersetzen.

Die als *Louz* bezeichneten Mandeln sind fester Bestandteil fast aller marokkanischen Backwaren. Mandelbäume wachsen vorwiegend im Süden des Landes in der Gegend von Agadir und Rachidia – also in der Region Sous.

Fatima Mouzoun verwendet für Gebäck nur Mandelkerne, die mit ihrer braunen Haut gelagert werden. Abgezogene Mandeln trocknen schnell aus, und wenn man sie zum Backen verwendet, ist das Ergebnis oft zu fest und trocken. Um Mandelkerne abzuziehen, gibt man sie in sprudelnd kochendes Wasser und wartet, bis die Haut sich abzulösen beginnt. Dann legt man sie auf eine Arbeitsfläche, nimmt die Kerne einzeln zwischen zwei Finger und drückt auf eines der Enden. Die Kerne gleiten dann aus ihrer Haut.

Für die Füllung die Datteln auf einen Servierteller geben und entkernen.

Die Mandeln in einen Topf mit sprudelnd kochendem Wasser geben. Wenn die Haut Blasen bildet, die Mandeln mit einem Schaumlöffel aus dem Wasser nehmen und anschließend die Haut abziehen.

Das Öl in einer Pfanne erhitzen. Wenn es sehr heiß ist, abgezogene Mandeln hineingeben und 5 Minuten bei starker Hitze goldbraun braten. Mit dem Schaumlöffel aus dem Frittieröl nehmen und abtropfen lassen. In der Maschine zerkleinern und beiseite stellen.

mit Datteln

Datteln und Walnusskerne in der Küchenmaschine zerkleinern. Gehackte Mandeln, Zimt und Orangenblütenwasser zugeben. Weiter in der Maschine verarbeiten, bis eine glatte Paste entsteht. Die Füllung mit den Händen zu kleinen »Datteln« formen.

Für den Teig das Mehl auf einen Teller geben und eine Mulde in die Mitte drücken. Die weichen Butterstücke hineingeben. Von Hand kneten. Orangenblütenwasser einarbeiten. Alles gut durchkneten und den Teig zu einer Kugel rollen.

Ein Teigkügelchen in die Hand nehmen und platt drücken. Eine »Dattel« darauf legen und den Teig darüber falten. An den Enden zusammendrücken. So auch die anderen Haloua herstellen. 15 Minuten im Ofen backen. Abkühlen lassen und mit Puderzucker bestreuen.

Millefeuille

Vorbereitungszeit: 35 Minuten
Garzeit: 25 Minuten
Schwierigkeitsgrad: ★

Für 4 Personen

22	große Erdbeeren
2 Scheiben	Ananas
2	Pflaumen
2	Pfirsiche
1	Apfel (Golden Delicious)
2	Kiwis

8 Blätter	Yufka-Teig
4 Blätter	Gelatine
¼ Glass	Orangenblütenwasser
6 EL	Honig
4	Walnüsse
100 g	Zucker
2	Eiweiß
500 ml	Milch
2–3	Zimtstangen
8	Minzeblätter
	Öl, zum Frittieren

Bouchaïb Kama hat hier ein sehr dekoratives und farbenfrohes Dessert von verführerisch knuspriger Konsistenz geschaffen. Verschiedene klein geschnittene Früchte werden mit einem Sirup aus Honig und Orangenblütenwasser übergossen und dann auf frittierten dreieckigen Yufka-Teigstücken ausgelegt. So bildet man mehrere sich abwechselnde Schichten aus frittiertem Teig und Obst. Zum Servieren krönt man die Millefeuilles mit kleinen Baisers, Erdbeerscheibchen und Minzeblättern. Ein Spritzer Erdbeersauce schließlich rundet die raffinierte Köstlichkeit ab.

Die Pfirsiche, Pflaumen, Äpfel, Erdbeeren und Kiwis in diesem Dessert reifen ausnahmslos in Marokko heran. Die Region Midelt westlich des Hohen Atlas ist berühmt für ihre Pfirsiche, Pflaumen und Äpfel. Zum Kochen werden in Marokko vor allem Golden Delicious, Mackintoshs und eine längliche Sorte mit heller Schale auf der einen und rosafarbener Schale auf der anderen Seite verwendet.

Auch Erdbeeren werden in Marokko in großem Stil angebaut. Die größten Plantagen befinden sich in der Nähe von Asilah und Moulay Bousselham (zwischen Rabat und Tanger), wo sich die Felder bis zum Horizont erstrecken. Der Küchenchef empfiehlt, große Früchte zu verwenden, die man gut in Scheiben schneiden kann.

Die Früchte halten problemlos auf den Teigstücken, denn Honig und Gelatine kleben sie gewissermaßen fest. In Marokko wird viel Honig gegessen und es gibt verschiedenste Sorten. Für dieses Rezept reicht aber ein Blütenhonig aus.

Wenn Sie den Eischnee pochieren, darf die Milch nicht zu heiß sein, sonst fällt das Eiweiß in sich zusammen. Sobald die Baisers gegart sind, lässt man sie auf Küchenpapier abtropfen. Bestreichen Sie beim Schichten der Millefeuilles die Blätterteigdreiecke mit Honig und Gelatine, bevor Sie die Fruchtstücke darauf legen.

Die Gelatine in kaltem Wasser einweichen. Den Yufka-Teig in große Dreiecke schneiden. Mit einem Schaumlöffel in sehr heißem Öl frittieren, bis sie goldbraun sind. Auf Küchenpapier abtropfen lassen.

Den mit etwas Wasser verrührten Honig zusammen mit dem Orangenblütenwasser und der eingeweichten Gelatine in einen Kochtopf geben. Bei geringer Hitze mit dem Schneebesen schlagen, bis ein glatter Sirup entsteht.

Pflaumen, Pfirsiche, Apfel und Erdbeeren waschen. Apfel, Ananas und Kiwis schälen. Alles in feine Scheiben schneiden (10 Erdbeeren beiseite stellen). Alles mit Ausnahme der Kiwis in eine Schüssel geben und mit Sirup begießen. Im Kühlschrank erstarren lassen.

mit Honigfrüchten

Ein frittiertes Teigdreieck auf einen Dessertteller legen. Darauf in abwechselnden Schichten Ananas-, Erdbeer-, Pflaumen- und Apfelscheiben legen und zwischen jede Obstschicht ein weiteres Teigdreieck.

Den Abschluss mit einem letzten Stück Teigstück bilden. Die anderen Millefeuilles auf dieselbe Weise zubereiten. Beiseite gelegte Erdbeeren pürieren und den Saft abseihen, um eine Sauce zu erhalten. Die Milch mit einer Prise Zucker und den Zimtstangen erhitzen.

Eiweiß mit dem Zucker zu Schnee schlagen. Den Eischnee portionsweise in der heißen Milch pochieren. Jedes Millefeuille mit einem Baiser, mit Erdbeerscheiben, Minzeblättern und zerstoßenen Nüssen garnieren. Etwas Erdbeersauce angießen und servieren.

Sfouf

Vorbereitungszeit: 30 Minuten
Garzeit: 20 Minuten
Schwierigkeitsgrad: ★

Für 6 Personen

500 g	Mehl
500 g	Mandeln
1,5 kg	Sesamsaat
2 EL	gemahlener Zimt
1 Prise	Muskatnuss
1 Prise	Mastix

1 Prise	grüne Anissamen
500 g	Honig
100 ml	Orangenblütenwasser
250 g	Butter
	Öl, zum Frittieren

Sfouf wird in Marokko häufig gegessen und ist unter verschiedenen Namen bekannt: Man nennt es auch *Selou* oder *Zameta*. Kulinarische Riten, die in Verbindung mit der Geburt stehen, sind in Marokko von besonders großer Bedeutung und so wird jungen Müttern oft ein Teller mit *Sfouf* zur Stärkung angeboten.

Gewöhnlich enthält *Sfouf* keinen Honig und der Sesam wird direkt in die Mischung eingearbeitet. Fatima Mouzoun dagegen schichtet ihn kuppelförmig auf einem Teller auf und bestäubt ihn dann mit Puderzucker. Danach dekoriert sie die Kuppel mit in regelmäßigen Abständen hineingesteckten, frittierten Mandeln. Die Küchenchefin ist auch ihrer Inspiration gefolgt, um eine andere Form der Präsentation zu kreieren: Sie streicht die Farce auf ein Bett aus geröstetem Sesam und bestreut diese erneut mit einer Schicht Sesam. Danach schneidet sie die Mischung in kleine Quadrate und lässt sie hart werden.

In diesem Rezept wird der *Sfouf* nicht gebacken. Deshalb ist es nötig, das Mehl im Ofen zu bräunen, die Mandeln zu frittieren und den Sesam zu rösten. Das trockene Rösten ohne Zusatz von Fett verleiht dem Sesam ein zusätzliches nussiges Aroma.

Auch Orangenblütenwasser und Mastix bringen ihre spezifischen Geschmacksnoten ein. Die Marokkaner bevorzugen von Hand hergestelltes Orangenblütenwasser, das in einem Gefäß destilliert wird, das so aussieht wie ein Couscous-Topf. Bei Hochzeiten benetzt man die Gäste mit Orangenblütenwasser und reicht es dem Brautpaar zusammen mit Milch, Zucker und Datteln auch zum Trinken.

Mastix erhält man in Marokko als gelbliche Kristalle, die man mit ein wenig Puderzucker im Mörser zerstößt. Es stammt von zwei Akazienarten, die in Ägypten und im Sudan wachsen.

Das Mehl auf ein Backblech geben und 10 Minuten im Ofen bräunen. Danach auf einen großen Teller sieben.

Die Mandeln abziehen, dann 5 Minuten in einer Pfanne mit Öl frittieren. Abtropfen lassen. In einer andern Pfanne den Sesam ohne Zugabe von Fett 5 Minuten rösten.

500 g gerösteten Sesam in die Küchenmaschine geben, den Rest beiseite stellen. Die frittierten Mandeln zugeben und alles zerkleinern.

Sesam-Mandel-Mischung auf den Teller mit dem gebräunten Mehl geben, ebenso Zimt, Muskatnuss, Mastix, zerlassene Butter, zerstoßenen Anis, Honig und Orangenblütenwasser. Gut durchkneten, bis die Mischung schön glatt ist.

500 g gerösteten Sesam gleichmäßig auf dem Boden einer Backform verteilen. Mit der soeben fertig gestellten Mischung bedecken. Mit dem restlichen Sesam bestreuen.

Das Sfouf mit der Handfläche flach drücken, dann längs und quer schneiden, sodass regelmäßige Quadrate entstehen. Ruhen lassen, bis das Sfouf fest geworden ist.

Trockenfrucht-

Vorbereitungszeit:	50 Minuten
Einweichzeit:	15 Minuten
Kühlzeit:	15–20 Minuten
Garzeit:	25 Minuten
Schwierigkeitsgrad:	★★

Für 4 Personen

100 g	Zucker
3 EL	Tortenguss
1 EL	Butter

Teig:

200 g	Mehl
80 g	Butter
50 g	Zucker

2	Eigelb
2 EL	Rosenwasser
1 Prise	Salz

Creme:

4	Eier
100 g	Zucker
1 TL	gemahlener Zimt
2 EL	Rosenwasser
2 EL	Sahne

Zum Garnieren:

je 100 g	Rosinen, Backpflaumen
120 g	getrocknete Feigen
80 g	eingelegte Aprikosen
100 g	Datteln

Zum Einweichen:

1 TL	Zucker
2 EL	Rosenwasser

Diese Tarte mit Trockenfrüchten ist eine Kreation des Küchenchefs. Sie besteht ausschließlich aus Produkten, die in der Gegend von Ouarzazate und Zagora angeboten werden. Das sehr gehaltvolle Dessert ist eine Versuchung für Kinder ebenso wie für Erwachsene.

Um den Kuchen zuzubereiten, müssen Sie einen sehr festen Mürbeteig kneten. Der normalerweise besonders feinem Gebäck vorbehaltene Teig wird anschließend mit Trockenfrüchten belegt. Bewahren Sie einen Teil der Früchte auf und verwenden Sie sie für die Dekoration.

Die in Marokko angebauten Aprikosen sind nicht nur für ihr köstliches Aroma berühmt, sondern enthalten auch viele Vitamine, besonders Vitamin A. Diese runden, gelb-orangefarbenen Früchte mit pelziger Haut verdanken ihren Namen dem Katalanischen *Abercoc*. Dies wiederum geht auf lateinisch *Praecox* zurück, was »vorzeitig, frühreif« heißt.

Die Feigen, die Mohamed Tastift ebenfalls für diesen Kuchen verarbeitet, sind im ganzen Mittelmeerraum verbreitet. Man isst diese aus dem Orient stammenden Früchte entweder frisch oder getrocknet. Sie sind sehr nahrhaft, reich an Zucker und Vitaminen und kommen überwiegend aus der Türkei. Sie werden an der Sonne getrocknet, in Meerwasser gewaschen und anschließend manchmal noch geschwefelt. Man isst sie entweder pur oder mit Mandeln beziehungsweise Walnüssen gefüllt.

Wie der Küchenchef haben die meisten Bewohner von Ouarzazate eine Vorliebe für Rosenwasser. Das Aroma passt wunderbar zu Mohamed Tastifts Kuchen. Jedes Jahr werden im Dorf el-Kelaa, der Hauptstadt der Damaszener Rosen, 4000 Tonnen Knospen der kleinen Blumen gesammelt. Das vor allem in der türkischen Gastronomie sehr verbreitete Rosenwasser wird den Gästen gern auch vor dem Mahl als Erfrischung angeboten.

Für den Sirup 250 ml Wasser mit dem Zucker zum Kochen bringen. Den Topf vom Feuer nehmen und die getrocknete Feigen hineingeben. 15 Minuten einweichen lassen.

Die Datteln entkernen. Klein würfeln, desgleichen die Backpflaumen, Aprikosen und Feigen. Rosenwasser mit dem Zucker mischen. In dieser Mischung die klein geschnittenen Früchte und die Rosinen einweichen.

Für den Teig die Butter klein würfeln. Mehl auf die Arbeitsfläche geben, Butterwürfel zufügen und zwischen den Händen zerreiben. Eigelb, 1 Prise Salz, Zucker und Rosenwasser zugeben. Teig zu einer Kugel formen. In Klarsichtfolie wickeln. 15 Minuten in den Kühlschrank stellen.

Tarte Ouarzazia

Für die Creme Eier und Zucker mit einem Schneebesen aufschlagen. Gemahlenen Zimt, Sahne und Rosenwasser zugeben und mit dem Schneebesen unterschlagen.

Eine Springform mit Butter einfetten. Den Teig mit einem Nudelholz ausrollen und dann in die Springform legen. Mit den Fingern den Teig an den Übergang von Wand und Boden drücken. Oben überstehenden Teig abschneiden.

Die eingeweichten Früchte auf den Tortenboden geben. Die Creme darüber gießen. Im Ofen bei 180 °C 20 Minuten backen. Den Tortenguss mit etwas Wasser anrühren und den Kuchen damit bepinseln.

Die Köche

Achiai, Abdellah
Marokko

Adar, Gökçen
Türkei

Aïtali, Mohammed
Marokko

Anastassakis, George
Griechenland

Arroum, Mimoun
Tunesien

Azzaz, Chedly
Tunesien

Barone, Giuseppe
Italien

Beccaceci, Maddalena
Italien

Bel Moufid, Lahoussine
Marokko

und Konditoren

Bensdira, Khadija
Marokko

Berdugo, Victoria
Marokko

Bouagga, Mohamed
Tunesien

Boujelben, Mohamed
Tunesien

Boussabeh, Mohamed
Tunesien

Broussier, Laurent
Frankreich

Brunicardi, Sauro
Italien

Caputo, Alfonso
Italien

Carro, Alain
Frankreich

Cauchi, Michael
Malta

Chahid, M'hamed
Marokko

Chetcuti, Johann
Malta

Chtéoui, Chokri
Tunesien

de Giovannini, Francesca
Italien

Delvenakiotis, Panagiotis
Griechenland

Dönmez, Bayram
Türkei

el-Meraoui, Abdelmalek
Marokko

Étienne, Christian
Frankreich

Ettlinger, Daniel
Frankreich

Evangelou, Sotiris
Griechenland

Fazzini, Serge
Frankreich

**Fernández-Estevez,
María Lourdes**
Spanien

Fischetti, Michelina
Italien

Folicaldi, Marco und Rossella
Italien

Garault, Joël
Frankreich

González Soto, Emilio
Spanien

Herráiz, Alberto
Spanien

Herráiz, José-Ignacio
Spanien

Kama, Bouchaïb
Marokko

Karoubas, Miltos
Griechenland

Katsanis, Nicolaos
Griechenland

Kaya, Mehmet
Türkei

Khayar, Amina
Marokko

Korbi, Mohamed
Tunesien

Kouki, Sabri
Tunesien

Kovas, Stefanos
Griechenland

Ksouda, Moez
Tunesien

La Spina, Angelo
Italien

Lappas, Ioannis
Griechenland

Luni, Paolo
Italien

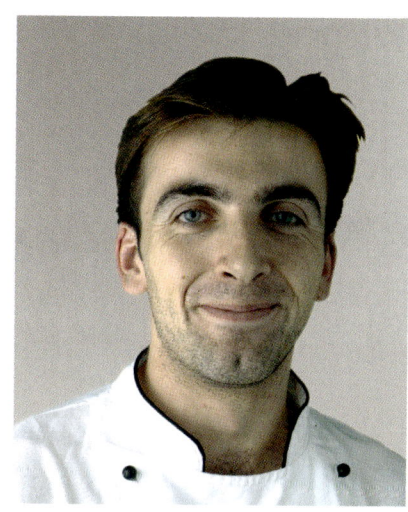

Manjarrès, Rufino
Spanien

Markakis, Michalis
Griechenland

Marquiegui, Cesar
Spanien

Martínez Plaza, Oscar
Spanien

Masiques, Pep
Spanien

Matri, Ali
Tunesien

Melagrana, Alberto
Italien

Minguella, Jean-Michel
Frankreich

Mouzoun, Fatima
Marokko

Murgia, Amerigo
Italien

Özçelik, Göksal
Türkei

Özkan, Sedat
Türkei

Özkiliç, Savaş
Türkei

Özoğuz, Hüseyin
Türkei

Pais, Sergio
Italien

Pasparakis, Aristedes
Griechenland

Pérez García, Santiago
Spanien

Plouzennec, Jean
Frankreich

Reoyo, Julio
Spanien

Robin, Francis
Frankreich

Rousset, Georges
Frankreich

Şurdum, Aybek
Türkei

Sarandos, Nikos
Griechenland

**Stamkopoulos,
Konstantinos und Chrysanthi**
Griechenland

Tabarani, Vincent
Frankreich

Tarín Fernández, José Luis
Spanien

Tastift, Mohamed
Marokko

Tlatli, Rafik
Tunesien

Tolis, Anastasios
Griechenland

Torrijos, Oscar
Spanien

Tounsi, Fethi
Tunesien

Trias Luis, Bartolomé-Jaime
Spanien

Tüfekçioğlu, Ayşecan
Türkei

Ügümü, Feridun
Türkei

Ünsal, Ayfer T.
Türkei

Valero, Javier
Spanien

Vila, Jean-Claude
Frankreich

Voutsina, Évie
Griechenland

Yagues, Angel
Frankreich

Zecchin, Biancarosa
Italien

Zoppolatti, Paolo
Italien

Rezeptregister

H

J

K

T

U